imaginist

想象另一种可能

理
想
国

imaginist

中国近代思想与学术的系谱（增订版）

王汎森 著

上海三联书店

图书在版编目（CIP）数据

中国近代思想与学术的系谱 / 王汎森著 .-- 增订版 .

上海：上海三联书店，2025.3. -- ISBN 978-7-5426

-8824-8

　Ⅰ .B250.5

中国国家版本馆 CIP 数据核字第 2025JK1814 号

中国近代思想与学术的系谱：增订版

王汎森 著

责任编辑：苗苏以
特约编辑：黄旭东
封面设计：赤　徉
内文制作：陈基胜
责任校对：王凌霄
责任印制：姚　军

出版发行 / 上海三联书店
　　　　（200041）中国上海市静安区威海路755号30楼
邮　　箱 / sdxsanlian@sina.com
联系电话 / 编辑部：021-22895517
　　　　　发行部：021-22895559
印　　刷 / 山东临沂新华印刷物流集团有限责任公司

版　　次 / 2025 年 3 月第 1 版
印　　次 / 2025 年 3 月第 1 次印刷
开　　本 / 1270mm×960mm　1/16
字　　数 / 500千字
印　　张 / 33.75
书　　号 / ISBN 978-7-5426-8824-8/B・948
定　　价 / 98.00元

如发现印装质量问题，影响阅读，请与印刷厂联系：0539-2925659

自 序

本书探讨道光到 20 世纪 30 年代大约一百年间思想学术变化中的几个问题。这里必须声明的是：我并不是在写一部通论近代思想、学术的书，而只是对这一段历史中比较为人所忽略的层面做一些研究。我个人认为，从道光以来，中国思想界便进入不安定期，每一种学问都因内外的挑战而产生了分子结构的变化。它们催化了后来一些范畴性的转变：在经学上，否定了过去两千年的经学传统，认为它们都是围绕着一批"伪经"而积累的学问（康有为）；在文化上，充分了解到儒家文化始终存在着一个不安定层（傅斯年）；在道德上，发现过去两千年所有的道德教训，关涉私德者居十分之九以上，而关于公德者不到十分之一（梁启超）；在政治上，认为过去两千年是无治状态（刘师培），国其实不成其为国，因而有建立一个现代"国家"的追求，希望由"皇朝"转化为"国家"，由"臣民"转化为"国民""公民"。对专制体制的深刻反省则发现中国没有"社会"，也有人认为过去两千年的治政理论都是"在空架之上层层描摹"（毛泽东）。不管近代中国的社会政治有多少实质的转变，但至少在思想或理念的层次上，这是一个断裂和跳跃。同时，这些新思想、新概念，也回过头来极深刻地改变了近代的学术论述。

收在这里的文章并不是有系统地写成的，因此先天上有了两种限制。首先，因为机缘不同，所以文章有详略之异。其次，正因为这些文章是随着不同的需要而写成的，所以并没有预想一个系统。

我之所以将它命名为"中国近代思想与学术的系谱",是因为这些文章中似乎仍有一条线索。

第一部分是"旧典范的危机",从晚清内部思潮的变动开始。方东树的例子,是讨论方氏对汉学的攻击在晚清思想史中的意义。方氏此举,显然并不只是理学的回潮,同时也代表了新时代的动向。有关邵懿辰的文章,则是探讨邵氏的一本小书如何在坚如磐石的堤防上凿了一个小洞,这个小洞,后来逐步扩大,成为近代庞大的疑古运动的一个根源。邵氏的一些论点,代表了在时代的催化之下,传统内部的思想因子产生的蜕变。太谷学派的出现,则代表当时的下层知识分子利用传统的思想资源,以因应时代困局的一次并没有成功的努力。这三篇文字,各自从不同的侧面,说明晚清思想的不同面貌。《清末的历史记忆与国家建构》一文则在说明晚清汉族历史记忆的复活如何改变当时的政治文化,同时也讨论了新的历史记忆资源如何颠覆了官版的历史记忆,而为晚清的历史变动埋下种子。以上四篇文章分别谈清季上层及下层知识分子的四种变化,它们设定了一个背景,并作为以后诸篇文字发展的张本。

第二部分是"传统与现代的辩证"。其中的《从传统到反传统》《中国近代思想中的传统因素》两篇,都是提纲式的文字;《中国近代思想中的传统因素》一文,尽管是针对特定的现象而写,但也可以看作从特定的角度谈从传统到现代曲折而蜿蜒的发展路径。"传统"在一次又一次的诠释与使用中获得它的活力,也在一次又一次的诠释中改变它的风貌。我在这篇文章中提到:想了解传统与每一个时代的关系,必须将那个时代主动的诠释与使用考虑进去,而不应局限于线性的因果关系。

传统与现代复杂的纠缠,也表现在私人领域上。近代中国有一个明显的趋势,即无所不在的国家化、政治化,公领域如此,思想、学术如此,即使日常生活也有逐步政治化的倾向,而以私人领域的政治化为其高峰。本书收了一篇《近代中国私人领域的政治化》,便是有关这个现象的举例性探讨。

中国历史上有过几次"思想资源"的重大变化。在《"思想资源"

与"概念工具"》一文中，我用晚清的例子来说明："思想资源"之转移以及"概念工具"的变动，如何改变一个时代的思想面貌。在这篇文章中，我主要讨论了当时中国思想中的日本因素；但我绝不是想通盘讨论所有相关的细节，而只是想借此说明，如果不考虑"思想资源"与"概念工具"之变化，对当时思想界的变迁就难以理解了。

人是诠释性的动物，当一个新的概念出现之后，人们会用它来作为思考自己处境及命运的工具。在威康·H. 休厄尔（William H. Sewell）研究法国大革命之劳工问题的书中，作者发现，新的词汇与概念使得劳工们用来思考他们的经验以及他们所面临的境况的方式产生了改变。在工厂中过着艰苦生活的人，可能浑然不觉，也可能用许许多多理由来解释自己的处境，但是有了"阶级"的概念后，便可能赋予当前处境一种全然不同的意义。语言与概念非但表达了社会的现实，它们也"建构"了社会事实。在近代中国，文化精英先是使用一批旧概念去诠释新东西，但一批又一批新的概念慢慢地涌入，并逐步建构了现实的发展。大约在 20 世纪二三十年代，"阶级"概念逐渐取得压倒性的优势。胡适说新文化运动其实是新名词运动，并在一次演讲中说"一些抽象的未经界定的文辞发挥了魔幻而神奇的效力"，"别小看一些大字眼的魔幻力量"，其实即说明了新名词、新概念建构现实的力量。

《反西化的西方主义与反传统的传统主义》一文，说明西方的学说如何能以中国的面貌出现，而中国当时的困境又何以能够逼使这类思想更易于为人接受。同时，从刘师培身上可以看到一种两难：一方面是反西化的西方主义，一方面又是反传统的传统主义。从他身上可以看出一个既传统又现代的学者挣扎于一个艰苦时代的痕迹。

第三部分是"新知识分子与学术社群的建立"。1905年废除科举，千年以来仕、学合一的传统中断了，这一方面解放了儒家正统文化思想的限制，一方面也迫使八股文化下的旧士人走投无路，一批文化精英由传统的"士"转变为现代"知识分子"。现代知识分子的出现是一件划时代的大事，做官不再是他们唯一的出路，他们寻找到了一个新的任务："建立一个学术社会"（顾颉刚）。读者会发现，这一组文字大多和傅斯年有关。傅斯年当然不是"建立学术社会"的唯一代表，但他毫无疑问是一个灵魂人物，而我个人恰好对他做过比较集中的研究，自然也就多写了几篇和他有关的文章。在这一组文章中，《一个新学术观点的形成》《傅斯年对胡适文史观点的影响》是姊妹篇，它们都讨论古史多元观的形成与传播，我希望用它们作例子来说明一个学术诠释典范形成的历程。而在当时的学术界，有许许多多这种新诠释典范出现。此外，从这两篇文字也可以看出现代思想中讲求多元、强调变化的观念如何体现在学术研究上。《什么可以成为历史证据》一文，则以一件个案来说明学术上从旧到新的转变，以及牵涉其中的社会政治因素。上述各文直接或间接说明了现代知识分子在建立一个新"学术社会"上的努力。

《"主义崇拜"与近代中国学术社会的命运》则指出近代中国有两种力量：一种是要求学术独立，免于政治及道德教条之干扰；一种是愈来愈强的"主义崇拜"，希望以"主义"来指导一切。这两股力量的冲突表现在许多事物中，本文则是以陈寅恪为例，考察中国现代知识分子在学、仕分途以后的这个新"学术社会"的命运。

同时，在本书的一些文章中，我们还可以看出一种始终不曾消失的紧张性。道咸以来，传统学术极力挣扎着改变自己，以求扣联政治、社会，而在民国新学术运动开展之后，我们也可以发现学术的社会性与平民性始终是个难以解决的问题：一方面是想步趋西学，建立以问题意识为取向的新学术；另一方面也希望"为学术而学术"，将政治与道德教条对学问的干扰减到最低。但人们很快发现：追求学术独立王国的同时也带来了学术研究与现实致用之间的紧张，及学术社群的自我异化的问题。而把所研究的事物彻底"对象化"、把"价值"与"事实"分离之后，也使许多学者产生了生命意义的危机感。

在编辑这本小书的过程中，我曾对其中的一些文字加以删改；为了使眉目更为清楚，几篇文章的名字也做了更动。《方东树与汉学的衰退》，原题《方东树与晚清学风》（《庆祝杨向奎先生教研六十年论文集》）。《清季的社会政治与经典诠释》，原题《邵懿辰与清季思想的激烈化》(《大陆杂志》90卷3期)。《道咸年间民间性儒家学派——太谷学派的研究》，原题《道咸年间民间性儒家学派——太谷学派研究的回顾》(《新史学》五卷四期)。《一个新学术观点的形成》，原题《王国维与傅斯年——以〈殷周制度论〉与〈夷夏东西说〉为主的讨论》(孙敦恒等编《纪念王国维先生诞辰120周年学术论文集》)。《"思想资源"与"概念工具"》，原题《戊戌前后思想资源的变化：以日本因素为例》(《二十一世纪》45期)。《反西化的西方主义与反传统的传统主义》，原题《刘师培与清末的无政府主义》(《大陆杂志》90卷6期)。《思想史与生活史有交集吗？》，原题《读"傅斯年档案"札记》(《当代》116期)。《价值与事实的分离？》，原题《民国的新史学及其批评者》(罗志田主编《20世纪的中国：学术与社会》[史学卷])。《"主义崇拜"与近代中国学术社会的命运》，原题《陈寅恪与近代中国的两种危机》(《当代》123期)。此外，我也对几篇文章的副标题做了增删。《从传统到反传统》一文发表在《当代》一个讨论反传统思想的专辑(《当代》13期)，其中也采撷了我的《古史辨运动的兴起》一书的一小部分及《章太炎的思想》的一篇附录。《清末的历史记忆与国家建构》(《思与言》34卷3期)有一姊妹篇《历史记忆与历史：以中国近世史事为例》，发表在《当代》91期(1993)我所编辑的"历史记忆"专辑，这应该是台湾学术界最早讨论"历史记忆"的一篇文字，有兴趣的朋友可以参看。有关太谷学派的一文，发表于1994年，当时并未能直接读到太谷学派的经典，而是以回顾二手研究的方式写成，所以径注页码于文中。该文主要是想探讨它在晚清思想脉络中的意义。我个人得以见到大量太谷学派的遗经是晚近的事。

此书编校的过程迁延至三四年，拖了这么多年才完成，完全在我意料之外。对我而言，将这些文章收集出版是一件痛苦的事。多年前与出版公司签订了一张契约，言明要编成一本近代思想史的论文集，但这件事一再延搁，始终不曾付诸行动。如果没有陈平原兄为河北教育出版社向我苦苦催逼(按：本书有一个所收文章较少的简体字版在该社出版)，我大概是无法辑成这本小书的。本书的台

湾联经版原与河北教育出版社的版本同时进行，但因为增补了一些
新文章，并进行了一些修改，所以稽延至今，应该在此郑重说明。
在此，我要感谢我的老友刘季伦先生，他对本书的编辑过程费过很
大的心血，提供了宝贵的意见。此次修订，曾参考汪荣祖先生书评
之意见，特此致谢。林志宏学弟及家弟王昱峰等人费心校对本书，
我要在此特别谢谢他们。初编此书时，我个人适在香港中文大学历
史系做客，我也想趁这个机会感谢那里的朋友们。

新旧篇名对照表

原　篇　名	本书篇名
方东树与晚清学风	方东树与汉学的衰退
邵懿辰与清季思想的激烈化	清季的社会政治与经典诠释——邵懿辰与《礼经通论》
戊戌前后思想资源的变化：以日本因素为例	"思想资源"与"概念工具"——戊戌前后的几种日本因素
刘师培与清末的无政府主义	反西化的西方主义与反传统的传统主义——刘师培与"社会主义讲习会"
王国维与傅斯年——以《殷周制度论》与《夷夏东西说》为主的讨论	一个新学术观点的形成——从王国维的《殷周制度论》到傅斯年的《夷夏东西说》
民国的新史学及其批评者	价值与事实的分离？——民国的新史学及其批评者
陈寅恪与近代中国的两种危机	"主义崇拜"与近代中国学术社会的命运——以陈寅恪为中心的考察
读"傅斯年档案"札记	思想史与生活史有交集吗？——读"傅斯年档案"

目 录

引论　中国近代思想文化史研究的若干思考[1]

　　"太阳底下没有新鲜事"，这句话对于史学家尤其适用，研究历史的人，即使观点再新，也不能新到宣称满洲人从来没有入关（李济语）！但是，过去一二十年来，史学界的新发展，也是有目共睹的。

　　或许"国科会"人文处历史学门通过计划的名单是观察台湾史学趋势的一项好材料。从近年来所通过的专题计划名单，我们可以看出，整体而言，台湾史学界对种种西方新史学风气非常敏感，尤其受到新文化史的影响最大，其特点有几个。第一是认识到文化的建构力量之强大，从而对各种界域的历史建构的过程，或是对过去被视为本质式的或约定俗成的种种现象，以文化史的建构性角度加以解释。第二是各种过去所忽略的新问题的讨论（如出版史、生态史、情欲史、阅读史等）。第三是与性别、后殖民主义，以及与国族主义有关的研究。

　　没有人能否认以上种种新发展大幅地扩大了历史的视界，我在此不想重复这些新动向。此处所谈的，纯粹是我个人实际进行研究工作时的一些反思。

　　近一二十年来，与近代思想文化史有关的文集、出版史料等都出版得很多，但更值得注意的是，因为历史眼光的改变以及政治气

---

1 本文在 2003 年 3 月蒋经国基金会于普林斯顿召开的"中国文化与社会研究新视野"的会议中发表，后刊于《新史学》（14:4 期），页 177—194。本书编辑认为文中关注的问题与本书各章有一定的照应，所以建议以它作为本书的"引论"。

候的变化，使得原先不被注意的材料大量出土。尤其是中国大陆，正在经历一个"恢复历史记忆"的时期，也就是对民国时代非左派的历史人物与历史事件的好奇与兴趣，连带地，也使得与这些人物相关的各种材料大量问世。在林林总总的材料中，"私密性的文件"（private document）很值得注意。譬如大量日记被整理出版，我个人印象比较深刻的，如《胡适的日记》[1]、王闿运的《湘绮楼日记》[2]、刘大鹏（1857—1942）的《退想斋日记》[3]、《吴宓日记》[4]、金毓黻的《静晤室日记》[5]、朱峙三的《朱峙三日记》[6]、陈范予（1901—1941）的《陈范予日记》[7]、缪荃孙的《艺风老人日记》[8]等。此外当然还有许许多多未被印出的日记，从晚清以来，估计在一两千部以上，许多存在县、镇级的图书馆，如果能审慎而有效地使用这些日记，几乎可以按年按日排纂出各个阶段、不同阶层的人对历史事件的看法、心态的变化、思想资源的流动等问题，使得我们可以不局限于探讨思想家的言论，而能从一个新的广度与纵深来探讨思想、文化史。书信也是一宗值得注意的新材料，如《胡适遗稿及秘藏书信》[9]、《罗振玉王国维往来书信》[10]、《陈垣来往书信集》[11]、陈寅恪的书信[12]等皆是。

除了"私密性文件"，地方性的材料也值得注意。过去因为史学界将较多的心力放在全国性的事件，或在全国舞台上扮演重要角

1　胡适：《胡适的日记》（台北：远流出版公司，1989—1990），共18册。

2　王闿运：《湘绮楼日记》（长沙：岳麓书社，1997），共5册。

3　刘大鹏遗著，乔志强标注：《退想斋日记》（太原：山西人民出版社，1990）。

4　吴宓著，吴学昭整理注释：《吴宓日记》（北京：生活·读书·新知三联书店，1998），共10册。

5　金毓黻著，金毓黻文集编辑整理组校点：《静晤室日记》（沈阳：辽沈书社，1993），共10册。

6　《朱峙三日记》刊于《辛亥革命史丛刊》（武汉：湖北人民出版社，1999），页223—337。

7　陈范予著，阪井洋史整理，《陈范予日记》（上海：学林出版社，1997）。

8　缪荃孙著，李一华等编：《艺风老人日记》（北京：北京大学出版社，1986），共10册。

9　耿云志主编：《胡适遗稿及秘藏书信》（合肥：黄山书社，1994），共42册。

10　长春市政协文史和学习委员会编，王庆祥、萧立文校注：《罗振玉王国维往来书信》（北京：东方出版社，2000）。

11　陈垣著，陈智超编注：《陈垣来往书信集》（上海：上海古籍出版社，1990）。

12　陈寅恪：《陈寅恪集·书信集》（北京：生活·读书·新知三联书店，2001）。

色的思想人物上，比较忽略地方的材料。除了地方士人的著作，各
种地方小报、宣传册子、习俗调查，以及通俗书刊，如果善加利用，
都可能投射出新的光彩，它们有许多仍然保存在各地的档案馆、文史
馆中。近年来，中国大陆整理了清末民初各地的报纸，包括许许多多
晚清以来地方上的小报纸，从中很可以观察到一个时代的变化如何在
一个极不起眼的地方社会中发生作用，以及地方与全国性舞台的关系。

　　此外，也有一大批未参与近代主流论述的所谓保守派或旧派人
物的著作，陆续引起注意，刘咸炘（1896—1932）的《推十书》[1]
即一例。刘咸炘是四川成都一位"足不出里闬"的旧派人物，他独
立发展出一整套以章学诚的思想为基础的著作，其丰富性与独特性
相当值得注意。此外像王闿运、王先谦（1842—1917）等人的作品
也被陆续整理出来，提供了许多的方便。

　　最后，一些始终被注意但史料却很零散的社团材料，也陆续
被整理出版。像清季在文化与政治上都起过关键性作用的"南社"，
近年来因《南社丛书》的出版，提供了远比一二十年前更丰富得多
的素材，可以比较深入地进行分析。

　　在研究方法方面，第一，我要谈思想的社会功能。我想说的
是"思想的形形色色使用"，这个词是从英国哲学家奥斯汀（John
Austin, 1911—1960）的《如何以言行事》[2]发展出来的。我们除了探
讨思想的意蕴，还应留心思想形形色色的使用以及它们的社会、政
治功能。思想有时被用来划分群体，甚至与权力的得到或失去息息
相关，有些是用来帮助维系社会精英地位，有些是合法化世俗的愿
望，等等，不一而足（譬如周作人在《知堂回想录》中描述的"革
命"一词在学校里如何被作为低班的人反抗高班同学的思想依据）。[3]
既然要谈思想的社会功能，则思想与自我利益（self interest）之间

1　刘咸炘：《推十书》（成都：成都古籍出版社，1996）。
2　John Austin, *How to Do Things With Words* (New York: Harvard University Press, 1975).
3　周作人，《知堂回想录》（兰州：敦煌文艺出版社，1998），页76—77。

的关系便值得厘清,在思想的传播过程中,人们的理性选择(rational choice)也值得注意。

此处我想举一个例子来说明思想的形形色色的使用。[1] 儒家的经典除我们所熟知的道德教化功能之外[2],在民间有时还被当作宗教经典使用,用来驱鬼、祈雨、敬神等,上层精英在诠释儒家经典,下层百姓或读书人,也用他们的生活经验在诠释、使用儒家经典[3],还有像清初潘平格以《孝经》祈雨[4],像《绿野仙踪》中齐贡生以《大学》来赶鬼,并且认为《大学》是比道教经典更有力的驱鬼利器[5],像清季太谷学派以宗教性质来重新诠释大部分儒家经典皆是这方面的例子。

不过,此处要强调一点,我们不能过度将思想化约为只是现实操作的一部分,思想家的作品及独特性仍最值得认真看待,即使是思想或概念与各种现实事务紧密缠绕,但我们看待这个问题时必须承认,行动者一方面深深涉足现实的纠葛,同时也仍然可能是思想的真诚信持者。我个人的看法是,思想与政治等层面不能互相化约,在历史行动者身上,它们根本是层层套叠的,即同时是某些抽象形

---

1 我注意到,人们在探讨下层民众文化时,有意无意间出现一种错觉,认为真正值得注意的只有通俗宗教,通俗化的儒家是不值得注意的。

2 有时儒家经典还被当成养生诀。陆世仪《思辨录辑要》(台北:广文书局,1977)卷10载:"先君少时曾授仪以儒家养生诀云,于邹学师屏上得之,其言曰:'动静必敬,心火斯定,宠辱不惊,肝木以宁,饮食有节,脾土不泄,沉默寡言,肺金乃全,澹然无欲,肾水自足,其言极平易,极精微,极简要,极周匝,通于大道,绝胜导引诸家。'"(页6)

3 以明代来集之的《对山堂续太平广记》中搜集的一些故事为例,可以看到它们如何被用来治病驱鬼。在《风俗通》中有一则说:"武帝迷于鬼神,尤信越巫。董仲舒数以为言,帝验其道,令巫视仲舒。仲舒朝服南面,诵咏经论,不能伤害,而巫者忽死。"那么儒家的经书可以抵抗巫。在儒家经典中,似乎《易经》与《孝经》特别具有这种能力,来集之引某一部《江西通志》,说德安有一位江梦孙(字聿修),家世业儒,博综经史,他出任江都令时,听说县厅经年闹鬼,历任皆迁于别厅。江梦孙不管,他升厅受贺,在夜间则"具袍笏端坐,诵《易》一遍,而鬼怪乃息"。此外,《说颐》一书也记载北齐时权会夜间乘驴出东门,突然觉得有一人牵着驴头,有一人随后,走入迷路,权会觉得有异,乃"诵《易经》上篇一卷未尽,前二人忽然离散"。吴均的《齐春秋》则记载顾欢以《孝经》去病的故事。书中说:"有病邪者,以问欢。欢曰:'君家有书乎?'曰:'惟有《孝经》。'欢曰:'可取置病人枕边,恭敬之,当自差。'如其言,果愈。"(以上转引自郑振铎《经书的效用》,《郑振铎文集》[北京:人民文学出版社,1988,页344])

4 见王汎森《潘平格与清初思想界》,《亚洲研究》,23(1998),页224—268。

5 李百川:《绿野仙踪》(上海:上海古籍出版社,1996),页617。

上思想的信持者，但也在具体的行动中运用它们，不能因后者而否定前面那个领域的存在，反之亦然。而且不同的思想派别，其实也可能起着区分不同政治派别的作用，形上的与世俗的层面总是互相套叠，互相渗透，人的意识本来就是如此复杂。

第二，马克·布洛赫（Marc Bloch，1886—1944）曾经说，研究古代的历史要像"倒着放电影"（regressive method）[1]，要从古代建筑物在地面上所留下的阴影倒回去追索该建筑的模样，对于史料稀少零碎像法国农村史的研究而言，他的方法很有道理。

但近代思想文化史是一个史料非常多的领域，而且整体的历史轮廓也比较清楚，我个人认为，在方法论上应该是顺着放电影，也就是努力回到最初的"无知之幕"，一步一步展向未来。

我们对百年来的历史知道得太熟了，所以我们已逐渐失去对所研究问题的新鲜感，需要"去熟悉化"（defamiliarized），才能对这一段历史产生比较新的了解。对某一个定点上的历史行动者而言，后来历史发展的结果是他所不知道的，摆在他面前的是有限的资源和不确定性，未来对他而言是一个或然率的问题，他的所有决定都是在不完全的理性、个人的利益考虑、不透明的信息、偶然性，夹杂着群众的喧嚣吵闹之下做出的，不像我们这些百年之后充满"后见之明"的人所见到的那样完全、那样透明、那样充满合理性，并习惯于以全知、合理、透明的逻辑将事件的前后因果顺顺当当地倒接回去。此外，我们研究历史时，还往往以为历史中的人物是处于"完美理性"，而忽略了历史中的人物是处于"有限理性"，因此在倒回去进行历史解释时，可能犯下误以为他们是"完美理性"而做了错误的解释。

换言之，"事件发展的逻辑"与"史家的逻辑"不同，在时间与事件顺序上正好相反，一个是 A → Z，一个是 Z → A。"事件发展的逻辑"是顺着时间之流往前看，前面是未知的，历史工作者要用很大的力量来使自己变得"未知"，即福柯（Michel Foucault，

1　Peter Burke, *The French Historical Revolution*（Stanford: Stanford University Press, 1990），pp. 23-24.

1926—1984）所讲的"去熟悉化"。但"去熟悉化"是非常难的事情，对于我们明明知道的事情，我们很难装作完全不知。史家要慢慢往前，看历史行动人物面临的所有可能性与限制。另一方面，还要回过头来看，一些事情的意义才会更显豁出来。

后见之明式的推断还有一个特色，因为太了解后来的结局，所以不知不觉地误以为对于历史行动者而言，未来是"已知"的。就这一特色，可以"日记"及"自传"两种文体的差异略做说明。除非是像某些伟大人物在写日记的时候就已经预想到将来要公开，否则大部分的日记是顺着事件发生之流写下去。对记日记的主人而言，他可能计划着"未来"，而且"未来"对当下而言虽不一定是绝对不透明的，但是未来绝对不是"已知"的。自传就不一样，写自传时，"未来"是已知的，传主是有意识地或在一定架构下选取自己生命史的材料，并赋予一个意义架构。前者是 A → Z，后者是 Z → A，两者之间并非截然不同，但是其间的出入是很明显的——日记中的未来是未知的，自传中的过程是已知的。

而且，因为时间序列的不同，人们对历史所做的判断是很不一样的。例如汪士铎（悔翁，1802—1889）的《乙丙日记》把陆建瀛（1792—1853）等人骂得狗血淋头，认为道学应该被消灭。有人就说如果他是在太平天国平定之后，了解曾国藩等道学家扭转乾坤的贡献之后才写这段日记，语气和思想一定不一样。《乙丙日记》中那种可怕的、悲观的、残酷的，充满毁灭性的想法，是写在太平天国平定之前。这就是"时间序列"在历史解释中的重要性。

同样地，对历史人物的评价也会随着"时间序列"的不同而不同。例如李鸿章，如果在太平天国、捻乱平定之后就逝去，后世对他的评价一定不同，连带地谈到他在太平天国、捻乱时的角色的方式也会不同。

又比如章太炎在他的一些文章里面，常常斥责清朝的某些读书人，说他们出仕清廷，没有守住汉人的节操，然而这不正是革命史学的"后见之明"吗？章太炎从晚清革命家的眼光倒扣回去，总认为清代汉人都会不自觉地问自己是否应该出仕的问题。所以他总是说："昔戴（震）君与全绍衣（祖望）并污伪命"（《谢本师》），或"虽余萧客、陈兔辈，犹以布衣韦带，尽其年寿"（《说林上》），好像他们都是经过一番深思熟虑之后，才做了上述的决定。其实生在清代盛世的人，脑海中恐怕不大出现过"污伪命"的问题，他们对于能出来做官高兴得不得了。我曾注意到戴震的文集里有一篇讲到"海寇郑成功"（《郑之文传》），如果他有很强的汉族意识，他怎么会称郑成功为海寇呢？章太炎经常是以"后见之明"在看历史。我们是不是也经常和章太炎做一样的事？

太过耽溺于"后见之明"式的思考方式，则偏向于以结果推断过程，用来反推回去的支点都是后来产生重大历史结果的事件，然后照着与事件进程完全相反的时间顺序倒扣回去，成为一条因果的锁链。但是在历史的发展过程中，同时存在的是许许多多互相竞逐的因子，只有其中的少数因子与后来事件发生历史意义上的关联，而其他的因子的歧出性与复杂性，就常常被忽略以至似乎完全不曾存在过了。如何将它们各种互相竞逐的论述之间的竞争性及复杂性发掘出来、解放出来，是一件值得重视的工作。在近代中国，原有的秩序已经崩解，任何一种思想都有一些机会成为领导性论述，同时也有许许多多的思潮在竞争，必须摆脱"后见之明"式的或过度目的论式的思维，才能发掘其间的复杂性、丰富性及内在的张力。

此外，一个大致知晓全幅历史发展的人，与一个对未来会如何发展一无所知的历史行动者，对事件中各个因子之间的复杂情况与各因子之间的关系的了解与分析明显不同。我们可以想象后代史家会多么容易对"事件发展逻辑"所特有的非透明性、歧出性、偶然性，做出错误的解读与诠释，同时也能意会到想要"去熟悉化"是一件多么艰难甚至永远不可能达到的目标。但是对这两种逻辑之间重大差异的自觉，恐怕是史家所应时刻保持的。

最后，我要补充一点，在反复区别"史家的逻辑"与"事件发展的逻辑"之后，我仍想强调一个比较好的历史重建或历史解释，应该是 A → Z（事件发展的逻辑）及 Z → A（史家的逻辑）两者交互循环。譬如我们观赏一部电影，从顺着放映中（A → Z）得到一种理解，然后再看第二遍，也就是由已知之后再回过头去看，往往会发现

几个动作或几句对白，揭露了对后来发展至为重要的意涵，而那是由
A→Z 看不出来的。一个历史工作者应该巡回往复于两种逻辑之间。

　　第三，我们已经充分了解韦伯（Max Weber，1864—1920）所
说的思想、习俗等所构成的"世界图像"对历史发展所扮演的类似
火车"转辙器"的功能[1]，但是如果更深入地看，思想与政治、社会、
教育、出版、风俗、制度之间，是一种佛家所谓的互为因缘，或是
用诺贝特·埃利亚斯（Norbert Elias）的话说，是一种"交互依存"
（interdependence）关系。[2]

　　韦伯也曾经说过，人是搭挂在自己所编织的意义网络之上的动
物，此话诚然，但人同时也是搭挂在其生活网络与社会网络之上的
动物，后面两者与思想有着非常深刻的关系。当社会生活形式产生
深刻变化之时，便与一种新的思想产生亲和性（affinity）的关系，
思想像一株树木，它生活在社会生活的土壤之中。如果我们比较深
入地了解舒茨（Alfred Schutz, 1899—1959）对日常生活世界的分
析[3]，或许可以把握"思想"与"生活"之间交互依存的关系。

　　远的不说，是什么样的社会生活变化，使得"过去"成为一个
陌生的国度[4]，使得"传统"成为一个流行的概念，使得形形色色的
新思潮得以越闸而出。是什么样的社会生活变化，使得较早一批出
身于港澳或租界或沿海通商口岸的思想家，把他们生活中所见所感
的东西化为歆动一时的思想言论。

　　思想与社会、政治、教育等复杂的"交互依存"关系，使得跨
领域的研究变得相当迫切。近来自然科学已经出现了学科重组的新

1　Max Weber, *From Max Weber*, ed. and trans. H. H. Gerth and C. Wright Mills.（NY: Oxford University Press, 1958），p. 280.

2　Robert van Krieken, *Norbert Elias*（London: Routledge, 1998），pp. 11-12, 49, 55-61, 103-104.

3　舒茨这方面的著作很多，如 *The Collected Papers of Alfred Schutz vol. I: The Problem of Social Reality*（The Hague: Martinus Nijhoff, 1962）；还有他与托马斯·卢克曼（Thomas Luckmann）的 *The Structures of the Life-World*（Evanston: Northwestern University Press, 1973）。

4　David Lowenthal, *The Past is a Foreign Country*（Cambridge: Cambridge University Press, 1985）.

发展，19世纪以来逐渐定型的一些学科划分，面临改组的命运，而新出现的学科常常是跨领域研究的进一步发展，在思想史研究中，跨领域研究也是一条值得重视的路（譬如近几十年来，有关中国上古思想史的一些新看法是与人类学分不开的）。

在研究课题方面，第一，我们在研究近代思想文化史时，太过注意浮沉于全国性舞台的人物或事件，或是想尽办法爬梳庶民的心态，但比较忽略"中层"的思想文化史，如果地方上的人物被史家注意到，通常也是因为他后来成为举国所瞩目的人物，像新文化运动时期成都的吴虞，或杭州一师的施存统，但是除了这些后来上升到全国舞台的思想人物，许多小地方都有它丰富而多姿多彩的变化，在地的读书人也敏感地寻找思想文化上的出路。瑟图（Michel de Certeau，1925—1986）说，在大波浪之下的海底，鱼儿们游水的身姿也值得我们注意。[1]这里所指的是县或乡镇这一级的思想文化活动。有几个立即可以探究的问题：没有这些在地的读书人，通文墨的种种身份（如阴阳生）的人，精英的论述可能下及在地社会吗？他们是不是被动"启蒙"的一群，他们与主流论述的大知识分子之间的关系，他们在大思潮风行草偃之时，是否维持其在地性的思想特色，或者根本应该反过来思考，上升到全国舞台的大知识分子事实上始终带着在地性的思想色彩。

以江南一些古镇中的小读书人与整个时局变化的关系为例，江浙的几个古镇像南浔、周庄、同里、黎里、角直，它们都是一些富含明清古典气息的小镇，但在清末民初，其地的读书人，酝酿了一些动能，在地方上也都兴办了许多新的事业，这些动能并不全然与主流论述相合拍，但他们都有摸索各种出路的努力（以周庄为例，《岘声》《新周庄》这类地方小报纸是了解当地思想文化动态的好材料）。其中只有后来与南社有关的诗人，如柳亚子、陈去病等较为大家所知。

1　Michel de Certeau, *The Practice of Everyday Life* (Berkeley: University of California Press, 1988) .

如果我们比较仔细地观察，这些原本十分古老、封闭的地方社群中思想与知识的生产与流动，他们如何得到书刊，他们读什么书报，信息沟通的网络，地方新兴的舆论，几个零星的"有机型知识分子"如何获得外部信息，如何把外面的主流思想议论变造成浅白的语言，传达给在地的人民，如何成为组织者与宣传者，并使自己取得了原先旧科举功名拥有者在地方上所享受的优越地位等，都很值得注意。[1]

第二，过去，我们似乎将太多注意力放在新派人物身上，即使被注意到的所谓保守派，也常常是与新派人物保持密切对话的人（如梁漱溟之《东西文化及其哲学》[2]，其中牵就陈独秀与胡适之处甚多），而对于旧派人物的丰富性了解相对较少。尤其是他们的论点常常隐晦地表达在他们对经书的批注或诗词之中，更增加其了解的困难。

受旧文化熏陶较深的读书人，有一整套价值观，对于自己所属这个文明的"理想的自我形象"有一套看法，对于种种长期积累的"文化理想"也有其坚持，故对许多旧派人物而言，所谓进步的东西，在他们看来是一种堕落与破灭。所以常常是社会文化已经变得面目全非，但是旧读书人挂在口头上的始终是"理想上"应该如何如何。只要这"理想上应该如何如何"的心理不曾变化，则不管现实的变化有多大，他们心目中仍将以这些"文化理想"衡量、评判现实，想尽一切努力回到那个"文化理想"。所以，这些"文化理想"的内容，旧派人物的思想世界与传统的"文化理想"的关系，以及在什么时候以及在什么情况下，主流论述严重地挑战或破坏了这些"文化理想"，都值得探究。此外，我们已经知道"新派"不停地在变，但我们较忽略的是旧派人物也不停地在变，他们也在以独特的方式响应时局。

第三，"一只燕子能否代表一个春天"？如果一种想法只是出现在某位思想家的笔下，而没有传播开来，那也就只是一只燕子而已。

---

1 这些地方上较早的一批旧读书人，譬如周庄的诸福坤，南社最早的几位先驱早年皆受学于他，他们的思想意态显然已经酝酿着一些变化了，但我们对此等人物却只有吉光片羽的了解。

2 梁漱溟：《东西文化及其哲学》（台北：里仁书局，1983）。

因为我们讨论的是思想史，所以不能太心安理得地以为一只燕子就代表一个春天，也就必须要考虑思想传播的问题，而考虑这个问题时，便不能不注意新式报刊及印刷的流行所带来的革命性变化。胡适曾说，一个商务印书馆远比一个北大有力量，即因为他认识到这一现象。

此处只举几个简单的例子。新报刊与各种印刷物将思想带到原先所到不了的地方，形成了一个网络，而且深入到原先不可能接触到这些思想资源的大众，形成了一个纵深，新刊物是定期出版的，所以形成了时间的持续感。作者与读者之间形成了一种超越亲缘、地缘的联络网与对话关系，而且形成一种声气相通的拟似社团，原先对事情的零星反应可能通过报刊而形成集体舆论，它们所产生的影响非常广泛而复杂。

以"官"与"民"的关系为例，掌握在非官方手里的传播网提供了表达各种轶出官方正统的思想，人们不必通过上书的方式，而是直接在报刊上表达。当时人不免产生一种不解，即社会上出现一种怪现象，下层官员或百姓有意见时，不循正常的书奏渠道，而是径交各种报刊发表。当时人的不解正好反映了一种新的信息网络的兴起，这种新网络促成新式"舆论"的出现，造成一种公共舆论，这种公共舆论和以前官方的采诗采风不同，成为一种相对于官方而言具有独立意味的领域，甚至与官方的意识形态竞争，并常常拂逆或左右官方的意志。我觉得在晚清轰动一时的"杨乃武与小白菜"事件，便已透露出《申报》等大媒体所形成的公共舆论如何挑战官府的判决，而官方的权威、官方的意识形态等也都广泛地受到这一类公共舆论的新挑战。[1]

新报刊与印刷物的流传，也使得精英的上升渠道逐渐多元，在科举之外，有些人靠着在报刊发表文章成为言论界的骄子，即使没有功名，也可以迅速积累象征资本，成为新的社会精英。思想上"主

1　关于此案之过程，见刘志琴主编《近代中国社会文化变迁录》（杭州：浙江人民出版社，1998），页380—383。

流论述"的产生与运作方式也产生了新的变化。不过，报刊与印刷固然使得多元的思想可以公开表达、流传，并与官方正统意识形态竞争，但反过来说，某些论述也可能凭借强势媒体的力量，压抑了在地的、多元的声音。

第四，近代中国感觉世界（structure of feeling）[1] 与 "自我认知的框架"（frames of self-perception）[2] 的变化也值得注意。此处再以南社为例，柳亚子、陈去病这群震动清末历史的人，整天聚会饮酒，流连于酒楼、古墓、遗迹，写诗作文，做的完全是旧文人的事，写的都是旧体的诗词，他们较少发表时论，但他们的诗词展现出一种不安于现在、不满于现状的激情、悲愤与豪兴，鼓吹活泼淋漓的少壮风气，其中固然少不了革命的、民族主义的想法，但是这些思想都在《民报》等刊物中阐述再三了，他们的诗词所发挥的作用毋宁说是以文学催促旧的渐渐消灭，暗示民族的更生，整体而言是在带动一种感觉世界的变化，而这种变化歆动了一时的文化界，与革命思想交互作用。从这个例子看来，如何捕捉感觉世界的变化，是一件值得注意的事。

此外，"自我认知的框架"也在变。形形色色的新思想、新概念、新名词，纷纭呈现，而又层层交叠，生活在这个由新概念、新名词所编织而成的政治文化之下的人，看待世界的方式与行动的方向都起了变化。年轻的读书人所理解的常常只是几个粗浅浮泛的概念，可是因为对旧的世界已经失去信心，对新的、未知的世界无限向往，一两个名词、一两个概念，便成为一种形塑个人与社会的重要思想资源。我们应如何捕捉这些飘移的信息，从而勾勒出晚清以来"自我认知的框架"的情状？

科泽勒克（Reinhart Koselleck）在一篇文章中讲了一个故事。他说，在德国的一个小地方，古来的习俗是未成年的子女不能上桌吃饭，有一天一个少年从外面回来，他父亲先是赏了他一个耳光，

---

1 Ramond Williams, *The Long Revolution* (New York: Vintage Books, 1973) , pp. 45-48.
2 借自 Clifford Geertz, *The Interpretation of Culture* (New York: Basic Book, Inc., 1973) , p. 239.

然后告诉他，从今以后，他可以上桌吃饭，家人对此突发事件非常错愕，忙问父亲这到底是为什么，这位没有什么知识的父亲回答说："人们说这是进步！"[1] 这本来是一个平凡无奇的小故事，但在近代中国随时随地在发生。举一个例子说，晚清书刊中满纸的"公理""公法"……五四以后，青少年的口头禅"向上的生活""进步""反动""主义"，或是他们在诗文中常用的"自然的"与"有意识的"之对立，便发生这种作用。"向上的生活""有意识的"，成为塑造"自我认知框架"的关键词，就像那位父亲一知半解地说"人们说这是进步"。

　　最后，我想以四点作为这篇短文的结束。

　　第一，比较研究也是不可忽视的，在这方面，前辈史家已经做过种种努力，但是大多是以现代化的理论为基础来进行的，我们应该摆脱这个理论支架，把近代中国思想和同一段时期印度、东欧等地区的思想发展进行比较。此外，我们如果更加深入地了解近代欧洲思想学术，并把中国放进当时世界思想脉络中去理解，必然会得到较为深刻的见解。

　　第二，从年代上来说，20世纪50年代以后的台湾与大陆的思想历史，目前仍是一片相当荒芜的园地，而这五十年中海峡两岸所经历的思想变化非常复杂、深刻，应该得到特别的重视。

　　第三，有许多普遍感兴趣的问题，像隐私的观念、人权、友谊、宇宙观、时间、空间的观念等，还较少被放在近代思想文化史的脉络中加以探讨，值得进一步开拓。

　　第四，虽然我在前面谈了这么多，但是，最后也是最重要的是，我们仍然不能忽略对于一群又一群思想家的原典的阅读与阐释。如果把康有为、梁启超、孙中山、陈独秀、胡适等人的思想从近代历史上抽掉，那么，近代中国历史的发展就是另外一回事了。所以，对于重要思想家的著作进行缜密的阅读，仍然是在思考思想史的未来发展时最优先、最严肃的工作。

1　Reinhart Koselleck, *The Practice of Conceptual History*, translated by Todd Samuel Presner and others (Stanford, California: Stanford University Press, 2002), p. 218.

第一编 旧典范的危机

方东树与汉学的衰退

　　近代思想变化的起点究竟是什么时候？是鸦片战争吗？讨论近代思想时，可以直接从汉学谈到新学吗？在两者之间是不是有第三种思想力量，也就是宋学的复兴？而宋学的复兴究竟只是一种古代学说单纯的回潮，还是代表一个新时代的动向？

　　首先必须指出，在鸦片战争之前，中国内部已面临几种挑战。第一是内治的问题，动乱接踵而来，各种制度也出现问题，尤其是在风俗道德方面，其中最令人触目惊心的是官僚的贪污腐化。正因为人们对贪污腐化触目惊心，所以会出现像魏源（1794—1856）等人的"挑菜会"以及倭仁（1804—1871）等人的"吃糠会"[1]。第二是大家所熟知的鸦片及外夷的问题。

　　鸦片战争之前传统学问已经起了种种变化。这些变化的原因很复杂，有的是学术内在发展的结果；汉学内部出现了许许多多因内在问题而产生的所谓"典范危机"。但最重要的是知识与现实、知识与人生的关系出现裂痕。当时知识分子有一个疑问：为何考证学如此发达，出版的书这么多，而现实世界如此龌龊混乱？这个现象显然与清初大儒的主张相违背。清初大儒说，研求圣经贤传的最终目的是为了能再返三代之治。但是清季学者开始质疑这个大前提：

1　关于挑菜会，见梁章钜《浪迹丛谈·续谈·三谈》（北京：中华书局，1981），页201，《人日以七种菜饷客，约同人和之》及《人日叠韵诗》。

将三代社会的真相弄得愈清楚，好像也愈不可能把三代的理想付诸实行？是因为人们不肯留心致用，还是因为六经的社会与清代社会已经完全不同，以致不可能将六经原原本本地行诸当代？简言之，这时候产生了一种深刻的"知识与现实世界断裂"的危机感。人们怀疑当时居学术界主流地位的汉学考据，究竟与现实政术及道德风俗有何关联？这一门学问是不是完全失去了现实观照性，以致学术自学术、社会自社会，汗牛充栋的考据学著作非但不能为现实世界带来一尺一寸的进步，反倒有恶劣的影响？

在《书林扬觯》一书中，方东树（1772—1851）便将当时学问与现实世界的巨大断裂说得非常坦白、非常激烈。这本书虽然是在道光十一年（1831）刊行的，但发愿撰写则在道光五年（1825）的春天。他说当阮元（1764—1849）创建学海堂书院的来年，阮氏首先以"学者愿著何书"问堂中学生，方东树听了觉得非常感慨，他认为这个问题大错特错，阮元不应该只问学者想写什么书，而不问所写的书有什么用。故他慨叹后世著书太容易，"殆于有孔子所谓不知而作者"，于是发愤写成十六篇文章，其中有不少直接或间接批评清儒拼命著书而不管现实的风气。他在终篇中说：

> 藏书满家好而读之，著书满家刊而传之，诚为学士之雅素，然陈编万卷，浩如烟海，苟学不知要，敝精耗神与之，毕世验之身心性命，试之国计民生，无些生益处……此只谓之嗜好，不可谓之学。[1]

这段话必须放在道光朝学术的背景下看。方氏是针对乾嘉学者拼命考证著书，只管在学术社群中树立地位与声望，而不管他们的专业研究与整个社会的福祉是否有任何关系而发的，所以他说那样拼命著述，如果"验之身心性命，试之国计民生，无些生益处"，则只

---

[1] 方东树：《书林扬觯》，载《书目类编》（台北：成文出版社，1978），第92册，总页41516—41517。

能说是"嗜好",不能称之为"学"。所谓"学",照传统儒家的理想,应该是承担天下国家的实政实务。故他说:

> 君子之学,崇德修慝辨惑,惩忿窒欲,迁善改过,修之于身,以齐家治国平天下,穷则独善,达则兼善,明体达用,以求至善之止而已,不然,虽著述等身,而世不可欺也。[1]

方东树代表道光年间一大批希望转弦易辙的士大夫共同的想法。他们都不满意当时学问的性质以及学问与社会的关系,他们想追求一种理想的人格,简言之,一种整合政事、文章与道德为一的整体观念。

他们也为宋学,乃至整个宋代申冤,认为许多考据学领袖无情地攻击宋学,乃至于"使有宋不得为代,程朱不得为人"[2]。他们认为宋学不但是中国学术的高峰,而且宋儒对先秦儒家的把握,其实是最高明的,宋儒对现实的观照也远胜于考证学者。这一个将文明发展之注意力由汉转向宋的方向,是清代后期思想史中一个关键性的变化。

以上这些观点基本是鸦片战争以前知识圈中的一个"意见气候"(climate of opinion)。不过毫无疑问的是,鸦片战争的失败,使这一发展变得更加激烈。如果不能掌握上述的"意见气候",便不能了解方东树的思想倾向,而如果不能掌握方氏的思想倾向,就不能了解他为什么敢冒天下之大不韪,写出了《汉学商兑》这部奇书。

一

在这里我要先用《仪卫轩文集》中的材料,来说明方东树的思想意趣,然后再谈《汉学商兑》(简称《商兑》)。

---

[1] 方东树:《书林扬觯》,载《书目类编》,总页 41517。
[2] 朱雅题辞,载《汉学商兑题辞》,见方东树《汉学商兑》(台北:台湾商务印书馆,1978),页 1。

方东树尊宋颂宋的态度与桐城文派有关。他的父亲是姚鼐（1732—1815）的学生，而他自己也曾经长期从学于姚氏；他的交游圈基本上也以桐城文派为主，这些人都看重朱学，对于陆王不能没有怀疑[1]，对于考证学，则常持激烈批判的态度。方氏在许多著作中都透露了他尊朱的热情，如《重刻白鹿洞书院学规序》：

> 慨然想见朱子当日所以集群儒之大成，使斯道昭明，如日中天，其遗文教泽一字一言，皆如布帛菽粟，后之人日游其天而不能尽察也。……必欲兴起人心风俗，莫如崇讲朱子之学为切。[2]

他说六经都是为了致用的——"六经之为道不同，而其以致用则一也，此周公孔子之教也"，而这个宗旨"唯宋人为大得"。[3]《仪卫轩文集》中有几篇长文，都是为了辩驳汉学家中相当流行的"理学亡国"论[4]，譬如在《明季殉难附记序》中说：

> 世之鄙儒乃犹痛诋道学，力攻程朱，甚且以明之亡归咎于讲程朱之学，是恶知天下古今得失之大数乎？[5]

他又说清儒"毕世治经，无一言几于道，无一念及于用，以为经之事尽于此耳矣，经之意尽于此耳矣。其生也勤，其死也虚，其求在外使人狂，使人昏荡"[6]。他认为这是因为考据家只为了求在学术社群中的名声，而不顾其他。他鄙薄考据学大师钱大昕（1728—1804），在《书钱辛楣〈养新录〉后》中说：

1　方东树：《仪卫轩文集》（清同治年间刊本），卷5，页12。在《重编张杨园先生年谱序》中，他说："自朱子而后，学术之差，启于阳明。"
2　同上，卷5，页31。
3　同上，卷5，《汉学商兑重序》，页4—5。
4　方东树：《仪卫轩文集》，卷6，《书钱辛楣〈养新录〉后》，页4—11。
5　方东树：《仪卫轩文集》，卷5，页8。
6　同上，卷5，《汉学商兑重序》，页5。

　　然则其所作《廿二史考异》亦何用也，不过搜觅细碎眩博以邀名而已。[1]

　　他痛斥考据大家阎若璩（1636—1704），在《潜邱札记书后》中一再强调，为了名，这些学者可以不要天下国家[2]，说他们：

　　虽窃大名，亦徒荣华于一朝，而未由施用而不朽。[3]

　　他也批评清儒之学有愈走愈窄、愈来愈小、愈来愈琐碎也愈来愈离开现实的趋势，对于宋人之学也愈来愈不能以公平的态度去对待。在《潜邱札记书后》中，他说顾炎武（1613—1682）的书还有"本领根源"，所以其书尚莫能废；到了阎若璩，已经变小了——"其体例不免伧陋，气象矜忿迫隘，悻悻然类小丈夫之所发。"[4]到了惠栋（1697—1758）、戴震（1724—1777）、臧琳（1650—1713）等，又变得更小，更无是非，而且"专与宋儒为水火"[5]，他们的学问不过是取汉儒破碎之学加以穿凿而已。他特别点出扬州江藩（1761—1831）等人是使得汉学走入窄小狭仄之局的关键人物，在《复罗月川太守书》中说：

　　此其风实自惠氏、戴氏开之，而扬州为尤甚。及其又次者，行义不必检，文理不必通，身心性命未之闻，经济文章不之讲，流宕风气，入主出奴。[6]

　　引文中的"扬州"指江藩等人。在他们主导下，学问风气"弃本贵末，违戾诋诬，于圣人躬行求仁修齐治平之教，一切抹杀，名

1　方东树：《仪卫轩文集》，卷6，页11。
2　同上，卷6，页1。
3　同上，卷6，页1—2。
4　同上，卷6，页2。
5　方东树：《仪卫轩文集》，卷5，《汉学商兑序》，页2。
6　方东树：《仪卫轩文集》，卷7，页6。

为治经，实足乱经，名为卫道，实则畔道"[1]。所以他要向这些被"扬州佬"所窄化的学问开火。这也是为什么此下我要花费一些篇幅谈方东树与扬州学圈的关系。

二

在考证学初兴时，人们并不将自己局限于汉学。把汉儒之学与孔学等同起来的新典范基本上由惠栋所确立。在《九经古义》的序中，惠栋认为，由于经书的意义唯有通过汉儒的注解才能被正确地把握，所以后人不应该作有别于汉儒的解释。[2]

苏州与扬州是惠栋阵营的主要根据地，他的学生江声（1721—1799）、余萧客（1729—1777）等人都活跃于这些地方。扬州是清代中期最繁华的城市。只要一览当时全国交通图，便可知它是水陆交通辐辏之地，提供了一个极便利的交通网；而只要一查清代藏书家的资料，也知道扬州同时也是藏书极富之地，在官方藏书方面，《四库》的七份抄本中，便有一份在扬州，再加上当地盐商大贾对学术文化的赞助，吸引了全国各地的文人学者。扬州的学风也深深影响过往的学者，戴震在扬州停留三年之久后，思想便很受惠氏之影响，尤其是反宋学的态度。[3]

扬州也孕育了阮元及江藩两位汉学领袖，他们都是余萧客的学生，算是惠栋的再传弟子。阮元是一位极成功的学术官僚，曾任浙江巡抚、两广总督，并成为考证学的重要支持者；比起阮元，江藩便寒微得多了，他不曾获得任何功名，但这并不影响他成为一位学术领袖。江藩也曾试着通过相应渠道获得仕进机会，并曾在1786年详注乾隆的诗进呈皇帝，但是，当时北京正因林爽文事件而一片

1　方东树：《仪卫轩文集》，卷5，《汉学商兑序》，页3。
2　惠栋：《九经古义》，收在阮元编《皇清经解》（台北：汉京重编本，1980），卷359《述首》，总页14379。
3　惠氏曾说宋儒之祸过于秦焚，见钱穆《中国近三百年学术史》（台北：台湾商务印书馆，1968），页321。

混乱，故乾隆无暇分神应付江藩。[1] 失去这次机会后，江藩来往于北京、扬州、杭州等地。在这段日子里，他的名著《国朝汉学师承记》（简称《师承记》）逐步成形。1811 年，这部稿子已大致完成，并在江南学者手上流通，1817 年，二十六岁的龚自珍（1792—1841）也看到这份稿子，并写信反对江氏以"汉学"二字称呼清代考证学。不过，江藩并未为其所动。江藩在 1818 年受阮元之邀到广东参与《广东通志》的编纂工作，同时刊印《师承记》。

在《师承记》中，江藩对汉学与宋学做了非常清楚的划分。他很不情愿地把两位清代考证学开山大师顾炎武、黄宗羲（1610—1695）放入《师承记》的附录部分，主要是因为他们仍与理学的传统有关，并曾参与抗清的活动。[2] 他把不是完全符合汉儒训诂之学的摒弃不录[3]，与宋学有一点牵连的也概被拒绝[4]。故恒慕义（Arthur Hummel）形容江藩的这部书是第一次系统建立清代经学系谱的尝试。[5]

《师承记》得到阮元的大力支持。阮元在该书的《序》中强调说，因为汉儒接近儒家先圣的时代，而且是在道家与佛学被大量吸收之前，他们对儒经的训诂比后来的人更为可靠。[6] 阮元表示他完全同意江藩的去取标准。从 1825 年起，阮元开始编刊《皇清经解》，他在选目时所立的标准也大致与《师承记》相近。[7]

方东树比江藩还落魄。方东树数度参加科考，但直到五十岁仍未能博得一第，他在江南各地转逐，过着相当贫困的生活。从后人为他作的年谱中我们可以看出：他一生大部分时间都在寻求职位糊口[8]，尤其是漂泊扬州那几年更是难堪[9]。因为家贫，以致一家数口死

1　《江藩传》，《清代碑传全集》（上海：上海古籍出版社，1987），总页 1189。
2　江藩：《国朝汉学师承记》（北京：中华书局，1983），页 133。
3　江藩：《国朝经师经义目录》，与前书合刊，页 147。这是江藩之子江钧综括性的话。
4　徐复观：《两汉思想史》（台北：台湾学生书局，1979），册 3，页 589—590。
5　Arthur Hummel, *Eminent Chinese of the Ch'ing Period*（reprint, Taipei：Ch'eng-wen, 1972），pp. 137-138。
6　《国朝汉学师承记》，《阮序》，页 1。
7　何佑森：《阮元的经学及其治学方法》，《故宫文献》，2:1（1970），页 22。
8　郑福照：《清方仪卫先生东树年谱》（台北：台湾商务印书馆，1978），页 5。
9　方东树：《仪卫轩文集》，卷 7，《答姚石甫书》，页 13。

去多年迟迟未能下葬。他的妻子贫病将死之际,方氏却为了糊口,不得不辞家远行,而且为了保住馆职,即使听到祖母病危也不能即刻赶回。像这类例子,在苏惇元(1801—1857)为他编的年谱中真是随处可见。在《答姚石甫书》中,他这样说:"仆孤穷于世,匪独无见收之人,乃至无一人可共语。"[1]他的孤立是两方面的,经济上的窘促,学问上的孤立,而这些都与他是宋学的鼓吹者而不是当令的考证学家有关。其实这并不奇怪,在汉学极盛的时代,理学家不易得到学术主流的青睐。以方东树的老师姚鼐为例。姚氏虽然在朱筠(1729—1781)的推荐下,于1771年进入四库馆撰写提要,但是因为他的理学背景,所撰提要经常被其他馆臣抵制,逼得姚氏最后辞职离开。[2]离开四库馆后,姚开始公开表示他对汉学的强烈不满。

姚鼐早年也曾想接近考证阵营。他曾希望成为戴震的学生,但被戴氏婉拒了。即使是离开四库馆并公开批评汉学,但他对汉学的长处仍有充分的认识。他所不同于当时考证学者的,是希望合义理、考证、辞章为一,而且他认为这对考证学的发展有利。在他的学生中,也有不少人娴于考证,方东树便是其中一个。在《汉学商兑》中,方东树便公开承认清儒在音韵训诂之学上的成就古今无双。他不断提醒学生,朱子并不曾轻视训诂音韵之学,并强调自己对它们的重视也不减于并世的考证学者。[3]

方东树颇能欣赏清儒的某些作风。在《汉学商兑》的《序例》中,他称赞余萧客的《古经解钩沉》详注所引材料之出处。[4]引书注出处虽起源更早,但是到清学才形成一个特色,《引书考》一文的出现即一例证。[5]方东树在《商兑》一书中便刻意模仿这种体裁。他很明显地是想吸收汉学的长处,并摆脱宋学玄想无根之病。

1819年春天,方东树在《广东通志》局中成了江藩的助手。没

1 方东树:《仪卫轩文集》,卷7,页13。
2 R. Kent Guy, *The Emperor's Four Treasures* (Cambridge, Mass.: Harvard University Press, 1987), pp. 143, 146, 156.
3 方东树:《汉学商兑》,页20—21。
4 同上,《序例》,页3。
5 同上。

有任何资料显示二人相处的情况。我们所知道的是方东树在完成所负责的工作之后便离开广东了。方东树曾于五年后重返广东，在阮元的家中教馆。当时《皇清经解》的刊刻工作正如火如荼地展开着，而在这套大书中，凡是牵涉理学的作品多被排挤，即使是那些被尊为清学开山之作的名著也不例外。[1]这可能使得一旁的方东树感触良深，一般相信，就在1824这一年，《汉学商兑》的稿子已大致写成，不过它是在1831年，也就是《国朝汉学师承记》出版十三年后才刊行。江藩就在《商兑》出版的这一年去世。有趣的是，针锋相对的两本书都由阮元所刊行，这或许象征着阮元后来逐渐显露出的一种同时包容汉宋之学的趋向。

三

《商兑》一书主要是为宋学辩护，同时攻击汉学的缺失。在撰写的过程中，方氏时时不忘以子之矛攻子之盾。他不断地展示自己的考证学素养，然后从内面来攻击它。为了擒贼擒王，考证学大师惠栋、戴震、钱大昕、阮元都成了攻击目标，尤其是那些反对讨论宋明理学的人。

方东树批判他们的方式通常是先引用一段考证学者最具代表性的话，然后施以尖刻的批评。我们可以清楚地感觉到，《商兑》的第三部分明显是针对江藩的《国朝汉学师承记》与《国朝经师经义目录》而发的。

当汉学考证达到高峰时，几乎无人敢撄其锋。章学诚（1738—1801）《文史通义》中因有大量批评考证学者的文字，所以整部刊行是在他死后的事。清季陈澧（1810—1882）有一大批未刊稿在20世纪初被发现，它们之所以未刊，也是因为其中有太多攻击考证学的文字。这说明在"狐狸"当道时，极少"刺猬"敢公开挑战。[2]因

1　何佑森：《阮元的经学及其治学方法》，页22—26。
2　钱穆：《中国近三百年学术史》，页601。"刺猬"与"狐狸"之喻，源自英人伯林（I. Berlin），请参考余英时先生的《论戴震与章学诚》（台北：东大图书公司，1996）一书，页98—99。

此，像《汉学商兑》这样一本系统而大胆地攻击考证学之书在 1831 年出现时，不能不说是石破天惊之举了。

首先，方东树指出了汉学考证所面临的一个典范危机。由于清儒大多认为六经是一个系统，所以这个体系内的矛盾并未被严肃地考虑过。而清代的考证学者心中也大多假设：通过客观严谨的考证，可以恢复古代各种历史制度之真貌。而且因为这是客观的研究，而不是理学家的玄思，故可以避免缴绕不休的争论。

这种乐观的自信，在凌廷堪（1755—1809）《校礼堂文集》中的《戴东原先生事略状》里表现得最清楚：

> 昔河间献王实事求是，夫实事在前，吾所谓是者，人不能强辞而非之。吾所谓非者，人不能强辞而是之也。如六书九数及典章制度之学是也。虚理在前，吾所谓是者，人既可别持一说以为非，吾所谓非者，人亦可别持一说以为是也，如理义之学是也。[1]

这种乐观的自信也时常为出土文物所证佐。譬如戴震对古代的钟所做的历史重建工作，在乾隆中期被一个在陕西出土的实物所印证。[2]

但方东树敏锐地指出，清儒对同一个名物器数的研究却常常得出互相冲突的结论。讲求客观的考证学家却无法保证其客观性。方东树因为熟知考证学的成果，所以他很快发现这一个各人研究成果不能互洽的现象。他非常敏锐地指出：

> 又按汉学诸人，坚称义理，存乎训诂典章制度，而如考工车制，江氏有考，戴氏有图，阮氏、金氏、程氏、钱氏皆言车制，同时著述，言人人殊，迄不知谁为定论。他如蔡氏赋役，沈氏禄田，任氏、江氏、盛氏、张氏宫室，黄氏、江氏、任氏、戴氏方服冕弁，

1 《校礼堂文集》（台北：艺文印书馆，1971），卷35，《戴东原先生事略状》，页8。
2 Benjamin Elman, *From Philosophy to Philology* (Cambridge, Mass. : Harvard University Press, 1984), p. 182.

各自专门，亦互相驳斥，不知谁为真知定见。[1]

方东树说，过去在王阳明良知说的影响下，因为每人皆以一己之心作为依据，各执一是，争端百出。而清儒正是以客观考据来取得确定答案。何以声称确定而客观的汉学，竟然言人人殊，莫衷一是，就好比不同的人做同一组实验，却又得出不同的结论来。方东树认为这一现象本身即蕴含着汉学内在的危机。

接着，方东树认为清学有一种从"实学"到"虚学"的现象。考证学有一个共喻的前提：当儒家经典的原义以及制度器数的原貌被重构后，圣人的理想便可以付诸实行。至少在清代的初期，名物度数研究的最终目的是要治国平天下。即使到了清代中期，考证大师们如戴震、钱大昕等仍然奉行这个主张。

但是，考证学的发展却逐渐遗弃了这个前提。在现实中，因为文字狱的压力，使得士大夫不太敢在经世或现实批判上用心。但最出人意料的是，学者们发现，即使车制、明堂、冠冕之制皆能一一恢复三代之旧，而且没有内在的矛盾与争论，它们也未必能在当代社会中实行。讽刺的是，当这些车制、宫室没有考证清楚之前，彻底复返三代之旧的热情，是无法浇熄的，一旦把它们弄清楚后，反而觉悟到原来它们无法付诸实行。在考证学的先驱们身上，这个困境已经出现了。顾炎武要以三代声音改换今音，可是有一次他做客于朋友之家，清晨晏起，朋友对他大喊"汀茫久矣"时，顾氏竟大惑不解。后来经过朋友点明才知道，"汀茫久矣"是"天明久矣"的古音，足见以三代之旧施之于当世的困难了。既然三代之旧不能在当世实行，而且也没有什么人积极想推动它们，那么所谓"实学"又在何处落实呢？方氏说：清儒夸称他们所治的学问是言必有据，证必多端。相对于理学家而言，他们引证丰繁，也确是至"实"之学，但是到头来却在现实致用上成了至"虚"之学。《周礼》难读，而戴震有解；名物难知，而程瑶田（1725—1814）《通艺录》中有

1　方东树：《汉学商兑》，页165。

图。[1] 可是，考古的热情虽在，将"古"实施于"今"的可能性没有了，愿望也逐渐褪色了，方东树在《汉学商兑》中便引了一节段玉裁（1735—1815）描述其师戴震学术精神的话，并施以激烈的批评。段玉裁是这样说的：

> 由考核以通乎性与天道，既通乎性与天道矣，而考核益精，文章益盛，用则施政利民，舍则垂世立教而无弊。[2]

方东树批评说：

> 汉学诸人，言言有据，字字有考，只向纸上与古人争训诂形声，传注驳杂，援据群籍，证佐数百千条，反之身己心行，推之民人家国，了无益处，徒使人狂惑失守，不得所用，然则虽实事求是，而乃虚之至者也。[3]

方氏同时也指斥汉学的两大问题：第一，他说"由考核以通乎性与天道"之说是荒谬的，因为考据工作虽"证佐数百千条"，但与"反之身己心行"却毫不相干；第二，他说考据工作"推之民人家国"，亦了无益处，不得所用。故不管从道德或政治上看都没有价值。方东树抱怨说，考证学承诺要将所考的名物施之于用，可是他们花了极大力气去考证，却花最小的力气讨论如何将它们付诸实行。[4] 稍后魏源也说过，他并不反对考证可以得先圣之道，但即使这样，考证工作仍无益于后人，因为先圣之道在现世已用不上了。[5]

方东树更进一步说明性和天道何以不需"考核"也可以了解。他说，人们不必查《说文解字》才懂得什么是忠、孝、仁、义[6]，说

---

1 譬如程瑶田《释宫小记》，载《通艺录》（上海：安徽丛书本，1933），册9，页34—35。
2 方东树：《汉学商兑》，页122。
3 同上，页39。
4 同上，页106。
5 《魏源集》（北京：中华书局，1976），《默觚上·学篇九》，页24。
6 方东树：《汉学商兑》，页89、103—104。

得相当尖刻而深入。此外，方东树还从五个方面瓦解汉学研究的基础。第一，汉学家认为"经"与"道"可以画上等号，而"诂经"是通往"道"的快捷方式。阮元的一段话说明了这一点：

圣贤之道存于经，经非诂不明。[1]

阮元为考据学者的工作寻找根据说：古经典因长久传衍而大幅残缺，它们的意义也难为后人所把握。而汉儒因年辈接近孔子及其弟子，所以他们对经书的训解是掌握经书原意的快捷方式。[2] 但是，方东树将这条大锁链的第一环解开了，"经"不等于孔子的"道"，所以通"经"不一定即掌握了"道"，而通汉儒的训诂更不能说是掌握了"道"。方东树说许慎与郑玄这两位清代考证学者最为推崇的大师都犯了一大堆错[3]，后人何能借由他们及他们同时代人的训解去掌握经书之原意。

第二，清儒有一种相当普遍的态度，认为要懂得先圣的义理得从考据入手，因为后人对古圣贤的语言文字与典章制度有所隔膜，必须通过考据的功夫才能通古人的"心志"。戴震曾抱怨说：

今人读书，尚未识字，辄薄训诂之学。夫文字之未能通，妄谓通其语言，语言之未能通，妄谓通其心志，此惑之大者也。论者又谓：有汉儒之经学，有宋儒之经学，一主训诂，一主义理，夫使义理可以舍经而求，将人人凿空得之，奚取于经乎？惟空任胸臆之无当于义理，然后求之古经，而古今悬隔，遗文垂绝，然后求之训诂，训诂明则古经明，古经明而我心同然之义理，乃因之以明。古圣贤之义理，非他，存乎典章制度者是也。昧者乃歧训诂、义理而二之，是训诂非以明义理，而训诂何为？

1　阮元：《西湖诂经精舍记》，《揅经室集》（台北：台湾商务印书馆，1967），页 505。
2　同上。
3　方东树：《汉学商兑》，页 87。

义理不存乎典章制度，势必流入于异端曲说，而不自知矣。[1]

方东树批评这段话说，这是戴震最有代表性、影响最大，而所犯的错误也最大的一段话。方东树说，经书的意义不一定非通过训诂与文献考证才能把握。他说：

> 若谓义理即在古经训诂，不当歧而为二，本训诂以求古经，古经明，而我心同然之义理以明，此确论也。然训诂不得义理之真，致误解古经，实多有之。若不以义理为之主，则彼所谓训诂者，安可恃以无差谬也？

他并非决绝地认为考证训诂完全无用，但他认为在了解古圣的过程中，"义理"应该是优先的，而且没有"义理"，训诂会出现差错：

> 总而言之，主义理者，断无有舍经废训诂之事，主训诂者，实不能皆当于义理，何以明之？盖义理有时实有在语言文字之外者。[2]

方氏认为主义理者——主要是指以当时桐城派为代表的宋学家们，必定不废训诂，而且义理时常存在于语言文字之外。方东树是在提倡一种新的诠释态度。他认为圣人的道理是比六经更广泛的东西，其中还有一部分不在文字中，属于人的义理心性，不是文字训诂之学所能穷尽的。所以，如果以为经典考证能尽圣人之道理，则是将圣人看小了。

乾嘉考证有一种类似"诠释学循环"的方法，要人先知字之诂，而后治句之义，然后通全篇之义，进而窥全书之旨。复须通全篇之义或全书之旨，庶得以定某句之意，解全句之意，庶得以定某字之

---

1 见引于方东树《汉学商兑》，页86。

2 方东树：《汉学商兑》，页87。

诂。[1]方东树则要求超出由部分到整体,再由整体到部分的诠释风格。他说当学者从事考据工作时,对事物的"理"的了解应时时在其心中,所以他特别反对阎若璩所说的"治经不必拘理",认为这句话如果用来说天文历算之学还可以,但不可以说治一切经文都可不拘理而专求之于训诂。[2]他认为只有机械性的文字训诂并不能真正通经之义,从事考证工作时必须有义理贯穿其间才能深入,这也是为什么他与其师姚鼐一样,极力反对将考证、义理、辞章三分,而坚决主张三者应该形成有机的结合。他说一段经文的意思常需从"语气"上加以把握,而这种精微的技巧不是窄狭的考证学者所能欣赏的。[3]在《汉学商兑》中,他不但举例说明何以当义理与考据结合时,可以比纯限于文字训诂的方法了解得更为透彻[4];他甚至挑战时人:究竟是宋儒还是清儒对古圣贤的"心志"把握得更贴切?[5]

方东树进一步反驳戴东原以义理存乎典章制度之说法。他说道,义理并非都能从历史事实上推导出来。譬如,人们并不能从三代制度中推出"钦""明""安""恭""让""慎""诚""忠""恕"等道理。[6]他说:

> 若夫颇通于训诂,而实不识字,详于制度,而实昧于义理,如戴圣、马融、扬雄,或不识节义字,及进退守身义理,又何说也?盖忠孝信义,进退取予廉耻等字,不特读《苍》《雅》《说文》,而世无不明者,古今学人,或不识得,岂为不晓训诂之故与?[7]

义理也不必通过精研训诂文字,或精通古代的礼仪或典章制度

1　参见钱锺书《管锥篇》(香港:中华书局,1979),册1,页171。
2　方东树:《汉学商兑》,页80。
3　同上,页124。
4　同上,页124—125。
5　同上,页87—88。
6　同上,页89。
7　同上。

才能获得。而且，要紧的不只是是否明白古圣先贤之道理，而是如何付诸实行的问题。方东树扼要地说：

> 盖不患不明，第患不行耳。[1]

在这里，他将知识与道德实践之间脱节的问题又重新提出来。

方东树除了攻击清代汉学方法论的典范，对清代中期以来兴起的一股新哲学思潮也感到十分不满，这股新哲学是通过考证对宋明理学的一些概念作新诠释，以戴震、阮元、焦循（1763—1820）、凌廷堪等人为主将，希望以回复经书中这些概念的原义来取代已经被佛道思想沾染的宋明儒的概念。

戴震是这一股新诠释风潮的重要开启者，而阮元及其他一批考证学者是热心的追随者。他们的目标是将理气心性等道德名词的诠释权从宋明儒手中抢过来，以考证训诂复其"本义"——通常是较少理气心性的成分，比较朴素的意义，而汉儒的注释常被引用来支持这一派新哲学，最足以代表这派新哲学的是戴震的《孟子字义疏证》。当该书出现时，只有洪榜（1745—1780）真正支持他[2]，但是到了阮元的时代，戴氏的风格与方法已经有了大量的模仿者及追随者。方东树感受到这股学风的压力，几十年后，曾国藩（1811—1872）也不约而同地表达他对此"入室操戈"之风的忧虑。[3]

在这股新哲学思潮中，最令方东树忧虑的是扬州学者凌廷堪、阮元的"以礼代理"思想。阮说"理必出于礼也"[4]，并强调这是摆脱人人皆坚持自己的"理"以致纷纷相争，而获得一种确定性的办法：

> 以非礼折之，则人不能争；以非理折之，则不能无争矣。
> 故理必附于礼以行；空言理，则可彼可此之邪说起矣。[5]

1　方东树：《汉学商兑》，页106。
2　余英时：《论戴震与章学诚》，页90。
3　钱穆：《中国近三百年学术史》，页58。
4　方东树：《汉学商兑》，页61。
5　同上。

阮元这段话多少提示我们：清代学问，尤其是礼学的兴起，与理学内部对人人皆"理"、人人皆"良知"之间的纷争与相持不下有密切的关联。

方东树反驳说："理"是万事万物的"所以然"，所以，"理是礼之所以然"，"礼"只是"理"所涵括的一个部分，故绝不能"以礼代理"。他说："凡事凡物之所以然处，皆有理，不尽属礼也"[1]，而且行礼时也不能无"理"在胸中：

> 夫谓理附于礼而行，是也；谓但当读礼，不当穷理，非也。理斡是非，礼是节文，若不穷理，何以能隆礼？[2]

由此可见，方东树坚持不管是作考据功夫，或是讲礼，都必须有"理""义理"在心中。否则所得或为皮相，或为形式，或为枝节。照方东树的意思，如果真要深入汉学，必须融会宋学，否则无法真正深入。这个说法已为清季汉宋融合之风启其先端。

四

《汉学商兑》一方面批判汉学，从各个方面攻击它行之逾百年的典范，同时也处处指出它内在的技术危机，而最终目的是要恢复宋学，并挽救知识与道德、知识与社会断裂的危机。

方东树是这个思想复兴运动的前驱。在他之后，逐渐地有一批人活跃起来，敢于明白地发掘原先掩盖在汉学考证之下的一片天地。有关这一段历史的讨论已相当多，在此不赘。此处想强调的是：这个新的思想方向，带来一种面向当世社会的学风，也带来一种用心整顿社会风俗与道德秩序并积极塑造自我人格的风气。

《汉学商兑》一书在19世纪30年代的影响还不算大。方东树

1　方东树：《汉学商兑》，页62。
2　同上。

的学生苏悖元曾宣称《商兑》出版之后，考证之学随之渐熄[1]，这自然是个夸张的说法。汉学到晚清仍未衰歇，而且在民国学术史中仍占一关键地位。不过，我们可以说它打破了汉学一元垄断的局面。此后汉学并未马上衰微，但是它的独占性渐成过去。有一群关心时政的学者马上被反汉学与兴宋学的风气所吸引，像陶澍（1779—1839）、李兆洛（1769—1841）、陆继辂（1772—1834）、毛岳生（1791—1841），都对方氏表示支持之意。《商兑》一书说服了人们在汉学独霸之局下，宋学仍有值得注意之价值。不过，在讨论《汉学商兑》对学界的说服力时，必须注意到时代背景。事实上有许多人是因为拿它与时局相对照，才逐渐明白书中对汉学的反省与攻击有其现实性。在《商兑》出版之后，清朝便面临了巨大的困局，对照现实的变局，汉学的无用性愈发明显，而宋学虽不一定是理想的选择，但当时复兴宋学的人大多尝试着把学问与现实互相扣联，而且产生过相当的效果，道光以后许许多多在经世致用上有重大本领的人，都与宋学复兴有关，二者之间的消长之势遂逐渐形成。李兆洛说，他原是反对宋学的，可是《商兑》一书使他变得同情宋学。而《商兑》大胆攻击汉学，清楚而系统地说出许多久蓄于人们心中，但不知如何说或不敢说的不满汉学的话[2]，也为它吸引了一大批有志经世的士大夫。

方东树曾寄望阮元来改变当时学术主流的弊病，在《上阮芸台宫保书》中说："今日之汉学亦稍过中矣，私心以为于今之时，必得一非常之大儒以正其极、扶其倾，庶乎有以挽太过之运于未蔽之先，使不致倾而过其极。……当今之世，能正八柱而扫秕糠者，舍阁下其谁与归？"[3]有一种说法认为，阮元晚年颇为欣赏方东树的书。[4]但是这个传言是方东树的学生郑福照所留传下来的，使得它的可靠性减低不少。

汉学阵营当然很快地群起围攻。李慈铭（1830—1894）批评方

1　方东树：《仪卫轩文集》，苏悖元《仪卫方先生传》，页1。

2　李兆洛题辞，在《汉学商兑题辞》，见方东树《汉学商兑》，页2。陶澍便表示《汉学商兑》说的东西与他心中所想的相符合。

3　方东树：《仪卫轩文集》，卷7，页1—2。

4　郑福照：《清方仪卫先生东树年谱》，页18。

东树愚而无用。[1] 张之洞（1837—1909）、缪荃孙（1844—1919）、汪之昌（1895—？）、黄清宪也都做过猛烈的批评。他们的攻击与李慈铭相当不同，他们认为方东树并不愚，他对汉学的神髓有相当深入的掌握。但他们污辱说方氏是因为无法成为一流的考证学家，故转而以攻击汉学为生。[2] 清末章太炎（1869—1936）提醒时人：方东树对声音训诂之学很有素养，而且他对汉学的攻击并非全无根据。[3] 太炎这位清学最后的大师对他所继承的学术传统也有相当深刻的反省，他批评清学"琐碎识小"[4]，在某种程度上这也正是方氏的见解。

《汉学商兑》一书也标志着汉宋相融的新发展。一般相信：曾国藩曾受方东树的影响，而主张汉儒"实事求是"之学无异于朱熹的"格物穷理"。[5] 主张汉宋相融最力的陈澧在《东塾读书记》中则指出，朱熹也极力强调"学"的重要性。[6] 依钱穆（1895—1990）的研究，他们两人都曾受方东树之影响。当清季一位学者林国赓为他的老师金锡龄（1811—1890）——一位主张汉宋相融的学者——所写的《理学庸言》作序时，林氏说有了这一部书，《汉学商兑》就可以不作了。[7] 这段话也曲折地点出，在《商兑》出版半世纪后，人们还是把它当作要求汉宋融合的嚆矢。

1　参张舜徽《清人文集别录》（北京：中华书局，1980），页359。

2　缪荃孙：《方东树仪卫堂集跋》，《艺风堂文集》（台北：文海出版社，1973），卷7，页25；张舜徽：《清人文集别录》，页575、578。

3　《章太炎全集》（上海：上海人民出版社，1984），册3，《清儒》，页475。

4　同上，页477。

5　钱穆：《中国近三百年学术史》，页584。

6　同上，页613、620。

7　麓保孝：《宋元明清近世儒学变迁史论》（东京：国书刊行会，1976），页213。

清季的社会政治与经典诠释

—— 邵懿辰与《礼经通论》

思想一旦产生,即有它自己的生命,并被以形形色色的方式诠释、使用。在思想传衍的过程中,有许许多多意想不到的断绝、汇流、歧出,或以原来所从未料想到的方式被挪用。如果只是把眼光放在某些思想在某个学派内师徒相传的过程,往往会忽略了社会政治局势与思想学说的纠缠。此处所要涉及的便是清代一位自负的学者,目睹时代的混乱失序,为了建构其社会政治哲学,如何形成了一个相当武断的论述[1],而这个论述又如何曲折地为后来的今文家提供意想不到的理论武器,最后被以一个始料未及的方式借用的历程。

清季今文家主张孔子不是一个历史文献的整理者,而是一位提倡变法改制的思想家,为了支持这个学说,他们做了许多文献工作。而其中有一个重要的环节,即廖平(1852—1932)、康有为(1858—1927)所称秦焚书而五经未尝亡缺之说,我认为这个看来很枝节性的论断其实关系重大,它把古代儒家经典由一堆历史文献转变成一套有规划、有目的的哲学,而邵懿辰(1810—1861)的《礼经通论》曾对这个论述的形成发挥过关键性的作用。这一本深受理学传统影响的考证之作为晚清思想界所带来的分解力量,绝对是它的作者所

1　李学勤在《〈今古学考〉与〈五经异义〉》一文中,重新检讨晚清今文学说形成过程中极具关键性地位的《今古学考》一书形成的过程,发现作者廖平对《五经异义》(许慎作,陈乔枞父子辑)作了许多扭曲以成其说。见张岱年主编《国学今论》(沈阳:辽宁教育出版社,1992),页125—135。

从未想到过的。

如果不是因为《礼经通论》这一本小册子，以及《四库简明目录标注》，邵懿辰短短五十一年的生命不大可能在历史上留下痕迹。在现实政治上，他只做到刑部员外郎，是一个无足轻重的小官。他早年虽曾试内阁中书第一名，但因赋性刚正，仕途并不平顺。当琦善以枉杀生番案入狱时，邵氏毫不留情地提出十九个问题，当局因为袒护琦善，故意不让邵氏参加审讯。太平天国事起，朝议遣赛尚阿视师，被邵懿辰以"七不可"阻挡，因此忤逆当道，被借故调修黄河。邵氏是个理学家，而他后来在太平天国围杭州时殉难，也被视为理学自我训练功夫到家的一个见证。

《礼经通论》撰于邵氏殉难前不久。该书认为，以《仪礼》一经而言，所谓《逸礼》三十九篇之说是不可靠的。《仪礼》一经自始即完整无缺，而且是礼书之纲要，三礼之枢轴。这个论点有一个明显的来源，那就是程朱理学。但是这个思想传统中的人从未进一步论证《逸礼》不可靠，从未论证秦焚之后，《仪礼》未尝亡缺，更从未主张秦焚之后五经未尝亡缺。

邵氏的论点对清代考证学造成严重的打击。清代考据学基本上以古文经学为大宗。相信古文经出自孔壁，经孔安国献于朝廷，藏在中秘，其后刘歆曾据以校正今文经籍。而以上种种皆建立在秦焚之后经书有所亡缺这个基础上。如果说秦焚而六经未曾残缺，则自古以来认为刘向、刘歆校中秘以及古文经的来源都失去了着落。而且经书佚文的校辑及文献考订工作的理论基础之一便是秦焚之后六经有所亡缺，故必须通过精辑才能恢复前人的全貌，清初费密（1623—1699）《道脉谱论》的一段话说："汉兴，下诏追寻大师耆德，收理旧业，迪训后起，正定讹残，互述传义。"[1]如果有人坚持说秦焚而经书不曾亡佚，则"正定讹残，互述传义"的工作便是无的放矢了。这一切都因为邵懿辰而动摇了。

1　费密：《道脉谱论》，《弘道书》，在《费氏遗书三种》（民国九年怡兰堂刊本），卷上，页17a。

　　尊宋学与反考证是邵氏思想的两个重点。邵氏深受桐城文派的影响，并对当时汉学考证极力批评。邵氏是清代后期复兴宋学之一员要将，曾国藩曾说他自己在道光二十三、二十四年（1843—1844）转向理学前，就是先受到邵懿辰的启迪。[1] 而他生活圈中互相切磋勉励的曾国藩、孙鼎臣（1819—1859）、刘传莹（1818—1848）等，在批判汉学支持宋学这一点上，也多持相同态度。[2] 这个思想背景是了解《礼经通论》的重要锁匙。

一

　　《礼经通论》一书的成立建立在几块基石之上。第一，以《仪礼》为礼经之本。第二，以某几种礼为包罗圣人全部的礼意。故只要证明现存的《仪礼》可以与这几种礼意相搭配而无遗漏，则《仪礼》必为完书。而朱子与李光地（1642—1718）在这两点上起了重要作用。此处首先要谈程朱理学中《仪礼》一经的地位。《仪礼》在汉代被视为大经，故当时五经中有《仪礼》无《礼记》，但汉代以后，它的地位逐渐式微。朱子则在《仪礼》地位不高之时独持异论。他一反以《周礼》或《礼记》为主体的思想，而主张《仪礼》是三礼之纲领，这是因为朱子治礼以社会风教、实际应用为主，故重今礼甚于古礼，重行礼甚于考礼。他认为如果不考究日常生活行事中一切细碎的仪文节目，而只空言义理，则实际生活究竟如何安顿，是

1　曾国藩受邵氏启迪之事，请参余英时《曾国藩与"士大夫之学"》，《故宫学术季刊》，11卷2期（1993），页83。

2　邵氏治经观大义而不斤斤于文字声韵之学，也与当时一股新学风相合。所以邵氏一方面接上朱子这一派对《仪礼》的观点，同时也以观其大义的方式写《礼经通论》，以致后来丁晏评说他是"实证少"（关于《礼经通论》中《仪礼》无缺观点之武断不可信，请参考黄彰健《经今古文问题新论》[台北："中央研究院"历史语言研究所，1982]，页51），但是邵氏并非全不理睬汉学考据，曾国藩为他写的墓志铭说他虽"摈斥近世汉学家言，厥后任京师，亦颇采易己之说以自广之"（曾国藩：《邵位西墓志铭》，《清代碑传全集》[上海：上海古籍出版社，1987]，下册，总页1086）。这里的"异己之说"指的应是汉学，我们可以从《四库全书目录标注》的序文内容看出（《增订四库简明目录标注》[台北：世界书局，1961]，共两册）。因此，他的学术风格是调和汉宋，糅杂考据与疏观大义两种风格。

令人怀疑的[1]，古礼既不可行，而佛道教却有一套通俗可行的仪节[2]，朱子晚年乃决心修礼书，却觉得礼书没有纲本，无下手处，故决定以《仪礼》为纲。朱子说：

> 《周官》一书，固为礼之纲领。至其仪法度数，则《仪礼》乃其本经，而《礼记》《郊特牲》《冠义》等篇，乃其义说耳。[3]

而清初反朱最力、说《四书集注》是"无一字不错"的毛奇龄（1623—1716）也特别不满《仪礼》，夏炘（1795—1846）便推测那是反朱子的连带结果。[4]朱子一生最大事业之一，厥为《仪礼经传通解》的计划，这部书在他的理学系统中有现实的意义，即前面所说的将理学落实为日常生活的行为依据。《仪礼经传通解》一书并未完成，但我们知道"其书大要以《仪礼》为本，分章附疏，而以小戴诸义各缀其后"[5]，也就是以《仪礼》为经，而取《礼记》及诸经史杂书中有关礼的记载，附于其下，确立了以《仪礼》统摄古代诸礼的规范。朱子又说，前贤常说《仪礼》难懂，其实"以今观之，只是经不分章，记不随经，而注疏各为一书，故使读者不能遽晓"。[6]所以他也计划以如《大学》分经一章传十章的办法重新整理《仪礼》。朱子实际上并未完成这个宏伟的计划，不过，这个未竟之业在后来的宋学中形成了一个传统，不断有人想绍继这件伟业。如元代吴澄（1249—1333）《五经纂言》中的《礼经纂言》，便是依朱熹以《仪礼》为经的计划，将朱熹所分礼经重加编排，且将《礼记》、大小戴记及郑玄《三礼论》，肢解割裂，条分缕析，各以类从，编为《仪礼正经》（十七篇）、《仪礼逸经》（八篇）和《仪礼传》（十篇）。这

1　钱穆：《朱子新学案》（台北：三民书局，1982），第4册，页120。
2　同上，第4册，页128。
3　《朱子文集》，卷14，《乞修三礼札子》，转引自《朱子新学案》，第4册，页142。
4　《夏仲子集》（1925年刊本），卷3，页5。
5　《朱子文集》，卷38，《答李季章》，转引自《朱子新学案》，第4册，页144。
6　《朱子文集》，卷54，《答应仁仲》，转引自《朱子新学案》，第4册，页143。

样便做到了朱子分《仪礼》为经、传的理想。[1] 清代江永（1681—1762）的《礼书纲目》也是同一个思想传统的产物。

正因为《仪礼》与宋学关系如此密切，所以会出现毛奇龄那样专骂《仪礼》的学者，但与毛氏同时代的李光地却奋不顾身，极力为它辩护。

<h2 style="text-align:center">二</h2>

李光地计划在他从未写成的《礼记纂编》中继承朱子的传统，将《仪礼》提升为"礼之经"，而将《礼记》作为"礼之传"，以《仪礼》为主轴重新组合礼经。这个想法并不新，但是李氏发明了一个"四际八篇"的理论来总括礼的全部。在《礼学四际约言序》中，李光地说：

　　盖《仪礼》缺而不完，《礼记》乱而无序，自朱子欲以经传相从成为礼书，然犹苦于体大，未究厥业，然则后之欲为斯学者，不益难哉。余姑择其大者、要者，略依经传之体，别为四际八篇，以记礼之纲焉。……曰：四际八篇者何？冠昏也，丧祭也，乡射也，朝聘也。《易》曰：有天地万物而后有男女夫妇，有男女夫妇而后有父子，有父子然后有上下君臣，而礼义有所措也。三代之学，皆所以明人伦也。有冠昏而夫妇别矣，有丧祭而父子亲矣，有乡射而长幼序矣，有朝聘而君臣严矣。夫妇别而后父子亲，父子亲而后长幼序，长幼序而后君臣严，由闺门而乡党，由乡党而邦国、朝廷，盖不可以一日废也。是故先王之制礼也，纲维五典，根极五性，通四时，合五行，本于阴阳而顺乎天命。有冠昏而夫妇别，夫妇别然后智可求也。有丧祭而父子亲，父子

<hr>

1　侯外庐等著《宋明理学史》（北京：人民出版社，1987）上卷说："吴澄在经学上，也确是以接续朱熹为己任，完成《五经纂言》。尤以其中的三礼，是完成朱熹的未竟之业。……尤其三礼中的《仪礼》，朱熹认为它是礼之根本，而《礼记》只是秦、汉诸儒解释《仪礼》之书。"（页734）亦可参见徐远和《理学与元代社会》（北京：人民出版社，1992），页108。

亲而后仁可守也。有乡射而长幼序，长幼序而后礼可行也。有朝聘而君臣严，君臣严而后义可正也。……小学以始之，大学以终之，皆所以明人伦也。[1]

李光地提出了这个想法之后，并未以任何实际工作来实践他的理想，而且"四际八篇"的论旨，在他的整个思想体系中并不占核心地位，所以注意到这个想法的人并不多。即使到今天，在有关李光地的各种著作中，也几乎无人特别提及。[2]可是，这个"四际八篇"理论却在清代后期的邵懿辰身上发酵了。

我们已经知道邵氏是清代后期宋学复兴的一个重要人物。他与一批同志都想在道德文章以及经世事业上有所振发，尤其佩服清初的李光地、陆世仪（1611—1672）等人。邵懿辰一生号称守"二溪之学"，也就是尊崇李光地与方苞（1668—1749），一为安溪，一为望溪，这两人正是清初宋学的中坚人物。至于他嗜读陆陇其（1630—1692）、张履祥（1611—1674）的书，也正因为这两位是明末清初复兴宋学、批判王学的要将，故特别为清代后期宋学复兴运动中的人物所推崇。以张履祥为例，《杨园全集》的翻刻以及杨园之入祀孔庙，都在清季落实。李光地因有早年卖友之说，又加上为官柔媚，在清代宋学复兴中，并不像前述张、陆二位引人重视，但是，邵懿辰却对他情有独钟。从保存在《曾国藩日记》中的零星材料看，他很早就已到处劝人攻读李光地的著作了。至于方苞，邵氏在北京做京官时，姚鼐的高弟梅曾亮（1786—1856）正名重京师，他提倡归有光（1507—1571）、方苞的文章，邵懿辰当时即梅曾亮门下的一员[3]，则他推崇方苞是很自然的。桐城文派加上宋学是邵氏当时主要的信仰。这种态度具体表现在他给方宗诚（1818—1888）的信上。《半岩庐遗文》中的《复方存之书》上说：

1　李光地：《榕村全书》（1829 年刊本），卷之十，页 19—21。
2　有关李光地的研究，如许苏民《李光地传论》（厦门：厦门大学出版社，1992）及杨国桢等编《李光地研究》（厦门：厦门大学出版社，1993）。
3　邵懿辰：《半岩庐遗文》（以下简称《遗文》），《仁和邵氏半岩庐所著书》之五（1862年刊本），吴大廷《跋》，页 3。

桐城多君子，师友渊源所渐，独超然不为世俗考证之学，尚留天下真读书气脉之传，亦不可不谓之斯文在兹矣。[1]

因桐城"不为世俗考证之学"，乃推重之为"天下真读书气脉之传"，足见邵氏对当时学术界主流的汉学考证之不满。在《遗文》中的《王孝子传》中，他毫无保留地批判：

方乾隆中，士大夫鹜为考证训诂之学，内不本身心，外不可推行于时，虚声慕古，古籍愈出而经愈裂，文华日盛而质行衰，禁宋以后书不给视，肆人鬻宋五子书无过问者，应举为《四书》义敢倍异朱子之说，答策必诋宋儒士，著书满家，校其归，与庸俗人不异。[2]

他认为，在考证学的影响下，学问知识与道德躬行完全不相干，以致"古籍愈出而经愈裂，文华日盛而质行衰"，他批判考证学者著书满家而在躬行实践上却与庸俗之人毫无二致。

不能躬行实践则学问有何用处？在邵氏所编的一部《忱行录》中充分表达了这层想法。《忱行录》阐发《大学》——尤其是以程朱之疏释为主——的躬行实践之理，其中有许多接续着李光地的话进行发挥。依照高均儒（1812—1869）刊行该书时之识语，则它乃道光二十三年（1843）秋冬所成[3]，这正是邵懿辰在北京与以曾国藩、唐鉴（1778—1861）、倭仁、吴廷栋（1793—1873）等人为主形成的一个理学圈交往最为密切的时候，也正是曾国藩在理学引导下，精神修养大有变化的一段时间。[4]如何将理学的讲论与躬行实践的功夫结合起来，正是这一群目睹清王朝日渐衰废而外夷又在东南沿海叩关的人所急切关心的。而批评汉学考证，是他们的一个连带的任务。

---

1 《遗文》，卷上，页28。
2 《遗文》，卷下，页3。
3 邵懿辰：《忱行录》（1867年刊本），页35、66。
4 余英时：《曾国藩与"士大夫之学"》，页5。

　　批评汉学的风气在清代中期已有所见，桐城方东树《汉学商兑》一书便是这方面最具理论系统的著作。但在方东树的时代，他的书多少还是先知式的预言，过了十几二十年，清朝内外混乱之局更甚于前，很多读书人便不约而同地反省学问与致用之间的关系，并相信汉学考据式的学问与现实致用非但不是相辅相成，而且是互相排斥的。与邵氏相友善的孙鼎臣便著有《刍论》一书，彻底批判汉学之无用与有害人心，甚至认为洪杨之乱的起因与汉学兴盛有不可分割的关系。[1]

三

　　据曾国藩日记，《礼经通论》一书是邵氏在咸丰十一年（1861）所作，也就是太平军即将攻下杭州，邵氏殉难之前不久所完成。此说可信，因为邵氏在其前不久的《与蒋寅昉书》中便说：

> 弟之《礼经通论》已成者十八篇，系总论《仪礼》及大小戴记……要之，《仪礼》自朱子分章，蒿庵句读后，大义昭然；惟篇次当改从大戴。[2]

又在另一封信上说：

> 前数日读《礼经》，又得天牖其衷之心悟，为先儒所未发者，证之《礼运》，知《仪礼》十七篇乃夫子删定，并无缺佚，其次序当依大戴，以冠、昏、丧、祭、射、乡、朝、聘为目。《礼运》御字乃乡字之误，其说甚长。[3]

　　他并且自负这本小册子将来必为儒林之巨观。[4]仔细参详邵氏的

1　孙鼎臣：《刍论》（1860 年刊本），如页 1—5。
2　《遗文》，卷上，页 35。
3　同上，页 39。
4　同上，页 40。

论点便会发现他所提到的"以冠、昏、丧、祭、射、乡、朝、聘为目"的见解，其实就是李光地"四际八篇"的翻版。李氏以这个纲领来概括《仪礼》这部世称难治的经书。[1]

而这些安排其实是李光地依附经文所推出的一套政治哲学。"四际八篇"的系统与《大学》国身通一的理想很相符合。由个人的冠昏到国家的朝聘形成一个完美的体系，与《大学》由一人之身推及治国平天下的系统相合。故邵懿辰赞叹说：

> 于朱子之例亦无不合，自一身一家推而一乡一国，以达于天下，小大微著，近远卑高之序固当如此。[2]

又说：

> 要自一人之身，修身、齐家、治国、平天下所谓礼之序者，必四际八类，分播顺摭而后合焉。[3]

李光地哲学上的构想，到了两百多年后的邵懿辰，却成了学术上牢不可破的结论。邵氏的新发现主要分两部分：第一是他读《礼运》时悟出《礼运》也可以用来支持"四际八篇"之说；第二是他以"四际八篇"为纲领去重组大戴本《礼记》的篇次，发现基本上可以依冠昏、丧祭、射乡、朝聘将十七篇之次序严丝合缝地涵盖了。

《礼运》的地位是在清代后期被提高的。其作者以孔子的口吻，两次提到"冠昏丧祭射御朝聘"。其中一则说：

> 夫礼必本于天，动而之地，列而之事，变而从时，协于分艺。其居人也曰养，其行之以货力、辞让、饮食。冠、昏、丧、祭、

1　而李光地这冠、昏、丧、祭、乡、射、朝、聘"四际八篇"是由几段经文归纳出的，如《礼记·昏义》《礼记·经解》《礼记·礼运》《大戴礼记·盛德》。

2　《礼经通论》，见王先谦编《重编本皇清经解续编》（台北：汉京文化事业公司，1980），第9册，页4a。

3　同上，页6a。

射、御、朝、聘。[1]

邵氏在太平天国围杭州城时顿悟这里"射御"的"御"字其实是"射乡"的"乡"字,那么《礼运》中所说的"冠、昏、丧、祭、射、乡、朝、聘"正好是李光地的"四际八篇"。[2]

邵氏又将《仪礼》十七篇与"四际八篇"之说连起来。汉代所传《仪礼》有四种版本:大戴传本、小戴传本、庆普传本和刘向传本[3],这四种传本除了士冠礼、士昏礼、士相见礼三篇次序相同外,其余十四篇各有不同。邵氏便是依《仪礼》大戴传本的次序去配拟四际八篇。大戴传本的次序是士冠礼一、昏礼二、士相见礼三、士丧礼四、既夕五、士虞礼六、特牲馈食礼七、少牢馈食礼八、有司彻九、乡饮酒礼十、乡射礼十一、燕礼十二、大射仪十三、聘礼十四、公食大夫礼十五、觐礼十六、丧服十七。邵氏指出一、二、三篇是冠昏,四、五、六、七、八、九篇是丧祭,十、十一、十二、十三篇是射乡,十五、十六篇是朝聘,"而丧服之通乎上下者附焉"。[4]经他这一比配,则四际八篇之说与大戴本《仪礼》之篇次"对号入座",有条不紊,难怪他会信心十足地说自己的发现是"天牖其衷"。

综而言之,宋学要旨虽不在礼,而且言理学者亦不由礼悟入,不过朱子以来确也强调《仪礼》,而邵氏信从朱子以来以《仪礼》为本的看法[5],对宋明以来因认为现存《仪礼》为残阙之书而不以之设科取士感到强烈不满[6],故一方面想挽救此书的地位,一方面想存朱子的礼学思想。

---

1 陈澔:《礼记集说》(上海:上海古籍出版社,1987),页129。

2 有不少学者相信邵氏定"射御"为"射乡"是正确的,康有为外,如刘咸炘《推十书》(台北:九思出版有限公司,1977)《左书》中《礼运隐义》,页24。

3 1959年甘肃武威汉墓出土有《仪礼》简,据陈梦家推断可能是庆氏本,见《武威汉简》(北京:文物出版社,1964),页14。不过论证不太充分。黄彰健对《礼经通论》相关问题有讨论,见《经今古文学问题新论》,页37。黄先生认为《仪礼》绝非完书,见同书,页51。

4 邵懿辰:《礼经通论》,页2a。

5 故邵氏在《尚书通义》(刻鹄斋丛书本[只存卷6、7])《洛诰》篇中说:"所谓制礼者,《周礼》《仪礼》是也。《周礼》如后世之会典,《仪礼》如后世之通礼。"见卷6,页22b。

6 《礼经通论》,页15b。

但是如果只到这一步还不够。自梁崔灵恩说《仪礼》是周公所制，陆德明（557—641）与贾公彦都同意其说。但邵氏却根据《仪礼·杂记下》中"衉由之丧"的一段，认为《仪礼》十七篇是孔子所亲自删定，它的篇次又与孔子所最重视的冠、昏、丧、祭、射、乡、朝、聘八礼相符。而从大戴本《仪礼》的篇目看，这八礼已完全涵括，先后次序吻合，足见现存《仪礼》并无缺佚。则十七篇是孔门足本，《逸礼》之说不可信（按：汉武帝时，孔壁所出《礼古经》五十六卷，除其中十七篇与今本《仪礼》相同之外，多出三十九篇，称为《逸礼》），邵氏认为从前述理由看起来，《逸礼》之说是无稽之谈，并坚决主张秦焚之后《仪礼》一书是完整无缺的，那么《汉书·艺文志》说《仪礼》有亡缺便是个有问题的说法。

不让《逸礼》加进这个体系，是因为邵懿辰这样一位虔诚的宋学家认为，四际八篇、国身通一的系统正符合圣人之本意，而孔子定《仪礼》十七篇时也正透露了这个"本意"。[1]如果再加进《逸礼》三十九篇，就打乱了圣人"四际八篇"的构想。[2]他同时也认为孔子删定礼经有"从质数文"之意，故将大量的篇章删成十七篇，以求"简要而可垂诸永久"。[3]这同时也代表一种解经态度，这种态度当然是受了常州今文经学的影响，即把对孔子的研究由清代考证学原有的"史料考证"的特质转为对孔子哲学系统的探究，把经书由一堆断简残篇变成一个哲学体系。

既然现存的经典一篇不多一篇不少，是孔子所著作或手订，则它本身不是一个文件集或一堆历史记载，而是一套哲学，或政治蓝图。所以诠释它的方式便应与诠释史料的方式有所不同，必首先掌握整体之后，再来揣度这些看似没有秩序的篇章中是否有一个纲领，如果这个纲领是表面上看不出的，那么是不是可以从它潜在的层面进行解码工作？如果仍认为经书只是一堆不全的断简残篇，它的面目与内容无法完全掌握，随时可能有新的文本被加入或剔除，则干

1 《礼经通论》，页 15b。

2 同上，页 7a。

3 同上，页 7b—8a。

扰了孔子的哲学系统或微言大义的成立。

邵氏说："后儒每患十七篇阙略而不全……诚取鄎说揆之，则本经十七篇固未尝不完"[1]，故邵氏下一步则反驳历来说《仪礼》在吉凶宾嘉军"五礼"中缺军礼之说[2]。此外，他又说乐本无经，寓乎《诗》与《礼》之中，这明显是针对《宋书·乐志》上"秦焚典籍，乐经用亡"一句而说的。[3] 既然乐本无经，则秦焚而乐经亡之说在他看来便是无的放矢。

所有这些都指向一个论断，即经秦焚而六经未曾亡缺，那么传统的亡缺之说，就可能是有阴谋的说法。《史记·儒林传第六十》上说"六艺从此缺焉"，这句话可能是有心人窜入的。至于《汉书》中说秦焚诗书，六艺从此缺焉[4]，也可能是因《汉书》的作者想用这个借口为自己作伪书以立学官的说辞，而鲁共王壁中所发现的《逸礼》三十九篇、《书》十六篇及其他伪经便可乘虚而入了。邵氏认为《汉书》的作者可能潜藏某种动机。故说：

> 刘歆曰：鲁共王得古文于坏壁之中，《逸礼》有三十九，《书》十六篇，天汉之后，孔安国献之。此刘歆之奸言也。[5]

又说：

> ……皆作伪也。作伪徒劳，仍发露于千载以后。[6]

这里出现了一个关键词，即以《逸礼》及逸《书》皆为刘歆之"作伪"。足见邵氏虽在《礼经通论》中说"就令非伪，亦孔子定十七篇时删弃之余"是一句应酬话。朱子曾明白表示过：《仪礼》遭秦

1　《礼经通论》，页 6a。
2　同上，页 10a—11b。
3　《宋书》（北京：中华书局，1983），卷 19，《志第九·乐一》，总页 533。
4　《汉书》（北京：中华书局，1983），卷 58，《儒林传第五十八》，总页 3592。
5　《礼经通论》，页 14a。
6　同上，页 16a。

人焚灭而残缺,所剩只是士礼的部分,并深以《逸礼》散失为可惜。[1]
李光地只是说"四际八篇",但邵氏却根据上述理路推断秦焚之后《仪
礼》未尝亡缺。元代的吴澄在《礼经纂言》中只是将《逸礼》列为"别
存",而邵氏竟要直斥其为"作伪"。

但是《礼经通论》这本小册子所潜藏的爆发力在当时并未被觉
察。同治年间有人评论邵氏时,说他力攻汉学,主张"千古师儒之学,
至乾隆中而亡"。又说他的《礼经通论》这本书"皆泛论大旨及传
授源流,古今分合,仅刻其上卷。亦多武断不根之谈"[2],并未觉察到
邵氏论述对考证学潜在的威胁。

康有为的《新学伪经考》大约在《礼经通论》三十年后完成,
在这部震赫人心的书开头第一篇便是《秦焚六经未尝亡缺考》,说
秦焚而六经亡是刘歆之伪说:

歆欲伪作诸经,不谓诸经残缺,则无以为作伪窜入之地,
窥有秦焚之间,故一举而归之,一则曰书缺简脱,一则曰学
残文缺,又曰秦焚《诗》《书》,六艺从此缺焉,又曰秦焚书,
书散亡益多。学者习而熟之,以为固然,未能精心考校其说
之是非,故其伪经得乘虚而入,蔽掩天下,皆假校书之权为
之也。[3]

又说:

焚书坑儒,虽有虐政,无关六经之存亡,而伪经突出哀平
之世,固不足攻。[4]

此外,《新学伪经考》卷三上一开始的几段文字也完全采用邵

1 钱穆:《朱子新学案》,第4册,页162—163。
2 李慈铭:《越缦堂读书记》(台北:世界书局,1975),页902。
3 《新学伪经考》(台北:台湾商务印书馆,1974),页1。
4 同上,页5。

氏之说。[1] 康有为并大量罗列《史记》《汉书》中证据，证明一大批儒生"其人皆未坑之儒，其所读皆未焚之本"，并说六艺不缺之说是"铁案如山，不能动摇矣"。[2]

廖平这位清季今文学的骁将毫无疑问是启迪康有为转向今文经学的人。他在《知圣篇》中认为邵氏"以经本为全"之说是"石破天惊，理至平易，超前绝后，为二千年未有之奇书"[3]，并说：

> 博士以《尚书》为备，歆愤其语，遂以为五经皆有佚缺，然后古文可贵，《易》有连山、归藏，《书》有百篇序，《诗》有赋比兴笙诗，《春秋》有邹夹，《礼》有佚礼，托之壁墓，尊为蝌蚪，群仍其误，以为经缺，千年不悟。[4]

《知圣篇》影响康有为甚大，则康氏之接触到邵氏之说，说不定还与上面这些话有关。有意思的是，在《史记·儒林传》中提到秦焚之后经书的情形时说：

> 及至秦之季世，焚《诗》《书》，坑术士，六艺从此缺焉。[5]

将近两千年间，没人对它有怀疑，但是民初今文学家崔适（1852—1924），因与廖平、康有为一样受"六艺未尝亡缺"之说的影响，在《史记探源》中竟硬说"六艺从此缺焉"是古文家窜入的句子，非太史公之言：

> 案各本中云，六艺从此缺焉，此古文学家所窜入，当删……是则诗书虽焚，六艺未尝缺焉。[6]

1　《新学伪经考》，页 57—61。
2　同上，页 9。
3　《知圣篇》(张氏适园丛书本)，卷上，页 31a。
4　《古学考》(台北：华联，1968)，页 19—20。
5　《史记》(北京：中华书局，1983)，卷 121，《儒林列传第六十一》，总页 3116。
6　崔适：《史记探源》(台北：广文书局，1977)，《儒林列传第六十一》，页 265。

秦焚之后六艺有缺本是《史记》《汉书》共同的说法，可是清季今文家强要将之拗转过来，把不利此说的句子当成古文家阴谋渗入之语，足见邵懿辰之说牵涉清季学术之大。

四

朱子的一个社会哲学构想，一步一步发展到清初李光地的"四际八篇"论，而又在清季宋学复兴的风潮中，被邵懿辰发掘出来，并加以文献印证，一方面由《礼运》中的"射御"乃"射乡"之误，证实李光地"四际八篇"之说，同时又发现，如果摆脱世所通行的小戴本《仪礼》，而改依大戴传本《仪礼》，则其篇次便与"四际八篇"配合得丝丝入扣，一篇不多，一篇不少，故而下结论说，《仪礼》十七篇并未因经秦火而有缺佚，《逸礼》三十九篇乃伪作。这些结论，都使他将矛头指向《汉书·艺文志》，并指出，以秦焚而六经有缺，是刘歆为了造作伪经而捏造的说法。

我们目前仍然无法从考古材料确证秦焚之后六经是否亡缺的公案。不过，不管将来《仪礼》的文献问题得到何种解决，由重建邵懿辰"石破天惊"之论的背景可以发现，他的哲学关怀远超过文献考据材料容许解释的范围。把邵氏和李光地相比，李光地的"四际八篇"之说只是一个理想，但从未提过《仪礼》无缺简，或秦焚而经书未尝亡缺之类的说法，邵氏增添了两组证据之后，竟把这一路思想扩充到了极致，而有种种大胆的论断。尽管丁晏（1794—1875）说他"武断"[1]，但"武断"的思想却有广大的市场，这个说法在反宋学主陆王的康有为手里[2]，竟发展成掀天巨浪。

在道咸年间，几乎中国传统学术的每一门都发生微妙的变化，而变化的促因，多是为应付内外乱局而对古代经典所作的新诠释。一旦再诠释的工作因现实的逼迫而进行得太过急躁、太过大胆，则

1　丁晏之评语，见于《礼经通论》的附注，页17a。
2　康有为为重陆王心学而抨击程朱，可参考施忠连《康有为与陆王心学》，见中国哲学编辑部编《中国哲学》第十一辑（北京：人民出版社，1984），页230—260。

学问便脱离了它原来的脉络，并逐渐失去其自主性，而一步一步"工具化"。本文所探讨的就是其中一个例子。

道咸年间民间性儒家学派

——太谷学派的研究

一

在研究思想史时，除了应该注意文化精英们如何因应时代的挑战、如何诠释经典，不可以忽略中下层士人或一般群众也一样在回应时代的挑战，也一样在阅读、诠释他们所能接触到的经典。除了文化精英，中下层士人与民众也以各式各样的方式在运用传统的资源。

由于对上述问题产生兴趣，并想知道理学思想如何实际影响一般人的生活、习俗、心态，我注意到太谷学派。一般咸信它是清代道咸年间一个以儒家教义为主的秘密组织。如果相信他们自己的描述，则信徒中包括许多有功名的读书人及大量群众。而其信仰内容则多采自理学。

有关太谷学派的研究起源相当早，但最初引起我注意的几条线索是：第一，刘师培（1884—1919）在1908年所写的一篇文章中提到清末泰州地区李晴峰（李光炘，1808—1885）继承明季泰州学派的思想，倡泰州教；第二，自然是《老残游记》中申子平入山的一段，其中颇有奇怪的议论，引人注意；第三是在已发表的刘鹗（1857—1909）日记中，可以看出他与清末太谷学派中人交往的记录，令人觉得此派中人与晚清的改革事业有些关系。

在这篇文章中，我想借助于目前所能见到的过去半个多世纪关于太谷学派的研究，将它们放在清季思想史脉络中，一方面看理学思想如何被宗教化及普遍化，另一方面看这个学派与中国中下层思想心态之动向。所以我不是从宗教史的角度来看，而是从19世纪一般思想史的角度来看它。由于太谷学派的第一手文献在台北无法访得，而在江苏泰州图书馆中所收藏该派经典尚未寓目前，本文只是对我目前所看到的二手论述的综合与观察。

由于我是从19世纪思想史的角度来看太谷学派，所以先要看"儒家文化的局限性"，即儒家面对社会问题的种种困境。首先我想以傅斯年（1896—1950）对清末民初儒家无力应付民间社会变动的观察开始。傅斯年的观察有时间及空间的特性，不应任意移用到道咸年间。不过，它们仍有相当的参照性价值。

傅斯年的观察综合起来有两点：第一，即使在士大夫阶层中，儒家经典早已不发生实际引导日常生活的效力了，另有其他书籍取代它们的功能；第二，儒家学说向来不关心庶民，而儒家经典对下层百姓也失去力量，但下层百姓仍需要精神及思想上的引导。缺乏引导的结果是，社会中产生了一个不安定层，因为需要引导，所以下层百姓极易被新兴宗教席卷而去。

在《论学校读经》一文中，傅氏说：

> 所以六经以外，有比六经更有势力的书，更有作用的书。即如《贞观政要》，是一部帝王的教科书，远比《书经》有用。《太上感应篇》是一部乡绅的教科书，远比《礼记》有用，《近思录》是一部道学的教科书，远比《论语》好懂。以《春秋》教忠，远不如《正气歌》可以振人之气，以《大学》齐家，远不如《治家格言》实实在在。这都是在历史上有超过五经的作用的书。从《孝经》，直到那些劝善报应书，虽雅俗不同，却多多少少有些实际效用。六经之内，却是十分之九以上但为装点之用、文章之资的。[1]

1　傅斯年：《论学校读经》，《傅斯年全集》（台北：联经出版公司，1980），第6册，总页2050。

　　傅氏所说的这几点虽然也涉及一般人民，但主要还是针对上层社会而言。至于在下层社会，他则指出因为"礼不下庶人"的传统，对于庶人心中如何想、如何安顿心理是不管的，所以儒家文化存在着一个不安定层。他死前（1950 年 12 月）在《大陆杂志》刊出的《中国学校制度之批评》中说：

> 　　《礼记·曲礼》："礼不下庶人，刑不上大夫。"这两句话充分表现儒家文化之阶级性。因为"礼不下庶人"，所以庶人心中如何想，生活如何作心理上的安顿，是不管的，于是庶人自有一种趋势，每每因邪教之流传而发作，历代的流寇……就是这一套。佛教道教之流行，也由于此，这是儒家文化最不安定的一个成分。[1]

　　庶人的不安定可以拿傅氏幼年在山东西部所见的新兴地方宗教为例：

> 　　但新兴的地方宗教的势力颇大。乡间的这一会那一会，都有宗教的规约。在礼教的流行，在城市比在乡间更广。大家都知道我们的乡市是义和团的出产地。义和团是《水浒》《封神演义》《包公案》《济公传》《彭公案》《施公案》《七侠五义》等书中的人生观化合成的宗教。我们即此可知他们的教心很重，但对于旧的厌倦了，于是就心识中所存造为新的……中国若不和西洋交通，中国的宗教思想与形式也必大起变化，因为道佛都是名存实亡的了。中国的道佛都以一人从世上解脱为究竟，这里边的深意，农民是不懂得的，这教里的形式，农民用久了是不耐了的，所以义和团才散布得极速。[2]

1　收入《傅斯年全集》，第 6 册，总页 2124—2125。
2　傅斯年：《山东底一部分的农民状况大略记》，收入《傅斯年全集》，第 7 册，总页 2524—2525。

读了这几段观察，则对于出现一种由士大夫发起，而想将儒家思想加以改造，以投合百姓极为浓厚的"教心"；也就是以宗教的力量去发动人们积极处理世务，并引导士大夫及庶民的举动当不感到意外。清代后期的太谷学派是如此，而四川刘门教也是以陆王心学为主，由学术社团转化为教团。[1] 而将宋明理学宗教化以及组织化这两点是它们最值得注意的特点。

传统中国已经有儒家士大夫感觉到，宗教比学术探讨对一般民众更具有号召力，更能动员下层广大群众[2]，所以也出现过想将儒家改造为宗教的大胆想法。最为突出的一个例子是明季王启元在《清署经谈》中所提出的构想：将儒家改造成像天主教般的教派。王启元是一个卫道分子，他的书成于传教士进入中国四十年后，由其内容判断，他是想学习天主教的组织与教义来对抗天主教。陈受颐（1899—1978）说他想"使儒教变成一个有机的默示的宗教，而不单是一个人生哲学或论理的系统"。他认为应独尊上帝与天，且认为孔子所删定的史料和所自著的书籍，就是圣经，故说"孔子原自至神，圣经原自大备"，而且希望明代的君主做教皇。[3] 中国传统士大夫中也有因感儒家学说不能深入人心，而把儒家经典当作宗教典籍使用的。全祖望（1705—1755）《经史问答》卷二中有董秉纯（1724—1794）问关于《尚书》的问题。董氏说"昔陆文公在荆门，以《皇极讲义》代醮事，发明'自求多福'之理，军民感动"，朱子不满意他，但董秉纯认为陆象山（九渊，1139—1193）的做法是"于从宜从俗之中，而寓修道修教之旨"，不应像朱子那样拘执。[4] 这个例子说明了陆象山为了能让"军民感动"，能"从宜从俗"，将儒经宗教化、通俗化。清代徐珂（1869—1928）的《清稗类钞》中也记

1　马西沙等：《中国民间宗教史》（上海：上海人民出版社，1992），页1351。按：刘门教创始人刘沅（1768—1885）的孙子刘咸炘著有《推十书》，是民国有名的学者。

2　明末清初三一教分裂为两派，而继承林兆恩思想学术的一支在民间影响不大，清初即湮没无闻，另一支继承林兆恩的宗教遗产，后来影响超过林氏在世时。见林国平《林兆恩与三一教》（福州：福建人民出版社，1992），页134。

3　以上见陈受颐《三百年前的建立孔教论》，《中央研究院历史语言研究所集刊》，6:2（1936），页133—162。按：《清署经谈》从未经著录，出版后也未引起注意。

4　见全祖望《鲒埼亭集》（台北：台湾商务印书馆，1977），《经史问答》，卷2，页526。

载有一则以儒书作宗教经典使用的例子——"湘中士子，仿效僧道之诵经，以孔孟之书编而诵之，谓之儒醮。"[1] 清中期惠栋的《太上感应篇注》也是以民间信仰为基础，宣扬儒家的道德理想。因为凭借宗教约束力，可以达到约束人们躬行的目的，所以《冷庐杂识》的作者陆以湉（1801—1865）便说该书"要皆撷经籍之华，示躬行之准"。[2] 另外，也有学者借用公案方式解释儒家核心文献。譬如晚明张岱（1597—1689）的《四书遇》解《四书》一如参公案，以增学习者之识解。而清初李光地《榕村语录》卷一《经书总论》中亦有云："《四书》中公案有极难解处，要想个透，使了然于心，自己临事方得力。"[3] 清代中期佛学家彭绍升（1740—1796）则是以禅门公案方式作《儒门公案拈题》数十则。[4]

儒家的另一个特色是缺乏组织。虽然有文士的各种形式的结社，但并不构成严格的组织。而且，在专制时代，有组织的势力也不被容许。然而面对社会政治问题以及道德失序的挑战时，没有组织就很难形成广泛深远的影响。太谷学派似乎感受到当时儒家因有上述两个特色，而对社会失去其主导指引之力，既缺乏主动性，又充满无力感，故着手将儒家文献转化为类似宗教经典，其组织又具有半秘密社会性质，很明显地是想形成一个有力量的组织，借以实行他们的社会理想。

二

但是，太谷学派的面目在它的组织尚有力量时相当隐晦，一些晚清民初的笔记中只是鳞波一闪地提到，即使早期发表在学报中的论文，也是争议多于共识。等到学界开始注意它时，它的组织却早已烟消云散了。不过，过去几十年的研究已逐渐揭露此派的面目，

1　徐珂：《清稗类钞》（上海：商务印书馆，1928），第34册，迷信类，页13。
2　陆以湉撰，崔凡芝点校：《冷庐杂识》（北京：中华书局，1984），页232。
3　该书收入《景印文渊阁四库全书》（台北：台湾商务印书馆，1983），第725册，总页3。
4　彭绍升：《一行居集》（南京：金陵刻经处，1921），附录，页1—19。

而新材料之出现则是研究工作能否有进展的关键。

清末提到太谷学派的文献中，刘师培的一段话特别值得注意。刘氏1908年5月8日旅居东京时，在《衡报》这份无政府主义刊物中写了《论共产制易行于中国》，其中谈到滇、黔、湘、粤之边的会党，一旦入彼党，则无论行经何地，凡与同党之人相遇，则饮食居处唯其所欲，不取分文，而他省会党亦有如此者：

> 又江苏泰州，当咸同时有李晴峰者，承阳明、心斋之绪余，别立教宗，至为隐秘。近则江海之滨，党羽蔓延，均确守共财之旨，互通有无，以赡不足。[1]

泰州地在刘氏故乡仪征附近，而仪征是此教的一个重要据点（1992年4月，在泰州、仪征、扬州举行首届太谷学派学术研讨会），故刘师培所言可能正是少年在乡里中的闻见。但《衡报》刊于东京，发行既少，又无影响力，故看到的人不多。

此后，卢冀野（1905—1951）于1927年在《东方杂志》（第24卷第14号）上写了《太谷学派之沿革及其思想》，认为它与王学有密切关系。序其文的唐大圆亦说："窃以该派仍阳明之支流余裔。虽无传统确证，必禀受其风气而讲学者。"（页71）而此派在南方，于李晴峰的领导下，泰州一地加入其教者不可胜数（页73），又说其思想"尊良知，尚实行。其范围舍六经而外，旁通黄老，并及佛陀经典……面目近似'姚江'，'姚江'不逮其广也，不取汉学之琐屑，排斥宋儒之荒诞"（页74）。此派北方领袖张积中（1805—1866）"以《论》《孟》《大学衍义》《近思录》，与同人讲贯，或说取《参同契》《道藏大全》《仙灵宝箓》《灵霄指掌》诸书附入之"（页75）。当咸丰初，洪、杨据有东南诸省时，张积中在山东肥城县西北六十里之黄崖山聚千人为类似桃花源式耕读讲道组织，有祭祀堂，"以古衣冠礼神，岁有例期，仪节繁缛"（页75）。而且在山东遍设商肆，后为阎敬铭

1　杨天石辑：《"社会主义讲习会"资料（续）》，载《中国哲学》，第九辑（1983），页466。

（1817—1892）所剿灭。

四年之后，刘鹗之孙刘厚滋写《张石琴与太谷学派》，发表于《辅仁学志》九卷一期。作者初次引用太谷学派创始人周星诒（1833—1904）的《周氏遗书》，并据以修正卢冀野所说太谷学派纯是阳明学流裔之说。在这篇文章中，刘氏引了忏因子《跋李晴峰诗集》的一段话：

> 今者新学兴，士议稍稍复振，阳明之学亦渐发明；而孰知夫数十年前已大倡于江淮齐鲁间。（页11）

忏因子主张太谷学派是阳明之学，刘厚滋认为周太谷（约1762—1832）的书，同时有两个倾向：既以周濂溪为直接孔子之哲人，又说"学者果能循朱、张、程、程、周、孟、思、曾之绪……庶不负斯进学之解"（页11），显然近于宋儒。但"其论格物致知诸说，颇主本体具足之论"（页12），又似阳明面目。刘氏判断说周太谷是"出入濂溪、阳明两家，建极河图易象，亦颇援引佛家不立方法之大乘法门，及清静无为之老庄学说，但非融合三教如林三教、程云庄之徒"（页12）。又说此派系导源于明末清初之阳明别流（页36）。由于他接触大量一手材料，少年时也曾到太谷派的归群草堂，所以首次对太谷学派的思想学说分宇宙观、人生观、法象观、参悟观等，做深入之介绍。

刘厚滋这篇长文还对太谷学派之仪节与习语做了深入介绍，可以充分看出太谷学派将儒家的仪节、观念宗教仪式化的情形（页39—40）。譬如谒师礼中，拜时以"两手指相搭如'拜'字，男左女右，以掌承额，稍久乃起"，他所说的其实就是古人稽首拜手之制。而祭奠礼，虽大体与文庙丁祭相同，但因多在子夜举行，亦令人有故神其事之感。派中人还有类似结社中人之秘密语，如"心息相依"就是。作者说他曾经一访归群草堂，发现洋洋盈耳者，皆心息相依四字，说此语本出养生家言；阳明亦尝举之，而学派中人几无人不能言之（页40），而且即用心息相依解阳明的"知行合一"——"其义谓呼吸之时，心并未动，而自然心息动作不悖，知行之需相合，

理亦犹是;知行能如心息,即真合一,亦即孔子之'七十而从心所欲,不逾矩也'。"(页34)

刘氏并从其祖父刘鹗致黄葆年(1845—1924)的一封信稿中,归纳出"教"与"养"实是太谷学派政治社会实践之大纲。"圣功大纲,不外教养两途,公(黄葆年)以教天下为己任,弟(刘鹗)以养天下为己任。"(页35)这亦说明了刘鹗不恤己身安危从事赈饥、治河、修铁路,即使任天下之重谤亦不以为意,其背后实有深刻的宗教动机。他说:"弟(刘鹗)既深自信,以能窥见公之一斑,故谤言满天下,不觉稍损,誉言满天下,不觉稍益;唯一事不合龙川(李晴峰)之法与公所以为,辄怏怏终夜不寐,改之而后安于心。"(页34—35)刘鹗之事功与太谷学派教旨之关系,也是在这篇文章中首次点出的。

这篇文章并说明大成教、大学教、泰州教等名称与此派的实际关系,其中最值得注意的是大学教。它是一个将《大学》一书教典化的例子,缘因光宣之交,太谷派毛庆蕃(1846—1924)总办江南制造局时,因局中有不少同门子侄,故"时于朔望会于局中,以励学行,而考成绩,间亦为诸生讲学。学派用书,素守程子以《大学》为入德之门之说;当时固亦用之"。因为他们焚香礼孔子,事闻于外,所以人们遂称其为拜大学教(页43)。

在刘文发表五年后(1936),谢兴尧(1906—2006)在《逸经》发表《道咸时代北方的黄崖教》一文。黄崖教即指张积中在山东黄崖山之组织,谢氏将之定为反抗满清和改革社会的组织。由于文末引阎敬铭奏折时有谤及张积中之处,刘厚滋乃写《同治五年黄崖教匪案质疑》(1936)为张氏澄清,攻击清代官书《山东军兴纪略》的记载。隔年(1937),刘氏又因新史料续成《黄崖教案质疑补》一文,论点大同小异。值得注意的是:这次讨论将材料范围扩充到清季的官书、笔记等,把该教放在清季政治脉络中讨论。此后,关于太谷学派的讨论沉寂了二十年。

二十年后(1957),中国史学会济南分会编辑《山东近代史资料》第一分册,这是太谷学派史料的一次重大扩充。不但从各种笔记、方志、野史小说中搜罗材料,并且得到张积中文稿十篇,对其反清思想,及何以在黄崖实行村社般组织,勾勒出一个清楚的轮廓。此外,由亲睹其事的吴奇白写了《黄崖案的回忆》,另有一组人于 1957 年 5 月 1 日,到黄崖山踏勘访问。

同时在南方亦有刘蕙荪(刘厚滋的别名)响应,写了《太谷学派的遗书》[1]一文,介绍该派不外传的遗书抄本目录及大概内容。经过二十年,刘氏对太谷学派是阳明流裔之说有了修正,认为是宋学程朱派的发展。他说:

> 太谷学派也并非出于阳明别派王心斋"泰州学派"的末流。太谷学派是儒家的一个新流派,归根结蒂的思想根据在于《周易》,傍证群经,更综合医家、养生家言……其修身的门径在程伊川的《四箴》,养气的原理在周茂叔的《太极图说》,故仍应视为宋学程朱学派的发展。(页 629)

1962 年,刘氏又在《文汇报》上发表《太谷学派政治思想探略》(亦收在刘德隆等编之书,页 591—602),说太谷派提出"复井田"以行土地国有,并且一定要"士"也兼耕百亩,周太谷是地主,便曾亲行其法,除留少许祭田,将土田全部分给贫困亲故和耕者,而这些都是受到学派兴起不久之前的嘉庆年间,曾因疯狂的土地兼并激起过声势浩大的川楚农民起义之刺激而起。(页 595)

在 1963 年,也就是对太谷学派的兴趣复苏后,香港马幼垣写成了《清季太谷学派史事述要》,其中引陈寅恪(1890—1969)之父陈三立(1853—1937)《散原精舍文集》卷十六毛庆蕃墓志铭中对太谷学派的描述,足可注意。马氏后来仍不断留意发掘有关太谷学派之一手及二手论著及一些不为人注意的二手论述。[2]

1　此文后来收在刘德隆等编《刘鹗及老残游记资料》(成都:四川人民出版社,1985),页 603—630。

2　如金天翮之《周太谷传》,马氏得之于东洋文库。他也发现卢冀野的《太谷学记》,见其《酒边集》(1924)。另外还有报纸文章四篇:任痴《刘铁云与太谷教》《黄崖案中之张积中》(南京《中央日报》,1947 年 1 月 27、28 日),质庐《由黄崖案谈太谷学派》(南京《中央日报》,1947 年 2 月 2 日),任痴《太谷学教中之李晴峰》(南京《中央日报》,1948 年 11 月 27 日)。马文收在他的《中国小说史集稿》(台北:时报文化出版公司,1987),页 3—18。

又过了将近二十年，也就是 1980 年到 1985 年间，先后出现的文章及资料集，主要讨论老残与此派的关系。严薇青（1911—1997）于 1980 年写《刘鹗和太谷学派》[1]，强调从李晴峰起，"讲学论艺，似乎已经不很推崇宋儒"，并引与李晴峰同时代的李审言（1858—1931）所记一段话说，有一次，某弟子表示自己不好色，李氏呵之曰："非人情，曾狗彘之不若耶？"又举《老残游记》第九四回玙姑的话说："若宋儒之种种欺人，口难罄述。然宋儒固多不是，然尚有是处；若今之学宋儒者，直乡愿而已。"（页 140）刘蕙荪编的《铁云先生年谱长编》[2]，增加许多他个人对此派事迹的回忆、此派文献整理的情形、刘鹗与黄葆年之间的关系，以及黄氏所创归群学社在民初的活动，并再度强调老残种种不恤天下毁誉的救民行为与此派"养天下"的教旨有关（页 102—104）。而刘鹗之曾孙刘德隆、刘德平等所编《刘鹗及老残游记资料》则增添了《刘鹗日记》《刘鹗书信》等不少宝贵材料。

以上是研究太谷学派的两个重要阶段。第一次关于太谷学派的争论，围绕在它是"宗教"还是"学派"这个问题上。论战双方，一是《甲寅》的章士钊（1881—1973），一是卢冀野，因为相持不下，最后请出当时咸认权威的太谷派传人金天翮（1873—1947）。但金氏也只是在《甲寅》周刊上写了一小段不痛不痒的话，并未下任何论断。

从前引这些材料看来，太谷学派以理学杂糅佛老为主，故很像个学派。但它有组织，有行动，有仪式，而且把一些相当平常的理学观念当作"不传之秘"，只在教内流传。譬如"心息相依"，原是理学修养功夫，但竟被说成是"此数千年圣圣心法，口口相传之秘，至太谷始著于书，黄崖（张积中）、龙川（李晴峰）继之"。[3] 他们还将经书加以教典化，"其教中五经四子书，皆别有注疏，而语秘，世莫得闻"。[4] 如何"别有注疏"，不得而知，想必是加以神秘化或象

1　本文收在《严薇青文稿》（济南：齐鲁书社，1993），页 132—143。

2　刘蕙荪：《铁云先生年谱长编》（济南：齐鲁书社，1982）。

3　刘大绅：《儒宗心法摘选》，《刘鹗及老残游记资料》，页 559。

4　中国史学会济南分会编：《山东近代史资料》（济南：山东人民出版社，1957），第一分册，页 168。

数化，而且不准泄露给派外之人。又如李晴峰对弟子进行"授记"，以一句话预言他们将来的成就[1]，即借自佛家，佛对菩萨等悬记其将来必当做佛的法子。此外，他们的宗教仪式也有取自白莲教者。

　　第二波争论是太谷学派的思想源头。关于这个问题主要有三说。其一，过去一般皆认为它是林兆恩三一教的余裔。但是，将近两百多年间，并无明显传承联系之迹，故二者关系恐难轻易推定。不过，太谷强调艮背之旨，又确与林兆恩的艮背思想相似。其二，因周太谷是安徽人，而明季创大成教的程云庄也是皖人，思想又有近似之处，故推测是程氏大成教之遗。此说目前未能证实。其三，到了近代，许多人皆因李晴峰崛起泰州，在当地具有势力，而泰州又是明代泰州学派之基地，况且，泰州学派的平民性格，以及尊良知、重实行皆与此派相近，故推测它是明季泰州学派之余裔。如果此说属实，则对明季泰州学派的社会影响程度以及它在清代的流传便有重估的必要。刘蕙荪早年主张太谷学派是宋学与阳明学之会合，后来研读原始资料日多，乃强调它近于宋学，尤其是周敦颐（1017—1073）等人的传统。其实以上四种思想成分皆随时随人而有轻重之不同。争论者常常是各以不同代领袖的思想作为太谷学派的特征而互相攻击。

　　如果能以发展的、多元的观点去看，则比较容易得到解释。首先，太谷学派是一半秘密社会、半宗教组织，它不可能忠实于某一学术传统。它吸收融会各种资源，只不过是在各种成分中间有一个重心而已。在太谷学派的发展史中很明显的有以宋学为中心逐步转向反宋学的倾向。从前述各种著作中所引用的周太谷著述可以看出，他本人宋学的成分强过阳明学，故有人说他是"循朱、张、程、程、周、孟、思、曾之绪"。[2]但因为"救天下"的实践性格，所以他对阳明"知行合一"学说亦特别重视。到了他的第二代弟子，似乎便因分南北宗而有分化。北宗的张积中是宋学与阳明兼重，故一方面说"孔孟之学，不得其传者二千余年，周、程振之，燧然息矣。今之为理学

1　刘鹗：《致黄葆年》，《刘鹗及老残游记资料》，页300。
2　刘大绅：《儒宗心法摘选》，页561。

者,迂儒耳"[1],但又说"致知者,知其知也。自知其知,即自明其德也。《中庸》曰'率性',孟子曰'知性',子曰'吾无隐乎尔',斯义也,汉儒鲜知之。程、朱之学,本于正心诚意,而略于致知。逮乎王阳明,而致良知之说,始畅于天下"[2]。至于在南方泰州一带的李晴峰,则宋学味道浅,而王学味道浓。我尚未见到大量引述李晴峰著作的文章,不过从零星材料判断,他的思想接近王学,故接闻者与跋其诗钞者皆说他"于陆、王为近"[3]。如果李晴峰真的有明季泰州学派的思想成分,则明季盛极一时的泰州学派是否曾在泰州地区流布达三百年之久,值得特别注意。[4]到了第三代弟子黄葆年、刘鹗等人时,则更激烈批判宋儒灭人欲的观点。他们对宋儒的态度非常激烈,认为人欲不但不可灭,而且正是人们凭以向上进取或治平社会的"命宝",是正面的东西。黄葆年的一段话可以为证:

> 故宋儒谈"理"字,吾谈"欲",宋儒谈"性",吾谈"情",不知情欲为命宝,格天格地格万物,莫不靠情欲也。宋儒但见情欲之坏,虽不错……不知上达亦靠情欲也,所以宋儒只到得半趟耳。

又说:

> 七情六欲,七六十三,所以谓《十三经》。[5]

把七情六欲加起来称之为《十三经》,是一种前所未有的观点。刘鹗也借着《老残游记》中玙姑与申子平的一段话表示他对宋儒轻蔑的态度。《老残游记》中说当玙姑谈到宋儒自欺欺人时,她隔着

---

1 张积中:《与秦云樵书》,《山东近代史资料》,第一分册,页158—159。

2 张积中:《松园讲学图序》,《山东近代史资料》,第一分册,页154。

3 忏因子:《大狱记 附龙川先生诗钞跋》,《山东近代史资料》,第一分册,页191。

4 杨本义写有《新旧泰州学派的几点惊人相似》,载《泰州文史资料》,第3辑(1987),页83—97。

5 陈辽:《周太谷评传》(南京:南京出版社,1992),页181。

炕桌，伸手握住申子平的手，以申子平的亲身感受，批判宋儒不言理欲之不当。[1] 在《老残游记》第九回中，玙姑又有一段话说：

> 这好色乃人之本性。宋儒要说好德不好色，非自欺而何？自欺欺人，不诚极矣！他偏偏要说"存诚"，岂不可恨！圣人言情言礼，不言理欲。删《诗》以《关雎》为首；试问"窈窕淑女，君子好逑"，"求之不得"，至于"辗转反侧"，难道可以说这是天理，不是人欲吗？……若宋儒之种种欺人，口难罄述。

所以，如果将注意力放在周太谷，则会以为太谷学派近宋学，但如果把它放在清季的李晴峰，则又近于阳明学，如果放在第三代弟子刘鹗身上，便是对宋学持激烈批判态度的学派了。

三

从刘蕙荪《太谷学派的遗书》一文中对太谷学派遗书内容的简单描述，可以得出几个印象。第一，李晴峰是太谷学术传统转变之一刻，故派中人也觉得他的书怪异。第二，太谷诸师们对儒家经典进行大幅的创造性诠释。他们认为经书的意义有内外两层，内层是微言，外层是大义。这种分内外的想法近于汉代的分内外之学，并以谶纬为"内学"的传统。[2] 李晴峰研究纬书《孔子闭房记》[3]，似即显示他对谶纬内学之注意。而自认"内学"者，通常是假设经书的字面背后隐藏着不传的意蕴（hidden meanings），而这些意蕴却有待他们去开显解读。日本德川时期的国学者在运用儒家经典时，便

1　严薇青：《严薇青文稿》，页155。

2　过去认为谶纬必属今文家说，但蒙文通在《经学抉原》中《内学》条说今文、古文两派都有信谶纬的，也都有反对谶纬的，谶纬和儒学各有传授师承。见蒙文通《治学杂语》，收在蒙默编《蒙文通学记》（北京：生活·读书·新知三联书店，1993），页16。我个人同意这个观点。

3　《孔子闭房记》为流行于中古时代之图谶类书籍，北魏孝文帝下令禁止，后来道士桓法嗣曾呈献王世充。参考顾炎武《原抄本日知录》（台北：明伦出版社，1975），页866。

常用这个办法。而与太谷学派时代相近的学术主流今文经学的几位激烈分子，也是以寻找儒家经典背后"隐藏意义"为目标。这种想在经书不能动的字面背后寻找隐藏意义的做法，与时代变局太大，而传统经学权威太重，旧容器装不下新东西的困局有关。在考证学传统的压力之下，人们只能出之以寻找"内学"一途，好把圣人当初秘传下来的道理"解放"出来。而圣人的道理其实也就是他们独家的道理。

清季学者对谶纬也的确有某种程度的兴趣，如张琦便相当注意谶纬，并注解《风后握奇经》。章太炎表示，张氏任山东馆陶知县后，以神秘思想移易当地民风，使得该地后来成为义和团之渊薮。

我也很怀疑太谷学派在解释五经四书时，发展了一套相当繁复而自成系统的技巧。譬如在经文旁加各种数目大小不等的圈来指引人们超越文字本身去了解经文。张积中有两部书《说文六书略》及《三十六虚声》。从字面上看来，这是两本文字训诂之书，但据学派中人描述，它们都是讲身心性命的作品。我推测它们可能是对传统训诂出之以别解，以彰显字面所无的意义。譬如周太谷把"易"字拆开，说上半是"日"，也就是"命"，下半"勿"即"身"，易乃变动，而性是由命和身组合而成，故性也是变动的。[1] 这一种解释方式并不罕见，汉代谶纬中解"公孙"为"八厶子系"，或解"刘"为"卯金刀"等都是例子。太谷学派中人也用音韵训读办法，转变经书中的某些内容。譬如张积中特别讲《易经》"后以财成天地之道"及《大学》末章生财之义，特拈"财"字，以体现他重视商业的思想；而他在山东也广设商肆以开财源。

此外，他们也相信某些经文是预言或寓言，如李晴峰在《观海山房追随录》中提到，《孔子闭房记》中说《论语》"非其鬼而祭之"是指秦，"见义不为无勇也"是指楚，皆为预言[2]，以表示经文可以作预言解。他们自负能破解经书中隐藏的密码系统，故传言中张积中

1　陈辽：《周太谷评传》，页64。

2　刘蕙荪：《太谷学派的遗书》，《刘鹗及老残游记资料》，页621。

著《十三经或问》，"门外汉多不解，因词句奥衍"[1]。前面已提到"其教中《五经》《四书》，皆别有注疏，而语秘，世莫得闻"，而这些注疏大抵是主张儒者通性命之理后是要致用的，"临大事不能有济，此迂儒弗知性命者也"[2]，儒者因达事变，足见经他们破解的经义包含两个方面：既阐"性命之理"，也"达事变"，是道德修养与政治措置兼而有之的。

四

太谷学派的研究在近年中又因资料上的扩张而有长足发展。本来太谷著作是秘而不传，故当刘鹗之子刘大绅印行太谷学派遗书《儒宗心法》时，尚未发行便为派中元老所阻止。但"文化大革命"期间，有一批太谷学派遗著在泰州被查出[3]，在即将被焚毁之际，被泰州图书馆保护下来，该馆并于 1986 年编目公之于世。1992 年陈辽写成了《周太谷评传》一书[4]，由于《评传》是以新史料为基础写成的，并且包括了学派前后三代领导人周太谷、张积中、李晴峰、蒋文田、黄葆年、刘鹗，所以对该派提供了一个更清楚的轮廓。此下我便以该书为基础来进一步描述太谷学派与清季思想、社会的关系。

首先，这个学派的兴起与清代中晚期社会问题关系密切。前面我们已提到周太谷的背景似与川楚教乱有关，他的一些话中也都流露出对当时饥民可能酿成民变感到不安，甚至用了"变置社稷"这样的重话：

　　　　唯民饥为可忧也。[5]

1　吴㲄白：《黄崖案的回忆》，《山东近代史资料》，第一分册，页 166。

2　胡韫玉：《张积中传》，《山东近代史资料》，第一分册，页 183。

3　这一大批太谷学派书籍是黄葆年的弟子张德广从 1924 年起雇人抄成，共 90 种 307 卷。张氏去世后，这批书由黄葆年次子黄寿彭保管，后因战乱携往泰州。参见方宝川《鲜为人知的太谷学派遗书〈归群词丛〉》一文的记述，刊在《文献》，4（1989），页 94—102。

4　同年，德国的屈汉思也演讲了他研究太谷学派的计划，见张堂锜《老残游记的域外知音——德国汉学家屈汉思博士》，《中国文哲研究通讯》，2:2（1992），页 111—115。

5　陈辽：《周太谷评传》，页 47。以下所引页码，皆出自同书。

> 然而旱干水溢，则变置社稷。（页 47）

他对士大夫阶层袖手旁观这一困局，不能体恤民苦极为不满。故说：

> 我何功于农也。
>
> 食国禄者，知报国者众，知报民者寡。知报民之艰苦，故君子衣不奢帛而食不奢肉也。（页 49）

　　他认为所有百姓皆是"天民"，应该受到同样的照顾，可是干旱水溢，土田不均，民不聊生，而一般士人，对于生养他们的农民却无所关怀。他认为如果危机不能解决，可能演成"变置社稷"，在周太谷那个时代提出这样的预测不可谓不大胆。尽管他一向提倡愚忠，但因为现实境况太坏，故不得不如此说。因他强调"报民"，故喜欢说"亲亲、仁民、爱物"（页 48）、"实利"（页 51）等体恤百姓的话。他虽然只在轻徭薄赋上动脑筋（页 44），但与过去的理想主义者有所不同——他并不主张恢复井田，但是主张将土地交给农民并鼓励他们生产（页 45）。

　　从太谷学派几代领袖的思想中，我们也可以看出各凭体验去发挥理学思想的情形，这种情形在许多带有理学色彩的善书中很普遍，在太谷学派中人的著作中更为明显。为了能让一般大众了解并实践理学中一些深奥的道理，他们往往将一两句话提出来作为"口诀"，然后反复开示。他们是想借着宗教对信徒的约束及说服力量去推展这些口诀，以作为精神训练的资粮，并把"内圣"与"外王"这两个早已不密切相连的观念再度紧密结合在一起，强调通过相当程度的内在精神的训练或道德的修为以后，可以直接导致外在可见的成果，包括个人肉体的完美，或社会、天下之治平。

　　周太谷重视所谓"强诚之学"，又说求"强诚"必须从"四勿"入手。他认为如果凡事做到非礼勿视、非礼勿听、非礼勿言、非礼勿动，则可以使已放失之心复返其初，而后达到"诚"（页 99），"四勿"似乎是此派用以达到修养圣功、内圣外王的主要手段。他将这一简单的道德修养功夫与改变个人的命运，以及改变社会国家的途径联结在一起——太谷认为"诚"可以塑"性"，认为"诚"到一定高度之后，则可以"心欲言而口言"，"心欲履而足履"，几乎是从心所欲而不逾矩的地步，甚至还"可前知死生，亦可前知祸福"，"可以佐命""可以定乱"（页99），也就是说由诚可以入圣，由圣可以入神，还可以外王，而终为"王者师"（页98）。由内而外，由身到国，由个人的道德修养到天下的治平，联结成一个"国身通一"的整体。必须要把人的主观能动性强调到这一个高度，才能应付救乱世的要求。

"心息相依"与"转识成智"，始终是此派最核心的道德修养纲领，尤其是前者的重要性，更值得注意。张积中对此有所发挥，说：

> 息，不止从口而出也。目视，则从目出；耳听，则从耳出；鼻嗅，则从鼻出；口尝，则从口出；四肢动，则从四肢出。（页107）

本来一般都说一呼二吸是"息"，但此处认为视、听、言、动皆是"息"，要做到它们的每一发动皆能与心中所想相依不违的地步，才算功夫到家。张积中强调它的重要性说：

> 心息相依可包罗千经万卷。千经万卷，皆是心息相依注脚。（页108）

后来李晴峰用佛教名词附会搭配"心息相依"：

> 息是受想，心是行识，心息相依是无受想行识。（页148）

蒋文田（1843—1909）则说：

> 夫真诀无他，心息相依而已；真师无他，转识成智而已。转识成智，则能自得师，又何必拘拘焉执一人为师哉。（页161）

太谷学派对"气"与"情"很重视，他们的整个道德转化便是以对气、情的转移为主的，看来比较接近阳明后学的态度，而不是宋学的存天理去人欲式思想。他们的诠释，甚为新颖。如蒋文田说：

> 先师以志为"人路"，气为"天路"。又曰："欲达天德者，舍气而无由。"斯言也，可谓发前圣未发之秘。（页 161）

至于对"情"之重视，蒋氏说：

> 若夫豪杰之士，只是真性情发露，而由仁义，行真心。即发真气，斯充直养，无害在此，自性自度即在此。（页 165）

"气"与"情"如此重要，故他们一再强调要"换气"，要"移情"。他们特别强调"气"，而忽略了"性"，认为"性"是一个没有力量的元素。这当然不是一个很新的观点，不过，"换气"则是一个较新的想法。"换气"带有自我精神及身体质素转换的意义，正因为"气"的功用如此关键，故他们认为"换气"可以外王。大概是说，如果人人皆可以转移自己，则社会政治可以改善而臻太平。

至于"移情"，蒋文田也说：

> 夫为学之道，莫先于移情；移情之方，莫先于求友。求友则可以得气，得气则可以培风。（页 166）

足见他是将"换气""移情"与"求友"三者合而为一，而且认为移情、换气必须借助"友"，也就是外人来互相切磨。所以黄葆年"罕言忠孝，多言友"，而李晴峰教育黄葆年时，也强调：

> 得友者昌，失友者亡。（页 170）

重"友"是晚明出现的一个重要风潮。利玛窦（Matteo Ricci，

1552—1610）译《友论》，李贽（1527—1602）、何心隐（1517—1579）等也都有专文讨论"友"之重要。而在清季，谭嗣同（1865—1898）亦再三说"友"。可是在谭嗣同之前，太谷中人也觉悟到道德修养或转移社会，皆需要"友"，主张摆脱个人独善修身之哲学，而强调社会性。

太谷学派的所有修养功夫最后都要导向改变个人及社会国家之命运。"命"可以改变，可以造，而且是通过修身、致知去造的思想，与王艮（1483—1541）或袁黄（1533—1606）的"立命"思想甚为相近。周太谷显然认为"命"的好坏不但是人可以决定的，同时也是可以捉摸的（页66）。"命"的好坏与"性"的完善与否有关。既然移情可以塑性，则"性"是后天决定的，那么"命"也一样是后天可以塑造的，故说：

> 得天命者，只能是已经存性之人。（页65）

李晴峰也认为一个人的命是可以通过修身而变化的，而且"致知格物"也可以使"命"发生变化（页151），而最终是要改变全天下人之命，是要转天下生民之心。李晴峰说："假使生民不经一番锻炼，人心何日得转，此又天之至教也。"（页153）

结　论

太谷学派之兴起与清季宋学之复兴，及今文家之兴起时间相近，而他们的思想宗旨，又与道咸经世之学有近似之处，它们都是内部社会问题所刺激出来的运动。太谷两代领导者皆有破家赈灾之举，而且到处提倡"教""养"二途救天下，并特别关怀下层百姓，足见社会危机对中下层儒家知识分子的刺激，以及他们的因应之道。在因应过程中，他们对儒家学说做了一些符合自己需要的解释，并广泛从佛、道家吸收资源以深刻化或补充原来之不足。由于他们随时代而变，故在诠释儒家传统时也应时而有发展。到了第三代，当弟子刘鹗大量接触到西学时，也大量汲引来诠释他们的学说。他们并以组织的形式、宗教的手法，来推展"教""养"天下的理想。太谷学派第二、三代弟子有强烈经世倾向，或在陶澍幕中参与改革两淮盐务，或如张积中辅佐办厘金的雷以諴，毛庆蕃为江南制造局总办，刘鹗办河工、开矿、修铁路等。这一形象正与他们的教旨"圣功大纲，不外教、养两途"相合。因为关心"民失其养"，所以他们在土地政策方面思想愈来愈激烈，如提出土地国有的观念，竟与孙文想法相近似，而主张废私有制，也与近代许多激烈思想家相近。

作为一种半秘密的社会组织，他们对当时思想界之主流的发展也有所反应。如对西学进入、中学式微之不满，对康有为的批评都是。他们与晚清的政治动乱，如川楚教乱、太平军与捻乱，也有某种关联。周太谷生逢川楚白莲教乱，而张积中聚众黄崖，正是太平军兴之时，它被剿灭的1866年，也是太平军被剿平之后。各种说法都以为它曾有能改则改，不能改则取而代之的反清思想。从周太谷目睹嘉庆时代天下动乱而担忧"君不君臣臣，父不父子子，人伦之变也"（页79），到不能改则取而代之，也是一项值得注意的发展。

总之，太谷学派是一由中下层士大夫发展，以改造的理学为主的社会运动。他们是组织化的，而且将儒家仪式宗教化，故神其事，以启人遵信；他们坚持秘而不传的口诀，常只是理学思想中至为平常的东西；他们隆重举行的仪式，不外是俎豆礼，或祭祀先圣之礼。但他们将之宗教化以激起下层百姓遵行，是清季儒家在下层群众中引导社会道德的一种尝试。而以上几种特色包括组织化、宗教化，以儒家学说作为下层社会精神道德引导这三点，也正是清末民初不满儒家缺乏社会性格的人所关心的，甚至一直到今天，这些问题也还没有得到解决。这也是为什么我在文章一开始提到"儒家文化的局限性"至今仍是一个困扰的问题。

汪悔翁与《乙丙日记》

——兼论清季历史的潜流

在这篇文章中，我想以《乙丙日记》为例，试着探讨汪士铎（1802—1889）在 19 世纪 50 年代的言论及清季历史潜流的问题。而探讨这个问题时，很自然地要先涉及三个问题：第一，每个时代思想构成的不同层次；第二，历史文献的公开性；第三，不同文体的流通渠道，以及文人写作各种不同文体时身份态度的转换。

一

传统中国社会大部分时候可能是"纯朴雷同"（黄仁宇语），但在历史上我们也常常发现思想、意识形态的地图不是用一个颜色画成的。即使是在士大夫阶层中也可以分出一些不同的层次。举例来说，明代心学盛行时，科举考试仍然以朱注四书为主，想通过科举考试的人，都要熟读朱注，所以心学思想家与大部分读书人，或是说思想界的精英与国家功令并不完全相同，有时甚至隐隐然有对抗的意味。在清代考证学盛行之时，考据学家们自以为打倒了宋学，但广大读书人所读的仍然是四书朱注。[1] 所以考据学家们与国家功令及一般读书人所熟悉的东西，仍然可以区分为两层[2]，而且这两者并

---

1 《〈国学季刊〉发刊宣言》，《胡适文存》（台北：远东图书公司，1990），第 2 集，页 5。
2 这当然是大略地说，其中也有人"六经尊服郑，百行法程朱"。钱穆：《中国近三百年学术史》（台北：台湾商务印书馆，1968），页 321。

非不存在紧张关系[1]。

除了上述的区分外，在一个时代的种种文献中，其流通的渠道、设想的读者以及公开性，都有差别。不过，必须强调，这些区分只是大致性的，绝不可一概而论。

在这里且让我先举个例子。在清代考证学如日中天时，一些对考证学风气表达严重不满的文字，实际上在作者当世是不曾正式刊行的，以章学诚为例，《文史通义》等书中固然已对考据学有所批判，但是话说得最直接、最激烈的文字，"其过背时趋者，未必轻出"，其《文史通义》《校雠通义》等书也要到道光年间才刊行。[2] 又如陈澧的《东塾读书记》中每每批评汉学流弊，但多引而不发，婉约其辞，然而1931年岭南大学购得的陈澧未刊遗稿中，对此却畅发无遗。[3]但是这些层次不同的文献在一次又一次的重编重刊中，渐渐泯除了它们原来的样状，以致对于后代的读者，一切都那样熟悉，失去了对细微的文献层次区分的敏感。

对传统文人而言，用不同的文体写作时，自己所设定的身份常有微妙的差异。傅斯年说北宋的诗人作词时像是替歌妓作的，便试着学歌妓说话，而南宋词人作的词便渐渐称心地说自己的话，唐代诗人的环境同于倡优，宋代诗人的地位返于儒，像欧阳修（1007—1072），他写起诗来是"大发议论的老儒"，在写词时，则"香艳得温李比不上"。[4]

传统文人在以不同文体写作时设想的读者也偶有殊异。写文章时的身份是"公"的，是作为一个儒生的身份，写诗的时候就不一定了，诗中常常透露出较多"私"的身份，在"私"的身份里，比

---

1 对层次的区分有助于我们了解一个时代的各种状况。以思想来说，在清代中期礼学高张的时代，依然可以找到许多大胆反映情欲的文学，与其视之为截然的矛盾，不如从层次的不同去理解这种现象。

2 钱穆：《中国近三百年学术史》，页415—416。

3 汪士铎：《汪悔翁（士铎）乙丙日记》（台北：文海出版社，1967，以下简称《乙丙日记》），页601。关于岭南大学购得陈澧的六百多本的小册子，可参见陈受颐整理的《陈兰甫先生澧遗稿》，《岭南学报》，2:2（1931），页149—183、杨寿昌整理的《陈兰甫先生澧遗稿》，《岭南学报》，2:3（1932），页174—214。

4 傅斯年：《古代文学史讲义》，《傅斯年全集》，第2册，总页569。

较自由地表达自己的感情。他们思想的一贯性，未必因身份或文体
的变化而改变；不过，在"公"的文字中可能比较四平八稳，冠冕
堂皇，要义正词严地说些什么，但在"私"的文字中，则有可能保
留一些批评、不满，甚至复杂、游移、矛盾的情绪。所以，在"公"
的文字中未必能读出来的东西，在"私"的文字中却可以清楚地勾
勒出来。[1]

　　不同的文体似乎也有不同的流通渠道。在正式刊版印行之前，
诗大抵只在文人圈中流传，等于是这个圈子中的一个小小的"时论
广场"或"公共论坛"。但是"文"就不同了。"文"通常比较严肃，
设想更宽广的读者，见之于诗的率意与私人情绪，在"文"中不一
定找得到。至于日记和书信，传统人士并不一定总是视日记、书信
为私密性文件，日记有时是公开让人阅读的，有时还被抄出来提供
他人作为一种修身或读书的范例；而书信，尤其是论学的书信，在
没有"学报"的时代，每每带有学报的功能，用来传布自己的发现
或新见解。尽管如此，大部分的日记、书信还是不准备公开的，这
也使得它们承载了较多私密性的内容。

　　我之所以要做上面这一个简略的讨论，是想用它来检讨有关汪
士铎的研究，并试着将他放在比较恰当的思想史位置。有关汪士铎
的研究很少[2]，而且大多忽略了层次的分别以及他的各种文字所设想
的不同读者，所以总是说汪士铎"公开"宣称如何如何，而观其所
谓"公开"宣称的东西，实不出《乙丙日记》的范围。[3]但是《乙丙
日记》在当时并不公开，只是汪氏那些严谨堂皇文字之外的一份私
密日记，是一个充满情绪、矛盾、杂乱无章的空间，它记录了一个
潦倒书生内心潜在的变化，记录了晚清那一些所有东西都从其基盘
上漂移流失的现象，这些潜滋暗长的东西，长期为后代史家所忽视。
一个帝国，或一个思想体系的崩溃，除了我们从各种文献所掌握到

1　有兴趣的朋友如果打开张慧剑编的《明清江苏文人年表》（上海：上海古籍出版社，
　　1986），就可以看出诗歌中对整个时代、对地方事务表达多么敏感的反应与批评。
2　连带讨论汪氏人口思想的书或文章不少，但据我所知只有一篇论文专门讨论汪士铎，
　　即胡其庸《汪士铎思想剖析》，《历史研究》，2（1978），页30—45。
3　如张锡勤等《中国近现代伦理思想史》，（哈尔滨：黑龙江人民出版社，1984），页58。

的变化与脉动，情绪或信念的暗中动摇，也是一种关键性的力量。在一个时代冠冕堂皇的文献中还看不到任何批评反对的征象时，事实上，人们的情绪、人们的信念，可能早已悄然变化，甚至已经汇聚为意识之海。但是属于情绪、信念的变化很难被识认出来，这些属于"私"的部分，本来就不设想着对大众公开，所以非常难以捕捉，也不易在历史地图中标示出来。我们既无法起古人于地下进行田野调查，只能在现有文献中去仔细分疏了。

二

凡留心曾国藩周边的一群文人者，都会不时接触到汤鹏（1801—1844）、孙鼎臣、邵懿辰、汪士铎等一长串名字。

汪士铎，字振庵，别字梅村，四十九岁开始自称"无不悔翁"或"悔翁"，江苏江宁人，生于嘉庆七年（1802），早年屡试不利，三十九岁始中举人。汪氏官途多舛，故多在士大夫之家教馆或帮人编纂书籍，其中较为著名的，如帮魏源编《海国图志》。[1] 太平天国攻陷金陵时，汪氏未及逃出，目睹太平军在南京的种种施为，九个月后，汪氏伪装成太平天国的书吏，更衣剃头逃出，避地安徽绩溪，山居五年，作《水经注图》二卷，于咸丰九年（1859）赴鄂入胡林翼（1812—1861）幕，赞襄军务，并帮助胡氏辑成《读史兵略》二十卷，同时也刊发了他所著之《大清一统舆图》。汪氏在胡文忠幕中，结识了曾国藩等大僚；曾氏督两江，驻守祁门时，汪士铎曾为他划策。同治三年（1864），江宁既复，汪氏东归，继续读书著述的生活，一度居住在忠义局中。汪氏卒于光绪十五年（1889），得年八十八岁。

在咸同时代人士的眼中，汪士铎是一位礼学大家，是一位讲求舆地、兵略的经世学者，是一位有心人[2]，但是 20 世纪 30 年代邓之

1　黄丽镛：《魏源年谱》（长沙：湖南人民出版社，1985），页 177。

2　20 世纪 30 年代以前有关汪士铎之文字，皆未说及他的《乙丙日记》，大多仅注意他的训诂、礼学、舆地之学，如顾云《汪梅村先生行状》，《盋山文录》（台北：台联国风出版社，1970），卷 4，页 15—18。

诚（1887—1960）整理出版他的《乙丙日记》后，汪士铎有了另一个面目——他是旧传统的激烈批评者，是个狂人，而且他的狂怪议论让人读了"头目皆疼"[1]，以致张尔田（1874—1945）要专门出版一部《乙丙日记纠谬》来反驳他，并且将汪氏等同于新文化运动时期的吴虞（1872—1949）。[2]

汪士铎第一种面目可以很清楚地从他生前已刊的文字以及他死后的墓志传状中看出。这个汪士铎是一位成功的考证学家，他协助修纂《海国图志》，并代胡林翼修纂《读史兵略》。人们也知道他写过一些关心"人满为患"的文章，譬如在代胡林翼所作的《刍论·序》中，他说：

> 今天下之患在人满而吏惰，人满故贫，吏惰故玩，水火灾疫，天概满也，天不概而人不能自概，又从而视以侈泰以荡其心，炫以子女玉帛以牖其欲，民安其乡不足自存活，是故强者肆桀骜，弱者习狡诈，盗贼滋蔓，讼狱如荼，为吏者狃于恬熙，方以公牍为为政，粉饰蒙蔽，千夫一状，故祸变酿为此极。[3]

此文作于咸丰九年（1859）左右，文辞与意思都相当含蓄。除此之外，汪氏的文集中多是考证、应酬、考试之作。

在诗中，汪士铎的口气就放纵多了。他在壬戌（同治元年、1862年）的一首《罪言》中这样说：

> 斩刈动逾万，患在补之速，民穷或反本，患在旧俗复，人满地不益，龙蛇且起陆，俗侈不示俭，盗贼啸空谷，贤人综核政，仅足徼受禄，解后木金饥，乞活覆邦族，何如饬司闾，生女勿使育，

1　夏承焘：《天风阁学词日记（二）》（杭州：浙江古籍出版社，1992），页294，"1941年4月14日"条。又如《清代碑传全集》（上海：上海古籍出版社，1987），卷74，总页1192中之传记。

2　张尔田的《乙丙日记纠谬》，此书我未见到，见引于胡思庸《汪士铎思想剖析》，页31注1。

3　《孙侍讲刍论》（清咸丰十年刊本），此文收入汪士铎《汪梅村先生集》（台北：文海出版社，1967），卷8，总页330。

大农持利权，捐输只入谷，礼臣掌教化，首禁文郁郁，嘉予六合内，其知榛狉福，力行三十年，可封且比屋，牧之有罪言，盛世或免戮。[1]

"罪言"这个标题很值得玩味。传统士人一旦用"非所宜言"或"罪言"作标题时，通常表示一种他要说真话，而且这些话可能很不得体，但又不能不说的意思。一般提到"罪言"，多会想到是杜牧（803—852）文集中的一篇《罪言》[2]，《新唐书·杜牧传》中说杜牧因目睹刘从谏守泽潞，何进滔据魏博，都骄蹇不循法度，认为唐代自长庆以来，朝廷对山东措置失当，故坚持对山东藩镇不应"承袭轻授"。因为杜牧认为自己"不当位而言，实有罪，故作罪言"。后来泽潞平定，大致如杜牧所建言。汪士铎《罪言》诗的末联："牧之有罪言，盛世或免戮"，便是指他自己也像杜牧之作"罪言"，希望不要因此招罪，同时也暗指他自己的话终将应验，一如杜牧之预言泽潞州之事而最终皆应验一般。这样的诗在汪氏的全集中似乎也只有一首。

汪氏在私下言谈中就更不含蓄了。汪氏在私人的谈话中，多少透露了一些比较矫激的看法。萧穆（1835—1904）《敬孚类稿》记同治元年（1862）他与汪氏的一次谈话。在这次谈话中，汪氏说："凡为学者，学至于圣贤而已。圣贤至众，而以孔子为集大成。……管商申韩孙吴，后人所唾骂，而儒者尤不屑置齿颊，要而论之，百世不能废，儒者亦阴用其术，而阳斥其人尔。盖二叔之时已不能纯用道德，而谓方今之世，欲以儒林道学两传中人遂能登三咸五，拨乱世而返之治也，不亦梦寐之呓言乎？""盖自孔子生于古，其时地狭人寡，俗朴事简，一切狡诈奢侈风气未开，不见今之火器、铁骑、大舶之害，不知有英、法、美、俄、佳兵、强市、邪教之事，不计有回回、苗、猓与吾民为仇之孽，故其言如彼。设生于今，其必有所以感喟而为世儒设之鹄矣。"[3]

1　《悔翁诗钞》，卷4，收在《汪梅村先生集》，总页857—858。

2　《樊川文集》（台北：汉京文化事业公司，1983），页86—89。

3　萧穆：《汪梅村先生别传》，见《敬孚类稿》（合肥：黄山书社，1992），页330—336。

他私下对萧穆说的这些话对儒家是颇不敬的。

但是，他的日记比私下的言谈更为矫激偏宕。在他死后，同乡后学蒋国榜广泛阅读汪氏的遗稿后，颇为震惊地说"其笔记多偏宕之辞"，至此，人们才发现在一般所知道的汪氏面目之外，他还有另一个面貌。

为了了解汪氏两种面目的形成，有必要对汪氏著作的几种本子加以区分。现在一般图书馆中都可以看到《汪梅村先生集》《悔翁别集》《梅村剩稿》《乙丙日记》，把这些书摆在一起，实在看不出什么层次上的不同，不过，如果细查则会发现，其中有些是汪氏生前认可流通的，有些是汪氏深藏不欲人知的。光绪七年（1881）刊行的《汪梅村先生集》是汪氏自己认可的本子，故他的学生洪汝奎在该本序上说："及门诸子以先生著书数十万言，既罹煨烬，其存者恐复散佚，欲都萃而传刻之，执请再三，谦谢不承，最后乃稍出其烬余之稿，并癸丑以后新文字授诸子，诸子各以意识别传写，属序于汝奎。"[1] 汪氏本人在此集的"目录"后还加了一段"自识"。[2] 至于《悔翁诗钞》，是由他的学生张士珩在光绪十年（1884）所刊行，下距汪氏谢世还有五年，不可能不经其师过目。《梅村剩稿》则在汪氏死后才刻行，这次不是由他的学生，而他的乡后学蒋国榜所辑，时间已是民国三年（甲寅，1914）。蒋国榜的《跋》值得注意：

> 没后无子，所著皆旧交及门弟子为之收拾，洪琴西刻其诗文，张搜楼刻其笔记，既为海内所传诵矣，其丛残之稿，若书眉楼尾，下至历本计簿，上下四旁，纵横错综者皆零章断句也，且晚有目疾，涂乙漫漶，几几不可别识，甘子剑侯、翁子铁梅、罗子雨田、田子撰异，苦心抉择，写定数册，蒋绍山复为遴其尤者，以墨规之……其笔记多偏宕之辞，盖先生郁不得志于时，又丁粤寇，支离兵闲，悍妻在室，下绝嗣续，极人生之穷，有

1　《汪梅村先生集》，总页 2—3。
2　同上，总页 22。

激而言，或不可为训，今从盖阙，愿为先生诤臣，不敢为先生
佞臣也。至其从出之本，曰缘学道斋日录，曰丙辰备遗录，曰
无不悔庵有发僧语录，曰旧游如梦录，曰茕独叟语录，曰病亟
录，曰健忘偶识，曰茶余语录，曰思无斁语录，曰忆妄尘语录，
曰纪事提要，曰沉默冥顽语录，凡数十册，为识其目于末，后
之欲知先生著述大凡者，庶有考焉。乡后学蒋国榜。[1]

写这段文字时汪氏已经故逝，所以拘束较少。蒋氏坦白说，汪氏不
得志，又逢太平天国之乱，内有悍妻，又无子嗣，故其笔记中有"偏
宕之辞"，"有激而言，或不可为训"，他的办法是"今从盖阙，愿
为先生诤臣，不敢为先生佞臣也"，表示他刊刻剩稿时是有选择的，
将言辞激烈的"笔记"从缺，以免为汪梅村之佞臣。他将这些"笔记"
的名字记在文中，以便后人稽考汪氏著述的大概。[2]

　　这里为什么要特别标出"笔记"二字呢？因为汪氏在《汪梅村
先生集》目录后的"自识"中说："自品乱后之作，笔记为上语录也，
诗次之，词又次之，而文最下。"[3]这里所谓"笔记"不是《悔翁笔记》
中那些考证文字，而是语录，也就是蒋国榜决定做先生之"诤臣"
而不愿刊入《梅村剩稿》的部分。汪氏认为丧乱之后的著述以这些
笔记为上，而文最下，一方面反映了他心中相当清楚地区分不同文
类的特色，另一方面也在指点人们"笔记（语录）"才更能清楚反
映这个在太平天国初起时改名为"无不悔翁"[4]的老人丧乱之后心中
的老实话，大多在"笔记（语录）"，而不在诗、文之中。

　　汪氏虽然看重这些真心话，但也自觉地在藏匿它们，所以生前
并未同意刊刻。在史语所所藏题为《汪士铎笔记》的稿本中也能看
出一些端倪。

1　蒋国榜：《梅村剩稿跋》，见汪士铎《梅村剩稿》（台北：新文丰出版公司，1989），页
　　55。

2　《乙丙日记》，页29。不过在他所收的诗中，也有"长平新安两快事，腐儒咋舌称舍旃"
　　那样称道长平、新安两役大量坑杀敌兵的诗句。

3　《汪梅村先生集》，总页22。

4　赵宗复：《汪梅村年谱稿》，收于《乙丙日记》后，总页155。

　　史语所善本书室藏有《汪士铎笔记》一函四册，藏书印中有"东方文化事业总委员会"一方，足见它原是该会的收藏，在抗战胜利之后，由史语所接收过来。东方文化事业总委员会成立于1925年，系日本利用庚款在北京所设，由柯劭忞（1850—1933）任委员长，委员会下设"东方文化图书馆"，搜集书籍作为编纂"续修四库全书总目提要"之用。[1]《汪士铎笔记》显然是其藏书之一。邓之诚《乙丙日记·序》中曾引汪氏的《缘学道斋日录》，注明是东方文化图书馆的藏书，而我们打开史语所收藏的这部笔记，也有汪氏亲题的《缘学道斋日录》的标题，邓氏所引汪氏上胡林翼信也见于这部笔记中。此外，像赵宗复所编的《汪梅村年谱稿》中，一再引《缘学道斋日录》，对比之下，即史语所所藏这部笔记中的一份汪氏自编简谱，附在《家乘》之后。这份简谱编到六十岁止。这四册笔记虽是汪氏原稿的誊录本，但仍非常杂乱，并没有清楚的起讫，由其中几个标题看出[2]，这四册笔记包括有汪氏咸丰到光绪年间的文字，而汪氏的《文集》《外集》《诗钞》曾选录这四册中极小部分文字。但在汪氏死前，从光绪七年到十五年（1881—1889）之间，他仍谋刊"笔记"中的一部分文字。故而有人以朱笔对照原稿校改过，而且在许多地方说明"梅翁自删"或要汪氏"题目自填"，而通常在这些地方也有汪氏以其朱笔自填题目的痕迹（如《上陕抚瑛兰坡文》的标题即汪氏手笔），也有汪氏批"概从删削"之字样（如《上益阳公书》）。《缘学道斋日录》封面上又批"两目已瞀，不能自视，请爱我者为删□之为感"，汪氏早有目疾，但是两眼皆瞀之年难考，但必在

1　罗琳：《〈续修四库全书总目提要〉编纂史纪要》，《图书情报工作》，第1期（1994），页45—50。
2　"《缘学道斋日录》"，未署年份，可能是咸丰十一年，汪氏六十岁。
　　"汪子语录　癸亥夏"，按此为同治二年（1863）。
　　"茶余语录　乙亥　光绪　丙子　二　丁丑　三年三月"。
　　　　　　　元年　　　　年　　　　　十九日止
　　"四书益智余　光绪四年四月江宁汪士铎撰"。
　　"退院僧语，咸丰重光作噩之岁"。

八十八岁以前，八十岁以后。¹ 由此可见，汪氏有许多笔记，而他每次刊书之时便从其中选出一部分，史语所收藏的这四册，原先选刊不多，但是在《文集》及《外集》刊行之后，汪氏仍不时想选印其中的一部分而未果。汪氏在选取文字时显然顾虑甚多，譬如在《汪子语录》的封面，汪氏自题"笔记、文集、诗集，共一百四十七页"，而汪氏在"笔记"二字下注明"极宜删酌"。又如《退院僧语》，汪氏自书"此册诗可全录，文次之，笔记存一二足矣，书札一手不可留也，士铎识"。笔记、书札正是最能表达他私人感受的，他却主张全删或只留一二条，这不正与他所说"自品乱后之作，笔记为上语录也，诗次之，词又次之，而文最下"相矛盾吗？而为他校理这批日记的人（不详何人）在其中《叟说》一条笔记上粘一小纸云："叟说涉笔成趣，然恐起人侮老之意，此篇刻与不刻，祈酌。"由此可见，助他编书的人，也在为他做禁制的工作。这些披露老先生心中真话的笔记，在他生前死后都未刊刻，他自己不刊，他的乡后学也不刊，使得汪氏有公开的、私密的两种面目。有了上述的区分，我们才能进一步讨论《乙丙日记》这本小书。

汪氏死于光绪十五年（1889），他死后，遗稿到了山西²，其中两种是咸丰五年、六年的日记，为史家邓之诚所得。邓氏是个留心史料搜集的人，他于 1919 年前后在北京开设古董铺以收集文物，所获甚多。³ 如果我们细读邓氏《骨董琐记》，则会发现他曾到山西，购得傅山（1607—1684）的遗稿；《乙丙日记》便是邓氏在山西所

---

1 萧穆：《敬孚类稿》，《汪梅村先生别传》，页 332 中说："去年春，余以先生年已八十有八，复致书先生，欲为传之。先生时目眵不能复书，仅于为余冬手致书之人李光明传言，此书（指《胡文忠公抚鄂记》）现已在山西书局云。"因为萧穆在《汪梅村先生别传》页 331 中说："光绪庚辰夏五月，余以事至江宁，省先生于家。先生时年八十，犹扶杖出见，尚善谈论，且属余为觅书帖数种，聊以自遣。"能读书帖，足见彼时目尚未盲。庚辰是光绪六年，隔年《文集》及《外集》刊行。
2 汪氏前后两任夫人所生子女并不少，但是有的早夭，有的在太平天国中殉难，最后只剩一位嫁到山西的女儿，他那为数甚众的文稿也就跟着到了山西。
3 傅振伦：《邓师之诚先生行谊》，在邓珂编《邓之诚学术纪念文集》（北京：北京大学出版社，1991），页 34。

得¹。邓氏在1935年将这本日记整理出版,他在序中叙述印行这两部
笔记的过程:

> 往者,予得悔翁手书日记、乙卯随笔、丙辰备遗钞两种,
> 因辑录遗诗一卷,印行之,非欲传悔翁之诗也,以诗中涉及金
> 陵初破时事,且盛诋当时将帅无人,皆有所讳忌不欲示人者,
> 日记中诗文而外,多纪当时之事,以为悔翁学人,必不妄语,
> 颇欲录出别行,十余年来,因循未果,曾属及门传录,则手稿
> 纵横涂乙,几不可辨,皆谢不敏,今年夏始发愤斠录,且为编次,
> 即此书乙丙日记三卷是也。(以所述自咸丰癸丑甲寅乙卯迄于丙
> 辰之事,大抵皆乙丙间所记,故为编定,题名乙丙日记,有去取,
> 无删改,间有同叙一事而详略各异,则加小注,务以翔实为主,
> 不嫌琐碎,不加文饰,庶得其真,如以著书之例绳之,则悔翁
> 此稿本不欲示人,今以有关旧闻,而手稿凌乱,不能景印,始
> 为校录,按年编次云尔。)²

照邓之诚说这两种稿本"纵横涂乙,几不可辨",学生不愿代
为抄录。邓氏门人谢兴尧也说他曾借观,但"苦于字体草率,不能
辨识"。³除潦草之外,这本日记行文草率,常有不能句读之感,邓
之诚说"如以著书之例绳之,则悔翁此稿本不欲示人",那么,《乙
丙日记》实可说是汪氏所看重("丧乱之后,笔记为上"),但又不
欲示人者。它们相当能传达汪氏深藏在心中激荡的感情,所以应该
把《乙丙日记》当作19世纪50年代一种不公开的内心活动的记录。

1　邓之诚:《骨董琐记全编》(北京:北京出版社,1996),页31;关于邓氏在山西得此《日
　　记》,见赵宗复《汪梅村年谱稿》,总页166。
2　邓之诚:《汪悔翁乙丙日记序》,《乙丙日记》,总页2—3。
3　《谢兴尧跋》,《乙丙日记》,总页161。

三

1853 年，太平军攻陷南京，汪士铎被掳置城外，后来因为他的女婿谋于太平军头目，乃得邀乡人结"老民馆"于家中，长女汪淑莲被胁为东王杨秀清（约 1820—1856）书记，不久，次女自杀。9 月，汪氏辞太平军周军师之聘，11 月，伪为书吏，更衣剃头出城乃脱于难。南京的这一段经历太过险酷，在汪氏内心留下深刻的伤痕，隔年，他迁居胡适的故乡安徽绩溪，授徒自给，号曰"无不悔翁"。[1] 而《乙丙日记》便开始于次年。这个"无不悔翁"不但记下大量他在南京等地所目睹的惨状，而且开始痛切反省政治、思想、文化的种种问题，它们记录了一些可能是古往今来最激愤、最偏矫、最极端的议论。如果不是七八十年后邓之诚将《乙丙日记》刊出来，一般人是不会清楚知道他心中含藏那么多不合时宜的议论或危险的思想。这些思想议论有的与时代新兴思潮合拍，有的则独树一帜。但是，不管它们是否可以被嵌入一代思想脉动中，他的主张、他的语言都比别人偏宕激烈，以致他只敢在日记中聊以遣怀。

清代晚期，思想界至少有两股潮流，第一是"政""学"合一的思想，章学诚之所以重新得到重视，乃至思想界之群慕东汉仲长统（180—220）、崔寔（？—约170）等人的政论，都可以在此脉络下来理解，而这样一股思想潮流，应该放在晚清内外政治危险动荡的历史背景中来理解。第二是先秦诸子学之抬头。[2] 同时，在诸子学之外，许多原来散在边缘，或被当作异端的文献，此时也突然得到重视，这代表传统思想内部资源的重估及中心与边陲的重组，而促成重估与重组的一个重要动因，是思想与社会的互相激荡。思潮与时代互相激荡，使得散在各处的小水滴最后汇成一条大河流，汪士铎《乙丙日记》提供的私人材料，使我们得以从一个微观的角度对此加以分析。

1　以上据赵宗复《汪梅村年谱稿》，《乙丙日记》，总页 176。
2　王汎森：《章太炎的思想》（台北：时报文化出版公司，1985），页 26—33。

在一个相对稳定的时代，传统内部分子大规模重组的可能性不大，但是极度动荡的时代，却使得汪士铎这样的学者用一副全然不同的眼光看待人们所习之不疑的传统。原来主要是起道德教化规范作用，或是维持日常帝国体系平衡运作功能的儒家，转而被以现实实用，甚至是战斗的角度重新衡量，在能治即学、"用"重于一切的角度下，儒家之社会性与实用性面临最根本的质疑。首先，汪士铎痛责"士"之无用以及科举取才之狭隘：

> 士自乡举以后宜试以世事，不宜复言时文，翰詹宜责以史学，不宜试以诗赋。取才之涂太隘。逆匪杨秀清、韦昌晖、石达开之才皆非今翰詹及方面大臣所及也，特无其虚仪及媚骨尔。[1]

他深恨"士"之无用以及培养"士"的整套文官体系之不灵[2]，同时被社会的激荡逼出这样的喟叹：

> 与其用无用之读书人，不如用有用之剧盗。[3]

他希望秦始皇复起，由他统领白起、王翦、章邯、项羽、黄巢、朱温、张献忠、李自成等猛将或剧盗，"为苍苍者一洗之稂莠""杀无道以就有道"。[4]

试想，怀抱如此思想的人，如何能安于儒家的价值体系？他痛责孔子最多只能作自了汉，并处处以"妄发""作梦"来谴责之：

> 大抵仲尼如如来以语修身作自了汉则可，然亦易入虚无心性空谈，以言兵刑皆缪，言礼乐亦只能言敬礼空话，不能言器

1　《乙丙日记》，总页75。
2　"神农本草药有三百六十品，气味各殊，天之生也，其于人亦然。今一以儒取士而诸才遂见弃置。……而所谓儒者又皆虚仪浮文，仅可俳优蓄之……"《乙丙日记》，总页86—87。
3　《乙丙日记》，总页92。
4　同上，总页89。

> 数实际也，郁郁从周，启后人之文胜之弊……正名之言，极于
> 礼乐刑罚，无论称谓文字，皆极附会，好礼好义好信而民至，
> 亦属虚想，与修己安人安民安百姓同一妄发，修文德以来，真
> 是作梦……[1]

对于儒家所追求的理想，如礼、谦、和，一概责以是"愚""诈"
"迁"[2]，对于儒家的好古主义，他也痛责说"腐儒动言复古，真不通
哉"[3]。

汪氏认为儒家对国家及世界秩序的一套理想不行了，他说儒家
文化基本上是向往文治，但"己安于弱，不能禁人之不强也"。[4]他
不时强调"武"之重要。认为一个国家固然不应全是武，但是也不
能像中国当日全是虚文浮理。

汪氏大骂"远人不服，修文德以来之"的理想，说"远人不服，
修文德以来之"可以行之于"犹尚德礼"的古代，自汉朝以来，此
说已万不能行。他揣测说太平天国删《论语》、去祭祀，并删去一切
"大而无当不可行于后世语"，但未知是否也删去"远人不服，修文
德以来之"这句话。[5]他严厉谴责古代圣人之好谈鬼神卜筮祭祀吉礼，
认为太平天国能去除它们是"功德不在禹下"。[6]太平天国设有"删
书衙"，大幅删改四书五经，他也认为是"此功不在圣人下也"[7]：

> 贼改四书五经，删鬼神祭祀吉礼等类，不以人废言，此功
> 不在圣人下也，后世必有知言者。

---

1 《乙丙日记》，总页136—137。
2 "以礼防乱，以让全身，以谦下人，以和处事，知己之是，必引为非，知人之非，不苟以是，
  其行近愚，其心近诈，其言近迁，其事乃可集。"《乙丙日记》，总页61。
3 《乙丙日记》，总页139。
4 同上，总页82。
5 同上，总页83。
6 "圣人亦有过欤？曰有，以鬼神愚民，以卜筮诬民也，其费财比于殉葬同，一空地上，
  以实地下也，其惑人同于僧道，同一假邪说以怵妇子也。贼匪去之，此功德不在禹下，
  所以延残喘于数年之久欤。"《乙丙日记》，总页72。
7 《乙丙日记》，总页72。

他攻击儒家之无人才、误国，说"孔门弟子，皆碌碌无所表见"[1]，又说儒者之议论施之于极细琐之事，也就是关系到一二人者，一百件之中偶有一件奏效的，若施于他事辄不然，"其徒讳其不合者，附会其偶中者而张大之，以误人家国，然诡言无用之道德仁义，而讳所不能之兵刑富强，终不能有益于人也"。[2] 他又将古来学问分为"顿门"与"渐门"，顿门是"务为高阔空虚无形影之心性无用之虚说"，而渐门是"求为琐细有用之实事"，孔孟宋儒是顿门，尧舜文武伊尹太公周公是渐门，农桑兵刑之实政是渐门，《孝经》《论语》《周易》《老》《庄》《公》《穀》是顿门。[3] 他当然是取渐门而菲薄顿门的，其议论颇似于清初的颜元（1635—1704）、李塨（1659—1733），但两者并没有任何源承关系。

汪士铎大力揄扬申韩诸子。当时复兴诸子的人或重学术，或重义理，但汪氏完全从实用出发，其口气之斩绝，对儒家贬抑之厉害，迥非时流可比。他时时比较儒家与诸子之利病，认为光靠儒家是不足以治国的：

> 立太公、周公、孔子于上，而以韩、申、商，又辅以白起、王翦、韩信，配以管仲、诸葛，则庶乎长治久安之道矣。[4]

他的意思是周公孔子并非不伟大，然而他们不足以应付现实，儒家只有仁、只有礼，没有经世，不谈兵刑，所以是"无用之学"。[5]

1　《乙丙日记》，总页 137。

2　同上，总页 140。

3　"孔孟宋儒如来文殊维摩诘老庄文列皆顿门，务为高阔虚空无形影之心性无用之虚说也，尧舜文武伊尹太公周公皆渐门，求为琐细有用之实事，如《周礼》《仪礼》《尔雅》皆顿门，人所不能也，略农桑兵刑之实政而取《孝经》《论语》《周易》《老》《庄》《公》《穀》，此后之学顿门者也。"《乙丙日记》，总页 140。

4　《乙丙日记》，总页 82—83。

5　"孟子者，儒中之辨士也，其言不无过偏自是之处，究其弊，苟扬等尔。儒者得志少而不得志多，故宗孔子者多宗其言仁言礼，而略其经世之说，又以军旅末之学而讳言兵，由是儒遂为无用之学，与佛老等。佛老之遗弃外物以全其真，与近儒之言理言气言心言性，无益于世也同也，此皆孔子不得位无所设施故尔。道德之不行于三代之季，犹富强之必当行于今。"《乙丙日记》，总页 74。

在汪氏看来，儒家因为无用，所以既不行于三代之争，也不能应付要求富强的今世。既然当今的世界必讲富强，则今日能辅孔子之道的是申、韩、孙、吴。[1]

汪氏有一整套的儒家与诸子互补之说：

> 黄老，黍稷也，不宜于今人，后稷，小麦稻米也，然五味六气之淫，亦有不可食之时，特偶尔马班大麦也，宜为酒为饴，非日食者也。周孔参术也，商中羌活防风也，韩白乌附椒薑也，三者皆药物，视病用之不可缺也。[2]

所以周孔是药物中之一味，不可独食，应该和其他诸子并进。他说：

> 鬼神术数，痰饮狂痫之疾也，耶稣回回，膏肓之疾也，捻匪光棍，癣疥也，孟荀偏于滋补也，管韩偏于赳伐也，当其病，则愈矣。[3]

而当时的世界正是所谓"当其病"之时，故应以管韩之学克伐时疾。

汪氏为先秦诸子拟了一个等第，他说周孔贤于尧舜一倍，申韩贤于尧舜十倍，韩白贤于尧舜百倍。[4] 至于后代的儒家，他的评价更低。当时学术界的两大主流"汉学"与"宋学"，在他看来都是一些糠秕，只比佛道之说略高一等而已。[5] 他尤其对孟子一系的思想批判得最厉害，处处反对孟子性善之说[6]，时时强调"孟子语多不可

1　他说："故败孔子之道者，宋儒也，辅孔子之道者，申韩孙吴也，崇宋儒之言以为儒而申韩孙吴之论皆从略，致不仁者乘间窃发，追愤其说，遂并孔子而摈斥之，则宋儒阶之厉也。"《乙丙日记》，总页74。

2　《乙丙日记》，总页86。

3　同上。

4　"盖尧舜以德不如周孔之立言，然失于仁柔，故申韩以惩小奸，韩白以定大乱，又以立功胜也。"《乙丙日记》，总页95。

5　《乙丙日记》，总页86。

6　同上，总页74、90。

通"[1]，说孔子成《春秋》而乱臣贼子惧是孟轲的荒唐之大言也，"《春秋》既成，乱贼十倍于前……盖既为乱贼，何惧《春秋》，此犹后儒正统之辨……成事之后，史臣谀之，谓之正统，惮其强盛而无如何，谓之闰统，皆可笑也"。[2] 他对子思一系同样排斥，说子思"实启放言高论虚空无稽之祖"[3]，而他攻击宋代以下道学家的言论更是严厉，认为他们"以争胜为心，以痛诋异己为衣钵，以心性理气诚敬为支派，以无可考验之慎独存养为藏身之固，以内圣外王之大言相煽惑，以妄自尊大为仪注，以束书不观为传授，以文章事功为粗迹，以位育参赞笃恭无言无声色，遂致太平之虚谈互相欺诈为学问"。[4] 他用来骂宋儒的字词都是最高级的形容词，并且时时把前人认为遗憾未得大用的几个理学名儒说得一钱不值，说"黄石斋、刘念台、史道邻，人莫不惜其不用，然用之有益于亡乎？流寇方张，而议道学，可乎？"他说濂洛关闽诸子，束身自爱，可做个圣门狷者，如果赋予特定的事权，则"不过与循吏等能"，论到实干的本事，则"韩白卫霍之功高周程朱张亿万以至无量大数也"。[5]

他把古往今来的学术人物依其罪之大小分等级，认为"王〔弼〕何〔晏〕罪浮桀纣一倍，释老罪浮十倍，周程朱张罪浮百倍，弥近理弥无用，徒美谈以惑世诬民，不似桀纣乱只其身数十年也"。[6] 以周程朱张为罪逾桀纣百倍，是何等猖狂愤激之语。不只此也，他主张国家"禁读《中庸》等大话"[7]，主张"道学家荒唐门户，必草薙而禽狝之"[8]，也就是说要把全天下道学家像除草杀禽般除尽。汪士铎作这些批评时，心中当然有清季提倡道学或奏请讲《性理大全》的大臣的影子。他说"性理乃奸佞之所奏"，又说陆建瀛正是奏讲性理

1　《乙丙日记》，总页 90。
2　同上，总页 118。
3　同上，总页 96。
4　同上，总页 76。
5　同上，总页 82。
6　同上，总页 94。
7　同上，总页 127。
8　同上，总页 125。

之人。[1] 而陆氏与太平军一接战便兵败如山倒。[2]

太平天国的动乱非常严酷，使得汪士铎这个吟哦经书、习闻仁义的读书人，痛觉儒家的仁义道德、偃武修文等两三千年来几乎不曾动摇的基本价值全无用处。他说君德不在崇儒重道、偃武修文，而在"英明吏治，综核名实"[3]，说"贤圣之君"不是像宋理宗那样讲讲道学就可以，"讲道学者，无用之人借以自高，如僧之坐禅尔"，君德应以文武兼资为上，谈心、谈性、谈理、谈气，"拘文牵义，恶直好谀，此何贤何圣也……故今日之失，与宋明末之失，皆笃信孔孟之祸也"。[4] 他责备贾谊《过秦论》中批评秦朝仁义不施是"官话不着痛痒也"，认为班彪（3—54）的《王命论》是"时文家荒唐之言，全无着实之处"[5]，而且他的笔下不时出现像"此亦仁义之祸"[6]之类的口头禅。

这是个希望以不仁不义来压服叛乱的儒士。他所称赏的"十四德"是——"城府阻于洞壑"，"机械捷于般倕"，"明睿炳于水鉴"，"灵警敏于鬼神"，"断制决于齐斧"，"勇敢鸷于雕隼"，"谋谲诡于良平"，"武略百于起翦"，"矫捷奇于猿猱"，"言辩敏于苏张"，"巧诈给于汤宏"，"残忍过于闿献"，"深刻倍于商韩"，"威力迈于贲育"。[7]这十四德中，像"城府""谋谲""矫捷""巧诈""残忍""深刻"等，没有一件不是反乎儒家理想的。

汪士铎认为儒家的王道、儒家的仁爱，是没有用处的，应该要严、要杀。他分别"爱克"与"威克"[8]，认为民之"畏威"甚于"归仁"，人民既然只畏威而不慕仁，则"威克之功大哉"[9]，则此时治理天下，

1　《乙丙日记》，总页 87。

2　王闿运的《陆建瀛传》不无夸张地说自从陆氏兵溃之后，"而江南亦遂残破"，"自其后，朝廷文臣亦稀复出为督抚"。王闿运著，马积高主编：《湘绮楼诗文集》（长沙：岳麓书社，1996），页 208。

3　《乙丙日记》，总页 117。

4　同上，总页 110。

5　同上，总页 115。

6　同上，总页 118。

7　同上，总页 155。

8　同上，总页 26。

9　同上，总页 94。

不但不应行仁爱，反而"要至不仁"。[1]他认为道光朝因为人人都想做好人，一味柔仁，不敢杀，不能杀，所以酿成大祸。[2]他要求每一个地区要按年配额杀无赖光棍，而且要割下其左耳送到中央。[3]甚至对于官员之不称职者亦主张要斩杀。[4]

汪士铎认为，太平军的长处是"以多杀为贵"，而清廷因为"言仁义"，故所向皆溃，所以清廷如果想得胜，应该学太平军之好杀。[5]他说团练如果想得胜，也必须学太平军之多杀，不可讲"王道"。"盖时时欲以王道行而卑论霸术也，然而百万生灵死于王道矣"[6]，汪氏甚至提议召剧盗为用，而不要召江南乡勇，说"与其用无用之读书人，不如用有用之剧盗"。[7]

汪士铎认为人口问题是清季动乱之总关键，为了扼减人口，他发展出一整套可能是有史以来最荒谬、最极端的反妇女思想。与晚清女权议论的发抒，形成天壤的对比。

关于清代人口的压力，已有许多讨论，当时人口的数目虽有争论[8]，不管持何种意见，大多同意清季人口急遽暴增[9]。儒家思想传统对人口增加——"既庶矣"——是很向往的。可是清代人口增长形成庞大无比的压力，人口与资源之间的竞赛，人口与土地之间的竞

---

1 《乙丙日记》，总页93。
2 "此等奸民，十居三四，则皆国法太宽有以酿之也。"《乙丙日记》，总页106。
3 "各州县以岁杀光棍三十、盗五人为称职，以贼为盗者，二贼充一盗，各取左耳送部。"《乙丙日记》，总页81。
4 《乙丙日记》，总页81。
5 "贼之胜人处，去鬼神祷祀，无卜筮术数，禁烟及惰，早起夕眠，眠不解衣，杀之外无他刑，以多杀为贵，此皆胜我万万也。"《乙丙日记》，总页79。"我则言仁义，故所向辄溃。"《乙丙日记》，总页92。
6 《乙丙日记》，总页24。
7 同上，总页92。
8 何炳棣认为清代人口由1779年的2.75亿到1850年增为4.3亿，见Ping-ti Ho, *Studies on the Population of China*, 1368—1953（Cambridge, Mass.：Harvard University Press, 1959），p. 64；施坚雅（G. William Skinner）则认为，19世纪50年代中国人口为3.8亿，见"Siehuan's Population in the Nineteenth Century：Lessons from Disaggregated Data," *Late Imperial China*, Vol. 8, No. 1（1987），p. 75. 关于人口问题，这里要谢谢何汉威兄的帮助。
9 当然也有例外，如章太炎《訄书》（香港：三联书店，1998）之《民数》篇对此便有怀疑，见页26—28。

赛，人口与有限度的行政管理组织竞赛——在当时形成了一个几乎无法解决的难题。[1]

　　虽然人口压力如此之大，不过清季思想界对人口与社会的问题仍可分成两派。像包世臣（1775—1855）根本认为人口压力不是百姓贫困的原因，他认为人多更能发展生产，社会更富足。[2]但是洪亮吉（1746—1809）、汪士铎等人则认为人口压力将为大患。洪亮吉在《意言》中对此问题感到忧心忡忡，不时提到"为治平之民虑"[3]，龚自珍《西域置行省议》对生齿日繁之事，也表达了忧虑，但是他们多未提出像汪士铎那样的办法来。汪士铎的人口危机感更为迫促，他到处推销人口危机的思想，但是却很少人理会他，故感慨说"余言人多之患，数十年无人以为然者"。[4]在《通政使司通政使贵溪朱公墓表》一文中，他说"当咸丰中，海内多故，非上有失政，下有贪酷也，人满而天概之，俗奢相耀而物力不能给，乱民乘间陆梁"[5]，在代胡林翼所作的《读史兵略序》中也说"国家累叶承熙，仁洽寰宇，休养孳息而人满之患起，其始涓涓，其后滔滔"[6]，他似乎敏锐地感到帝国内部有一种结构性困境，一种自我内卷化（involution）的发展，他发现了这个问题，但一般身处这个结构性变化中的人却不能体会到困境的本质。他虽然责备帝国武备不修，赏罚不明，不能破格以招揽英豪，不能核实，因循、畏葸[7]，但他认为大抵而言，当时还算不上"上有失政，下有贪酷"。但是有一种结构性的困境，才是真正的世乱之由。[8]他说：

1　Susan Naquin & Evelyn Rawski, *Chinese Society in the Eighteenth Century* (New Haven : Yale University Press, 1987), pp. 101–114.

2　行龙：《人口问题与近代社会》（北京：人民出版社，1992），页217。

3　洪亮吉：《洪北江诗文集》（台北：台湾商务印书馆，1979），卷1，《意言·治平篇》，总页26a。

4　《乙丙日记》，总页72。

5　《汪梅村先生集》，总页472。

6　同上，总页308。

7　《乙丙日记》，总页61。

8　同上，总页152。

> 小民累于家口，生计迫于铺户之多，粮饷忧于田土之少，不必有权相藩封之跋扈，不必有宦官宫妾之擅权，不必有敌国外患之侵凌，不必有饥馑流亡之驱迫，休养久而生齿繁，文物盛而风俗敝，盗贼众而有司不能捕，遂畏例而壅于上闻，处分繁而吏议日以苛，遂拘泥而不能破格，虽上无昏政，下无凶年，而事遂有不可为者矣。[1]

我们应当特别注意他"不必有权相藩封之跋扈，不必有宦官宫妾之擅权，不必有敌国外患之侵凌"及"虽上无昏政，下无凶年，而事遂有不可为者矣"数语，他想借此点出这个结构性困境非但不是昏政凶年的结果，反而是太平日久、兵灾凶年太少所致，他不认为清代的法度出了问题，故说"今日之法度规画虽使尧舜周孔为之，未必有过今日之治平，虽唐虞三代之盛，未必愈此"，问题出在休养生息既久，"民生日众，民俗日漓"。

汪士铎关于人满为患的言论很多，而且用它来解释许许多多的问题。他认为人的气禀日薄而人才益稀与人多有关：

> 人多而气分，赋禀遂薄，又濡染于风气，故人才益难。[2]

他说一个家庭人口太旺，是比这个家的成败兴亡还不幸的大事：

> 余向言家之不幸有三，而成败兴衰不与焉，曰族大，曰丁多，曰生女，此三者皆世之所喜，无不怪余言之甚者。[3]

他说人口太多与有限的行政资源形成矛盾：

1　《乙丙日记》，总页 61。
2　同上，总页 120。
3　同上，总页 66。

> 官不足以官之……不为乱不止。[1]

人口太多也与自然资源形成紧张关系：

> 人多之害，山顶已殖黍稷，江中已有洲田，川中已辟老林，苗洞已开深箐，犹不足养，天地之力穷矣。[2]

人口太多则法令不行，百姓容易恃众犯令：

> 人少尚易箝以法令，多则恃众犯令，感动之说，儒家空言，施之于今人，真成凿柄。[3]

尤其重要的是人口太多与广西太平军兴起有密不可分的关系：

> ［粤西］遍地皆盗……盖承平久，孳息繁衍，山中人与徽宁俗同，喜丁旺……地不能增而人加众，至二三十倍，故相率为盗以谋食。[4]

　　他认为儒家希慕人口众庶是很荒唐的想法。[5]他说既"庶"则必不可能"富"，如果能减去十之七八的人口，则帝国所面临的一切问题自然解决，而家给人足，即使驱之为乱，人民也不愿意。[6]

　　他认为根本解决所有问题的办法是减去七八成人口，不过除了杀之外，他并未构想任何出路来跳脱这个结构性困局。汪士铎有时

1　《乙丙日记》，总页149。

2　同上，总页148。

3　同上，总页150。

4　同上，总页71。

5　"……既庶之叹，同封人多男之缪，由古时人少，不料末世民多，然启荒唐人贵丁旺者之口实。"《乙丙日记》，总页136—137。

6　"既庶何以富之乎？哀矜勿喜乎？不知此等空谈，无关事实，皆人多之害也，使减其民十之七八，则家给民足，驱之为乱，亦顾恋而不愿矣，有他道哉？"《乙丙日记》，总页90。

说应该有白起、王翦之伦出来"草薙而兽狝之"[1]，有时候又寄望于天灾兵厄来减人口——"天不以刀兵消息之，何法处此"[2]，"天不行疫使人死，女子格外多寿"[3]。在寄望于"水旱疾疫"这一点上，他与洪亮吉的看法颇为相近[4]，但汪氏出人意表地提出通过系统杀女婴来减少人口。

汪氏杀女溺女的思想早就有人讨论过了，其语言之激烈，其性别歧视之严重（他未曾提到过杀男婴或其他针对男性节育的办法），实古今所未有之奇。他劝人摆脱"不忍""作业""报应""鬼神"的想法，推广溺女之策[5]，并认为溺女、避孕等办法是"长治久安之策"。他的办法如下：

> 弛溺女之禁，推广溺女之法，施送断胎冷药顿觉眼前生意少，须知世上女人多，世乱之由也。家有两女者倍其赋……严再嫁之律，犯者斩决……广清节堂……广女尼寺，立童贞女院……非品官不准再取，严其法，生三子者倍其赋，广僧道寺观，惟不塑像……三十而娶，二十五而嫁，违者斩决……[6]

他希望政府规定非富人不可娶妻，不可生女，生即溺之。生子如形体不端正，相貌不清秀，眉目不佳者，也一样溺之，即使男孩品貌皆佳，也只可留一子，多不可过二子。生第三子即溺之，并开始吃冷药避孕。[7] 又说女子在十岁以内死称为"天"，二十岁以内死称为"正"，过三十而死曰"甚"，过四十而死曰"变"，过五十岁而死曰"殃"，过六十曰"魅"，过七十曰"妖"，过八十才死称为"怪"，但男子相反，男子五十以内死称为"天"，六十岁死为"正"，

1　《乙丙日记》，总页 75。

2　同上，总页 150。

3　同上，总页 152。

4　洪亮吉：《洪北江诗文集》，卷 1，《意言·生计篇》，总页 26b。

5　《乙丙日记》，总页 76。

6　同上，总页 153—154。

7　同上，总页 156。

七十而死曰"福",八十曰"寿",九十曰"祥",百年曰"大庆"。[1]
像这样露骨的性别歧视之论,也是古往今来所仅见。

汪士铎《乙丙日记》记录了一个读书人的内在感受,同时也记录了一些乡野人士的议论,其中特别值得注意的是种族思想的萌动。他避乱绩溪时,发现乡野之人开始议论深仁厚泽的皇帝是夷人:

> 此间士人有以本朝为夷者,不知宋明之人身受其害,有为言之,身为人臣而敢言之,有是理乎?[2]

在清朝盛世,人们基本上不大谈论统治者是夷狄这个事实,而至少在太平天国的动乱中却逐渐成为乡野士人谈论的议题,下迄清季革命派从事种族宣传有四五十年之久,似乎说明这场动乱为种族议论撞开了一道隙缝,乡野人士开始对此议论纷纷起来。汪士铎本人急着以各种论据来消灭它,他说华夷之分是荒谬的、无聊的,他说"夷狄者,古人之私心而有激之言也"[3],绩溪人士说清朝的冠服不如明代,汪氏反驳说明代人的冠服也不是三代之法服,绩溪人士说满人名字译音甚怪,汪氏说经书中也有这一类怪名字[4]。他说"夷"之一名,不能成立,所谓"中国",也是一个逐渐形成的概念,"所谓中国者,渐拓渐广,遂取古人所谓夷者中国之,然则后人安见不六合一家无所谓夷也"[5]。究竟谁是"中国",谁是"夷狄",根本没有定界,他认为如照着现代人的议论推下去,是摈"伏羲神农舜禹文王为夷"[6],他甚至反对历史上以汉族为主的正统论[7]。

从他所记,可以看出他在种族上所持的观点与清代官方的观点相合。但是,他的随笔记录以及他的驳议似乎证实了章太炎所说的,

---

1 《乙丙日记》,总页158。
2 同上,总页122—123。
3 同上,总页121。
4 同上,总页123。
5 同上,总页121。
6 同上,总页121。
7 同上,总页118。

功令之士的种族观点，与乡野里弄对于夷夏的看法是有不同的。汪氏公开发表的文字从未提及绩溪乡野士人这类议论，而他私人的日记中却报道了这一个尚未浮出的潜流，它逐渐地与官方论述分裂，并形成强烈的对照。当潜流最后成为主流，并压倒官方论述时，也就是清朝统治的正当性受到彻底质疑的时候。

汪士铎与他的前辈龚自珍的议论常有若合符节之处。龚自珍的《尊隐》说整个大清帝国是"俄焉寂然，灯烛无光，不闻余言，但闻鼾声，夜之漫漫，鹖旦不鸣，则山中之民，有大音声起，大地为之钟鼓，神人为之波涛矣"。[1] 龚氏在《乙丙之际箸议第九》又说"起视其世，乱亦竟不远矣"。[2] 龚氏觉察到那个时代有一群"山中之民"，他们不在政府的控管之下，如果整个帝国"不闻余言，但闻鼾声"，则这群"山中之民"最终会起来收拾一切。

龚氏的观察力很敏锐。大致从 16 世纪开始，从新大陆传来花生、甘薯、玉米、马铃薯四种适合在沙地、瘠壤、不能灌溉的丘陵，甚至高寒山区种植的新作物 [3]，而在大清帝国中期，人口压力日增，人与大自然争资源，逼得许多人移民到丘陵地及山区，这些"山中之民"在山坡地进行耕垦，严重破坏生态，不少人都提出警告 [4]。这些"山中之民"同时也形成了一种不稳定的势力，在移民地区，政府功能薄弱，移民常常形成各种组织，这些组织平时可以填补因政府力量不到而形成的秩序空隙，但是它们也隐然与政府形成敌对之势，在特定时候成为动乱的根源。龚自珍清楚感觉到"山中之民"与大清帝国隐然成为两种对立的力量，而晚于他的汪士铎，则直截了当地将"山中之民"与平地之民分为两个范畴，他动言"山居之民"如何如何，平原之民如何如何 [5]，显然将二者作为对比的政治力量，而

1　《龚自珍全集》(北京：中华书局，1961)，页 88。

2　同上，页 7。

3　何炳棣：《美洲作物的引进、传播及其对中国粮食生产的影响》，《大公报在港复刊三十周年纪念文集》(香港：大公报，1978)，页 673—731。

4　桐城文派的耆宿梅曾亮便曾慷慨言之，见梅曾亮《书栅民事》，收入郑振铎编《晚清文选》(上海：上海书店，1987)，页 27。

5　《乙丙日记》，总页 61—62。

"山中之民"的势力又与人多以及人们在山中勉强垦殖作物有关,"人多之害,山顶已殖黍稷,江中已有洲田,川中已辟老林,苗洞已开深菁,犹不足养,天地之力穷矣"。[1] 他又说:

> 余又统观今古谓作乱者皆山居之民,而受害先在水,次酿乱者皆文墨之儒,而受害先及武弁。[2]

他说"深山大泽实生龙蛇是也",说山民是"逆贼之羽翼",说"山居之民贫而强,性好乱而暴易动",他观察到不少"山居之民"为乱的例子,认为作乱者多"山中之民",认为洪秀全、杨秀清也是山民为乱。[3] 在他列举了这些"山民"为害为乱的例子后,感慨地说:"呜呼,后之从政者,其因兵威而痛加创艾之哉?"[4] 龚、汪两人的意见前后相映,他们都警觉到清帝国如表现无力,人们会寻找第二个权力中心,但汪氏说得更激烈,龚只是警告,而汪则已做出结论。

从龚自珍那些尖锐奇诡的议论中,人们得到一种印象,即大清帝国是一个蛀空了的壳子,"文类治世,名类治世,声音笑貌类治世"[5],但其实不是"治世",这类观察与汪士铎《乙丙日记》中的内容每每若合符节。尤其是这两人对人才问题的反省,更有惊人的相似性。龚自珍说腐败的官僚体制将人才"督之、缚之,以至于戮之",弄得"左无才相,右无才史,阃无才将,庠序无才士,陇无才民,廛无才工,衢无才商",甚至没有"才偷""才寇"。[6] 在汪士铎看来,洪、杨都是大有才的人,但是因为没有翰林的媚骨,故不得登用[7],遂纷纷成为"才偷""才寇"。汪士铎慨叹于自己的不得志,加上也有与龚自珍相似的感受,故《乙丙日记》中不时可以见到他对"才"的

---

1 《乙丙日记》,总页 148。
2 同上,总页 66。
3 同上,总页 53、65、71。
4 同上,总页 65。
5 《龚自珍全集》,页 6。
6 同上。
7 《乙丙日记》,总页 75。

问题所发的牢骚。如他说"不实选堪为某官之人，犹循例用人，而
豪杰失志也。取士以虚文也，不广其途以取人才也"[1]，他痛责用人取
才之事不能变祖宗之法[2]，又说"翰林之无用，同于他途，而不得力
甚于他途者，以其不明理，不识世务，而官气格外重，架子格外成"[3]，
他说，今之所谓"才"，其实谈不上"才"[4]，又说"近专以文人司要务"[5]，
"盖潘锡恩等皆词垣书生，视此〔战争〕有如儿戏，徼幸贼之不来，
以为已功，依然蒙蔽之故智，而亦不闻失事之罚，徼幸则以为内圣
外王理本一贯，故体用兼备，失事则津润已肥，逍遥事外，以养尸
居之气"[6]。

　　汪士铎对道光期的评论与同时代人有相呼应之处。道光朝是近
代中国命运的转折点，那是最需要变革的时代，但却是一个因循、
疲软的时代。曾国藩给徐玉山的信说："二三十年来，应办不办之案，
应杀不杀之人，充塞于郡县山谷之间。"[7]而一位常熟的地方士人在他
的日记中也记道："道光朝似宽厚，养成积习，小人竞进，贤人退隐，
州县官不以民瘼为心，皆以苛敛为事，有司失德于民，封疆吏苟且
于国，其德渐薄，民心渐离，天下如是，遂酿成大祸。"[8]对于这种局面，
曾国藩主张要杀，汪士铎也主张要杀。

　　这种惊人的相似性还发生在太平军与反太平军之间，如果撇开
"帝""贼"之分，汪士铎与太平天国在某些议题上是同调的。汪氏
欣赏杨、韦、石等之才，并一再感叹像这样的人才却考不上科举，
做不了官[9]，他赞同太平天国设删书衙大删经书，而且口气之间常比
较自己与太平天国之心思，他认为某事应该如何做时，也推测太平
军或许也有同样的思维。

<hr />

1　《乙丙日记》，总页 78。
2　同上，总页 119。
3　同上，总页 116。
4　同上，总页 119。
5　同上，总页 53。
6　同上，总页 104。
7　曾国藩：《与徐玉山》，《曾国藩全集》（长沙：岳麓书社，1994），册 1，页 128。
8　柯悟迟：《漏网喁鱼集》（北京：中华书局，1959），页 71。
9　《乙丙日记》，总页 75。

但是比起龚自珍、汤鹏等前辈或他同时代的思想家，汪士铎更加深刻地感受到帝国在人口及思想上的结构性限制，所以他虽然提出"崇武科，重力及技"，"乡举后不用诗文字，讲求吏治"及"会试试以吏治，时务忌策论气，虚文论理者斩决"[1]等改革意见，但不认为在制度或官僚运作层次上革新，或将已经松动的螺丝锁紧就够了。汪氏在人口方面的观点已如前述，在思想上，他似乎认为儒家传统已到达极限，超过它的负荷了。儒家的政治思想，儒家所向往的理想境界，在这个新的时代中几乎完全失效，不但失效，而且还是负数。他对两千年来相守勿失的一套价值体系的信心正一步一步流失。他不再从道德教化或社会规范的角度去评估儒家的价值。他所要问的是，到底儒家的资源对解决当前的问题有没有实际用处，而这种发问的方式是被社会变局逼迫出来的。只以"实用"的观点来发问并非特例，在汪氏以前及以后，许许多多的读书人便认为儒家实际上是有用的，但是新的社会变局使得对"用"的要求更彻底；不是人伦日用，是富强之"用"。

在"用"的观点下，汪氏看待自孔子以下的儒家，尤其是自思孟到宋明理学这个偏向心性论的传统，是"空话"，是"大话"，是彻底的无用，但是这也并不表示他倾向荀子那一边。晚清思想界有尊孟及尊荀两派，思孟一系在当时日渐当令，同时有人发起"排荀"运动，但是也有人起而争论，认为唯有荀子差可比拟仲尼（章太炎）。汪士铎并不在这两者之间做任何选择，而是无一例外地排斥。吾人可以说，改变评估的角度，从道德教化与社会规范的角度转变为赤裸裸的实用，是一个重大的变迁，而这个变迁是由社会动乱所牵动的。相传李鸿章（1823—1901）游孔林时说"孔子不会打洋枪，今不足贵也"[2]，也充分显现了同一心态。

而这种新发问角度引起大规模的思想重估。汪氏对传统的不满有不少同调，不过同时代人都没有他说得那么激烈。自从罢黜百家

1　《乙丙日记》，总页154。
2　陈旭麓：《浮想录》，收入氏著《陈旭麓学术文存》（上海：上海人民出版社，1990），页1353。

独尊儒术之后，经书与诸子，一正统，一异端，其地位是相当稳定的。每当二者的相对关系发生松动时，通常都值得注意，譬如明代后期诸子学即有蓬勃之势，这与晚明的复古运动、科举、心学、商业与城市文明发展，以及内外形势交迫都有关。长期被贬抑的诸子学的复活，通常反映了当时社会重大改变的事实，象征着有新的力量正在撞击传统的思想体系，同时映照出原来的思想资源不足以应付新的问题。汪士铎对先秦诸子进行新评价的同时，也有许多人从不同角度提倡诸子学。但是汪氏的理由似乎与他人不同，他极少从纯思想学术的兴趣出发，而是完全以"用"的角度切入。不过汪士铎虽然激昂愤慨，他的思想中虽然酝酿着巨大的变化，但他的药方并不太新，想来想去，仍然不脱旧的格局。当儒家不足以应世时，仍然只能诉诸另一个选项，即先秦诸子，换来换去还是那一套。洋务运动并未为他提供多少新的资源。

除此之外，汪士铎这一代还因社会动乱出现一种对汉宋学一齐撕破的态度。经过这一场动乱，当时思想学术界最重要的两股势力汉学、宋学都遭到前所未有的抨击，而且看待汉、宋学术之争的眼光与评论的语言都产生了剧烈变化，都把这个争执政治化了。汪士铎与孙鼎臣这两个与曾国藩有密切关系，平时持论也颇有交集的人[1]，正好代表两种极端的论点。孙鼎臣的《刍论》痛言汉学考证是酿起这场大乱的主因，而汪士铎则痛诋道学家酿起这场大乱。《刍论·论治一》以这样激烈的话开始他的全书：

> 士大夫学术之变，杨墨炽而诸侯横，老庄兴而氏戎入。今之言汉学者，战国之杨墨也，晋宋之老庄也。夫杨墨老庄岂意其后之祸天下若是哉。圣人忧之，而杨墨老庄不知，此其所以为杨墨老庄而卒乱天下也。今夫天下之不可一日而离道，犹人之不可一日而离食，人日食五谷而不知其旨，凡物之味皆可以

1　从南京国学图书馆藏孙氏《刍论》上汪士铎的眉批便可略见一二。孙氏于盐法主张就场征税，而汪氏的眉批不但同意他，而且进一步痛诋盐商，议论更为激昂。黄濬：《花随人圣庵摭忆》（上海：上海古籍出版社，1983），"补编"，页105。

夺之，然而一日厌谷必病，病久谷绝必死，今之言汉学，其人心风俗至如此，后之论天下者于谁责而可乎。[1]

孙鼎臣认为道学是人的日常五谷，不可一日无之，而汉学是败坏风俗之流毒。郭嵩焘在这篇文章后面附议说孙氏的激烈之论，"著议似奇似酷，而实正论"[2]，足见它代表当时一群人的看法。先前支持方东树《汉学商兑》的那一群士人，与经过这场大乱之后的士人，其语言是相当不同的。汪士铎则代表另一种议论。如前面已经讨论过的，他认为道学家乱天下，应该"草薙而禽狝之"，其主要理由是道学家空言、大话、无用。汉宋两边都被从现实出发，指摘这样或那样的弊病，他们把当时中国学术界两大主流的毛病都暴露在大家眼前。

汪士铎同时也察觉儒家的根本局限，他说回忆住在陈墟桥蔡邨时，通村千余家，竟然没有一本官历，"四书五经殆如天书，古或有之，今亡矣"。[3]他同时也敏感察觉到小说演义与土俗戏文，才是比儒书更有力量，更能影响下层群众的文化资源，他说古人"皆空言想象几幸之议论，并非着有成效，今虽三家之村，穷僻山峒，罔不知小说演义及土俗戏文"[4]。这里当然触及一个近世中国社会的根本问题：究竟在经过种种社会变化之后，在日常生活的层次上，儒家还有多大的现实作用？

余　论

汪士铎对于传统的不满是显而易见的，但是从汪氏的言论，我们没有见到新的出路。他们亲眼看到帝国已是一具被蛀空了的躯壳，

1　《孙侍讲刍论》，卷1，页4—5。

2　"朝廷以道学为诟病而贪夫盈位，士大夫以道学为诟病而相与荡名检、瓕志节而不恤，乃使人心风俗之防，一决不振，以成天下之至乱，归狱于挽近为汉学者，其睢盱博辨，所以蕴酿之，非一朝之故也，著议似奇似酷，而实正论。"《孙侍讲刍论》，卷1，页5。

3　《乙丙日记》，总页89。

4　同上，总页103。

是一具烂尸，大风一吹，便无影无踪，但是却显然没有发现新的出路。思想方面，翻来翻去，还是非周孔，即申商刑名；在治术方面，也只是痛责不能放开则例取用人才，不能循名责实，不能严，不能杀，他的议论比前人激切狠刻，但是在整个制度的规划或政治思想上并没有什么新的出路。

就以他的人口论来说，他能想到的办法是仰仗天灾人祸，或是多杀、避孕，或是韩非说过的溺女婴，或妇女早死、鼓励妇女出家等。在19世纪90年代，陈炽（1855—1900）的《庸书》也讨论人满为患的问题，但是陈氏接触过西方知识，所以他提出的解决办法是多设机器生产以解决人口过剩的问题。薛福成（1838—1894）与汪士铎一样警觉到中国人口的大危机，他的办法是一要导民生财，大力发展机器工业、采矿业和铁路运输，二是向国外移民。[1]比较这两代人的议论可以发现，问题可以是内发的，改革可以是内发的，但在"思想资源"大变之前，人们还是盘旋在老路上。这促使我们重新检讨一个老问题，即"西方冲击—中国回应"的论式。这个论式曾经相当流行，但是后来被"内变"说所挑战。以汪士铎等人的言论来看，"冲击"与"内变"应该修正为一种交叉式的因果关系。晚清"内变"的现象非常明显，像汪士铎这种对传统思想、政制之不满、批判的言论，越来越多；但是，他所提供的处方，转来转去，仍脱不出原有的几个选项。由此可见，如果没有新的思想资源，即难有"自生近代性"可言。然而，西方来的新思想资源，如果不是遇到一个产生内变并有内发需要的时代，也不大可能生根。所以，两者的关系应该是交叉性的，是行进中的火车与转辙器的关系（韦伯语）。内部的变化是一列急驶的火车，而西方的思想是转辙器。

从汪氏的个案也可以看到旧读书人内心的分裂。近代史专家陈旭麓说："曾国藩是封建传统的忠诚捍卫者，然而恰恰从他身上开始展现了传统的裂口"，"从曾国藩到康有为等人，都是从内心的分

1　赵树贵、曾丽雅编：《陈炽集》（北京：中华书局，1997），页135—136。关于薛福成，见行龙《人口问题与近代社会》，页244—225。

裂引向社会的分裂"。[1] "内心的分裂"是一个事实，但因果关系似应倒转过来，是由社会的撞击造成了内心的分裂，然后又影响到社会。残酷的社会动乱撞裂传统的完整性，使得真想面对现实的人的内心，不得不分裂成两部分，一部分是捍护传统，一部分是以最不传统的手段去应付现实的挑战。汪士铎虽说"凡为学者，学至于圣贤而已，圣贤至众，而以孔子为集大成"[2]，但心中同时怀想着最极端、最反儒家的办法。他与曾国藩都声称坚守着周孔的大道，但实际上却要用申商刑名或更残酷的办法来应付现实。他们或许可以在目的与手段的逻辑上自圆其说，他们可以脚跨"目的"与"手段"两条船，然而一旦两条船分得太宽，就免不了要掉进水里。

《乙丙日记》也说明了历史发展的两个层次：一层是人们公开表现出来的，一层是隐在情绪或私密的层次。在 20 世纪 30 年代以前，如果读汪氏的文集、诗集，所见到的仍是一些冠冕堂皇的议论，或是精细无比的考证，而很难察觉其内心还另有着翻腾与汹涌。目睹变局的他，正在酝酿一些重大的不满，在寻找新的出路。这些情绪性的文字可能是一时激发的愤慨，事变之后便不愿再提，也不肯公开。不过，如本文一开始便提到，情绪世界的变化是不可不注意的问题。在那个时代像汪氏一样的人究竟有多少，还待进一步探讨。除日记、私人书信之外，在一些当时人认为不严肃的文类，譬如歌谣、俗曲中，或许可以勾勒出一个隐藏的伏流。

而祖父一辈偷偷说的，在儿子或孙子这一辈却公开地说。在 19 世纪 50 年代，汪士铎将他的激烈之论写在日记上，但是到了 19 世纪 90 年代，许多对儒家不敬的话已经公开宣于众口，而且去掉了那一顶周孔之道的大帽子，不再深自掩蔽，藏之又藏了。

1　陈旭麓：《浮想录》，页 1353、1373。
2　萧穆：《汪梅村先生别传》，《敬孚类稿》，总页 330。

清末的历史记忆与国家建构

——以章太炎为例

在这一篇短文中，我想探讨对过去的记忆如何在现实政治行动中发挥作用。全文主要分成两个部分。第一，是国粹运动与汉族历史记忆之复返（及虚构）——尤其是明清改朝换代之际的记忆。从道光、咸丰以来，这一段历史记忆便逐渐复苏了，在这篇文字中主要是以晚清最具领导性、与革命行动最为密切的章太炎与国粹运动为主。第二，在召唤历史记忆之时，原本已经成为潜流的一些汉族生活仪式，是否重新浮现，并被赋予政治意义。最后则想谈在近代国家构成中，这一些记忆资源在现实行动中发生什么样的作用。

"过去"在现实上并不存在，但是在清朝末年关于未来国家建构的论辩，尤其是"革命"与"君宪"的论争中，"过去"扮演着一个重要的角色。晚清的革命志士已不再像清朝政权正式取得汉族士大夫的信仰之后的世世代代，把所谓"国"和满族政权视为一体。"国"与当今朝廷这个两百多年无人质疑的统一体分裂开来，而在促使二者分裂的过程中，最重要的是现代国家观念使得人们不再认为"国"就是朝廷，梁启超（1873—1929）在晚清提倡的国家思想发挥了极大的作用。在此同时，清代后期逐步回返的历史记忆也扮演一定的角色。不过，此处必须强调，清朝政权在现实上的挫败是引起所有变化的主要因素。

谈清季汉族历史记忆的复活，必须先考虑:它们是些什么记忆?它们如何被压抑下去? 它们如何复活?

历史记忆永远会被自然而然地遗忘，不过，我们此处所讨论的不是自然的遗忘，而是清代历史上对汉族历史记忆的有意压抑，其规模之大，压抑之彻底，在中国历史上乃至世界历史上，皆属罕见。这种历史记忆是被以两种方式压抑下去的：首先是官方强制性的作为——文字狱、禁书运动、禁毁目录的刊行、《四库全书》中对书籍的删改，等等；其次是官方的强制性行为所引发的士大夫及一般百姓的“自我压抑”。自动自发的压抑扩大了对明末清初历史记忆的抹除。原来相当有限的官方作为，在百姓的自我揣摩以及不确定感、不安全感下无限扩大，无数不在禁书目录中的书，或是官方只要求抽毁的书，都长期潜藏不出，或被偷偷毁去。总之，官方的作为形成一种气氛，而这种气氛使得大多数人主动地将大量的历史记忆抹除，或压抑到潜意识的最底层，它们即使未彻底消失，基本上也已经不再活动了。许多人甚至不再留心皇帝是不是汉人。譬如在1895年出生的钱穆，曾经不知道当时的皇帝是满人。[1] 少年人的世界自然不可以太过当真，但是它也能说明一时的实况。另一个值得注意的现象是清代中期出现了一些史论，认为在中国历史上，胡人所创的政权才是正统，汉族政权反倒成了偏统。[2] 由于在整个清代对明末清初历史遗忘得相当彻底，以致想重新撰写这段历史时，如果不靠一些在清季逐渐重现的史书，简直无法下笔。历史记忆的复返当然不一定是完全恢复原先的旧观，它可能是提醒原来被压抑在意识底层的一些稀薄的东西，也可能是一种“创造”（invention）。它们的出现，形成一股越来越强的记忆资源，对异族政府所灌输的官版历史记忆造成颠覆批判的作用。

我在《清代的政治与文化》[3] 中曾花了相当大的篇幅叙述原先被禁毁的文献，如何在道光、咸丰以后一步一步地复活、重现。它们的复活与清廷统治力量的衰弱及文网的衰弛有关，而它们的重新出

1　钱穆：《师友杂忆》（台北：东大图书公司，1983），页34。

2　钱穆：《中国近三百年学术史》（台北：台湾商务印书馆，1968），页509—510。

3　即《权力的毛细血管作用——清代文献中“自我压抑”的现象》及《道、咸以降思想界的新现象——禁书复出及其意义》两文，收入《权力的毛细血管作用》一书。

现，对原本已经衰弛的统治力，如同雪上加霜，加速了它的瓦解。

有关明季历史遗献的复活过程，在清末的国粹运动中有所表现。国粹运动包含的范围相当之广 [1]，此处只谈与本题有关的部分。晚清的国粹论者几乎都有两个共识：第一是跳过清代官方之正统来重估中国文化之"粹"之所在，故大量有关明末清初历史及思想的文献被当作"粹"复活了。第二是追求中国古代真正的理想。这两件工作是一而二,二而一的。因为要决定什么是"国"的"粹"，所以不可避免地涉及历史传统的重塑。这是一件艰苦的工作，但却在短短的几年间有了重大的结果。

国粹运动是由 1905 年创立的国学保存会及其机关报《国粹学报》所主导的。主其事者先后出版了《国粹丛书》《国粹丛编》《风雨楼丛书》《古学汇刊》等。这些大型丛书中收有大量清代禁抑不出的书籍，由其中最有名的《国粹丛书》可以充分看出他们所要标举的国粹是什么。《国粹丛书》所印的书可以分为三类：

第一类是标举新哲学的，尤其是对人性持自然主义观点者，或主张"欲当即理"的思想家的书。大抵胡适（1891—1962）《戴东原的哲学》中所特意标举的思想家的著作，有一大部分皆在《国粹

1　国粹运动是一极复杂的历史事件。清末的国粹主义实深受西方思想的影响，故它的一位领导者说"国粹无阻于欧化"，而且要大量通过学习西方的文化来复兴中国原有之"粹"，所以近代中国许多新东西都是国粹运动引进来的。但他们同时又要对抗过度的西化。国粹运动既保存传统，但又激烈地批判传统。批判传统是因为要重塑传统。所有不要的东西都被批判为"君学"或"伪学"，所有要保存的东西则被承认是传统，是"国"之"粹"。受西方文化的影响，它认为中国纯正"国学"的特质是民主的，同时认为真正"国学"是先秦以前的学问，也就是专制政体尚未形成以前的学说。"国学"是汉族特有的，以小学及历史两种为其特色，而这两者皆是与汉族独有的历史经验密不可分的。所以国学是排他性的，讲到最激烈的程度(像章太炎)是不承认历史上所有胡人政权的。国粹运动者基本上肯定民主，反对专制，所以他们不断强调"无用者君学也，而非国学"。它有几种弦外之音。第一是只承认民主的体制，那么，历史上的君主政权，包括满人朝廷在内，都在蔑弃之列。第二，既然将历史上有碍于国家发展的思想学问一概打成"君学"，并认为中国之所以走上败亡之路，全是被两千年来的"君学"所误；则一方面是否定两千年大部分思想传统，另一方面是为现代的变革找寻一种更原始、更纯粹的根据。一方面切断，一方面继承，因为招致败亡的过去不是真正的国学，所以即便与之切断关系，在展望未来时，仍令人有一种放心的感觉，因为传统中仍有"真正"的"国学"，所以中国仍有开展新局面的传统基础。因此，人们想望的新中国，仍旧与传统有着连续性。

丛书》的第一辑中出现过。[1]

第二类书是以提倡实践实行、经世致用为主的,如包世臣之《说储》。

第三类则是明代或明末清初的著作。

这是该丛书第二、三两辑的主要内容。它们的出现,打开了一个新的历史记忆的世界。其中绝大部分的书在清代中期以后便不再公开流行传布,或是只以清代官方或私人自我删窜后的版本流传,在扼要之处完全嗅不出一丝种族气味,现在却大多以原刊本再度出现,则对当时人们记忆世界的刺激之大可想而知。这个记忆世界的复返与仇满恨满的热情甚有关系。柳亚子(1887—1958)便是一个佳例,他曾说自己"积极收集南明故事,以增强自己的反清意识"。[2]

在《国粹学报》上我们看到大量征集明季禁讳文献的通告。他们对钱谦益(1582—1664)、刘宗周(1578—1645)、陈恭尹(1631—1700)、黄宗羲、王夫之(1619—1692)等人的文字、遗墨、画作皆极力访求,其艰苦情形可以用邓实(1877—1951)搜集钱谦益的《钱牧斋初学集笺注》及《有学集笺注》为例。邓氏自谓"余托书贾物色将近十年,乃今获之"。又说钱氏所选《列朝诗集》及文集、尺牍,"至今未得,心常怏怏,世有藏者,如能割爱,余固不惜兼金以相酬耳"。《国粹学报》中并辟"撰录"一门,专门"征采海内名儒伟著,皆得之家藏手钞未曾刊行者",他们大量刊印这些秘籍及明末遗民以至乾嘉道咸遗文四五百篇。不只此也,国学保存会的藏书楼(创于1905年)还将这些珍本秘籍供人借阅。[3]

在整个国粹运动中居领导地位的章太炎之国粹思想值得在此讨论。章太炎所谓的"国粹"有两方面的意义:一是相对于满族而说,一是相对于西学所说。相对于满族,则"国粹"的一个重要部分即贮存在历史、小学、典章制度中的历史记忆。所以章太炎的"以国

1　如《孟子字义疏证》《原善》《颜氏学记》《颜习斋先生年谱》《瘳忘编》《李恕谷先生年谱》等。

2　殷安如:《柳亚子的青少年时代》,《南社研究》,第4期(1993),页99。

3　郑师渠:《晚清国粹派》(北京:北京师范大学出版社,1993),页219—221。

粹激励种性"的主张，其实即以汉族的历史记忆去激励种族自觉。
在这里，正因为历史记忆主要是用来划分不同族群之间的界域，所
以是不分好坏良丑的，一旦是我族记忆之一部分，便值得珍惜。所
以章太炎一再说国粹一如祖先的手泽遗迹，它即使再"傝拙"，后
代子孙也不嫌弃，即使再朴陋，也都让子孙流连忘返。[1] 要紧的是，
它是一群人共同的历史记忆。

太炎所谓的"国粹"，包括小学、历史、均田、刑名法律等，
但最反复强调的，还是小学与历史二端。他认为这两种学问特别值
得宝贵，因为它们保存汉民族的历史记忆，而且也是"中国独有之学，
非共同之学"。[2] 语言、历史可以"卫国性""类种族"。太炎说："语
言各含国性以成名。"[3] 又说：

> 国于天地，必有与立，非独政教饬治而已，所以卫国性，
> 类种族者，惟语言历史为亟。[4]

语言、历史之所以可贵，是因二者都是先民长期创造积累下来
的。学习它们，至少可以培养出一种自觉心，自觉到汉族始终是一
个连续体，不可切断，并自觉到汉族在所有种族中的特殊性，而且
足以绾合整个民族，激励使用同一语言并拥有共同历史记忆者团结
在一起。

章太炎所参与创立的光复会本意即"光复旧物"之意，也就是
光复满人入主以前汉族之朝代，故又名"复古会"。而当时革命阵营，
尤其是《国粹学报》中，出现许多"复兴古学"的文章[5]，其中有一

1　王汎森：《章太炎的思想》（台北：时报文化出版公司，1985），页79—80。
2　张庸：《章太炎答问》，汤志钧编《章太炎政论选集》（北京：中华书局，1977），页
　　259。
3　汤志钧：《章太炎年谱长编》（北京：中华书局，1979），页282。
4　《重刊古韵标准序》，《太炎文录初编》，卷2，载《章氏丛书》（台北：世界书局，
　　1958），总页750。
5　如邓实在《国粹学报》上发表的《古学复兴论》（1905），见张枬、王忍之编《辛亥革
　　命前十年间时论选集》（北京：生活·读书·新知三联书店，1977），第二卷上册，页
　　56—60。

个主张即要恢复汉族之历史记忆，认为回复到清朝以前汉族政权下的衣冠文物，即可与汉族灵魂相契。以语言为例，他说：

> 若是提倡小学，能够达到文学复古的时候，这爱国保种的力量，不由你不伟大的。[1]

至于史学与种性的关系，太炎基本上认为历史记忆的连续与种族的自觉性、独特性关系密切，太炎并引用印度的一段经验来说明这一点：

> 释迦氏论民族独立，先以研求国粹为主。国粹以历史为主，自余学术皆普通之技，惟国粹则为特别。譬如人有里籍，与其祖父姓名，他人不知无害为明哲，己不知则非至童昏莫属也。国所以立，在民族之自觉心，有是心所以异于动物，余固致命于国粹者。[2]

在"以国粹激励种性"的认识下，太炎为大部分汉学考订工作找到了现实政治上的意义，认为清初学者的"反古复始"工作与光复运动可以相结合。章太炎认为清学开山的顾炎武是整理国粹、襄助民族革命的楷模——"顾亭林要想排斥清廷，却无兵力，就到各处去访那古碑古碣传示后人"[3]，"裂冠毁冕之既久，而得此数公者，追论姬、汉之旧章，寻绎东夏之成事，乃适见犬羊殊族，非我亲昵"[4]。

汉学家所做的复古之学，疏释历史上种姓迁化之迹，有助于分别"犬""羊"，激励种姓。他以意大利中兴为例，说他们是以文学复古为之前导，而清代汉学家所做的工作也是一样的。[5]前面已经提到过，在章氏看来，因为国粹是以历史记忆为主，而历史记忆是不

---

1 《东京留学欢迎会演说词》，汤志钧编《章太炎政论选集》，页 277。

2 《印度人之论国粹》，《太炎文录初编》，《别录》，卷 2，载《章氏丛书》，总页 848。

3 《东京留学欢迎会演说词》，汤志钧编《章太炎政论选集》，页 280。

4 《革命之道德》，朱维铮、姜义华编注《章太炎选集》（上海：上海人民出版社，1981），页 295。

5 同上。

分好坏的，凡是已成过去的，就是记忆的一部分，值得珍惜，所以
他一再强调，他不是提倡学习过去，讲国粹不一定要照着过去去做。
用"保存一民族共同的历史记忆"的标准看，则凡属于记忆的便值
得保存：

> 国粹诚未必皆是，抑其记载故言，情状具在，舍是非而征
> 事迹，此于人道损益何与？故老聃以礼为忠信之薄，而周室典
> 章犹殚精以治之……[1]

历史记忆是中性的，"舍是非而征事迹"，所以并不对属于同民
族之记忆做是非判断，只要足以激发思慕之情，有助于民族情感之
培养，就可以了。太炎又说：

> 国粹尽亡，不知百年以前事，人与犬马当何异哉？人无自
> 觉，即为他人陵轹无以自生；民族无自觉，即为他民族陵轹无
> 以自存。然则抨弹国粹者，正使人为异种役耳。[2]

国粹足以使人知"前事"，则不至于因为异族刻意抹杀汉族历史
记忆而不自知。此所以太炎说抨弹国粹者，是替异种奴役中国开路。

章太炎在晚清革命时期写了许多宣扬种族思想的文字，它们在
当时所向披靡，对倒清的贡献非常之大。不过太炎积极重建明清之际
满汉冲突的历史是在革命成功之后。由他一步一步摸索满洲史事，我
们可以知道历史记忆复活之困难，颇似一步一步"揭开无知的面纱"。

太炎在重建这一段历史记忆时一再强调，谈这一段史事必须依
赖"明著明刊"之书，也就是未经官方及民间删窜的书。民国初年，
当清史馆还在进行修撰清史工作时，章太炎也在积极重建明清之交
的历史。由他写给学生吴承仕（1884—1939）的信，可以看出他在

1　《印度人之论国粹》，《章氏丛书》，总页 848。
2　同上。

读到一些重新出现的"明著明刊"文献后那种恍然大悟的心情：

> 鄙人近得明代官书及编年书数种，乃知满洲旧事，《清实录》
> 及《开国方略》等载爱新觉罗谱系，其实疏漏夺失，自不知其
> 祖之事，《明史》于此亦颇讳之……逆知清史馆人，必不能考核
> 至此。[1]

在第二信中，太炎又说：

> 清官书既有所讳，而案牍小文，或有漏泄情实之处……再
> 明人书自乾隆时抽毁以后，其间要事，多被删除，今所行《熊
> 襄愍集》，亦非原本。黄石斋《博物典汇》，清《方略》最喜引
> 之，乃谓其述建州旧事，但书兵官，绝无名主。今得明刻原本，
> 则名氏具在，甚矣，清官书之欺人也。明人书必以明板为可信，
> 北京想甚少，外省或犹有可求者。[2]

太炎说他自己正在做《清建国别记》，"援据二十余种书，而明
著明刊居其半，其《明一统志》，乃钞自《四库》者，则未敢深信也"。[3]
又说"明人旧籍原刊凡十二三种，或箧中所有，或借钞"。因为借
钞不易，所"借钞者必书其名姓地址"。[4]

历史记忆复返，还包括一系列原本断绝的汉族本身生活传统的
复活或"再发现"（reinvention）。此处拟举服制为例。

据章太炎追述，他们一家二三百年来都是"遗命以深衣殓"，
而这个家族传统的现实意义到太炎的父亲这一辈才又复活过来。《礼
记》有《深衣》一篇，讨论深衣的形式及穿着的场合。深衣是古代
中国士以上的常服，也是庶民的礼服[5]，但它后来逐渐脱离了日用。

---

1 《与弟子吴承仕论满洲旧事书》，《华国》，2:2（1924），页1。
2 同上，页3。
3 同上，页4。
4 同上，页1。
5 譬如马王堆三号墓中墓主便是穿着深衣。

　　明末清初出现了不少讨论深衣的著作，这些书是否都有现实意义目前还不清楚。不过当有人平时要穿它（如王艮）[1]，或要穿它下葬时，其行为本身就可能含藏有重要意义。黄宗羲著《深衣考》，便与他遗嘱中所要求下葬时要穿的衣制有关。在遗嘱中，他要求"即以所服角巾深衣殓"。他并不完全赞同前人对深衣的描述，所以他详考深衣，并画了图，而且这一份著作竟与《葬制或问》及《梨洲末命》合在一起[2]，足见他的学术讨论与为自己将来丧事的安排有关。

　　以深衣下葬究竟代表什么意义？第一是表示他想接上儒家古典的传统。第二层是想借此表示他死时不与新朝合作，这是大家所知道的。不过，何以穿深衣即有此象征意义呢？因为穿深衣就可以不必穿清代的章服入殓了。所以穿深衣是他对新朝最后说"不"的一种方式。许多明遗民要求在下葬时以穿着各种衣服来回避穿戴清服下葬。譬如张履祥六十四岁卒，"遗命以衰殓"[3]。又如吕留良（1629—1683）死前说："吾今始得尺布裹头归矣，夫复何恨？"[4]他的诗"醒便行吟埋亦可，无惭尺布裹头归"，表示他想以明代士大夫流行的头巾下葬而不戴清代的冠冕下葬。[5]总之，以深衣殓是一种拒绝当朝的意思。而余杭章太炎一家便历代相嘱以深衣殓。

　　章太炎的后人在注释《章太炎遗嘱》时，提及太炎始终牢记其

1　黄宗羲：《明儒学案》（北京：中华书局，1985），卷32《泰州学案》，页709。
2　黄宗羲有《深衣考》，末附《葬制或问》《梨洲末命》。一般认为黄氏《深衣考》务生新义，有些地方与《礼记》《深衣》之经文及汉、唐以来旧说相违背，而且他攻驳前人有关深衣之说，也不尽恰当。《四库提要》中甚至说，因为黄氏著述广博，名气太大，为恐此书贻误后人，故特别存目加以批评。这些意见大多是对的。不过对于《深衣考》之后是否原附《葬制或问》一文，便有争论了。《黄宗羲全集》第一册所附《著述考》中提到，把两者放在一起是从《浙江采集书目》以来，相沿成习之误。但我个人觉得，将这两篇文献结合在一起，即使不是梨洲之本意，也不是一件离谱的事，因为深衣确与黄氏安排身后下葬之事有直接之关系。梨洲既然"卒之日，遗命一被一褥，即以所服角巾深衣殓，遂棺而葬"（孙静庵编著：《明遗民录》[杭州：浙江古籍出版社，1985]，页74），而一般人又弄不清深衣的样子，则详考他本人将穿着下葬的深衣，并与谆谆告诫其家人不用棺椁的《或问》《末命》放在一起，自有其逻辑关联。如果这一番安排是出自其子孙，则等于是其家人安排梨洲后事的一份手册或备忘录。
3　《明遗民录》，页17。
4　同上，页59。
5　当时也有人遗命以衰经殓，但不一定有何政治意义，如《明遗民录》记：吴蕃昌"卒时，母丧未除，遗命以衰经殓"（页109）。

父章濬《家训》中所嘱"吾先辈皆以深衣殓",并记章濬曾对太炎说:

> 吾家入清已七八世,殁皆用深衣殓。吾虽得职事官,未尝诣吏部,吾即死,不敢违家教,无如清时章服。[1]

章濬这一段话有值得注意之处。他说"入清已七八世,殁皆用深衣殓",似乎章家在清代共有七八世,且都不穿清代衣帽或官服入殓。这件事本身饶富象征意义,即章氏家族暗中有不忘却汉族之本源或是不承认清朝统治的传统。如果这一追述属实,则太炎一再强调清代有官学、私学之分,并说闾巷传说、口耳相传的历史记忆,与官方所要人们接受的版本不大相同的说法,似乎便有着落。也就是说,地方与家族,基本上还保存一套与官方不同的历史记忆的版本。那么,清代历史中除了士大夫所奉行的官方历史记忆,似乎还有一个隐藏的潜流。在两三百年间,这一历史记忆层,像陆块般始终存在,它们要得到适当机会才会冒出来。

　　章家历代未必都能了解这项葬礼安排的意义,可是到了章濬这一代[2],清朝内部问题丛生,加上西力入侵,一些潜在的分裂性因子,便都有了现时的意义,所以章濬死时会特别解释说,虽然他是清朝的官,但未曾诣吏部铨选,并强调"吾死弗袭清衣帽"。似乎章濬本人也是在受了逐渐兴起的种族情绪影响之后,才清楚地归纳出以上的话。[3]值得注意的是,以保存明代衣冠作为延续历史记忆的例子显然并不乏见。吕思勉(1884—1957)便说他的家乡有一人家,其

1　章太炎:《先曾祖训导君先祖国子君先考知县君事略》,见《章太炎遗嘱》,《学术集林》(上海:远东出版社,1994),卷1,页4、12。

2　章太炎之父章濬只是一个地方上的小官,事迹不清楚,只知在晚清喧腾一时的杨乃武与小白菜案中,因为事情的发生地在余杭,章濬也曾卷入。见黄濬《花随人圣庵摭忆》(上海:上海古籍出版社,1983),页379。

3　值得注意的是,太炎的追忆在时间上略有夸大。这些影响先是在心中发酵,并未立即激起推翻清朝的决心。他在1897年曾反对排满,还说:"张、李横行,我朝以成龙兴之业,苟有揭竿斩木者,是自战斗吾黄种。"见《论学会有大益于黄人亟宜保护》,汤志钧编《章太炎政论选集》,页13。我在《章太炎的思想》中对此问题有所讨论,见该书,页72—73。

远祖在明朝灭亡之时，遗留下了明代衣服一袭，并命子孙世世宝藏，等到汉族光复时再祭告祖先。[1]

除深衣之外，决定反清之后的章太炎马上面临日常衣着的问题。他写《解辫发》一文，决定倒满时，马上想到自己年已而立，"而犹被戎狄之服"，非常可耻。可是想"荐绅束发，以复近古，日既不给，衣又不可得……会挚友以欧罗巴衣笠至，乃急断发易服"。[2] 足见决定反清以后第一个考虑的是如何去除这一身衣服，回复到已经断绝两三百年的汉族传统服制。但是明代的"荐绅束发"之制一时不易裁制，所以他决定改穿西装，甚至后来穿日本的和服——另外两种"戎狄之服"。

太炎常回忆他反清的几个重要源头。第一是十一二岁时，外祖朱左卿偶讲蒋氏《东华录》、曾静案。朱左卿告诉他，夷夏之防同于君臣之义。第二是"十九二十岁时得《明季稗史》十七种，排满思想始盛"。[3] 值得注意的是，这些书早先并不容易看到，它们都是明季遗献复返后，才逐渐出现的。如果章太炎对他家族以深衣葬的传统没有夸张，则太炎后来成为反满革命最坚强的倡导者，实是三种力量混合而造成的：第一是清代历史中一股不与现实政权合作的潜流，第二是历史记忆的复活，第三是中国在现代世界的挫折。

被压抑历史的复返，或被压抑潜流的再现，或是被"创造"出来的历史记忆，形成了一种记忆资源，使得不少人对"国"的定义产生了变化。也就是说，"国"与当时的"朝廷"分开了。在清朝鼎盛时期，几乎没有人怀疑"国"即清廷。然而，上述的潮流却凝聚了一股历史记忆，而与清代官方的历史记忆相对抗。譬如1903年高燮在《简邓秋枚》一诗中呼吁召"国魂"，但诗中表示这"国魂"之所以需要召唤，是因为它被异族压抑。[4] 同年9月，陈去病（1874—1933）辑《建州女真考》《扬州十日记》《嘉定屠城记略》《忠文靖

---

1 李永圻：《吕思勉先生编年事辑》，见俞振基编《蒿庐问学记》（北京：生活·读书·新知三联书店，1996），页369。

2 《章太炎政论选集》，页149。

3 朱希祖：《本师章太炎先生口授少年事迹笔记》，《制言》半月刊，第25期，页1。

4 杨天石、王学庄编：《南社史长编》（北京：中国人民大学出版社，1995），页7—8。

节编》这些重新出现的禁毁文献为《陆沉丛书》时，有黄天《题〈陆沉丛书〉诗》，说"登高唤国魂，陷在腥膻里，巫阳向予哭，黄炎久绝祀。大仇今不报，宰割未有已……"则"国魂"与满人的"腥膻"是相对抗的。[1] 如自由斋主人（高旭，1877—1925）的《爱祖国歌》，这个祖国也不是大清国。[2] 此外，提到任何"国"字，如国花、国体[3] 等，不但不是指大清国，而且是与它敌对的。1904 年，柳亚子以弃疾子为笔名所写的《清秘史序》中甚至说"呜呼，吾民族之无国，二百六十一年于兹"[4]，即不承认清为"国"，则他们的"国"乃另有其物。柳亚子接着说："燕京破，国初亡；金陵破，国再亡；福都破，国三亡；滇粤破，国四亡；台湾破，国五亡。"[5] 而"国"之重新厘定，与"史"的密切关系，可以从柳氏的同一篇文章中看出。他说："夫唯中国有史，而后人人知秉特权、握高位者之为匪我族类；唯胡族有史，而后人人知鸟兽行者之不可一日与居；虽有盲史，亦不复能以双手掩尽天下目矣。"[6] 而要想复活这一段历史记忆，必须像《清秘史》的作者有妫氏那样大量搜集原先久被禁抑的历史，才足以使"读此书者，虽其顽器，当亦恍然悟深仁厚泽之非"。[7]

如果不是这一段历史记忆复苏，人们仍将相信官版的历史，一般人也不致察觉秉特权、握高位者为匪我族类，也不至于意识到"深仁厚泽"的皇帝其实是外人，也不会发现彼"大清国"其实非我"国"，那么体制内的改革或许仍会被士人所接受，而近代中国国家建构便是另一面目了。

晚清最后未能满足于走体制内改革的路子，未像日本走向君主

1　杨天石、王学庄编：《南社史长编》，页 13。

2　同上，页 14—15。

3　同上，页 17。

4　同上，页 29。值得注意的是，在清末，梁启超亦有"无国"的感觉。但是他认为与当时西方国家相比，中国不是一个现代意义的 nation-state。他的关怀与本文所讨论诸人的"无国"之感觉并不相同。参考张佛泉《梁启超国家观念之形成》，《政治学报》，第 1 期（1971），页 5—11。

5　杨天石、王学庄编：《南社史长编》，页 29。

6　同上，页 30。

7　同上。

立宪,而是直接走向革命,这一个跳跃性的发展,原因当然非常复杂,中国在现代世界的严重挫折感,社会、经济、政治的失序,以及西方政治思想的传入都是要素。不过,在其隐微之处也和"国"不再与当前的统治者为一体有关,尤其是在决定国家建构最为关键的几次辩论中,革命派常援引过去的历史压倒了君宪派。[1]

恢复汉族的记忆成为一股改变现实的力量,清末士人到处印发明太祖的画像,或是在诗歌中虚拟自己与明代朝廷根本不存在的臣属关系,以宣扬赶走满人的正当性。了解这一点,才可以解释为什么钱玄同(1887—1939)在革命成功后坚持要穿深衣到教育部上班。但是复古毕竟不合时宜,而且原来的复古行动政治性很强。在革命成功后,复古的热情很快消失了,钱玄同的深衣也只穿了几天。[2]

总之,历史记忆的复活使得人们把"国"与当今的朝廷分开,最终拒绝止于体制内变革。重塑传统的结果,也使得人们相信君主制的传统与真正的"国学"不是同一物。所以国粹既是一个identification 的过程,也是一个 disidentification 的过程,是一个历史记忆复返的过程,也是选择性遗忘的过程。这些复合的因素,相当程度地影响了后来国家建构的基本蓝图,也使得晚清知识分子最后选择以拒斥清朝皇帝作为进一步政治变革的前提。

---

1 亓冰峰:《清末革命与君宪的论争》(台北:"中央研究院"近代史研究所,1980),第 5 章。
2 黎锦熙:《钱玄同先生传》,附在吴奔星编《钱玄同研究》(南京:江苏古籍出版社,1990),页 194。

第二编 传统与现代的辩证

从传统到反传统

—— 两个思想脉络的分析

本文主要是想针对三种成说进行反省：第一种认为，至少在意图的层面上，近代的反传统运动必然是反传统精神的产物；第二种认为，晚清的复古主义与后来的反传统运动非但不可能有任何关联，而且是相矛盾的；第三种认为，近代反传统运动或多或少是不爱国或买办思想之产物。但批评它们并不等于是否定以上三种思维的解释效力，而是想指出一般所忽略的几个面相相当值得注意。

在第一部分"传统的非传统性"中，主要是想探讨尊孔与复古这两种精神动力为何可能导出一开始完全意想不到的反传统结局来。在尊孔的部分，我举了廖平与康有为为例；在复古方面，则主要是以章太炎等国粹学派的健将为例。在第二部分中，主要是想探讨爱国的思想，为何也可能导出反传统的结果来。

一、传统的非传统性

（一）从尊孔到反传统

"西学源出中国说"是晚清很有力量的一派思潮。这派人的论调看起来极为保守，其实却潜存两种可能性：它可以成为抗拒西学的有力武器，但也可以成为要求吸收西学的有力护符。我们可以说在这一个躯壳中，事实上拥有两个灵魂，一个极保守，一个极激进。从保守的一面来说，"西学源出中国"的说法，正可以使人们进一步相信，只要能重新掌握古学的真谛，即可以克服西人的挑战。从激进的一面来说，此说无异于承认当今的西洋文明与中国的古学不但不相违背，而且是密切关联的，故吸收西学即等于是重光旧学，所以此说无异于间接承认了某些西学的正面价值。因此，在"西学源出中国说"这个看来极保守的面具里，我们竟然看到两种完全相反的可能性。

俞樾（1821—1907）在为王仁俊（1866—1913）《格致古微》所写的序中，大力称赞这部书宣扬"西法"尽包孕于中国旧学的道理：

> 使人知西法之新奇可喜者，无一不在吾儒包孕之中。方今经术昌明，四部之书犁然俱在，士苟通经学古，心知其意，神而明之，则虽驾而上之不难。此可为震矜西法者告，亦可为鄙夷西法者进也。[1]

我们应该注意到前引文的最后两句——"此可为震矜西法者告，亦可为鄙夷西法者进也"——俞樾的意思是：因为西学源出中国，故不必"震矜"于西学之奇；但也正因它源出中国，与中国古学不相违逆，故也不必"鄙夷"。这段话不正为保守与激进两种可能性做了最好的展示吗？

接着我想谈清季今文家与这种思维的相似性。在开始谈廖平与康有为之前，我想先提一点，康有为为了支持他的变法改制，把孔子由一个历史文献的整理者改造成一个提倡变法的哲学家。这一来，推倒了古文经的地位，说古文经都是刘向、刘歆父子所伪造的，连带地使古文经中的内容受到根本的怀疑。除此之外，他还处处想"会通"孔子与现代的西方。

廖平、康有为与早期的梁启超在会通"孔子"与"西方"的技

---

1 《春在堂杂文》六编卷七，收入《春在堂全书》（台北：中国文献出版社，1966），总页 2925。

巧颇近于"西学源出中国说",只是一时不易从外表觉察出来而已。他们在技术上一样是"取近世之新学理以缘附之曰:某某者孔子所已知也;某某者孔子所曾言也"[1](梁启超语),背后的动机都是在替当时地位逐渐动摇的孔学注入新活力,使它可以继续保持其"生民所未有之圣"的尊严。

本来,对每一个时代的人而言,某些经典是不是还有活力,端视它能否有效地关联呼应当代的境况。但"关联呼应"(correlated)时代的境况是有一定的途径与分际的,它一方面要随时注意境况,用合于那个时代的概念工具来宣扬学说,一方面要不失其本质与独特性。如果它完全不关心时代的境况而自说自话,那是一门吸引不了人的学问,但是,当传统儒学参与现代的境况时,假如解经者是从现实境况的诸问题中寻求六经的解答,六经本身也就丧失自我的本质与独特性,反过来被当代的境况所决定了。对任何时代的经学家而言,这都是一个很难掌握的分际。而廖平、康有为在替孔学注入新活力时,正好陷入这一困境中。

廖平、康有为是如何陷入自己编造的陷阱中的呢?这是个相当曲折的问题。

我们都知道晚清的现实境况不时在对儒学提出问题,而且大部分的问题都构成了严重的挑战。像先秦诸子在晚清便逐渐有由末席跻上首座的趋势。廖平必曾为这个问题感到难堪,为了特尊孔子的地位,他选择了一个特别办法来解决,主张诸子皆宗孔子。廖平说:"孔道恢宏如天如海,大而八荒之外,小而方里之间,巨细不遗。"[2]在他看来"孔道"是无所不包、巨细不遗的。转一个角度来说,"孔道"对诸子百家是不排斥的;非但不排斥,而且还有密切的源承关系。他很含蓄地说:"子家出孔圣之后,子部窃孔经之余。"[3]廖平原是想说明孔子包容一切的伟大,但却造成了一个他意想不到的效果,

---

1 见梁启超《保教非所以尊孔论》,《饮冰室文集》之九(台北:台湾中华书局,1983),页 56。
2 廖平:《皇帝疆域图表》(六艺馆丛书本,1915 年四川存古书局刊),页 114。
3 同上,页 113。

也就是将原先被视为异端的诸子说成是孔门的"分枝同本""仅如兄弟之析居"。[1] 譬如墨子，他说："墨家之宗旨，要皆圣道之支流。"[2] 廖平发表这些意见的原初意图是为了"奇伟尊严孔子"[3]，结果是替诸子取得了正统的地位。廖平为了增强圣人之道的绝对性，主张它包含一切，但实际的结果却是使孔子的思想中不容许有任何违反诸子学的东西，将圣人之道降低到和过去认为是"异端""邪说"的诸子学并存的地步。

至于西学的挑战，更是令他心焦如焚，举个例说，严复（1854—1921）从英国回来就曾上书说："地球，周孔未尝梦见；海外，周孔未尝经营。"[4] 这个质问在今天看来不算什么，但对晚清士大夫来说却是极为亲切、沉痛的。廖平与康有为等孔学传统的坚强拥护者面对这一类挑战时，心中的冲击必定是非常巨大的。事实上，严复的那一句话在廖平的书中便被引用而且表达了严重的关切，从廖氏的自述中可以十分清楚地发现：从某个层面来说，他之所以根据早年被自己驳得体无完肤的《周礼》撰写《地球新义》，即为了回答严复提出的问题。在晚清这一类的质问与挑战为数不少，如果孔学无法做有力的回答，那么它又有何"奇伟尊严"呢？廖、康二人便花费了很大的精力来从事代答的工作。

从我们现代的眼光来看，廖平、康有为替孔学回答晚清现实社会挑战的方式是很奇特的。他们毫不考虑地将自己认为对这些挑战最好的回应注入孔子的躯壳中，为了达到这一点，他们为孔子装填了许多孔子自己也不认识的异质思想。

以廖平而言，他为了特尊孔子，乃将所有"经传所说尧、舜、禹、汤、文、武、周公帝德王道伯功"说成"皆属一人之事"。在他看来，这个说法足够回答那些把六经当成史书的考证学者所怀抱的一个看法：孔子整理六经，而六经所记大多为周公所创的制度，孔子只是

1　廖平：《皇帝疆域图表》，页114。
2　同上，页59。
3　章太炎：《原经》，《国故论衡》（台北：广文书局，1979），页88。
4　见引于廖平《经学五变记》（台北：长安出版社，1978），页4。

一个记录之人，那么周公自然贤逾孔子。但廖平发现这还不够，不只是六经中的"帝德王道伯功"应该是属于孔子一个人的，连现今欧美各国的所有文明都应该是孔子所曾昭示过的，这样，孔子的学说不就是超越所有时空限制的伟大巨构，更有理由屹立于当前世界而无愧色吗？为了达到这一个目的，他大胆地以预言的方式解释孔子学说。把握了这个前提，才能了解廖平所作《孔经哲学发微》《地球新义》《皇帝疆域图表》等几乎不可理解的释经之书真正的意涵，也才能理解这个经学家在理路上极为讲究，但内容却荒诞可笑的解经文字中，有深刻而急切的用心。上面几部书的一贯特色是把全球五大洲的发展以进化先后排列，中国居最高，其他各洲依清末民初的强盛程度排列，把它们统统纳入六经"预言"的范围中。他以预言代替历史作为儒学思想的内容，经此一举，孔子变成了有生民以来所未曾有的先知，但却也带来与他原来意图完全吊诡的结果。

从表面看来，廖氏有意压低西方各国文明的地位，但实际上是去除了中国文化与它们的隔阂，进而希望接纳它们。这话怎么说呢？因为居于文化发展最高阶段的中国，如果想吸收发展程度较低的西洋文化时，是丝毫不失其自尊之感的。况且夷狄（西洋各国）的文化既是圣人在六经中预言所及的，则我们今天又何必对它们感到见外？这层意思，廖氏在《皇帝疆域图表》中说得最清楚——他说"大同世界，无所谓夷也"。[1]

廖平宣称西方现代文明为孔子所预言过的，西人对中国的挑战也都是用孔子的思想作为武器，故他在为孔学注入新活力时，不只是坚持孔子知有外国，而且强调西方"但施之中国，则一切之说皆我旧教之所有"。[2]他这样的用心，是想加强孔学回应现实困局的能力，以保住孔子的尊位，故说："自成其盛业，孔子乃得为全球之神圣，六艺乃得为宇宙之公言。"[3]用章太炎的话说，不管廖平或康有为，他们种种作为的原始意图都是欲"奇伟尊严孔子"。但我们不能忽视，

1　廖平：《皇帝疆域图表》，页56。

2　同上，页307。

3　廖平：《经学五变记》，页5。

这个行动的副产品是将一向不理于保守派人士之口的西学吸纳入孔学内部。

从康有为的文字中可以发现，当列强瓜分中国之局将成时，他心情非常之焦急。当时他的主要关怀是如何"保教"，也就是一方面保住中国，另一方面使孔学不致成为一门过时的、没有活力的学问。而在他看来，保住中国正是保住孔教的大前提，所以大力主张变法。但他所拟的强国之道是吸收西方人之法，而用来支持其吸汲西学的理论基础是这样的：

> 为尊祖考彝训，而邻人之有专门之学、高异之行，合于吾祖考者，吾亦不能不节取之也。[1]

他还把当代西方政法学术等同于"三代两汉之美政"[2]，故从他的逻辑来看，吸收西学即所谓"尊祖考彝训"。西学"合于吾祖考"，而当代的中国反而不是先圣心目中理想的中国，在他看来，中国先圣的理想既被"外夷近之"，则外夷"虽其先世卑贱，[中国]反为之屈矣"。[3]

他用这个论据来抵挡各方面的攻击，故当朱一新（1846—1894）斥责康氏是"阳尊孔子，阴祖耶稣"时，康有为答以"是何言软？马舌牛头，何其相接之不伦也"。[4] 当大家认为康有为是在压抑国学以兴西学时（用朱一新的话说就是"嬗宗学而兴西学"），康有为觉得他的敌人是不可理喻的。因为康氏自认为是在提出一种新的孔学来抵抗西学的挑战。当时人认为他是在肆无忌惮地毁弃中国之学，他却自认是在更有力地坚守据点。

既然现代西方之政法即等于中国"三代两汉之美政"，那么如

1　康有为：《与洪右丞给谏论中西异学书》，《万木草堂遗稿》（台北：成文出版社，1978），页259。
2　同上。
3　康有为：《答朱蓉生书》，《万木草堂遗稿外编》（台北：成文出版社，1978），下册，页816。
4　同上。

何把这些"近事新理"缘附到孔子身上呢？这是托古改制论者最关心的问题之一。为了使缘附的工作做起来更无忌讳，廖平、康有为把经书中的史事解为符号，像廖平便把历史上的鲁、商二国解成是"中""外""华""洋"的符号，而这类新解在康有为的《改制考》中更是到处可见。该书卷十二上说：

> 六经中之尧、舜、文王皆孔子民主君王之所寄托……不必其为尧、舜、文王之事实也。[1]

他之所以费心抹杀尧、舜、文王的史迹，就是想腾出空间，注入"民主君王"的理想。此外，他还用类似的方式把重女权（男女平权）的理想及选举的理想说成是孔子所已有[2]，而且愈演愈烈，在光绪二十七年（1901）所撰成的《中庸注》中甚至把"欧美宫室"说成是孔子旧制。其言曰：

> 孔子之制皆为实事，如建子为正月，白统尚白，则朝服首服皆白，今欧美各国从之。建丑，则俄罗斯回教徒从之。明堂之制三十六牗七十二户，屋制高严……则欧美宫室从之……[3]

《春秋董氏学》卷二中的"王鲁"条中亦说：

> 缘鲁以言王义。孔子之意，专明王者之义，不过言托于鲁以立文字。即如隐、桓，不过托为王者之远祖，定、哀为王者之考妣。齐、宋但为大国之譬，邾、娄、滕侯亦不过为小国先朝之影。[4]

---

1 康有为：《孔子改制考》（台北：台湾商务印书馆，1986），卷12，页2。

2 同上，卷8，页14、21。

3 康有为：《中庸注》（台北：台湾商务印书馆，1968），页37。

4 康有为：《春秋董氏学》（台北：台湾商务印书馆，1969），卷2，页3。

也就是说《春秋》中的每一对名词全都是孔子使用的代号，不必用考索历史的方法去探求，"以事说经"者非但无功反而有罪，他说：

> 自伪左出，后人乃以事说经，于是周、鲁、隐、桓、定、哀、邾、滕皆用考据求之，痴人说梦，转增疑惑。[1]

把两千年来用历史考证态度解经的所有努力，一笔打成"痴人说梦，转增疑惑"，他们之所以要如此大胆地抹杀六经的信史性，彻底加以符号化，是因为六经如果只是古代政教典章之记录，而不是圣人替今人的境况所制的答案，那么在他看来孔子学说便不可能扬威于当代了。

朱一新充分道出了他们心中的这份紧张：

> 又炫于外夷一日之富强，谓有合吾中国管商之术，可以旋至而立效也。故于圣人之言灿著六经者，悉见为平澹无奇，而必扬之使高，凿之使深。……而凡古书之与吾说相戾者，一皆诋为伪造。夫然后可以唯吾欲为，虽圣人不得不俯首而听吾驱策。……古人著一书，必有一书之精神面目，治经者当以经治经，不当以己之意见治经。六经各有指归，无端比而同之，是削趾以适屦，屦未必合，而趾已受伤矣。[2]

廖、康为了使"平澹无奇"的六经能马上有效地回应当代的困境，故要"凿之使深"，"扬之使高"，"以己之意见治经"。朱氏认为这是在操纵经典，而不是在为圣人服务，是在逼圣人"俯首而听吾驱策"，把圣人之学（"足"）裁削成跟自己的意见（"屦"）一模一样的东西，经裁削之后，"足""屦"不一定相合，但"趾已伤矣"！所以他们的努力出现一个大吊诡——不管是廖平的书或康有为的

1　康有为：《春秋董氏学》，卷2，页3。
2　朱一新：《朱侍御答康有为第四书》，叶德辉编《翼教丛编》（台北：台联国风出版社，1970），卷1，总页32。

《伪经考》及《改制考》都是考史之书，但其基本态度及所达到的结果都是反历史的。他们以崇古作为在现代变法改制的手段，其实际结果则是推倒了上古信史。难怪朱一新要说康、梁的尊圣运动是"经书的厄运"[1]，而叶德辉（1864—1927）也说他们是"明为尊经，实则背经"[2]。激烈反对康、梁的余联沅（晋珊）更说：

> 其自序（按：指《伪经考》）有"刘歆之伪不黜，孔子之道不著"等语，本意尊圣，乃至疑经，因并疑及传经诸儒。[3]

过去所有指控康、梁疑经毁圣者，大多不能说中其内心强烈的尊圣动机，而余联沅却用"本意尊圣，乃至疑经"八个字简要地把康、梁的"意图"与"结局"之间的吊诡性和盘托出。

我们知道，传统主义者最后不可退让的据点是尊仰孔子。廖平、康有为与他们的论敌在这一点上几乎是毫无分别的。他们之间最大的不同在于：过去孔子是一个历史人物，但廖、康、梁却想将孔子发挥成全知遍在的人格神，乃至在孔子的"躯壳"中填入他们所想鼓吹的内容，使得孔子学说成为一个可以由后人任意决定其内容的空壳子。想使孔子"全知"也好，"遍在"也好，对廖平、康有为来说，都是为了更强化人们对孔子的信仰；但说孔子是"全知"的结果却反而使孔子六经的面目全被不断变迁的现实境况所决定，丧失了历史性。说孔子"遍在"，不只为中国"制法"，且为全世界"制法"，表面上看起来是"张大孔子"，但实际的结果也是使得六经失去它们的历史性。孔子之道既然是博包的，故不与其他思想对立，甚至可以包容实际上与它相反的东西，这样一来，反而把孔子之道降低到和异说平等的地位，更使得孔子之道中不可以有违反人类任何思想的可能性，而以上种种发展都瓦解了传统——尤其是解消了上古

1　《朱侍御答康有为第二书》，叶德辉编《翼教丛编》，卷1，总页21。
2　《正界篇上》，叶德辉编《翼教丛编》，卷4，总页224。
3　《安晓峰侍御请毁禁〈新学伪经考〉片》后附余晋珊奏语，叶德辉编《翼教丛编》，卷2，总页71。

信史。故当我们发现紧接着而来的，是一场翻天覆地的抹杀古代信史的古史辨运动时，丝毫不必感到意外。

这个例子使我们想到：中国知识分子在解释经典时，常为了经世的要求，刻意与时代寻求关联，最后竟至严重扭曲历史的客观性。诚如大家所周知的：中国思想史中有很长远的经世传统，而"通经致用"是这个传统中相当有力量的一支。但是，在"通经致用"的目标下，常会碰到我在先前已提到过的一个困难——如何把已经定型的经典运用到每一个时代不同的特殊境况上，既要照顾到信息的完整性，同时又要照顾到境况的特殊性。也就是说，成功的经典解释者应当一方面守着经典，一方面观照他的时代，故经典与境况二者应该相互关联呼应而不是相近似，它们之间永远存在一种紧张——到底门要决定房屋的结构到什么程度，或房屋该决定门到什么程度。想掌握一个恰当的分际并不容易。如果不能把握住恰当的分际，便常会出现这样一种现象——那就是为了使经典所启示的信息与现实境况更密切相关，解释者自觉或不自觉地依照自己的意见来支配经典。强古人以就我的结果，是使经典成为服务个人思想的工具。

廖平、康有为的疑古活动都是在近代反传统运动尚未爆发之际，他们之所以逼出那样大规模的疑古思想，主要的动力是强烈尊孔卫道的意图，而他们的疑古成果却被反传统运动的健将所继承，爆发了古史辨运动。这样一个案例至少告诉我们，近代的反传统运动在最初萌芽的阶段不一定全是反传统意识的产物。如果我们借用"精神"与"躯壳"这一对名词来看思想史的演变，那么可以发现"精神"与"躯壳"之间可以有无限层次、无限种方式的联结。疑古这个"躯壳"可以与相当不同的"精神"相联结，尊孔这一个"精神"也可以与相当不同的"躯壳"相联结；不同意图、精神可以寄托在同一个结构之中，而不同的结构也可能寄托着同一个精神。反孔的精神并不一定就会导致推翻上古信史，它们二者虽然有亲和性，但却没有必然的因果关系。在某些情况下，尊孔也可能发展出令人意想不到的、破坏力极大的反传统来。像康有为与廖平，他们"本意尊圣"，但最后"乃至疑经"，其意图与结局之间就已是相当吊诡的了。但更吊诡的是，他们的疑古思想被意图层面完全不同的反传统人士接收下来，其尊孔意图被全部舍弃，发展成一个纯粹的反传统运动。

所以古史辨运动虽然在相当程度上是清末民初传统思潮影响下的产物，却很快地与民初的反传统运动合流了。顾颉刚（1893—1980）等人相信"旧道德的权威都伏在古书的神秘之中"，如果依然抱持着传统的上古史观，则一方面是"尧舜禹汤一班古人就成了道德的模范"，另一方面则是"儒家的思想就都成了尧舜禹汤早已行过的王政"。这个两千年来约定俗成之历史系统如今被重重拆散，一方面使得上古历史有了重构的必要，另一方面使得寄托在古史上面的道德系谱也全面崩溃了——因为这些道德既不曾在上古黄金时代实行过，它们的合法性便受到了空前未有的怀疑。所以拆散古史系统，重新审视它的组合过程的同时，也等于拆散了传统的道德系谱。

（二）复古与反传统

学术界有一个相当流行的看法，认为晚清的国粹主义与保守主义是同义词。国粹主义当然与保守主义有密切的关联，但是我们也不能忽略它的另一面影响。

复古主义并不一定是与革新相敌对的，复古主义也可能蕴蓄着巨大的改革动能。在许多时候，复古与守旧完全不能等同看待。晚清复兴佛学的大功臣杨文会（1837—1911）就曾说他们佛界中人，"既不维新，又不守旧"，而是"志在复古"，足见在他们看来复古与守旧并不完全一样，一个守旧的人极可能是效忠当前认可的传统，可是复古的人则是要跨越当前的传统，攀向那个更高更纯粹的古代。谭嗣同曾说"变法又适所以复古"，足见至少在晚清，复古是针对当前传统的一种改变。因此在晚清，复古与守旧常属于敌对的阵营。

以湖南省"南学会"为例，它是这个保守的省份中，最早从事思想革新的团体，而他们所标榜的一个重要精神便是"复古"。在"南学会"稍前的《沅湘通艺录》中便有"治新学先读古子书说"这样的题目。[1] 令人纳闷的是，"新学"与"古子书"有何关系？同时也觉察到复古主义本身正潜藏相当巨大的动能及各种可能性。

晚清复古思潮中有一个相当普遍的前提：反对"二千年间专制""小人儒"（借用伍琛的话），直接恢复到先秦诸子争鸣，儒术尚未定于一尊的时代。他们大多承认中国古代曾经有过两个光灿夺目的时代，先是周公集尧舜文武之大成，再是战国时代出现一个空前绝后的黄金时期，而现在是刻意恢复的时候。邓实的《古学复兴论》便充分表达了这一层想法。他说，在先秦诸子中：

> 其所含之义理，于西人心理、伦理、名学、社会、历史、政法，一切声光化电之学，无所不包。[2]

那么，为什么现代中国会远落西人之后呢？理由是两千年专制小儒阻断了先秦光辉的传统，所以他们要回到真正的古代，去发扬中国传统思想之"粹"。南社的宁调元（1883—1913）于1913年到广东担任三佛铁路总办，建立了南社粤支部，主张"张朴学于中原，共存国粹"，以复古主义相标榜，可是这一个国粹主义者却攻击孔子，骂孔学是专制之学，骂孔子是民贼。他在《孔子之教忠》一文中甚至说：

> 古之所谓至圣，今之所谓民贼也……孔子者，盖驯谨成性者也……致贻中国二千年专制之毒，民族衰弱之祸。

宁氏在《孔子之右文》中，又指责孔子不言军旅之事，使得"文弱演为国俗"，还在《孔子之持家》《孔子之接物》二文中对孔子的

1　唐才常：《治新学先读古子书说》，《沅湘通艺录》，卷3，引见王尔敏《南学会》，《晚清政治思想史论》（台北：华世出版社，1969），页115。

2　邓实：《古学复兴论》，原刊《国粹学报》第9期（1905年10月），收在张枬、王忍之编《辛亥革命前十年间时论选集》（北京：生活·读书·新知三联书店，1977），第二卷上册，页59。

待人处世提出苛酷的批评。[1]

他的例子告诉我们，不少国粹主义者的特征之一便是将中国传统彻底相对化，他们选择的"国粹"都不一样，选择某一部分常常同时意味着拒斥其他部分，也就是以一部分为"粹"，而把其他部分斥为渣滓。这个行动本身便有相当大的破坏力量了。所以像宁调元便拒斥了孔子之学，认为那是渣滓，而保留了他所认为是"粹"的部分。他的复古与国粹之主张与他的反孔言论并不矛盾。

再以国粹学派的领导人章太炎为例。从现代眼光看来，他便是一个奇特的复合体，他的思想中既有着复古的思想，同时却又散布了大量反传统的种子。其实，从某一层面看来，这两者并不互相矛盾。历史上具有批判力量的思想并不一定是崭新的，只要一种思想与该时代流行的思想有着落差，便可以对该时代起批判作用。故复古与趋新皆可以形成批判力量。章太炎曾说"复古"即"提新"（趋新）[2]，用梁启超的词汇来说，即"借复古为解放"。他所说的"复古"，即要回到尚未罢黜百家独尊儒术的先秦，重新以那个时代的角度衡量孔学。所以他引先秦诸子的记录作为认识孔子的依据，以致有《诸子学略说》之作。在这篇关键性的文字中，他彻彻底底地批判了孔子，从它的字里行间可以很容易地看出"复古"与"反传统"的复合。[3]长期以来，章氏已被视为传统文化的代言人，但他实际上已逐步背离了传统。我们甚至应该这样说：在"传统主义者"这一外壳里所装着的已经是与过去大家所认定的"传统"非常不一样的内容。章太炎的思想实代表着传统文化濒临崩溃的前夜，在他的一些思想继承人手上，"传统"像粉一般碎开了。（但为何有些曾经直接或间接促成反传统运动的人，后来竟成为新文化运动的反对者，这是我想在别的文章中加以解释的。）

1　宁调元：《孔子之教忠》，收在杨天石、曾景忠编《宁调元集》（长沙：湖南人民出版社，1988），页395。《孔子之右文》《孔子之持家》《孔子之接物》分别收在同书，页396、394、394—395。

2　王汎森：《章太炎的思想》（台北：时报文化出版公司，1985），页176。

3　参考王汎森《章太炎的思想》，第6章。

二、爱国与反传统

（一）爱国主义与反传统思想的内在关联

　　鲁迅二十三岁时（1903 年）写的《自题小像》："灵台无计逃神矢，风雨如磐暗故园。寄意寒星荃不察，我以我血荐轩辕"，充分道出清末民初知识分子在西方势力覆压之下的困境与悲愿。在那样无奈的困境之下，如何爱国强国，成为当时大多数知识分子的一个目标。但是选择何种手段来达成这个目标，便因人而异了。在意图与手段之间，可以有无限种方式的叩接，只要行动者自认为二者之间是合乎逻辑的，对行动者自己而言，便不成任何问题了。我们从清末民初中国思想界的情形可以更清楚地看出这个现象。

　　如前所言，在西方势力猛力叩关，中国知识分子为传统辩护与抵抗的过程中，有些保守主义者是把西学吸收到传统的"躯壳"中以达成他们保守的目的，有些则是回归到比目前所认识的传统更为传统的状态中，这两种办法的目标都是为了使传统更有效地回应当前的变局。可是，他们用以达成目标的手段是何等的不同！由于意图与手段组合方式的变化，中国近代思想人物的风貌亦繁复万端：他们有的是意态极为保守，而手段极为西化；有的是意态极为前进，而手段却极传统；有的是意态保守，手段传统；有的是意态激进，手段西化。同样的意图可能借着全然不同的手段去达成，而同样的手段也可能为完全不同的意图服务。所以单只是用"传统"或"前进"，"新"与"旧"来描述他们，常常是不够充分的。

　　在爱国救国这个共同的目标之下，出现了无数种手段，最值得注意的有两种。第一便是以激烈破坏、激烈个人主义来达成爱国救国，以致把大规模的毁弃传统作为正面价值来信奉。这样的行动对有些人的情感来说可能是痛苦的，可是为了国家民族更高的利益，许多知识分子却愿意牺牲在情感上相当依赖的某些传统的质素，同时也要求别人做同样悲壮的牺牲。所以我们经常可以在这一个时期的知识分子的身上，同时看到全盘反传统与在某些层面上恋执传统的情形，其实这种矛盾的出现，常是在"救国"这一个最终极的目标下，目的与手段间的紧张和两难。第二是认为爱国就必须保持传统，即使这中间有些人已警觉到传统的许多成分已不济于世用了，但是他们仍愿意以列文森（J. Levenson）所谓的对木乃伊审美式的怀念心情来对待。

在这里想着重讨论的是以大破坏为爱国的手段，以打破传统的伦理结构，把全中国彻底重新组合为救国手段的现象。对他们来说，爱国保种之热情愈为深切，则打破传统的决心亦愈为炽盛，二者如影随形，成为近代中国最奇特的一种力量。而许多传统型知识分子之所以决然转向西化，也必须在这一个脉络下来理解。

清季掀天揭地而来的变局对那一代传统知识分子的刺激是很深刻的，而且国家每经一次挫败，其痛苦就愈深，有良心的读书人虽然希望对国家民族有所济救，可是正如章太炎所说的"说经者所以存古，非以是适今也"[1]，他们脑中那一套传统知识显然不足够应付这个变局，那么该当如何呢？——许多读书人开始转步移身到压迫他们的西方帝国主义身上寻找医己的良方。他们之所以转向西方，不是厌弃祖国，相反的，正是为了要护卫祖国，才贱弃旧学转而向他们的敌人学习。以清末大诗人范当世（1854—1905）为例，陈三立为他的《范伯子文集》所写的"跋"中，便很精确地道出范氏向西转的心路历程。他说范氏"好言经世……其后更甲午、戊戌、庚子之变，益慕泰西学说，愤生平所习无实用，昌言贱之"[2]。范氏原是个不折不扣的传统型知识分子，他之所以昌言贱弃生平所习，并不是不要中国，而是因为他太爱中国了，因为太爱中国，所以他猜想把中国打得七零八落的泰西诸国应该有足以拯救中国的学说。当康有为大量引进西方思想时，他的真正用心也是要对抗帝国主义者，而不是如攻击他的人所说的，康有为是要把中国出卖给西方帝国主义者。那一代知识分子借着吸收帝国主义的长处来抵抗帝国主义的

1　章太炎：《与人论朴学报书》，《太炎文录初编》，卷2，载《章氏丛书》（台北：世界书局，1958），下册，总页722。

2　陈三立：《范伯子文集跋》，《散原精舍文集》（台北：台湾中华书局，1966），卷12，页279。

曲折心态是很值得注意的。西化论之所以风起云涌、沛然莫之能御，至少在意图的层面上，与强烈的民族情操正是密相结合，而不一定是崇洋媚外的买办心理之产物。

（二）"爱国"与"破坏"

《学衡》第一期上有一篇柳诒徵（1880—1956）所写的《论中国近世之病源》说道：

> 方清季初变法之时，爱国合群之名词，洋溢人口，诚实者未尝不为所动。[1]

这一个观察大抵是正确的。在清末民初之际，许多知识分子认为中国之所以积弱不振，未能有效抵御西人，最关键原因是未能急速凝聚全国的每一分力量来应付空前的危局，而力量之所以无法动员，实因各种藩篱与隔阂太多，使得纵的意志无法贯彻，横的联系也不可能，以至于全国的力量像碎粉般，无法被磁铁尽可能吸附上来。这些藩篱与隔阂，包含星罗棋布于全国的家族宗法势力、森严的阶级区分、三纲五常的束缚、政府与民意严重的隔阂等，因此打破上述种种"分别"相，使这个国家的所有基本分子相"通"，是这个时代许多知识分子共同的要求。佛教破除分别与对待的学说在这时发挥了莫大的社会政治功能，不是没有理由的。谭嗣同思想中的破对待、破名分、冲决一切网罗，主要便是为了使"中外通""上下通""男女内外通""人我通"。[2]而"通"的最具体表现即为平等，所以谭氏特拈平等之义以说"通"。他说：

> 通之象为平等。[3]

1　《学衡》，1 期（1922 年 1 月），总页 343。
2　《仁学》，卷上，见《谭嗣同全集》（台北：华世出版社，1977），页 6。
3　同上。

从行动的层面来说，要"无对待，然后平等"。[1] 而平等及打破所有对待性关系时，自然要挑战既有的伦理及政治社会结构。同时破坏、暴力、激烈，成了歌颂的对象。更值得注意的是，不管破坏或暴力，都被视为爱国救国的手段，在这一个逻辑关系中，愈暴力、愈破坏，则愈被视为爱国的表现。在 1903 年 9 月《游学译篇》第十期上的《民族主义之教育》一文中，作者说：

> 夫善言革命者，当天下之不欲急急于破坏，而日日与之言破坏。……其用在于群，群天下之思想而为有意识之破坏。其事主于积，积天下革命之材力，而为有价值之破坏。[2]

1902 年，梁启超在《新民说》的《进步》一节中便这样歌颂着破坏：

> 呜呼！快矣哉，破坏！仁矣哉，破坏！
> 其破坏者，复有踵起而破坏之者，随破坏，随建设，甲乙相引，而进化之运，乃递衍于无穷。[3]

把破坏当作仁举，跟下面这一段以暴动为爱国的言论是相类似的。1903 年，署名"湖南之湖南人"的杨笃生（1872—1911）在《新湖南》一书的第五篇《破坏》中这样说：

> 人曰：今日之言暴动者，败群也；吾党则曰：今日之言暴动者，爱国也。人曰：今日之言暴动者畔［叛］夫也；吾党则曰：今日之言暴动者，贞士也。[4]

---

1 《仁学》，《谭嗣同全集》，页7。
2 不著撰人，《民族主义之教育》，收在《辛亥革命前十年间时论选集》，第一卷上册，页407。
3 梁启超：《新民说》（台北：台湾中华书局，1978），页61—62。
4 收在《辛亥革命前十年间时论选集》，第一卷下册，页640—641。

暴动者应被尊为"贞士"——这个奇特的评价是怎样出现的？那是他们把破坏的行为纳入到一个将中国旧社会结构全部打烂来解救中国的前提下，才可能出现的。如果稍微深入分析这类资料，我们或许会感到意外：持这样激烈看法的人，竟往往是从事传统学术研究的知识分子。像国学大师刘师培，便于 1904 年用过一个寓意甚深的笔名——"激烈第一人"，写下了《论激烈的好处》。[1] 而另一位大学者黄侃（1886—1935）也用"运甓"这个笔名写道：如果不能把中国改造成一个平等的社会，"当以神州为巨冢"。[2] 他们心中那股不计一切代价彻底打烂江山，重新再造的渴望，在这些地方表露无遗。

国学大师章太炎早年（1894 年）即写过《明独》一文，提出想完成"大群"则必须先"大独"的想法。他说："夫大独必群，不群非独也。"又说："大独必群，群必以独成。""小群，大群之贼也；大独，大群之母也。"[3] 这都是在说明中国人唯有能从旧亲族团体（小群）中解放出来成为"大独"，方可能达到全国的"大群"；如果仍拘守在旧的亲族团体中，永远不可能"群"。但《明独》一文所标示的思想，仍然相当温和，到了 1907 年（光绪三十三年）左右才有了变化。在这一年中，章氏写下代表激烈军国主义的《〈社会通诠〉商兑》，提倡以军国主义把中国组成一作战体来挽救危亡，而又以尽破传统宗法社会为达到军国主义社会之手段。让我们来看几段这方面的文字：

> 今吾党所言民族主义……惟日讨国人，使人人自竞为国御侮之术，此则以军国社会为利器，以此始也，亦必以终，其卒乃足以方行海表，岂沾沾焉维持祠堂族长之制，以陷吾民于大湫深谷中者？[4]

1　收在《辛亥革命前十年间时论选集》，第一卷下册，页 887—889。
2　运甓：《哀平民》，收在《辛亥革命前十年间时论选集》，第二卷下册，页 790。
3　《明独》，朱维铮、姜义华编注《章太炎选集》（上海：上海人民出版社，1981），页 2—3。
4　章太炎：《〈社会通诠〉商兑》，《太炎文录初编》，《别录》，卷 1，载《章氏丛书》，总页 828。

又说他所倡的民族主义正是要以熔解宗法社会为其手段：

且今之民族主义非直与宗法社会不相一致，而其力又有足以促宗法社会之熔解者。夫祠堂族长之制今虽差愈于古，亦差愈于欧洲，要其仆遬之体，褊陋之见，有害于齐一亦明矣。人情习其故常，而无持更叫旦者于其左右，则梦寐为之不醒。今外有强敌以乘吾隙，思同德协力以格拒之，推其本原，则曰以四百兆人为一族而无问其氏姓世系，为察其操术，则曰人人自竞尽尔股肱之力，以与同族相系，维其支配者，其救援者皆姬汉旧邦之巨人，而不必以同庙之亲。……人亦有言，中夜失火，则姻戚不如比邻，故内之以同国相维，外之以同患相救，当是时则惟军国社会是务，而宗法社会弃之如脱屣耳。[1]

宗法社会之所以应当摧破，是因为它的"褊陋之见，有害于齐一"，换句话说，它阻碍了力量向最高主体凝聚，这在过去还差可忍受，但"今外有强敌以乘吾隙"，则必须破除散布各地的宗族，"以四百兆人为一族而无问其氏姓世系"——太炎说这是实践民族主义拯救中国的要著。

在他看来，若想振兴中国，唯有超越血缘结构，以普遍爱取代有差等的爱才能奏功。若欲达此目的，只有"变祠堂族长之制"[2]，尽破宗法社会，将个人从其束缚中解放出来。亦即把中国的团结建立在打破血缘结构上。

过去那种由乡土、血缘的远近亲疏所决定的有等差之爱，现在要改造成超越伦理结构的普遍爱。康有为在清末提倡墨子的"兼爱"（爱无差等），这种思想在孟子看来是所谓"禽兽之行"。谭嗣同在冲决各种名教纲常之网罗后，只保留五伦中的"朋友"一伦，也是要求超越旧亲缘结构的束缚。谭氏的《仁学》上有这样一段话：

1　章太炎：《〈社会通诠〉商兑》，总页829—830。

2　同上，总页830。

　　自孔耶以来，先儒牧师所以为教，所以为学，莫不倡学会，
联大群，动辄合数千万人以为朋友。……为孔者知之，故背其
井里，捐弃其君臣父子夫妇兄弟之伦……夫朋友岂真贵于余四
伦而已，将为四伦之圭臬。而四伦咸以朋友之道贯之，是四伦
可废也。[1]

　　"合数千万人以为朋友"即所谓"大群"。但我们必须注意：谭
氏是以"捐弃其君臣父子夫妇兄弟之伦"为成大群的前提。

　　《〈社会通诠〉商兑》发表后六个多月，章太炎又写下《五无论》
（光绪三十三年九月廿五日）及《国家论》（同年十月廿五日），更
激烈地主张要把个人从家庭、社会、国家等所有组织中解放出来。
晚清无政府主义更加深了这一思路。清末民初甚嚣尘上的破家论者，
在某一层面上，更是这一脉思想之产物。蔡元培（1868—1940）一
度宣扬要废除婚姻制度、行共产。但他又特别强调这样做绝不是为
了便于宣淫，他郑重强调这"必有一介不苟取之义，而后可以言共产。
必有坐怀不乱之操，而后可以言废婚姻"。[2]破除婚姻是毁家的先声，
毁家是建造新群的前提。早于1907年时，在《天义报》上便出现过
《毁家论》的文字了。这篇未署真名的文章中说：

　　盖家也者，为万恶之首。

　　又说："欲开社会革命之幕者，必自破家始矣。"[3]由此可知，
1919年1月1日，傅斯年在《新潮》上发表的《万恶之源》中宣称
家是万恶之源，其实是代表着对当时而言由来甚久的一个想法。而
章铁民在新文化运动期间写信给他父亲要求自某年某月某日起终止

1　《仁学》，载《谭嗣同全集》，页67。
2　黄世晖记：《蔡孑民先生传略》，收在《蔡元培自述》（台北：传记文学出版社，1967），
　　页60。
3　汉一：《毁家论》，收在《辛亥革命前十年间时论选集》，第二卷下册，页916—917。

父子关系[1]，也不是突发的个案。民国初年的思想界广泛存在着一种乐观的想法：认为历史会为我们停止，一切都可以重新造起。套用顾颉刚的话说："天下无难事，最美善的境界只要有人去提倡就立刻会得实现。"[2] 所以在当时，为了达成各种特定目标而设计的改组中国社会的方案如雨后春笋般出现，他们要建造"新社会"。在"新社会"中，联系每一个别的人的关系都是先由特殊的有意计划所造成，而不是自然形成的，它可以是各色各样的新村，也可以是各种合作社。他们都希望把小团体中实验的成果推展到全中国。既然这一个"新社会"中人与人的关系是依照理性设计而成的，那么在他们的理想中，传统的礼教纲常、伦理秩序便无所附着了。

由以上的讨论，我们可以发现爱国的动机与激烈破坏传统伦常之关系，同时也发现传统与反传统之间有着千丝万缕的关系，使得传统与反传统这两个名词将不再是那样容易界定。尤其当我们发现强烈的尊孔卫道，竟可能导出"毁经"的结局，复古竟可能动摇孔子或中国其他圣贤的传统地位时，对"传统"与"反传统"之间的关系，恐怕是需要更深入探讨的。

1　Chow Tse-tsung, *The May Fourth Movement : Intellectual Revolution in Modern China* (Cambridge, Mass. : Harvard University Press, 1960), p.184.

2　顾颉刚：《古史辨》(台北，无出版时间与出版者)，第 1 册，《自序》，页 17。

中国近代思想中的传统因素

——兼论思想的本质与思想的功能

　　本文想讨论近代中国自我人格与心态之塑造过程中，传统的思想资源扮演了什么样的角色。近代中国思想以反传统为主，但是，各种研究又发现传统思维在其中扮演着错综复杂的角色。[1]"传统"的内容异常繁富，在这里，我只想从其中的一小部分入手进行讨论。以理学为例，"五四"前后思想家多反理学，可是他们的思想中却又常夹有浓厚的理学成分。反理学思想竟然毫不影响其中一部分人对理学的资源做深入而广泛的运用。所以，在研究这一个问题时应该跳出简单的因果关联，转而留意"近代思想家或行动者如何以思想或传统来做事"。[2]除探讨思想的本质外，也应及于它后来在形形色色的"使用"之中所扮演的历史作用。

　　整体来说，宋明理学的道德修养资源在近代思想与行动中所造成的影响是纷纭多样的。由于思想分子之间原有的有机联络已经破裂，从它们的接榫处散开，所以成为互不相干的一堆东西[3]，这些散开的分子只是材料（matter），形式（form）已经不存在，新的理

1　关于这个问题，参见张灏《传统与近代中国知识分子》，收入氏著《幽暗意识与民主传统》（台北：联经出版公司，1989），页171—185。

2　此处我是借用奥斯汀的理论而加以改造。奥斯汀原来是说"人们如何用语言来做事"，见 John Austin, *How to Do Things with Words*（Cambridge, Mass.：Harvard University Press, 1975）。

3　林毓生：《五四式反传统思想与中国意识的危机》，收入氏著《思想与人物》（台北：联经出版公司，1983），页132—133。

念或主义的介入，使它们不断游离并重组。由于它们已经脱离了原
来的形式，所以分子原来在其有机结构中所受的约束不存在，特定
分子本身的作用可能被无限放大，产生它们在原来的结构中所无的
性质及分量。以理学而言，近代中国仍有许多牢守矩矱的理学家，
但对本文所将讨论的许多新思想家而言，理学的诸多成分，被以化
合作用般的方式重新组织到一个新的结构中，所以在新的结构中也
就不再存在着与旧结构的分子之间同样的关系。宋明理学本身原来
的一套伦理观及价值观已经不再居核心地位，它的各个分子被收摄
到一个个与理学无关的最终的目标上去。这个目标可以是革命，可
以是打倒传统，可以是救国，甚至可以是反理学。

　　大体而言，理学思维与近代思想和政治的关系可以分成三个部
分。第一，理学中主张自然人性论的部分与新文化运动前后道德思
想的转变大有关系。第二，理学中自我转化的部分成为新一代行动
者自我人格塑造运动的凭借。它可能在思想与道德混乱的时代，维
持个体的道德，也可能培养出打破一切礼法之人，更可能锻造爱国
志士。第三，理学中对"心"的强调，成了一部分人无限扩大自我
主观能动性的凭借，造成心的神化、人的神化，以达成革命或解放
的目标。

一

　　理学在清代的命运是很曲折的。康熙以前，学分三派：一承东
林之余脉，一提倡朱学，一尚考据。在康熙一朝则以朱子学为盛，
乾隆后专尚考据，当时王学灭尽，朱学亦微。[1]可是在道光、咸丰年
间，宋学与心学都有再度复兴之势。宋学家一方面讲求致用及维系
社会道德，同时也批判汉学考据，而且箭头也常常指向考据家的私
人品德。康有为一段话相当简要地描述了这一点：

1　蒋贵麟校订：《南海康先生口说》（台北：台湾商务印书馆，1987），页186。

　　段金坛为巫山令，贪劣特甚。孙渊如为山东粮道，受贿三四十万。可知汉学家专务琐碎，不知道理，心术大坏，若从宋学入手，断无此事。[1]

　　晚清理学复兴的过程无法在此深入讨论。[2]大体而言，邵懿辰、唐鉴、倭仁、吴廷栋、李棠阶（1798—1865）、曾国藩等人是主要倡导人。他们以推阐朱学为主，所崇拜的是朱子、薛瑄（1392—1464）、张履祥、李光地、陆陇其等人，重视的是他们维持社会风教、严格要求自我的主张。此外，乾嘉汉学也发展出一种新理学，也就是由戴震、焦循等人所形成的，继承晚明学者的遗绪，对理、欲等哲学问题重新加以诠释。在正统派宋学家看来，他们入室操戈，偷梁换柱，是理学最大的敌人。

　　以上两种思潮在新文化运动前后都有影响。朱学一派基本上发展成一套新、旧两派人物皆适用的心性上自我锻炼的方法。后来加入王学的成分，两者互相吸收、互相激荡，发展成为冲破重围的行动哲学。至于戴震、焦循、阮元、凌廷堪等人发展出的新理学，在新文化运动前后也得到蔡元培、胡适、周作人（1885—1967）等人的提倡，与当时解放人类自然欲望的风气及从西方输入的功利主义哲学相糅合而极为盛行。周作人提出的两句口号最为扼要地概括了他们的主张：“伦理的自然化，道义的事功化。”[3]

　　此处先谈这种新道德观的形成。晚清以来，只有极少的士大夫主张理欲截然对立式的道德观念，相反的，尊情重欲、尊重人的自然需要的主张大为流行。清末维新与革命两个阵营中，对于这个问题的态度大抵是一致的。康有为、严复、谭嗣同、章太炎、刘师培、蔡元培、马叙伦（1885—1970）、周作人等对此都无异见。康

1　蒋贵麟校订：《南海康先生口说》，页184。
2　目前对此问题并无足够的研究，可参考史革新《晚清理学研究》（台北：文津书局，1994）。
3　钱理群：《凡人的悲哀——周作人传》（台北：业强书局，1991），页188—189。

有为主张色欲交合之事，两欢则合，两憎则离[1]，而且重私[2]、重情、重奢[3]、重器、重动，可以说是相当具有代表性的。这个时候告子"生之谓性"的说法获得压倒性的支持[4]，王夫之性"日生日成"之说也得到许多人的信从。他们的态度基本上与明末清初思想家如颜元、李塨、陈确（1604—1677）、唐甄（1630—1704）等人相近，也与清代中期的戴震、焦循、凌廷堪、阮元一脉相传。所不同的是，这个时候理与欲的内容都扩大而有了现代的内容。所以，这时他们谈的"欲"已不是传统儒者所谈的内容。

这一时期的思想家虽然主张尊情重欲，但是他们的思想有一个细微之处值得仔细分辨。他们固然主张尊重社会大众的情欲，可是在谈到社会领袖个人时，却有非常严格的纪律化的倾向。章太炎评戴震的情欲思想时说它可以拿来作为政治家对人民的态度，不可以用来持身，也就是将政治的与私人的道德要求分开。在政治上必须满足众人基本的欲望，但对个人的修养并不如此说。蔡元培也是一样，他一方面欣赏李卓吾的情欲思想，一方面却是刘宗周学说的实践者；以最宽容的态度处理众人欲望之事，但以严格的锻炼对待自己。

蔡元培是近代最重视伦理学及其他精神层次之建设的人。早在他考举人时，便已在考卷上答"夫饮食男女，人生之大欲存焉"，而这份考卷竟使他中了举人。[5]这或许反映当时主持功名的士大夫也已经有了变化。蔡氏整理中国伦理学史及编纂修身教科书等，皆凸显其中尊情重欲、维护女权之一脉。譬如《中国伦理学史》中特讲戴震、俞正燮（1775—1840）等人，他编的《文变》一书中所选的文章，也偏重俞正燮的《妒非女人恶德论》《节妇说》，痛斥男尊女卑、夫死守节之类的文章。此外，他在为《安徽丛书》第三集的《俞

1　张锡勤等：《中国近现代伦理思想史》（哈尔滨：黑龙江人民出版社，1984），页88。

2　同上，页558。

3　谭嗣同：《仁学》，卷上，《谭嗣同全集》（台北：华世出版社，1977），页38—39。

4　如汪士铎之赞赏告子。张锡勤等：《中国近现代伦理思想史》，页56。如康有为在《长兴学记》中说："告子生之谓性，自是确论。"如谭嗣同《仁学》中之"生之谓性""形色天性"，见《谭嗣同全集》，页16。

5　蒋梦麟：《试为蔡先生写一笔简照》，收于蔡建国编《蔡元培先生纪念集》（北京：中华书局，1984），页75。

理初年谱》所作的跋文中，也主张一种唯理而复有情的思想。

　　周作人则专心致志于提倡一种新道德哲学，这一哲学以戴震、焦循、程瑶田等几位清儒为代表。如前所述，这些思想家都有重人权、体人情、重女权、重体谅、尊欲望[1]、体恤细民百姓，且不抹杀现实常识与人在生物层次上实际需要的特色。他再三致意于戴震《孟子字义疏证》、程瑶田《论学小记》、焦循《易余龠录》及俞正燮的几篇维护女权的文字，并一再强调"通情时变"之哲学，甚至特别欣赏《易余龠录》中讲"模糊"的一段，无非是希望人们不要以"天理"的高调来责备人、约束人，希望以"模糊"来消解理学的道德严格主义。

　　他们的影响是很大的，连保守的梁漱溟（1893—1988）讲"天理"时也强调他不是认定一个"客观道德"，也就是不执着旧式的伦理道德，而是"自己生命自然变化流行之理"。[2] 又说"孔家"原不排斥饮食男女本然的情欲：

　　　　孔家本是赞美生活的，所有饮食男女本能的情欲，都出于自然流行，并不排斥，若能顺理得中，生机活泼，更非常之好的。[3]

由上可见，理学中新的理欲观帮助近代新道德哲学的成立。

　　前面提到过，宋学复兴为近代主体性的锻炼提供了资具，此处拟稍加申论。清末民初改造个人、改造社会的思想甚嚣尘上，而在这一波造新人的风潮中，主体性的锻炼是极为重要的一环，但是在这方面西学并未提供足够资源。尽管塞缪尔·斯迈尔斯（Samuel Smiles）的《自助》（Self-Help）之类的书曾经影响不少青少年，而

1　但我们应当留意，周作人大量写这类文字是在敌伪下做事时。这些文字可能一方面呼吁时人体恤沦陷区人民的现实感受，不要以道德高调的"理"来评判他们；一方面又为自己的行为辩解，希望人们考虑现实境况而予以谅解。心情及用意很复杂。不过，这些言论亦与其前后思想相当一致。关于几篇文字的写作背景，见钱理群《凡人的悲哀——周作人传》，页 188—193、211。

2　梁漱溟：《东西文化及其哲学》（台北：九鼎出版社，1982），页 127。

3　同上，页 127—128。

且实际造就了他们后来的人生哲学与行事风格[1]，不过当人们想起自我人格锻炼、自我修养时，大多还是回到宋明理学的传统去寻找资源[2]。

近代个人主义的发扬与理学式的自我修养锻炼并不相矛盾。因为一个健全的个人应该要能够做自己的主人，要能对抗情、欲等足以陷溺他的因素。如果能自在地禁绝欲与情，收发自如，才是真正拥有主体性的个人。

他们已经不那么注意程朱、陆王的分别了。为了救天下，程朱、陆王皆可以在一个团体的不同成员中存在，甚至于在一个人的思维中同时存在。清末在各地有不少肩负政治社会使命的修身团体，如蔡元培于 1906 年所写《记绍兴志学会三大愿》中论及二十五年前（1881），绍兴周亦辉、王积堂、周味芹、戚升淮、程伯索等人所组的志学会。其中周亦辉是程朱派、王积堂是陆王派，但从未闹过意见。他们用功的方法是看书，写札记，把札记互相传观，互相批评。那些札记的内容大致与宋儒语类相类。这是他们修身的部分，但他们的终极目标却不只如此，而是三个大愿：（一）愿天下无贫人；（二）愿天下无病人；（三）愿天下无恶人。蔡元培说："当时我的朋友，大半是治汉学的，把他们三愿传为笑柄。"[3]

他们是一群理学家，只有救天下的大愿，不管他程朱、陆王，也不争学派的纯杂，只要求自我锻炼成器。当时有一位笔名放鹤的学者所写的《民德篇》也说，正人心以讲学为急，只要能达到这个目的，管他程朱陆颜李皆有可取。[4]

在近代自我锻炼的思潮中，理学的省心日记产生过相当大的影响。宋学与晚明心学革新派的刘宗周，都发展出极为严格的自我锻炼的方法。以清季宋学复兴要将吴廷栋《拙修集》中对倭仁以日记自我诊察锻炼的功夫所作的观察为例，倭仁把每天从早到晚所有念

1　钱穆在《师友杂忆》（台北：东大图书公司，1983），页 35 中便曾述及。

2　吴虞是个有趣的例子。他是一位近代反传统的先锋人物，但却有《宋元学案粹语》，光绪三十三年出版。此书并不易得，承罗志田兄为我从四川印得一册。

3　《记绍兴志学会三大愿》，高平叔编《蔡元培全集》（北京：中华书局，1984），第 1 卷，页 395。

4　放鹤：《民德篇》，《甲寅》，1:2，页 17。

虑、言动及应事接物，乃至于睡梦的内容都记下来以供自己反省之用。因为是把二十四小时中每一个念头、每一件行为都记下，而不是选择性地写几件，所以整个自省工作严密而有组织，不能有一点自欺或懈怠。吴廷栋说：

> 其人笃实力行，专以慎独为工夫，有日记，一念之发，必时检点，是私则克去，是善则扩充，有过则内自讼而必改，一念不整肃则以为放心，自朝至暮，内而念虑，外而言动，及应事接物，并夜而考之梦寐，皆不放过，而一一记出以自责，其严密如此。[1]

他们的修身日记是互相传观的，读后还写意见。吴廷栋读倭氏日记后也写有文章。

不过，在新文化运动前后，清代宋学复兴的领袖如倭仁、唐鉴、吴廷栋、李棠阶等人的名字极少被提到，反倒是明儒刘宗周的《人谱》影响最大。《人谱》中自省严密的程度决不下于倭仁的日记。而且因为刘氏"意"的哲学，使得他的省身哲学格外严厉。他特别要求人们不只是把念头或行为记下来作反省，还应该在恶念即将发动之前，便把它拦截住。最理想的境界则是立定主宰（意）使得恶的念头根本不发生。刘宗周把小至一个念头的错误看得非常严重，所以常说一个念头的错失，可以使人由圣贤转为禽兽。[2]

《人谱》的影响，在各种官方颁定的学程或个人论述中都有反映。官方的学程中，如光绪二十九年（1903）十一月二十六日张百熙（1847—1907）、荣庆、张之洞《奏定学堂章程》中的《奏定初等小学堂章程》，在修身课上规定摘讲朱子《小学》、刘宗周《人谱》。[3]可惜一时并未能找到当时的课本，不知道《人谱》的哪些部分被摘用，

1　吴廷栋：《庚子都中与执夫子垣两弟书》，《拙修集》（同治十年刊本），卷10，页1。
2　参考王汎森《明末清初的人谱与省过会》，《中央研究院历史语言研究所集刊》，63：3（1993），页696—712。
3　张之洞等：《奏定学堂章程》（台北：台联国风出版社，1970），页449。

也不知道小学堂的学生如何践行《人谱》中极为严密的科条。

省心日记对"五四"前以湖南杨昌济（1871—1920）为核心的一个修身讲学团体也起过特别的作用。他们修养的主要资粮也是理学，但并不偏于程朱或陆王。从 1914 年冬到 1915 年 9 月，每逢星期六、星期日便有大约十个学生到杨昌济家讨论读书及哲学的问题（而毛泽东亦于 1914 年开始将他此时所闻写成《讲堂录》）。如果对照当时杨昌济日记中对社会风习之批斥，可以看出杨氏在该年冬天组成这个小组是为了培养改造社会的人才。而杨氏推荐给这个小组的读物是西洋哲学、伦理学、宋元理学等。从杨氏的记录及毛泽东《讲堂录》看，理学是他们修身锻炼的主要凭借。而且他们也模仿理学家立日记，并把日记呈给老师杨昌济批阅，或是互相观摩批评（参见本书《近代中国私人领域的政治化》）。黎锦熙（1890—1978）回忆说：

> 大家每次碰到一起，就把自己一个星期看的书的心得自由地进行谈论，有时也随手拿起旁边一个人的日记看看。[1]

杨昌济也常有阅某生日记的记载。[2] 这种形式与七八十年前在北京以倭仁等人为主组成的修身团体有相似处，而且他们也多是湖南人。受杨昌济影响的这群学生，后来又组成"新民学会"，会中仍规定会员互相传阅日记。[3]

除了立日记以自课自省，抄前贤的修身诀语也是一个办法。杨昌济自己有《论语类抄》，而他的学生们也有人模仿，如"曹生志明仿余之类抄《论语》，手抄《孟子》一本，皆用楷书"[4]，又有"阅张生超所抄修身口诀"[5]。

杨氏自谓从程朱入门，但同时也不排斥陆王的卓绝之识，但彻

1 王兴国：《杨昌济的生平及思想》（长沙：湖南人民出版社，1981），页 156。

2 同上，页 157。

3 同上，页 170—171。

4 杨昌济：《达化斋日记》（长沙：湖南人民出版社，1981），页 41。

5 王兴国：《杨昌济的生平及思想》，页 157。

底反对汉学。他们总是谈"大本大源"、克己、存养等问题。曾国藩是他们心目中践履宋学之英雄人物。在这个团体中产生了毛泽东，他的思想痕迹与杨昌济所提倡的宋明理学颇有关系。

在北方，北大的空气中也有一股"惩忿制欲"的理学空气。陶希圣（1899—1988）在《潮流与点滴》中回忆他"五四"前在北大预科时，以一种《明儒学案节本》修养锻炼自己人格的情形：

> 我在预科三年级，先读梁任公《明儒学案节本》，再读《明儒学案》原书，然后读《宋元学案》。这时候读这两部书，并不是单纯的求知，而是深切的悔悟。一个乡村青年，进了首都北京，渐染一种"大爷"的习气。由习气转入悔悟的过程中，宋明两代学案给予我以莫大的启示。[1]

这一代人常发现民国初年社会风气太过颓败，很想过"向上的生活"[2]，而宋明理学中为澌消"习心"所发展出来的种种办法，正是少年人用来超越现实习染最佳的凭借，所以陶氏会和当时北大许多学生一样向宋明两《学案》找救兵来帮助自己"由习气转入悔悟"。

几乎与陶氏同时在北大文科读书的顾颉刚也做了如下的观察——"那时大学中，宋代理学的空气极重"[3]，而且从他笔下所记看来，当时流行的还是宋儒制欲之学。与顾颉刚同时在北大求学的罗常培（1899—1958），也在自传中谈到他当时厉行理学的情形。[4]

很幸运，我们还可以读到当时一位大学生留下的日记。从中可以看出他想在道德上做系统反省、克己功夫的记录。这一份日记之所以能够留下来，与它的作者恽代英（1895—1931）是中共创始人

1　陶希圣：《潮流与点滴》（台北：传记文学出版社，1964），页32。

2　傅斯年：《白话文学与心理的改革》，收入氏著《傅斯年全集》（台北：联经出版公司，1980），第4册，总页1180。

3　《古史辨·自序》（台北，无出版时间与出版者），第1册，页34。

4　《罗常培自传》，见中国人民政治协商会议天津市委员会文史资料研究会编《天津文史资料选辑》，第43辑（1988年4月），页2。罗氏自记他当时"喜欢读康有为主办的《不忍》杂志、梁启超《饮冰室文集》和宋明人的语录"。

之一的身份有关。

恽氏很年轻就被国民党杀害了。他活着的时候到处示人日记，并鼓励人作日记。在武昌互助社中：

> 吾以连年日记示聘三、成章、凯祥等，欲发其作日记之决心……助人、写信及示人日记，皆含甚大助人之意，又颇勉卓然改过。[1]

他四处勉人立志改过，并每日严格计算自己行为的分数。恽氏所得分数通常不高，有几次甚至低于六十。[2] 他在社中严格规定"分数在六十分以下，罚十文，每降十分，加十文"[3]，足见社员们确曾实行计算功过总分的办法。规过改过也是社中一大节目。譬如恽代英日记中不时出现这类的话：

> 与寿民言，凡人自己发现过失，即甚不易。过失发现，而不立改，则浸假又淡忘，不知经若干日而始又发现矣。故有屡经发现之过而必经月始改，经年始改。及即改矣，屡始悔以前经年、经月陷溺于过失之可怜，然已嗟无及矣。[4]

在互助社的帮助和影响下成立的小团体，如1918年5月成立之辅仁社，规定社员"开会时报告自己的过失及其他社员的过失，皆相约直言不讳"。[5] 他们原先是口头报告，后来"改口头报告为传观日记"。[6] 日新社也是一样——"开会时社员必各携日记，互助展览以资改进"。不过太过严峻便难持久，1919年2月底开始实行，"到

1 中央档案馆等编：《恽代英日记》（北京：中共中央党校出版社，1981），页202，"1917年12月16日"条。
2 同上，页207—208，"1917年12月27日"条。
3 同上，页208，"1917年12月27日"条。
4 同上，页200，"1917年12月14日"条。
5 张允侯等编：《五四时期的社团》（北京：生活·读书·新知三联书店，1979），第3册，页138。
6 同上，页139。

了四月中旬后，社员常多缺席，同时社员因劝诫过失时，言语太激烈、态度太严厉，使人难堪，而犯过失的一方面又不能容纳善言，因此社中便呈出一种不和谐的现象和不稳固的精神"。[1]

当部分"五四"青年热热闹闹地实行修身日记时，准备整肃新文化运动佚荡之风的人也在日记中抄宋明语录。理学的道德锻炼在他们身上起着反新文化运动的作用。如北大的汤尔和（1878—1940），他是北大校长蔡元培最重要的谋臣，在1919年力主去陈独秀（1879—1942）北大文科学长一职，以致陈独秀南走上海，并将《新青年》南移，逐步地走向共产党。胡适认为这是"五四"之后中国思想界极为重大的变化，故于1936年要求读汤尔和当年的日记，才发现："[1919年] 3月26夜之会上，蔡先生颇不愿于那时去独秀，先生力言其私德太坏，彼时蔡先生还是进德会的提倡者，故颇为尊议所动……当时外人借私行为攻击独秀，明明是攻击北大的新思潮的几个领袖的一种手段，而先生们亦不能把私行为与公行为分开，适堕奸人术中了。""今读［先生］七、八年日记，始知先生每日抄读宋明理学语录，始大悟八年三月之事亦自有历史背景，因果如此，非可勉强也。"[2]

在北京赶走新文化运动领袖的汤尔和是理学家言的信奉者，而其他反新文化运动的人物中更多严格实践宋明理学的人，四川的白屋诗人吴芳吉（1896—1932）即一例。吴芳吉是四川江津人，1911年考取留学美国，入北京清华学校进修。隔年，以言论过激被除名，后来吴氏教书游食各地，于1931年回到四川江津任中学校长。

吴氏对新文化运动批评很多，认为当时有所谓"人类"与"魔鬼"之争。[3]"夫世变之最著者，至于战国极矣，至于南北朝极矣，至于五代宋元极矣，然其痛根皆甚单简，从未有聚古今中外人类所

1　张允侯等编：《五四时期的社团》，页141。

2　以上见耿云志主编《胡适遗稿及秘藏书信》（合肥：黄山书社，1994），册20，页108—110，胡适于1936年1月2日致汤尔和信件。

3　《吴白屋先生遗书》（台北：成文出版社，1969），册2，卷14，书札一，《与吴雨僧》六，总页430。

有之病而溃烂于吾侪今日之甚者。"[1]吴氏痛批当时知识分子风习污秽的言论在文集中更随处可见。他同时是激烈的爱国主义者，在四川江津中学担任校长时（1931），正当"九一八"之后，他将"像衙门的校门拆了，改建成一座黄河铁桥式的照墙，墙头四个桥墩上都安置一尊牛儿炮，炮口对准东方，表示抗日之意"。[2]他在同一时期，也写下不少爱国诗篇。更值得注意的是，他每周给全体学生讲刘宗周《人谱》，由他亲手楷书，上石蓝印，发给大家。[3]在《吴白屋先生遗书》中，我们还可以看到一帧他手写《人谱》的照片。[4]在这里，《人谱》的锻炼不只是为了成就仁义道德，以防堵新文化运动以来道德散乱的风气，同时也是为了锻炼一批爱国救亡的少年。吴芳吉自己的生活方式似也充分体现理学家严格的纪律，如清晨三点便起床读书，也要全体学生同时起床自习。[5]又如他在1932年4月致死之因，是在火辣太阳下提一包新印诗篇及其他东西从船码头向学校走了七八里地：

> 那时学校正在培修校舍，后门大开着，以便施工，假如吴先生从后门进校，可以少走三二里地。然而吴先生不肯行不由径，硬要绕一个大圈子，从大门进校，一到寝室就支持不住病倒了。[6]

后来诊断是急性肺炎，而江津全城找不到一支盘尼西林，不到两天便以三十六之龄病逝。此处值得特别注意的是吴芳吉不肯"行不由径"，硬要绕一个大圈子从大门进校的道学家举动。

1　《吴白屋先生遗书》，册2，《与吴雨僧》八，总页433。
2　《王利器自传》，收在《晋阳学刊》编辑部编《中国现代社会科学家传略》（太原：山西人民出版社，1982），第2辑，页81。
3　《王利器自传》，页81。
4　《吴白屋先生遗书》，册1，页4。
5　《王利器自传》，页81。
6　同上，页83。

二

极端反传统，与旧传统资源，反差很大的两个部分之所以能够结合在一起，是因为这是一个大分裂的时代，尤其是内在心灵的分裂最为显著。[1] 过去紧紧绾合如一的，现在一个个分开（compartmentalized），譬如，宋明理学中以《大学》的八步思想为主，也就是将"国身通一"的理想作系统的发挥，小到个人的诚意正心修身，大至一个国家社会之治平，皆联成一个有机的体系。可是近代中国却面临了"国"与"身"的分裂。在国的层次，西方的政治、经济、社会思想取代了旧儒家治国平天下的学问，但是在修身方面，新输入的学说并不足以取代旧日之学，成了王国维（1877—1927）所说的：

> 自三代至于近世，道出于一而已。泰西通商以后，西学西政之书输入中国，于是修身、齐家、治国、平天下之道，乃出于二。[2]

本来，传统的道德系谱的组成分子中，就有些属于"虚位"的成分。（韩愈《原道》中说"道与德为虚位，仁与义为定名"。）譬如诚，王夫之在《读通鉴论》中便指出："诚者，虚位也，知、仁、勇，实以行乎虚者也。故善言诚者，必曰诚仁、诚知、诚勇，而不但言诚。"[3] 同样地，《大学》中的诚意、正心、修身也可以看成"虚位"，可以诚意、正心、修身于做一个儒家的信徒，也可作为马克思主义或三民主义

1　陈旭麓这样描述这一个大分裂的时代心灵之特质："曾国藩是封建传统的捍卫者，然而恰恰从他的身上开始，展现了传统的裂口"，"从曾国藩到康有为等人都是从内心的分裂走向社会的分裂"。见《陈旭麓学术文存》（上海：上海人民出版社，1990），页1352、1373。

2　钱基博：《现代中国文学史》（台北：文馨出版社，1976），页276。王国维接着说："光绪中叶，新说渐胜；逮辛亥之变，而中国之政治学术，几全为新说所统一矣。"但是政治学术之外自我修养部分，基本上仍是传统之范畴。王国维这一段话给当时人相当深刻的印象，罗振玉《王忠悫公列传》中也引用了，见氏著《丁戊稿》（罗振玉自刊本），页47。

3　王夫之：《读通鉴论》（台北：河洛图书出版社，1976），页137。

的信徒，或其他。分裂而不相联属的成分却在一个外在最高目标联结在一起，尤其是以最传统的"人格修养"作为完成救国救世理想之"手段"。梁漱溟《我的治学小史》为我们留下一段见证：

> 我那时自负要救国救民，建立功业……具有实用价值底学问,还知注意……对于人格修养的学问,感受《德育鉴》之启发,颇加留意；但意念中却认为"要作大事必须有人格修养才行",竟以人格修养作手段看了。[1]

梁漱溟后来对于把人格修养作为救国救民之"方法手段"，是颇有悔意的，但是他对于自己少年时代的观察却颇有启发性——当时有一种"以人格修养作手段看"的风气，至于这个手段的目标，则无疑是"救国救民、建立功业"。但救国救民、建立功业的办法是不断在变的，连要建立一个什么样的理想国家之目标也是不断在变的。"人格修养"可以是不变的；但却只能居于工具性的地位，而且愈到后来愈不像梁漱溟那样还能觉察出是把人格修养"作手段看"。愈到后来，这个手段与国家的目标愈紧密结合，以致根本分不出手段与目的的关系了。

由于道德礼法只被当成是工具理性或手段，不是最高之价值，所以黄节（1873—1935）会慨叹道：

> 世变既亟，人心益坏，道德礼法，尽为奸人所假窃。[2]

这段话的意思有好几个层面。其中的一个层面是：自我锻炼与修养只是为了做某一种政治主义的工具，也就是只做驯服的工具而不必问终极性的问题。路都为你指好了，作为工具的人往前冲就是了。以修养为工具与以人为工具并不相同，此间尚有一层转折。不过，

---

1 梁漱溟：《我的治学小史》，合刊于梁氏的《教育论文集》（台北：龙田出版社，1979），页33。
2 《阮步兵咏怀诗注自序》，《学衡》，57 期（1926 年 9 月），总页 7923。

以人为工具总要有以修养为工具作前提。刘少奇（1898—1969）早
年在延安所著《论共产党员的修养》中便大量引用传统儒家道德修
养的思想及方法，作为培养优秀共产党员的资具。如他提倡儒家的
"慎独"，说"即使在他个人独立工作，无人监督，有做各种坏事的
可能的时候，他能够慎独，不做任何坏事"。要求党员安心做一个
好工具，不必问方向或其他终极问题，应该"只有党的共产主义的
利益和目的，真正大公无私"。[1] 那么，在党和主义之前，伦理道德
及传统做人道理只是锻造一件好工具的车床而已。左派如此，右派
亦有一切是工具之说。如 1941 年 9 月林同济（1906—1980）宣称
的"一切是工具，民族生存必须是目标"。[2]

在救国的目标下，存天理、去人欲的旧格局不需要改变，但"天理"
的部分不再是旧道德、五伦五常之类，而是任何政治主义。在新理
欲观下，为了伟大的社会理想，或是为了贯彻领袖的意志，必须压
抑自己的私、欲、情等足以干扰行动效率的成分。[3] 在这里，我还想
回过头来以《德育鉴》一书为例，看梁启超如何巧妙地将理学工具化，
并将原来宋明儒的价值的部分转换为对现代国家富强的追求。

《德育鉴》基本上大量从《明儒学案》抄录明代王学的言论，
梁氏在选材时偏重两方面，在锻炼自我的层面上是提倡检点收摄的
一派，所以特提罗念庵（1504—1564）、聂豹（1487—1563）、刘宗
周，而蔑视狂放的李卓吾。但为培养有气魄的改革者，他奉大胆解放、
纵横任我的王艮、罗近溪为圭臬。但在终极的目标上，则是想养成
爱国合群的现代公民。这些本来凑不到一起的东西，却在《德育鉴》
中统一了。

《德育鉴》在讲修养功夫时所录的皆是王学中偏向严格纪律的

1 刘少奇：《论共产党员的修养》（北京：人民出版社，1980），页 38—40。
2 《廿年来中国思想的转变》，收在蔡尚思主编《中国现代思想史资料简编》（杭州：浙江
人民出版社，1983），第 4 卷，页 462。
3 以宋明的修养功夫作为政治行动紧张时的一种舒缓工具，张灏先生很精彩地指出梁启超
与宋明理学有此关系。参见 Hao Chang, *Liang Chi-ch'ao and Intellectual Transformation
in China* (Cambridge, Mass. : Harvard University Press, 1971), p. 279。该书中讨论康
梁与陆王心学之关系处不少，如 pp. 284-290。

文字，故说：

> 王学之光辉笃实，惟先生（罗念庵）是赖。[1]

他骂李卓吾的学说是给不道德的人提供借口，最后将导致人心俱为禽兽：

> 今世自由平等破坏之说，所以浸灌全国，速于置邮者，其原因正坐是，皆以其无碍手也。……故昔之陷溺利欲弁髦私德者，犹自惭焉，今则以为当然；岂徒以为当然。且凡非如是者，不足以为豪杰。呜呼，是非之心与羞恶之心俱绝，相率而禽兽矣。[2]

左派王学中道德佚荡的部分，最不能逃梁任公之责备：

> 此当时学风败坏之点也。今日之学风，其所以自文饰回护之词，虽与此异，然其病正相等。[3]

他曾说如果中国能不亡，是因为出现一批在精神及人格上"受先生（王阳明）之感化之人"。[4]但却激烈反对王门的良知现成说。[5]

不过王门派中不畏一切、独来独往的精神，特别为梁启超所欣赏。他特别摘录罗近溪的"明目张胆而行天下之大道""巨浸汪洋，纵横任我"[6]的句子，并且点出其师康有为之所以如此胆大，其实是服膺王艮及罗汝芳所鼓吹的精神：

1　梁启超：《德育鉴》（台北：台湾中华书局，1975），页6。
2　同上，页7。
3　同上，页7。
4　同上，页28。
5　同上，页34。
6　同上，页31。

> 如近溪所谓以不屑凑泊为工夫，以不依畔岸为胸次……上
> 等根器人，得此把柄入手，真能无罣碍无恐怖，任天下之大，
> 若行所无事。吾师南海康先生最崇拜心斋近溪者以此。[1]

这种行动精神的境界是"明目张胆而行天下之大道，工夫难到凑泊，
即以不屑凑泊为工夫，胸次茫无畔岸，便以不依畔岸为胸次，解缆
放船，顺风张棹，则巨浸汪洋，纵横任我"[2]，是要"以群山为仆从"（罗
近溪）。其中尤以"以群山为仆从"的想法，最深刻地影响了康有为。

在《德育鉴》中，梁启超把理学的范畴与概念全面改换成现代
中国的社会政治理想。他先讲"立志"，但已不是志在维护封建道
德或帝王，而是立真志爱国：

> 先哲所谓义者，诚之代名词耳。所谓利者，伪之代名词耳。
> 吾辈今日之最急者，宜莫如爱国。顾所贵乎有爱国之士者，惟
> 其真爱国而已。苟伪爱国者盈国中，试问国家前途，果何幸也？[3]

而且要立志不随外在境况之变而动摇爱国之心——"试以爱国言，
真爱国者必无以尚之，此志向一定，无论外境界若何变异，而不
足相易矣"。[4]而任公讲"良知"，也是以爱国为良知，这是王阳明
（1472—1529）以来所不曾如此强调的。他说：

> 爱父母妻子之良知，即爱国之良知，即爱众生之良知。[5]

阳明所一再要人做到的"致良知"之实功，也被转化成尽心尽力地
实践爱国合群的理想：

1　梁启超：《德育鉴》，页 32。
2　同上，页 31。
3　同上，页 3。
4　同上，页 20。
5　同上，页 30。

不行既不足谓之知，则虽谓天下只有一个行可也。此合一之恉也。试以当今通行语解之。今与人言爱国也，言合群也。彼则曰吾既已知之矣，非惟知之，而且彼亦与人言之，若不胜激昂慷慨也，而激昂慷慨之外，则无余事矣。一若以为吾有此一知，而吾之责任皆已尽矣。是何异曰：认得孝字之点画，则已为孝子……而今世之坐视国难、败坏公德者，其良知未尝不知爱国合群之可贵，知其可贵而犹尔尔者，则亦不肯从事于致之之功而已，有良知而不肯从事于致之之功，是欺其良知也。[1]

阳明"刻刻不欺良知"的思想，理学自勘其心髓的功夫，被转化为用来检查一个人是否真心爱国合群的办法：

今试问举国之人，苟皆如先生（王阳明）所谓用其私智以相比轧，假名以行其自私自利之习，及至于其所最亲近而相凌相贼者，苟长若是，而吾国之前途，尚可问乎？夫年来诸所谓爱国合群之口头禅，人人能道，而于国事丝毫无补者，正坐是耳。……然则今日有志之士，惟有奉阳明先生为严师，刻刻以不欺良知一语，自勘其心髓之微，不宁惟是，且日以之责善于友朋，相与讲明此学以易天下。[2]

任公在谈"道"与"学"是否相矛盾这个明代理学争论不休的问题时，坚决主张两者是互补的，而"道"即爱国：

如诚有爱国之心，自能思量某种某种科学，是国家不可缺的，自不得不去研究之，又能思量某种某种事项，是国家必当行的，自不得不去调查之。研究也调查也，皆从爱国心之一源所流出也。故曰：如何不讲求也。但吾之所以研究此调查此，

1　梁启超：《德育鉴》，页38。
2　同上，页41—42。

必须全出于爱国之一目的，不可别有所为而为之。……讲王学与谈时务，果相妨乎？[1]

他主张要借心学的素养以洞悉人的心术，以甄别出貌似爱国而其心术隐微之中其实不然者。他又特别讲究理学中点检[2]、省察的功夫，甚至还进一步借用现代心理学观念去对理学中省察的方法做三种归类，并用现代语言做了极精彩的叙述[3]。而不管王学右派也好，左派也好，所有用得上的思想成分他都拣到一起，最终的目标，就是一个爱国与救国。

三

在近代思想中，心学对塑造一种特殊的行动家的人格具有关键作用。所以一方面是爱国被提到近乎宗教的高度，一方面是张灏先生所强调的"人的神化"[4]，两者时常交融在一起。传统中国礼教的规范很严，由于有许多礼仪、规范、传统的拘束，所以声称心即天理时，通常只是意味着立志毅然实践道德理想。但在近代中国，种种规范的束缚已渐消解，心学又陶冶出一批以我心为天理或以"我即天"自命的人物，两河汇流之后，出现一种上天下地，不顾一切，不为任何缰索绳墨所羁绊的破坏性革命人物。

这种人物不可能在清代的汉学传统中出现。考据是专门之学，所考的多是窄而深的题目，而且要罗举无数的证据来加以支持。耗费气力很大，却又无暇顾及现实。而且考据讲求的是文献证据上的客观限制，也使人们不敢称心而动、任心而行。

近代心的神化、人的神化的思潮是由三种资源所汇成。第一，

---

1 梁启超：《德育鉴》，页39。

2 同上，页80。

3 同上，页82。

4 《扮演上帝：廿世纪中国激进思想中人的神化》，收在刘述先主编《中国思潮与外来文化：第三届国际汉学会议论文集思想组》（台北："中央研究院"中国文哲研究所，2002），页323—339。

清季今文家力斥荀学的收束而称扬孟学的扩充[1]，相当程度地为夸张心的力量推波助澜。荀学讲礼制，强调的是作为客观共识的规则，不大允许跳跃性的思维。孟学不然，它推尊心的功能，强调"扩而充之"，故有发展主观能动性的可能。清末荀衰而孟盛，康梁师生便一力提倡孟学[2]，间接帮助了凡事诉诸一心之发动的超越性思维。第二，明代心学一派，将理等同于天，而又将人心等同于理的思维，也是使得破除重围之哲学得以兴盛的重要原因。第三，从清代后期以来有一股强调人的主观能动性的思潮兴起，它将人的主观能动性夸张到极处，培养出不畏一切、不依傍任何成宪而行动的人物，这一思潮后来与尼采的超人哲学相结合而诞生了心力说。

"心力"二字原非出自宋明理学，它在《尚书·大禹谟》中出现时只有很普通的意思。"尔尚一乃心力，其克有勋。"其他古代文献提到时也只有相当普通的意思。可是后来显然沾染理学中唯意志论的色彩，以致对人的主观能动性有近乎神秘的崇拜。

龚自珍是发扬心力说的前驱。他说："报大仇、医大病、解大难、谋大事、学大道，皆以心之力。"[3]受龚氏影响，谭嗣同也处处发挥心力的思想。他说："心力可见否？曰：人之所赖以办事者是也。吾无以状之，以力学家凹凸力之状状之。愈能办事者，其凹凸力愈大；无是力，即不能办事，凹凸力一奋动，有挽强持满，不得不发之势，虽千万人，未或能遏之而改其方向者也。"[4]受谭氏影响甚大的毛泽东亦大谈心力。《〈伦理学原理〉批注》的最后一条批语即"心力"二字[5]，而根据他对斯诺（Edgar Snow, 1905—1972）所说的，他在杨昌济伦理学课上得到满分的论文，便题为《心之力》[6]。

留心晚清以来历史者，常可以发现，在价值的层面上信仰程朱

1　王汎森：《章太炎的思想》（台北：时报文化出版公司，1985），页31。

2　梁任公于时务学堂时期即倡孟子心性之学。

3　龚自珍：《壬癸之际胎观第四》，《龚自珍全集》（台北：河洛图书出版社，1975），页15—16。

4　谭嗣同：《仁学》，《谭嗣同全集》，卷上，页80。关于心力的问题，可参考高瑞泉《天命的没落》（上海：上海人民出版社，1991），第1章。

5　中共中央文献研究室等编：《毛泽东早期文稿》（长沙：湖南出版社，1990），页275。

6　Edgar Snow, *Red Star Over China*（New York：Grove Press, 1961），p. 133.

者，多倾向维持既有体制或在体制中改革；而信仰心学者，则有改革或革命的倾向。合"理"的思维是在一个整体架构不应大变之时所采取的态度，但是当整个大架构不值得保存，而现有的运作规则不值得遵循时，则"气"、情绪性、直觉性的素质，常常被用来作为打破现有格局或僵局的一个重要动力。在这里，我想将心学与道咸以来一批改革者的关涉做一整理。

几乎就在宋学复兴的同时，心学也在一些具有打破现状倾向的人身上重新被使用。他们共同的特色是尊心，将心的力量夸张到与天同高的地步；同时则是蔑视客观限制，贬低现实的体制，推崇一种"不畏"天地的性格。

龚自珍想"医大病、解大难"，则不能被拘限于日常生活世界的一点一滴改革式思维中，故说要"大言不畏、细言不畏、浮言不畏、挟言不畏"。要能够什么都不畏，要能够突破现实之樊篱，则要"尊心"。能尊其心则一切皆尊，所以他写有"发大心文"。[1]另一位改革的先驱魏源也一样推崇心学。他对心学人物如王守仁、高攀龙（1562—1626）、刘宗周等都写有赞文。他一方面强调要把心训练到能"临大节时，一则心如止水，一则水火不炽"，同时也要无限扩充心的能量，认为"心之心，即天地之心"。[2]考据学讲的是收束，心学讲的是扩充，魏源如此体认，写有《瀛环志略》的徐继畬（1795—1873）也如此强调。

我们很容易在晚清立宪与革命两派的领袖人物中找到倾向心学的人。先从立宪派说，康有为一再强调"言心学必能任事，阳明辈是也"[3]，并说"自汉二千年来，全是狂狷人始有成就"[4]。梁启超在《南海康先生传》中归纳说："先生则独好陆王，以为直捷明诚，活泼有用。"[5]康有为也是讲孟子讲得相当彻底的人，而他的思想自然也反映在其行动上。《南海康先生口说》中提到孟子有一百一十多处，

1　吴雁南：《心学与中国社会》（北京：中央民族学院出版社，1994），页168。
2　同上，页180、184、186。
3　《南海康先生口说》，页202。
4　同上，页197。
5　梁启超：《饮冰室文集》之六（台北：台湾中华书局，1960），册2，页61。

强调"孟子一部书，不道及中和学，惟言其扩充，不防其过中也"。又说："陆子教人不怕天，不怕地。"既要甩掉中和而专讲扩充，那么旧体制对心灵的羁绊要减到最小；既讲不怕天，不怕地，那么心的主观力量性可以无限扩大。无怪乎梁启超形容其师有为"万事纯任主观，自信力极强，而持之极毅。其对于客观的事实，或竟蔑视，或必欲强之以从我"。[1]

梁启超所鼓吹的也是这种自信自足、自本自根、不顾一切的品格。以《德育鉴》为例，他不断地讲陆子静"不怕天，不怕地"，讲大本大源，管归一路，强调主宰、头脑、把柄[2]，讲"凡讲学标宗旨皆务得之使其在我而已"[3]，讲以心、志来笼制事情或万事万物。譬如"我能制事，毋令事制我"[4]，"只有练心法，无练事法"[5]。他讲自信，说"真有得于王学者，其自信力必甚大甚坚"。[6]譬如引王阳明与聂双江（豹）书中的"天下信之不为多，一人信之不为少"。[7]讲人的内心中要有大本才有大力量。[8]他要人们先立志，"必立志然后能自拨于流俗"[9]，"操舟者，柁不使去手，故士莫要于持志"[10]；讲"须是吾心自作主宰，一切利害荣辱，不能淆吾见而夺吾志，方是希圣之志，始有大成之望"[11]，"不是刚毅的人，断立脚不住"[12]。

谭嗣同早年颇好汉学考据，后来完全弃去，不再受汉学传统的拘束了。他把"心"的力量提升到极高的高度。他希望集合一批同志讲心学。他说："心之力量，虽天地不能比拟，虽天地之大，可以由心成之，毁之，改造之，无不如意"；"若能了得心之本原，当

1 梁启超：《清代学术概论》（台北：台湾中华书局，1956），页57。
2 梁启超：《德育鉴》，页22。
3 同上，页29。
4 同上，页100。
5 同上，页99。
6 同上，页31。
7 同上，页40。
8 同上，页4。
9 同上，页20。
10 同上，页19。
11 同上，页18。
12 同上，页16。

下即可做出万万年后之神奇"。[1] 他的仁学又与心学相结合，仁也是无范围无界限的，与"礼"的讲规条限制相对，所以极力贬低礼而强调仁，也就是要极力扩大改变一切的可能性。

在革命派这一边，章太炎、宋教仁（1882—1913）、汪精卫（1883—1944）等，也都以心学来武装自己，作为他们冲破一切现实的哲学。

譬如章太炎素以"疯"出名，并以疯自负，他的疯其实就是任心直往，蔑视客观的拘束以及人情的束缚，而这正是他和尼采哲学相会通的地方。太炎并不特别看重阳明，不过，他的思想中也有心学之成分。如《教育泛论》一文中说"天下皆轻而我则重也"[2]，便是一种蔑弃所有现实的拘束而一切从吾心之所安而行的哲学，敢于把自己和全天下放在一个天平上较量，而又敢宣称天平必然倒向我这一边的心态。这也是他们敢于推倒一个二百四十多年的异族所建帝国最大的精神资本。

我们可以明显看到在他们用来支撑其行动并鼓舞世人的心学概念中，有一种二分的对抗性结构，即我与客观的世界、心与山河大地。在二元对举之时，他们总爱宣布胜利的是我、是心。这样做的用意是要蔑弃所有客观事实及理性算计的限制。如果相信现实是无法一举改变的，那么怎么可能凭一小群人的力量去打倒一个帝国？恐怕只有蔑视客观物理力量的跳跃性思维，才可能去想改革或革命这些一般人不敢想象的事。

蔑视客观限制，高度张扬自我，发挥主观能动性，把良心与情绪等同的结果，表现为那一代行动者的冲动，信任直觉，心胜于理的思维方式，这正是非常时期行动人物的特质。在非常时期，如果

---

1 谭嗣同：《上欧阳瓣薑师书》，《谭嗣同全集》，页 319。
2 张枬、王忍之编：《辛亥革命前十年间时论选集》，第一卷上册，页 402—403。文中还说："知贵我，则知通今矣。于天地之间而有我，天下皆贵而我则主也，天下皆轻而我则重也，天下之人皆不可恃而我则可恃，天下之理皆不可信，而吾心之理则必可信。……独断独行、独往独来，我动而天下不得不动，我静而天下不得不静。……佛说：'恒河沙界，惟我独尊'，此自由独立之真谛，建诸天地而不悖者也。……情随地而变，理随境而移，要在以吾心之明，时时判断之，时时更变之，而后能应于天下之大势，而日日进步。"

对周遭环境的限制盘算过度便难以有所行动了。一切要任心而动，任心而动者的逻辑是跳跃的，尽管十件之中只成功几件，最终仍是一种成就。[1]

　　毛泽东是反理学的，可是他的意志论的层面中有大量理学的成分。理学的传统通过曾国藩、杨昌济影响了他[2]，使他不停地谈"大本大源"[3]，而且这些言语都出现在新文化运动时期。他认为在这最根本的最高原理处必须立定脚跟，不随现实的变迁或苦难而动摇。后来他所寻得的"大本大源"自然就是马克思主义了。

　　在行动层面，毛泽东要求在那敏感动荡的时代，一切依循心灵及意志力的支配。他将人的主观能动性上升到无比的高度，甚至将朱子所说的"且如万一山河大地都陷了，毕竟理却只在这里"[4]一句，暗改为"横尽空虚，山河大地一无可恃。而可恃惟我"[5]，也就是认为自我超过所有山河大地的总和。

　　在心理层面，毛泽东则笃信"宇宙之真理，各具于人人之心中"。[6]这是阳明"心即理"的思想，他也笃信："宇宙间可尊者惟我也，可畏者惟我也，可服从者惟我也。我以外无可尊，有之亦由我推之；我以外无可畏，有之亦由我推之；我以外无可服从，有之亦由我推之也。"[7]这也是一个典型心学家的想法。他主张主观之道德律，主张"良心与冲动理应一致"[8]；尤其是豪杰之士的冲动应该被提升到与天理相等的价值：

1　此外，良知也起着革命的作用。梁漱溟认为中国历史上只有孔子及阳明两位圣人，说阳明"完全高过我们，可望不可即"。他并经常以良知来支持他的改造运动。如认为良知是天然而成，人所共有，只是因循服从一时一地之风俗而隐昧不见，但"天资卓越出群的人，都能够从自己的良知起革命，领导群众改造社会风俗"。（以上见许纪霖《梁漱溟与儒家内圣外王理想》，载《学术集林》，卷 2，页 242）一方面有冲破一切的"心"的力量，一方面有"良知"真理般的依据，则其改变现实的力量是很巨大的。

2　有关杨氏的理学思想，可见《达化斋日记》，页 7—8。

3　黎靖德编：《朱子语类》（北京：中华书局，1986），卷 11，页 182、188。

4　同上，卷 1，页 4。

5　毛泽东：《讲堂录》，见《毛泽东早期文稿》，页 601。

6　《致黎锦熙信》，《毛泽东早期文稿》，页 85。

7　《〈伦理学原理〉批注》，《毛泽东早期文稿》，页 231。

8　同上，页 211。

> 豪杰之士发展其所得于天之本性……本性以外之一切外铄
> 之事,如制裁束缚之类,彼者以其本性中至大之动力以排除。……
> 大凡英雄豪杰之行其自己也, 发其动力, 奋发蹈厉, 摧陷廓清,
> 一往无前……决无有能阻回之者, 亦决不可有阻回者。[1]

但是这样一个奋发蹈厉的人不是志在维护名教纲常, 而是志在达到"吾国之三纲在所必去", 是志在"毁"现实世界, 是"吾人甚盼望其毁, 盖毁旧宇宙而得新宇宙"。[2]

以上的讨论使我们想到一个问题:究竟如何理解毛泽东思想的中国根源。过去几乎所有的研究都集中在找出毛泽东所引用的这一句或那一句古书, 并未能从结构因果观去理解。毛泽东与所有现代人物必然是要引许多古书的, 而且可以找到愈来愈多的证据来证明他们受到传统这样或那样的影响。不过, 在他们形成自己的思想后, 他们与先前各种思想来源的关系便是结构因果关系, 这些成分与他们的行动并不必然有一一对应的关系。所以并不是毛泽东的思想中有某种成分, 后来便有相应的表现。传统的成分毋宁是融化到一个新结构中去, 整体的每一个部分无非是整体的本质的表现, 而新结构的总体直接呈现在它的每一个部分中, 并且可以从它的每一个部分中被推断出来。[3]

前面讨论了在清末民初这个翻天覆地的时代里, 宋明理学中的许多成分如何展现在各式各样思想及行动者身上——其中许多还是打倒传统的健将。文中也说明理学中修身的成分如何一步一步地从它们在宋明理学原来的思想体系中抽离出来, 成为近代思想及行动者人格塑造运动的资源, 并与救国的各种主义结合起来。此外, 本文也讨论了陆王心学中的某些成分, 如何无限扩大人的主观能动性, 造就打破现状、打破羁绊的个人, 甚至帮助塑造出"神化的人"。

1　《〈伦理学原理〉批注》,《毛泽东早期文稿》, 页 218—219。

2　同上, 页 152、201。

3　我借用了阿尔都塞 (Louis Althusser) 的观念, 参见徐崇温《西方马克思主义》(台北,翻印本, 无出版时间), 页 622—626。

　　最后，我想强调，在思想史研究中，除了留心重建思想的面貌，应当留意思想传统如何被以形形色色的方式在"使用"，以及在不同的时代脉络之下，不同的"使用"所发生的历史作用。此外，这里也要强调，探讨历史人物思想中的传统因素时，除了寻找单线的继承关系，更应留心结构性的因果关联。

近代中国私人领域的政治化

　　历史研究的目的常常是为了解决研究者自己的困惑，而我最大的不解便是中国过去几十年如火如荼展开的思想改造及批评与自我批评运动。这些运动中有一种反隐私的想法，认为在合理的状况下，应该尽可能公开个人的隐私，供自己反省及他人批评。

　　这个不但不重视个人隐私，而且主张把它尽可能暴露出来，以便达到"治病救人"的想法，除了俄国的背景，究竟有无传统的根源？如果没有，为什么在其他国家看不到这么大规模、这么深入灵魂的运动？如果有传统的根源，那么根源是什么？其原初形式是怎样？其最初目的是什么？又怎样脱胎换骨，成为新时代的政治工具？本文便是为了解决上述种种疑惑而写的。这里我将讨论过去未曾注意的三种传统形式，它们与中共提倡的通过批评与自我批评来"治病救人"相似，不认为人们应该全力捍卫隐私，相反的，认为为了道德转化，"私"的领域应该全部透明，应该将个人全部的隐私置于公共之处，以便在他人的帮助下，去除藏躲在暗处的渣滓。

　　本文所讨论的三种形式：一个是乡约中的彰善纠过，其旨趣是将犯错的人公开记录在"记过簿"中，而且主张在约众集会之时，由主其事的人或他本人公开报告他所犯的错误，好借着群众的力量督促他改过。把这一思想进行得比较激烈的，像吕坤（1536—1618）的《乡甲约》，则规定不但要公开报告错误，而且还应该在他家门上钉一个木牌，写明他的罪状，以督促他徙义改过。第二，现代人认为阅读他人的日记是侵犯隐私的行为，但是传统中国的书院、讲会、省过会中有一种办法，认为记日记是为了完整保留一份个人隐私的记录，以便作为师长或会友进行批评指正的根据。第三是明代理学家所发展出来的省过团体，在这类自发组成的团体中，人们互相纠举道德上的过误以帮助他人。

它们的存在显示了：中国传统思想中有一股巨大的道德转化的焦虑，在这股焦虑之下，人们急于提升道德层次，但是又认为靠着自己的力量无法完成这个工作，所以需要借助他人，一方面帮忙发现病症，一方面进行最无隐讳的批评。故要求人们将自己最隐秘的思虑与生活公开化，由他人帮助检讨批评。这种将隐秘公开并接受批评的方式，以各种不同的形态呈现出来，所公开的对象也有不同，但基本上是一种善意的、渴切道德超越的机制。

上面三种形式虽然时兴时歇，但是对受过传统洗礼的士人而言并不陌生。以乡约为例，民初的乡村建设理论家梁漱溟还准备大举复兴。[1] 我们虽然看不到五四青年积极推动乡约中"彰善纠过"的例子，不过后来在处理思想改造的问题时，传统乡约中那种将个人过错暴白于群众面前的做法，不难浮现在他们脑海中。至于公开日记或互评日记，从清季到民初都相当流行，所以对五四青年而言并不陌生。我们甚至发现一些五四青年热心地加以实践。不过在五四时期，那些过去基本上属于道德领域的实践，在性质上发生了变化。当时传统文化的约束力已经减弱，道德的定义也发生了改变，青年们渴望成为改造旧社会的先锋或是新社会的新人。[2] 他们虽然排斥传统，但是却挪借传统的方式，继承了过去那种以公开自己的隐秘求得他人批评的修养锻炼方式。

20世纪以来，在"将隐私公开化以供他人批评"的思想系谱中，

1　Guy Alitto, *The Last Confucian : Liang Shu-ming and the Chinese Dilemma of Modernity* (Berkeley : University of California Press, 1987), pp.42, 207.

2　譬如中央档案馆等编《恽代英日记》(北京：中共中央党校出版社，1981) 中，列举出来要求自己奉行的，大部分是西方的格言。

有两个明显的变化：自愿的道德向上动机逐渐被政治上的控制所侵蚀，自发的组成逐渐变成政治组织中强迫性的活动，而其共同特色即私人道德领域的逐步政治化。

乡约中的彰善纠过

一般都认为乡约定型于宋代关中吕氏家族。吕大钧（1029—1080）以来的乡约中规定了公开"彰善纠过"一条，也就是在乡约这种民间组织中，每当聚会之时，要根据几条原则，公开表扬同约中表现良好的人，并对犯错之人公开纠过，同时要把人们的行为记录在两本簿子中，一为"彰善簿"，一为"纠过簿"。明儒的文集中还保有"纠过簿"的记录。吕氏乡约在古代东亚世界有很大的影响，后来繁衍成各式各样的规约，内容也有相当的变化，但是再怎么变，"彰善""纠过"都是其中相当稳定的因素。

宋明理学的几位代表性人物，都是到处提倡实行乡约的人，朱子如此，王阳明亦不例外。阳明《南赣乡约》便是当时及后来人不断仿行的对象。如果深入观察，我们甚至可以发现明代心学家的一个重要的社会角色，便是在地方及宗族中推行乡约之类的活动。明清两代乡约的历史非常复杂，不过，其发展脉络有由私人自动发起到官方力量逐步介入的倾向。尤其到了清代康雍朝名臣田文镜（1662—1733）、于成龙（1617—1684）等人，乡约基本上已成为地方行政的一部分了。

在各种乡约中，吕坤的《乡甲约》影响相当广泛。吕坤非常幸运死在明亡前二十七年，所以不必经受改朝换代对士人忠贞的考验，但他一定觉得自己还不够幸运，因为他生在一个蒙古、满人入侵，而社会秩序又相当混乱的时代。在他的时代，传统的四民社会已经开始动摇，商人的钱财打乱了社会秩序，各种通俗读物也流通到妇人小孩之手。面对这一股新潮流，当时的士人至少有两种态度，海瑞（1514—1587）便坚决认为传统秩序必须维持，没有任何变革的必要，他对商人与富人的敌视便是一个例子。[1] 以当时文化界名人陈继儒（1558—1639）为例，陈氏照理应该是心胸相当开放的人，他刊刻了许多书，但竟认为小说、戏曲不可以为妇人所阅，并主张"女子无才便是德"。[2] 吕坤则认为，任何想彻底阻断了这股社会新潮流的努力都是不切实际的；妇女迟早要读东西的，与其禁绝，不如编些好的、富含道德教训意味的读物给她们。[3] 所以，他倾向于参与社会上的新发展，并试着从内部改变它们，使得传统的道德秩序仍然能够确保。

但是，这并不影响吕坤成为一个道德焦虑感极为浓烈的人。他四十五岁时刊印了《省心纪》，这是他反省个人道德生活陷溺与自我斗争的日记。他另外一部传世名作《呻吟语》也是一种自我斗争的结晶。他在该书的《序》上说，每当想到自己道德上的过误与陷溺时，常常痛苦到想放声大哭的地步，他给自己起了"新吾"这个号，因为他希望随时改造自己成为一个"新我"。但是吕坤在经过一生的苦斗之后，仍然感到不满意。他晚年自撰墓志铭时说：非常不幸的，现在的他仍然是那一个"旧我"在写墓志铭。[4]

吕坤认为每个生命都被欲望所缠绕，整个社会也同样是被贪婪与自私所渗透，所以，就像他自己想转化成一个"新吾"一般，他也希望能有一套办法，使社会转化成新的社会。他继承了乡约的传统，并加以改造，以《乡甲约》中"彰善纠过"的部分作为医治病重的社会的药方。吕坤的《乡甲约》内容相当系统，也相当繁复，在《乡甲会图》中，他规定，每个约要设置四本簿子，一本用来记录约众的善行，一本用来记录约众之间的纠纷及通过辩论而达成和解的案子，一本记录约众的过错或恶行，一本用来记录那些答应自

1　Joanna F. Handlin, *Action in Late Ming Thought : The Reorientation of Lü K'un and Other Scholar-Officials* (Berkeley : University of California Press, 1983), p. 136.

2　陈继儒：《靳河台庭训》，载石成金《家训抄》，见王利器编《元明清三代禁毁小说戏曲史料》（北京：作家出版社，1958），页148。

3　Joanna F. Handlin, *Action in Late Ming Thought : The Reorientation of Lü K'un and Other Scholar-Officials*, p. 157.

4　侯外庐编：《吕坤哲学选集》（北京：中华书局，1962），页83。

已要改过的人的名字。[1] 吕坤显然受到袁黄《功过格》的影响，所以为约众们创造了一些功过可以相抵的公式。

依照吕氏的设计，每一个乡约包括了将近一百个家庭，但缙绅、举人、生员、监生并不包括在内。吕氏有相当强的阶级意识，依照他的规定，乐户、匠户、仆人、佃农没有资格入约。[2] 每个家庭一旦入约，便被要求遵守规条并参加所有的聚会。[3] 每个乡约都要准备十面牌子，分别是"不孝某人""不义某人""作贼某人""赌博某人""凶徒某人""奸民某人""诈伪某人""无耻某人"等，一旦同约中某家有人犯了上述的过错，便将这块牌子钉在他家大门的右侧。每当聚会时，犯有上述过错的人便要出席长跪，并仔细聆听执事之人公开朗诵他所犯的过错，其他约众也受命不准与他说话。直到犯错的人悔悟，经过约众的同意，钉在门上的木牌才可以撤下。[4]

如果把吕坤的规定与影响力极大的《南赣乡约》相比较，可以发现处在衰世的吕坤是非常严峻的。王阳明的《南赣乡约》规定，在公开向约众报告某人的过错时，言语要和悦、要模糊，如果所犯的是难以改正的大过，不要公开报告以免犯错的人受不了。[5] 但在吕坤的规定中，不只要公开羞辱犯错的人，甚至不准他在公开场合戴帽子。[6] 至于犯有较大过错的人，则将他的名字大书于地方的申明亭上，在乡约聚会时，他要先向约众鞠躬致歉，同时，在约众的餐宴中，他要暂时除名。至于犯了"大恶"之人，他会被要求在约众聚会时大声朗诵他所犯过恶的细节。[7]

不过，吕坤也提出种种办法来鼓舞人们改过向善，他宣称只有那些犯了杀人、强奸、纵火或偷窃等罪的人，会被官府定刑。除此之外，任何人只要对自己的过错表现了悔悟之意，便可以马上重返

1　吕坤：《吕公实政录》（台北：文史哲出版社，1971），第5卷《乡甲约》，卷5，总页661。

2　同上，总页638、649。

3　同上，总页637。

4　同上，总页650—652。

5　王守仁：《王阳明全书》（台北：正中书局，1954），页279—283。

6　吕坤：《吕公实政录》，第5卷《乡甲约》，卷5，总页718。

7　同上，总页718。

乡约这一个社群，而且马上将他们的行为从"记过簿"中消除。有些人甚至还会受到奖励，由乡约颁给"徙义"的木牌。[1]

我们不应该在吕坤《乡甲约》上停留太久。不过有几句话仍然应该在这里说：地方官究竟与《乡甲约》有何关系？比起其他版本的乡约，在吕坤规划的蓝图中，地方官有较重的分量。吕坤一再强调，因为地方官是乡约的最后裁判，所以地方官应不定期在辖区中旅行，以帮助各乡约推行赏罚。约首也有权利向地方官报告他们所发现的不当行为，以便地方官帮助处理。[2] 但基本上，地方官不必定期参加活动。我们可以说，在这里道德及政治秩序的维持，不必靠官方权力直接介入，道德教化行为本身即某种形式的政治控制行为，而将个人道德生活上的错误加以记录并公开暴露是一个重要的手段。

我们没有材料印证吕坤的《乡甲约》实行的效果如何，不过吕氏所提出的这一套办法，在明末清初受到相当多读书人及官僚的赞赏。清初思想家颜元还曾将吕氏给妇女及小孩编的书辑成《通俗劝世集》。[3] 吕氏的《实政录》（《乡甲约》是其中一部分），也是清代许多官吏的行政参考书。[4]

值得一提的是，乡约的理想始终吸引无数有志于整顿社会秩序的传统士人。大家或许记得《儒林外史》中那位可怜的老读书人王玉辉吧，他一生想写三部巨著，其中一部即《乡约书》。[5] 还有《镜花缘》中，当人们旅行到君子国时所看到的理想国度的一幕，也是乡约中的"彰善规过"。《镜花缘》第二四回《唐探花酒楼闻善政 徐公子茶肆叙衷情》中有一段："多九公道：请教老丈，贵处各家门首所立金字匾额，想是其人贤声素满，国王赐匾表彰，使人效法之意。内有一二黑匾，如'改过自新'之类，是何寓意？老者道：

1　吕坤：《吕公实政录》，第5卷《乡甲约》，卷5，总页716、719。

2　同上，总页696。

3　颜元：《通俗劝世集序》，《习斋记余》，卷1，见《颜元集》（北京：中华书局，1987），页400。

4　缪全吉：《清代幕府人事制度》（台北：中国人事行政月刊社，1971），页155。

5　吴敬梓：《儒林外史》（上海：新文化出版社，无出版年代），页208—209。

这是其人虽在名教中，偶然失于检点，作了违法之事，并无大罪，事后国主命竖此匾，以为改过自新之意。此等人如再犯法，就要加等治罪。倘痛改前非，众善奉行，或乡邻代具公呈，或官长访知其事，都可奏明，将匾除去。此后或另有善行，贤声著于乡党，仍可启奏，另竖金字匾额。至竖过金字匾额之人，如有违法，不但将匾除去，亦是加等治罪。"[1] 我们不敢说《镜花缘》的作者一定读过吕坤《实政录》中的《乡甲约》，不过，他对乡约是熟悉的。在这位清代中期文人的心目中，将个人道德生活中的善、过尽量加以公开化，是理想国度中天经地义的好事。

检阅私人日记

接着我要谈将修身日记公开在师长或朋友面前寻求批评的传统。此处所谓的修身日记，基本上集中在两方面：第一是讲会、书院中的日记，第二是有志闻道者组成修身团体时所立的日记。

日记的渊源很长，传统士人立修身日记的例子很多，不过，此处只谈将个人私密生活加以记录并公开化的部分。首先要谈的是讲会中写日记并互相传观互相批评的传统。1656 年，江苏昆山地区的陈瑚（1613—1675）参加一个在庸夫草堂举行的讲会，他观察到与会诸子对着孔子像将自己过去一段时间的过错写下来，仿佛是严师在前一般。并说他们"谒圣"完毕后，还要针对这些过错"交相劝勉"。[2] 清代桐城地区的紫阳讲会，对入会会友也有这样一条规定：散会之后，会友要各备"日录"一本，记"日行何事""接何人""存何意""吐何论"，要忠实记载，在下次会讲时交到讲会，让会友传看，并分别赏罚。[3]

明清书院中则有呈交日记给师长审阅的规定。宋代白鹿洞书院

1　李汝珍：《镜花缘》（台北：大佑出版社，1995），页 144。

2　见《确庵先生文稿》（日本浅草文库藏本），《不违仁讲义》一文，全书无页码。

3　陈学恂主编：《中国教育史研究：明清分卷》（上海：华东师范大学出版社，1995），页105。

中已提倡"惩忿窒欲,迁善改过"[1],明清两代许多书院则将之落实为写日记以供师长检查的制度。他们所立的日记通常分为两种：一种记载生活细节，一种记载读书心得。当清代考据学盛行时，一般书院看重的是读书考据的札记，譬如我们现在看得到的《中国历代书院志》中的一份清代莲池书院的日记，基本上就是读书研究的札记。

比起今天的学校而言，明清书院的组织与生活相当松散。在约束学生的生活与读书方面，各种以日为程的簿记扮演不小的功用。簿册之性质，每每随着时代及书院的性质而有不同，品类也相当多，譬如日课簿、日程簿、日记簿、日记册、行事日记册、读书日记册等，大抵以学业为主，而平日言行也不排除，许多书院规定院生每五日要将它们呈堂评阅。[2]在课业方面，这些簿册之形成自然受到程端礼（1271—1345）《读书分年日程》的影响。分日将课程节目记在册中，然后在老师面前试验，以决定其背诵或理解是否与所记相符。但在平日思想、言行方面，有的书院实行簿书登记制度，有的设德业簿，有的设劝善规过簿。譬如光绪二十四年（1898）河南开封府的明道书院便订立劝善规过条约五十七则，并且设置一本"劝善规过簿"，详列其目，由监院掌之，各斋的斋长则纠察学生之善过而登记之，于每月初一、十五会讲之期呈之院长，以便对院生面加劝警。[3]

此外，像清季的龙门书院，为每位学生设置两本日记册：一为行事日记册，一为读书日记册。前者记每日早晨、饭后、午后、夜间的行为念虑，每隔五日便呈师评正，并接受劝诲。[4]清代的端溪书院，除规定院生要将每日所读之经书某章某节诵读多少遍，记在日课册中以备师长抽阅抽覆外，还规定："凡应课生徒，每月朔到院领取日记一部，将每日读书行事有无心得，有无过失，细注于上，

1　周仲望：《文公教规》，周伟编《白鹿洞书院志》（收入赵所生、薛正兴主编《中国历代书院志》，第1册，南京：江苏教育出版社，1995），卷6，页1b。

2　李国钧主编：《中国书院史》（长沙：湖南教育出版社，1994），页992。

3　同上，页987。

4　Barry C. Keenan, *Imperial China's Last Classical Academies : Social Change in the Lower Yangzi, 1864-1911* (Berkeley : University of California Press, 1994).

听讲时呈阅，不得欺饰偷懒。"[1]

清季的南菁书院也一样要求学生记两本日记：一本是日常行事的记录，一本是读书日记。前者记载学生日常的行为。[2]清季安徽芜湖中江书院的山长袁昶（1846—1900）除规定院生要立两本日记，一记言行、一记读书外，还要求立第三种，每天晚上用它来评估自己这一天的"善""过"。同样的，师长们也必须每五日查看、评阅这三种日记，最后并交给山长总评。[3]

由于明清时代书院中立日记并交师长评阅的办法是日常生活中习焉而不察的一部分，所以一直到光绪二十五年（1899），开明士人张謇（1853—1926）在拟《金陵文正书院西学堂章程》时，也还是照搬旧套，规定院生"备有日记册、功过簿，月终汇核分送诸生父兄鉴阅"。[4]不过，先前是规定把日记公开在师长面前，张謇则规定把日记公开在父兄面前。

从以上种种材料看来，在传统教育中，日记常被建制化为一种道德转化的资具，不只是私人反省的根据，而且要暴露在第二人或第三人眼中，由他们帮忙检查批评。

省过会

明清士人还有一种省过会或规过会的传统，过去一直不曾受到注意。[5]省过会或规过会的形式各别，不过有一个共同的特色：一群有志向上的士人为了激励道德，组成省过、规过的社团。社友们通常要随时记日记，以备在定期见面时将各种私生活的细节了无遗漏

1　傅维森编：《端溪书院志》，收入《中国历代书院志》，第3册，卷4，《梁节庵先生端溪书院章程》，页21a。

2　Barry C. Keenan, *Imperial China's Last Classical Academies : Social Change in the Lower Yangzi, 1864-1911*, p. 81.

3　Barry C. Keenan, *Imperial China's Last Classical Academies : Social Change in the Lower Yangzi, 1864-1911*, p. 100.

4　张謇：《张季子九录》（台北：文海出版社，1965），《教育录》，卷1，页4b。

5　我在多年前所写的一篇文章中已经大略讨论明末清初的省过会，见王汎森《明末清初的人谱与省过会》，《中央研究院历史语言研究所集刊》，63:3（1993），页679—712。

地公开在社友面前，或是上台尽情地报告自己的过失，由社友帮忙检查、规过。

这些社团大抵是巨大道德焦虑下的产物，参与者都对向上的道德境界带有无限的向往，故聚集志同道合的友人们组织社团，借助他人的力量来帮助自己反省自己所看不到的过失与潜在的症结，并且借助大众的力量来帮忙开方医病。

在这里，我只想举几个例子来谈规过会。明末清初江苏太仓一带的一群士人组成了"考德课业会"，主要代表人物是陆世仪。会友们规定要准备三种记录本子：第一是"记事录"，只记日常行为中的善举；第二是"志学录"，只记日常行为中的过错；第三是"相观录"，专记会友平日的嘉言懿行。记载每天过错的"志学录"必须在每次集会时交给会友阅读，他们记录的方式及表格目前还流传了下来。[1] 在"考德课业会"中，会友们要对自己的过失尽情地报告，他们常常要公开报告十几天中的心理状态，有时候还要公开报告自己从上次集会以来犯了多少"口过"，犯了多少"身过"，还要说明是否曾生"恶念"等细节。在一次集会中，陆世仪坦承在十五天内，他的心中居然只起过四次欲念。以这样精确的算数来计算心中的欲念，是向内探索心性到了高峰的一个例子。[2]

将互评日记及规过会执行得最为彻底的，应该是后来曾经影响毛泽东的清初思想家颜元。在颜（元）李（塨）学派中，互评日记之风非常之盛，而且因为他们把这件工作当成奋发向上的法门，所以进行时的态度是愉悦而严肃的，而且是双向进行，不但师徒互评日记，互相规过，连父子间也互评日记，互相规过。从他所留下的记录看来，即使是学生、儿子评老师、父亲的日记，态度仍然一丝不苟。在颜元一生中，他不断地与有志在道德修养上奋力向上的朋友组成或大或小的规过会。其中以和王法乾（？—1699）共组的规过会维持最久。他们最初约定五日一会，并规定五日一送"规过纸"。

---

1 见《确庵先生文稿》中的《圣学入门书》。

2 王汎森：《日谱与明末清初思想家》，《中央研究院历史语言研究所集刊》，69:2（1998），页272。

规过会中互相摘发对方所不察觉或已察觉而不肯改正的过失时，其气氛是肃杀的。有一段记载说，每当颜元与他的会友互相规过时，"互无回护，且日记详录，不肯隐讳饰观"。[1] 颜元的弟子李塨在给学生的一封信上说他们"每会劝善攻过，摘露肺腑，面赤发植不以为甚，以此雷霆斧钺受之熟矣。旁人见之，以为不近人情，而与习斋（颜元），直如头目手足互相救援"。[2] 足见互相批评得太激烈时，会友在情面上受不了，难免有面红耳赤的情形。所以，有人不习惯公开揭露、批评会友的过程，改采用"秘授一小封规失"[3] 的办法。

颜元认为规过会对他及会友们道德转化上所起的作用非常大。他有一次哭一位朋友之死，说"非会日见［王］法乾，则过不得闻"。[4] 颜元七十岁时回忆他自己一生之所以能无大过，而且对周公孔子之学似能有所了解，完全是得力于过去四十年时时刻刻的改过。[5]

他们还到处求人定期给自己送"规过纸"，好像现代学者写完论文后四处搜集批评意见一般。颜元也到处劝人举行规过会，认为这是"忘一世之纷嚣，而酿一堂之虞夏"的妙诀。他在给高阳孙衷渊的信中劝他求一二位朋友，相与结社，互相规过。[6] 河北一位退休尚书，与地方上的贫士及乡老结社，五日一会，颜元写信劝他应该在会中加入规过的条目，才不算虚枉。[7] 在清代全盛时期，省身日记或规过会的声势比较衰颓，不过在道光、咸丰年间又复兴了。这一次复兴带有非常强烈的时代意义。清代后期官僚系统的腐败极为严重，只要随意翻开张集馨（1800—1878）的《道咸宦海见闻录》、沈垚（1798—1840）的《落帆楼文集》中书信的部分，或当时许许多多的日记、笔记，扑面而来的都是官场的腐败之气。这个时候一群有志的士大夫，不约而同地以宋明理学中严明整肃的道德超越精

1　冯辰编：《李塨年谱》（北京：中华书局，1988），页45。
2　同上，页170。
3　李塨：《颜元年谱》（北京：中华书局，1992），页9。
4　颜元：《哭莫会友赵太若》，《习斋记余》，卷8，《颜元集》，页544。
5　颜元：《题记前示钟錂》，《习斋记余》，卷10，《颜元集》，页588。
6　颜元：《与高阳孙衷渊书》，《习斋记余》，卷4，《颜元集》，页456。
7　参见王汎森《日谱与明末清初思想家》，页276。

神作为他们医治这个腐败时代的良方。而写修身日记并互相传观、互相批评的风气再度成为一种时髦。以当时北京的一个士大夫圈为例，唐鉴、倭仁便提倡传观日记，相互批评。曾国藩在道光二十一年（1841）七月十四日的日记上这样写着：

> 近时河南倭艮峰（仁）前辈用功最笃，每日自朝至寝，一言一动，坐作饭食，皆有札记。或心有私欲不克，外有不及检，皆记出。

当时曾氏并未立即受到感召而仿立修身日记。来年，他向倭仁请教修身之道。倭仁向他指示了明末刘宗周《人谱》中每天记录自己过错的办法，并告诉他应该马上写《日课》。这一次他接受了建议，同时积极地与吴廷栋、冯卓怀、陈源兖等人互相传观日记，并且送请倭仁批阅。[1] 倭仁自己也是这样做的，目前我们所能读到的倭仁日记中，仍留有当时传阅者的批语。[2] 在当时的中国，这类修身日记像雨后春笋般迸出，蔚为一时风潮，而且一直到民国初年还有影响。

五四青年的办法

在民国初年的思想空气中，我们可以看到一个奇特的现象：谈修身时，理学的空气相当浓厚，但是新知识分子们其实是高举反理学大旗的。最令人诧异的是在五四前后，当中国共产党尚未成立，大部分中国共产党的骨干还是青年学生时，不少青年社团在力行传统的省身办法。前面所提到的种种将私密的生活公开以便得他人批评的传统依然具有活力。毛泽东的老师、岳父杨昌济是一位留学英国的伦理学教授，但同时也深受晚清宋学，尤其是曾国藩的影响[3]，

1　以上参见朱东安《曾国藩》（成都：四川人民出版社，1985），页 19—20。

2　见《倭文端公遗书》（台北：华文出版社，1968）中日记的部分。

3　王兴国：《杨昌济的生平与思想》（长沙：湖南人民出版社，1981），页 89—136。

毛泽东本人则受到清初思想家颜元的影响[1]，曾国藩与颜元都是极力提倡修身日记的人。杨昌济在湖南师范教书时，曾鼓励包括毛泽东在内的一群学生立日记，传观日记。他的《达化斋日记》中留下了不少这方面的记录。而当这群学生组织新民学会时，他们也一样写日记，互相传观、互相批评。我们都知道这个学会的会员中包括不少后来共产党的元老。[2]

恽代英这位中共早期的灵魂人物，也是五四时期互助社、利群书社的创办人，这两个社团提倡传观日记，并且要求在日记上严格计算自己每天生活表现的总分。[3]

恽代英自己的日记保留了下来。恽氏从十四岁开始记日记，他把日记当作"以是观吾品行"的重要办法，一日三省，督促自己克服缺点。在他看来，日记是"最良的"修养方法，故常到处劝人立日记，甚至印制劝人作日记的贺年卡寄给朋友。1917 年 10 月武昌互助社成立后，日记扮演非常重要的"交心"工具，恽氏的日记总是放在桌上，如有朋友来访而恽氏不在，熟悉的朋友便取日记来阅读，临走时常高兴地说"我会过代英了"。[4]

在互助社帮助和影响下成立的小团体如辅仁社，一开始便规定"开会时报告自己的过失及其他社员的过失，皆相约直言不讳"。但是他们很快地发现了弊病，即"除了预防己身过失外，积极的事没有做一点"，到了第三学期，他们便决定"改口头报告为传观日记"[5]。日新社则规定每星期开会三次，"开会时社员必各携日记，互相展览以资改进"，"同时社员因劝诫过失时，言语太激烈，态度太严厉，使人难堪，而犯过失的一方面又不能容纳善言，因此社中便呈出一种不和辑的现象和不稳固的精神"[6]。健学会则每星期举行常会一次，

1　李璜：《学钝室回忆录》（台北：传记文学出版社，1973），页 36。

2　宋斐夫：《新民学会》（长沙：湖南人民出版社，1980），页 7。

3　中央档案馆编：《恽代英日记》，页 201—208；张允侯等编：《五四时期的社团》（北京：生活·读书·新知三联书店，1979），册 1，页 173。

4　沈葆英：《恽代英和他的日记》，载中央档案馆编《恽代英日记》，页 4。

5　张允侯等编：《五四时期的社团》，册 1，页 138—139。

6　同上，页 141。

"各人都用书面诚恳地报告各人一星期所有的功过"。[1] 武昌人社规定每周开常会一次，彼此传观日记，后来"议定各人须将自己的过失、丑恶的心理，重行尽情披露，实行人格公开。会期改为每日一次，每周内须作书面的报告，以便随时考察各人的心理与行为"，或是携带日记供社员传阅，并上讲台坦白自己及社友的过失。[2]

值得注意的是，这些五四青年与传统士大夫一样，把自我批评与相互批评当作一件好事在做，所以他们提到这些事情的口气是乐观、激昂的。譬如 1920 年 10 月《互助》上有一封《遵芳致昌绪》的信说："我曾记得当时互助社逐日开会，报告自己的过失，并用记分法以自励的时候，别人虽然我不知道，却于我有极大益处，因为那实在是做每天反省的工夫，后来我亦每每觉得我自己比从前——逐日开会的时候——进步了些。现在你们又有了这个会，我很盼望你们时常把你们的得失告诉我，提醒我！不要忘了还有一个在远方应该规劝的朋友。"[3] 在社友的通信中报告好消息时，甚至还会提到"我们的日会没有间断，过失的报告都很真实"。[4] 从明清士大夫到五四青年，将生活隐私公开化，并以一种类似批评与自我批评的方法，借助群体的力量以促进自己道德转化的传统并未中断。也许是因为如此，所以当俄国共产党的"批评与自我批评"引进中国时，人们便自然而然地以传统的一套办法加以涵化，将旧的方式套入新的术语中。由于我对共产党史了解太少，对这个问题不敢再做铺陈。不过，俄国共产党虽然也有公开报告自己过失的办法，但所触及的范围、深度及道德意涵都远不及中国。[5] 而至少在广度、深度及道德意涵等方面，传统的几种批评与自己批评方式，对后来造成过相当大的影响。

1　张允侯等编：《五四时期的社团》，册 1，页 142。

2　同上，页 145—146。

3　同上，页 172—173。

4　《际盛致利群社友》，张允侯等编：《五四时期的社团》，册 1，页 181。

5　郑超麟的《郑超麟回忆录》（北京：东方出版社，2004），对当时在俄国实行批评与自我批评的情况有所描述（页 193）。另参见陈永发《中国共产革命七十年（修订版）》（台北：联经出版公司，2001），上册，页 144。

私人领域的政治化

中共建党以后，党员间便开始实行"批评与自我批评"。从延安时期，尤其是在 1949 年以后，前述那个以公开私人领域求得道德转化的传统有一个重大的转折，那就是私人领域的政治化。

我们不能否认在中国共产党发展的轨迹中，可以或多或少找到一种类似"道德弥赛亚"式情结。毛泽东早年在《〈伦理学原理〉批注》中说"吾尝梦想人智平等，人类皆为圣人"[1]，后来《送瘟神》诗中的"六亿神州尽舜尧"，以及刘少奇《论共产党员的修养》中的一部分内容都反映了这个心态。不同的是，这时"舜尧"不是传统意义上的道德圣人，而是共产世界的新人。

这个时代，许多天真热诚的学者、共产党人是诚心自动地纠举自己及他人的过错，不过，自我道德审查逐渐转化成斗争的依据，过去自发的、出于追求人格转化的道德焦虑，转而逐渐变成斗争的工具。同时能被容许的"私"的领域愈缩愈小，自我隐秘的空间不但要求全部公开，而且几乎全盘政治化。此外，共产党干部在批评与自我批评的过程中，扮演着微妙而且决定性的角色。批评与自我批评是否能够过关，在相当程度上要靠群众或干部的同意，尤其后者更有支配性的地位。再者，批评与自我批评所根据的标准不一样了：过去是检讨个人是否符合传统的道德规范；五四时代，则检讨是否符合那个时代青年们所立定的新标准，譬如是否能在不嫖妓、不赌博、不说谎之外，还希望能将自己塑造成为一个改良家庭、改进社会的行动者；新的一代则是检讨是否符合共产世界的新标准。

1942 年延安整风运动中，"批评与自我批评"已执行得相当有规模。毛泽东强调整风运动旨在"治病救人，惩前毖后"，其方法则是"批评与自我批评"，以期能改正自己身上熟视无睹的毛病或是别人身上的弊病。[2]

1　中共中央文献研究室等编：《毛泽东早期文稿》（长沙：湖南出版社，1990），页 186。
2　陈永发：《延安的阴影》（台北："中央研究院"近代史研究所，1990），页 19。

根据陈永发的研究，当时延安有两万多名干部，从该年4月到6月，有一半以上的人卷入这个运动。按照中共中央的规定，这些干部学习上级指定的二十二个文件，在熟读这些文件之后，每人根据这些文件来批评自我、同志和机关单位。各人除自传之外，必须交代阶级出身和机关单位，并检讨自己的历史和工作经验。尤有进者，必须在小组和大会上公开反省自己，接受同志基于"治病救人，惩前毖后"原则所做的各种批评，然后再由上级就所得到的各种资料做出鉴定意见。

他们没有像传统士人那样将每日每时的思虑言行详记在日记上，不过依据《延安的阴影》一书所述，他们反复地写自传，而且内容巨细靡遗，至少包括五部分：（一）自我概述，（二）政治文化年谱，（三）家庭成分与社会成分，（四）个人自传与思想变化，（五）党性检讨。即以第五部分为例，当时某党委提示的"反党性"行为如下：

> 思想意识上：入伍入党以后是否时时计较个人利益，患得患失或假公营私，借党的工作以达到私人某种目的与打击别人报私仇，对革命前途没有信心，是否曾经动摇过及战斗怕死，爱出锋头，逞能干夺功，好包办，没涵养，想家，想老婆。
>
> 言论上：说过些什么不应该说的话，如党内秘密，当面不说背后乱说，道人长短，议论上级，不通过组织提意见，有时怕得罪人，该说的不说，甚至听到反动言论也不驳辩，对群众不鼓动宣传等。
>
> 工作态度上：如计较个人地位，不愿作技术工作，不愿作埋头苦干的工作，不作机关工作，不愿作事务工作，怕麻烦。做工作讲价钱，工作随便不认真，计划得过且过，敷衍了事等，工作消极。
>
> 日常生活上：如好想（当作"享"）受，图舒服，计较生活，待遇与别人比高低，不艰苦，不吃苦耐劳，贪污腐化等。

待人接物上：是否能团结同人，闹意见过否？为什么？ [1]

陈永发对上面这段材料评论说："中共中央所企望于党员者，乃置小我于度外，完全以其所谓'革命'的大我为行事做人的依据，因此一般社会所容认的许多'小我'行为，中共根据其'革命'需要，不仅认为是不道德的，而且拒绝视之为理所应然。""[中共]更大量印发如前所引那种巨细靡遗的反省指南，把道德主义推展到革命'大我'的极致，要求每一个党员和干部，按照这一种巨细靡遗的指南，进行批评与自我批评，以至于'小我'所能享有的一点点自主空间受到进一步压缩，甚且荡然无存。" [2] 批评与自我批评是在干部及其他党员众目睽睽之下举行，所以必须要大家都能满意，否则自我批评就不能停止。而这些自我批评的资料马上又成为跟随自己的档案的一部分。 [3]

1949 年以后，"批评与自我批评"扩及全国。最近我读到张紫葛（1919—2006）《心香泪酒祭吴宓》一书，这一部书的真伪引起不少争议，尤其是作者与吴宓（1894—1978）私人关系的部分。不过该书中有几幕批评与自我批评的实例，想来是可以反映时代的情况，我把它们录在这里，作为例证。

在这一本追忆吴宓的书中，批评与自我批评不断地出现，足见这是贯穿整个时代的一条线索。吴宓第一次领教到它的滋味是批判《武训传》，当时的办法是："从钻研《人民日报》社论入手，听大报告，阅读大量参考文件，反复讨论座谈，步步深化，再对准武训的'反动本质'口诛笔伐。转而联系自己，举自己的经历及历年教课内容，痛骂旧我反动透顶，实为蒋匪帮之忠实走狗，为蒋匪帮培养反动统治爪牙；肯定今日之我仍是'反动知识分子'，必须痛下决心，脱胎换骨，改造思想。" [4] 当时尚未号召展开互相批判，但是吴宓已经非

1　以上皆见陈永发《延安的阴影》，页 29—30。

2　同上，页 29—30。

3　同上，页 31、37。

4　张紫葛：《心香泪酒祭吴宓》（广州：广州出版社，1997），页 109。

常不能忍受，他表示："我不仅不能丑语自诋，连旁听诸位先生的自我辱骂，也觉辱莫大焉。"在批《武训传》中，吴宓因为自我批判不够深入，引起学校领导的不满，吴宓则不肯退让，他说："批评、自詈方兴未艾，设若现在就百词自詈，将来日复一日，由渐而入，复何更丑更秽之词以进一步自詈，以示长进？"[1]

到了思想改造运动时，人人要在会上交代，批判过关。吴宓一而再、再而三地自我批判，仍然不能过关，最后在校方领导的鼓励下，随许多名流学者之后，在1952年7月8日的《新华日报》上写文章痛切自我批评。这一篇题为《改造思想，站稳立场，勉为人民教师》的长文录在该书[2]，其坦白之彻底，自剖之深入，连动机、念头都不放过，真正是把"将自我过失尽情披露"的传统发挥到极致。吴宓自己说它是为了"要舍弃或改正我前此五十余年曾有之旧思想、旧感情、旧行为、旧习惯，而按照新标准来造成我今后所要有的新思想、新感情、新行为、新习惯"[3]，不由得令人想起吕坤所期许的以"新吾"换"旧吾"。即使如此，他对这种提倡臭骂自己之自我批评和肆意攻击他人之开展批评，仍颇不满。[4]

然而不满归不满，批评与自我批评的关卡是随时要过的。譬如1953年所办的西南高等学校教师进修部，所谓"进修"，最重要的一环便是批评与自我批评，以便争取良好的"政治鉴定"，赶快回校教书。根据参与其事的张紫葛归纳，为了给上级一个表现良好的印象，人们形成了三个行为准则——"一是对'旧我'大加挞伐，彻底批判：从自己的祖宗三代起，深挖深批，哪怕只做过教员，也是为'蒋匪帮'政权效尽犬马之劳，继而深挖资产阶级思想，上纲上线，骂深骂透。二是对今日之我极力美化，尽可能之努力，表现此时此刻之新我，确实已真心实意，坚贞不贰站到了人民立场，一心一意信仰马列主义，觉悟之高，信仰之坚，堪称党外布尔什维克。

1　张紫葛：《心香泪酒祭吴宓》，页110。

2　同上，页211—222。

3　同上，页211。

4　同上，页235。

第三个行为准则（这是重点）:拍苍蝇捕老鼠，事无巨细，奋勇竭力，
表现积极；最最要紧而见效端的，莫过于展开'批评'，用高倍显
微镜看别的进修教师，尤其是同组的人；抓住每一个人日常生活中
的情节，开会发言中的细微词误，断章取义，铁面无私，开展批评。"[1]

　　最近《谭其骧日记》的出版，也为我们提供不少材料。根据整
理者的说明，那是谭其骧（1911—1992）遗物中的两册笔记本，是
1952年在复旦大学历史系参加思想改造运动的笔记。其内容也充满
这种以公开个人私人深层的领域来取得别人批评，以帮助自己改造
的例子。譬如周谷城（1898—1996）公开"我从来不用公家信纸
信封，是为了怕公私不分的批评。不贪便宜不是为公家打算，而是
为自己打算，并不是真正爱护公共财物"。"我敢于批评梁启超，一
方面是因为他已经死了，另一方面是由于他是名人，批他也有名。
我评熊十力、郭沫若、洪深，都是这样的目的。"胡厚宣（1911—
1995）公开自己"曾遗失图书五六本，后来都买了小册子赔偿，有
一部大书《殷墟书契前编》，迟迟未还，想拖着赖掉"等。此外，
其他人的自我批评林林总总，像"住嘉陵村D17号时烧过两次电
炉""拿了蒋匪军埋下的两个油桶，两大根铅丝""将统考试题纸私
用""考试作弊，自己管菜，菜就分得特别多""读高中时偷自己
家里的稻，相当五斗米""小时候赌钱，输了就拿家里的钱偷偷还
掉""解放前，在永生买书打九折"，等等，不一而足，引不胜引，
真是毛举细故，尽可能把自己私人领域最深层的动机、意念，向大
家公开，供大家批评，认为可以由"痛苦到痛快"。[2]

　　目前，关于批评与自我批评的史料，已经到了汗牛充栋的地步，
而且每一读及，都让人有惊心动魄的感觉。这些故事似乎都呈现了
几个特点：首先，人被重新定义。人变成可以填充之物，意识的最
深层、最为隐微之处可以彻底公开，而且应该公开。人也可以被彻
底地压缩，彻底否定其旧有的主体，然后按照新时代的新理想重新

1　张紫葛：《心香泪酒祭吴宓》，页289。

2　葛剑雄编：《谭其骧日记》（上海：文汇出版社，1998），页307—319。

塑造。另外一个值得玩味的特色是，传统中国"以圣望人"的思想，似乎被以一种奇怪的方式加以落实。统治者逼迫百姓做圣人，但是圣人的标准是随在上位者的想法而定的。通常只有少数人是圣人，其他的都是或大或小的罪人。

此外我们也发现，政治力量假道德名义侵入到每一个人最私密的领域中，用政治力量去逼人"吾日三省吾身"。那个主张将私人领域尽可能公开、尽可能透明的传统，在经过政治力量的操弄之后，竟使得每一个人都像福柯（Michel Foucault）一再提到的边沁（Jeremy Bentham）的"环形监狱"（panopticon）中的犯人，不容许有隐藏的东西，不容许有自由意志，也不允许人保留他不愿公开的私人领域。而精神裸体的结果，是人人都失去了防卫自己最基本权利的最后一点根据。姑不论其正确与否，传统士人那种道德转化的渴求，那种把雷霆斧钺般的互相批评当作"头目手足互相救援"的仁举，那种以批评与自我批评来"治病救人"的天真热情，彻底变质了。写到这里，我想起了米兰·昆德拉（Milan Kundera）《笑忘书》的封面，一群天使围在一起起舞，但映在地上的是一个魔鬼的影子。批评与自我批评，原来是想提升人的品质，最后却变成斗人、整人的工具。天使起舞，而最后竟映照出魔鬼的身姿，历史的发展不常就是这样吗？

"思想资源"与"概念工具"

——戊戌前后的几种日本因素

近代中国与日本的爱恨情结，使得任何有关这个问题的研究都很难下笔，而且不容易被平情看待，总觉得在字面之后，还有一些潜在的动机。这种情形当然不是全然子虚乌有，譬如一些杰出的汉学家就将他们的研究与日本对华的政策联系起来。内藤湖南（1866—1934）与白鸟库吉（1865—1942）是两个好例子。

内藤湖南的著作中曾表示，中国的问题太多，内部已经腐烂不堪，早已不再有自生自发、复兴自己的能力，因此必须借着日本的帮助或引导，甚至是武力介入，才可能使中国再生。内藤后来参加了"满洲国"，他的一生似乎体现了善意与扩张主义复杂的夹缠与掩饰。白鸟库吉与津田左右吉（1873—1961）这两位学者倾向于贬损中国思想文化的价值。这样的做法仍然有利于日本的扩张主义。而以研究中国人留学日本的历史著名的实藤惠秀（1896—1985），一度也有通过追索近代中国的日本因素来支持日本侵略的倾向。[1]在这里，我并不想介入上述争论，而只想借这篇短文来提醒人们注意戊戌前后中国"思想资源"及"概念工具"之变化与日本的关系。

以"思想资源"这一点来看，宽泛一点来说，清末民初已经进入"世界在中国"（郭颖颐语）的情形，西方及日本的思想、知识资源大量涌入中国，逐步充填"传统"的躯壳，或是处处与传统的

1　实藤惠秀：《日本文化の支那への影响》（东京：萤雪书院，1940）。

思想资源相争持。

我们不能小看"思想资源"与"概念工具"。每一个时代所凭借的"思想资源"和"概念工具"都有或多或少的不同,人们靠着这些资源来思考、整理、构筑他们的生活世界,赋予日常事件以意义,同时也用它们来诠释过去、设计现在、想象未来。人们受益于思想资源,同时也受限于它们。大体而言,戊戌之前用来改革的思想资源新旧杂陈,而此后则是愈来愈新。人们发现旧资源已经应付不了新局面了。

弄清楚一个时代"思想资源"的版图、轮廓与内容非常不容易。在"思想资源"与"概念工具"没有重大改变之前,思想的种种变化,有点像"鸟笼经济",盘旋变化是可能的,出现一批特别秀异独特的思想家也是可能的,但是变化创造的幅度与深度还是受到原有思想资源的限制,不大可能挣脱这个鸟笼而飞出一片全新的天地。这或许也解释了为什么传统士人在面对危机或是面临重大转折时,一再想象的解决办法都是回到上古三代。明末清初几位思想家的言论可以作为代表。顾炎武把"六经之旨"与"当世之务"等同起来,黄宗羲认为不读经书则不能为"大家",等等。这种现象背后当然还有"崇古"或其他更为复杂的因素,但是传统中国"思想资源"的限制是一个关键因素。这种心态不只表现在对某些具体事情的看法上,同时亦形成一种普遍的态度,使得传统士人一旦眼前无路,便想回到上古三代,因为眼前少有其他更具说服力的"思想资源"及"概念工具"供其选择了。

大量流入近代中国的西方及日本的知识,是继佛学进入中国后另一次大规模的"思想资源"及"概念工具"的变动,人们诠释过去、设计现在、想象未来的凭借也不同了。洋务运动展开以后译介西洋书籍的风潮已经开始,而且它与晚明翻译西书有所不同。晚明所译西书在当时广大士大夫圈中不占主流位置。但清季西学进入中国时,后面跟随着洋人的富强与枪炮,所以它的说服性很强。反对它们的人固然不少,但整体而言,西学逐步取得读书人的注意。如果没有这一笔新资源,原来盘旋于旧学之下的康有为等人也不会在思想上幡然改辙。[1] 然而，诚如梁启超 1897 年在《大同译书局条例》中说：京师同文馆、天津水师学堂、上海制造局等机构，在三十年间译书不过百种而已。甲午战败后，来自日本的思想观念及书籍，其规模远大于前者，尤其重要的是，大量西书通过日本的翻译转译为中文。

一

　　"思想资源"与"概念工具"的大变动常有其社会政治条件。以传统中国士人的文化自信而言，如果不是现实政治社会面临严重问题，根本不可能为新思想资源的引入创造有利的土壤。故讨论日本思想资源输入的问题时，首先要看中日两国在历史的天平上轻重的转变。

　　虽然中日两国的思想差异远比我们想象的要大，但无可讳言，在近代以前，日本始终深受中国文化的影响。以德川时期为例，宋明理学与清代考据学的影响非常深入，即使到了近代，中国被西方击败的经验也被幕末的日本充分吸收。大庭脩的著作讨论了这一点。他搜集宁波、南京两地输出日本书籍的目录，并追查其中部分重要书籍的流向，对这一"受容"现象勾勒了一个轮廓。像《海国图志》一书，便对幕末日本的领导阶层及"志士"产生重大影响[2]，是长期闭塞的日本认识西方世界的重要依据。

　　然而在日本人眼中，中国正逐渐从"正面教员"变成"反面教员"。中国面对西方帝国主义的一系列败绩，成为日本的"反面教材"。鸦片战争中的挫败，对当时尚未尝到洋炮滋味的日本所造成的震撼非同小可，反而对中国的士大夫圈影响不如想象那么大。我们发现日本如饥似渴地希望知道西方的情形，许许多多当时中国翻译的西书，甚至是明末译的西书，都流入幕府领导阶层手中，尤其是《万

1　康有为：《康南海自编年谱》（北京：中华书局，1992），页 9、11、14。

2　大庭脩：《江户时代におけゐ唐船持渡书の研究》（大阪：关西大学出版部，1967）；《舶载书目》（大阪：关西大学东西学术研究所，1972）；《江户时代の中日秘话》（东京：东方书店，1980），页 249—250。

国公法 》。连大明律也在明治初年得到相当大的注意。[1]

中国成为日本"反面教员"的另一个例子是太平天国战争。日本从这一场残酷的战争中学到了许多。1862 年，高杉晋作、久阪玄瑞还有其他幕府官员就曾亲自到上海观察太平军的组织，这些观察对幕末日本也有影响。[2]当中国勉强从太平天国之乱挣扎过来时，日本正好完成了明治维新，而且进行一系列的新改革。从此时开始，文化交流的方向整个倒过来。黄遵宪（1848—1905）的《日本国志》《日本杂事诗》为中国保守士大夫勾画了一个他们几乎不认识的新日本。这些书也为戊戌变法提供了相当大的动力。

黄遵宪可以说是第一个严肃面对一个正在成形的新事实的人，不过他显然也是通过自己的眼睛在筛选他所看到的东西。黄遵宪虽然对当时日本的自由民权运动以及议会制度存有好感，但是他最强调的，还是日本如何成功地通过中央集权而成为一个现代的国家。[3]有意思的是，黄氏的著作在甲午战败之前并未引起当时中国士大夫的注意；该书完成于1887 年，以抄本的形式流传，并且在1895 年印行，但是在甲午战败之前却从未广泛地流通过。这种现象自然与中国亘古以来的日本观有关：日本长期以来都小心翼翼地注视中国的变化，谨慎地考虑因应之道；反观中国这一边，则总是因为优越意识作祟而漠视它的东邻。一篇有关中国对日本态度之变化的研究显示：甲午战争之前，几乎没有官僚或士大夫认为中国会被日本击败。当时已经有相当数目的书刊报道日本的新发展，所以中国知识分子并非盲目到完全不了解日本的新发展，但是它们几乎没有引起清廷决策者的注意。

甲午战争是中日两国三百年来的第一战。这场战争之后，日本

1　大庭脩：《江户时代の中日秘话》，页 244—246。

2　市古宙三对日本的太平天国印象做了研究，见他的《幕末日本人の太平天国に关する知识》，在《开国百年纪念明治文化史论集》（东京：乾元社，1952），页 453—495。市古发现，当时日本统治阶级是把太平天国之乱当作实验室般，避免日本百姓发起像太平天国那样的革命，以保持其原有的社会秩序。也有人对高杉晋作的日记进行分析，发现高杉也是把太平天国之乱当成实验室来观察。

3　Kamachi Noriko, *Reform in China: Huang Tsun-hsien and Japanese Model* (Cambridge, Mass. : Harvard University Press, 1981).

的自我形象急遽改变，并在日俄战争之后达到高峰。日本对中国的态度亦急遽变化。在此之前，日本虽然知道中国被英国打败，但是仍不敢认定中国兵疲力弱。可是，甲午之战改变了这一切。

哥伦比亚大学日本文学专家唐纳德·基恩（Donald Keene）有这样的观察：在战前，日本比较严肃的文学作品大都是用汉文出版的，这是为了向它的读者们保证，该书不是写给无知识的妇女或小孩看的。[1]甲午之后，汉文在日本学校课程中的重要性大幅降低[2]，而且有许多日本人认为，是日本而不是当时的中国，才是中国传统光辉的继承者[3]。在当时日本的通俗读物中，"到北京去"成为相当流行的口号。[4]

在日本急遽变脸之时，中国方面也有激烈的改变。约从1896年起，中国学生开始涌入日本，光是1906年就有大约八千六百人前往。美国的日本史权威詹森（Marius Jansen）便认为，以当时中国留日学生的数目而言，可能是到那一刻为止世界史上最大规模的留学生运动[5]，而戊戌前后中国思想文化中的日本因素便与这一波留学运动分不开[6]。

值得注意的是，大部分留日学生的终极目标并不是学习日本的学术文化，而是学习西洋文化。[7]然而，日本也不仅只是一个"接生婆"，事实上，许多转手而得的西洋知识已经经过日本的选择、改变，或

1　Donald Keene，"The Survival of Chinese Literary Tradition in the Meiji Era"，收入谭汝谦编《中日文化交流》（香港：香港中文大学出版社，1985），册2，页78。

2　同上，页85。

3　Donald Keene，"The Sino-Japanese War of 1894-95 and Its Cultural Effects in Japan"，in Donald H. Shively ed. , *Tradition and Modernization in Japanese Culture*（Princeton：Princeton University Press, 1971），pp. 121-174.

4　Ibid. , p. 137.

5　Marius Jansen，"Konoe Atsumaro"，in Akira Iriye ed. , *The Chinese and the Japanese：Essays in Political and Cultural Interactions*（Princeton：Princeton University Press, 1980）.

6　关于这一波留学运动，日本学者实藤惠秀的《中国人日本留学史》（[谭汝谦、林启彦译]香港：香港中文大学出版社，1982）是一部概括面相当广泛的著作，它的修订版参考了将近四千种文献。此外，还有黄福庆的《清末日本留学生》（台北："中央研究院"近代史研究所，1975）。

7　Douglas Reynolds，"The Golden Decade Forgotten：Japan-China Relations 1898-1907"，in *The Transactions of the Asiatic Society of Japan*，fourth series，vol. 2（1987），p. 146.

已沾染上日本的色彩，这等于是经过日本的咀嚼再放入中国的口中。

二

以下我将举几个例子，借以介绍当时从日本吸收进来的思想资源。

首先是翻译。早在 1939 年，佐藤三郎就已经出版过一份目录，发现有 152 本日本历史著作被译成中文。[1] 此后，这一份中译日本书的目录越加越长，一部重达数公斤的书中搜集了 5767 种书目[2]，但据调查，尚有将近一千种书未被收入。试想这是何等庞大的一笔新资源！如果分析这些中译日本书出现的年代，我们便可看出一个清楚的变化：1896—1911 年是译书的高峰，共有 956 本书被译成汉文，1912—1937 年则有 1759 本；相比之下，在 1896—1911 年，日本从汉文移译过去的书只有 16 本而已。这是一个近乎讽刺的悬殊比例。在这个时期，日本译介全世界各种语文著作的工作中，中文书籍所占的分量也急遽下降。在一份根据《明治文献目录》(1932) 所做的分析中发现，它所列的 1472 本从各种语言翻译过来的书籍中，只有 3 本是由中文翻译过来的。[3]

在大量中译的书籍中，以各级学校的教科书最为大宗，这些新教材掀天盖地铺向中国的每一个角落。当时，中国各地常为使用旧式教材或新译教科书起争执，陈独秀幼年便亲历过这种经验。[4] 20 世纪初出版的《国粹学报》中，对大量从日文翻译过来的教科书便非常不满，但是他们并不想再以古代典籍作为教材，而主张自己编一套。1905 年 3 月《国粹学报》第一期的《略例》中有这样一段话："我国近今学校林立，而中学教科书尚无善本。"其下有小注云：

1　佐藤三郎：《历史学关系书支那译目录》，《历史学研究》，71（1939 年 11 月），页 1116—1121。

2　谭汝谦：《中国译日本书综合目录》（香港：香港中文大学出版社，1980）。

3　谭汝谦：《近三百年来中日译书事业与文化》，收入氏编《中日文化交流》，册 1，页 223。这个数目倒是与日本文部省在 1903 年向内阁提出要求大幅减少日文中汉字的使用量的时代趋势相符合。

4　唐宝林、林茂生：《陈独秀年谱》（上海：上海人民出版社，1988），页 41。

"我国旧有之载籍，卷帙浩繁，编纂极艰，故无一成书者。坊间所有，多译自东文。夫以本国之学术事实，反求之译本，其疏略可知。其可耻孰甚？"但是《国粹学报》编者的抱怨是没有用的，"疏略""可耻"的感觉并没能阻止日本教科书大规模地注入中国读书人的脑海中。

接着是文学。如果把近代中国文学变革的根源都算到日本身上，那当然是错误的。不过仍有一些学者认为，"文言合一运动"可以在明治的日本找到根源。日本学者中村志行就日本文学对近代中国的影响做了研究。[1]以梁启超为例：梁氏在《新民丛报》中的文体，常被认为在相当程度上影响后来的陈独秀与胡适；中村志行分析了梁启超的《新中国未来记》，发现它有深厚的日本根源[2]；黄得时在研究梁启超翻译的《佳人奇遇记》与中国的新小说时，也得到一样的结论[3]；甚至从梁启超的诗中可以发现，他提倡的"诗界革命"也有日本的因子[4]；而明治时代的新戏剧运动与晚清中国的戏剧改革之间也有关联[5]。

新词汇的引入似乎更为重要。对日本来说，汉字与中国的词汇早已像是血液中的成分，去除不掉了。但是戊戌前后，或者说19世纪的最后十年，日本词汇大量"倒"进中国。实藤惠秀在《中国人日本留学史》中开列了一张数目庞大的词汇表，此处恕不具引，有兴趣的朋友可以直接参看。但是仍然有人认为他并未穷尽所有词汇。新词汇引入的规模之大与涵盖之广，大概只有中国中古以来大量出现的佛经词汇可以比拟。[6]这些新词汇当然不可能只有单方面

1　中村志行：《中国文艺に及ぼせる日本文艺の影响》，《台大文学》，7:4（1942年12月），页214—243；7:6（1943年4月），页362—384；8:2（1943年6月），页27—85；8:5（1944年11月），页42—111。

2　中村志行：《〈新中国未来记〉考说——中国文艺に及ぼせる日本文艺の影响の一例》，《天理大学学报》，1:1（1949年5月），页65—93。

3　黄得时：《日本小说的中国语译》，收入谭汝谦编《中日文化交流》，册2，页111。

4　许常安：《晚清"诗界革命"の用语について——特にその日本语的なもの》，《斯文》44（1966年1月），页19—30。

5　中村志行：《晚清にわける演剧改良运动》，《天理大学学报》，3:3（1952年5月），页37—62；4:1（1952年7月），页51—78。

6　曲守约：《中古辞语考释》（台北：台湾商务印书馆，1968），《中古辞语考释续编》（台北：艺文印书馆，1972）。

的影响，它们形成"双向拉扯"的现象。不过，毫无疑问的，它们
的引进，相当微妙地改变了整个文化。假如没有这些词汇作为"概
念工具"，许多文章就不会以那样的方式去思考，也不会以那种方
式写出来，对许多社会、生活、政治现象，也不会赋予这样或那
样的意义。这使我们想起年鉴学派史家费弗尔（Lucien Febvre）
在研究拉伯雷（Rabelais）究竟是"不信者"或只是像伊拉斯谟
（Erasmus）那样的基督教人文主义者时，发现16世纪并不存在"绝
对"（absolute）、"相对"（relative）、"抽象"（abstract）、"因果"
（causality）等字眼，所以在当时的"概念工具"中并不足以产生决
然"不信"的概念。[1] 新的词汇、新的概念工具使得人们在理解及诠
释他们的经验世界时，产生了深刻的改变。如果想了解这一批从日
本引入的词汇对后来中国的影响，那就得想象这批"概念工具"如
果不曾在那个时代存在过，人们到底会怎样构思为文。

　　这些新名词与新概念，成为人们日常语言中的一部分，逐渐
改变了旧的思考范畴，而在许多方面造成了深刻的变化。譬如"国
家""国民""社会"等概念，在经过日本人之手而反馈中国之后，
几乎重新规范了中国人对于社会、政治的看法，也广泛影响学术研
究。譬如当时的人便因为这几个新的概念工具而开始反省传统史学
究竟是不是"国家""国民""社会"的历史。如果不是，旧史学能
不能称为史学，中国究竟"有史"还是"无史"？（参见本书《晚
清的政治概念与"新史学"》）其他像"哲学""宗教""主义""传统"
等新名词的输入，也一无例外地造成相关范围内深刻而微妙的改变。

　　这批如海水般席卷而来的新词汇，有些其实出自中国，经过日
本人重新使用再介绍到中国来，其中有些词汇的意义已经产生变化，
譬如"经济"一词便是。新人物喜欢用新词，当时的出版商只要看
到稿子中有新名词，便俨如看到了品质的保证，可是旧人物却恨之
入骨。张之洞曾经在一份文件上批示不要使用新名词，可是他的幕
僚说，"不要使用新名词"中的"名词"二字便是新名词了（按："名

1　Lucien Febvre, *The Problem of Unbelief in the Sixteenth Century: The Religion of Rabelais*（Cambridge, Mass.：Harvard University Press，1982），pp. 354-379.

词"二字亦是来自日本的）。[1] 可见新词汇渗透力之大，就连反对它的人都不知不觉地在使用它。

另外一个有趣的例子是，清帝退位之后，在东北准备卷土重来的蒙古贵族升允（1858—1931）曾在 1913 年 6 月间发表三篇檄文，其中第二篇居然专门攻击新名词：

> 呜呼！近时为新名词所惑也众矣，人有恒言，动曰四万万同胞，曰代表，曰保种，曰排外，曰公敌，曰压力，曰野蛮，曰推倒君权，其不可一二数。凡此皆借以为笼络挟制之术者也。[2]

他的檄文当然是针对清末推倒清朝的新政治词汇而发，而其中有许多便是来自日本。由升允之特别发檄文指斥新名词可以间接看出新的概念在建构现实的政治时发挥了多大的作用。

到了 1915 年，出现一本题为《盲人瞎马之新名词》的小书，作者署名"将来小律师"（彭文祖），他说自戊戌变法维新以来，日文行于中土，其中流行的新名词有 59 个："支那、取缔、取扱、取消、引渡、样、殿、哀啼每吞书、引扬、手续、的、积极的—消极的、具体的—抽象的、目的、宗旨、权利、权力、义务、相手方、当事者、所为、意思表示、强制执行、差押、第三者、场合、又、若、打消、动员令、无某某之必要、手形、切手、律、大律师、代价、让渡、亲属、继承、片务—双务、债权人—债务人、原素—要素—偶素—常素、取立、损害赔偿、奸非罪、各各—益益、法人、重婚罪、经济、条件付之契约、恸、从而如何如何、支拂、独逸—瑞西、卫生、相场、文凭、盲从、同化。"[3] 这张名词表中有许多现在已经不流行了，不过如果将其中一大部分从今天的中文中取消，造句作文必定是另一番景象。

1　瞿兑之：《杶庐所闻录·故都闻见录》（太原：山西古籍出版社，1995），页 27—28。

2　中国历史博物馆编，劳祖德整理《郑孝胥日记》（北京：中华书局，1993）中抄录了这篇檄文，见该书第 3 册，页 1470。

3　转引自实藤惠秀著，谭汝谦、林启彦译《中国人留学日本史》，页 213—214。

1934 年，江亢虎（1883—1954）、王西坤、胡朴安（1878—1947）、潘公展（1894—1975）、顾实（1878—1956）等人组织"存文会"，提出"保存文言"的口号，但他们的宣言书很快就遭到攻击。1935 年 5 月《现代》刊登了汪馥泉的一篇文章，指出存文会的宣言中凡是被他标有底线的词汇，都是"群经正史诸子百家"见不到的，其实就是来自日本的词汇。[1] 汪馥泉标识的这纸宣言书收入《中国人留学日本史》，有兴趣的朋友可以参看实藤的原书，譬如第一句"发起旨趣书"，除"书"字以外，皆是日本词汇。[2]

当然，新词汇有一个逐步说服人们的过程，譬如梁启超文章中："美利坚……一战而建造独立自治之国家者，华盛顿时代也……三战而掌握世界平准（日本所谓经济，今拟易以此二字）之权者，麦坚尼时代也。"梁氏显然时时摆荡于中国的旧词及日本的新词间，譬如他在这里便犹豫着究竟要用旧词"平准"还是新词"经济"，后来还是"经济"占了上风。又如他写："日本自维新三十年来，广求智识于寰宇，其所著有用之书，不下数千种，而尤详于政治学、资生学（理财学，日本谓之经济学）、智学（日本谓之哲学）、群学（日本谓之社会学）等。"[3] 最后，当然也是"经济学""哲学""社会学"压倒了"资生学""智学""群学"。

这些新资源的引入，使人们在考虑事情时有了相当不同的方式。以政治思想为例，明治时期的自由民权运动、无政府主义运动乃至社会主义运动，都深刻影响了当时知识分子的政治思维。此处仅举与本题最为相关的一个例子，即日本的思想资源如何影响康有为和戊戌变法。

康有为在 1886 年要张延秋告诉张之洞中国西书太少，政治方面尤其缺乏，因为傅兰雅（John Fryer, 1839—1928）所译西书，"皆兵医不切之学"。[4] 那么，在有关政治方面的变革将取资于何方呢？

---

1 实藤惠秀著，谭汝谦、林启彦译《中国人留学日本史》，页 223—224。
2 同上，页 217—219。
3 同上，页 201。
4 《康南海自编年谱》，页 36—37。

康有为很快地转向日本，所以隔年 12 月，他在《上清帝第五书》中清楚建议光绪"以日本明治之政为政法"。《康有为自编年谱》1898年条记他与李鸿章、翁同龢（1830—1904）、廖寿恒、张荫桓（1837—1900）等讨论变法，李曰："然则六部尽撤，则例尽弃乎？"康氏答以"今为列国并立之时，非复一统之世，今之法律官制，皆一统之法，弱亡中国，皆此物也，诚宜尽撤，即一时不能尽去，亦当斟酌改定，新政乃可推行"，然后陈述法律、度支、学校、农商、工矿政、铁路、邮信、会社、海军、陆军之法，"并言日本维新，仿效西法，法制甚备，与我相近，最易仿摹，近来编辑有《日本变政考》及《俄大彼得变政记》，可以采鉴焉"。[1] 黄彰健先生比较《日本变政考》与《明治政史》（1890），发现《日本变政考》（简称《变政考》）记明治元年者大部分是据《明治政史》摘译再加以改窜[2]，而《变政考》中其他不少内容及带有主观见解的按语，则显然取材自黄遵宪《日本国志》。譬如《变政考》卷二谈纸币，卷三谈官禄，卷四谈兵制，卷五谈内务省、大藏省等官制改革，卷六关于元老院及大审院，皆明显取材自《日本国志》。光绪在戊戌年颁布的改革诏令，涵盖官制、财政、宪法、海军、陆军、农工商矿等，不一而足，大部分就是从《变政考》转手而来。[3] 所以戊戌可以说是一种"日本模式"的变法，尤其是大幅脱出传统"六部"的观念思考官制的细节这一点，便很值得思考。

　　以历史写作为例，传统士人会非常顺当地一朝接着一朝写下去，可是日本教科书进来之后，人们的写法开始改变，不但"章节体"的史书逐渐流行起来，同时也开始采用历史分期。人们发现只有一姓之变迁不足以为历史分期之标准，并认为如果不分期，则史事杂陈，樊然淆乱。在这方面，由罗振玉（1866—1940）主持的东文学社出版、樊炳清译桑原骘藏（1871—1931）的《东洋史要》影响最大。这部书取西洋"上古""中古""近古""近世"四期来分中国历史：

1　《康南海自编年谱》，页 36—37。

2　黄彰健：《读康有为〈日本变政考〉》，《大陆杂志》，40:1（1970 年 1 月），页 1—11。

3　郑海麟：《黄遵宪与近代中国》（北京：生活·读书·新知三联书店，1988），第 6 章第 9 节。

第一期断至秦皇一统，称之为汉族缔造时代；第二期自秦皇一统至唐亡，称之为汉族极盛时代；第三期自五季至明亡，称之为汉族渐衰，蒙古族代兴时代；第四期包括清朝一代，称之为欧人东渐时代，而后来编写中国文史教科书的人便多采用这种方法，下笔之际，纷纷以四期来划分。一位留心观察中国史教科书的人就曾发现："近年出版历史教科书，概以桑原氏为准，未有变更其纲者。"[1]

综而言之，这是一波没有陈独秀、胡适那样的文化明星却又影响广泛的译介运动，是前于五四的一次启蒙。[2]近代中国的启蒙是一个连续体，不是在一次发动中完成。晚清这一笔由日本引入的思想资源固然不像新文化运动那样轰轰烈烈，不过它的重要性却不可忽视。它通过各种学门的基本书籍或是上自大学、下至中小学的教科书，奠下了新的"文化基层建构"（cultural infrastructure）。[3]

这也难怪梁启超在《清代学术概论》中会说，英美留学生在戊戌前后这一场大规模引介西方思想文化运动中几乎不扮演什么角色，反倒是一群不通西洋语言文字者（主要指留日学生）担当最重要的角色，"日本每一新书出，译者动辄数家，新思想之输入，如火如荼矣。然皆所谓'梁启超式'的输入，无组织，无选择，本末不具，派别不明，惟以多为贵，而社会亦欢迎之"。所以他说："坐此，为能力所限，而稗贩、破碎，笼统、肤浅、错误诸弊，皆不能免。"[4]梁启超用了这么多负面的话来形容他们从日本稗贩而来的西方知识，并不完全是客气之辞。关于当时留日学生"不通"的记载非常之多。郭沫若（1892—1978）在《少年春秋》中描述的那位教世界地理的丁平子，用章太炎式的文笔写讲义，一两个学期还没讲上两三千字。有一个学生在教师吸烟室中写了"丁平子不通"五字，

---

1 傅斯年：《中国历史分期之研究》，《傅斯年全集》（台北：联经出版公司，1980），第3册，总页1225。

2 Douglas R. Reynolds, *China, 1898-1912 : The Xinzheng Revolution and Japan* (Cambridge, Mass. : Harvard University Press, 1993). 及雷颐在《黄金十年》中对此书的评介，见《读书》，1997年7月。

3 它的渗透力量很广泛，并不局限在思想方面，譬如在书本装订上，由线装书到洋装书的过渡便是。

4 梁启超：《清代学术概论》（台北：台湾中华书局，1956），页72—73。

闹出大风波，丁平子这样答辩：

> 我丁平子，三五少年也曾东渡，前年留学界闹取缔风潮，
> 鄙人被选为四川留学生同乡会的总干事……乃今竟蒙赐以最不
> 名誉之"不通"二字！夫以大通而特通之日本留学界犹称为通
> 之又通的我丁平子，乃受本府中学的一通不通的学生称为"不通"
> 呀！这在我从大通而特通的日本留学界犹称为通之又通的丁平
> 子，岂不是奇耻大辱吗？……[1]

不管"通"或"不通"，留日学生的确在当时中国占有显著的地位。
这种情形一直要到 20 世纪 20 年代英美留学生取得思想文化上的优
势后，才出现了所谓"镀金派"——英美留学生与"镀银派"——
日本留学生的分别。[2] 最后"镀金派"压倒了"镀银派"，成为思想
文化界的骄子，而另一批直接来自西洋的新"思想资源"与"概念
工具"也随着涌至，开启了思想史中的另一页。

1　郭沫若：《少年春秋》(上海：新文艺出版社，1953)，页 158—159。
2　关于留英美及留日学生待遇之不同，参见陶希圣《潮流与点滴》，页 64。

晚清的政治概念与"新史学"

近代中国史学经历过三次革命，三者的内容都非常繁复，不过也可以找出几个重心。第一次史学革命以梁启超的《新史学》为主，它的重心是重新厘定"什么是历史"；第二次革命是以胡适所提倡的整理国故运动及傅斯年在中央研究院历史语言研究所所开展的事业为主，重心是"如何研究历史"；第三次革命是马克思主义史学的勃兴，重心是"怎样解释历史"。本文所要讨论的是第一次史学革命。在这次革命中，人们往复争论中国究竟"有史"还是"无史"。

读者们一定感到讶异：在中国这样一个历史文献发达，而历史编纂传统又如此丰富的国家，何以在世纪之交突然出现措辞这么激烈的论争？在"有史"或"无史"的争论中，梁启超等人宣称中国"无史"，但是也有人出面坚持中国"有史"，最有名的一篇文字是马叙伦的《中国无史辩》[1]。坚持中国"有史"的一派强调中国史学编纂传统源远流长，宣称中国没有历史的这一边则认为传统史学大多未将国民的整体活动写进历史。这一波论争促使人们反省"什么是历史"，发动这一场争论的梁启超在 1902 年写了几篇文章，并在其中提出了四个概念，追随的人们便以旧史中是否含有这四个概念所指涉的历史来决定"有史"或"无史"。

---

1 刊载在《新世界学报》第 5、9 两期（1902 年 10 月 31 日及 12 月 30 日）。此外，在《国粹学报》中也零星出现过一些虽然不如马氏口气那样尖锐，但明显的是要证明传统中国不是"无史"，而清统治下确为"无史"的论述。

梁启超在 1902 年所写的《中国史叙论》与《新史学》两篇文章，可以说是近代新史学的里程碑，几乎出现在所有近代中国史学史的著作中；而这两篇文章中的一些片段，历史学者通常也熟读成诵，尤其是《新史学》中责备旧史家只是写帝王将相而不写国民的历史，久为大家所熟悉，照理已经没有太多的剩义可供探讨了。不过，一般多专就史学内部的观点来谈这两篇文字，不曾从晚清以来政治概念与政治词汇的角度来谈它们。所以我想强调的是晚清的政治思想如何促动这场史学革命。我们如果打开《新史学》，会发现梁氏所重视的是"国家""国民""群""社会"的历史，这四个词汇在传统中国极少出现，即使出现，也不是近代人所了解的意思。就以"国民"一词来说，1899 年，梁启超在《清议报》第三十册"本馆论说"中的《论近世国民竞争之大势及中国前途》一文中便表示："中国人不知有国民也，数千年来通行之语……未闻有以国民二字并称者。"[1] 至于其他的词汇，像"社会"、像"群"等，也无不如此。换句话说，《新史学》中有几个最关键的"概念工具"（conceptual apparatus）是过去所不曾出现的。如果晚清思想界没有这些"概念工具"，则一篇近代新史学的开山之作，势必不会以这样的面目出现。本文便是想讨论上面三个在晚清政治思想界甚嚣尘上的"概念工具"如何塑造史学革命。

由于"国家""国民""群"是晚清时期三个新概念，所以以下我要花费比较长的篇幅，讨论这三个概念在晚清思想世界中的形成与衍化过程。晚清政治思想中对政治、国家、国民、社会等问题逐渐形成新的思维，它们与现代的"国家建构"（state-building）有关。在当时内外环境迫压之下，人们开始觉悟到要有新的政治思维才能保国救国。人们同时认为史学与这一个神圣的任务有密切的关系，而且应该扮演积极的角色。但是因为传统的历史思维与历史写作太

---

[1] 梁启超：《论近世国民竞争之大势及中国前途》，《饮冰室文集》之四（台北：台湾中华书局，1960），页 56。梁启超并未留意到古代已有"国民"一词，"中央研究院"历史语言研究所的"汉籍电子文献资料库"可以从二十五史中查到四十三条"国民"，不过它们不是现代意义的"国民"。

过狭窄、太过陈旧了，不可能对新的时代有所启导，所以史学本身应该有一革命，以适应新的任务。新的史学应该写"国家""国民"，写"群""社会"。

一

诚如梁漱溟在《中国文化要义》中所说的：

> 像今天我们常说的"国家""社会"等等，原非传统观念中所有，而是海通以后新输入底观念。旧用"国家"两字，并不代表今天这涵义，大致是指朝廷或皇室而说。自从感受国际侵略，又得新观念之输入，中国人颇觉悟国民与国家之关系及其责任。[1]

在这里，梁漱溟提到"国家""社会"是中国原来没有的观念。这一段回忆颇能说明清季的实况。就以"国家"的观念来说，近代学者曾经引述了一个故事，说 1839 年鸦片战争爆发之前，一位清朝官僚和一位英国贸易代表在广东对话，当英国贸易代表提到中国是一个"国家"时，清朝的官员显然不知所云。[2]即使在 1842 年南京条约签订以后，清廷的一些大僚仍然不相信西方国家的数目可能超过二三个。到 1872 年，理雅各（James Legge, 1815—1897）在《左传》英译本的前言中仍然提到，中国人不能明白他们只是世界上许许多多国家中的一个。[3]陈独秀便回忆说，一直要到 1901 年八国联军之后他才了解到，原来世界上是以一国一国的方式存在：

> 此时我才晓得，世界上的人，原来是分作一国一国的，此

1　梁漱溟：《中国文化要义》（台北：正中书局，1975），页 167。
2　Yü Ying-shih, "Changing Conceptions of National History in Twentieth- Century China", in Erik Lönnroth, Karl Molin, Ragnar Björk eds., *Conceptions of National History* (N. Y. : Walter de Gruyter, 1994), p. 155.
3　Ibid., p. 155.

疆彼界，各不相下。我们中国，也是世界万国中之一国，我也是中国之一人。一国的盛衰荣辱，全国的人都是一样消受，我一个人如何能逃脱得出呢？我想到这里，不觉一身冷汗，十分惭愧。我生长二十多岁，才知道有个国家，才知道国家乃是全国人的大家，才知道人人有应当尽力于这大家的大义。[1]

史家吕思勉曾经回忆说，在 1895 年左右，人们并不知道"国土"二字怎么写。[2] 这许许多多的例子都告诉我们，晚清人士常常挂在嘴边的"无国"之感，究竟是针对什么而说的。

晚清思想界中"无国"的感愤大抵可以分成两种：在革命派方面，主要是从种族主义的观点出发而得到无国的结论，他们抱怨过去两百多年间中国是被异族所窃据，看来有国，其实是"无国"。南社健将像柳亚子等人便不断发出这类的浩叹。[3] 国粹学派健将黄节的史学名著《黄史》中，便反复开导他的读者，中国看似有国，但过去二百余年其实"无国"，因为"无国"，所以也"无史"。他说：

> 黄史氏受四千年中国史而读之，则喟然叹曰："久矣乎，中国之不国也，而何史之足云！"[4]

另外一种"无国"的感叹，则是从现代国家（nation-state）的角度发出的，认为中国历史上只有"朝廷"，没有"国家"，而对于这个现象批评得最为严厉，在建构现代意义的"国家"方面讨论得最多，对当时思想界影响最大的，应推梁启超。[5]

梁启超的"国家思想"可以分成两个阶段：在戊戌前后他已不

1　唐宝林、林茂生：《陈独秀年谱》，（上海：上海人民出版社，1988），页 17。

2　李永圻：《吕思勉先生编年事辑》，收在俞振基编《蒿庐问学记》（北京：生活·读书·新知三联书店，1996），页 350。

3　参见王汎森《清末的历史记忆与国家建构：以章太炎为例》，《思与言》，34:3（1996），页 1—18。收入本书。

4　黄节：《黄史》，《国粹学报》，第 1 期（1905），页 1。

5　参考胡适的回忆《四十自述》（台北：世界文摘出版社，1974），页 59。

断提出这方面的论点；在政变失败流亡日本之后，受到日本政治思潮的影响，而另有发展。

梁启超是康有为的学生，而康有为、谭嗣同等人是反对"国"的。康氏《大同书》虽然完成于后来，不过梁启超等人早就读过它的草稿了。在破除"国界"方面，康有为的思想则前后一贯。他说"人患无国，而有国之害如此"[1]，主张"去国而世界合一之体"[2]，又说：

> 虽有仁人义士，不得不各私其国，故其心志所注，识见议论，皆为国所限，以争地杀人为合大义，以灭国屠人为有大功……世界人类终不能远猛兽强盗之心，是则有国乎，而欲人性止于至善，人道至于太平，其道相反，犹欲南辕而北其辙也。[3]

在这方面，梁启超很快便脱出其师之樊篱。他在 1897 年写的《说群自序》中已经有"无国"之叹。戊戌政变之后，梁氏流亡日本，他开始撰写系列鼓吹国家思考的文字，反映了梁氏受到当时在日本非常流行的伯伦知理（J. K. Bluntschli，1808—1881）国家学说的影响。

日本在 19 世纪 90 年代，思想上有一个明显的转向，即由以法国、英国为理想转向以德国为理想，这一个转向表现在思想、文化、政治等许多层面，而伯伦知理的国家学说是其中一例。[4] 梁氏一生写过许多文章介绍西方思想家，但是在数量上从未像介绍伯伦知理那么多，足见伯氏的国家思想在他心中的分量；这同时也标志着梁氏由崇拜卢梭到宣扬伯伦知理，由重人民到更重国家的一个微妙转变。[5]

1　康有为：《大同书》（台北：龙田出版社，1979），页 2。

2　同上，页 107。

3　同上，页 102—103。

4　Kenneth Pyle，*The Making of Modern Japan*（Lexington, Mass.：D.C.Heath and Company，1978），pp. 97-101.

5　可惜因为其中一些文字并未收入《饮冰室合集》，所以它的分量比较未被正确估计。参见张佛泉《梁启超国家观念之形成》，《政治学报》，1:1（1971），页 11—28。另外，法国巴斯蒂《中国近代国家观念溯源——关于伯伦知理〈国家论〉的翻译》一文，也讨论梁氏与伯伦知理的关系。该文刊于《近代史研究》，4（1997），页 221—232。

　　这些鼓吹国家思想的文章中较为人知的有 1900 年的《少年中国说》，此外还有 1902 年的几篇文章。1902 年是梁启超的一个重要年份。这一年他创办《新民丛报》，而且写下了几篇影响极为深远的文字，像《论国家思想》、《新民说》的一部分、《新史学》等。这些文章应该被看成一个有机的整体，它们大多关心两个问题："国家"及"国民"。梁氏在 1900 年的《少年中国说》提到"国"字的定义是有土地、有人民，由居于其土地上的人民自治其所居的土地之事，自制其法律；尤其重要的是"国也者，人民之公产也"，"人人皆主权者，人人皆服从者"。用这个标准来看，古代的中国虽有国之名，其实是"未成国之形"。[1]《论国家思想》是比较有系统地讨论"国家"思想的一篇文字，他说：

　　　　人群之初级也，有部民而无国民，由部民而进为国民，此文野所由分也。部民与国民之异安在？曰：群族而居，自成风俗者，谓之部民。有国家思想，能自布政治者，谓之国民。天下未有无国民而可以成国者也。[2]

　　在这一篇文章中，梁氏还提出国家的几个定义。首先是"对于一身而知有国家"。其次是"对于朝廷而知有国家"。朝廷只是公司之事务所，"夫事务所为公司而立乎？抑公司为事务所而立乎？""故有国家思想者，亦常爱朝廷；而爱朝廷者，未必皆有国家思想。朝

1　梁启超说："欲断今日之中国为老大耶，为少年耶，则不可不先明国字之意义。夫国也者何物也？有土地，有人民，以居于其土地之人民，而治其所居之土地之事，自制法律而自守之，有主权，有服从，人人皆主权者，人人皆服从者。夫如是斯谓之完全成立之国。"又说："夫古昔之中国者，虽有国之名，而未成国之形也。或为家族之国，或为酋长之国，或为诸侯封建之国，或为一王专制之国。虽种类不一，要之其于国家之体质也，有其一部而缺其一部。"他接着又说古代的人不知道自己国家的名字："且我中国畴昔，岂尝有国家哉，不过朝廷耳。我黄帝子孙，聚族而居，立于此地球之上者既数千年，而问其国之为何名，则无有也。夫所谓唐虞夏商周秦汉晋宋齐梁陈隋唐宋元明清者，则皆朝名耳。朝也者，一家之私产也。国也者，人民之公产也。"见梁启超《少年中国说》，《饮冰室文集》之五，页 9—10。
2　梁启超：《论国家思想》，在《饮冰室专集》（台北：台湾中华书局，1972）之四，《新民说》，页 16。

廷由正式而成立者，则朝廷为国家之代表，爱朝廷即所以爱国家也；朝廷不以正式而成立者，则朝廷为国家之蟊贼，正朝廷乃所以爱国家也。”此外是“对于世界而知有国家”，强调的是竞争之义，“由一人之竞争而为一家，由一家而为一乡族，由一乡族而为一国。一国者，团体之最大圈，而竞争之最高潮也”，“以国家为最上之团体，而不以世界为最上之团体”。[1] 把“朝廷”与“国家”分开的观念，是他在《新史学》中反省旧史、开辟新史的一个重要凭借。

梁氏一再强调，中国只有“朝廷”而没有“国家”的观念，而且因为没有“国家”观念，而常为外国人所嘲笑。他在 1899 年《清议报》第二十四册特地释译日本人尾崎行雄的一篇《论支那之命运》。文章一再批评中国没有“国家”：

> 支那人未知国家为何物，安得有国家思想？ [2]

他认为这是一个至可羞耻的事，正因为没有国家思想，不知“人人皆主权者，人人皆服从者”，故人民一方面不知道自己是国家的拥有者，也不知道自己需要为这个整体尽自己的一份力量，从而也就没有“爱国心”，当国家遇到外敌侵袭时，也就没有因为同属一个整体而兴起的同仇敌忾精神。这也是前面提到过的陈独秀所自惭的“我生长二十多岁，才知道有个国家，才知道国家乃是全国人的大家，才知道人人有应当尽力于这大家的大义”。

梁氏再三强调，有几种因素妨碍了“国家”思想之形成。首先是朝廷。中国几千年来因为“朝廷”观念的支配，人们只关心一家一姓之事，而没有全“国”的想法，所以也只注意于这一家一姓的兴亡，而不注意国家是一个整体，包括它所有的人民、物产、财力

1　以上引文皆出自《饮冰室专集》之四，《新民说》，页 16—18；梁启超：《中国前途之希望与国民责任》，页 20：“非有国而不爱，不名为国，故无所用其爱也。”（《饮冰室文集》之二十六）。《先秦政治思想史》，首章，页 2：“谓中国人不好组织国家也可，谓其不能组织国家也亦可，无论为不好或不能，要之国家主义与吾人夙不相习，则其章章也。”（《饮冰室专集》之五十）
2　张佛泉：《梁启超国家观念之形成》，页 8。

等。贵族的力量当然也是阻碍国家思想形成之因素。此外，家族思想、地方主义等，凡是使人们囿于一地或一群人之见的，都是创造现代国家之时所要破除的。

梁启超有一种"自然"相对于"有意识"的思维：以朝廷、贵族、家族、乡土为主体的传统社会是"自然"的状态，而组成一个现代国家必须是"有意识"建构的工作。这种建构工作包括两方面：一方面要破除旧势力的作祟，另一方面要有意识地以各种方法凝聚人民，成为种种现代社群，最后凝成一个现代国家。

在这一方面，梁氏与严复还有其他同时代的人，都多少受到当时在西方思想界地位极高，而在中国又广被称颂的斯宾塞（Herbert Spencer，1820—1903）的"社会有机体论"的影响。他们的思维大致是这样的：国家或社会是一个有机体，社会或国家的每个部分都像是有机体的一部分，司一定职责，而整个有机体的健全，则有赖于每一个部分的健全，说到最后，即有赖于每一个细胞的健全。每一个细胞充分发挥它的活力时，也就是整个有机体最有力量的时候，整体与分子必须形成一个环环相扣的全体。所以，国家的力量不应以统制甚至压制各个分子为主，而应该是让他们充分发挥其能力。

在"国家"意识出现之后，一些今天习以为常的词汇，像"国民""国力""爱国心"才开始流行并取得了它们的现代意义。"国力"是全国各个分子力量的总和，而不是朝廷力量之大小。"爱国心"是所有分子对于国家这个最高主体的爱心，而不是对于皇帝一姓一家之爱敬。"国民"则是以国为全体人民之公产，一国之法、一国之事都由国民来负责。

在这里也就引出了下一个问题，即近代中国"国民"思想的出现。[1]

---

[1]　我相当了解近代政治思想中对"国民"有异常繁复的论辩，但这不是本文的重点。而且我所讨论的这几位思想家对"国民"还没有非常精细的思考。

二

有关"国民"意识的形成,必须分成两方面说。首先是近代——尤其是戊戌前后,民权思想大兴,形成一个沛然莫之能御的思潮。我们如果回顾戊戌前后的社团及刊物,可以发现以"民"为开头的词汇大增,"民权"是人们争论得很厉害的一个概念,通常也是维新官僚与当时相对而言比较激进的思想家之间主要的分野之所在。[1]有关《时务报》的一则故事多少说明了它是当时思想战场的主轴。张之洞是支持多种维新事业的,其中包括《时务报》,该报的主持人汪康年(1860—1911)便可以视为张氏的一个幕僚。但是当《时务报》第九册中刊出汪康年《论中国参用民权之利益》,说"居今日而参用民权,有三大善焉",并提倡西方国家君民共主之制时,张之洞的幕客梁鼎芬(1859—1919)、叶瀚(1861—1933)、缪荃孙纷纷来信批评,其中便有人说:"周少璞御史要打'民权'一万板,'民权'屁股危矣哉!"[2]这一则故事未必是真,但是它反映了"民权"在当时的刺激力量之大。当时撰文鼓吹民权的文章非常之多,卢梭民约思想的影响也很大,有人甚至希望在中国做"亚卢"——"亚洲的卢梭"。[3]

晚清以来"民权"思想的升高是一个广泛事实,但是"国民"所指涉的内容要更特殊一点。关于这个问题,史料很多,此处只能引几条材料作例子。孙宝瑄(1874—1924)《忘山庐日记》"1907 年"条记:

前闻荫亭言:我国今日为治,当区民为三等,最下曰齐民,稍优曰国民,最上曰公民,一切纳赋税及享一切权利,皆截然

1　原先一起提倡维新事业的人,后来往往因为是否宣扬民权而逐渐分道扬镳。参见汤志钧《戊戌时期的学会和报刊》(台北:台湾商务印书馆, 1993),第 4 章,页 143—219。关于梁启超的民权思想,请参考张朋园《梁启超与清季革命》(台北:"中央研究院"近代史研究所, 1969),页 47—65。

2　汤志钧:《戊戌时期的学会和报刊》,页 172。

3　譬如南社健将柳亚子的几首诗都写出了这一点——柳氏自号"亚卢",即以"亚洲的卢梭"自居。参见杨天石、王学庄编《南社史长编》(北京:中国人民大学出版社, 1995),页 9。

不同。而国家亦须设三种法律以支配之。其有欲由齐民跻国民、由国民跻公民者，必其程度与夫资格日高，然后许之。如是则谋国者方有措手处。余以为然。[1]

从这一条材料可以看出，迟至 1907 年士人们已提出要划分"齐民""国民""公民"三种观念。认为"齐民"是自然状态下的人民；而"国民"显然是指自觉到自己是国家的一分子，而且有充分国家思想，并为国家尽其一分子之力量的人；至于"公民"，孙宝瑄在这里没有说清楚，但我们可以猜想是具有纳税、选举等权利、义务的人。

这里必须附带提到的是"公民"的思想。它与"国民"一样，也是近代中国全新的观念，因为它是陌生的，所以康有为在 1902 年以笔名明夷所写的《公民自治篇》中呼吁中国要"造公民"。[2]

使得"国民"思想深入大众脑海中的也是梁启超。梁氏的国民思想在问世之后，马上引起极大的影响。章士钊在 1903 年说："近世有叫号于志士，旁魄于国中之一绝大名词，曰国民云云。"[3] 从 1899 年以后，梁氏开始大量使用"国民"一词。梁氏的"国民"思想有两个源头。第一，在"国家"意识觉醒之后，跟随而来的是"国民"意识的觉醒。前面所引梁启超论国家思想的文章中常常也同时讨论"国民"，并再三强调"国民"与"部民"之不同即一例证。第二是受到当时日本思想界，尤其是德富苏峰（1863—1957）的影响。一般同意，19 世纪 80 年代后期的日本是"国家""国民"思想大盛之时，当时日本知识分子认为如果没有"国家"，人民无所附着，仍是"非国民"，并且认为要将一个日本人变成"国民"是一个非常复杂的过程。[4] 而德富苏峰对日本"国民"思想的形成出过很大的力气。他

1　孙宝瑄：《忘山庐日记》（上海：上海古籍出版社，1983），页 1106。
2　收在张枬、王忍之编《辛亥革命前十年间时论选集》（北京：生活·读书·新知三联书店，1977），第一卷上册，页 180。
3　转引自张佛泉《梁启超国家观念之形成》，页 24。
4　Carol Gluck, *Japan's Modern Myth* (Princeton : Princeton University Press, 1985), pp. 23, 25, 39.

于 1887 年创《国民之友》杂志，1890 年创提倡平民主义的《国民新闻》，他的主要著作则是《近世日本国民史》，从这些标题可以看出德富氏的国民思想之一斑了。而一般都认为梁启超受德富氏的影响最大，甚至说他抄袭德富苏峰的文章。[1] 总之，在梁启超流亡日本期间，日本思想界的"国民"思想早已风起云涌十余年了，他本人的"国民"思想应该受到这一股思潮的启迪。

梁氏在 1899 年 9 月的《近世国民竞争之大势及中国前途》上说：

> 中国人不知有国民也……国民者，以国为人民公产之称也，国者积民而成，舍民之外，则无有国。以一国之民，治一国之事，定一国之法，谋一国之利，捍一国之患，其民不可得而侮，其国不可得而亡，是之谓国民。[2]

在同一年写的《爱国论》一文中，梁氏说：

> 彼其国民，以国为己之国，以国事为己事，以国权为己权，以国耻为己耻，以国荣为己荣。我之国民，以国为君相之国，其事、其权、其荣、其耻，皆视为度外之事。[3]

从上面可以看出，"国民"与"国家"意识之密切关系。而从上述引文中也可以看出，梁氏谈"国民"时至少有如下几种意义：第一，帝室不是"国家"的拥有者，"国民"全体才是国家真正的拥有者。因为拥有所有权，所以对于国家有参与感与责任感，对国家的休戚荣辱产生像自己一家的休戚荣辱那样的联属感。同时因为自己是拥有者，所以有"爱国心"，一旦国家发生任何危机，能奋起为之牺牲。他们认为"爱国心"是过去那些不觉得拥有国家的人所不能想象的。第二，他们认为过去的老百姓因为还没有"国家"

1　冯自由：《革命逸史》（台北：台湾商务印书馆，1978），页 269—271。
2　梁启超：《近世国民竞争之大势及中国前途》，《饮冰室文集》之四，页 56。
3　梁启超：《爱国论》，《饮冰室文集》之三，页 69。

的观念，所以并不晓得在他们上面有一个更大的整体，做任何事情时，不会时时从整体的利益出发。梁启超的《论国家思想》中这样说：

> ……则必人人焉知吾一身之上，更有大而要者存，每发一虑、出一言、治一事，必常注意于其所谓一身以上者。[1]

"国民"因为自知自己属于更高的整体的一分子，所以做任何事情都把"自然"的只关心一己的想法提升到"有意识"地以国家之利益为利益。

第三，因为自己是国家的拥有人之一，所以要尽种种的责任和义务，要时刻关心这个全体，并尽自己的力量来维持它。所以过去那种完粮纳税便可以一切不管，或是"日出而作，日入而息，帝力于我何有哉"的观念不应该存在，"国民"应该永远参与、永远关心自己的国家，就像呵护自己的家业一般。

第四，"国民"是自由的、平等的，在"国民"之上，不应该有任何不平等的阶级或特权存在。当时梁启超等立宪派并不主张推翻君主，所以人们想象的是"一君万民"的格局，在这"一君"与"万民"之间没有任何垄断性的力量，而且"君"也只是受人民委托的总管性质的工作。[2]

除了"国家"与"国民"之外，还有"群"与"社会"的观念。晚清思想界谈"群"时是指一般人"有意识"地集合，"社会"则指有组织的人群而言。当时人心中认为"社会"比"群"更进一步，要群居之民有其同守之约束，也有其共蕲之境界，才称为"社会"。

1　梁启超：《论国家思想》，《饮冰室文集》之三，《新民说》，页16。
2　梁启超在1897年的《论君政民政相嬗之理》中说，中国远古有多君之害，因孔子提倡"大一统"，变多君为一君，又说"凡由多君之政而入民政者，其间必经一君之政乃始克达"。（《饮冰室文集》之二，页7—11）当时还出现另一种意见，认为传统中国的政治其实是"无治"，政府并没有真正的力量可以有所作为，所以像麦孟华便鼓吹要扩大君权使国家能办事，而人民有权而且平等。（麦孟华：《论中国宜尊君权抑民权》，收入郑振铎编《晚清文选》[上海：上海书店，影印，1987]，页489—491）这些看似相抵触的思维，其实有一些共同的方向。

关于这个问题，我曾在另一篇文章中讨论过[1]，此处不赘。

"群"与"社会"二词在古书中都出现过，但与近代中国所认定的意义不同，所以应该被视为新的概念。[2]在当时一些里程碑式的史学文献中，"群"也是一个相当关键的概念。它大抵指一个人群关系的庞大丛结，或者指一个互动的体系。严复对"群"的概念有开辟之功[3]，梁启超则对"社会"一词的流传有过较大的影响[4]。不过"群"与"社会"二词出现有先后，"社会"流行较晚，它在梁氏提出《新史学》时还未广用。"群"与"社会"意义也有所不同，从"群"到"社会"中间也有一个递嬗的痕迹。但无论如何，当时援借这两个概念的史学家都想指陈一种概念：历史不是以个人或个人意识为主体，少数人的主观能动力量并不能左右历史的发展，所以专写帝王将相的历史已经过时，应该代之以描述一群人整体发展的史学。历史描述的单位不应只是个人，而应该是一群一群的人，同时人们也认为传统史学只记单人的事迹，不成一个系统。史学应记载复数的人及社会内部所存在的有机的、错综交互的关系，并且发现其中的因果规律。

三

以上三种观念："国家""国民""群"对新学术影响最大，它们促使人们广泛地评估传统，甚至反省过去所从事的学问究竟是否可以称得上是学问。当时广被争论的"君学"与"国学"之分便是一例。人们争论过去两千年的学问是属于君主的学问还是属于国家

1　王汎森：《清末民初的社会观与傅斯年》，《清华学报》，25:4（1995 年 12 月），页325—343。

2　同上。

3　严复在《原强》中说："其始也，种与种争，群与群争"，"惟群学为最难"，"一群之成，其体用功能无异生物之一体"，"化学原质，自然结晶，其形制之穷巧极工，殆难思议，其形虽大小不同，而其为一晶之所积而成形，虽折［析］之至微，至于莫破，其晶之积面隅幕，无不似也"，"惟群学明而后知治乱兴衰之故"。严复：《严几道文钞》（台北：世界书局，1971），页 25—30。

4　王汎森：《清末民初的社会观与傅斯年》，页 325—343。

的学问。邓实在《国学真论》上说：

> 痛夫悲哉，吾中国之无国学也。夫国学者，别乎君学而言
> 之。吾神州之学术自秦汉以来一君学之天下而已，无所谓国，
> 无所谓一国之学。何也？知有君不知有国也。近人于政治之界
> 说，既知国家与朝廷之分矣，而言学术则不知有国学君学之辨，
> 以故混国学于君学之内，以事君即为爱国，以功令利禄之学即
> 为国学，其乌知乎国学之自有其真哉？是故有真儒之学焉，有
> 伪儒之学焉。真儒之学只知有国，伪儒之学只知有君。知有国，
> 则其所学者上上千载，洞流索源，考郡国之利病，哀民生之
> 憔悴。……若夫伪儒者，所读不过功令之书，所业不过利禄之
> 术……[1]

照邓实说来，"国学"是有了"国家"观念以后才有的，"君学"
则是秦以下两千年的学术；"国学"与"君学"是"真"学与"伪"
学之分，是"真儒"与"伪儒"之判；"国学"所涵盖的是全体国
民之学，故"考郡国之利病，哀民生之憔悴"，"君学"则只是为服
务于帝王一家一姓之学。邓实的文章显然是"国家"意识下的产物。

"国家"与"国民"思想深刻地影响当时人的历史研究。在进
入这个主题之前，必须先强调，梁启超这一代新史家与傅斯年他们
不同：傅斯年这一代的史学家希望历史不要成为道德教训的工具，
不要让仁义道德干扰历史研究的客观性，同时也要把历史与现实政
治的关系切断。[2]；但是梁启超、章太炎这一辈的史家，其改造旧史的
主要目的就是为了现实，就是为了鼓舞人民爱国、救国之心。梁启
超认为今日的任务是要自结其国族以排其他国族，所以新史学的目
标是要能使人们觉悟到要自结其国族，不把国家当作历史的主体则
不足以激励爱国心，不把人民写进历史也不足以激励国民，所以史

---

1 《国粹学报》，27 期（1907），页 1。
2 傅斯年：《历史语言研究所工作之旨趣》，《傅斯年全集》（台北：联经出版公司，
   1980），第 4 册，总页 1314。

学之良窳与国势的强弱可以画上等号。梁启超在《新史学》中这样描述新的历史：

> 国民之明镜也，爱国心之源泉也。今日欧洲民族主义所以发达，列国所以日进文明，史学之功居其半焉。然则但患其国之无兹学耳，苟其有之，则国民安有不团结，群治安有不进化者？[1]

又说：

> 今日欲提倡民族主义，使我四万万同胞强立于此优胜劣败之世界乎？……史界革命不起，吾国遂不可救。[2]

他在《三十自述》中又立志：

> 欲草一中国通史，以助爱国思想之发达。[3]

梁氏自然不是孤立的例子。严复《群学肄言》之《砭愚》篇批评前史体例，说它们"于帝王将相之举动，虽小而必书；于国民生计风俗之所关，虽大有不录"，而他这样批评的原因是阅读前史，"一群强弱盛衰之故，至为难知"，而历史唯有令读者知一"群"，而不是一家一姓的故事，才能让国人通晓盛衰强弱之故。[4] 谁是历史的主人？谁是历史命运的承担者？"新史学"是以"国家""国民"为主体，要脱离旧史"万种腐败范围"，写出新的历史承担者"国民"在过去的历史。[5]

1　梁启超：《新史学》，《饮冰室文集》之九，页1。
2　同上，页7。
3　梁启超：《三十自述》，《饮冰室文集》之十一，页19。
4　此文先于1897年至1898年间刊于《国闻汇编》，见严复译《群学肄言》（北京：商务印书馆，1981），《砭愚》，页8。
5　此时也有人提倡文明史、探索人群进化现象以求得历史中的公理公例，这种写法偏重历史发展过程中一步一步向上进化的现象，使得读者得到一种印象，认为此即人类的公理公例。譬如吕思勉说他读历史才知人类社会有进化的道理。

从上述可以知道为何梁氏在《新史学》中会痛批旧史为"君史"，
而以新史学为"国家"及"国民"的史学。梁氏认为两千年来史学
之病源有四端，其中第一、二点与本文有关：第一是"知有朝廷而
不知有国家"，认为从来作史者，都是为朝廷君臣而作，没有一部
为国家及国民而作的历史。那是因为不知"朝廷"与"国家"之分别，
以为舍朝廷外无国家。第二是"知有个人而不知有群体"。他说历
史贵在能叙"群"相交涉相竞争相团结之道，以及一群人所以休养
生息同体进化之状，"使后之读者，爱其群、善其群之心油然生焉"。[1]
而当时西方的史学都是讲述整个国家全体国民的史学，都是讲整个
"国民系统"之所由来，及其发达、进步、盛衰、兴亡之原因与结果，
那是因为西洋"民有统而君无统"。中国则完全相反，"以国之统而
属诸君，则固已举全国之人民视同无物，而国民之资格，所以永坠
九渊而不克自拔，皆此一义之为误也"。[2] 梁启超的《新史学》从"国
家主义"出发，批评旧史书之斤斤置辩于"正统"。他说"统"应
该在"国"不在"君"，在众人而非在一人：

> 然则正统当于何求之？曰：统也者，在国非在君也，在众
> 人非在一人也。舍国而求诸君，舍众人而求诸一人。必无统之
> 可言，更无正之可言。[3]

对于史书中的"褒贬"，他在《新史学》中也有新的看法，认
为不能只褒贬一人，而应褒贬整个团体，否则"群治"不能进步：

> 而中国史家，只知有一私人之善焉、恶焉、功焉、罪焉，
> 而不知有一团体之善焉、恶焉、功焉、罪焉。以此牖民，此群
> 治所以终不进也。[4]

---

1 梁启超：《新史学》，《饮冰室文集》之九，页3。
2 同上，页21。
3 同上，页25。
4 同上，页27。

他又说旧史中所称道或讥贬的人物，所持的标准也是从这个人对君主一姓之效忠与否出发，不是立足于国民公义，《新史学》说：

> 然所谓敢谏者，亦大率为一姓私事十之九，而为国民公义者十之一，即有一二，而史家之表彰之者，亦必不能如是其力也。[1]

他认为应该"褒贬一民族全体之性质"[2]，而不是褒贬某人对一家一姓之忠诚与否。而他评断传统史家之优劣时，也是以他们的著作中是否有国家及国民思想为判准。[3]他所向往的新历史著作要能读后有感动，是以必"激励其爱国之心，团结其合群之力，以应今日之时势而立于万国者"。[4]他甚至说如果"史界革命不起，则吾国遂不可救"：

> 今日欲提倡民族主义，使我四万万同胞强立于此优胜劣败之世界乎？则本国史学一科，实为无老、无幼、无男、无女、无知、无愚、无贤、无不肖所皆当从事，视之如渴饮饥食，一刻不容缓者也。然遍览乙库中数十万卷之著录，其资格可以养吾所欲、给吾所求者，殆无一焉。呜呼，史界革命不起，则吾国遂不可救。悠悠万事，惟此为大！[5]

《新史学》中的这些言论是大家耳熟能详的，而如果没有梁氏所一再提倡的"国家""国民"思想，是不会有这种史学观念的。

至于"群"对新史学的影响，前面已提到过一些。"群"的观念在梁启超的《新史学》中有清楚的反映，他责备旧史"知有个人而不知有群体"的论点，对清末民初的一些历史著作也有很大的影

---

1 梁启超：《新史学》，《饮冰室文集》之九，页28。
2 同上，页29。
3 "细数二千年来史家，其稍有创作之才者惟六人：一曰太史公，诚史界之造物主也，其书亦常有国民思想……二曰杜君卿，《通典》之作，不纪事而纪制度。制度于国民全体之关系，有重于事焉者也。"（梁启超：《新史学》，页5）
4 梁启超：《新史学》，《饮冰室文集》之九，页6。
5 同上，页7。

响，下面在讨论"有史""无史"的争论时所将征引的材料中也会随时看到。"群"被有意识地用来作为思考史事的不少，譬如夏曾佑（1863—1924）在《中国古代史》中的《诸侯之大概》一节写道：大禹涂山之会时，执玉帛而会者有万国，到商汤时有三千，到周武王时还有一千八百，至入春秋时代，国之见于史书者，只有一百四十余，而且大半无事可记，其可记者十余国，"盖群之由分而合也，世运自然之理，物竞争存，自相残贼，历千余年，自不能不由万数减至十数"。[1] 这是充分运用"群"与"物竞天择"的观念去推测古代历史的情状，也是以"群"的观念作为考虑古史的一个重要范畴。"社会"在新史学中的分量比"群"要轻，它在提倡新史学的文章中出现的频率也不像"国家""国民""群"那样高，可能因为它是一个比较后起的观念。不过，像黄节就曾抱怨中国的旧史不能见"社会得失之故"，说"吾四千年史氏有一人之传记而无社会之历史"[2]，便是一个值得注意的例子。

四

梁氏的《新史学》一文从 1902 年 2 月 8 日起便在《新民丛报》上断断续续地连载着[3]，一直到该年 11 月 14 日才刊完。他那些富含刺激性的话，很快地在知识界引起震荡，1902 年到 1903 年，便有不少文章回应他的论点。受他影响的人急着争论中国过去究竟"有史"还是"无史"。梁启超的文章像是开动一个机括，提醒人们思考"什么是历史"这一个根本的问题，人们争论历史应该是什么，不应该是什么。在历史不应该是什么这一点上，大家的意见相当一致，但是在讨论历史应该是什么时，看法便有一些分歧了。他们的文章大都充满着一些论证简单，但又对立鲜明的概念。邓实在 1902年 8、9 两月所撰的《史学通论》就是一个很好的例子。邓氏在文

1　夏曾佑：《中国古代史》（台北：台湾商务印书馆，1968），页 35。

2　黄节：《黄史》，页 2。

3　分别见于《新民丛报》第 1、3、11、14、16、20 号。

章一开头便说他读三千年来的史书,"渊渊焉而思,眈眈然而忧,曰,史岂若是邪? 中国果有史邪?"[1] "史岂若是邪"——这是多么激烈的语气,邓氏不承认他所读到的史书是历史,他怀疑"中国果有史邪",然后说他自己受到"新史氏"(梁启超)的影响,了然于"史者,叙述一群一族进化之现象者也"。他说:

> 盖史必有史之精神焉。异哉,中国三千年而无一精神史也! 其所有则朝史耳,而非国史,君史耳,而非民史,贵族史耳,而非社会史,统而言之,则一历朝之专制政治史耳。若所谓学术史、种族史、教育史、风俗史、技艺史、财业史、外交史,则遍寻乙库数十万卷充栋之著作而无一焉也。[2]

从上面这一段引文看来,邓实认为"国史"是历史,"朝史"不是历史,"民史"是历史,"君史"不是历史,"社会史"是历史,"贵族史"不是历史。此外,学术史、种族史、教育史、风俗史、技艺史、财业史、外交史是历史。但他说在数十万卷纪传史书中找不到上面这些东西。

在"有史"与"无史"的争论中,最常被提到的是"君史"与"民史"的对立。1902 年 10 月,有署名樵隐的人写了《中国亟宜编辑民史以开民智》,强调要有民史,才能启迪百姓的智慧,所以应该编农史、工史、商史,才能开启农、工、商的智慧。[3]邓实也说君史是"一代人之君即一代之史也",而民史则是一群人的历史,"民史之为物,中国未尝有也"。他又说:

> 夫世界之日进文明也,非一、二人之进,而一群之进也,

---

1 邓实:《史学通论》,载氏辑《光绪壬寅政艺丛书》(台北:文海出版社,1976),页 714。

2 同上。

3 邓实:《光绪壬寅政艺丛书》,页 724—725。他又说二十四史中,除了《史记》以外,"先后一揆","一号曰儒,不辨菽麦,不谙生计,不知农工商业为发达世界之极点"(页 725)。作者认为当时的中国必须有新的历史,才能启迪农、工、商民,在新的世界经济竞争中站住脚步。

非一小群之进，而一大群之进也。[1]

历史的行动者是复数的，不是单数的，所以"历史者即其一大群之现象影响也"。"夫民者何？群物也，以群生，以群强，以群治，以群昌。群之中必有其内群之经营焉，其经营之成绩则历史之材料也；群之外必有其外群之竞争焉，其竞争之活剧则历史之舞台也。是故舍人群不能成历史。"[2] 从上面这些引文中，可以看到"群"的概念如何改变一代史学的方向。

陈黻宸（1859—1917）的《独史》于1902年9月发表于《新世界学报》。他这一篇文章反复叹息中国"无史"，譬如说："於乎，中国之无史。"又说："吾观于南北朝之时，而益不能叹息痛恨于中国之无史也。"又说："於乎，我中国之无史久矣。"[3] 他主要针对"史权"这一个观念来谈。他说"史权"不是褒贬予夺，因为那是一人私断而不是"公言"：

> 然我谓予夺褒贬，非所以伸史家之独权也。史者，天下之公言；而予夺褒贬者，一人之私断。[4]

谈"史权"则理想上应该让史家掌管一个机构，收集中央政府的各种史料，而且要在各直省府州厅遍设史馆，收集各地人民之史料，且由史家发挥独立的精神，撰写充分关照人民历史的史书。他说：

> 我观于东西邻之史，于民事独详。……夫欧美文化之进，以统计为大宗，平民之事，纤悉必闻于上。是故民之犯罪者、自杀者、废疾者、婚嫁者、生者、死者、病者、有业者、无业者，每年必为平均分数，而以其所调查者比而较之。比较既精，

---

1 邓实：《史学通论》，页717。
2 同上。
3 陈黻宸：《独史》，《陈黻宸集》（北京：中华书局，1995），页566—568。
4 同上，页567。

而于民人社会之进退、国家政治之良窳，析薪破理，划然遽解，
斯所谓弥纶一代之巨作矣。[1]

陈氏似乎受到英国史家巴克（H.Buckle，1821—1862）写的《英
国文明史》（*History of Civilization in England*）的影响，他心目中
之历史必须充分解析"民人社会之进退、国家政治之良窳"。他说
西洋人之所以能写出这类史书，是因为他们花费很大的力气在统计
民事，那是因为"泰西民与君近，呼吸相闻"，"故史得资以核其见闻"。
中国自秦以后"民义"已衰，不看重老百姓，所以像欧美统计民事
的工作也就不可能了。

在"有史""无史"的争论中，也涉及"公史""私史"之分。
1902 年 10 月，在一篇没有作者、署名为"星架坡天南新报"所写的
《私史》中，作者一开始便责备旧史只重朝代的兴亡、强弱、沿革，
把历史与一人一家之谱系画上等号，他称之为"私史"，相对立的
则是"公史"。"私史"不是历史，"公史"才是历史。"公史"的内
容是：

> 一切英雄之运动，社会之经练［纬］，国民之组织，教派
> 之源流……[2]

他认为这些皆不见于旧史，故浩叹说："甚矣！中国之无公史也"，
旧史"是一家之史，非全国之史也；一时之史，非万世之史也。……
以是为史，谓之无史可也"。[3]

当然也有一些史家主张应该对传统史学具有同情的理解，他
们开始反省如果中国真的"无史"，那么为什么会"无史"。他们倾
向于划分古代为两个时期：神史—君史。神史时代，其史学好言天
道鬼神灾异卜筮之事，史官所学皆神事，其历史记载也泰半带神话

1　陈黻宸：《独史》，页 562—563。
2　星架坡天南新报：《私史》，《新民丛报》，第 19 号（1902 年 10 月），页 99。
3　同上，页 99、100。

性质。君史时代，一切随君主而转移，故历史也只记载君主一家一姓之事。他们隐隐然要说，如果对历史具有同情的理解，就不会去责备中国无"民史"，因为"民史"是人类发展到第三阶段的产物，而西方事实上也没有太久的"民史"。[1]

不过也有人不那么含蓄。1902 年 10 月及 12 月，马叙伦在《新世界学报》连载《中国无史辩》，显欲对"无史"论者加以痛击。从目前看到的一些片段，可以看出马氏不满意国人过度崇拜西洋而轻忽"国粹"。他提出司马迁的《史记》与郑樵（1104—1162）的《通志略》为例，来反击中国无史论者，表示"然则中国之学术何尝不及泰西，中国又何尝无史？呜呼，恫哉！恫哉！"[2]1908 年，《东方杂志》上有一篇署名蛤笑所撰的《史学刍论》，他说"无史"论者论为二十四史"可以为二十四朝君主之谱牒，不可以为二千余年民族之记载。又其甚者，且谓吾国自古迄今，尚未有史学，呜呼，何其粤国之甚也！"可是他的论证也相当有意思。他说："若夫吾民族千百年来，所以屡受外界之侵凌，而究能获最终之战胜，与夫礼俗、学问、美术、技艺、文教、武功之称雄于东亚者，非官书曷由知之？"[3]他认为可以从旧史书来证明中国"有史"的"礼俗、学问、美术、技艺"，无一不是新史学的标准。坚持中国"有史"的人显然暗受反对派的影响，所以用来证明"有史"的标准竟与主张"无史"的人差不多。又如黄节是反对中国"无史"的，但是他所提出的证据也很有意思：

> 吾观夫六经诸子，则吾群治之进退有可以称述者矣。不宁惟是，史迁所创，若河渠、平准与夫刺客、游侠、货殖诸篇，其于民物之盛衰、风俗道艺之升降，靡不悉书。至如范晔之传党锢，谢承之传风教，王隐之传寒俊，欧阳修之传义儿，是皆有见夫社会得失之故，言之成理，为群史独例。概以谓吾国

---

1 邓实：《史学通论》，页 715。
2 马叙伦：《中国无史辩》，《新世界学报》，第 9 期（1902 年 10 月），页 14。按此文系刘龙心小姐见赠。文缺前半，即刊于第 5 期者。
3 此文见《东方杂志》，5：6（1908 年 6 月），页 90、91。

四千年旧史皆一家一姓之谱牒，斯言也毋亦过当与！[1]

文中所提到"群治之进退"等，都是"新史氏"认为旧史欠缺的东西，
而黄节却用它们来证明中国无史论者主张之不适当，不免让人觉得
他对"什么是历史"这个问题所持的立场已经非常不传统了。到了
这个时候，"有史"论者和"无史"论者其实都同意"历史"应该
是国史，是民史，是一大群人之历史，是社会的历史，同时历史叙
述应该从宫廷政治史解放出来，而以宗教史、艺术史、民俗史、学
术史作为它的主体。

值得注意的是，尽管有人出面坚持中国"有史"，但整体而言，"无
史"论的一派仍然占上风。最有代表性的一篇文章是《中国史的出
世辞》，主张中国过去"无史"，一直到国民史学出现，才是中国史
的"出世"。作者"横阳翼天氏"（曾鲲化）在这篇文章中说：

> 不佞为四万万同胞之国民之一分子，愿尽四万万之一之义
> 务，为我国民打破数千年腐败混杂之历史范围，掀拔数千年根
> 深蒂固之奴隶劣性。特译述中国历代同体休养生息活动进化之
> 历史，以国民精神为经，以社会状态为纬，以关系最紧切之事
> 实为系统……寻生存竞争优胜劣败之妙理，究枉尺直寻小退大
> 进之真相……以为我国自古以来血脉一统之庞壮国民，显独立
> 不羁活泼自由之真面目。[2]

他又说：

> 浸假而地球独立自营大国民之鼻祖，其单刀直入，开辟中
> 华之手段，史笔削之矣；浸假而挥斥八极，亭毒全球气魄，史
> 笔削之矣；浸假而雷霆万钧，震惊大空之势力，史笔削之矣。

1　黄节：《黄史》，页 2。
2　曾鲲化：《中国历史出世辞》，见蒋大椿编《史学探渊：中国近代史学理论文编》（长春：
　　吉林教育出版社，1991），页 596—597。

吁嗟！吁嗟！其尚得曰：中国有历史乎？何配谈有中国历史乎？
余一人朕天子之世系谱，车载斗量；而中国历代社会文明史，
归无何有之乡。飞将军、大元帅之相砑书，汗牛充栋；而中国
历代国民进步史，在乌有子之数。[1]

他还写下这样一段祝辞：

> 中国历史出世，谨祝我伟大中国灿烂庄严之文明国旗出
> 世于今日，谨祝我中国四万万爱国国民出世于今日，谨祝我
> 四万万爱国国民所希望理想之自由、所馨香祷祝之独立出世于
> 今日。[2]

由新的历史出世，可以联系到四万万爱国国民之"出世"，乃至于
四万万爱国国民所希望之理想自由出世，足见他赋予新史学的现实
任务之巨大，同时也可以看出晚清新史学与政治之间的密切关系。

结　论

　　以上是我对晚清政治概念与新史学的一个反思。过去探讨这个
问题时，大多就史学论史学，而事实上，史学以外的政治、社会思
潮对史学的变化产生了莫大的作用。在这篇文章中，我主要是以"国
家""国民""群"与晚清新史学的关系为主进行讨论，它们开启了
一个以国民的活动为主体的历史探讨空间，以及一种对复数的而非
单一的历史行动者的关怀。同时，在它们的影响之下，也形成了中
国"有史""无史"的争论。在中国这样一个史学传统深厚的国家
争论"有史""无史"，意味着人们意识到历史似乎不应该是传统定
义下的历史，人们开始关心"历史是什么"。从本文中所征引的材

1　曾鲲化：《中国历史出世辞》，页 596。
2　同上，页 597。

料也可以看出,不管国粹派还是立宪派,不分"无史"论者还是"有史"论者,他们到了最后都隐然认定历史应该是"民史",是"公史",是"社会史",是群体的历史,这对后来的史学发展产生了相当关键的影响。不过,20世纪初期的新史家们基本上主张从旧史关注的范围中解放出来,放宽历史的视界,至于二十多年后,以胡适、傅斯年为代表的另一波新史家,则重视新史料、新方法、新工具。这两波史学革命之间,关怀的重要点显然有所不同,然而它们对近代史学的发展都有重大的影响。

反西化的西方主义与反传统的传统主义

—— 刘师培与"社会主义讲习会"

在清末的刘师培身上似乎可以看到当时思想的两种特质。第一是近代中国传统知识分子的一种两难心态，既痛恨西化，却又想从"西方"取万灵丹，所以既不满意于当时西方事物对中国的影响与冲击，但是又想学习西方最"科学"、最"进步"的主义。此处姑称之为"反西化的西方主义"。同时他们也有一种既批判传统，又向往某种他们认为更纯粹的传统的倾向，我称之为"反传统的传统主义"。第二是追求乌托邦世界的心态。清末民初的中国发展出各式各样的乌托邦思想，它们有各种不同的来源，内容也形形色色，但却有一个共同点：绝对的平等，个体自由，去除由文明所带来的种种隔阂与分别。有一部分抱持上述两种思想的士大夫在1905年左右加入了革命的阵营，被当时流行于日本的无政府主义所吸引。不过，他们最后也陷入像日本无政府主义领导思想家幸德秋水（1871—1911）般不切实际的理想，并逐渐在革命阵营中边缘化了。

此处主要是以刘师培在1907年到1908年前后大约一年间转向无政府主义而最终又放弃的过程为例，对他当时的两难心态与乌托邦思想作一诠释。

一

虽然传统儒家的基本关怀是现实世界，但是其中仍潜存一股乌托邦思想。当社会面临严重危机时，这一类潜流便会浮现，儒家的大同思想在清季流行便是一例。[1]

晚清社会政治的危机是非常广泛的，包括西方帝国主义的入侵、社会严重的不平等、人口暴增、商品经济的冲击等。面对这些困境，清政府开始了自强运动及新政。这些新政的特色是吸收西学，实行议会制度，加强政府对下层的控制，以及警察制度等。但这些政策及自然形成的新商品经济，却干扰了传统的农村社会，议会政治也干扰了抱持传统心态的士大夫。所以这些人不但被清季内外的乱局所干扰，同时也被为了拯救这个困乱之局所实行的新政策所干扰，时代对他们来说是一把两面皆刃的刀子。他们既不满意古老中国的落后与严重失序，但是也不满意西方事物。他们既不满意旧中国，但也不满意打破中国旧传统的新东西，而很不幸地，那些或许在过去可以相当程度地适用于中国社会政治的传统学问，现在却完全无法应付挑战了。无比的困惑与两难，使他们像是陷入一无门可逃的"铁笼"中。

紧急的心情与压迫感逼使人们想望非常的救赎，最好是可以逃脱所有恼人的羁绊而又能在最短的时间内一次解决所有问题。佛学是一项选择，它在晚清吸引了许多士大夫，梁启超甚至认为几乎所有"新学家"都与佛学有关。[2]佛学超越各种组织、阶级、国家、文明的分别，并许诺一个普同的完美世界，颇为符合时人的胃口。

值得注意的是，包括像康有为、章太炎、刘师培等中国旧经学传统中今古文两派的领袖人物，都发展出某种乌托邦的倾向。康有为这位晚清今文学的领袖，是重新发现并诠释《礼记·礼运》篇的人。这一篇两千年来不被学界主流突出表彰的文献，被康有为推展到前所未有的高度，尤其是其中的乌托邦意味，早已超过它原有的脉络及传统的诠释。而这些含义中有不少接近于现代的社会主义思想。

---

1 景克宁等:《景梅九评传》(太原:山西人民出版社,1990),页4。关于传统中国大同思想，可参见陈正焱《中国古代大同思想研究》(上海:上海人民出版社,1986),尤其是第5章，页292—350。

2 梁启超:《清代学术概论》(台北:台湾中华书局,1956),页60。

稍后于康有为，章太炎与刘师培这两位古文阵营的领袖，也有强烈的乌托邦倾向。以章太炎为例，在1904—1906年之间，他因为"《苏报》案"被关在上海监狱之中，开始精研佛典，尤其是《瑜伽师地论》，而且深为所动，认为瑜伽之理"深不可加"。他先是被佛学的名相分析所吸引，后来则渐被其乌托邦面所吸引，糅合了一些无政府主义，他向往"五无"的境界，也就是无国家、无社会、无人类、无众生、无世界，到最后达到没有任何分别、樊篱、组织等存在的境界。[1]

刘师培这位年轻的天才，是仪征经学世家子弟，其父祖以三代之力重疏《左传》，成为清代经学史中最可观的成就之一。刘氏于1903年，也就是他二十岁时，从故乡来到上海。在那里，他被章太炎的学养及革命热情所吸引，甚至将自己的名字由师培改为光汉。刘师培此时也可能注意到新引进的无政府思想。他认识了张继（1882—1947），当时张氏刚出版了一本译作《无政府主义》，这本册子一般相信是马拉泰斯塔（Errico Malatesta）的作品。同时，《苏报》上刊登了几篇有关无政府主义的文字，刘师培也可能读过它们。不过，此时刘师培正被卢梭的社会契约论所吸引，竭力主张平等及缩小贫富差距。倒是刘师培的妻子何震（约1884—约1919）更为激烈，倾向于俄国虚无党。[2]

章太炎于1906年由上海出狱赴日本，而刘师培夫妇亦于1907年到达日本，他们都成为同盟会会员。1906年正是东京革命阵营的低潮期。有些主张以激烈之暗杀，有些则主张另辟他途以解开这个僵局。章太炎赴日后接手《民报》的编务，并为它发展了新方向。其实早在章氏接手前，《民报》中社会主义的味道已经相当浓，这与当时日本思想界的发展是息息相关的。同时也是近代中国思想史中许多与日本思想平行发展的例子之一。

冯自由（1882—1958）、朱执信（1885—1920）、宋教仁在《民报》

1　王汎森：《章太炎的思想》（台北：时报文化出版公司，1985），页16。
2　K. W. Kwok, "Anarchism and Traditionalism：Liu Shih-pei",载《中国文化研究所学报》，4:2（1971），页525—527。

上先后发表了一些关于社会主义的文章[1]，有些只是介绍学理，未必出于政治信仰。孙中山（1866—1925）亦受此思潮影响，声称中国的革命也是社会主义革命。以上几位作者对社会革命理解的深度，并不易确定。他们大多是二十几岁的青年，摘述、翻译日文或英文刊物中有关社会主义的文章，自己倒不曾深入探索。大体而言，当时孙中山主张土地国有及单税论，冯自由这一位出生在日本的革命者，则相信德国的国家社会主义最适合当时中国国情，朱执信倡导马克思主义，廖仲恺（1877—1925）则提倡激进的社会主义革命。[2]

但当时日本社会主义团体内部却有一重要发展，即幸德秋水在 1905 年至 1906 年之间的转变。1905 年，幸德在狱中待了五个月，他阅读克鲁泡特金（P. A. Kropotkin，1842—1921）的作品，并开始严厉批评宗教。就在这期间，他的无政府主义倾向开始浮现。所以当他在 1905 年出狱前往美国时，他形容这趟旅程有如克鲁泡特金转向无政府主义时的瑞士之行。幸德秋水在旧金山受到美国无政府主义者弗利兹（Fritz）女士以及艾伯特·约翰逊（Albert Johnson）的招待。在美国的六个月，他的思想产生很大的改变。他放弃了原先所倡导的议会政治与公民普选路线，转而相信工团主义与暴力主义，而且他也相信，全世界的革命大方向已经转向无政府主义。幸德秋水在美国时目睹了旧金山大火，这场世纪性的灾难给他一个机会观察在没有政府的自然状态下，人类究竟以何种方式相处。他发现，从 1906 年 4 月 18 日起，全旧金山市虽然处于无政府状态，但人们却以前所未有的合作精神互相帮助。他在日记中感叹说：可惜这个理想状态将只持续数周，人们不久就得回到资本主义私有制社会了。这场大灾难说服了他：如果依循人类本然的善性，只要旧有的社会组织能彻底摧毁，人类可以建立一个无政府主义天堂。所以在 1906 年 6 月 23 日他回到日本时，他宣称自己已完全变

1　Martin Bernal, *Chinese Socialism to 1907* (Ithaca : Cornell University Press,1976), pp. 107-128.

2　Martin Bernal, "The Triumph of Anarchism over Marxism", in Mary Wright ed., *China in Revolution : The First Phase 1900-1913* (New Haven : Yale University Press, 1968), pp. 108-112.

成"另外一个人"——一个行动家。罢工与暗杀，而不是议会普选路线，成为他迈向建立道德乌托邦社会的途径。儒家的某些思想成分在这里与无政府主义汇合，成为联手对抗西化的武士。

对幸德来说，道德完善的乌托邦社会的理想并不陌生。对道德社会的追求是他早年就有的梦想。对幸德这样一个在儒家教育熏陶下成长的人而言，追求道德的完整性，并批评西化的明治日本是一个竞逐无已的社会，并不令人感到意外。他批评当时人不再克己自制，自我无限膨胀，而且放弃了理想主义。幸德厌恶当时的自由民权运动，因为在他看来，自由民权运动是物质功利思想的产物。从1899 年到 1903 年，追求道德完满的儒家理想使他成为一个国际社会主义者。当时，托马斯·克卡（Thomas Kirkup, 1844—1912）的《社会主义的探讨》（*An Inquiry into Socialism*）一书使他相信：一个具有忍耐、人道、无私地服务社会等特质的理想社会是可能的。有意思的是，克卡的这一本书也影响了毛泽东（1893—1976），毛泽东认为它的内容相当近似于《大学》。[1] 我们或许可以说，传统的道德激情是促使他们追寻乌托邦并付诸革命行动的一个共同催化剂。

对道德社会的追求也导引幸德走向激烈批判帝国主义。幸德秋水 1907 年写成的经典之作《帝国主义：二十世纪的怪物》反映了同样的道德热情。与列宁（1870—1924）的《帝国主义：资本主义的最高阶段》不同，幸德秋水的书比较不关心资本主义经济方面的剥削，而更为关心道德方面的问题。[2]

幸德的转变导致当时日本社会主义团体的分裂。1907 年 2 月，幸德与他的同志辩论议会政治。幸德坚持，他并不像美国的无政府主义者那样，认为议会路线是无效率的（inefficient），他痛恨议会政治是因为它污染了人的精神。[3] 当双方公开分裂时，幸德组织了一

1　F. G. Notehelfer, *Kotoku Shusui : Portrait of a Japanese Radical* (Cambridge : Cambridge University Press, 1967), pp. 30-31, 39, 55, 76-77, 128, 131, 141.

2　Ibid., pp. 82-83.

3　Ibid., p. 143.

个激进团体"金曜会",而这个团体与当时在东京的中国知识分子发展出密切关系。

值得注意的是,当幸德与他的同志们争论议会政治的问题时,孙中山与新加入革命阵营的思想家章太炎、张继、刘师培等也濒于分裂。[1] 而这几位不合时宜的思想家也就在这个时期决定造访当时日本社会主义的代表人物幸德秋水。

为什么幸德对他们具有吸引力?当章太炎取代孙中山的广东派编辑胡汉民(1879—1936)、朱执信、汪精卫,成为《民报》主编时[2],《民报》的内容逐渐脱离了胡汉民在该刊第三号所订下的六大主义("倾覆现今之恶劣政府""建设共和政体""土地国有""维持世界真正之平和""主张中国日本两国之国民的连合""要求世界列国赞成中国革新之事业")。章氏对佛教的过度强调,以及对共和政体、议会政治、基督教、进化论以及《民报》原先所提倡的政治思想的批判[3],使得他与孙中山派在思想上有了距离。但这个在《民报》内部引起反对的新思想倾向却与幸德相合。1907年3月26日,通过日本社会主义者北一辉(1883—1937)的介绍,张继与章太炎寄给幸德一纸短笺,根据系屋寿雄的报道,这张纸片目前还保存在幸德后人的手中,上面写着"拜启:明日午后一时往贵宅敬聆雅教,乞先生勿弃"[4],由于没有进一步的材料,所以无法得知这次会面的实况,不过我们可以发现,七天后的《平民新闻》中有一则报道,声称中日社会主义者正携手合作。另一则报道则提到,幸德与孙中山派的中国革命家并不密切,但与同盟会中的"新思想家"相当接近。[5]在他们初次会面后不久,幸德便与这几位"新思想家"共组了亚洲和亲会,除日本人之外,该会包括有来自安南、菲律宾、印度的会员。[6]

1　Martin Bernal, "The Triumph of Anarchism over Marxism", p.138.

2　Marius Jansen, *The Japanese and Sun Yat-sen*(Cambridge, Mass.:Harvard University Press, 1967), p.124.

3　王汎森:《章太炎的思想》,页9。

4　系屋寿雄:《幸德秋水传》(东京:三一书房,1950),页193—194。

5　同上,页91、194。

6　Marius Jansen, *The Japanese and Sun Yat-sen*, p.124.

　　"新思想家"们被幸德所吸引的理由值得进一步分析：他们觉得幸德反帝国主义、反议会政治、提倡经济平等，主张直接暗杀行动，但又能倡导传统道德，与他们的想法相近。而且幸德当时新从美国回来，对西方世界有第一手的观察，同时又宣称无政府主义是最科学、最进步的社会主义。这种主义似乎可以解开他们心中的许多两难，还可以给当时的革命行动提供一些支点。也就是说，各色人等都可以在无政府主义这一个"乾坤袋"中找到一点与他们相似之处，或解决他们思想困境的良方。譬如说，信仰社会主义但却反对阶级斗争的人，发现克鲁泡特金的理论在某些方面相当符合儒家思想。[1] 此外，当时有不少人担心如果照日本流行的所谓"文明论"的说法，则"文明"像一座阶梯，由下至上逐级而往必须耗费极长时日，以中国来说，它必须从农业社会到资本主义社会，最后也许才能爬到社会主义社会。但他们却发现在无政府主义的理论中，中国不需先成为资本主义社会就可以直接跳到最高级的无政府主义社会，这对一个组织化及工业化程度极低的国家有相当大的吸引力。更何况，无政府主义者认为：正因为中国社会落后、组织松散——既无大地主，也无大资本家——反而比西欧先进诸国更易于达到理想的无政府境界。落后是一项资本。至于那些痛恨清朝专制统治者也可以在无政府主义中寻得奥援——因为无政府主义提倡推翻所有的权威。提倡妇女主义者（如何震），更发现无政府主义足以帮助实现她们的目标。[2] 至于那些怀念儒家传统及田园生活、痛恨西方帝国主义，并痛恨议会政治之金权化、庸俗化的人，那些不喜欢社会达尔文主义的竞争说的人，还有那些厌恶西洋事物者，以至于那些不满当时清廷的作为，主张目前应实行暗杀才可能达成革命任务者，还有痛恨任何"主义"，但又喜欢所谓西洋科学者，皆可以在这新兴的社会主义——无政府主义的宝库中，找到一两件他们要的兵器。更重要的是，"无政府主义"不只是一个否定思维的武库，它同时

1　Martin Bernal, "The Triumph of Anarchism over Marxism", p. 41.

2　Peter Zarrow, "He Zen and Anarcho-Feminism in China", *JAS*, Vol.47, No. 4（Nov., 1988）, pp. 796-813.

也提供了一些理想：土地归公、资本归公、均贫富、铲阶级、绝对平等、从各种束缚中解放，使每个人得到最充分的自由。

根据景梅九（1882—1961）的回忆，当时在东京的中国留学生，开始从幸德所办的《平民新闻》上了解无政府主义，连他们也都发现《平民新闻》上所宣扬的主张有与孙中山民生主义相合之处。其实在 1905 年 12 月，在第五十九期的《平民新闻》上即已刊登孙中山的文章《中国问题的根本解决方法》。[1] 而且早在 1900 年，在国际社会主义的合作运动风潮下，幸德早已和南桂馨（1883—?　）、陶治公（1886—1962）有交谊。[2] 不过这个时期的幸德秋水尚未成为无政府主义者。

二

在幸德的影响下，中国无政府主义者迅速地发展着。1907 年 6 月，刘师培及何震这对来到东京才四个月的夫妇，便迫不及待地投入宣扬无政府主义的工作中。他们发起了一个无政府刊物《天义》，当年 8 月，刘氏夫妇与张继及章太炎成立社会主义讲习会。这个名称显然是模仿当时日本的"社会主义讲习会"，中国志士所组织的讲习会大概有九十个会员。幸德的作品被大量译成中文。此外，他的《社会主义的神髓》及所译《总同盟罢工论》亦被转译成中文，流传于留日学生圈中。根据一封幸德给石川三四郎的信，在幸德因大逆案被处死（1911）前，"新思想家"中的张继已和他发展出极密切的情谊[3]，而幸德金曜会的成员，尤其是片山潜与山川均（1880—?　），也在社会主义讲习会中扮演重要角色。倒是幸德本人并未密切参与讲习会的活动。因为当讲习会进行得如火如荼之际，正好是幸德为了躲避日警而遁居在他的故乡土佐一个村庄的时候。在幸德秋水、

1　永井算己：《社会主义讲习会和政闻社》，《东洋学报》，51：3，页 67。

2　杨天石辑："社会主义讲习会"资料》，《中国哲学》，第一辑（1979）、第九辑（1983），以下简称为《资料》一、《资料》二。

3　永井算己：《社会主义讲习会和政闻社》，页 97。

山川均、堺利彦等人的全集中，并未收入他们在讲习会的任何讲稿。
这也许是体例不合，也许是文集编纂者的疏忽。幸德秋水的名字在
《天义》上出现时，则被代之以四个空格。当提到"暗杀"二字时，"杀"
字通常以空格代替，以免刊物受到日本警察的取缔。

　　对讲习会最为热心的是刘师培夫妇，至于章太炎，虽然深受无
政府主义影响，却未全心参与。讲习会的所有活动皆记录在《天义》
上，而在日本外务省也有一秘密档案题为《清革命者与社会主义》，
从这些档案看来，当时日本政府密切监视着讲习会的活动。

　　讲习会最初订定每周举行一次演讲，后来变为两周一次，主
要讲题是无政府主义、社会主义、中国百姓当时的生活状况等。在
1907 年，当中国学生大量涌到东京时，讲习会的听众可以从数十人
到近百人不等（关于与会人数，日本外务省档案与《天义》报所载
有出入）。[1]

　　讲习会前后大概举行过二十一次演讲，前六次是由幸德秋水、
山川均、堺利彦等人主持。此外的十五次，则分别由章太炎、张继、
何震、陶成章（1878—1912）等主持[2]，讲习会的成员很快发现日本
警察监视他们严密的程度一如监视日本无政府主义者。讲习会实际
上只维持了将近十个月，印了十九期单薄而错字百出的《天义》报。
《天义》常常因为缺稿脱期而将数期并为一本，故全部只有 688 页，
其中一半以上的文章出自刘师培、何震夫妇之手。从刊物本身看来，
大概在 1908 年初，《天义》的编者已感力不从心，杂志一再延期。
当最后一册（十六、十七、十八、十九期合刊）出版时，充斥着西
方无政府主义作品的中译。可能是害怕日本警方的压力，刘师培决
定停刊《天义》。1908 年 4 月起，刘师培发行了一份《衡报》——
中国的第一份宣扬无政府主义的报纸。虽然它声称在澳门发行，但
实际上仍在东京印刷。刘师培声称这是一份报纸，但是在六个月间，
却只出了十一期，当年 10 月，便被日本警方查禁了。

1　永井算己：《社会主义讲习会和政闻社》，页 55—56。
2　《资料》一，页 374—375。

　　刘氏在《天义》中的文章偏向阐发无政府主义,而在《衡报》中,偏向对当时中国农民生活苦况的分析以及无政府思想在中国社会如何实践的问题。我们可以说,这正代表此时刘氏思想的两层,一是乌托邦层面,另一是现实层面;而现实层面的不满与两难,常以乌托邦层面为发泄口。

　　当讲习会正在进行时,他们常被同盟会会员问及该会的宗旨是否影响了反清运动。其实他们同意倒清,但在细部政策上则有分歧。如孙中山主张革命成功之后实行土地国有,但无政府派认为如果要执行土地国有,需要庞大的官僚机构来掌管土地,那又将制造另外一个专制威权。如果要重新分配土地,那么革命成功后,也一样得维持一个强大的政府,这是无政府主义者所不能同意的。他们的目标是,清朝政府垮台之后,中国应马上成为一个无政府社会,不应再有中央政府存在。他们认为这场革命的性质不只是种族的,而且也是一个彻底全面的社会革命,在倒清的同时,要趁机去除所有阶级分别。[1]

　　所以无政府主义者认为,倒清只是中国过渡到无政府社会的手段之一,而无政府革命又比反清革命更优先,故他们不只忧虑清朝政府能否推翻,同时也担心革命成功之后,中国传统社会近乎无治的状态是否会被一种更有统治效力的现代政权所取代。[2]

　　无政府主义派不但不满革命派,他们也反对立宪派所提倡的议会政治,尽管革命派与立宪派在倒清这一件事上有歧见,但在将来要实行议会政治这一点上双方主张相同,无政府则认为议会只保护富民、豪民的利益。革命派主张革命成功后实行共和政治,而无政府派则要求无治。在实际行动上,无政府主义派亦有不同意见。章太炎认为革命应是个人的努力而不是组织行动,加上他个人与孙中山之间的意气,章氏提出应该废掉同盟会领袖制。同时他也主张以暗杀来代替武装革命。由于无政府主义者主张以暗杀方式在二十四

1　《资料》一,页381—384。
2　同上,页384。

小时之内实现其理想，故刘师培提倡非军备主义，甚至反对同盟会的任何军事准备。以上这些不切实际的主张以及种种争端，使得无政府主义派在革命阵营中日渐边缘化。

三

刘师培将他对中国细民百姓的同情投射到无政府主义的理想中，使得《天义》及《衡报》的读者得到一个印象，以为那些文章的作者是一个关心民瘼的传统儒者。

刘师培特别关心当时长江下游小农，故他有几篇文章是相当精细的农民生活调查。刘师培也鼓励人们从事类似的调查，以便更有效地改善农民的困境。在社会主义讲习会开始几个月后，刘师培为该社另取了一个名字"齐民社"[1]，充分显示他的关怀具有两重性：一方面是无政府主义，一方面是百姓疾苦。借着无政府主义的种种诉求，刘师培披露了在市场经济冲击下江南小农民生活的苦况。这也许正是他自己家乡的写照。他怅悼传统农村生活形态被商业化与工业化冲洗殆尽，以致大量农民脱离土地，涌向贪婪的资本家所设的工厂。刘氏因而不满在中国的所有中西资本家和商人。

刘师培对晚清包括"商战"在内的许多"新政"持截然反对态度，尤其对富民转变其经济资本为政治资本感到不满。刘氏说，在选举过程中，只有富人可能中选，故议员实是豪民的同义词。他说，在传统中国，有钱人并不特别受到尊重，而且政府官员也被禁止涉足商业，只有在晚清"新政"之后，富民才在与西洋商战的名目下获得政府给予的尊荣。他认为传统被藐视的商人阶级竟在晚清转化为绅士是一件不可忍受之事；尤其使他不满的是商人可以因商业投资数量之大小，获得大小不等的官衔。他提醒国人：在西方，商人比政府还有权力，在商人手中，政府一如奴僮。他希望中国不要蹈

1　《资料》一，页400。

西人之覆辙。[1]这些思想与当时的章太炎极为类似。[2]

刘氏也极度反对土地不均。他说，当时中国资本家剥削工人的程度还不如富农剥削佃民厉害，所以他得到一个结论，在无政府革命的过程中，首先应引导小佃农起而反对地主。[3]刘同时预测他们将是推翻清朝政府的主力。他主张小农抗税，劫官仓，以毁损政府的财政系统。由于小农是整个社会最重要的组成分子，所以他认为一旦他们起而反清，则社会其他阶层也会起而行动。

刘师培认为中国农民必然偏好无政府式生活，而且因为在中国历史上的改朝换代中，小农都扮演着重大角色，这一事实使刘师培对中国达到无政府社会的理想有一种莫名的乐观。刘师培同时也研究中国下层阶级的各种私人团体，他下结论说，因为这些团体都是小民们为了各自需要而成立的互助团体，与无政府理想中的个人自发式团体组织相合，而且它们比任何由上至下的统治形式更为和平而有效率，所以刘师培预期中国社会下层的各种组织，甚至包括秘密帮会，都将是推翻现有政府及建立无政府社会的骨干。

刘师培甚至认为，因为中国传统下层社会是近乎无治的社会——这是因为中国几千年政治思想的理想是被儒家与道家的"无治"观念所影响——所以传统中国专制政治的实质是：官吏的统治几乎未下达到百姓，县以下的社会始终是近乎无政府的状态，而百姓也不信任他们的长官，法令近乎是空文，没有人真正拥有任何权力，也没有人真正遵循法令。所以在刘师培看来，传统中国虽然有政府，但实际上等于所有国家建制都被摧毁后的无政府状态[4]，所以，无政府主义是中国将来最自然的出路。他甚至乐观地认为中国会成为全世界第一个实现无政府主义的地方。

刘氏虽然厌恶商人和资本家，但对小商人却持肯定态度。当汉口小商人于1908年5月15日暴动时，他立刻发表文章表示赞同。

---

1 《资料》二，页473—478。

2 王汎森：《章太炎的思想》，页131—135。

3 《资料》二，页483、487、490。

4 《资料》一，页382。

他说，以汉口在中国交通网的枢纽地位，如果暴动领袖能善于利用这个事件，必定可以迅速扩张到长江流域。刘师培说：在传统中国，总是大商人先发起抗争，然后裹胁小商人或小贩作为附从，可是他在汉口暴动中看到一种新的现象，那就是小贩成为暴动真正的引导者；在传统中国，商人总是以歇业对抗统治者，但在汉口暴动中，小商人却以激烈手段摧毁政府建筑，他认为这是一个新里程碑。[1] 刘师培在文中鼓励汉口的小商人应起而攻击大商人，并鼓励工人破坏机器，以便给资本家制造大麻烦。但值得注意的是，刘师培在文章中从未鼓励他们组织一支军队来加速这个革命。

刘师培主张，理想的无政府社会要依四条原则来建立：（一）不应建立任何形式的政府；（二）废除任何形式的货币；（三）任何人皆应工作；（四）所有人的衣服、食物、居所皆应平等。[2] 故所有竞争与压制以及阶级的不同皆应废除；国王与总统，在中央与在地方之政府、世袭贵族、议员及任何代表公权力之人，资本家及任何拥有财富之人（包括小农），士兵、警察，还有任何欺压妇女的人，都应被剥夺特权或被打压。这些当然是当时全世界无政府主义者的共同主张。

当所有的权威都破除时，不只是从西方引进的新政，即使是儒家原来的政治思想与价值系统也在铲除之列。所以当中国的无政府主义者以新的思想标准来重估中国传统时，便处处散布了激进的种子。传统中国一批具有激烈思想因子的人物都被特别揄扬，只是因为他们与无政府观点近似。主张无治的鲍敬言（约278—342），主张个人自由、不以孔子之是非为是非的李卓吾，主张体恤细民情欲并将他们从传统阶级式伦理关系中解放出来的戴震，主张夫妻平等、父子平等的唐甄等都特别得到赞扬。[3]

在《天义》中，何震大力提倡妇女解放论。虽然一些由她署名的文章可能是由刘师培代作，但是内容和主张无疑是她的。何震

1　《资料》二，页468—473。

2　《资料》一，页411。

3　同上，页434—436、439、441—443。

的文章大量揭露中国妇女被男人压迫之状，她甚至宣称全中国男人
为妇女之"公敌"。何震主张"男女革命"以达到男女之绝对平等。
她同时将中国妇女之黑暗归罪于儒家学说，说"儒学杀人"。值得
注意的是，何震也提到西洋妇女的地位并不如想象中高，她们并非
如人们想象中自由。为了实践她解放妇女的理想，她认为应破坏中
国所有的家庭。这一番破家论可以说是五四时期无数破家论或以家
为万恶之源的论调的前驱。

　　受了儒家思想的影响，中国无政府主义者特别倾向以无政府思
想对抗社会达尔文主义，并认为互助论（克鲁泡特金）比达尔文的
进化论得到更多科学实验的印证。所以在他们的心中，"互助"而
不是"互竞"，才是人类进步的神髓。我们可以说那些爱好科学但
又痛恨"互竞"，既向往西方却又憎恨西方的人，最容易被克鲁泡
特金的互助论所吸引。[1]

　　但是传统主义者或反传统主义者这两个名词中任何一个其实都
无法涵盖像刘师培这样的思想家。他们是一个身体两个灵魂，既有
极传统面又有极激进面，他们不满意当时的中国，希望回到他们心
目中更传统更纯粹的中国，但同时也极为激烈无情地批判"不纯粹"
的传统和政治社会秩序。虽然刘师培与章太炎后来成为保守主义的
代表，并深深后悔早年的言行，但是他们早年撒下的激进种子却都
已成为年轻一辈视为理所当然的东西了。

四

　　幸德秋水与日本无政府主义运动的衰落也影响了中国的无政府
主义者。1908 年 1 月，张继参加金曜会第二十次大会，竟被警察所
追捕。不久他就离开社会主义讲习会前往巴黎了。同年 4 月，章太
炎因与刘师培口角，也不再到讲习会来。可能是因为担心日本警察

---

1 《资料》一，页 420—427。

的骚扰，愈来愈少人参与讲习会活动。[1]当年 10 月,《衡报》遭到日本警察查禁，这标志了讲习会的全面结束。这事实上是日警决心清除日本无政府组织行动的一部分。早在该年 6 月，就已爆发了所谓"赤旗事件"——这个事件的起因是因为幸德的追随者们在欢迎他们的同志出狱时，挥舞着大红旗，上面写着"无政府主义""无政府共产主义"的字样，日本政府对他们施以严厉惩罚，并决心全面清除无政府团体，几乎所有无政府刊物皆被查禁。

就在这一年年底，刘师培夫妇突然潜返中国并成为端方（1861—1911）的幕僚，不但背离了反满阵营，而且也放弃了无政府主义。据云何震的姻弟汪公权受雇于端方，是诱使刘师培叛投的主力。[2]这个说法极可能是对的，不过，在刘氏的作品中，我们也可以看到他骤变的痕迹。

在社会主义讲习会的一次演讲中，刘氏已曾表示，万一反满革命不能将中国带往一个和谐的无政府世界，那么他宁愿中国回到封建之古昔（如汉唐），让人们过传统朴素的生活。[3]1908 年冬，刘师培这样性急无恒的青年[4]，完全陷入黑暗的深渊中，革命既陷入胶着，而无政府运动亦遭日警连根除去，既然无政府社会显然没有实现的希望，那何不回到中国过旧生活？端方的诱引遂使他迅速地转变了。

刘师培本人在转离革命阵营时，自然没想到革命会成功，而且成功得如此之快。在他而言，离开革命，就好像一个人宣称，既然我们大家都不能达到那个最高的目标，那又何必作眼前之争？好像是两个人争论俄国文学，一个对俄国文学一无所知，一个虽然懂得很多，但实际上不会俄文，而是从英文著作去了解俄国文学。对俄国文学一无所知的人也可能向他的论敌说，既然我们都无法直接读

---

1 《资料》一，页 337。

2 竹内善作：《明治末期にわける中日革命运动の交流》,《中国研究》，第 5 期，页 89—92。

3 《资料》一，页 376（脚注 36）。

4 这是刘师培的伯父刘富曾对他的描述，见氏著《亡侄师培墓志铭》，收在《刘申叔先生遗书》（台北：大新书局，1965），总页 21。

俄文原典，那还有什么好争的？而你的优越性又在哪里？无政府主义者也可能对革命者说，既然无政府社会是达不到的，用这个高远的理想来衡量，革命与维持现状其实没有什么差别。而且因为无政府主义不组织群众进行斗争，而是主张暗杀或促使全民觉悟来推翻清朝，他们对革命及立宪派都看不顺眼，离开是顺理成章的事了。

至于张继，则在逃到巴黎之后加入了当时对中国思想界影响很大的无政府刊物《新世纪》。为了实践无政府的理想，他亲自到法国南部一个无政府新村中过无政府主义者的生活。可是当他认真过无政府日子时，便发现它在现实世界上是不可能的，最后决心放弃。[1] 至于其他的人，则在清朝被推翻、巨大的压力突然消失后，那个被压力挤出来的乌托邦突然泄了气。后来，张继、李石曾（1881—1973）、吴稚晖（1865—1953）都在新政府中做了高官，在权力与支配的现实政治工作中，自然不可能再做个无政府主义者。

在撒下那么多种子后，思想家本人或他周围的人却不认账了。刘师培编纂《左盦集》时，将所有《天义》报及《衡报》上的文章略而不载，当他的朋友钱玄同为他编《左盦外集》时，才勉强拼凑了三篇这个时期的文章。[2] 至于张继，他的文集编纂者"国民党党史会"也干脆将他此期文字全部删除了。[3]

无政府主义在思想层面上影响很大，在现实行动上影响甚小。不过我们也看到一些例子，譬如景梅九在 1907 年与陈干（1881—1927）等人，因见青岛船厂工人反抗德国资本家之剥削，乃根据马克思"提倡罢工为救急的方法"，到船厂工人中活动，举行罢工。正拟更大规模地进行时，被德国当局驱逐离境，前往北京。[4] 张难先（1874—1968）的一份手稿中也提到，在湖北，有几位青年实践

1　党史史料编纂委员会编：《张溥泉先生全集》（台北："中央"文物供应社，1951），《沧州张溥泉先生事略》，页 447。

2　如《悲佃篇》，见《刘申叔先生遗书》，总页 1930—1935。钱玄同的识语，见总页 1537。

3　在《张溥泉先生全集》中未见张继宣扬无政府主义的文字。

4　景克宁等：《景梅九评传》，页 57。

《天义》中所提倡的"劫富济贫"工作。[1]在革命阵营中，朱执信与宋教仁都一度受其影响，并且宋教仁曾说，如果中国要实行社会主义，便应行无政府主义。[2]

综括而言，无政府主义不只破坏了旧的，也干扰了新的，它时常对当时正在进行的经济、政治或社会上的改革造成困扰。所以改革派所面对的敌人，一个是守旧派，一个便是无政府派。因为所有这些改革或革命，在无政府主义者看来，都不是究极之境，而且比传统农业社会具有更强的压制及剥削性，离无政府的理想更远，因此无政府主义者不可能完全同意他们。即使连共产主义，在他们看来也不地道，而且因为路线较近，担心抢夺了他们的领导权，所以冲突更大。这也是为什么民国初年无政府主义者与共产主义者有过几次大论战之故。[3]但是，因为无政府主义毕竟是破坏的倾向远过于一切，所以它到头来还是帮了革新者的忙。

民国初年无政府主义的主要领导人，一位是从东京回来的刘师复（1884—1915），另一位是与东京及巴黎的无政府团体都有关系的江亢虎。江是一个机会主义者，他后来成为中国社会党领袖。江曾宣称他拥有四十万党员。刘师复则是一位虔诚的实践家，他组织了晦明学社、心社，并发行《民声》。为了实践无政府主义的理想，他一个人担负该刊所有的工作，以致因疲累过度而早死。他的道德理想可能影响了蔡元培。蔡氏在北大发起"进德会"时所提出的"八不"主张中，有几项就是从刘师复处借来的。刘师复在广州理发业与茶馆间也有一些影响，并且持续了将近十年。

一般相信1920年以前《天义》与《新世纪》是中国左派知识分子了解欧洲社会主义思想的主要来源。"五四"之后，曾经出现过许多无政府式小团体，在四川至少就有十四个。[4]许多中国共产党党员在服膺共产主义之前，先受了无政府主义的洗礼，周恩来

1　《资料》一，页398。
2　Martin Bernal, "The Triumph of Anarchism over Marxism", p. 136.
3　史全生主编：《中华民国文化史》（长春：吉林文史出版社，1990），页18—21。
4　陈汉楚：《无政府主义在中国的影响》，《中国哲学》，第7辑，页231—232。

（1898—1976）、毛泽东即是显例。在 1936 年与斯诺的对谈中，毛便亲自告诉斯诺他曾是激进的无政府主义者。[1]我们委实不易了解毛当时接触了什么样的刊物。不过，我相当怀疑毛泽东读过刘师培的文章。在实行人民公社前，毛曾印发《后汉书·张鲁传》给各级干部阅读。在《张鲁传》中提到了"义舍"[2]制度——在"义舍"中吃饭、医药都不要钱。而在刘师培的《论共产制易行于中国》一文中，他便特别提到《后汉书·张鲁传》中"义舍"的观念，并认为"义舍"中吃饭不要钱、有病可前往投宿的制度正是无政府主义的理想。《张鲁传》自然不是一篇稀见文献，不过，《张鲁传》中"义舍"观念被如此突出表彰，并赋予无政府主义的意义却是第一次。

　　在 20 世纪初，社会主义一度被无政府主义的影响力所超越。大抵从 1907 年以后，介绍社会主义的文章数量渐少，而介绍无政府主义的文章增加。[3]可是"五四"前后，大概是受了俄国大革命成功的影响，社会主义（尤其是共产主义）又占上风，回过头来超过了无政府主义。从 20 世纪 20 年代起，许多曾受无政府主义影响者如陈独秀、周恩来便开始挞伐无政府主义了。[4]无政府主义的魅力慢慢消退。虽然这一波无政府主义思潮并未持续太久，但是它所播下的种子，却不曾完全消失。当前辈无政府主义者早已捐弃早年激烈观点时，他们早先的一些想法却成为年轻一辈思想底层的东西。

　　最后我们可以说，近代中国乌托邦思想从未遇到强有力的批判者。在近代中国，评判一个知识分子时，总先问他是不是一个理想主义者。判定思想之价值时，也只问这是不是一种理想主义，但却不问这个理想主义的内容是什么，它的实际结果是什么。这是近代中国许多灾难的一条线索。

1　Edgar Snow, *Red Star Over China*（New York : Grove Press, 1961）, p. 45.

2　《资料》二，页 466。

3　Martin Bernal, "The Triumph of Anarchism over Marxism", pp. 135-136.

4　陈汉楚：《无政府主义在中国的影响》，页 237—238。

思潮与社会条件

——新文化运动中的两个例子

新文化运动有两个层面：一层是破的，一层是立的。在"破"的方面，可以一言以蔽之，即"去传统化"；"立"的方面，在思想上是提倡民主、科学、平等、女权等新价值、新观念，学术上则是在"科学"的大纛下，每一种学问都起了根本的变化，有了新的发展，20 世纪 20 年代以后逐步建立了新学术社会。

本文所要讨论的并不是"破"的方面或"立"的方面的思想内容，而是想讨论"新""旧"递嬗中，社会政治条件所发生的类似火车"转辙器"般的作用。这个问题牵涉的范围非常之广，本文只选择两个例子加以讨论：第一个例子偏重在新文化运动的思想背景方面，以陈独秀和《新青年》的变化为主；第二个例子则是一个地区型人物的变化，我所举的是四川成都的吴虞。把它们放在一起讨论，除了方便入手之外，也是想看看全国性的舞台与地区型知识分子之间的互动。

一

传统思想及伦理纲常至少有四个重要的建制性的凭借：科举、法律、礼仪及皇权，它们在 20 世纪初次第倒台，使得原来紧紧依托于它们的传统思想与纲常伦理顿失所依，从而也使广大的群众随着它们的消逝而茫然失措。

科举是 1905 年废除的，是当时惊天动地的大事。科举制度原来是举国知识精英与国家功令及传统价值体系相联系的大动脉，切断这条大动脉，则从此两者变得毫不相干，国家与知识大众成为两个不相联系的陆块，各自漂浮。社会上也出现了大批的"自由流动资源"（free floating resources），他们为了维持社会精英的地位，不能再倚赖行之一千多年的这条大动脉，而须另谋他途。它一方面使得吟哦四书五经、牢守功令、恪遵伦理纲常的旧精英顿时失去凭借，同时也逼使这些漂浮流动的人才面向许许多多新的选择、新的前途。

废科举也使得八股文失去了"再生产"的凭借，为一种新的文学运动清除了道路障碍。如果不是废科举使得旧式文章不再与功名利禄连在一起，则白话文不可能得到那么快、那么大的成功。而废科举与甲午及庚子两次战争的失败当然有关，所以提过考篮得过功名的陈独秀回忆说："倘无甲午、庚子两次之福音，至今犹在八股垂发时代。"[1] 胡适也观察道："倘使科举制度至今还存在，白话文学的运动决不会有这样容易的胜利。"[2] 如果科举制度还在，古文与墨义仍是名利的敲门砖，则中国的读书人仍然要"钻在那墨卷中文堆里过日子，永远不知道时文、古文之外还有什么活的文学"。[3]

传统思想与礼教纲常的另一个凭借是法律。在清代，《大清律例》当然是规范人们行为最为重要的法典，所谓"无一条非孔子之道"的《大清律例》[4] 在清廷的最后几年改修，出现大幅模仿西方的《大清新刑律》（草案）。到了民国元年（1912），维护礼教纲常的《大清律例》被具有平等精神的《新刑律》所取代，为行为的解放开辟了一个广大的空间。

除上述所列之外，辛亥革命结束了君主政权，也使得礼仪、文

---

1 陈独秀：《敬告青年》，任建树、张统模、吴信忠编《陈独秀著作选》（上海：上海人民出版社，1993），第 1 卷，页 133。

2 胡适：《五十年来中国之文学》，《胡适文存》（台北：远东图书公司，1975），第 2 集，页 246。

3 胡适：《五十年来中国之文学》，页 246。

4 陈独秀：《宪法与孔教》，《陈独秀著作选》，第 1 卷，页 229。

化与之俱变。祭孔典礼是民国元年教育总长蔡元培废除的，同时，蔡元培也以政治力量废除学校读经。以上几种变化，当然都有长远的思想背景，最终在建制的层面上落实，但它们也回过来加速"新""旧"思潮的变换。思潮与社会政治条件之间，殆有如火车和"转辙器"般的关联。

民国元年以后的几个政治事件，尤其是旧文化势力的回流、袁世凯（1859—1916）称帝以及张勋（1854—1923）复辟事件，也发挥了"转辙器"的功能。它们逼出了一种深刻的心理变化，使得晚清以来批判传统与引介新事物的轨道有了微妙的改变，它们使得新文化运动能扩大它在新知识分子中的影响，说服了一些持不同意见或迟疑的人。因为这些政治社会事件，与新文化运动有密切的机缘因果关系，所以会有人在民国八年（1919）说："近两年里，为着昏乱政治的反响，种下了一个根本大改造的萌芽。"[1] 不过，我必须声明，我绝不是想谈上层建筑与经济基础的关系，也决非否定在一个长时段的思想发展中，存在着内在的逻辑。

任何有关新文化运动的讨论都不能省略《新青年》。《新青年》是近代思想发展的一面镜子，它的变化非常快，几乎每一卷都有新的重心。在"五四"之前，它的发展大约可以分为几个阶段。一开始，它强调"青年文化"，同时也介绍各国的青年文化，这与刊物的名称相符。第二个阶段则刻意批评孔教与军阀因缘为用，并抨击孔子之道与现代生活的不合。第三个阶段提出伦理革命及文学革命。而第四个阶段则强调思想革命，认为文学本和文学工具与思想而成，在改变文学的工具之外，还应该改换思想。[2] 在"五四"前后，《新青年》中社会主义的成分愈来愈浓，1919 年 5 月的"马克思主义专号"即

---

1 傅斯年:《〈新潮〉之回顾与前瞻》,《傅斯年全集》(台北:联经出版公司,1980),第 4 册,总页 1206。

2 周作人在《知堂回想录》(兰州:敦煌文艺出版社,1998)中说他在 1919 年作了一篇《思想革命》,"仿佛和那时正出锋头的'文学革命',即是文字改革故意立异,实在乃是补足它所缺少的一方面罢了"(页 254)。按:《思想革命》一文原刊《每周评论》11 号,后载《新青年》6 卷 4 号,笔名仲密。时人清楚觉察到这是一个新方向,如傅斯年《白话文学与心理的改革》中便响应"仲密"(周作人)的这篇文章(《傅斯年全集》,第 4 册,总页 1176—1186)。

一例证。1921 年以后,《新青年》逐渐成为中国共产党的"机关报"。

《新青年》不停地变,新知识分子却不一定能赞同它每一阶段的主张。譬如南社领袖柳亚子,他赞同攻驳孔教,但不同意胡适的文学革命。[1] 又如胡适,他提倡文学革命,却未必赞同《新青年》往社会主义方面发展;而能同意其讨论社会主义的,也不一定同意它成为共产主义的喉舌。所以《新青年》像一部急驶的列车,不断地有人上车,不断地有乘客下车,能共乘前一段路的,不一定能共乘后一段路。

与我们这里所要讨论较相关的,是第二、第三及第四阶段。事实上,《新青年》创刊之初,连赠送、交换在内只印一千份;使《新青年》销量渐增的是宣扬伦理革命的阶段,尤其在胡适加入以后,文学革命成为讨论的主题;以及 1917 年该刊编辑组迁到北京,北大一批新教授加入笔阵之后。它的销量最高达一万五六千份。[2]

陈独秀与陆续加入的几位新文化运动领袖,都与辛亥革命有关,而他们也都牢守民主共和的理想。

从甲午到辛亥,中国思想界经历两大阶段。甲午战争失败后,举国上层及中层社会大梦初醒,泰半认为虽圣人亦不废富强之策,康有为、梁启超乃提倡变法。而新旧之争激烈,旧派走向极端,乃有庚子义和团之乱;经过这次变乱而旧派顿失所依,新派大行。然而康、梁所提倡的改革意见,基本上集中在"行政制度问题"上,而对于政治之根本问题,距离尚远。清末革命、立宪两派则辩论民主共和与君主立宪,开始接触到政治的根本问题。辛亥革命成功,使得民主共和的主张得到落实。[3]

这个民主共和的新政体,用体制性的力量,公布了许多合于西方潮流的政策。在 1912 年的最初三个月间,先后发布了三十几通

---

1 中国革命博物馆整理,荣孟源审校:《吴虞日记》上册(成都:四川人民出版社,1984),页 300,"1917 年 4 月 13 日"条。

2 关于《新青年》之销售量,见中共中央马克思恩格斯列宁斯大林著作编译局研究室编《五四时期期刊介绍》(北京:生活·读书·新知三联书店,1978),第一集上册,页 37。

3 陈独秀:《吾人最后之觉悟》,《陈独秀著作选》,第 1 卷,页 176。

除旧布新的文告，它们大多是辛亥革命前十年间，革命党人宣传过
的主张，此时则以法令、政策的形式颁行全国。而其中最震动人心
的是，教育总长蔡元培所宣布的停止祭孔，中小学废止读经和北京
大学废除经科正式命名为文科。周作人说："这两件事在中国的影
响极大，是绝不可估计得太低的。"当时即有人以"毁孔子庙罢其祀"
形容之。[1] 1912 年 3 月，袁世凯就任临时大总统，新思想与新事物
失去它在政治上的依靠。这年年底，新文化退潮，而旧文化回流，
从中央到地方，新旧两股政治势力和文化势力的斗争与歧异，始终
是存在的。旧文化的回潮也有政治力量作后盾，袁世凯就任临时大
总统后，尊孔读经之论，从广东、山西等地蔓延开来，山西有"宗
圣会"，北京有"孔社"，青岛有"尊孔文社"，扬州有"尊孔崇道会"，
镇江有"尊孔会"。在蔡元培辞去教育总长后，教育部随即公布了
孔子诞辰纪念日，许多地方纷纷组织庆祝"圣诞"之活动。1913 年，
江苏都督张勋的根据地南京的文化复古风气极盛。这年 2 月，张勋
呈递《上大总统请尊孔教书》，孔教会领导人物集会上海发起孔教会，
以昌明孔孟、救济社会为宗旨。6 月 22 日，袁世凯发布"尊崇孔圣
令"，说："至悍然倡为废祀之说，此不独无以识孔学之精微，即于
平等自由之真相，亦未有当也。以心不服从为平等，以无忌惮为自
由。"8、9 月间，孔教会总部迁到北京，宣传只要孔教一昌，当时
中国所有的问题都可一并解决，政局也可以安定下来。1914 年是旧
文化全面扩张并进一步政治化之时。这年年初，北京"孔社"举办"信
古传习所"，所习科目以经学为首；北京也有人组成"庚子拜经会"，
认为想救国族必自拜经始。4 月间，有三十余人向政治会议提出设
立经学馆议案，要求将五经流布欧美。此年秋季，袁世凯亲赴孔庙
祭孔，行三跪九叩礼。这年冬至，袁世凯着古装在天坛举行民国首
次盛大祭礼，各地文武大员纷纷仿行。1915 年，全面推行教育复旧、
小学读经。同时出现小学将废、科举将复的谣言。除此之外，在这
几年间，压抑女权的风气亦随之而起，禁止女子参政，禁止女子加

---

[1] 周作人：《知堂回想录》，页 222。

入政治结社或加入政坛集会。1913 年《治安警察条例》禁止男女自由交往，褒扬贞节烈女的风潮勃然而起，1914 年 3 月，袁世凯颁布条例，管制戏园，禁止男女合演。同时宗教力量逐渐复苏，毁学兴庙之风开始兴盛。[1] 在这波文化风潮中，袁世凯称帝的活动开始登场。1915 年 8 月上旬，袁世凯的宪法顾问古德诺率先发表《共和与君主论》，主张实行君主制。接着日本人有贺长雄亦发表《共和宪法持久策》，为袁氏称帝制造舆论，杨度（1875—1931）等人组成的"筹安会"与之呼应。筹安会通电各省军政大员派代表到北京，组织公民请愿团；而袁的各地亲信也上书劝进，请其"速正大位"。

　　在所有文化复古运动中，最令人瞩目的是风起云涌的、在宪法中明定孔教为国教的运动。袁世凯表面上虽然对国教不置可否，但不断地以言论和实际行动加以支持，后来，《天坛宪法草案》第十九条也附上了尊孔的条文。

　　就在推动袁氏称帝的声浪中，陈独秀创办了《青年杂志》，这个时间上的顺序不能算是偶然。研究陈氏的人不能忘记他在辛亥革命及二次革命中的角色，以及他是个共和政体的信仰者，而袁世凯复辟活动则促使这个革命家猛醒。在时人的各种回忆中还可以看到类似的例子。以钱玄同为例，他说洪宪纪元像霹雳一声惊醒他迷古的美梦：

　　　　若玄同者，于新学问、新智识，一点也没有；自从十二岁起到二十九岁，东撞西摸，以盘为日，以康瓠为周鼎，以瓦釜为黄钟，发昏作梦者整整十八年。自洪宪纪元，始如一个响霹雳震醒迷梦，始知国粹之万不可保存，粪之万不可不排泄；愿我可爱可敬的支那青年做二十世纪的文明人，做中华民国的新国民。[2]

民国元年（1912）画出了一个民主共和的画饼之后，紧接着

1　以上全部引自刘志琴主编、罗检秋编《近代中国社会文化变迁录》（杭州：浙江人民出版社，1998），第 3 卷，页 1—256。
2　《保护眼珠与换回人眼》，《新青年》，5:6（1918 年 12 月），总页 627。

是一连串因对比而形成的失望，而失望与希望的力量至少是一样大
的。新思想家们敏感地认为中华民国是"一团矛盾"，对于在共和
国体之下实际上却是专制政治一事大感奇怪。[1] 陈独秀说：

> 吾人果欲于政治上采用共和立宪制，复欲于伦理上保守纲
> 常阶级制，以收新旧调和之效，自家冲撞，此绝对不可能之事。
> 盖共和立宪制，以独立平等自由为原则，与纲常阶级制为绝对
> 不可相容之物，存其一必废其一……[2]

平等自由、共和立宪的中华民国，却同时持守伦理上的纲常阶
级制，这是一个大矛盾。陈氏又说，共和立宪如不出于多数国民之
自觉，是"伪共和""伪立宪"。[3] 这就好像 1921 年瞿秋白（1899—
1935）在提到辛亥革命时所说的，那次革命"成立了一个括号内的
'民国'"。[4]

李大钊（1889—1927）在《新的！旧的！》中，则说当日的中
国是一团"矛盾"：

> 中国今日的现象全是矛盾现象。举国的人都在矛盾现象中
> 讨生活。
>
> 矛盾生活，就是新旧不调和之生活。[5]

在所有矛盾中，《天坛宪法草案》第十九条附以尊孔之文当然

---

[1] 陈独秀说："三年以来，吾人于共和国体之下，备受专制政治之痛苦。"《吾人最后之觉悟》，《陈独秀著作选》，第 1 卷，页 176。

[2] 陈独秀：《吾人最后之觉悟》，页 179。

[3] "共和立宪而不出于多数国民之自觉与自动，皆伪共和也，伪立宪也。……以其于多数国民之思想人格无变更，与多数国民之利害休戚无切身之观感也。"见《吾人最后之觉悟》，《陈独秀著作选》，第 1 卷，页 178。

[4] 瞿秋白："政治上，虽经过了十年前的一次革命，成立了一个括号内的'民国'，而德谟克拉西（La démocratie）一个字到十年后再'发现'。"见《饿乡纪程》，《瞿秋白诗文选》（北京：人民文学出版社，1982），页 36。

[5] 收在蔡尚思主编的《中国现代思想史资料简编》（杭州：浙江人民出版社，1983），第 1 卷，页 125。

是最刺眼的。1916 年 11 月，陈独秀在《宪法与孔教》中说：

> 吾见民国宪法草案百余条，其不与孔子之道相抵触者，盖
> 几希矣，其将何以并存之？[1]

同文又说：

> 惟明明以共和国民自居，以输入西洋文明自励者，亦于与
> 共和政体西洋文明绝对相反之别尊卑明贵贱之孔教，不欲吐弃，
> 此愚之所大惑也。[2]

20 纪初年以来的废科举、废读经、废祭孔，事实上已经将原来是一个有机整体的孔教与国家，分成文化与政治两个不同的领域。这两个领域如果各自活动，问题并不大，甚至是值得赞许的。蔡元培说"孔子是孔子，宗教是宗教，国家是国家：义理各别，勿能强作一谈"，即这个意思。[3] 陈独秀在《宪法与孔教》中也说："使孔教会仅以私人团体，立教于社会，国家固应予以与各教同等之自由。使仅以'孔学会'号召于国中，尤吾人所赞许。"[4] 现在的问题是它们的活动太过接近，也就是李大钊所说的"新旧性质相差太远，而一切活动相邻太近"。[5] 因为"一切活动相邻太近"，尤其是这两个已经切开的领域，是因为政治强力介入才又合在一起的，更令人产生荒谬的、不能并存的、不能调和的感觉。

一种文化符号的形象，与提倡或阐释它的人的身份和形象不能没有关系。而当提倡孔教的是清一色的军阀时，儒家不可避免地被政治标签化，更增一般人的恶劣印象。

"孔教"与"共和政体"这两个矛盾太大却又相邻太近的领域，

1　《陈独秀著作选》，第 1 卷，页 229。

2　同上。

3　陈独秀《再论孔教问题》中所引，《陈独秀著作选》，第 1 卷，页 254。

4　陈独秀：《陈独秀著作选》，第 1 卷，页 225。

5　《新的！旧的！》，《中国现代思想史资料简编》，第 1 卷，页 126。

催发出一种思维，这种思维认为社会文化是一个整体，不可能以旧
心理去运用新制度，所以要求全人格的觉悟。梁启超在《五十年中
国进化概论》中敏感地说：

> 觉得社会文化是整套的，要拿旧心理运用新制度。决计不
> 可能，渐渐要求全人格的觉悟。[1]

而在所谓"社会文化整套"观之中，新与旧不但没有渐进调和
之可能，甚至是势不两立的。陈独秀借用韩愈《原道》中的话强调
说"不塞不流，不止不行"。[2] 学生一辈的傅斯年发表于 1919 年的《破
坏》一文也说："一个空瓶子，里面并没多量的浑水，把清水注进
就完了。假使是个浑水满了的瓶子，只得先把浑水倾去，清水才能
钻进来。"[3]

为了解决"相邻太近"、矛盾太大的问题，他们所想到的解决
办法，有相当的一致性。李大钊说："为了解决矛盾，只有破除一切。"[4]
陈独秀所得到的结论也相近：

> 这腐旧思想布满国中，所以我们要诚心巩固共和国体，非
> 将这班反对共和的伦理文学等等旧思想，完全洗刷得干干净净
> 不可。[5]

他在《答钱玄同》中又说《十三经》不焚，孔庙不毁，则"共和"
的招牌挂不长久：

> 全部《十三经》，不容于民主国家者盖十之九九，此物不

1　梁启超：《五十年中国进化概论》，《饮冰室文集》之三十九（台北：台湾中华书局，
　　1978），页 45。
2　《新青年》，2:3（1916 年 11 月），《宪法与孔教》，《陈独秀著作选》，第 1 卷，页 229。
3　《新潮》，1:2，载《傅斯年全集》，第 5 册，总页 1585。
4　《新的！旧的！》，《中国现代思想史资料简编》，第 1 卷，页 134。
5　《旧思想与国体问题》，《陈独秀著作选》，第 1 卷，页 297。

遭焚禁，孔庙不毁，共和招牌，当然挂不长久……[1]

为了挂稳"中华民国"这块招牌，必须毁弃孔庙、焚烧《十三经》，必须将旧的伦理文学洗干净。所以他们反对在许多人看起来比较合理的新旧调和说（杜亚泉）或渐进改良的观念。

我们知道，从晚清以来，非儒反孔的言论已经屡见不鲜了，而且这方面的资料愈发掘愈多[2]，不但思想一线延续，连人物也相重叠[3]，使得人们不自觉地认为晚清思潮与新文化运动时期没有什么改变。然而只要细心观察，仍可以看出一些微妙的差异。先前偏重在解决黑暗专制的政治是改造旧思想、旧文化的前提，民国初年，人们也多认为专制政权或军阀是一切问题的恶因；但是到了此时，新文化运动的领袖却得出一种相当微妙的新思维：军阀是"恶果"不是"恶因"。袁世凯死后，上海中西报纸盛传袁世凯未死，陈氏说他也"坚信袁世凯未死"，而且认为如果不能铲除恶因，还有无数的袁世凯：

> 袁世凯之废共和复帝制，乃恶果非恶因；乃枝叶之罪恶，非根本之罪恶。若夫别尊卑、重阶级、主张人治、反对民权之思想学说，实为制造专制帝王之根本恶因。吾国思想界不将此根本恶因铲除净尽，则有因必有果，无数废共和废帝制之袁世凯，当然接踵应运而生。[4]

同时，他们也开始从新的角度来看当时的政治问题。在此之前，解决政治问题的办法无非是政论。

1905年至1915年是政论发达的时代，但在袁世凯称帝之后，连篇累牍的政论却退潮了，许多政论机关也烟消云散。胡适在《五十

1　《答钱玄同（世界语）》，《陈独秀著作选》，第1卷，页320。
2　关于这方面的研究，如笔者的《章太炎的思想》（台北：时报文化出版公司，1985）；陈万雄：《五四新文化的源流》（香港：三联书店，1992）。
3　见陈万雄《五四新文化的源流》，第1章，《〈新青年〉及其作者》。
4　《陈独秀著作选》，第1卷，页239—240。

年来中国之文学》中观察说：

> 民国五年以后，国中几乎没有一个政论机关，也没有一个
> 政论家；连那些日报上的时评也都退到纸角上去了，或者竟完
> 全取消了。这种政论文学的忽然消灭，我至今还说不出一个所
> 以然来。[1]

政论文章退潮的征象，是一向以政论生色的《甲寅》在 1915
年年底停刊。政论文章之退潮，当然与袁世凯的压制有关，但它还
有更深层的理由，也就是政论家们的无力感，一边是政治评论家们
成篇累牍地征引西方各种政治理论来讨论中国的政治，另一边是梁
士诒（1869—1933）、杨度、孙毓筠（1872—1924）们把宪法踏在
脚底下。[2] 所以黄远庸（1884—1915）在《甲寅》的最后一期说：

> 愚见以为居今论政，实不知从何处说起……至根本救济，
> 远意当从提倡新文学入手……[3]

黄远庸认为"居今论政，实不知从何处说起"，认为解决政治的
根本办法在提倡新文学。章士钊的答书代表另一种思想，那是民国
成立以来的主流观点。他不赞成黄远庸。他认为政治好了，"而后有
社会之事可言，文艺其一端也"。[4] 由这样一封简单的信可以看出当
时的两条路：一条是以新文学来解决中国政治问题；一条是十年来
政论文字的老路，以为政治是解决政治及包括文艺在内的所有问题
的根本。从此之后，新思想领袖们有了新发现：解决政治的问题靠
伦理与文学。伦理与文学对当时中国的意义，到这时候才被以一种
全新的方式去了解，从此，谈民初政治的乱象才有了一个新的起点。

1　胡适：《胡适文存》，第 2 集，页 226—227。
2　同上。
3　黄远庸给章士钊的信，载《甲寅》，1:10，《通讯》，页 2。同时收入《远生遗著》（台北：
　文海出版社，1968），卷 4，页 189。
4　《甲寅》，1:10，《通讯》，页 5。

陈独秀显然是与黄远庸同路的。所以在《青年杂志》的第一卷第一号（此后改为《新青年》）中，他在答王庸工谈筹安会等问题的来信时，便宣称"批评时政非其旨也"。[1]《甲寅》时期的陈独秀，一直相信多数国民的爱国心与自觉心是解决政治问题的办法[2]，他后来虽然没有完全放弃这个主张，但是重心开始转移到别处，认为"学术""政治"已经不够了，认为继今以往，应该是伦理革命以及文学革命。故他说"伦理的觉悟，为吾人最后觉悟之最后觉悟"[3]，认为伦理问题不解决的话，"则政治、学术，皆枝叶问题，纵一时舍旧谋新，而根本思想，未尝变更，不旋踵而仍复旧观者，此自然必然之事也"[4]。又主张："今欲革新政治，势不得不革新盘踞于运用此政治者精神界之文学。"[5]陈独秀坚持文学、伦理、政治是"一家眷属"。所以当易宗夔投书《新青年》表示目前文学革命只要限于言文一致即可，不必推翻孔学，不必改革伦理时，陈的回答是："旧文学、旧政治、旧伦理，本是一家眷属，固不得去此而取彼。"[6]

当时，《新青年》的路数显然相当新颖，所以成都的孙少荆有这样的印象：该刊三卷二号上特书一行字——"主张伦理改革、文学改革唯一之杂志"。[7]我在《新青年》三卷二号上并未能发现这一行字，孙少荆不知何所据而言然，但是孙氏的话似乎间接说明了当时人已清楚感觉到《新青年》是提倡伦理革命及文学革命的刊物，而且是唯一的刊物。

《甲寅》停刊，《新青年》继起，《甲寅》的陈独秀、李大钊、高一涵（1885—1968）也都成为《新青年》的编者或作者，但在这两个时期，他们所写文章的重点有相当的不同。从《甲寅》到《新青年》，其实代表着对民初政治现象两种不同的认知。而这一个思

---

1 《新青年》，1:1（1915 年 9 月），《通讯》，页 2。

2 如发表在《甲寅》，1:4，《爱国心与自觉心》，《陈独秀著作选》，第 1 卷，页 113—119。

3 《吾人最后之觉悟》，《陈独秀著作选》，第 1 卷，页 179。

4 《宪法与孔教》，《陈独秀著作选》，第 1 卷，页 224。

5 《文学革命论》，原刊《新青年》，2:6，《陈独秀著作选》，第 1 卷，页 263。

6 他们的讨论见 1918 年 10 月《新青年》，5:4，总页 431—433。

7 吴虞引其友孙少荆语，《吴虞日记》，上册，页 313，"1917 年 6 月 1 日"条。

维上的变化，与袁世凯称帝的刺激是分不开的。

　　1917 年 7 月间的张勋复辟，则是牵动思潮变化的另一事件，它为《新青年》影响的扩大与深化提供了助缘。周作人《知堂回想录》说，此后蓬勃发展的文化运动，多是受复辟的刺激而兴旺的：

> 　　复辟这出把戏，前后不到两个星期便收场了，但是它却留下很大的影响，在以后的政治和文化的方面，都是关系极大。……因为以后蓬蓬勃勃起来的文化上诸种运动，几乎无一不是受了复辟事件的刺激而发生的、而兴旺的。

周作人还以《新青年》前后的发展为例，说明这个历史事件：

> 　　即如《新青年》吧，它本来就有，叫作《青年杂志》，也是普通的刊物罢了，虽是由陈独秀编辑，看不出什么特色来……我初来北京，鲁迅曾以《新青年》数册见示，并且述许季茀的话道："这里边颇有些谬论，可以一驳。"大概许君是用了民报社时代的眼光去看它，所以这么说的吧。但是我看了却觉得没有什么谬，虽然也并不怎么对。我那时也是写古文的，增订本《域外小说集》所收梭罗古勃的寓言数篇，便都是复辟前后这一个时期所翻译的。[1]

周作人告诉我们，在复辟之前，他自己是写古文的，而《新青年》是"普通的刊物"，许寿裳（1883—1948）认为其中有许多谬论，周作人本人虽不认为是谬，但也不认为怎么对。经过复辟事件的刺激，他们幡然改变，"因为经历这次事变，深深感觉中国改革之尚未成功，有思想革命之必要"。[2] 周氏还说：

1　周作人：《知堂回想录》，页 224。
2　同上，页 215。

经过那一次事件的刺激，和以后的种种考虑，这才翻然改变过来，觉得中国很有"思想革命"之必要，光只是"文学革命"实在不够，虽然表现的文字改革自然是联带的应当做到的事，不过不是主要的目的罢了。[1]

鲁迅（1881—1936）也是在复辟之后，才决定告别隐默抄碑的日子，写起小说来——"这也是复辟以后的事情"，"结果是那篇《狂人日记》，在《新青年》次年4月号发表……如众所周知，这篇《狂人日记》不但是篇白话文，而且是攻击吃人的礼教的第一炮，这便是鲁迅、钱玄同所关心的思想革命问题，其重要超过于文学革命了"。[2]

二

在北京这个全国思想的中央舞台，沸沸扬扬进行中的新文化运动，牵动了各地的知识分子。许多地方都有"新""旧"两派人在争执、对立，它也吸引了一些呼应新文化主张的人向北京发展，其中包括远在四川的一个不得意的读书人吴虞（又陵）。

被胡适称为"只手打倒孔家店的老英雄"的吴虞，靠着《新青年》中的几篇文章，在新文化运动之后，从一个不见容于成都的士人，一跃而为全国思想舞台中央的重要人物，并于1921年离开四川，成为北京大学教授。1917年《新青年》三卷一号中，将一、二卷目录特列一页，上署大名家数十名执笔，其中赫然有吴虞的名字。吴虞在日记中写下这样一段感受：

不意成都一布衣亦预海内大名家之列，惭愧之至。然不经辛亥之事，余学说不成，经辛亥之事而余或不免，四川人亦无预大名家之列者矣，一叹。[3]

1　周作人：《知堂回想录》，页224。
2　同上，页225。
3　《吴虞日记》，上册，页310，"1917年5月19日"条。

　　这一段告白很可玩味，它透露了几层意思。首先，吴虞认为他非儒反孔、痛批中国传统家族主义的思想言论，与辛亥年的经历有关，此即"不经辛亥之事，余学说不成"[1]之意。其次，辛亥年之事是有生命危险的，故说"经辛亥之事而余或不免"。[2]吴虞经辛亥年之事而发展成的学说是什么？非常赏识这位"老英雄"的胡适在为《吴虞文录》作序时曾特别指出吴氏思想的两个重点：第一是指出孔子之道与现代生活不合，并主张"非孝"；第二便是批评中国的法律因为受传统纲常名教的影响而异常落后。[3]吴虞在新文化运动中最为人们重视的这两种论点，都有其"存在的基础"（existential basis）。吴氏在辛亥年前后与其父吴士先之间惨酷的争执，与其"非孝"思想有关。就在父子争讼的过程中，他因痛感旧律将"不孝"置于"十恶"之中，而对《大清律例》产生严重的不满。

　　吴虞在他的日记中一贯以"老魔"称呼自己的父亲，他们父子究竟因何启衅？同为川人的李璜（1895—1991）说，辛亥年吴虞曾在成都散发传单，攻击其父对媳妇之丑行。[4]不过，除李璜之外，目前还未见到相同的说法。我们可以确定的是1910年11月吴虞因为不满其父的行为而与之发生冲突，被父亲告到官府，成了轰动成都教育界的大事。虽经审断理亏的是他父亲，但却遭到四川教育文化界谴责，认为是大逆不道的行为，吴虞乃油印了《家庭苦趣》一文散发各学堂。时任四川教育总会长的徐炯（1862—1936）特别召开了一次教育会，申讨这个"投畀豺虎，豺虎不食，投畀有北，有北不受"的名教罪人，将之公逐出教育界，咨议局亦进行纠举。[5]

　　《家庭苦趣》一文曾刊于《蜀报》第八期[6]，述及其父与前后两

1　《吴虞日记》，上册，页208，"1915年8月31日"条。

2　同上，页342，"1917年9月5日"条。

3　本文完成后，偶然发现小野和子有《吴虞与刑法典论争》一文，刊在《中国文化》，11（1995年7月），页230—241，敬请读者参看。

4　《学钝室回忆录》（台北：传记文学出版社，1973），页12—13。

5　赵清、郑城编：《吴虞集》（成都：四川人民出版社，1985），《前言》，页4。余英时《中国现代价值观念的变迁》中提到吴虞与其父公开争讼是受清末新思潮影响的结果，见余先生的《现代儒学论》（香港：八方文化，1996），页85。

6　以下所引《家庭苦趣》一文俱见《吴虞集》，页18—20。

个续娶妇人的种种丑秽以及父亲、继母对他们夫妇的虐待，这就是他后来所说的"家庭惨酷……外遭社会之陷害，内被尊长之毒螫"[1]及"早受家庭严酷摧残，几不免于死"[2]。

但吴虞还和父亲争夺财产。吴虞在 1911 年从逃遁的山间回到成都后，曾向妻弟借了一本《大清律例》，翻查卷九《田宅条例》：

> 告争家财田产，但系五年之上，并虽未及五年，验有亲族写立分书已定，出卖文约是实者，断令照旧管业。不许重分再赎，告词立案不行。[3]

查完此律之后，吴虞在日记中抄录光绪十九年（1893）其父在亲友见证之下所立的约定：

> 恁族众亲友议定，以新繁祖遗龙桥场水田一百零三亩零载粮一两五钱三分，正房屋俱全合付与儿子永宽一手掌理，至士先手内自置水田六十余亩留作养膳。将来如再有子息，此项儿子永宽即不得与闻……[4]

光绪十九年的这个约定，是其父第一次再娶之后所立定的。[5]也就因为先前立有此约，所以吴虞在武昌起义之后返回成都，急忙查《大清律例》卷九《田宅条例》，确定"但系五年以上，并虽未及五年，验有亲族写立分书已定"者，"不许重分再赎"。照吴虞在《家庭苦趣》中的说法，其父于第二次再娶后，继母即将田房衣服器具变卖罄尽，

---

1 《吴虞日记》，上册，页 83，"1913 年 4 月 19 日"条。

2 同上，页 335，"1917 年 8 月 20 日"条。

3 同上，页 9，"1911 年冬月 7 日"条，惟日记中标点有误，此据新校本《大清律例》（天津：天津古籍出版社，1995）页 212 改正。

4 同上，页 10，"1911 年冬月 9 日"条。

5 而此约显然大有讲究，也就是将"祖遗"与吴父自置的田产分开。依照当时的惯习，一家之长虽有权支配财产，但是祖先留下的田产仍宜由子孙继承，一家之长不便任意处置，而"自置"的部分则可以自由处分。关于"祖遗"与"自置"财产的问题，此处参考了滋贺秀三《中国家族法の原理》（东京：创文社，1990），页 211—212。

两人并作文书于东岳庙诅咒吴虞夫妇死亡。此时吴父显然不愿遵照
光绪十九年所立约定实行，而希望最少能再分得部分财产，但脾气
强硬乖拗的吴虞坚决不同意，《吴虞日记》上说："老魔欲分租房押
银百金，吴［庆熙］摇手止之曰：'不行。'老魔又欲请断田五十亩，
吴复曰：'他尚有一大家人，要缴你二人一月十二元尽足用了。'"[1] 从
光绪十九年（1893）到1911年已经超过法律规定的五年，当时武昌
起义虽已成功，但仍沿用旧律，所以如依旧律审断，则对吴虞有利。
但是在传统中国，儿子控告父亲是不得了的罪状，不管法律如何，"不
孝"的罪名是没有人承受得起的，更何况吴虞不单将父亲的丑行印
成传单，并且公然刊于报纸。除了和父亲争讼外，1910年，吴虞因
为编《宋元学案粹语》，在例言中引李卓吾的话，清政府曾令四川
学政赵启霖（1859—1935）查禁，不准发售。1911年他又为文反
对儒教及家族制度，四川护理总督王人文（1863—1941）曾移文各
省逮捕，其中有"就地正法"之语，吴虞乃逃出成都到山间避难。[2]
而所谓避难山间，似乎是逃到其舅刘蒺然家，刘是哥老会首领。[3]

从以上看来，吴虞所谓"辛亥之难"有两个层次：第一个罪状
是发表非孔非孝的言论，这些言论在辛亥以前几年陆续隐现在他的
诗注中，但在辛亥年前后却公开发表出来。第二个罪状是不孝，为
了争田产而与父亲大吵，被父亲状告官府。这两个罪状都使他不见
容于成都以礼教自持的旧派人物，以徐炯为首的旧派人物，发起成
都教育界将他公逐。同时他也不见容于清朝政府的大僚，欲将他"就
地正法"。当然他也不能在一开卷便是五服图及以"不孝"为"十恶"
之一的旧律中得到公平的审判，而必须逃离成都，遁居山中。

但是武昌起义的消息却使这个罪人一步一步离开山中，一步一
步接近成都，也使得个人的问题与历史的剧变发生交汇。细察他的
日记，可以看出旧政权的崩裂，如何松动了礼教秩序，如何使得以
它为凭借的旧知识分子、旧官僚失去依恃，也使得旧思想失去建制

1　《吴虞日记》，上册，"1911年冬月11日"条，页11。

2　《吴虞略历》，在《吴虞日记》，页1—2。

3　《吴虞集》，《前言》，页5。

性的依靠，使得非孝、非孔的罪人，可以逐渐去除头上的紧箍咒。

四川铁路国有之争是辛亥革命的前奏，从这年 8 月起，四川政局便已激烈动荡。1911 年 9 月 16 日，当时不在四川的一个年轻学生在日记上便记着："前数日报上固已有四川宣告独立之电矣，何以独立之旗犹未见拂拂于蜀山顶上也？"[1] 9 月 22 日，他的学堂监督在训话中便已"劝吾侪剪指爪去发辫也"。[2] 到了 10 月 12 日，便有："课毕后阅报纸，见专电栏中有云：武昌已为革党所据，新军亦起而相应，推黎元洪为首领……此事也，甚为迅速与机密，出其不意，遂以成事。武昌据天下上游，可以直捣金陵，北通燕赵。从此而万恶之政府即以推倒亦未可知也。"[3] 10 月 28 日记："汇各报而统计之，则十八省省城，只一南京尚未动也"，"从此以后，腥膻尽涤，大耻一洗，汉族同胞共歌自由，当即有一共和政体之中华民国发现于东半球之东，乐矣哉！"[4] 这份日记，大致反映时人从报纸所了解的革命发展情况，因为它所记的消息得自新闻报道，与实际历史发展有不吻合之处，尤其是"十八省省城，只一南京尚未动"并不确实。但是到了 10 月 28 日，几个省城都已易帜。成都光复虽晚，然而全国局势已定，人们主观上也相信"中华民国"将出现于东亚。我们再回过头来看看《吴虞日记》。

现存《吴虞日记》的第一条是 10 月 31 日，"同自仲琴由溪厂起身，轿子雇至眉州"，然后至彭山城外，然后到成都，暂住其妻弟处，与其妻见面。[5] 由他的行止可见他因见到旧政权已近崩溃，通缉令失效，故决定回到满布敌人的成都。选在这个时候回到成都，当然是出于一种估算：随着旧政权的崩溃，旧官僚、旧人物、旧道德、旧法律皆将动摇，对他这个"大逆不道"的新派人物是有利的。

在新旧政权递嬗中，旧官僚阶层暂时失势。他们之中的许许多

1　乐齐编：《叶圣陶日记》（太原：山西教育出版社，1998），页 11。
2　同上，页 13。
3　同上，页 22。
4　同上，页 32。
5　《吴虞日记》，上册，页 3，"1911 年 9 月 10 日"条。《吴虞日记》以旧历记载，以上引用皆换成新历，以便比较。

多人后来虽然都以不同的方式回流，不过已经不再能享受有清一代的权威。吴虞在 1911 年 12 月 22 日的日记中这样写着："早饭后闻赵季鹤、王寅伯已就戮。周孝怀正在逮捕中，此人上半年欲杀余，不意今日竟不能免，此亦积恶之报也。后悉周、王二人十八日之变即远行，未常［尝］获也。"[1]这一段话中说周孝怀、王人文在辛亥革命成功后不久遁逃[2]，周、王是晚清时代四川的主政者，他们两人曾是晚清时代的新派人物，但是每一代"新"的尺度不同，他们并未"新"到可以接受吴虞的行为的程度，故曾经要把吴虞"就地正法"。在晚清，当新旧两种思想态度激烈冲突时，政府常常是当时正统派的凭借，但是因为辛亥巨变，使得正统派的守护者成为通缉犯，而非儒非孝的旧通缉犯吴虞却危机顿除。

　　除了官僚阶层因政权之更迭而有起落处，地方上的文化精英也一样。四川与当时中国所有地方一样，有新旧两种文化精英，而改朝换代却使旧派人物顿失依靠。在 1912 年 1 月 5 日的日记中，吴虞写下："周择、刘彝铭、赁溶、康千里、曾颐、周邦勤、叶茂林、徐炯、朱华国，以上诸人皆小人之尤，不能再与修好。且此等小丑本不足道，与之往还徒污人耳。周善培、唐汝声外间自有公论，亦不足较也。此后外交，注意欧阳党、客籍党、蒲党，或联络之或解释之，则周择、徐炯之党势自孤耳。"[3]前述九位也就是他所谓"小人之尤"者，其实就是他在四川教育文化界的死对头，其中徐炯曾发起将他公逐出教育界。徐炯是四川华阳人，字子休，号霁园，学者称为霁园先生，拥有举人的功名，在四川以道学闻名，后来袁世凯当国，孔教运动高涨，徐炯在四川成都及华阳两县成立孔教会的支会，而且在北京孔教总会发表尊孔演讲，攻击民国。1914 年 1 月的《孔教会杂志》（卷一第十二号）刊载他批评民国"其污俗者乃不惟不变，又加甚焉"，又说"孔子之教真足使国利民福"。1918 年，他

1　《吴虞日记》，上册，页 7，"1911 年冬月 3 日"条。

2　按：四川军政府成立之后，原总督赵尔丰拥兵驻于旧督署，在 1911 年 12 月 8 日乘机唆使属于旧势力的巡防军哗变，四川军政府遂攻入督署中枪杀赵氏。吴氏日记所谓十八日之变，即指巡防军之变。

3　《吴虞日记》，上册，页 12，"1911 年冬月 17 日"条。

创"大成会",担任会长,1923年办大成中学校并自任校长,足见他是尊孔复古派的代表。[1] 在政治上,他亲近满人,辛亥年四川军政府诛杀赵尔丰时,成都八旗官民极为疑惧,军政府曾派他出面劝谕旗兵投降[2],足见他的社会网络之一斑,故吴虞说"旗人多依附徐炯"[3]。徐氏后来曾经是袁世凯称帝的劝进者,所以吴虞曾印刷《四川劝进人表》,借以揭露徐炯等人拥袁的事迹来保护自己。[4]

徐炯所代表的旧知识群体很快地失势了。徐氏当时是通省师范监督,1912年4月26日,该校学生在桥工公所开大会,"研究徐炯",说他"引用私人,朋比宵小,敷衍学务,假充道德",并且声言徐炯"如敢再来,必全体辍学,并通告教育司、教育总会及中央教育部云"。[5]四天后,吴虞于午饭后游公园,"见各处贴通省师范学生宣布伪道学徐炯罪状书"。[6]隔天,"早起往半边桥看徐炯罪状书,则已撕去。饭后游公园,沿途罪状书尚多"。两天后,"《公论日报》登通省师范学生昨日于教育总会召集全体学生开会,到者千余人,议决徐炯罪状……"[7] 5月18日,吴虞高兴地记下:"徐炯已倒,由沈与白代理。"[8]徐炯被学生以"假道学"等罪名,逐离通省师范监督之职,足见新旧政权之更迭,也为旧派文化精英的消逝提供了社会条件。

此外,政权更迭也导致新旧刑律的改换。这使得在旧刑律之下,犯了"十恶"之一"不孝"之罪的吴虞,突然间得到了生机。

关于新旧刑律的更迭,有一段复杂曲折的历程,其中牵涉到旧礼教与旧道德之处甚巨。这里需要将《大清新刑律》的内容及引起的争论稍作说明。《大清新刑律草案》是在清朝最后几年由沈家本

1　以上引陂瀛涛等著《四川近代史》(成都:四川省社会科学院出版社,1985),页667—668。

2　同上,页579。

3　《吴虞日记》,上册,页288,"1917年3月2日"条。

4　唐振常:《章太炎吴虞论集》(成都:四川人民出版社,1981),页96。

5　《吴虞日记》,上册,页34,"1912年3月10日"条。

6　吴虞又说:"甚为痛快。各学生尚须在教育总会开特别大会,研究处理徐炯之方法。已贴广告矣。"《吴虞日记》,上册,页35,"1912年3月14日"条。

7　《吴虞日记》,上册,页35,"1912年3月17日"条。

8　同上,页36,"1912年4月2日"条。吴虞在四月二十八日(6月13日)特地将徐炯罪状书寄上海商务馆编辑所(《吴虞日记》,上册,页39),欲将他的"恶名"播于外省。

主持，请日本法学家冈田朝太郎等人所起草。它虽也参考了中国的旧律，但主要是依据德国的最新刑法，其特色便是法律与礼教分离，及法律之前人人平等。但是这一部新刑律命运多舛，从一开始便引起道德礼教派的激烈攻击，认为它将法律与礼教分离，违背三纲，不合国情。张之洞代表学部对这份草案逐条签驳。他认为自古以来因伦制礼，据礼制刑，刑之轻重等差，根据"伦之秩序，礼之节文"，故无礼于君、父、刑罚特重，而西方各国因主张平等，故父子可以同罪。《大清新刑律》不牵涉服制，张之洞则主张将《五服图》重新列入。[1] 劳乃宣、刘廷琛等人也加入攻击的行列。[2] 沈家本所代表的法治派虽加以反击，但由礼教派订了五条《暂行章程》附在《大清新刑律》之后加以颁行。[3] 这五条暂时性章程附于正条之后，可以在适当时候更改或取消。但《大清新刑律》在清朝最后几年，并未执行，民国元年3月，袁世凯就任临时大总统，下令暂行《大清新刑律》，司法总长伍廷芳（1842—1922）则于元年3月24日，要求删去侵犯帝室之罪全章及关于内乱罪之死刑等"与民国国体抵触"之条文，并取消该律后面所附的五条暂时章程，其余均由国民政府声明继续有效，并由参议院议决通过，易名为《暂行新刑律》。[4]

1　以上根据潘念之主编，华友根、倪正茂著《中国近代法律思想史》（上海：上海社会科学院出版社，1992），上册，页210—215。

2　劳乃宣、刘廷琛在《奏新刑律不合礼教条文请严饬删尽折》中说，新刑律不合礼教处甚多，而最为悖谬的，是子孙违犯教令及无夫妇女犯奸不加罪数条。华友根、倪正茂著：《中国近代法律思想史》，页219。

3　五条《暂行章程》的第一条是凡侵犯皇室罪、内乱罪、外患罪、杀或伤亲属罪处死刑的，由原来的绞刑改为斩刑。第二条，凡犯发冢和损坏遗弃盗取尸体、遗骨、遗发及殓物罪，包括对尊亲属在内的罪，本处二等以上有期徒刑或无期徒刑的，改处死刑。第三条是强盗罪应处一等有期徒刑，以及强盗行为应处无期徒刑或二等以上有期徒刑的，改为死刑。第四条是无夫妇女犯奸，由无罪改为有罪，而且上告论罪与否，完全由此妇女的尊亲属决定。第五条是对尊亲属有犯，不得适用正当防御的条例，即使对尊亲属行正当防御，亦应治罪。以上见华友根、倪正茂著《中国近代法律思想史》，页227—228。

4　张国福在《关于〈暂行新刑律〉修订问题》中说：《暂行新刑律》不是公布于1912年3月30日，南京临时政府法制局未对《大清新刑律》进行删修，孙中山也未曾公布暂行新刑律，根据民国元年10月15日北洋政府《司法公报》及同年4月份北洋政府《临时公报》之记载，可以认定其为袁世凯公布的。见《北京大学学报（哲学社会科学版）》，第6期（1985），页123—124。

　　吴虞本来就是留日学习法政的，他说在日本时，即已"闻宪法，民、刑法，归国后，证以《大清律例》《五礼通考》及各史议礼、议狱之文，比较推勘，粗有所悟"——他所悟出的当然就是《大清律例》等与西方民、刑法之根本差异。而在辛亥年逃遁山间、几遭不测时，新旧刑律的不同，对他有现实的利害关系。他自谓日读《庄子》、孟德斯鸠《法意》，对于专制立宪之优劣、儒家立教之精神，"大澈大悟，始确然有以自信其学矣"。[1]《大清律例》以儒家的礼教纲常为基础，与立宪国家法律之平等精神南辕北辙。而《大清新刑律》因通篇不见一个"孝"字，所以对背负不孝罪名的吴虞而言，《大清新刑律》的命运，其实也就是他个人的命运。民国伊始，他就密切注意与这部新刑律有关的消息。

　　1912年3月3日吴虞在日记中写道："孙逸仙以改订法律为第一要事，可谓知本。以伍廷芳任司法卿，因其曾改订新律也。"[2] 后又记："《公论日报》登：《中央临时约法》，及此间《法制局呈请实行新刑律文》，皆有绝大关系。"[3] 6月12日则以欣喜兴奋之情记下："昨日《共和报》载：'中央法部暂行新律颁到，现行刑律废止。'真第一快事。去年新律后附暂行章程五条概行删去，尤快也。"[4] 这部通篇四百一十条不见一个"孝"字的新刑律[5]，对吴虞非常有利，6月15日的日记又记"司法司令通行新刑律"，又记商务印书馆新出书可买者即有《新刑律释义》[6]，此后更不时看到他看新刑律或买新刑律的记录[7]。

　　这部新刑律确实使旧礼教纲常失去其建制性的凭借。吴虞特别当留意与《大清新刑律》有关之判例，譬如奸通无夫之妇女，在《大清律例》中要治罪，而且亲族都可以举控，但在《大清新刑律》中，

1　《吴虞日记》，上册，页208，"1915年8月31日"条。

2　同上，页24，"1912年正月15日"条。

3　同上，页34，"1912年3月10日"条。

4　同上，页39，"1912年4月27日"条。

5　吴虞：《说孝》，《吴虞集》，页177。

6　《吴虞日记》，上册，页40，"1912年5月1日"条。

7　同上，页47（"1912年6月9日"条）、56（"1912年8月4日"条）、61（"1912年8月23日"条）。

因为根据外国法典的精神，故不治罪。他根据报载说："新繁孀妇陈姓某氏，少年失偶，暗中与冯定国往来，日前被族人陈浩察觉，捉赴地方检查厅呈控。惟按照新律无夫奸律无正条，判事讯明认为无罪。此实用新律殊可喜也。"[1] 由吴虞对奸通无夫妇女获判无罪而感到"殊可喜"，足见其意态。[2]

又如殴父，在旧刑律中是滔天大罪，但吴虞记："王意先来，言成都一疯子殴死其父，拟办永远监禁。法部驳下谓精神病者无罪。"吴虞高兴地评论说疯子杀父而判无罪，是"此家族制将消灭之征也。然成都人惊矣！"[3]

上述两个案件，一通奸，一杀父，在旧律中都是重罪，但在新刑律中却有完全不同的判决。这对受困于礼教纲常的吴虞，不啻是感同身受，也难怪他鼓掌叫好，又不无幸灾乐祸地说"成都人惊矣"。就在《大清新刑律》之下，吴虞的父亲虽仍屡次告他，他却都有惊无险地度过了。[4]

但是，就像法国大革命之后新旧势力纠缠不息，1912 年 4 月 1 日袁世凯就任临时大总统之后，四川政治文化界中的旧势力也跟着复苏。这年夏天，吴虞还一度为了躲避风声，到四川嘉定担任县政府的科长。1914 年，吴氏在成都《醒群报》投稿，发表家庭革命与宗教革命的文章，被四川尊孔的邵从恩（1871—1949）、罗纶（1876—1930）向内务部报告，内务部部长朱启钤（1872—1964）还电令四川总督胡景伊封禁该报。[5] 袁世凯提倡尊孔时，徐炯等旧派人士也在四川热热闹闹地办孔教支会，当时批判孔教显然有某种程度的危险，

1　《吴虞日记》，上册，页 93，"1913 年 6 月 12 日"条。
2　又如"1912 年 8 月 18 日"条，其友方琢章判一重婚案监禁两年，也是用新刑律。《吴虞日记》，上册，页 60。
3　《吴虞日记》，上册，页 66，"1912 年 9 月 16 日"条。
4　新的执法者对吴虞也处处显得通融。1911 年年底，当吴虞的父亲控告他时，步军统领吴庆熙便带兵多人到吴虞处，表示他"当为余将此事了结，以便出来做事"。然后吴庆熙当着吴父之面做出完全偏向吴虞的判决，并宣布："吴氏父子之事，我已了息。吴又陵并非不孝之士，此后诸人不得讯侮人，违者我即不能答应。"《吴虞日记》，上册，页 10—11，"1911 年冬月 11 日"条。
5　《致陈独秀》，《吴虞集》，页 385。又参隗瀛涛等《四川近代史》，页 669。

所以廖平一度劝吴虞言论宜稍平和，以免触忌。[1] 但是已经推倒在地的，虽然有时卷土重来，其威信早已失去，虽然造成骚扰与不安，却不会再有"就地正法"的危险了。

吴虞"发迹变泰"，从地方上的不祥人物上升到全国舞台的转折点，是与全国思潮变化，尤其是《新青年》密切相关的。

刘师培早就已经说过，四川思想风气的开通比其他省份要晚十年。[2] 民国初年，吴虞首先是在四川《醒群报》刊《李卓吾别传》，再者是在上海、日本等地的《妇女杂志》《进步》《小说日报》《甲寅》发表文章。到了1916年年底，他因为看了《新青年》中刊有《孔子平议》这类激烈文字，觉得主张相近，故与《新青年》的主编陈独秀联络上了。陈独秀回信赞同他说儒术孔道与近世文明决不兼容，认为儒学一贯的伦理政治纲常阶级之说如不"攻破"，则"吾国之政治、法律、社会道德，俱无由出黑暗而入光明"。[3] 此后，《新青年》在二卷六号及三卷的一至五号，连续发表吴虞攻击儒家及家庭制度的文章。这几篇文章都在他主动与陈独秀联络前后陆续写成[4]，而"成都报纸不甚敢登载"[5]，一旦它们陆续披露在《新青年》，吴虞的大名遂不胫而走。

非孝、反孔这些几乎夺去他生命的思想观点，却在新的风潮下成为思想进步、到处受人赞美的资本，陈独秀即盛称他为"蜀中名宿大家"。[6] 过去是要命的坏思想，如今成为了不得的长处；过去是罪案，如今成为敲门砖。吴虞那些"成都报纸不甚敢登载"的文章，一旦连续披露在《新青年》这份举国闻名的文化刊物上，作者马上

1　《哭廖季平前辈》诗："四十非儒恨已迟（予非儒之论，年四十始成立），公虽怜我众人嗤（袁世凯尊孔时，公与予步行少城东城根，劝予言论宜稍和平，恐触忌）。"《吴虞集》，页378。

2　《吴虞日记》，页48—49，"1912年6月19日"条："（民国元年）刘申叔请余勿辞《公论报》社事，余以川人知识茫昧，于近处法学尚不能研究，真难与言。申叔谓余言在南边十年前或有诧者，今日则固不怪矣。川人到南人程度尚待十年后也，悲夫。"

3　1917年1月1日，《新青年》，2:5，页4。又见于《陈独秀著作选》，第1卷，页258。

4　故吴氏《致陈独秀》中已列篇名，并表示"暇当依次录上，以求印证"。《吴虞集》，页385—386。

5　吴虞：《致陈独秀》，《吴虞集》，页385—386。

6　《吴虞日记》，上册，页311，"1917年5月22日"条。

成为名震全国文化界的大人物。而且，在 1917 年 8 月以后，长期被排斥在教育界之外的吴虞，又重新在四川的几个学校教书。

从 1917 年上半年连续刊在《新青年》中的《家族制度为专制主义之根据论》《礼论》《儒家主张阶级制度之害》《儒家大同主义本于老子论》《读荀子书后》及《消极革命之老庄》，以及 1919 年在《新青年》发表的《吃人与礼教》都猛烈抨击传统，而其根源则皆与其父有关。在 1910 年年底散发的传单《家庭苦趣》的结尾中，吴氏已批评中国伦理纲常的不平等——"中国偏于伦理一方，而法律亦根据一方之伦理以为规定，于是为人子者，无权利之可言，惟负无穷之义务。而家庭之沉郁黑暗，十室而九。"[1] 他后来不断地在传统中搜寻与自己的经历有关的历史事迹。譬如明代的郑鄤，因为被诬为"不孝"而被磔死，吴虞便对他发生兴趣，到处搜寻相关材料。[2] 为了非孔，他也到处搜寻明代激烈思想家李卓吾的事迹[3]，最后写成《李卓吾别传》。翻前人之案，实即所以翻自己之案，这些举措都不是偶然的。

在他行诸理论的文字中，譬如脍炙人口的《家族制度为专制主义之根据论》，便对"五刑之属三千，罪莫大于不孝"以及《大清律例》于"十恶"之中列有"不孝"深为不满，说："盖孝之范围，无所不包，家族制度之与专制政治，遂胶固而不可以分析。……其于销弭犯上作乱之方法，惟恃孝弟以收其成功。""其主张孝弟，专为君亲长上而设。但求君亲长上免奔亡弑夺之祸，而绝不问君亲长上所以致奔亡弑夺之故，及保卫尊重臣子卑幼人格之权。"他主张废弃孔子孝弟之义，代之以老子的"六亲不合有孝慈"——"然则六亲苟合，孝慈无用，余将以'和'字代之。既无分别之见，尤合平等之规，虽蒙'离经叛道'之讥，所不恤矣。"[4] 他在《说孝》一文中说："我的意思，以为父子母子不必有尊卑的观念，都当有互相扶助的责任。

1　《吴虞集》，页 20。

2　《吴虞日记》，上册，页 200、201，"1915 年 7 月 28 至 29 日"条。

3　同上，页 206（"1915 年 8 月 23 日"条）、214（"1915 年 9 月 13 日"条）。

4　以上皆见 1917 年 2 月 1 日《新青年》，2:6。又见《吴虞集》，页 61—66。

同为人类，同做人事，没有什么恩，也没有什么德。要承认子女自有人格，大家都向'人'的路上走。"[1]上面几段引文仿佛都是他对自己痛苦遭遇的告白，而1919年11月在《新青年》六卷六号刊出的《吃人与礼教》，语气更激烈——"孔二先生的礼教讲到极点，就非杀人吃人不成功，真是惨酷极了！一部历史里面，讲道德、说仁义的人，时机一到，他就直接间接的都会吃起人肉来了。""吃人的就是讲礼教的！讲礼教的就是吃人的呀！"[2]仿佛是在说那些想将他"就地正法"，想将他逐出教育界的所谓"伟人大儒"。[3]

前面已经说过，吴虞对新旧刑律中与"孝"有关的文字特别敏感。在《家族制度为专制主义之根据论》中，他深为新刑律中把《大清律例》"十恶"中的"不孝"诸条"一扫而空之"喝彩，表示"此即立宪国文明法律与专制国野蛮法律绝异之点"[4]，甚至狂热到要把整部《新刑律》翻过，看到它从头到尾不见一个"孝"字，而在文中大加喝彩[5]，那种欢欣鼓舞，也多少反映了这个一直被"不孝"罪名缠身的人的境遇。

当他的《家族制度为专制主义之根据论》在《新青年》刊出后，他在日记上写着："余之非儒及攻家族制两种学说，今得播于天下，私愿甚慰矣。"[6]显示除了纯思想的兴趣，还密切地关联着个人的存在境遇。

其实像吴虞那样有家庭苦趣之经验的人，是无时无刻不存在的，可是在一个礼教秩序及政治秩序相对稳定的时代，这些境遇通常压在社会及意识的最底层，即使爆发出来，也马上被文化、政治或法律规范扑灭，像旋起旋灭的泡沫。但是当礼教及政治秩序松动，而旧礼教与纲常的建制性凭借逐渐消失之时，那些可能是千年以来无时不有的生活境遇，却可能从社会及意识的底层解放出来，形成反

1　《吴虞集》，页177。
2　同上，页171。
3　关于吴氏笔下的"伟人大儒"，见《吴虞日记》，上册，页316，"1917年6月16日"条。
4　《吴虞集》，页64。
5　《说孝》，《吴虞集》，页177。
6　《吴虞日记》，上册，页295，"1917年3月25日"条。

思性的言论，并汇聚点滴成为江河。一旦蛰伏的点滴形成思潮，走到舞台的中央，它又像是一个"乾坤袋"般，把各地零星的力量吸纳进去。新思潮一旦成了气候，它便像是一顶保护伞，为人们正当化（legitimize）了许许多多的行动；它也提供了一套语言，使得原先不知如何说，也不知如何解释的生活经验有了一套反思性的说辞。新思潮甚至也提供了新出路，使得反传统成为社会名利的敲门砖。此后，不一定是理想，而可能是人们的自私自利，使某些思想扩大渲染，蔚为风潮。思潮的历程当然远比上面说的要复杂得多，但是上面这些也不能不考虑进去。

　　思想不能与"存在的境遇"画上等号，一个思潮的形成，更不能简约地与一代人的存在境遇轻易地联结在一起。不过，近代"去传统化"的过程中，起过决定性角色的谭嗣同、钱玄同、吴虞、施存统（1898—1970）的存在境遇却不能忽视。谭嗣同自述"吾少至壮，遭纲伦之厄"[1]，在相当程度上转化为《仁学》中的冲决三纲五常之网罗。而钱玄同的"铲伦常、覆孔孟"也不能说与他少遭伦常之厄无关。[2]浙江施存统提倡"非孝"，闹出杭州一师风潮[3]，也与其父在家庭中的暴虐有关。吴虞亦复如此。我们还可以举出其他不少例子。同样的，"五四"青年中，也有许许多多人是因为目睹旧家庭的黑暗而批判家族制度，也有许多人是受害于旧式婚姻，转而批判传统婚姻制度。上述种种生活世界中的不满与反抗，在大变动的时刻与历史会遇，生活史与思想史便融合为一了。

　　此处还要特别说明的，科举制度的崩溃，使得广大读书人与旧的渠道断绝联系，大量旧读书人被抛掷出来，成为"自由流动的资源"，他们从儒家正统及官方意识形态漂离，寻找新的"成功的阶梯"（ladder of success），而渐成气候的新思想便提供了一个"阶梯"，

1　关于谭嗣同的存在境遇，见张灏《烈士精神与批判意识》（台北：联经出版公司，1988），页14—15。

2　黎锦熙：《钱玄同先生传》，在沈永宝编《钱玄同印象》（上海：学林出版社，1997），页69。

3　关于施存统《非孝》一文与浙江一师之风潮，可参夏衍《懒寻旧梦录（增补本）》（北京：生活·读书·新知三联书店，2000），页29—30。

吸引许多前途未定的年轻人。

在新旧转变的过程中，有许多地方上的人物因为与轴心思潮相应而上升到全国舞台，吴虞是一个例子。刘半农（1891—1834）是另一个例子。刘氏原是在上海《礼拜六》之类鸳鸯蝴蝶派刊物上写文章的油滑少年，也因为《新青年》中几篇响应文学革命的文章而洗尽洋场孽少的习气，顿时从地方走向全国舞台，执教北大，成为新文化运动的旗手。[1]

三

一种思想运动，产生困难，维持与扩散亦不易，而研究者们却常常忽视这一点。在维持与扩散方面，当然也牵涉到社会政治条件等复杂的问题。"五四"与新文化运动，一个是政治运动，一个是文化运动，它们通常被视为一体，但也有人主张应该细分为二，至少亲历其境的胡适是这样主张的。而"五四"这个政治运动，也确实为新文学运动的传播，提供了有利的条件。胡适说：

> 民国八年的学生运动与新文学运动虽是两件事，但学生运动的影响能使白话的传播遍于全国，这是一大关系；况且"五四"运动以后，国内明白的人渐渐觉悟"思想革新"的重要，所以他们对于新潮流，或采取欢迎的态度，或采取研究的态度，或采取容忍的态度，渐渐的把从前那种仇视的态度减少了，文学革命的运动因此得自由发展，这也是一大关系。因此，民国八年以后，白话文学的传播真有"一日千里"之势。[2]

1919 年这一年中，至少出现了四百种白话报。白话文学的力量甚至渲染扩大到旧势力中——"时势所趋，就使那些政客军人办的

1　鲍晶编：《刘半农研究资料》（天津：天津人民出版社，1985），页 69—71。
2　《五十年来中国之文学》，《胡适文存》，第 2 集，页 255—256。

报也不能不寻几个学生来包办一个白话的附张了"。1920 年，白话文终于得到建制性的支持，教育部颁了一个部令，要求国民学校一、二年的国文，从该年秋季起，一律改用国语。[1] 同时因为新文化运动带出了一个新的"阅读大众"（reading public），为了营利，出版商也随机而变。以商务印书馆为例，它的领导阶层很快就北上向新人物们请教，它的几个持重的大杂志如《东方杂志》《小说月报》渐渐改成白话，并出版合于新潮流的书籍。同时，许许多多的出版业者也都有类似的转向。

在五四新文化运动之后，几乎全国各地都有"新""旧"之分，校园中尤其不同。"新学生"与"旧学生"，对许许多多事情的看法都不同，除了我们所习知的家庭、婚姻、爱情等问题外，连读书做学问的方式也不一样。青年冯友兰（1895—1990）便亲眼观察到：

（一）新学生专心研究学问，旧学生专心读书。
（二）新学生注意现在和未来，旧学生注意过去。
（三）新学生之生活为群众的，旧学生之生活为单独的。
（四）新学生注重实际，旧学生注重空谈。[2]

这一类事情，也就是新文化运动在小地方、小范围中运作的情况，从未像占据全国舞台中央的《新青年》或《新潮》那样引起足够的注意，但它们都是使这个思潮扩散深化的要素，也都展现了一种新的"说服""压倒"旧的之过程。而当新力量取得优势之后，"五四"也慢慢成了一块敲门砖，后来甚至有人评论道："北伐成功以来，所谓吃五四饭的飞黄腾达起来，都做了新官僚。"[3]

"五四"带来一种新的政治文化。政治家与军阀们认识到，不

1　《五十年来中国之文学》，《胡适文存》，第 2 集，页 255—256。

2　冯友兰：《新学生与旧学生》，原刊《心声》，创刊号（1919），《冯友兰全集》（郑州：河南人民出版社，1994），卷 13，页 619—623。

3　周作人：《红楼内外》，《知堂乙酉文编》（台北：里仁书局，1982），页 122。

只是军队和政党是一种政治力量，在物理力量之外，还有一种新的政治力量，那便是学生、思想、文化。孙中山在五四运动之后的告海外同志书中，要求募款建立一个像商务印书馆那样的出版机关来从事宣传，而且马上办了《建设》。我觉得胡适的观察非常值得注意。他说："到了'五四'之后，大家看看，学生是一个力量，是个政治的力量，思想是政治的武器，从此以后，不但国民党的领袖孙中山先生，后来国民党改组，充分的吸收青年分子。在两年之后，组织共产党，拼命拉中国的青年人。同时老的政党，梁启超先生他们那个时候叫研究系，他们吸收青年……所以现在那些小的政党都是那个时候出来的。中国国民党的改组和共产党都是那个时候以后出来。"[1] 严格说来，北伐的胜利，也与这一般青年文化的运动有密切的关系。

"五四"以后，思想界很快地分裂了。新文化运动与俄国大革命（1917）及一战的结束（1918）几乎同时。一战后欧洲文化的破产，使得许多中国知识分子对 1840 年以来所追求的西方开始有所怀疑。受梁启超《欧游心影录》影响，思想界出现了一个所谓"东方文化派"。在当时人心目中，梁启超、张君劢（1887—1969）、张东荪（1886—1973）、梁漱溟、章士钊都可以算进这一派。他们虽然不是旧式的保守主义者，但是希望能以东方的思想文化来补西方之不足。同时，因为俄国大革命的成功，马克思主义对西方资本主义文明不留情的批判，并提出构建一种新社会的理想，也使得另一部分知识分子在英、美、法为代表的"西方"之外，发现了另一个"西方"，使得原本非常单纯的模仿、参照系统发生了变化。同时，对于"德先生""赛先生"的诠释很快发生了分裂。究竟是谁的"民主"，究竟是哪一种"科学"？"民主"是不是就是西方议会式民主？民主是某一阶级的事，或应该"是全世界、全社会、

---

1 《五四运动是青年爱国的运动》，《胡适讲演集》（台北：胡适纪念馆，1970），中册，页 134—135。

各民族、各阶段的'直接的民主'"？[1]"科学"究竟应该是像"实验主义"那种西方资产阶级的科学，还是马克思主义的社会科学？

"五四"提倡个人主义，提倡批判传统，但是到了"五卅"（1925），思想界已明显地由批判传统转移到反帝国主义，从个人主义的立场转移到反个人主义的立场。[2]对于19世纪40年代以来所追求的"富强"也产生了根本的怀疑，转而反对资本主义（富）与帝国主义（强）。以俄国为代表的另一个"西方"吸引了许多新知识分子的注意力，而新文化运动所争论的许多盘根错节的问题，皆可以用一个更犀利有效的武器来解决，那便是马克思主义。

我们读《独秀文存》时会得到一种印象，先前许多困难的问题或两端的意见，后来都逐渐找到一个会通解决的办法，那便是用社会主义来重新考虑那个问题；原先是泥中斗兽，此时都有另进一境豁然开朗的感觉，而《独秀文存》竟像是一部《天路历程》般。就以科学与人生观论战来说，"科学派"与"玄学派"在那边争得不可开交，但陈独秀却以马克思主义的理论概括而通解之。在《科学与人生观序》的最后，陈独秀说："我们相信只有客观的物质原因可以变动社会，可以解释历史，可以支配人生观，这便是'唯物的历史观'。我们现在要请问丁在君先生和胡适之先生：相信'唯物的历史观'为完全真理呢，还是相信唯物论以外，像张君劢等类人所主张的唯心观，也能够超科学而存在？"[3]

青年们努力寻找另一个"根本的觉悟"，"社会"是他们的答案。"社会"才是解决一切问题的关键。而且这个社会基本上不是继承自传统的社会，而是用人的理性能力规划的新"社会"。当时许许多多新青年毫不迟疑地主张建造一个"新社会"才是"彻底"解决所有问题的办法，建造一个新的社会才是"吾人最后觉悟之最后觉悟"。旧伦理、旧思想、旧文学、旧秩序的权威都一扫而空了，那么，

1　瞿秋白1919年11月所写的《革新的时机到了》，见蔡尚思主编《中国现代思想史资料简编》，第1卷，页643—644。

2　阿英：《小品文谈》，《阿英文集》（香港：三联书店，1979），上册，页100。

3　陈独秀：《科学与人生观序》（1923年11月13日），《陈独秀著作选》，第2卷，页554。

在这个全新的社会中，合理的规范与秩序，究竟应该是什么？旧道统去了，补充空虚的"新道统"是什么？ "主义"的崇拜成了一个"新道统"。新青年们认为有主义总比没有主义好。王光祈（1892—1936）在《少年中国学会之精神及其进行计划》中说，少年中国学会的工作，是训练使用各种"主义"的人。他说："我们学会会员对于各种主义的态度，极不一致，而且各会员对于他自己所信仰的主义，非常坚决，非常彻底，这是有目共睹的。但是我们有一个共同的趋向，就是承认现在中国人的思想行为，无论在什么主义之下，都是不成功的。若要现在的中国人能有应用各种主义的能力，必先使中国人的思想习惯非彻底的改革一番不可。""少年中国学会的任务，便是从事各种主义共同必需的预备工夫。"[1]目迷五色的各种"主义"在中国竞逐，再理想、再荒谬的"主义"都有人提出过，而且带有异常浓厚的实验色彩。如所周知，在各种"主义"的竞逐声中，最后是马克思主义脱颖而出。

1　蔡尚思主编：《中国现代思想史资料简编》，第 1 卷，页 449、452。

近代知识分子自我形象的转变

中国近代知识分子处在一个过去熟悉的规范与秩序皆跌得粉碎的时代，想要寻找自己的新定位，变得非常困难。精英与国家、社会，精英与群众的关系必须重新定义。这是一个中国历史上影响最大的阶层转型变化的历史，其中有许多的曲折与复杂性，想将它们做一个比较完整的陈述，最少需要一本书。此处所要讨论的只是其中一个问题：在芸芸的新知识分子中，固然大多数仍自居为四民之首，但也有一群文化精英在"自我形象"上有了重大的改变，他们逐步改变对自己的看法，以至从"士以天下为己任"，最后变为时时质问自己"我为什么还不是一个工人"？

本文的直接灵感来自余英时老师的一篇名文《中国知识分子的边缘化》[1]。我与许许多多读者，都受到这篇文章深刻的启发。[2] 余老师在此文里讨论了文化及政治环境的改变与边缘人的崛起，如何一步一步把知识分子挤到历史舞台的边缘。我这一篇短文则是从知识分子"自我边缘化"的角度出发，希望为余老师的文章做一条脚注。所以此处要先做三点声明。第一，我所处理的是思想或文化史的问题，故未从政治或社会史的角度入手，如果是从后者入手，必须考

1　收在余英时《中国文化与现代变迁》（台北：三民书局，1992），页33—50。
2　请参看罗志田兄对边缘知识分子崛起之讨论，见《近代中国社会权势的转移：知识分子的边缘化与边缘知识分子的兴起》，收入《权势转移：近代中国的思想、社会与学术》（武汉：湖北人民出版社，1999），页191—241。

虑仕、绅、商、学，乃至军阀在当时社会的情状，尤其是商人力量兴起，新式政党、军阀垄断了政治权力，对士的边缘化都有重要的影响，不过，余英时老师的文章早已言简意赅地谈到其中几个重要的问题了。我在这篇文章所着重的不是现实层面上知识分子的处境，而是知识分子如何界定、想象他们的地位，而且使得这种观点成为影响历史的重大动力，所以本文只限于思想或心态层次的探讨。第二，本文基本上分成两段：第一段是晚清，第二段是新文化运动以后；第一段是旧"士"，后一段是新"士"。前一段的自我边缘化泰半来自传统士大夫自我定位的危机，而这种危机一方面来自外在环境的改变，一方面来自士人的内省；第二段自我边缘化则除了知识分子的内省外，主要是来自俄国大革命的影响。我认为新文化运动之后，知识界对这个问题的看法基本上已经分裂了，一派以现代知识分子作为社会发展的重心，一派以"如何成为一个工人"（施存统）自期，而以上两种思想，基本上在20世纪30年代以前都已经确定了，此后虽有许多相同讨论[1]，但本文仍只讨论到20世纪30年代。第三，读者很容易发现，本文所讨论的历史人物，跨越了不同的时代，包括了不同的立场，所牵涉的是各种不同的文本，但是居然在"士"的自我形象上有如此同质的看法，就是一股不能不注意的趋势了。但是我也要在这里强调，这并不是当时有关士之自我形象的唯一趋势，而且历史也不必然要顺这个路发展下去。但是对照后来的历史事实，我们也不得不承认它在众多竞争的思潮中，最后成为最有现实影响力的一支。

事实上，不管军阀势力如何猖獗，商人势力如何勃兴，或知识分子如何被拒于政治中心之外，知识分子在一般社会心目中仍占据最中心位置，舆论也仍在读书人的手中，五四运动后尤其如此。最有意思，也最令人惊奇的，不是知识分子在当时社会阶层中的实况，而是知识分子如何想象自己，如何定位理想中的自己。这篇文字讨

---

1 一直到1983年，还有中共中央组织部及中共中央文献研究室所编选《知识分子问题文献选编》（北京：人民出版社，1983），讨论如何扭转数十年来打压知识分子的风气。

论文化精英如何自己造自己的反，在思想层次上将自我边缘化。即使在现实行为或其内心中的感觉不一定如此，但这种矛盾并不表示这一类言论没有历史的重要性。事实上，不管是出自内心真正的信仰，或只是因年轻气盛，加上儒家价值体系之崩解，而有些情绪性语言脱口而出，在实际行动或其他场合中并非如此执着于这样的观点，但是它们逐渐汇集成一股思潮后，对后来历史的发展便会产生实质的影响，尤其是以中共建国之后为甚。即使是特定社会环境下形成的非理性言论，并不表示它没有历史作用，这一点，希望读者不要误会。

在先秦古书中，"四民"的概念常常出现。在有些古典中只出现士农工商之名，并未排出一个先后顺序，或是与后来人们所习知的次序不同，但后来慢慢地有一个优先级：士→农→工→商（如《管子·小匡》），孟子也提出"劳心"及"劳力"两种人，并说"劳心者治人，劳力者治于人"，很清楚地是以劳心的"士"为治人阶层，劳力的农工商是被治的阶层。这个顺序流行了几千年，而且几乎不曾改变过。人们也不大追问为什么农人工人要生产东西给劳心者使用，为什么天底下有一批劳心者的工作就是"治人"？

在西方封建时代也有类似的概念。法国史家乔治·杜比（Georges Duby）在他的《三种秩序》（*The Three Order : Feudal Society Imagined*）[1]中区分这三种人：一种是打仗的贵族，一种是从事生产的普通人，一种是向上帝祈祷的僧侣。如果我们把表达方式更换一下，则生产者是"劳力"者，而僧侣是"劳心"者。西洋中古时代的人民也把它奉为天经地义的社会秩序。

也许有些人不喜欢以下的说法，但它几乎是一个事实，那就是从汉代以后的历史，即使连元代的所谓"九儒十丐"[2]或一些特定的

1　Georges Duby, *The Three Orders : Feudal Society Imagined* (Chicago : University of Chicago Press, 1980).

2　萧启庆的研究延续陈垣之见，指出这是一个夸大的说法，认为元代儒士并未受到歧视，见《元代的儒户》，收入氏著《元代史新探》（台北：新文丰出版公司，1983），页1—58。

时期外，"士"的崇高地位近乎是天经地义的 [1]，不需要讨论也不必质疑。历史上当然也出现过许多对士大夫加以困辱、压迫的事件，但至少在绝大部分人心中，"士为四民之首"，是毫无争论余地的命题，需要讨论的只是在这天经地义的大前提之下，反省"士"之职能与任务应该是什么。想了解这个问题最方便的方式是打开各个时代文集篇目分类索引那一类书，查与"士"有关的条目。读者会很轻松地发现，以清代为例，就有不少文章是通过训诂或其他方式，给理想中的"士"应该如何做或隐或显的讨论，人们也许对他那一个时代的士风有很大的不满，有的高声疾呼要把松动的螺丝锁紧，有的是讨论理想上应该如何修正士与社会政治的关系等。但无论如何，在晚清以前，几乎未见到读书人严重质疑"士"之优位性的文字。

但晚清出现两种观点，它们急遽地改变了"士"的自我形象：第一是"四民皆士"的新观点，第二是所谓的"规范知识"与"自然知识"的对立。

在晚清，当西方科技知识涌入，而中国又一再地挫败之后，兴起了一种专业主义，它一方面是强调追求应用性知识技能，另一方面是分工、专精理念的兴起，取代原来"通"儒的理想，或君子不"器"的观念。他们认为，长期以来被社会心态贬抑为末流的"百工"，应提高到与传统的士所追求的知识相平等的地位，要治国平天下非得要有"百工"不可。

在西方科技知识大举涌入中国之后，几乎形成两种知识形式的对立。在这里，我想借用费孝通的一个观念。费孝通说："在人类所知的范围里，本来可以根据所知的性质分成两类，一是知道事

---

1 历史发展的过程本来就不是一条平滑的曲线，而是杂声四起，在历史上也就不乏对读书人进行批判的言论。秦始皇焚书坑儒，在历史上不乏呼应者，明代赵统的《始皇坑儒原》，说始皇杀读书人是"杀得好派"即一例。以对书本的态度来说，历史上已不乏主张烧书的人，荀子固已启焚书之端（参钱穆《秦汉学术思想》，见《新亚生活［双周刊］》，3卷1期［1961年5月］，第四讲。收入《钱宾四先生全集》［台北：联经出版公司，1998］第52册，《讲堂遗录》，页175—184），隋唐五代也不乏此呼声。顾炎武《日知录》中主张烧异端或与正道不相干的书，颜元则干脆说书是"乾坤四蠹"之一。除了秦始皇等持极端言论的人，主张贬抑士人的毕竟不多见。而以书为乾坤四蠹之一或其他烧书之论，仍只是主张摧抑不合"正道"的书。

物是怎样的，一是知道应当怎样去处理事物。前者是'自然知识'，后者是'规范知识'。"他说"规范知识是劳心者治人的工具"。[1]

在过去，"自然知识"与"规范知识"的区分是没有社会及思想意义的，原先，农圃百工的"自然知识"是士所看不上眼的，并不形成一个对立的范畴，"万般皆下品，唯有读书高"的"书"主要是指四书五经之类的规范知识。而且，宋代以后的知识体系，基本上是以《大学》的"八条目"——"格物、致知、诚意、正心、修身、齐家、治国、平天下"为主。在《大学》"八条目"的传统下长大的读书人，格物致知与修身齐家治国平天下的知识是一个连续体。更何况是在理学的传统下，认为"格物致知"并不是单纯地向外追求自然知识。但是现代西方科技知识进来之后，人们逐渐发现所谓格致与治平天下之学是不同的，格致与辞章考据是不同的[2]，那也就是"自然知识"与"规范知识"之不同。前者是百工器物，是实用的，后者是道德、政治的原理。四民之中，农工商属于前者，士属于后者，这两种知识的升降当然也就决定了"四民"的性质与定位。

一、四民皆士

晚清出现一种"四民皆士"的观念，认为理想的现代国家，"士"不是一小群读书应考者的专称，所有人民都应该受教育。曾国藩有一段话，可以说是含蓄的四民皆士的主张，他说："西人学求实济，无论为士、为工、为兵，无不入塾读书，共明其理。"[3]他并未说出"四民皆士"，但是他抱怨中国除"士"以外便不入塾读书的传统。"四

1　费孝通：《论"知识阶级"》，见费孝通、吴晗等《皇权与绅权》(上海：知识观察社，1948)，页12—13。

2　李端棻：《请推广学校疏》："格致、制造、农、商、兵、矿诸学，非若考据、词章、帖括之可以闭户獭祭而得也。"收在郑振铎编《晚清文选》(上海：上海书店，1987，据1937年初版本影印，以下简称《文选》)，页574。

3　曾国藩：《拟选聪颖子弟赴泰西各国肄业折》，《曾国藩全集·奏稿(十二)》(长沙：岳麓书社，1994)，总页7332。

民皆士"的主张很简单，即四民中的农、工、商也应该读书、讲求他那一门的专业知识。农、工、商不能只靠一点代代相传的经验，也应该研究其中的知识，所以他们也应成为"士"。郭嵩焘说古代的士与耕者工者相同，各以其所能而自养，舜及伊尹是耕者，傅说是工人，吕尚屠且樵，孙叔敖是商人，皆可任为士。[1] 钟天纬（1840—1900）在《扩充商务十条》中也要求放宽"士"的定义，说"有商中之士，有工中之士，有农中之士"。[2] 后来梁启超在《变法通义》的《学校总论》中更进一步说："士者，学子之称，夫人而知也，然农有农之士，工有工之士，商有商之士，兵有兵之士。……今夫有四者之名，无士之实，则其害且至于此。"[3] 郭嵩焘及梁启超可以说已清楚地将"四民皆士"的主张提出来了。如果回到前面所提的"规范知识"与"自然知识"之区分，则"四民皆士"是主张"士"或"读书人"不应只是攻习"规范知识"的人。不管所讲求的是"自然知识"还是"规范知识"，他们都是"士"。在今天看来，这是何等平常的观念，但在晚清，这是一个非常令读书人感到不安的想法，湖南的王闿运（1833—1916）就认为四民皆读书是危险而要不得的事。[4]

"四民皆士"的思想在晚清是颇有力量的，1900年，邹容（1885—1905）的《革命军》也受到这个思潮影响。他说：

> 中国人群，向分为士农工商。士为四民之首，曰士子，曰读书人。吾见夫欧美人无人不读书，即无人不为士子。中国人乃特分别之曰士子，曰读书人，故吾今亦特言士子，特言读书人。[5]

邹容的话是当时许多人心中想的，欧美是"无人不为士子"，

1　郭嵩焘：《养知书屋文集》（台北：文海出版社，1968），卷2，《论士》，页1—2。

2　钟天纬：《扩充商务十条〈上南皮张制军书〉》，收入葛士濬编《皇朝经世文续编》（台北：国风出版社，1964），《光绪十四年序》，卷116，页6b。

3　梁启超：《饮冰室文集》之一（台北：台湾中华书局，1950），页15—16。

4　王闿运：《王志》，卷1，《论尚志》："孔子曰：'民不可使知。'而讲学者务使民知，乃至倡为四民徒隶皆须读书明理之言……"见王闿运著，马积高主编《湘绮楼诗文集》（长沙：岳麓书社，1997），页507。

5　收在张玉法编《晚清革命文学》（台北：知新杂志社，1972），页114。

而中国把"士"独立出来并高居四民之首是不对的。以上所引,从曾国藩、郭嵩焘、钟天纬,到梁启超,到邹容,经历了数十年时间,议论也一步比一步突显。不过另外还有一群人,并未说得如此简易直截,他们仍想在"士"为四民之首的框架下来重新安排,或者说在以"规范知识"为主体的框架下将"自然知识"安排进去。

为什么需要如此大费周章呢?因为他们既想维持"士"的优位性,但又充分了解专业知识的重要性。他们有的借着"部分化"(compartmentalized)来处理,像张之洞《劝学篇》(1902)中"政"与"艺"的区分即是。他说一个理想中的"士"应该同时掌握"政"(规范知识)与"艺"(自然知识),但是这两者之间应该有一个先后顺序,"政"应该优先于"艺"。[1]王韬(1828—1897)所说的"宜于制科之外,别设专科"[2]也代表这一派的思想。

另外一种想法是承认四民皆士,但认为"士"所学的东西有"大学""小学"之别。像熊亦奇(? —1899)便说,应该在所谓"四民"之外加上"兵"成为"五民",这"五民"所学,"大学"的部分是士所独学,"小学"的部分是专门之学,士、农、工、商、兵所同。[3]"士"比其他四民多一层"规范知识"之素养,但是他与其他四民一样都得要拥有某种专业知识。

我不敢说"四民皆士"或上述那些调和论者哪一种在当时较占上风,不过,我们确知当时有一种新四民观,它逐渐地冲撞自古以来士→农→工→商的四民顺序。

晚明因为商人精神之兴起而出现了"士商异业而同道","良贾何负于闳儒"等带有突破旧的四民秩序的看法[4],不过,因为"士"为四民之首的社会价值观仍在,所以如果能有机会,仍有许多人要

---

1 苑书义等编:《张之洞全集》(石家庄:河北人民出版社,1998),卷271,《劝学篇》外篇,"设学第三",总页9740,张之洞在谈到设立学堂时,小学堂先艺而后政,大、中学堂先政而后艺,"大抵救时之计、谋国之方,政尤急于艺"。

2 王韬:《变法下》,收在《弢园文新编》(北京:生活·读书·新知三联书店,1998),页20。

3 熊亦奇:《京师创立大学堂条议》,郑振铎编《文选》,页567。

4 余英时:《中国近世宗教伦理与商人精神》(台北:联经出版公司,1987),页104—121。

"易贾为儒"，或栽培子弟成为读书人。晚清逐渐形成一种舆论，士、农、工、商地位相同，并没有由一个转向另一个的需要。除"四民皆士"之外，晚清也有以商、工为本的论调。当时甚至出现一种以"商"立国的论调。郑观应（1842—1921）《盛世危言》说：

> 商务者国家之元气也，通商者疏畅其血脉也。[1]
> 中国以农立国，外洋以商立国。[2]

又说要：

> 全以商贾之道行之。[3]
> 讲求泰西士、农、工、商之学，裕无形之战以固其本。[4]

郑氏说西学分为天、地、人三学："所谓人学者，以方言文字为纲，而一切政教、刑法、食货、制造、商贾、工技诸艺，皆由人学以推至其极者也。"[5] 王韬有《恃商为国本论》，薛福成则说"商握四民之纲"，宋恕（1862—1910）则说"东西文明之国为士农工商之天下"[6]，也很清楚地点出在现代国家农工商之重要性。

前面所引的几段文字，不只提倡四民同样重要，而且隐隐然将商或工摆在士之上。像前面所引郭嵩焘的《养知书屋文集》中的话，最后几句是唐宋以后士为闲民，士不能自养，故士之名乃消失。[7] 不管是"恃商为本"还是士不能自养则"士"之名乃消失，其态度是很激烈的，严复在1895年发表的名文《救亡决论》中，也以是否"有用"来决定"士"的地位。他先是说："求才、为学二者，皆必以

1 郑观应：《盛世危言》（沈阳：辽宁人民出版社，1994），《商务一》，页246。
2 同上，《商务三》，页255。
3 同上，《商务二》，页254。
4 同上，《商战下》，页244。
5 同上，《西学》，页27。
6 孙宝瑄：《〈忘山庐日记〉录宋恕言行》，收在胡珠生编《宋恕集》（北京：中华书局，1993），页1043。
7 郭嵩焘：《养知书屋文集》，卷2，《论士》，页1—2。

有用为宗。而有用之效，征之富强；富强之基，本诸格致。"[1] 也就是说，"格致"，即"自然知识"，才是"有用"的，是能致富强的，"规范知识"是不行的，故他在这篇大量批评"士"的长文中宣称士"为游手之民""士者，固民之蠹也"[2]，"然吾得一言以蔽之，曰：无用"[3]。清末的邹容则说：中国读书人不但无用，而且愚笨，老百姓之愚是因为他们没读书，而士人之愚则是因为读错了书，故愚笨的程度要超过老百姓：

> 中国士子者，实奄奄无生气之人也。何也？民之愚，不学而已，士子愚，则学非所学而益愚。[4]

如果我们简单归纳以上的讨论，可以发现，"四民皆士"的观念的兴起，以及在士大夫心目中以"规范知识"为主体的典范没落，形成交互更迭的两个轴心。过去被轻视的"自然知识"不但逐渐取得与"规范知识"相平等的地位，慢慢地，"自然知识"的地位还要压倒"规范知识"，使得士要回过头来反省并质问自己的定位。实际上，中国当时具有专业知识的人非常之少，但是实际的数量，并不影响士之"自我形象"的变化，也不影响士人们要以何种标准来评估自己。这种对自我定位的深刻质疑是负疚感的一个重要来源。

二、仕、学合一的中断

从某一个层面来说，1905 年废科举是"自然知识"与"规范知识"的决裂点，晚清最后几十年的舆论及现实最终使得"自然知识"压垮了"规范知识"的地位。

废科举是一件划时代的大事，它为读书人开启了许许多多新路，

1　严复著，王栻主编：《严复集》（北京：中华书局，1985），第 1 册，页 43。
2　同上，页 42。
3　同上，页 44。
4　邹容：《革命军》，张玉法编《晚清革命文学》，页 115。

读书人可以不必一辈子两眼盯着科举考试所限定的几本书，自由地追求各种知识；读书人也可以不必挤向那近乎唯一的成功的窄门，路途可以无限宽广，人们可以成为各种专业人士。但是家门前的一条河，有的人会放一条小船航向辽阔的世界，也有的人会把它当作自己和外面世界的天然阻隔，对大部分人来说，废科举是斫丧了他们的前途，把只有规范知识而无自然知识的旧读书人，推向社会的边缘。废科举，使得仕、学合一的传统中断了，对某些人来说是解放，但对大部分的读书人而言，是逼使"士"成为一个漂浮的阶层。蒋梦麟（1886—1964）在《西潮》中说，他少年同学中凡是用力于科举旧学而又表现优秀者，大多潦倒以终，而他自己这位旧书读得不怎样的人后来却飞黄腾达。用他的话说，"我的这些祸根后来竟成为福因，而先生们认定的某些同学的福因结果都证明是祸根"。[1] 仕、学合一的传统中断了，四书五经又与现实生活不大发生直接关系，旧的士阶层顿失所依，同时也形成旧士与新士之决裂。写八股文的人看不起新派读书人，新派读书人更看不起旧士。但无论如何，废科举造成一大群读书人失业或汲汲营营寻找新出路，也更突显士之无用及自我定位之困难。

我觉得瞿秋白《饿乡纪程》中形容所谓"破产的士"，虽然写作年代已晚至 1920 年，但对"士"的经济生活之崩溃这一点仍有参考价值。瞿秋白说他自己东奔西走，像盲蝇般乱投，要求生活的出路，"而不知道自己是破产的'士的阶级'社会中之一社会现象呵！"[2] 士的经济困难有两个来源：一个是废科举之后无法调适的士的流离失所，一个是支撑旧读书人的传统宗族、农业经济在西方商品的大量流入之下终于破产，这两个因素将旧读书人抛掷出来。瞿秋白用

1　蒋梦麟：《西潮》（台北：世界书局，1974），页30。另一个有趣的实例来自包天笑（1876—1973）；他的表兄尤子青原在科场上相当得意，但是科举废除之后，反倒是由得新学风气之先的包天笑，将新信息传告给他。而且后来包天笑在协办山东青州府中学堂时，学生中多有年纪稍长者，甚至已获得秀才、举人等功名，这使得只有生员资格的包氏"很为惭愧"。见包天笑《钏影楼回忆录》（太原：山西古籍出版社，1999），页128、297、365。

2　瞿秋白：《饿乡纪程》，《瞿秋白诗文选》（北京：人民文学出版社，1982），页33。

这篇文章来写他自己，废科举时他只有七岁，几乎不能算是受废科举直接影响的人，但是他都有那样深刻的感受了，我们可以想象老一辈人的境遇。[1] 我并不敢说现实上的困境必然导致士的自贬，但我们必须放在心上的是，1905 年废科举是空前的事件，它的抛掷力也是空前的，它把"士"的"无用"映照得格外鲜明，这与士之自贬自抑不可能没有任何关系。

三、从"无用"到"无道德"

除了因为无"用"而引起的自贬外，清末还有一些读书人开始认为，即使从道德的层面去考虑"士"的水平，则士自许为四民表率的说法根本站不住脚，当时"士"的道德水平不但不是最高的，甚至可能是四民中最低的。这是读书人造自己的反的一个新高度。章太炎在 1906 年之《革命道德说》即从道德的良窳来论贬士流。

章氏这篇文章当然有其时代背景，他显然是想反驳梁启超《新民说》一开始那几篇强调"公德"重于"私德"的文章，同时也针对当时革命志士道德水平低落而发。章氏在文章中认为革命党人须先具"私德"，没有"私德"便谈不上"公德"。章氏认为道德的程度随职业而变，他将中国当时人民依职业分成十六种：农人、工人、稗贩、坐贾、学究、艺士、通人、行伍、胥徒、幕客、职商、京朝官、方面官、军官、差除官、雇译人，"其职业凡十六等，其道德之第次亦十六等"，而且职业愈高，知识愈高，道德水平愈低。决定道德高下的标准是"确固坚厉、重然诺、轻死生"，而依这个简单的标准去衡量，农人道德最高，工人、稗贩、坐贾、学究、艺士，虽各有一些毛病，但都不失为有道德之人，但是从"通人"以上，便开始进入没有道德的范畴！章氏说："故以此十六职业者，第次道

1　例如身处山西而只有举人功名的刘大鹏（1857—1942），对废除科举一事便指出当时士心涣散，读书人将不知何去何从，教学为蒙馆者纷纷失业，无以谋生。见刘大鹏遗著，乔志强标注：《退想斋日记》（太原：山西人民出版社，1990），1905 年 10 月 15 日至 12 月 25 日等条，页 146—148。

德,则自艺士以下率在道德之域,而通人以上则多不道德者","要之,知识愈进,权位愈申,则离于道德也愈远"。而且他说:"今日与艺士通人居,必不如与学究居之乐也;与学究居,必不如与农工稗贩坐贾居之乐也;与丁壮有职业者居,必不如与儿童无职业者居之乐也。"[1]

"通人"是划定道德高下的界限,"通人"以上是坏的,"通人"以下才是好的。谁是通人?"通人者,所通多种,若朴学,若理学,若文学,若外学,亦时有兼二者。朴学之士多贪,理学之士多诈,文学之士多淫,至外学则并包而有之。"又说"通人率多无行"。[2]而"无行"的人不只是治传统学问之人,甚至还包括熟习西学的人。

章太炎有一层没有说出的意思,凭借专门技术维生的人比较有道德,无专门技术或其职业本身牵扯太多社会交往的人,其道德水平多不可保,社会化愈深,道德水平愈低。

章太炎还说,有道德的六种人,如果变得有知识了,就要开始失去其道德品质,他说:"浸假农为良农、工为良工、贾为良贾,则道德且不可保;学究、艺士进而为通人,资藉既成,期于致用,其道德又爽然失矣。"[3]这真是一个奇怪的标准,愈有知识,愈无道德,愈为良农良工良贾,即道德愈不可保,所以,朴拙是好的,"知识"是坏的,读书人是有知识的人,所以也是道德上有问题的人。

有趣的是,章太炎将"学究"与"通人"对立起来。学究本来是被嘲笑的,但在这里是比较高的,"通人"本来是儒家的理想,这里成了最无道德之人。而他此处的所谓"通人",大多即指当时的学者。而"通人"以上者,则大多求做官,而且他所指述的这些做官的途径,大多是靠着钻刺,这似乎是在说儒家最大的问题是"湛心荣利",而章太炎认为,"士"以做官为职志是行不通的。章太炎写这篇文章时,科举刚废,而太炎似乎也在说仕、学合一的传统是不行的。

1　章太炎:《革命道德说》,《太炎文录初编·别录》,卷1,收入《章太炎全集》(上海:上海人民出版社,1985),册4,页280、283、287。

2　同上,页281—283。

3　同上,页283。

　　章太炎对"士"毫不容情的批判当然与他对"儒"的研究与批判不能完全分开。在《诸子学略说》中，他动辄说"儒家之病，在以富贵利禄为心"[1]，说"儒家之湛心荣利，较然可知"[2]，说"君子时中，时伸时绌，故道德不必求其是，理想亦不必求其是，惟期便于行事则可矣。用儒家之道德，故艰苦卓厉者绝无，而冒没奔竞者皆是"[3]。又说："儒家者流，热中趋利，故未有不兼纵横者。"[4]如果比较《革命道德说》与上述的几段话，可以发现判断有无道德的标准一样是能否"艰苦卓厉"，是否能言必信、行必果，而儒者所熟习的是一些在现实上没有作用的四书五经，又没有专门的维生技能，故必须依靠着买空卖空贩卖其所谓治国平天下的知识以维持住自己的身份，所以只能是"热中"趋利，是奔竞，是不能坚守原则。

　　章太炎对中国社会各阶层道德质量的分析，与他对晚清士流的第一手观察有关（其中还包括对康有为等孔教人物的不满），但是他的反省与批判也等于指出"士"的旧路是走不通的，不应该有这一个阶层。

　　对"士"的失望使得这批读书人寄希望于另一阶层，即下层百姓。造成这一思路的原因很多，非此处所能详论。清末浮现的社会主义思想，尤其是无政府主义当然与此有关[5]，在谈到这一思路时，还是要再提一下当时的思想怪杰宋恕。宋恕显然怀抱着浓厚的社会思想。他曾出语惊人地宣称应"由贫民来定道统"[6]，他又宣称"士大夫之品评无据，远不如种田挑担人之有真是非"[7]。可惜宋恕并未充分展开这一思想，所以其深义并不容易把握。

　　与宋恕、章太炎约略同时的"白话道人"林獬（1874—1926）则宣称"现在中国的读书人，没有什么可望了"。白话道人在《中

1　收在汤志钧编《章太炎政论选集》（北京：中华书局，1971），页289。
2　同上。
3　同上，页291。
4　同上，页296。
5　刘师培等无政府主义者皆持这类看法。
6　胡珠生：《宋恕年谱》，收入胡珠生主编《宋恕集》，页1126。
7　同上，页1096。

国白话报》的发刊词上，一方面说只要这一个报馆一直开下去，用不到三年，"包管各位种田的、做手艺的、做买卖的、当兵的，以及孩子们、妇女们，个个明白，个个增进学问，增进识见，那中国自强就着实有望了"。但同时也说："唉呀！现在中国的读书人，没有什么可望了！可望的都在我们几位种田的、做手艺的、做买卖的、当兵的，以及那十几岁小孩子阿哥、姑娘们。我们这一辈子的人，不知便罢，倘然知道了天下的大势，看透了中国的时局，见得到便做得到，断断不象那般读书人口是心非，光会说大话做大文章，还要天天骂人哩。"[1] 我们当然可以猜想白话道人是为了推广报纸给下层百姓看，所以说些讨好百姓的话，可是讨好、鼓励下层百姓并不一定要同时贬抑读书人。同时代办白话报的人，像陈独秀宣扬他的《安徽白话报》时，就未说这种话。

四、"我很惭愧，我现在还不是一个工人"

读书人的自贬、自我边缘化可以分两阶段。前一阶段是"士"，下一阶段是"知识分子"。前一阶段是现实环境逼出来的，后一阶段则是在俄国革命思潮影响下读书人自我形象的改变。前一阶段的意见是分散的，后一阶段的意见比较集中；前一阶段侧重"士"之无品无用，而第二阶段着重强调做一个知识分子是有罪的，或者说理想上不应该做个读书人，而应该做个工人。"劳工"成为人们追求的理想，而不是知识分子。这时人们想望的不是"四民皆士"，而是"四民皆工"。他们并不主张四民平等，而是认为"士"是四民之末。这个阶段开始于新文化运动，或应该说俄国大革命成功之后。

俄国大革命为中国的社会主义者打了一剂强心针，李大钊在俄国大革命成功的消息传来后，在《新青年》的五卷五号上发表了《庶民的胜利》（1918 年 11 月 5 日），说今后的世界会变成劳工的世界，

1　收在张枬、王忍之编《辛亥革命前十年时论选集》（北京：生活·读书·新知三联书店，1962），第一卷下册，页 604—605。

"我们应该用此潮流为使一切人人变成工人的机会",同时又说:"我们要想在世界上当一个庶民,应该在世界上当一个工人。诸位啊!快去作工呵!"[1]

北大校长蔡元培发表了一篇《劳工神圣》,蔡元培是这样说的:

> 不管他用的是体力、是脑力,都是劳工。所以农是种植的工,商是转运的工,学校职员、著述家、发明家,是教育的工,我们都是劳工。[2]

由"四民皆士"到"四民皆工",前后不过短短几十年而已。

在俄国大革命成功之后不久,便有"五四运动"。"五四"是以知识分子为主体的运动,这两个事件使得此时有关知识分子的问题,出现了两种意见:一派认为知识分子是社会的重心,一派认为劳工才是社会的重心。在当时知识分子心中,也常同时存有这两种互相矛盾的想法,当然也有主张这两者应该联手的,李大钊在1920年一篇文章中说"劳工阶级"与"知识阶级"应该携手合作。李氏在这篇题为《知识阶级的胜利》中说,五四以后,"知识阶级的胜利已经渐渐证实了。我们很盼望知识阶级作民众的先驱,民众作知识阶级的后盾"。不过他又进一步定义"知识阶级"就是"一部分忠于民众作民众运动的先驱者"。[3] 在说了这么多之后,他并不放弃民众主体论中不与民众发生关系的读书人,即不能为"知识阶级"。

李大钊的思想在当时青年学生中很有力量。罗家伦(1896—1969)、傅斯年等《新潮》领袖,在当时都免不了受到他的影响。1919年,刚从北大毕业的傅斯年在山东老家写了这样一篇后来从未发表的文稿《时代的曙光与危机》,他说:"然而僭窃者何尝专是帝王贵族绅士的高号呢? 我们不劳而衣食的人对于社会牺牲的无产劳

1　李大钊:《庶民的胜利》,《李大钊选集》(北京:人民出版社,1978),页111。

2　收在中国蔡元培研究会编《蔡元培全集》(杭州:浙江教育出版社,1997),第3卷,页464。

3　原载《新生活》,23(1920年1月25日),收入《李大钊选集》,页308。

动者，也是僭窃者，将来他们革我们的命，和我们以前的人革帝王贵族的命是一种运动。"[1] 以前的"士"也是"不劳而食"者，可是他们看到汗水淋漓的农人、工人，却并没有什么不安或惭愧的感觉，但这一代的青年想法不同。他们受到新思想的洗礼，所以即使看到的是亘古以来不变的现象，心中的反应却是截然不同的。

与傅氏同在北京、带有浪漫色彩的王光祈，受了左派思想及"新村主义"的影响，在 1918 年 6 月与李大钊等人发起了少年中国学会。1919 年王氏在《少年中国学会之精神及其进行计划》中描绘这一个孕育了一代有志青年的团体时说，改造中国最有希望的是"中国劳动家"，而他们想达到的理想社会是没有阶级的，"智识阶级同时便是劳动阶级"，"我们自身便是劳动者，便是劳动阶级的一分子"，在这个社会中读书和做工是在一起的。[2] 王光祈自己是读书人，而想望成为"劳动阶级的一分子"，相当值得注意。1919 年年底，王氏在北京发起工读互助团，试验"学者""做工"的生活理想。毛泽东在"少中"发起为每一个人洗衣服，每次收一枚铜板，即充分体现了北京工读团将"工人"与"学者"合为一途，"工人"即"学者"，"学者"即"工人"的理想。虽然北京工读及各地响应的组织在经过短短的几个月就宣告失败[3]，王光祈也很快便出国留学，最后死在德国，但这个社团对一代青年的影响是非常大的。有人就说："念书人是什么东西，还不是'四体不勤，五谷不分'，无用而又不安生的一种社会的蠹民吗？号称是受了高等教育的人了，但是请问回到家里扛得起锄，拿得起斧子、凿子，擎得起算盘的可有几个人？"[4]

在这样的空气中，来自杭州的一位敏感青年施存统——他几乎对当时的每一个新风气都很敏感，在新文化运动时，大胆写出《非孝》的文章，引来杭州政府当局对浙江第一师范的镇压。而这个时候，

---

1 傅斯年未刊稿，见"中央研究院"历史语言研究所收藏"傅斯年档案"，因原先夹于文件中，未编号。
2 《少年中国》，1:6（1919 年 12 月），页 6—7。
3 彭明：《五四运动史》（北京：人民出版社，1984），页 512—520。
4 真：《教育的错误》，《平民教育》，第 9 号，1919 年 12 月 6 日，转引自彭明《五四运动史》，页 506。

施存统也敏锐意识到这一种新的浪潮，他这样烦恼地慨叹着：

> 我很惭愧，我现在还不是一个工人。[1]

在五四新文化运动时期，有一种言论开始产生莫大的影响力，主张劳工神圣、劳动神圣、劳心与劳力之结合，知识分子必须与劳动者联合，反对将知识阶级与劳动阶级分开，认为"没有劳动，就没有人生"。尽管他们一再强调劳心与劳力之结合，但显然"劳动"居于优位。即使是劳心与劳力结合，他们也不称其为知识分子，而称为工人；如果不能与劳动相结合，便是"伪士大夫"或"伪知识分子"。这样的议论当然不会出现在胡适阵营，原来"知识分子"观念仍是主流，却是在青年当中流行，他们不只对一种身份，而且对值得追求的知识的范围，产生不同的看法。这一脉思想的来源相当复杂，主要是无政府主义、社会主义之影响随着俄国大革命的成功而更活跃。如果我们稍为检视几种资料书，如《五四时期的社团》《五四时期期刊介绍》，很快便发现这一思想的绝大势力成为当时许多社团、期刊中频繁出现的口头禅。而当时甚嚣尘上的各种"勤工主义""工学主义"、工读互动的团体，则为其表现。提倡这一思潮的，都是当时的新知识青年，它非常深刻地改变了知识分子的自我定位。

"五四"前后，"阶级"这个概念逐渐成为思想家分疏既有概念的另一项重要武器，他们的论说愈趋细密，像李大钊就说"平民政治"是不对的。他说，因为"平民政治"的暧昧会把占人民半数的妇女排除出去，并把大多数无产阶级的男子排除在"平民"之外，所以他所要的是"工人政治"（Ergatocracy）。[2] 而左转之后言论日趋激

1　施存统：《复轶千》，《民国日报·觉悟副刊》，1920 年 4 月 16 日。施存统后来陆续写过像《只要我是一个工人》的文章（《民国日报·觉悟副刊》，1924 年 12 月 7 日）。关于施存统《非孝》一文与浙江一师之风潮，可参夏衍《懒寻旧梦录（增补本）》（北京：生活·读书·新知三联书店，2000），页 29—30。关于施氏一生之梗概，参见石川祯浩《施存统と中国共产党》，《东方学报》，68 册（1996），页 245—358。

2　李大钊：《平民政治与工人政治》，原载《新青年》，9:6（1922 年 7 月 1 日），收在《李大钊全集》，页 396—398。

烈的陈独秀讨论到当下及将来的国民运动时，认为主要的动力是商人、工人、农民，但知识阶级的"连锁作用"仍不可轻视，"正因为知识阶级没有特殊的经济基础，遂没有固定不摇的阶级性"。应该使知识阶级为工人政治服务。[1]

1927 年，当王国维自沉后，顾颉刚在《文学周报》发表了一篇纪念文字，他一面纪念，一面却又责备王氏。他说学术研究工作应该是要像"做工"一样，"我们应当造成一种风气，把学者脱离士大夫阶级而归入工人阶级"。这段话有两种意义，即学术研究像是工人做工，而且"他们的地位跟土木工、雕刻工、农夫、织女的地位是一样的。他们都是凭了自己的能力，收得了材料，造成许多新事物。他们都是做工，都没有什么神秘"。应当"把学者们脱离士大夫阶级而归入工人阶级"，所以人们不必认为会写文章的人有什么神圣，必定要做官，也必定要被社会"捧作民众的领袖"，学问研究与做官是两回事。知识分子应该和"民众"在一起，他拿王国维作反面教材批评说，王国维少年时期在日本已经剪了辫发，到了民国成立后反而留起辫子来，最后还殉清，"这就是他不肯自居于民众，故意立异，装腔作势，以鸣其高傲，以维持其士大夫阶级的尊严的确据。这种思想是我们绝对不能表同情的"。[2]顾氏原来是想成为王国维弟子的，但在这里竟有谴责的意思，其关键原因是读书人积极希望成为他们所不是的身份，他们认为自居为士大夫是可耻的，应该成为"工人"或"民众"，而王国维却选择维持士大夫的架子。

经过几年的宣传，"劳工神圣"的论调已定，翻开当时的各种报刊，都不难看到类似"我很惭愧，我现在还不是一个工人"或"只要我是一个工人"之类的话，只是文字没有这么戏剧性而已。左派知识分子对这个主张非常敏感，此处仅举恽代英为例，他到处批评人们是"士大夫救国论"者，1924 年 10 月青年党国家主义派出版《醒

1 陈独秀：《中国国民革命与社会各阶级》，任建树、张统模、吴信忠编《陈独秀著作选》（上海：上海人民出版社，1993），第 2 卷，页 562。

2 以上见顾颉刚《悼王静安先生》，载《王观堂先生全集》（台北：文华出版社，1968），册 16，页 7134—7135。

狮周报》，这个刊物直截了当反对共产主义，恽氏在次年 4 月 25 日
的《评醒狮派》中说："自从《醒狮周报》出版以后，我又加了一
种不赞成他们的理由：便是他们的'士大夫救国论'。他们是把士
商阶级看得很重要，而忽略农工平民的力量。""他们的意思，却只
是说这一派士大夫是太糟了，须得另外换一批好的士大夫来。"他
又说："二三十年来，康有为、梁启超、章行严、黄炎培、胡适之
辈，皆曾为一时士大夫救国者之领袖，然一一都堕落，成为过去之
人物。"[1]青年党领袖左舜生（1893—1969）很快在 5 月 16 日《醒狮
周报》三十二号上发表《答共产党并质恽代英君》，说他们并没有
提出"士大夫救国论"，对恽代英"硬指定我们的言论是'士大夫
救国论'"表示不解，并反唇相讥共产党是一批大学校长、教授及
大学生利用青年、利用农工阶级为"攘夺政权的武器的士大夫"。[2]
文章刊出，恽代英又于《中国青年》八十二期（1925 年 7 月 18 日）
中说："我们却做梦不敢自命为'士大夫'，更不敢自命靠'士大夫
救国'。"他仍强调士大夫时时可以卖国，并要左舜生"还是丢了那
个迷信士商阶级的空想，来与我们注意下层阶级发展他们的监督力
量罢！"[3]

　　同年 7 月，戴季陶（1891—1949）发表了《国民革命与中国国
民党》，其中提到最少在未来五十年，中国的政治应该完全握在"信
奉三民主义的中国青年手里"。[4]瞿秋白马上在《向导》发表他那有
名的《中国国民革命与戴季陶主义》（1925），指控戴季陶是以为"等
到政治权力握在所谓三民主义青年（知识阶级）手里之后，自然会
实现民生主义"。[5]从以上争执我们可以看出，当时思想界已清楚分
成两边，"五四"以后"青年"是时髦的，但这个时候只是"青年"

1　原载《中国青年》，收在《恽代英文集》（北京：人民出版社，1984），下卷，页 665—
　　666。
2　左舜生文发表于《醒狮周报》32 号，第二、三版。
3　恽代英：《答〈醒狮周报〉三十二期的质难》，《恽代英文集》，下卷，页 688。
4　戴季陶：《国民革命与中国国民党》（台北：阳明山庄影印，1951），页 63。
5　瞿秋白：《中国国民革命与戴季陶主义》，《瞿秋白选集》（北京：人民出版社，1985），
　　页 184。

还不够，必须认定劳工才是肩负历史未来走向的重心。而鼓吹它的，当然一无例外是读书人。

五、"伪知识阶级"

我认为在林林总总的相关文章中，最有代表性的一篇是陶行知（1891—1946）的《"伪知识"阶级》（1928）。陶氏受教于杜威（John Dewey，1859—1952），熟闻其"生活即教育"之宗旨。他又对当时左翼知识分子的思想相当同情，所以这篇震撼一时的《"伪知识"阶级》是上述两种思想的集合体，再加上一点清儒颜元的色彩。

陶行知的思想发展历程及其事业当然远比上述复杂，他的事业以乡村教育为主，他的理想是使得全国二千六百万乡村的农民皆能得到教育，同时要以学校作为改造社会的中心。他认为，为了达到这个目标，传统教育与舶来的教育都不行，他逐渐摸索出一套"教学做合一"的方法，而且强调教、学、做三者之间不可以有逗点，因为这三者是一件东西。[1] 就在这一套理论逐渐发展成熟时，他办了晓庄师范，在创办晓庄师范一年后，他发表了《"伪知识"阶级》。在这篇长文中，陶行知把"知识"等同于"银行"，说如果"知识"没有实际生活中的作用，即等于"滥发钞票"。西方的实用主义强调"思想"是一张支票，不能实用的"思想"即等于不能兑现的支票。[2] 如果再把费孝通的"规范知识"与"自然知识"拿来作为参照，则陶行知对"真知识"的定义，有时候比晚清以来强调"自然知识"的人还狭窄。他说：

> 只有从经验里发生出来的文字才是真的文字知识，凡不是从经验里发生出来的文字都是伪的文字知识。[3]

1　华中师范学院教育科学研究所主编：《陶行知全集》（长沙：湖南教育出版社，1985），卷2，《教学做合一》，页41。
2　《"伪知识"阶级》，《陶行知全集》，卷2，页88。
3　同上，页90。

这不等于是不自觉地把声光化电之学中比较深奥的原理的部分排除在外了吗？至于他所指斥的"伪知识"，则是旧读书人所熟悉的"规范知识"：

> 伪知识和伪钞票一样，必须得到特殊势力之保障拥护才能存在。"伪知识"阶级是特殊势力造成的，这特殊势力在中国便是皇帝。[1]

他说皇帝之所以要保护没有用的"伪知识"的理由是，他们要把江山当作子孙万世的财产，所以必须收拾这些读书人，收拾的法子便是使这些读书人离开"真知识"去取"伪知识"。[2]后来费孝通的《论知识阶级》中，也出现了相近的论点，说"规范知识"是靠着皇帝的保护繁衍下去的。陶氏又说"伪知识的功夫做得愈高愈深，便愈能解决吃饭问题"[3]，而且整个家教都要把他们的年青子弟赶进皇帝所设的圈套[4]：

> 这种知识除了帝王别有用意之外，再也没有一人肯用钱买的了；就是帝王买去也是丝毫无用，也是一堆一堆的烧去不要的。[5]

陶氏认为近代中西之对抗，用另一句话说，即"伪知识的国"与"真知识的国"的抗衡，两者对抗像鸡蛋碰石头一般。[6]

陶行知不能算是反智论者，他用很大力气阐明"书只是一种工具"，他提倡类似"四民皆士"，也就是"三百六十行，行行都要用书"来打破"读书人的专利营业"，既然三百六十行的人都用书，也就没有"读书人"这一行了。他说书是拿来"用"的，书不是拿来读的，"所

1　陶行知：《"伪知识"阶级》，《陶行知全集》，卷2，页90。
2　同上，页90—95。
3　同上，页90。
4　同上，页91。
5　同上。
6　同上，页92。

以提到书便应说'用书'，不应说'读书'，那'伪知识'阶级便没得地方躲了"。他说：

> 农人要用书，工人要用书，商人要用书，兵士要用书，医生要用书……三百六十行，行行都要用书。行行都成了用书的人，真知识才愈益普及，愈能发现了。

他说等到三百六十行都是"用书人"，"读书的专利营业"，"三百六十行决没有教书匠、读书人的地位，东西两半球上面也没有中华书呆国的立足点"。[1] 既然三百六十行没有"教书匠""读书人"的地位，那么"教书匠"与"读书人"的地位在哪里呢？他们要如何定位呢？用毛泽东的话说："皮之不存，毛将焉附？"

写到这里，我必须强调，以上这些文章的作者都是读书人，绝没有一言一字来自农、工、商。真正的农、工、商始终对读书人抱有相当高的敬意。读书人要造自己的反，这是一个挡不住的潮流。

必须强调的是，与此同时的另一批文化精英主义者，像胡适、傅斯年、蒋廷黻（1895—1965）这些人的言论中都见不到对知识分子如此灰心丧志的话，他们仍相信一群有理想的文化精英仍然是积极正面的力量，相对于"劳工阶级"，他们提出的是所谓"社会重心论"，希望中国知识界出现几十个出色的学者，成为社会的重心，并以他们为核心领导国家的稳定进步。胡适一生的言论几乎都是在提倡如何检讨中国社会的病根，并步趋西方文明脚步，在这个前提下，现代知识分子，而不是工人，才可能成为建设一个现代社会的承担者。胡适在1926年的两段言论可以代表这种看法。这一年7月，胡适出国前在北大演讲"学术救国"，说："救国不是摇旗呐喊能够行的，是要多少多少的人投身于学术事业，苦心孤诣，实事求是的去努力才行……日本很小一个国家，现在是世界四大强国之一，这不是偶然来的，是他们一般人都尽量的吸收西洋的科学学术才成功

1　陶行知：《"伪知识"阶级》，《陶行知全集》，卷2，页95。

的。你们知道，无论我们要做甚么，离开学术是不行的。"[1] 他在同年
9 月 17 日的一段日记上也说：

> 德国可学，美国可学，他们的基础皆靠知识与学问。此途
> 虽迂缓，然实唯一之大路也。[2]

而比他们年辈较早的蔡元培、吴稚晖、李石曾、汪精卫也持相
似之论。吴稚晖说：

> 近日余与孑民、石曾、精卫等聚谈，皆确然深信：惟一之
> 救国方法，止当致意青年有志力者，从事于最高深之学问，历
> 二三十年沉浸于一学。专门名家之学者出，其一言一动，皆足
> 以起社会之尊信，而后学风始以丕变。即使不幸而国家遭瓜分
> 之祸，苟此一种族，尚有学界之闻人，异族虐待之条件，必因
> 有执持公理之名人为之删减。于是种人回复之力，可不至于打
> 消净尽。[3]

至于傅斯年，前面已经提到过，傅斯年在"五四"前后有一个
短时间对作为读书人的身份是相当内疚的，但是他在"五四"之后
随即出洋，在英德两国待了七年多，深受当时西方自由主义传统的
洗礼，他早年的那种语调经过七年多的淘洗已经慢慢消失了，傅氏
后来发表的文章虽然还一贯地同情下层民众，可是他显然已转化成
一个学术精英主义者，把学术建设当作救中国的正途。[4] "九一八"
之后，全国舆论空气中对知识阶级责备甚深，蒋廷黻在 1933 年的《知
识阶级与政治》中，虽不无歉然地表示中国近二十年的内乱，与其

1　耿云志：《胡适年谱》（北京：中华书局，1986），页 98。

2　胡适：《胡适的日记（手稿本）》（台北：远流出版公司，1990），第 5 册，未标页数。

3　吴敬恒：《四十九岁日记选录》，收在《吴敬恒选集》（台北：文星出版社，1967），"序
　　跋游记杂文册"，页 221。

4　参见我的 Fu Ssu-nien : A Life in Chinese History and Politics（Cambridge : Cambridge
　　University Press，2000），pp. 67-68。

归咎武人不如归咎文人，并且说知识阶级应该要做某些事，不应做哪些事，但是他仍然坚持知识阶级是国家的重心。[1] 由上述可以看出，文化精英主义者也是不绝如缕。

不管是第一阶段或第二阶段，知识分子的自我贬抑运动，归根究底，皆与近代儒家自我定位的危机有关。"士"原来的自我定位是什么？简言之，即以四书五经为其训练，去实践治国平天下之理想，其职业则是做官，"做了官是大夫，没有做官是士；士是候补的大夫"。[2] 但近代中国现实上的变局使得四书五经中的"规范知识"远远敌不过声光化电的"自然知识"，即使在治国平天下方面，西方那一套政经制度看来也远比中国的四书五经所规范的那一套强，1905 年废科举则从现实上彻底切断旧读书人原先认定的天经地义的出路——做官。以上种种严重动摇了旧读书人的自我定位，在俄国大革命成功之后，"阶级"观念涌入，读书人不但怀疑自己是不是承担国家前途的阶层，而且自责、自疚，认为自己是一不劳而食的阶层，是四民之末，应该谦卑地学习成为工人，应该不时反身自问"为什么我还不是一个工人"。

李大钊、陈独秀、瞿秋白、恽代英等思想家对知识分子所持的论点，在后来基本上是延续未变，并且形成国家政策。任何一种有关中共知识分子历史的研究中，都很清楚指出，虽然中共领导人承认广大知识分子是革命动力之一，是首先觉悟的成分，但知识分子所受到的对待基本上是不行的。在不行中仍然有起有落，知识分子有过两个"春天"，但也有无数的压抑，中共领导人们有的倾向压抑"戴眼镜的"（如李立三、张国焘等），有的持较宽大的态度（如周恩来、邓小平等），但是无论宽严，其理想仍是把知识分子改造成为工人阶级的一部分。毛泽东在建国之初宣示，对知识分子要"团结、教育、改造"，而所谓"改造"，就是改造成工农阶级的一部分。

只要稍一阅读相关的文件，我们可以发现，凡是想为知识分子

1　收在《蒋廷黻选集》（台北：文星出版社，1965），册 2，页 299—306。

2　朱自清：《文学的标准与尺度》，《朱自清古典文学论文集》（台北：源流出版社，1982），页 5。

争取比较宽大待遇的，就反复论证当时的知识分子已经是工人阶级的一部分了。譬如 1950 年，在《关于划分农村阶级成分的决定》中说当时全国二百多万知识分子中，大多数属于"职员"，而"职员为工人阶级中的一部分"。周恩来于 1956 年发表的《关于知识分子问题的报告》中说，知识分子中绝大部分"已经是工人阶级的一部分"，邓小平在 1977 年至 1978 年所主持的一系列会议，反复论证知识分子是工人阶级的一部分，到了 1983 年，胡耀邦也是借着宣告知识分子已是工人阶级的一部分来提高知识分子之待遇。凡是要打压知识分子的时候，则每每要从各方面阐释知识分子仍不能算是属于工人阶级，譬如毛泽东在 1957 年 7 月 9 日的上海干部会议上有名的讲话，强调知识分子不是工农的同盟兄弟，而是工人、农民请来做服务工作的，要听工农使唤。[1]

不管是要整知识分子或善待知识分子，在理念的展现上，仍然与"四民皆工"或"我为什么还不是一个工人"的想法相一致，足见它早已由早期的思想讨论变成为国家政策。读书人自己造自己的反，自己贬低自己，其后果当然是很明显的；自贬久了，统治者就要把你彻底踩在地上了。读书人既然这么贬低自己，统治者有什么理由要看重读书人呢？把"臭老九"送给读书人的是另一个读书人，当然也不令人感到意外。

结　语

上述的讨论，只是想厘清一段剧烈的历史变化，那就是"士"如何由自视为四民之首到变成以工人自期，同时希望把几千年来政治领域中无足轻重的工农提到政治的中心；这是秦汉以来最重要的变化之一。这个大变化可以分成两个阶段：第一个阶段是现实的挫折造成的，一方面是"自然知识"压倒"规范知识"，另一方面是

---

[1]　以上引文皆见于戴知贤《毛泽东文化思想研究》(北京：中国人民大学出版社，1992)，页 129—175。

仕学合一传统的中断。可是第二个阶段显然就没有那么明显的客观环境因素了。在知识分子还占着思想界主流的地位，甚至是在知识分子领导的五四运动之后不久，受到俄国革命的影响，读书人开始自问为何自己还不是一个工人。

自我边缘化并不是当时唯一的一种声音，与之相颉颃的是以建立中国的学术社会为主轴的一批文化精英主义者，这两派对学术发展形成两种截然不同的看法。精英主义者力求"提高"思想学术水平，以求步趋西方之后，最后超越西方。另外一派是想尽可能地"适应"，适应这一个以广大农村为主体的中国社会，甚至应该主张回过头来向大众学习。陶行知的许多话，譬如说"文化是大众所创造的，文化是被小众所独占"，或是说"近代工人对于发明上千千万万的贡献都给科学家偷去写在自己的账上"，又如说社会即学校，整个乡村是我们的学校[1]，都反映了一种根深蒂固的心理，用他的话说，是"小众"（知识分子）窃取了"大众"的业绩，"小众"应该向"大众"学习。胡适、傅斯年、蒋廷黻等文化精英主义者，则认为中国知识太过落后，大众应该在知识分子领导下，向英、美、日本学习。当然，这两派人对救国究竟应该走学术的路，还是走工农的路，也是截然划分的。

许多学者指出，传统中国的支配阶层是由一种三位一体的格局所组成的：一是官僚，二是地主，三是士大夫，它们形成了绵密复杂的互动与制衡。[2]熟悉传统知识分子历史的人，当然不会天真到相信传统士大夫确能如何有效地与专制皇权相抗衡，但是至少在主观的理想上，不少读书人是自信可以也应该如此做的，所以会出现天下唯"理"与"势"最尊、而"理"尤尊于"势"（吕坤语），或是"皇帝应该是吾儒学中儒者做，不该把世路上英雄做""吾儒最会做皇帝"（曾静语）这样的话。可是当知识分子认为自己不如一个工人时，这种要约束甚至抗衡统治者的正当性及气势都变得有点可笑

---

1 《文化解放》，《陶行知全集》，卷3，页76。
2 邹谠：《二十世纪中国政治》（香港：牛津大学出版社，1994），页47。

了。有许多人好奇，何以现代中国的知识分子一步一步失去制衡统治者的力量，这当然是一个相当复杂的问题，有人归因于知识分子的软弱，但是怎么会突然有一两代的知识分子都变得如此软弱，原因之一应该是在自我边缘化之后知识分子失去了抗衡统治者的正当性与自信。同时，社会也失去多元的声音，政治决策也全面轻视专业知识的重要性，以致许许多多的问题也跟着产生了。

第三编　新知识分子与学术社群的建立

一个新学术观点的形成

——从王国维的《殷周制度论》到傅斯年的《夷夏东西说》

　　在现代中国的新学术社群中，出现不少新的论述，它们纷纷取代旧说，成为人们在相关研究领域中的典范。而这些论述的形成，有学术内部发展的逻辑，但也常常带着新思潮的烙印。现在，我想举史学研究方面的一个例子，来分析新论述形成的过程。我想讨论的是"古史多元观"的形成，它是一个相当有力量的"工作假设"（working hypothesis），对古代历史做了一种由一元到多元的诠释。而这个新诠释观点与王国维和傅斯年是分不开的。

　　王国维与傅斯年出生时间相差将近二十年，一位是清代遗老，一位是五四青年；一位声嘶力竭提倡保护传统文化的价值，一位是近代反传统的健将。他们的社会角色截然不同，著作却有着相当微妙的关联。但是在傅斯年的已刊及未刊文稿中，除早年的一篇书评外，从未专文讨论过王国维，这就使得后人要考索这一层因缘变得相当困难。然而，傅氏藏书中对王氏著作的眉批却提供了一些线索。

一

　　在 20 世纪二三十年代，先后出现几种论著提倡多元古史观。依时代先后，分别有蒙文通（1894—1968）的《古史甄微》（1927）、傅斯年的《夷夏东西说》（1934）、徐炳昶（1888—1976）的《中国古史的传说时代》（1943）。

古史多元论的产生，与顾颉刚的古史辨运动自然有密切的关系。他在一些震人心弦的文章中质疑古代民族出于一元的旧观念，提出古代民族应当出于多元的推想，同时也颇怀疑殷、周本不相干。[1]古史辨派将上古信史击成碎片，使得后来的史家能较无拘束地将这些碎片重新缀合。蒙、傅、徐三人在某种程度上都是对顾颉刚《古史辨》的回应。蒙文通的三集团说最早出，但在当时影响较小。徐炳昶先生之书最为晚出，以分析古代神话为主。

至于傅斯年的《夷夏东西说》，不只批判性地运用文献，而且深受当时考古新发现的影响，并时时以新出土之甲骨作为证据，论证相当细密，贯串全文的方法，一个是种族的，一个是地理的。引用劳榦（1907—2003）先生的话，这一篇文章对于殷人在东、周人在西这一点"有一个透彻的了解"，"根据这个理论来推断殷、周两部族的来龙去脉，以及中国文化史的渊源与其分合，那就更显然如在指掌"。[2]这篇文章一直到今天都有重大影响。

傅斯年这一篇文字的思想源头是多方面的。有人认为他可能是受了哥廷根大学汉学家哈隆（Gustav Haloun）的影响[3]，我个人不太赞同此说。傅氏在欧洲并不学历史，而且我遍检他的藏书也未见到哈隆的文章。细读哈隆的文章，也可以发现他的观点与傅氏并不相同。唯有重视上古多元民族、民族迁移这一方面，两人的取径有相似之处，但是重视种族本来就是当时德国史学界共同关心的问题[4]，不一定要特别受到某人的启发。我个人倾向于认为傅氏原有一些东、西二分的模糊看法，而王国维《殷周制度论》深化了他原先的观点。

传统中国有一种牢固的成见，认为三代出于一元，认为殷、周皆起于西土，而且认为西土是孕育强盛朝代的地方。《史记》中的

---

1 顾颉刚:《讨论古史答刘、胡二先生》,《古史辨》(台北, 翻印本, 无出版时间), 第 1 册, 页 105—150, 尤其是页 142—150。

2 见傅乐成《傅孟真先生年谱》,收入《傅斯年全集》(台北:联经出版公司,1980),第 7 册, 总页 2637。

3 Gustav Haloun, "Contribution to the History of Clan Settlement in Ancient China I", *Asia Major*, vol. 1 (1924), pp. 76—111.

4 Friedrich Meinecke, *Cosmopolitanism and the National State* (Princeton : Princeton University Press, 1963), pp. 12—13.

一段话反映了这一种意识：

> 或曰："东方物所始生，西方物之成孰。"夫作事者必于东南，收功实者常于西北。故禹兴于西羌，汤起于亳，周之王也以丰镐伐殷，秦之帝用雍州兴，汉之兴自蜀汉。[1]

在这一段话里，"汤起于亳"之"亳"，经常被解释为是在西边。譬如徐广（352—425）就说京兆杜县有亳亭，照此说则在三亳阪尹之外，又有一个西亳，那么商也是起于西土的。不过，清儒中已有不少人对此提出不同的看法，孙星衍（1753—1818）、胡天游（1696—1758）、郝懿行（1757—1825）、金鹗（？—1819）、毕亨，都主张偃师之西亳为后起之亳，汤之始都应在东方。[2] 王国维显然继承了清儒这方面的成绩，然后再往前推进了一步，提出了一条有力的证据证实汤之亳为汉代山阳的薄县，也就是今天山东的薄县。他引的材料是《左传·哀公十四年》"宋景公曰，薄，宗邑也"。

这里必须强调的是，在王国维的瓜皮帽及长辫发之下，其实是位思想异常新颖的史家，他运用地理的观点，将一些自古以来认为一脉相传的系统拆解开来。传统的一元系谱被他空间化、多元化了。譬如他在 1916 年提出战国时秦用籀文，六国用古文，一东一西，便打破了由古文而籀文，由籀文而篆，由篆而隶一脉相承之说。在《殷周制度论》等文字中，他也运用地理的观点，将过去认为一脉相传的朝代加以空间化。

王国维的一系列考证都邑地理的著作，如《自契至于成汤八迁》《商》《亳》等都指向一个地理上东、西二分的结论，即殷以前帝国宅京皆在东方，唯周起于西土。他说：

> 自上古以来，帝王之都皆在东方。太皞之虚在陈，大庭氏

1　《史记·六国年表》（北京：中华书局，1983），页 686。

2　傅斯年：《夷夏东西说》，《傅斯年全集》，第 3 册，总页 840。

之库在鲁，黄帝邑于涿鹿之阿，少皞与颛顼之虚皆在鲁、卫，帝喾居亳。惟史言尧都平阳、舜都蒲坂、禹都安邑，俱僻在西北，与古帝宅京之处不同。然尧号陶唐氏，而冢在定陶之成阳；舜号有虞氏，而子孙封于梁国之虞县；孟子称舜生卒之地皆在东夷。盖洪水之灾，兖州当其下游，一时或有迁都之事，非定居于西土也。禹时都邑虽无可考，然夏自太康以后以迄后桀，其都邑及他地名之见于经典者，率在东土，与商人错处河、济间盖数百岁。商有天下，不常厥邑，而前后五迁，不出邦畿千里之内。故自五帝以来，政治文物所自出之都邑，皆在东方。惟周独崛起西土。[1]

王国维在《殷周制度论》中又说：

> 自五帝以来，都邑之自东方而移于西方，盖自周始。故以族类言之，则虞、夏皆颛顼后，殷、周皆帝喾后，宜殷、周为亲。以地理言之，则虞、夏、商皆居东土，周独起于西方，故夏、商二代文化略同。[2]

又说：

> 殷、周间之大变革，自其表言之，不过一姓一家之兴亡与都邑之移转，自其里言之，则旧制度废而新制度兴，旧文化废而新文化兴。[3]

在这篇文字中，王国维不但将商、周这两个过去习以为是前后相承的朝代以地理上分为东、西，而且从制度上广泛论述殷、周之不同。

当《殷周制度论》于1917年发表时，在北大国文系读书的傅斯

1　王国维：《殷周制度论》，《观堂集林》（台北：河洛图书出版社，1975），页451—452。
2　同上，页452。
3　同上，页453。

年显然并未留意，在他的任何文字中也从未提到过。1927 年 8 月，傅
斯年从广州到上海时首度购读《观堂集林》，我们很幸运地在傅斯年逝
世后所遗的藏书中，看到这部《观堂集林》（封面题"中华民国十六年
八月旅次上海，斯年"），所以可以清楚看出他注意到《殷周制度论》，
并在该文的"中国政治与文化之变革，莫剧于殷、周之际"上眉批：

> 此盖民族代兴之故。

这句简短的眉批必须配合着傅斯年的两段话来看。他在 1924
年所写的一篇《评丁文江的"历史人物与地理的关系"》中有这样
一段话：

> 或者殷、周之际，中国的大启文化，也有点种族关系正未
> 可知。要之中国历史与中国人种之关系是很可研究的。[1]

此外，《与顾颉刚论古史书》中的一段话也应仔细玩味。在这
一封写于 1924 年至 1926 年，没有寄出的长信中，他已经表露出一
些后来《夷夏东西说》的影子了：

> 周之号称出于后稷，一如匈奴之号称出于夏氏。与其信周
> 之先世曾窜于戎狄之间，毋宁谓周之先世本出于戎狄之间。姬
> 姜容或是一支之两系，特一在西，一在东耳。
> ……我疑及中国文化本来自东而西：九河济淮之中，山东
> 辽东两个半岛之间，西及河南东部，是古文化之渊源。以商兴
> 而西了一步，以周兴而更西了一步。不然，此地域中何古国之
> 多也，齐容或也是一个外来的强民族，遂先于其间成大国。[2]

傅氏在这封信中又说：

1　傅斯年：《傅斯年全集》，第 4 册，总页 1550。
2　同上，总页 1533—1534。

究竟谁是诸夏？谁是戎狄？[1]

以上几点充分显示出他对上古中国种族复杂性的兴趣。

种族观点在傅斯年早年便已深深蚀刻。辛亥革命所牵涉的种族问题想必在其脑海中留下深刻印象，而他在评桑原骘藏的《东洋史要》时也已透露这方面的想法。桑原之书是最早以新式题材撰写的中国通史，在当时中国影响极大[2]，许多新出版的教科书皆以之为准，划分上古、中古、近代[3]。傅斯年熟读该书并曾有过评论。他并不满意桑原"始以汉族升降为别，后又以东西交通为判，所据以为分本者，不能上下一贯"[4]，认为"宜据中国种族之变迁升降为分期之标准"。他说：

> 研究一国历史，不得不先辨其种族，诚以历史一物，不过种族与土地相乘之积，种族有其种族性，或曰种族色者（Racial Colour），具有主宰一切之能力，种族一经变化，历史必顿然改观。[5]

在傅斯年留学德国期间"历史一物，不过种族与土地相乘之积"一类想法，必然被进一步深化了。在当时德国历史学界，种族史始终是热门的一支，譬如与傅氏同在德国留学的陈寅恪也不约而同地表现出以"种族—文化"为主轴来诠释历史变动的现象。陈寅恪治史时重"种族—文化"之特色早已有人指出[6]，陈先生《唐代政治史述论稿》第一句即引《朱子语类》"唐源流出于夷狄，故闺门失礼

1　傅斯年：《傅斯年全集》，第4册，总页1535。

2　桑原书之中译本我未见到，该书原本《中等东洋史》收于《桑原骘藏全集》（东京：岩波书店，1968），第4卷，页1—290。

3　傅斯年：《中国历史分期之研究》，《傅斯年全集》，第4册，总页1225。

4　同上，总页1226。

5　同上，总页1230。

6　1958年在《历史研究》中，有署名北京大学历史学三年级三班研究小组的《关于隋唐史研究中的一个理论问题——评陈寅恪先生的"种族—文化"观点》，文中痛骂陈氏未能与马克思主义史学合节。不过这篇文章倒是把握到陈氏史学的一个特质即"种族—文化"。见《历史研究》，12（1958），页37—52。

之事不以为异"一语，然后说："然即此简略之语句亦含有种族及文化二问题，而此问题实李唐一代史事关键之所在，治唐史者不可忽视者也。"故他说要先论唐代三百年统治阶级中心是皇室之氏族问题，"然后再推及其他统治阶级之种族及文化问题"。[1]至于《隋唐制度渊源略论稿》中提出隋唐制度的三种来源，也是从"种族—文化"着眼。[2]傅斯年在欧洲的六七年间，对欧洲历史作过广泛的阅读，在傅氏的古史论文中，随处可见这方面的痕迹，如《大东小东说》中提到大哥里西、哥里西、大不列颠、小不列颠，近于罗马本土者为小，远于罗马本土者为大，如《论所谓五等爵》之得到欧洲封建时代爵制之启发。他尤其注意欧洲史中的种族问题，如《周东封与殷遗民》（1934）：

> 试以西洋史为比：西罗马之亡，帝国旧土分为若干蛮族封建之国。然遗民之数远多于新来之人，故经千余年之紊乱，各地人民以方言之别而成分化，其居意大利、法兰西、西班牙半岛、意大利西南部二大岛，以及多瑙河北岸，今罗马尼亚国者，仍成拉丁民族，未尝为日耳曼人改其文化的、语言的、民族的系统……遗民之不以封建改其民族性也如是。[3]

值得注意的是，除了种族方面的观点，他还受到巴克《英国文明史》中地理史观的影响，一度还想将它译成中文。[4]所以，傅氏在 1926 年冬回到中国时，心中必有牢固的"种族"及"地理"观点。他从欧洲运回来的藏书中便有不少这两类的书。正由于他关心种族史问题，所以他个人的研究工作会以"民族与古代中国"为主题，而且可以说这是他所有关于古代史著作的总纲；而史语

1　陈寅恪：《陈寅恪先生论文集》（台北：九思出版社，1977），页 153。

2　《关于隋唐史研究中的一个理论问题——评陈寅恪先生的"种族—文化"观点》，《历史研究》，12（1958），页 37。

3　傅斯年：《傅斯年全集》，第 3 册，总页 902。

4　朱家骅一度拟聘傅氏为中研院地理所筹备委员之一，足见其地理方面的素养。信存"中央研究院"近代史研究所档案馆。

所工作之计划与布置，亦与这个主题密切相关，如史禄国（S. M. Shirokogoroff, 1887—1939）等人之体质人类学调查、西南少数民族调查等，都是为了解决中国古代民族的问题。

当他回到阔别多年的中国后，首先引起他注意的，也是"种族—地理"方面的研究。他在为董作宾（1895—1963）《新获卜辞写本后记》所作的跋中说他在上海买到《观堂集林》，发现王国维对"族类"与"地理"有可喜的研究：

> 十六年八月，始于上海买王静庵君之《观堂集林》读之，知国内以族类及地理分别之历史的研究，已有如《鬼方獯狁考》等之丰长发展者。[1]

《观堂集林》中最主要的文章之一是《殷周制度论》。这篇论文开启了种种可能性，在学术背景不同的人读来，即有相当不同的发挥。譬如郭沫若在1930年出版的《中国古代社会研究》中认为，那是时会使然，即经济状况已发展到另一阶段，自不能不有新兴的制度逐渐出现，并认为是由氏族社会到奴隶社会的变化。[2]然而，王国维比较殷、周制度异同，并以地理的观点将殷、周加以东、西二分的文章，在心中怀抱着"种族—地理"观点的傅斯年看来，意义却不一样。殷、商之际文化上如此剧烈的变化，显然与"民族"代兴有关。这不是王氏原有的观点。因为在这方面，王国维仍持守传统的看法，主张"殷、周皆帝喾后，宜殷、周为亲"。（按：《世本》《帝系姓》皆以殷、周同出帝喾之后。）但在后人读来，颇觉殷、周文化差异如果以民族代兴去解释，似乎更为合理。所以王国维将直线的发展切开平铺，而傅斯年又以种族观点将它们划分为两个集团，所以傅氏会在"中国政治与文化之变革，莫剧于殷、周之际"之上批以"此盖民族代兴之故"。

1　傅斯年：《傅斯年全集》，第3册，总页998。
2　潘光哲：《王国维与郭沫若》（未刊稿）。

王国维的学生徐中舒（1898—1991）显然也是从其师《殷周制度论》读出王国维意想不到的结论。徐氏在 1927 年所写的《从古书推测之殷周民族》中暗驳其师殷、周皆出帝喾之说，认为：

> 殷、周之际，我国民族之分布，实经一度极剧之变迁，其关系后世，至为重要。旧史非但不载其事，又从而湮晦其迹，使我国古代史上因果之关系，全失真相。[1]

他由几个方面证明殷、周非同种民族，譬如说：

> 今由载籍及古文字，说明殷周非同种民族，约有四证。一曰由周人称殷为夷证之……二曰由周人称殷为戎证之……[2]

徐中舒所引材料中尤有《左传·襄公十四年》"我诸戎饮食衣服，不与华同，贽币不通，言语不达"一条，说明周人之语言文字其初是否与中国相同，实属疑问。[3] 徐氏强调殷、周非但不是同一种族，而且两者之间有激烈的冲突。他说牧野之战实系两民族存亡之争，后来周人将这个事实掩盖起来，而儒家又以吊民伐罪解释之，于是东、西两民族盛衰变迁之遂无闻焉。（按：殷、周是不是属于不同种族，目前学界仍未有定论，有不少史家认为它们没有分别。不过这并不是本文讨论的主旨之所在。）

傅斯年以"民族代兴"的观点来理解殷、周之间剧烈的变化，深化了他原有的周人在西、殷人在东的观点，成为他后来在古史方面的几篇杰作，尤其是《"新获卜辞写本后记"跋》《周东封与殷遗民》及《夷夏东西说》的一个基本论点。在《"新获卜辞写本后记"跋》中，

1　《国学论丛》，1:1（1927），页 109。
2　同上，页 110。关于徐文与王国维之关系，参考顾颉刚《当代中国史学》（南京：胜利出版社，1947），页 131。王国维与傅斯年的关系，周予同《五十年来中国之新史学》也曾点及。见朱维铮编《周予同经学史论著选集》（上海：上海人民出版社，1996），页 551。
3　《国学论丛》，1:1（1927），页 109。

傅斯年一再强调殷、周种姓不同,认为"《诗》《书》上明明白白说出他们种姓、地理、建置,各项差别的"。[1] 在《夷夏东西说》中,傅斯年又说,从地理上看,三代及近于三代前期,有着东、西两个系统:

> 历史凭借地理而生……现在以考察古地理为研究古史的一个道路,似足以证明三代及近于三代之前期,大体上有东、西不同的两个系统。[2]

他说东、西对峙史即三代史:

> 东、西对峙,而相争相灭,便是中国的三代史。在夏之夷夏之争,夷东而夏西。在商之夏商之争,商东而夏西。在周之建业,商奄东而周人西。[3]

至于传统一元式的古史观倒像是希腊的"全神堂",本来是多元的,却硬被凑成一个大系统:

> 《左传》中所谓才子不才子,与《书·尧典·皋陶谟》所举之君臣,本来是些互相斗争的部族和不同时的酋长或宗神,而哲学家造一个全神堂,使之同列一个朝廷中。"元首股肱",不限于千里之内,千年之间。这真像希腊的全神堂,本是多元,而希腊人之综合的信仰,把他们硬造成一个大系。[4]

不过,我们绝对不能轻率地认为《夷夏东西说》是《殷周制度论》的单纯延续。事实上,在《夷夏东西说》中,直接称引王国维的地方只有寥寥几处[5],而且,《夷夏东西说》的许多观点还与王氏明显不

1　傅斯年:《傅斯年全集》,第3册,总页986。
2　同上,总页823。
3　同上,总页887。
4　同上,总页883。
5　傅斯年特别注意到的是王国维对于"亳"的考证。

同。譬如王国维说夏在东而傅斯年说夏在西，王国维很少说及夷，
而傅文中考论东夷的部分相当之多。然而，在原始的精神上，我们
仍可以在这两篇文字之间发现一些微妙的联系。

王国维与傅斯年之间的关系当然还不止于此。

傅斯年早年倾向疑古，但他后来不满意于怀疑，并主张重建古
史。促成其转变的，当然是史语所殷墟考古的成果，不过王国维《殷
卜辞所见先公先王考》及《续考》等文字也有微妙的影响。傅斯年
在1930年所写《"新获卜辞写本后记"跋》中说：

> 即如《史记·殷本纪》的世系本是死的，乃至《山海经》
> 的王亥，《天问》的恒和季，不特是死的，并且如鬼，如无殷墟
> 文字之出土，和海宁王君之发明，则敢去用这些材料的，是没
> 有清楚头脑的人。然而一经安阳之出土，王君之考释，则《史记》
> 《山海经》《天问》及其联类的此一般材料，登时变活了。[1]

他接着推论说，《殷本纪》之世系虽有小误，但是"由文字传
写而生，不由虚造。既不妄于《殷本纪》，何至妄于《楚世家》？"[2]
足证《殷卜辞所见先公先王考》及《续考》两篇文字增强了他对古
代文献的信心。值得注意的是1940年出版的《性命古训辨证》中，
也有一段显然与前引有关的话，认为夏代之存在是可信的：

> 即以殷商史料言之，假如洹上之迹深埋地下，文字器物不
> 出土中，则十年前流行之说，如"殷文化甚低""尚在游牧时代"
> "或不脱石器时代"《殷本纪》世系为虚造"等等见解，在今日
> 容犹在畅行中，持论者虽无以自明，反对者亦无术在正面指示
> 其非是。差幸而今日可略知"周因于殷礼"者如何，则"殷因
> 于夏礼"者，不特不能断其必无，且更当以殷之可借考古学自

1　傅斯年：《傅斯年全集》，第3册，总页961。

2　同上，总页978。

"神话"中入于历史为例，设定其为必有矣。夏代之政治社会已
演进至如何阶段，非本文所能试论，然夏后氏一代之必然存在，
其文化必颇高，而为殷人所承之诸系文化最要一脉，则可就殷
商文化之高度而推知之。[1]

他从出土的殷商遗物中推论其"乃集合若干文化系以成者，故
其前必有甚广甚久之背景可知也"。[2] 这个态度与王国维《古史新证》
"总论"上所说的"虽古书之未得证明者，不能加以否定，而其已
得证明者，不能不加以肯定"，颇为相近。[3]

二

除了王国维，从未见到傅斯年对任何学者如此倾心。他在给陈
垣（1880—1971）的一封信中，表示了他对西洋学术羡妒交加的情
绪，既肯定他们在东方学研究上的成就，"并汉地之历史材料亦为
西方旅行者窃之夺之，而汉学正统有在巴黎之势"，同时又"惭中
土之摇落"，希望能建立一个机构，聚合一群学者急起直追。但傅
斯年在悲叹"中土之摇落"时，却认为王国维与陈垣是两位足以傲
视西方的学者。他说："幸中国遗训不绝，经典犹在，静庵先生驰
誉海东于前，先生（陈垣）鹰扬河朔于后。"[4] 单以甲骨文来说，他在
董作宾《殷历谱》序中说，自孙诒让（1848—1908）始得甲骨文字
以来，对甲骨文的研究，"若夫综合研究，上下贯穿，旁通而适合，
则明明有四个阶段可寻，其一为王国维君之订证殷先公先王，与其
《殷墟文字考释》之一书"。[5]

不过，傅斯年显然认为王国维的史学观点仍有所限制，即他并
不能脱离"二重证据法"，仍然局限于将地下史料与古代文献相比

1　《傅斯年全集》，第 2 册，总页 632—633。
2　同上，总页 633。
3　王国维：《古史新证》（北京：清华大学出版社，1994），页 2—3。
4　傅斯年致陈垣函，藏于"中央研究院"历史语言研究所"公文档"。
5　傅斯年：《〈殷历谱〉序》，《傅斯年全集》，第 3 册，总页 953。

较的方法，未有"整个的观点"。[1] 故在《"新获卜辞写本后记"跋》中又说：

> 殷代刻文虽在国维君手中有那么大的成绩，而对待殷墟之整个，这还算是第一次。[2]

言下之意，傅氏认为史语所以"整个的观点"处理商代考古发掘的工作，是超出王国维的境界了。[3]

此外，傅斯年也没有王国维《殷周制度论》中所反映的那种强烈的道德关怀。王国维说："周人制度之大异于商者……皆周之所以纲纪天下，其旨则在纳上下于道德，而合天子诸侯卿大夫士庶民以成一道德之团体。周公制作之本意，实在于此。"[4] 从王国维语气中可以清楚看出他是"周文化主义者"，所以说周是一个"道德团体"。傅氏与王国维不同，他是新文化运动的健将，对他而言，传统宗法社会早已失去了光环。在《殷周制度论》的文末，我们可以看到傅斯年的几句眉批，充分反映两代学者在面对相近的历史现象时全然不同的观点：

> 殷、周之际有一大变迁，事甚明显，然必引《礼记》为材料以成所谓周公之盛德，则非历史学矣。

傅斯年《周东封与殷遗民》及《夷夏东西说》中不但在一些史事上与王氏有不同，而且还透露出一种强烈的"东方主义"，强调东夷和商的文化贡献。他说东夷中"如太皡，则有制八卦之传说，有制嫁娶用火食之传说。如少皡，则伯益一支以牧畜著名，皋陶一支以制刑著名。而一切所谓夷，又皆以弓矢著名。可见夷之贡献于

---

1 关于"整个的观点"，参见傅斯年《考古学的新方法》，《傅斯年全集》，第 4 册，总页 1337—1347。
2 傅斯年：《傅斯年全集》，第 3 册，总页 959。
3 参见王汎森《什么可以成为历史证据——近代中国新旧史料观点的冲突》，《新史学》，8:2（1997），页 117。收入本书。
4 王国维：《观堂集林》，页 454。

文化者不少。殷人本非夷族，而抚有夷之人民土地……"[1] 又说：

> 商朝本在东方，西周时东方或以被征服而暂衰，入春秋后
> 文物富庶又在东方，而鲁宋之儒墨，燕齐之神仙，惟孝之论，
> 五行之说，又起而主宰中国思想者二千余年。然则谓殷商为中
> 国文化之正统，殷遗民为中国文化之重心，或非孟浪之言。[2]

王国维以周为中国文化之中心，而傅斯年以殷商为中国文化之正
统，一西方，一东方，也反映出两代学人对宗法道德完全不同的态度。

在这一篇短文中，我讨论了两个问题。第一是从王国维到傅斯
年，一个新诠释典范形成的曲折过程。第二是在追溯傅斯年《夷夏
东西说》的思想渊源时可以看出，王国维这位坚守传统道德价值的
学者，以相当微妙的方式为新文化运动开道。但是在新一代人看来，
他那具有深刻道德关怀与经世用心的《殷周制度论》却有了相当不
同的意义，"所过者化，所存者神"（《孟子·尽心上》）。王国维与
傅斯年这两代学者的关系似乎就是这样。

附 录
（本附录是辑抄傅斯年藏书中对王国维著作所作眉批中的学术评论）

《观堂集林》卷二《说商颂下》批云："此所论至允，然以
不敢违《鲁语》，故仍不敢从《韩诗》之说，卒之奋发荆楚之语，
无以解矣。"

《观堂集林》卷十《殷周制度论》，傅斯年在"中国政治与
文化之变革，莫剧于殷、周之际"上用毛笔加句读，并于其上批：
"此盖民族代兴之故。"在"是故大王之立王季也，文王之舍伯
邑考而立武王也，周公之继武王而摄政称王也，殷制言之皆正也"

1　傅斯年：《傅斯年全集》，第 3 册，总页 882。
2　同上，总页 902—903。

上批云："此言未惬，传长子之弟与传弟有别，仅周公摄政合殷制耳。"在"由传子之制而嫡庶之制生焉"一语上批："此语因果倒置。"于此文最后批："殷、周之际有一大变迁，事甚明显，然必引《礼记》为材料以成所谓周公之盛德，则非历史学矣。"

《观堂集林》卷十一《太史公行年考》上批："自庄、孔以来今文说，王君俱不采。此等今文说诚有极多可笑者，然亦有不可易者，王君既不取，则论《史记》非其所长矣。"在此文一开始不久"安国既云蚤卒，则其为临淮太守，亦当在此数年中，时史公年二十左右，其从安国问《古文尚书》，当在此时也"上批云："此真捕风捉影之考矣。"

《观堂集林》卷十二《说亳》上批："此下二文，大体皆袭人前说，仅其第一证为新说。"（按：此处所谓此下二文，可能是《说耿》《说殷》。）

《观堂集林》卷十三《鬼方昆夷玁狁考》，是全文圈点之文，无眉批，但有夹条云："左哀二十三，申鲜虞，此亦以国名名人者。"

另一篇全文圈点的是《殷卜辞所见先公先王考》。

《观堂集林》卷十五《汉黄肠木刻字跋》上批云："安阳殷王墓中所见之木室盖即黄肠之渊源矣。"

《观堂集林》卷十八《胡服考》第一页"胡服之入中国始于赵武灵王，其制冠则惠文"上批曰："《左·僖二十四》：'郑子臧好聚鹬冠，郑伯闻之，使盗杀之。'此斯冠之始也，以为惠文，误。杜曰：'鹬，鸟名，聚鹬羽以为冠。'"

在《观堂集林》全书中，傅氏对《五声考》一文批评最多，认为王氏"无音学常识"。文中批语不少，如："入声不纯然另是一类，对转之说可能，配阴配阳则局论耳。"

在《海宁王忠悫公遗书三集》（戊辰孟春校印）《今本竹书纪年疏证序》最后批云："此书之辑，或以有徐位川、陈逢衡辈之书为之会集材料于前，并非难事，未可拟于惠君之疏伪书也，至徐、陈诸人之愚陋则不待证。""又此书大体，比之孙氏所疏增益不多，孙氏之力，何可略也？"

傅斯年对胡适文史观点的影响

　　几十年来，胡适与傅斯年常被当作同一个学派。政治上，在中共发起的批判胡适思想运动中，提及胡适的"党羽"时必提傅斯年。[1] 学术上，提到胡适的整理国故运动时，亦必提到傅斯年的历史语言研究所是这个运动实际的中心。他们两个人的关系之密切，不言而喻。当傅斯年病逝时，胡适所发表的纪念文字尤其证实这一点。胡适提醒大家：中国丧失了它最忠实的爱国主义者。同时，胡适在1950 年 12 月 20 日的日记上写着：

　　　　今天下午四点半，宋以忠夫人（应谊）打电话来，说 AP

1　关于胡适与傅斯年这个题目，已有人写过，但颇有错误。如蒋星煜在《胡适与傅斯年》（刊于《山西师大学报》[社会科学版]20：1）一文中说："1918 年 3 月 15 日，胡适在北京大学国文研究所小说科作了《论短篇小说》的演讲，傅斯年已经毕业，在研究所当研究员，他为胡适记录后，即在《北京大学日刊》刊出。"（页 85）所谓"毕业"，是不了解当时北大学制的说法。研究员可以是大学本科毕业生，也可以是高年级学生，而傅斯年属于后者。又如说傅斯年当时由黄季刚的得意门生转而追随胡适，"人们对之迷惑不解，陈独秀写信给周作人，怀疑他是什么人派来的奸细。胡适只觉得他恭顺可爱，第二年就让傅斯年用庚款到英国伦敦大学和德国柏林大学去留学了"。（页 85）是否"恭顺可爱"没有材料记载，不过傅氏赴英念书是因考上了山东官费，既非过去所传是受穆藕初资助，也非此处的使用庚款。胡颂平《胡适之先生年谱长编初稿》（台北：联经出版公司，1984）页 2932 记载："今天蒋复璁带来民九、民十两年的北京政府教育公报"，"编者附记：在附录里，还有傅斯年当年考取出国的分数是八十二分，第二名"。为了这次官费考试，还有一个插曲，即许多考官因为傅斯年是激烈学生而不拟录取。当时山东省教育厅的科长陈雪南出面力争，认为成绩如此优秀的学生非取不可，终于定案。值得注意的是，此后陈雪南与傅氏保持相当友好关系，1948 年，远在美国的傅竟被选为立法委员，傅氏不就，也是托陈雪南劝说才接受。

报告傅斯年今天死了。这是中国最大的一个损失！孟真天才最高，能做学问，又能治事，能组织。他读书最能记忆，又最有判断能力，故他在中国古代文学与文化史上的研究成绩都有开山的功用。在治事的方面，他第一次在广州中山大学，第二次在中研院史语所。第三次代我做北大校长，办理复员的工作。第四次做台大校长，两年中有很大的成绩。[1]

因为胡、傅二人在生活、学术上异常密切，故大家在注意到二人的相似处之余，竟常忽略了二人的相异之处。也因为傅斯年是胡适的学生，所以一般只留意胡适对傅的影响，而少探究傅氏对胡的影响。

在傅斯年结识胡适的三十五年中，同在中国的时间，只有不到十五六年（北大两年、1927—1937年、1946—1948年），其余时间皆相暌隔，而同在中国的时间内，且住在同一城市者，只有在北京的几年。

胡适与傅斯年的关系有过几度变化。毛以亨（1895—1968）回忆说，1916年胡适初到北大后数日曾讲墨子，毛与傅斯年去听，未觉精彩，所以胡适与马叙伦所共同指导的十六个研究员中，十五个人跟随马叙伦研究老庄，而只有班长赵健一人与胡适研究墨经。当时整个学术风气尚未转变，章太炎学派仍占主流地位，太炎弟子马叙伦吸引大量对文史感兴趣的学生是很自然的事。毛以亨回忆说，当时他们听完胡适的墨子演讲：

> 回来觉得类于外国汉学家之讲中国学问，曾有许多观点，为我们所未想到，但究未见其大，且未合中国之人生日用标准。[2]

1　胡适：《胡适的日记（手稿本）》（台北：远流出版公司，1990），"1950年12月20日"条，无页码。

2　以上皆见毛以亨《初到北大的胡适》，原刊香港《天文台》，无日期，见"傅斯年档案"（以下简称"傅档"）Ⅰ：1696。

在新文化运动时期，胡适与傅氏的关系变得极为密切，胡适是
《新潮》的指导老师，而傅是《新潮》的主编，又是胡适心中在旧
学根底上极令人敬畏的学生。可是傅斯年在欧洲游学近七年而未得
任何学位，在胡适看来是一大失败，故 1926 年胡适日记上便记有
傅斯年甚 "颓放"，在欧游学而无所成之类的句子。此外，日记中
并涂去九行显然对傅不满的评语。[1] 不过，他也感受到傅斯年许多精
辟的见解，故同时的日记中不时有 "谈得很好" 这样的句子，或说
傅氏精彩的论点太多，"不及记下"。[2]

当时胡适显然是拿傅氏与顾颉刚相比。顾氏在《新潮》时期并
未占有傅斯年般显著的位置。不过他后来因为替胡适访求与《红楼
梦》相关的书籍，又与胡适共同发起标点出版《辨伪丛刊》，怀疑
上古信史，而名满天下。当 1926 年胡适与傅斯年在欧洲相见前，《古
史辨》第一册已结集出版，震动一时。[3] 其声光之盛，自然使得胡适
对眼前的傅斯年感到失望，故胡适在当时日记上说傅斯年不及顾颉
刚之勤。[4]

傅氏回到中国后，在中山大学任文科学长（文学院院长），曾
多次电邀胡适到中大任教，甚至将课程预先排出，但最后胡适仍未
前往。傅与顾颉刚同任教于中山大学时，两人关系急速恶化。《胡
适来往书信选》中收有顾颉刚向胡适控诉傅氏专权任性的信件。胡
适将攻击傅斯年的信给傅氏看过后，引起两人极大的不快。[5]

1　这九行在《胡适的日记（手稿本）》"1926 年 9 月 5 日" 条，无页码。它们可能是胡适
　　决定将日记交傅氏在台代为保管时涂去，或是胡适重读日记时抹去。

2　《胡适的日记（手稿本）》，"1926 年 9 月 2 日" 条。

3　而后恒慕义（Arthur Hummel）还在地位极高的《美国历史评论》中撰文介绍。
　　Arthur Hummel, "What Chinese Historians are Doing in Their Own History", *The
　　American Historical Review*, vol. XXXIV, no. 4（July 1929）. 此文亦收在《古史辨》，
　　第 2 册，页 421—443，后附中译。

4　《胡适的日记（手稿本）》，"1926 年 9 月 5 日" 条。

5　顾潮：《顾颉刚与傅斯年在青壮时代的交往》，《文史哲》，1993:2，页 17。从最近公布
　　的一封顾氏给胡氏的信（此信并未包括在《胡适来往书信选》中），可以发现傅、顾两
　　人的冲突或有另一原因。在这封信中，顾颉刚希望由他与胡适分史语所之权："……最
　　好，北伐成功，中央研究院的语言历史学研究所搬到北京，由先生和我经管其事，孟
　　真则在广州设一研究分所，南北相呼应。这也须先生来此商量的。" 耿云志主编：《胡
　　适遗稿及秘藏书信》（合肥：黄山书社，1994），册 42，页 353—354。

1929 年，史语所迁北平，当时胡适在上海，不过自 1930 年以后，胡适与傅斯年便因同在北平而常有见面机会。胡适日记中屡屡有傅斯年今夜来访，或谈身世，或谈上古史事的记录。胡适认为傅氏在当时上古史之见解当不做第二人想。其中胡适对史语所年轻人才的训练及成绩尤其感到惊喜。安阳殷墟发掘的成果也深为胡适所欣赏[1]，日记中甚至还保留了当时媒体报道史语所的剪报。[2]这些事迹皆使胡适对傅斯年的印象改观，同时胡适与顾颉刚也日渐疏远。[3]整体而言，从 1926 年起，傅斯年在三方面对胡适有所影响。首先要谈胡适古史观由疑而信的过程，及傅斯年在此变化中所扮演的角色。

傅斯年对胡适古史观有两个方面的影响：第一是由"疑古"到"重建"，第二是多元的古史观。而这两者其实也有相会合之处，即多元的古史观其实解决了古文献中的一些矛盾，而使得原来认为是古人作伪的，现在可以别有合理的解释。

胡适、傅斯年在新文化运动时期皆倾向于疑古。胡适在《中国古代哲学史》中说《尚书》"或是儒家造出的托古改制的书"，"无论如何没有史料的价值"。[4]后来相信瑞典地质学家安特生（Johann G. Anderson，1874—1960）的臆测，认为商代的中国仍是新石器时代。[5]他同时也受晚清今文家疑伪思想的影响，在 1919 年的井田论战中，一再说《周礼》是伪书，王制是汉朝博士造的[6]，而且又强

---

1 如《胡适的日记（手稿本）》，"1935 年 6 月 6 日"条，无页码。

2 同上，"1930 年 2 月 12 日"条，无页码。

3 胡适与顾颉刚感情之渐趋疏远，应该是时人所感觉得到的，所以当时顾颉刚的学生何定生出了一本《关于胡适之与顾颉刚》，此册不能得见，不过可以由顾氏给胡适的一封信中看出其大概："有一件事情，使我很不安的，是何定生君出了一本《关于胡适之与顾颉刚》，趁我不在北平的时候，用话骗了朴社同人，印出来了。其中文字，有几篇是广东作的，先生已见过，有几篇是新近作的，其中对于先生颇有吹索之论。这也不管，他不该题这书名，使得旁人疑我们二人有分裂的趋势，而又在朴社出版，使人疑我有意向先生宣战。"顾潮：《顾颉刚年谱》（北京：中国社会科学出版社，1993），页172；顾致胡信，见《胡适遗稿及秘藏书信》，册 42，页 402。

4 胡适：《中国古代哲学史》（台北：台湾商务印书馆，1978），页 22。

5 见《古史辨》，第 1 册，页 120，胡适写信告诉顾颉刚："发现渑池石器时代的安特森，近疑商代犹是石器时代的晚期（新石器时代），我想他的假定颇近是。"又《胡适的日记（手稿本）》，"1930 年 12 月 6 日"条："如我在六、七年前，根据渑池发掘的报告，认商代为在铜器之前。"

6 胡适：《胡适文存》（台北：远东图书公司，1990），第 1 集，页 430—431。

调东周以前古史不可信。傅斯年在《新潮》的文章中偶然也说东周平王以后"始有信史可言",或是夸赞《史记志疑》等疑伪之书的价值。[1] 可是到了 1926 年左右,从欧洲留学回来后的傅斯年对古史的看法已有改变。但当时胡适还很支持顾颉刚《古史辨》的工作,并乐道其实验主义方法在《古史辨》上的大成果。[2]

傅斯年对古代历史由疑转信的过程是逐步发展、逐步调整的。1924 年至 1926 年傅氏断断续续写成的《与顾颉刚论古史书》中已露出征兆。此时他对于古史信多于疑,虽然处处还流露着晚清今文家疑伪的口气,而且认为尧、舜、黄帝等可能是传说,但态度已大大不同,而且商、周为东、西二集团的初步想法,以及东夷一地(渤海湾一带)是中国古文明的发源地之想法也已隐然成形。虽然因为沾染今文家之说而对《左传》等书的态度仍有所保留,但基本上已信过于疑了。而且觉得今文家怀疑是古文家伪造的许多东西必有很长的渊源,不可能只是顺应政治需求而造出。[3] 傅氏回国以后,回过头来治中国古代文史之学,从《战国文籍中之篇式书体———一个短记》等文章便可发现,他已发展出一些足以破解疑古思想的论述。[4] 不过"五四"这一代青年基本上对传统文献没有太大信心,他们相信的是科学地下发掘的成果。从 1928 年起,安阳殷墟的发掘逐步使傅氏相信古史辨派过疑,故此后文章常驳古史辨派。如《"新获卜辞写本后记"跋》中,便因"命周侯"一段甲文而怀疑古史辨派所提的商、周不相臣属之说。[5]

尤其值得注意的是,我在傅斯年的一本题为《答阑散记》的笔记本中,发现一则短篇讽刺小说《戏论》。这一则小说无法断代(大

1 傅斯年:《中国历史分期之研究》,《傅斯年全集》(台北:联经出版公司,1980)。第 4 册,总页 1231;《清·梁玉绳著〈史记志疑〉》,同书,总页 1417—1419。

2 "傅档" I:1678,胡适 1926 年 8 月 24 日致傅斯年信,信上说:"颉刚在他的《古史辨》自序里说他从我的《水浒传考证》里得着他的治史学方法。这是我生平最高兴的一件事。"

3 Wang Fan-sen, *Fu Ssu-nien : A Life in Chinese History and Politics* (Cambridge : Cambridge University Press, 2000), pp. 110-114.

4 《傅斯年全集》,第 3 册,总页 739—744。

5 同上,总页 959—1005。

约写于 1930 年左右），文字潦草凌乱，极不易辨认。[1] 全文是讽刺钱玄同及顾颉刚的，尤其针对《古史辨》最核心的方法论"层累造成说"，极尽揶揄嘲讽之能事。而这个方法论正是他过去认为是顾颉刚"将宝贝弄到手"的"宝贝"，现在却讥为荒诞之至。这件档案在近代疑古思潮衰退的过程中是极为重要的史料，我将全文放在附录中。[2]

殷墟中出土的大量器物，尤其是精美青铜器，也打破了胡适原先持之甚坚的"商是新石器时代"之说。1930 年 12 月 6 日，他在史语所演讲时便承认：

> 在整理国故的方面，我看见近年研究所的成绩，我真十分高兴。如我在六、七年前根据渑池发掘的报告，认商代为在铜器之前，今安阳发掘的成绩，足以纠正我的错误。[3]

此处所谓"商代为在铜器之前"，其实是一婉转的说法。六七年前，胡适认为商是新石器时代，而不是"铜器以前"。足见殷墟考古对其古史观点的重大改变。而这一修正作用应该早从 1928 年年底或 1929 年殷墟实物出土就已开始了，所以在 1929 年 3 月 11 日，当胡适还在上海担任中国公学校长时，顾颉刚因辞了中山大学而顺道过访，胡适告诉他：

> 现在我的思想变了，我不疑古了，要信古了！[4]

顾颉刚说：

> 我听了这话，出了一身冷汗，想不出他的思想为什么会突然改变的原因。后来他回到北大，作了一篇《说儒》，说孔子所

<hr>

1　我曾于 1990 年将其中一部分译成英文，附在我的 *Fu Ssu-nien : A Life in Chinese History and Politics*，pp. 205-206。

2　"傅档" Ⅱ：910，杜正胜先生的隶定刊于《中国文化》，12（1990），页 250—251。

3　《胡适的日记（手稿本）》，"1930 年 12 月 6 日"条，未标页数。

4　顾潮：《顾颉刚年谱》，页 171。

以成为圣人，是由于五百年前商人亡国时有一个"圣人"出来
拯救他们的民族……这就是他为了"信古"而造出来的一篇大
谎话……宜乎这篇文章一出来，便受到郭沫若的痛驳，逼得他
不敢回答。[1]

在 1951 年批判胡适的座谈会上，顾颉刚说：

> 我本是跟着他走的，想不到结果他竟变成反对我。
>
> 固然我所说未必对，可是他自己却已"宁可信而过，不可
> 疑而过了"……钱玄同先生曾在 1936 年对我说："真想不到，
> 适之的思想会如此的退步。"[2]

胡适这一重大转变应与殷墟发掘有关。胡适的疑古是有特色的，
他的态度基本上是"宁可疑而错，不可信而错"，但是一旦发现地
下材料可以证明不当疑时，马上进行修正。1921 年 1 月 28 日，他
在《自述古史观书》中已说过这样的话：

> 大概我的古史观是：现在先把古史缩短二三千年，从《诗》
> 三百篇做起。将来等到金石学、考古学发达，上了科学轨道以后，
> 然后用地底下掘出的史料慢慢地拉长东周以前。[3]

所以当考古学有所发现时，他是可以很快修正其古史观的，尤其是
这考古工作如果是科学的发掘，说服力更大。1928 年秋天，董作宾
率员在小屯发掘，已经发现不少重要东西。胡适不一定读过他的《民

1　《我是怎样编写〈古史辨〉的？（上）》，《中国哲学》，第二辑，页 341。郭沫若的驳
　　文见他的《青铜时代》。
2　《大公报》（上海），1951 年 12 月 16 日，转引自刘起釪《顾颉刚先生学述》（北京：中
　　华书局，1986），页 263。
3　《古史辨》，第 1 册，页 22。

国十七年十月试掘安阳小屯报告书》[1]，不过以他与傅斯年的关系，及傅氏对安阳发掘之重视，他对发掘所得必有所知。

1929 年的第二次发掘从 3 月 7 日至 5 月 10 日止，由李济（1896—1979）主持，"获灰坑十三处，有字甲骨六百八十四版，并得大宗陶器、陶片、兽骨，铜器以及其他各种贵物"。[2] 李济是哈佛大学博士、清华国学院讲师，也是第一次由中国人主持的科学考古山西西阴村发掘的主持人，用的是科学方法，有清楚的地层记录，这使得他的发掘的信服力大大增强。所以虽然所出铜器不多，但商代是一物质文明相当高的阶段已可确定。在那年 3 月 11 日胡适与顾颉刚见面之前，胡适未必知道这些新发现，不过 1928 年秋天以来殷墟的种种发现，当能逐渐改变商是新石器时代的看法。这也就符合胡适前面所说的"考古学发达，上了科学轨道以后，然后用地底下掘出的史料慢慢地拉长东周以前"，所以他会告诉顾颉刚"我不疑古了"。

1931 年，胡适进一步接受傅斯年《周东封与殷遗民》中的观点。据傅氏 1934 年 6 月在该文刊出的前记上说：

> 此我所著《古代中国与民族》一书中之一章也。是书经始于五年以前，至民国二十年夏，写成者将三分之二矣。日本寇辽东，心乱如焚，中辍者数月。以后公私事纷至，继以大病，至今三年，未能杀青，惭何如之！此章大约写于十九年冬，或二十年春，与其他数章于二十年十二月持以求正于胡适之先生。适之先生谬为称许，嘱以送刊于《北大国学季刊》。余以此文所论多待充实，逡巡未果。今春适之先生已于同一道路上作成丰伟之论文，此文更若爝火之宜息矣。而适之先生勉以同时刊行，俾读者有所参考。今从其命，并志同声之欣悦焉。[3]

1　李济：《殷墟发掘报告》（南京：中央研究院历史语言研究所，1929），第 1 册，页 3—36。

2　石璋如：《考古年表》（台北："中央研究院"历史语言研究所，1952），页 11。

3　《傅斯年全集》，第 3 册，总页 894。

这段引文中所指《古代中国与民族》一书是傅氏未完成之作,《周
东封与殷遗民》原预定为该书第三章。[1] 在傅斯年先生遗档中尚有一
些残件,讨论《天问》、种族变动与社会阶级等问题。因此胡适先生
在 1931 年冬见到的不只是《周东封与殷遗民》,而且包括《夷夏东
西说》的一些初步草稿。我在检视傅先生遗稿时,在一个牛皮纸大
信封中见到以上稿件中间夹着胡适的一张便笺(这张便笺没有档号):

> 孟真兄:
>
> 　　大作极好。佩服!佩服!
>
> 　　如不难钞写,请钞一份送给我作参考,如何?山东人今尚
> 祀"天齐",即黄飞虎。……
>
> 适之
> 20、12、15

此处所指的"大作"一定是以《周东封与殷遗民》为主的一批稿件,
一方面因为这封信夹在这份稿子中,另一方面是因讲到"黄飞虎"
的部分,正是《周东封与殷遗民》之论点:

> 　　周人逐纣将飞廉于海隅而戮之,飞廉在民间故事中曰黄飞
> 虎。黄飞虎之祀,至今在山东与玄武之祀同样普遍。太公之祀
> 不过偶然有之,并且是文士所提倡,不与民间信仰有关系。[2]

1　胡适与傅斯年在 1931 年左右针对上古史事有过几次谈论,当时也正是傅氏撰写《古代
　中国与民族》的后期,所以见面所谈亦常环绕手中正进行的工作。"1931 年 2 月 17 日"
　条,《胡适的日记(手稿本)》上说:"孟真来谈。谈他的《"新获卜辞写本后记"》跋》,
　此文论二事……一因卜辞'命周候'而论'殷周的关系'。两题皆极大贡献,我读了极
　高兴。"隔天下午,傅斯年又前往胡宅谈论古史,《胡适的日记(手稿本)》"1931 年 2
　月 18 日"条下:"下午孟真来谈古史事,尔纲也参加。孟真原文中说:'每每旧的材料
　本是死的,而一加直接所得可信材料之若干点,则登时变成活的',此意最重要。尔纲
　此时尚不能承受此说。"《胡适的日记(手稿本)》"1935 年 6 月 6 日"条上说:"孟真
　来谈他的古史心得,特别是秦民族的问题,极有趣味。他是绝顶聪明人,记诵古书很熟,
　故能触类旁通,能从纷乱中理出头绪来。在今日治古史者,他当然无有伦比。"
2　《傅斯年全集》,第 3 册,总页 902。

傅斯年认为，鲁的下层是殷遗民，他们祀的黄飞虎，即飞廉。而太公，是从西方来的周的统治阶级所崇祀，故即使到现代，山东祀姜太公也仍是上层文士所提倡的。

《周东封与殷遗民》对胡适的古史观影响极大。他于 1952 年 12 月 20 日，在"傅孟真先生逝世两周年纪念会"上演讲时提到《周东封与殷遗民》一文对他的影响：

> 我在《中国哲学史》内提到古代服三年之丧这个问题，感觉到很困难。孔子的弟子宰我曾说一年就够了，但孔子却说："夫三年之丧，天下之通丧也。"过了一百年以后，当滕文公继承他父亲为滕侯时，孟子居然说动了滕文公，说丧礼应服三年。但当时滕国的士大夫都不赞成；他们都反对"三年"。他们说："吾宗国鲁先君莫之行，吾先君亦莫之行也。"这两句话与孔子的话是冲突的……究竟是孔子说假呢？还是滕国大夫错了呢？[1]

有关三年丧的历史矛盾，使得胡适在哲学史中主张孔子"说假"，可是傅斯年的《周东封与殷遗民》用古史二元文化观解开这个矛盾——殷朝虽然已亡，"但其后七百年间，上边统治阶级与下边人民的习俗不同。绝对多数的老百姓是殷遗民，而三年之丧是殷民的制度，孔子自称是殷人（而孔子之天下，大约即齐鲁宋卫，不能甚大，可以"登太山而小天下"为证），所以孔子以三年之丧为天下通丧是不错的"。[2] 胡适说，"我接受了他的观念，写了一篇五万字的文章，叫做《说儒》"，而从这个观念来讲，"根本推翻我过去对于中国古代思想史的见解"。[3] 尤其重要的是，在这个新诠释系统中，孔子不必再如晚清今文家所极力主张的，是一个"说假"的人。细读《说儒》全文，便可以发现贯串这篇文字的关键架构，便是周人在西，殷人在东，殷被周征服，但上边的统治阶级与下边的人民文化习俗不同

1　《傅孟真先生的思想》，《胡适讲演集》（台北：胡适纪念馆，1978），页 344。

2　同上，页 345。

3　同上，页 346。

这个二元观点。

胡适在《说儒》中说周是西边来的征服者，而殷是东方的亡国遗民。儒原是殷民族的传教士，他们的人生观是亡国遗民柔顺的人生观。殷亡国后，有一个"五百年必有王者兴"之悬记，而孔子乃被认为应此悬记而生的圣者，他将殷商民族部落性的儒扩大为仁以为己任的儒，把柔懦的儒改变为刚毅进取的儒。在1932年12月1日于武汉大学的演说《中国历史的一个看法》中，胡适基本上也是使用古史二元的论点：

> ［商民族］在这正在建设文化的时候，西方的蛮族——周，侵犯过来了，他具强悍的天性，有农业的发明，不久把那很爱喝酒的、敬鬼的、文化较高的殷民族征服了。这一来，上面的——政治方面是属于周民族，下面的就是属于殷民族，二民族不断的奋斗，在上面的周民族很难征服下面的殷民族，孔子虽是殷人（宋国），至此很想建设一个现代文化，故曰"吾从周"，而周时也有人见到两文化接触，致有民族之冲突，所以东方（淮水流域）派了周公去治理，南方（汉水流域）派了召公去治理，封建的基础，即于此时建设。[1]

从"傅斯年档案"中所存《周东封与殷遗民》的残稿看来，它不是一次定稿，所以1931年胡适所读的是初稿，夹在《古代中国与民族》的一堆稿件中。1934年3月14日胡适拟作《说儒》一文，尚未动手[2]，遂请傅斯年将前稿送来，这一次他看到的或许是《周东封与殷遗民》较为清楚的稿子。胡适日记"1934年3月20日"条记："孟真来谈，他昨晚送来他的旧稿《周东封与殷遗民》诸文，于我作《说儒》之文甚有益，已充分采用，今天我们仍谈此

1　《胡适选集》（台北：文星出版社，1966），演说，页85—86。
2　《胡适的日记（手稿本）》，"1934年3月14日"条，无页码。

题。"[1] 1934 年 5 月 19 日，《说儒》脱稿，胡适在 8 月 30 日给孟森
（1868—1938）的信上得意地表示此文是"数年来积思所得"，并
说三年丧制这个久不得解决的制度，现可归为殷礼，亦是"致思至
十七年之久，近年始觉惟有三年丧制为殷人古礼之说足以解决一切
疑难矛盾"。[2] 值得注意的是，胡适在《说儒》中主张殷为祖先教，
乃殷代盛行人殉的观点，也与傅斯年的《周东封与殷遗民》有关。
胡适于 1945 年在哈佛大学神学院讲座中依旧指出："殷人的祖先教
的用人祭及殉葬等惨酷风俗，引起后来思想家的反抗，故孔子说未
知生焉知死，未能事人焉能事鬼……都带有 Agnosticism 意味。"[3]

胡适在《说儒》中其实已一再提到傅斯年对他的影响，但该文
在 1934 年发表之后，一般读者似未注意傅、胡二氏前后思想沿承
的关系，故对于这一段思想公案常有误解。如陈荣捷先生以英文撰
写《近代中国宗教趋势》时，竟说胡适的《说儒》得到傅斯年的声援，
所不同的是，胡适所用皆传统文献史料，而傅斯年多用甲骨文材料。[4]

在《说儒》中，胡适推崇孔子为殷商亡国之后，是应"五百年
必有王者兴"之悬记而起的圣者。他将"五百年必有王者兴"比为
耶稣基督的"悬记"，这是傅斯年原来所没有的想法，可能与胡适

1　同上，"1934 年 3 月 20 日"条。章希吕日记中记 1934 年 4 月 30 日："把适之兄做的《说儒》抄一两章，计一万字。今天抄完。"（见颜振吾编《胡适研究丛录》[北京：生活·读书·新知三联书店，1989]，页 257）在胡适写《说儒》的过程中，傅斯年不时前往胡宅讨论。根据罗尔纲在《胡适琐记》中追忆："1934 年春，胡适撰《说儒》，每星期天下午，是他在家做研究的时间，傅斯年就过来共同讨论。"（罗尔纲：《师门五年记·胡适琐记》[北京：生活·读书·新知三联书店，1995]，页 138）章希吕 1934 年日记中也不时傅斯年来胡宅之事（见颜振吾编《胡适研究丛录》，页 245—277）。

2　见引于耿云志《胡适年谱》（香港：中华书局，1986），页 142。有意思的是，傅斯年北大时期的同学毛以亨在追忆傅氏的文章中说："傅氏有若干独到见解，如《说儒》，胡适之先生曾依其说而撰一长篇论文（《关于傅斯年的一封信》，香港《天文台》，1951 年 1 月 2 日、4 日）。"毛氏不治中国上古史，所以将整个事实颠倒了过来。不过他的回忆倒也说明了当时有不少人留意到两人文章之间的关系。

3　《胡适的日记（手稿本）》1952 年 1 月 7 日的这一段话，可以与傅斯年的《周东封与殷遗民》及后来的《性命古训辨证》的第三章相比较（参考《傅斯年全集》，第 3 册，总页 902 及总页 602、622）。《胡适的日记（手稿本）》，"1952 年 1 月 7 日"条，无页码。

4　Chan Wing-tsit, *Religious Trends in Modern China* (New York : Columbia University Press, 1953), pp. 27-30.

撰稿期间所读关于耶稣基督的历史有关。[1]

值得注意的是，胡适在由疑古转而重建古代之时，也逐渐摆脱了他早年深受影响的清季今文家之言。钱穆注意到胡适在写《中国古代哲学史》时，只用《诗经》，不用《左传》。他问胡适缘故，胡适告以因为当时过信清季今文家之言。[2]胡适后来一步步摆脱疑古思维，除傅斯年及史语所地下发掘的影响之外，也当与钱穆的《刘向歆父子年谱》的发表有关。[3]

钱穆在《师友杂忆》上对胡适古史观的变化有扼要观察：

> 适之于史学，则似徘徊颉刚、孟真两人之间。先为《中国大史家崔东壁》一文，仅成半篇，然于颉刚《古史辨》则备致称许。此下则转近孟真一边。[4]

胡适的转变是件有重大意义的事，它代表一个由拆解上古史，到重建上古史的过程，而这个转变竟发生在一开始提倡疑古辨伪的胡适身上。而促成胡适改变商是新石器时代、孔子"说假"等观点的，主要是傅斯年的上古史观及史语所的殷墟发掘。这种由疑而信，由疑伪而重建的趋势，不只发生在胡适身上，但胡适当时的转变，却有重大的示范作用。殷墟发掘之后，才有讲上古史的书敢将商代作为信史放在书的开端。[5]足见其影响之广泛。

除古史观外，1926 年 8 月胡适与傅斯年在巴黎见面时，傅斯年

---

1 据章希吕 1934 年 4 月 11 日记"适兄说新旧约是一部奇异之书"，似当时正精读这一部书（见颜振吾编《胡适研究丛录》，页 253）。攻击《说儒》成为攻击整理国故派的一个重点。郭沫若、钱穆、冯友兰、范文澜等都有文章批评。而"五百年必有王者兴"这一"悬记"及商、周是否为两个民族集团更是被攻击的重点。

2 钱穆：《师友杂忆》（台北：东大图书公司，1983），页 144。

3 譬如《胡适的日记（手稿本）》"1930 年 10 月 28 日"条所记："顾（颉刚）说一部分作于曾见钱谱（《刘向歆父子年谱》）之后，而墨守康有为、崔适之说，殊不可晓。" 1931年 3 月 31 日的日记上则说："今天讲西汉经学……我现在渐渐脱离今文家的主张，认西汉经学无今古文之分派，只有先出后出，只有新的旧的，而无今古文分家。"

4 钱穆：《师友杂忆》，页 147。

5 苏秉琦：《建国以来中国考古学的发展》，见《苏秉琦考古学论述选集》（北京：文物出版社，1984），页 300。

提出以发生学观点治文学史的口号，也曾深深影响了胡适。傅斯年
的观点，贯串在两年后所写的《中国古代文学史讲义》中。他说文
学的生命仿佛有机体：

> 都是开头来自田间，文人借用了，遂上台面，更有些文人
> 继续的修整扩张，弄得范围极大，技术极精，而原有之动荡力
> 遂衰，以至于但剩了一个躯壳，为后人抄了又抄，失去了扩张
> 的力气：只剩下了文字上的生命，没有了语言上的生命。……
> 文学史或者可和生物史有同样的大节目可观，"把发生学引进文
> 学史来！"是我们工作中的口号。[1]

在"傅斯年档案"中，我们可以看到一份题为《赤符论》的
笔记本，只有两页拟目，及一些零星的笔记。其中有一页傅氏写了
一行"文学由俗而雅，由雅而典，由典而则，有则则死"，也是同
样的意思。[2]

就在胡适与傅斯年见面大约十天后，当胡适为自己所编《词选》
写序时，便沿用了这个说法：

> 但文学史上有一个逃不了的公式。文学的新方式都是出于
> 民间的。久而久之，文人学士受了民间文学的影响，采用这种
> 新体裁来做他们的文艺作品。文人的参加自有他的好处：浅薄
> 的内容变丰富了，幼稚的技术变高明了，平凡的意境变高超了。
> 但文人把这种新体裁学到手之后，劣等的文人便来模仿；模仿
> 的结果，往往学得了形式上的技术，而丢掉了创作的精神。天
> 才堕落而为匠手，创作堕落而为机械。生气剥丧完了，只剩下
> 一点小技巧，一堆烂书袋，一套烂调子！于是这种文学方式的
> 命运便完结了，文学的生命又须另向民间去寻新方向发展了。[3]

1　傅斯年：《傅斯年全集》，第 1 册，总页 13。
2　《赤符论》，见"傅档"，无档号。
3　《词选》（台北：台湾商务印书馆，1975），《序》，页 9—10。

胡适《白话文学史》基本上发挥了这一想法[1]，胡适后来回忆说这是
因为他与傅斯年的见解相同。他说：

> 我们做学问功力不同，而见解往往相近。……孟真有"生
> 老病死"的议论，与我很相同。

此处谈到文学形式"生老病死"之观念，应该说是受到傅斯年影响。
胡适在一篇回忆他与傅氏 1926 年 8 月往来的文字中便说：

> ［这次孟真］从柏林赶来［巴黎］与我同住了许多天……
> 那个时候他就已经撒下了许多种子。他说：中国一切文学都是
> 从民间来的，同时每一种文学都经过一种生老病死的状态。[2]

此外，在哲学的观点上，傅斯年似乎也曾对胡适有所影响。
1918 年傅斯年发表一篇文章，主张哲学门不当隶属于文科，此文是
傅氏深得蔡元培欣赏的开始。在这篇文章中，他认为哲学问题的解
决有待科学的发展：

> 凡自然科学作一大进步时，即哲学发一异彩之日。以历史
> 为哲学之根据，其用甚局；以自然科学为哲学之根据，其用至溥。

又说：

> 以为哲学、文字联络最为密切，哲学、科学若少关系者，
> 中国人之谬见然也。……在于西洋，凡欲研治哲学者，其算学
> 知识，必须甚高，其自然科学知识，必具大概。今吾校之哲学门，

1　在写于 1928 年 6 月 5 日的《白话文学史·序》（台北：信江出版社，1974）中，胡适
　　要人们特别注意他这方面的观点（页10）。在页 13 中，胡适说："一切新文学的来源
　　都在民间。民间的小儿女、村夫农妇、痴男怨女、歌童舞妓、弹唱的、说书的，都是
　　文学上的新形式与新风格的创造者。这是文学史的通例，古今中外，都逃不出这条通例。"
2　《傅孟真先生的思想》，《胡适讲演集》，页 342。

乃轻其所重，绝不与理科诸门谋教授上之联络，窃所未喻也。[1]

不过此时他只说哲学与科学较文学、历史为近，但在欧洲受实证主义的深刻熏陶之后，他对哲学的看法更为激进，进而主张取消哲学了。他陆续说：

> 哲学是一个大假定。[2]
> 哲学一定要合经验。哲学与科学用一样方法。[3]
> 哲学不能出于人性。[4]
> 中国本没有所谓哲学，多谢上帝，给我们民族这么一个健康的习惯。[5]

而且当他初抵国门不久，主持中山大学文学院时，他决不讳言他的目标是：

> 绝国故，废哲学，放文人及存野化。[6]

而最终目标是"必使斯文扫地而后已"。这是傅斯年受当时欧洲实证主义影响的结果。而这些论点曾在巴黎见面时给予胡适相当深刻的影响。在《胡适遗稿及秘藏书信》中有一封信，也许是因为字迹太过潦草不易辨识，故并未收于《胡适来往书信选》中。在这封信中，傅斯年主张中国只有"方术"，没有"哲学"，而且认为这是中国极幸运的地方——"多谢上帝，使得我们天汉的民族走这么健康的一路。"[7]他说：

1　傅斯年：《论哲学门隶属文科之流弊》，高平叔编《蔡元培全集》（北京：中华书局，1984），第 3 卷，页 194—197。原刊 1918 年 10 月 8 日出版《北京大学日刊》第 222 号。
2　傅斯年：《傅斯年全集》，第 4 册，总页 1255。
3　同上。
4　同上。
5　《与顾颉刚论古史书》，《傅斯年全集》，第 4 册，总页 1521。
6　《朱家骅、傅斯年致李石曾、吴稚晖书》，《傅斯年全集》，第 7 册，总页 2445。
7　傅斯年 1926 年致胡适信，见《胡适遗稿及秘藏书信》，册 37，页 357。

我当方到英国时，觉得我好像能读哲学书，甚至德国哲学书，后来觉得不能懂德国哲学了。觉得德国哲学只是些德国语言的恶习惯。现在偶然想起一部 Hume 来，也不知所谓了。总而言之，我的脑筋对于一切哲学都成石头了。我于这个成绩，也很欢喜。[1]

傅斯年这时以哲学为语言的"恶习惯"，以不能读哲学为"很欢喜"。从胡适 8 月 24 日的回信可以看出胡适对此大有共鸣。由于胡适的回函保留在"傅斯年档案"中未发表，故详细摘抄于此：

孟真：前天发一信，已接到否？我决计住到九月三号，甚盼你能早来。……你最得意的三件事，我却也有点相像。一、近来每用庞居士临死的遗训劝人："但愿空诸所有，慎勿实诸所无。"庞居士也许注重在上半句，我却重在下半句。你的几句中国书，还不曾忘得干干净净，但这不关紧要。只要把那些捆死人的绳索挣断几条——越断的多越好——就行了。二、捆人最利害的是那些蜘蛛肚里吐出来捆自己的蛛丝网，这几年我自己竭力学善忘，六、七年不教西洋哲学，不看西洋哲学书，把西洋人的蛛网扫去了不少，自己感觉痛快……这一层我很得意。因为我是名为哲学教授，很不容易做到把自己吃饭家伙丢了。三、我很佩服你的"野蛮主义"。我近来发表一文《论西洋近代文明》，你若见了此文，定有许多地方能表示同意。我在那文里说："西洋近代文明不从宗教出发，而结果成一新宗教，不管道德，而结果自成一新道德。"此言与你的"一学得野蛮，其文明自来"同一见解，但没有你说得痛快。[2]

胡适在留学时期的日记中一再谈到他将以哲学为志业，他是哲学博

---

1 《胡适遗稿及秘藏书信》，册 37，页 359。
2 "傅档" I:1678。

士、哲学教授，又以《中国哲学史》享大名，但从此以后却倾向废哲学。他真正将废哲学的想法付诸行动是1931年担任北大文学院长时，"曾言其办文学院其实则只是办历史系，因其时适之已主张哲学关门"。[1]这和1927年傅斯年主持中山大学文学院时想"废哲学"的主张何其相近。哥伦比亚大学哲学系毕业的胡适，竟主张关闭哲学系，甚至在日记中不时吐露反哲学言论。如1929年6月3日日记上记：

> ……

> （2）哲学的根本取消：

> 问题可解决的，都解决了。一时不能解决的，如将来有解决的可能，还得靠科学实验的帮助与证实。科学不能解决的，哲学也休想解决；即使提出解决，也不过是一个待证的假设，不足以取信于现代的人。

> 故哲学自然消灭，变成普通思想的一部分……[2]

这是胡适原来所不曾有的想法。极可能是傅斯年的影响，认为所有哲学皆该消灭，并认为中国没有哲学是一件值得庆幸的事情。[3]

　　以上是将傅斯年与胡适之间的思想交涉痕迹做一勾勒，主要指出在古史观、文学观及哲学观这三方面，傅斯年对胡适的影响。这些思想交涉，对当时中国整个学术界具有相当的意义。以胡适在当时全中国思想学术界的关轴地位，他的逐步由疑古转为相信，由破

1　钱穆：《师友杂忆》，页147。
2　《胡适的日记（手稿本）》，"1929年6月3日"条，无页码。
3　此外，胡适在日本京都支那学会演讲时，提出一个与傅斯年在《历史语言研究所工作之旨趣》中相同的看法，即西洋汉学家在所谓"虏学"的范围中，贡献特别大。傅氏是这样说的："凡中国人所忽略，如匈奴、鲜卑、突厥、回纥、契丹、女真、蒙古、满洲等问题，在欧洲人却施格外的注意。说句笑话，假如中国学是汉学，为此学者是汉学家，则西洋人治这些匈奴以来的问题，岂不是虏学，治这学者岂不是虏学家吗？然而也许汉学之发达有些地方正借重虏学呢！"（《傅斯年全集》，第4册，总页1305—1306）"傅档"Ⅴ：26是傅在德国时的一本书目笔记，其中便列有"虏史"一目，我推测这个观念在1926年胡、傅二人巴黎见面时，傅氏可能也对胡适说到过。1927年4月间，胡适在京都演讲时，依吉川幸次郎的回忆，他在黑板上大书"虏学"二字，并发挥了类似的观点。见《吉川幸次郎全集》（东京：筑摩书房，1967），第16卷，页432。

坏而走向重建，自有涟漪效应，而他接受上古二元集团的史观，也
对史学界的上古史诠释有所影响。他逐步倾向"取消哲学"，使得
他的学问领域变得愈来愈专注于文献考订的工作，未多关心哲学理
论与时代的密切关联，未能同情中国传统哲学，也未努力发展任何
哲学思维来对抗当时日渐壮大的马克思主义思潮。

附　录

戏论一 [1]

　　时宇相对，日月倒行，我昨天在古董铺里搜到半封信，是
名理必有者写的，回来一查通用的人名典，只说"理必有是……
三十三世纪的人，好为系统之疑古，曾做《古史续辨》十大册，
谓民国初建元时谈学人物颇多，当时人假设之名，有数人而一
名者，有一人而数名者，有全无其人者，皆仿汉儒造作，故意
为迷阵以迷后人。甚谓孙文菫 [2]《西游记》孙行者传说之人间化、
当时化，黄兴亦本'黄龙见'之一种迷信而起。此均是先由民
间传信，后来到读书人手中，一面求雅驯，一面借俗题写其自
己理想的。此等议论盛行一时，若干代人都惊奇他是一位精辟
的思想家"。他这信的原文如下：

　　中华民国三千二百十四年六月十日 [3] 疑成 [4] 疑县理必有奉白：

　　顾乐先生，辱你赏我一封信，叙述你先生自己于民国初建
元史料上之心得，何等可感！细读几回，甚为佩服。我于此时
史事亦曾研究其一面，始以为但是当时文士之一面，数年后顿
觉此实是当时一切史实之线索，盖当时史事多此数君以一种理
想为之造作者，弟已布专书，现在略举两、三个例。弟于《胡
适年谱》上已证成世传之《胡适文存》很多是后人续入者，于

1　按：杜正胜先生将此稿整理出来。
2　原稿如此，疑"菫"应作"是"。
3　本行旁另有附语："希望我们民国这么长。我的附注"。
4　原稿如此，疑"成"应作"城"。

《顾君考》上证名[1]顾君《古史解》颇多增改。此均不甚箸謷之论。其使人可以长想者，则有如钱玄同问题，世人以钱玄同与疑古玄同为一人，实是大愚。更傅会谓钱越人，故武肃王之苗裔，则等于桥山有黄帝陵一种之可笑矣。查"玄"是满洲朝康熙帝名，是则此名必不能先于民国元年，若曰在民国元年改的，则试看所谓钱玄同一人之思想，实是最薄中国的古物事者及通俗物事者；有此思想之人，必不于此时改用此一个百分充足道士气之名无疑。故如玄同为王敬轩之字犹可说也，玄同为此等思想之人之改定名，在理绝不可通。又如"钱"之一字，今固尚有姓钱者，今世人用文采粲然之纸币、皮币大张精印，而三千年前则用一种不便当的可憎品，当时人尤以为不然。今虽书缺文脱，而常常见"铜臭物"一个名词，果然自己改名"玄"，名"玄同"矣，何不并姓而亦改之？胡留此一不甚雅之字以为姓乎？细思方觉此实一非有先生、亡是公子，姓名为"玄同"以张其虚，姓之曰"钱"以表其实。世无有虚过于玄而实过于钱者，以此相反之词为名，实系一小小迷阵，若谓别人曰：看破者上智，看不破者下愚。何以见得呢？钱君后来至改姓疑古，疑古二字与钱同以喉音为纽，明是射覆的意思。我又比列一切见存钱君著作，所有在陈氏《理惑集》（按此必《新青年》知于后世之名）、《胡氏春秋》（按此必适之先生之《努力》及其《读书杂志》）、《古史解》（按此必君之《古史辨》也），按其年次而列之，见其颇不一贯，显系至少有三人，一为一欲举一切故传而汇之者，一为一好谈当时之所谓注音字母者，一则但为一以一种激断论（radicalism）治经史材料者，所谓疑古玄同是也。此三类行文上甚不同，虽然勉强使其外表同，使其成语前后一贯，因而其吃力勉强，造成此前后求若一贯之状态，从此愈为显著。余曾断定末一玄同（疑古），实顾颉刚举其最激断之论加此名下而布之，其他二端亦当时《理惑集》中人所设亡有先生，盖《理惑集》

1　原稿如此，"证名"应作"证明"。

中无此一格，在建筑意义上为不备格，一切证据均详该书（惜乎此地不详举，可惜！可惜！我的注）。谓余不信，则试看钱玄同名下一切文字中之含性，始也便是一切扫荡之谈，而卒之反局于辩经[1]疑古之绩。如有钱玄同其人，必是一多闻中国故事物者，于其名下之文字中可见。如先弄了些中国故事，后来愿舍而去之，亦必先经辨经疑古之一步，然后更放而至于为一切扫荡之谈，理为顺叙。若既已至于一切扫荡矣，又安得转身回来，标小言詹詹之疑古氏哉？此种颠倒之程叙[2]，按之[3]胡适氏之个人或社会思想进化步次论，绝然不符；按之顾君之累层地造成之组织学论亦无。譬如藉薪，后来居下[4]者也。今人信民国初元人之疑古，而忘疑民国初元人之古；不知民国初元人性德上亦若汉初元人耳。见斯公整齐文字，则谓史籍亦然；则有周公，则谓亦有伊尹，此汉初儒者的说法。识破这些圈套矣，而另造些圈套以试试后人之眼力，此民国初儒者的说法。明知没有左丘明，更没有丘明作传的故事，偏自编一部书，说是丘明作的传，这是刘子骏的办法。明知没有谯周，更没有谯周作《古史解》故事，遍[5]造了这断[6]故事，又作了一部书，使他□□三分之二，同于乌有谯周之凭虚书，却不说《古史解》是谯周之作了。这是顾颉刚的进化了的办法，此之进化是时代的果……（下文不及见，可惜！）

请颉刚转以质之我们的玄同先生，这断[7]小小疑古是难保无呵，或者是"莫须有呢"？

我想诸公"作法自毙"，"不暇自哀而使后人哀之也"。

1　原稿如此，"辩经"应作"辨经"。
2　原稿如此，"程叙"今多作"程序"。
3　此字后作者插入一句："今时通以为然"。
4　此"下"字旁原标二圈（○○），因排版限制，改易为"＿"符号。
5　原稿如此：疑"遍"当作"偏"。
6　原稿如此："断"应作"段"。
7　原稿如此："断"应作"段"。

什么可以成为历史证据

——近代中国新旧史料观点的冲突

　　史学史的研究至少应该包括两个层次：一方面是研究史学意识的发展，一方面是史家们实际上如何做研究。因为出现在史学方法论教科书上的并不一定反映在实际工作的层次上，过多地注意里程碑式的宣言，而忽略了在实际研究工作中眼光及方法的转变，其实有所缺憾。

　　关于傅斯年及他所创立的历史语言研究所——中国近代历史上第一个专业的史学研究机构——已经有相当多的研究。不过包括我自己在内，在研究傅斯年时，不知不觉地出现一种"本质主义"的倾向，把太多注意力放在对《历史语言研究所工作之旨趣》（以下简称《旨趣》）一文的解析，而对《旨趣》一文的讨论，又过度关心傅氏及他所领导的史语所究竟可以归诸西方哪一学派。一般认为，傅斯年所倡导的是德国的兰克史学，不过我们需要注意：傅斯年一生只提到兰克两三次，他的藏书中没有任何兰克的著作，而他留学英、德两国，并非专修历史；傅斯年在英、德的求学生涯，主要的精力是了解西方学术整体发展的情形，所以他的藏书几乎包括当时西方学术的每一个方面，这使他不曾得到任何学位，但也使他可运用各种工具治史。[1] 本文想探讨的是他在实际领导史语所展开工作

1　关于傅斯年藏书中无兰克著作一事，参 Wang Fan-sen, *Fu Ssu-nien : A Life in Chinese History and Politics* (Cambridge : Cambridge University Press, 2000), pp.62-63。傅斯年在英留学的记录中并无史学方面的课程，在德正式修课的记录，见王汎森、杜正胜主编《傅斯年文物资料选辑》(台北 : 傅斯年先生百龄纪念筹备会，1995)，页 53。

时，究竟如何实践他所谓的新史学，以及新学术的社会条件、新学术与"国家建构"（state-building），新学术与晚清至民国以来政治社会问题的纠缠。

一、对旧史料观的反省

傅斯年以"史学就是史料学"一语闻名。至今，许多人仍将他所创立的史语所称为"史料学派"。这样的标签不一定正确，不过，也反映出"史料"确实在他所提倡的新史学中居相当核心的地位。讨论傅氏新史料观时必须强调几个前提。第一，傅氏领导同时代中与他有相近史学观点的新学者以实践其新史学，他把这一群人从各个地方找来领导史语所的相关各组，从事"集众式的研究"。第二，傅斯年等人所展现的一些史料观点，先前不是完全没人分别提到过，但是出现在讨论史学方法的文章上的论述，不一定展现在史学家日常的实践中。第三，以集体的力量搜寻新史料成了一般口号，形成了一种集体的自觉，而不仅止于个人的嗜好，也是自此开始。第四，讨论新史料观必须了解旧史料观是什么。这必牵涉到两方面的问题：一方面，传统学者认为什么是学问？知识的最后评判标准是什么，包括哪些范围及内容？另一方面，传统学者们认为什么可以作为史学的"证据"？而对文字资料的"迷恋"（obsession），以及学术带有"古董化"倾向两点，是新学者对旧史家的主要批评。而所谓"旧史家"常常是指清儒或是受清儒影响的学者。

相对于明儒，清儒对"知识"与"证据"的看法相当不同，心学笼罩下的知识分子基本上认为"心"才是知识最终的来源与根据，但清儒认为记载在经书上的文献知识，才是知识的根源。此外所有相关的文献及实物，包括子书、佛藏、道藏等，都是经学之附庸。或许它们后来获有独立的地位，甚至"婢作夫人"，但至少在一开始及相当长的时期内都只是经学的婢女而已。[1]所以如果以什么是

---

[1] 关于这一点，胡适在《〈国学季刊〉发刊宣言》及《治学的方法与材料》中已详述，见《胡适文存》（台北：远东图书公司，1990），第 3 集。

"事实"（fact）、什么是"重要"（important）作为评判标准，那么在清代，经书的研究大抵即兼为"事实"与"重要"。

但是经典考据学发展的过程中，也逐渐形成"求其古"与"求其是"两派。前者以吴派为主，强调追寻最古的经典注疏。[1] 因为西汉的注疏最古，最接近孔子及其弟子们活动的时期，吴派学者认为，如果能将它们好好地整理出来，可以对儒经的原始面貌有最直接的了解。另一派主张"求其是"，以皖派为代表。他们主要认为古儒家义是一固定不移之物，故不分解与变动，他们想在各种诠释中寻得一个最恰当的解释。在清代，一般学者推崇"求其是"一派胜过"求其古"一派，那是因为清儒所最关心的是如何对经书求得一个最合于圣人本意的了解，而不是每一代人如何了解圣人。到了民国时代，经书的神圣地位动摇了，开始有人认为，如果以历史发展的眼光看，"求其古"一派更有胜处，因为他们至少不会将不同时代的诠释混在一起，"求其古"之一派所整理的历朝经解，其实即等于历朝的学术史料，譬如他们所辑出的汉代经解，即是汉代学术史材料。[2] 也就是说，经过他们的手，一层一层的史料被梳理清楚了。

清代在唯六经三史是尚的研究典范下，所用的方法及材料偏向内循环，基本上是从文字到文字，从文献到文献，间有实物的研究，也是为了佐证或厘清文献里的记载，尽可能地将它与六经三史或与文字史料相联系，所以重视的是铭文、著录之校勘，以及传递源流等，而不大留意实物还可以告诉我们什么其他的知识。在这样一个典范中，所重的是功力，不是理解，所重的是如何在文字证据中作考证与判断，而不是去开发文字以外的新史料。但是，从文献到文献的过程中，即使下了极大的功夫，累积了极深厚的功力，许多问题还是无法得其确解。继承山东考据学大家许印林（1797—1866）之绪余的金石及古史家王献唐（1897—1960）就这样批评清儒是"古董式之学术"：

---

1 傅斯年：《性命古训辨证》，《傅斯年全集》（台北：联经出版公司，1980），第 2 册，总页 501—502。

2 同上。

> 献唐昔年治学，颇摭拾乡先辈许印林先生绪余，以音求义，
> 又以义求音，其术殆出于高邮，盖印林为伯申先生弟子故也。
> 近岁渐悟清人所治声音训诂，多为死音训诂，古自古，今自今，
> 结果只造成一种古董式之学术，供人玩赏而已。[1]

王献唐所感叹的，也正是后来李济等人所感叹的——经过有清三百年，学术是"古董式之学术"。这是一群既深悉清儒的工作，又受到现代学术洗礼的新学者提出的反省。大概在 20 世纪二三十年代，中国一群领导性的史学家不约而同地提出新的反省，他们对史料的态度有一个革命性的变化，这些人包括胡适、傅斯年、顾颉刚、李济等。他们的文字分散各处，如果稍加比辑，可以发现一个认识论上的改变。首先，对这一代人而言，传统的权威已经几乎倒塌了，所以六经在他们看来都只是史料了——是供人研究的材料，而不是让人寻求治国平天下大道理之所在。在这个前提之下，他们同时也提倡一种历史发展的观点，也就是平等看待每一时代学术思想材料的价值，不再以为只有那最高点才有价值。

在历史发展式的史料观之下，注意力不再局限在那最高的一点。每一个时代，甚至每一阶层的人所留下的史料都有相等的价值，所以产生了蔡元培所形容的"平等的眼光"。"平等的眼光"有多方面的作用，它解放了以经学为正统的旧局，同时在史料的范围及意义上也有扩充。既然是平等看待每一时代，平等看待每一阶层的历史，治史的问题及史料的范围便前所未有地扩大了（参见本书《价值与事实的分离？》一文）。

首先谈胡适对旧史料观的批评。胡适在 1923 年的《〈国学季刊〉发刊宣言》中表达了他对清儒经书中心主义之不满：

> 他们脱不了儒书一尊的成见，故用全力治经学，而只用余
> 力去治他书。[2]

---

1 引自山东大学历史系张书学等《新发现的傅斯年书札辑录》，未刊稿。
2 《胡适文存》，第 2 集，页 4。

> 三百年的心思才力，始终不曾跳出这个狭小的圈子外去。[1]
>
> 他们排斥异端，他们得着一部《一切经音义》，只认得他有保存古韵书古词典的用处；他们拿着一部子书，也只认得他有旁证经文古义的功用。他们只向那几部儒书里兜圈子；兜来兜去，始终脱不了一个陋字！[2]

胡适也指出受清儒影响的学者有"古董家的习气"，也就是不管任何学问，皆注意最古的东西，而忽略其余：

> 近来颇有人注意戏曲和小说了；但他们的注意仍不能脱离古董家的习气。他们只看得起宋人的小说，而不知道在历史的眼光里，一本石印小字的《平妖传》和一部精刻的残本《五代史平话》有同样的价值……[3]

在 1928 年 9 月所写的《治学的方法与材料》中，胡适批评清儒的史料观，认为这三百年间的学术"方法虽是科学的，材料却始终是文字的"，"故这三百年的学术，也只不过是文字的学术"[4]，是"纸上的学问，纸上的工夫"，"文字的材料有限，钻来钻去，总不出这故纸堆的范围，故三百年的中国学术的最大成绩，不过是两大部《皇清经解》而已"[5]。纸上的材料只足以形成一种内循环——"纸上的材料本只适宜于校勘训诂一类的纸上工作，稍稍跨越这个范围，便要闹笑话了"。[6]

最有意思的是，对他们形成最大挑战的是西洋汉学家如高本汉（Benhard Karlgren，1889—1978）。这恐怕是因为西洋汉学家所治的问题常与乾嘉诸儒相似，而以不通中国之人竟能在几年之间胜过

1　《胡适文存》，第 2 集，页 4。
2　同上，页 6。
3　同上，页 9。
4　《胡适文存》，第 3 集，页 111。
5　同上，页 115。
6　同上，页 120。

三百年汉学家之成就，使得他们大为惊叹。胡适便说高本汉"有西洋的音韵学原理作工具，又很充分地运用方言的材料，用广东的方言作底子，用日本的汉音吴音作参证"。用了几年功夫便可以推倒顾炎武以来三百年的中国学者的"纸上工夫"。[1] 他的结论是向来学者所认为纸上才能解决的学问，如今都要"跳在故纸堆外去研究了"。[2]

　　接着谈傅斯年。傅斯年的史语所工作《旨趣》，年代与胡适《治学的方法与材料》几乎一样，这两篇文章看不出有互相影响的痕迹，但对史料的看法却有相近之处。傅斯年在这篇文章中表达对局限于纸上的文字史料的不满，故主张要"上穷碧落下黄泉，动手动脚找材料"。他提到"一种学问能扩张他研究的材料便进步，不能的便退步"。[3] 要无限扩大史料，故说"能利用各地各时的直接材料，大如地方志书，小如私人的日记，远如石器时代的发掘，近如某个洋行的贸易册"[4]，"近代史学所达到的范域，自地质学以至目下新闻纸"[5]。

　　傅氏更直接地表示说要"改了'读书就是学问'的风气"[6]，又说"西洋人作学问不是去读书，是动手动脚到处寻找新材料，随时扩大旧范围"。他说："如神祇崇拜、歌谣、民俗、各地各时雕刻文式之差别，中国人把他们忽略了千百年，还是欧洲人开头为规模的注意。零星注意，中国向来有的。"[7] 他甚至宣称"我们不是读书的人"。[8] 这大概是他那一代人对史料问题最决绝的一句话。

　　顾颉刚并未多讨论史料的问题。不过 1925 年他已经公开地说"凡是真实的学问，都是不受制于时代的古今、阶级的尊卑、价格的贵贱、应用的好坏的"，"是一律平等的"，"在我们的眼光里，只见到各个的古物、史料、风俗物品和歌谣都是一件东西"。[9] 所以他

1　《胡适文存》，第 3 集，页 120—121。

2　同上，页 121。

3　《傅斯年全集》，第 4 册，总页 1305。

4　同上，总页 1304。

5　同上，总页 1301。

6　同上，总页 1314。

7　同上，总页 1306。

8　同上，总页 1312。

9　顾潮：《顾颉刚年谱》（北京：中国社会科学出版社，1993），页 119。

1927 年为中山大学图书馆所计划搜集的东西广及十六类，其中有许多是旧经史家绝未想见的。[1]

至于李济，他是一个考古学家。他在 1928 年 12 月演讲《中国最近发现之新史料》，强调"就历史这学问的立场而论，不与古董客一样，材料不在完整大个，大小是同等价值的"。[2] 李济发现清代虽是古学最发达的时代，可是如果以现代学术的眼光去看，许多方面比宋儒还落后。他在几十年后曾以宋吕大临《宣和考古图》（1092）的记载与清末端方的《陶斋吉金录》（1908）这两部金石学的里程碑著作相比，发现就铜器的出土地一项而言，前者远比后者详细。八百年来的士大夫似乎变得愈来愈不了解出土地是研究青铜器的重要材料。吕大临所定下的一些研究吉金的基本规则逐步被忽弃，只剩下最学究味的工作，对实物的研究被题跋所取代，客观的了解被古董趣味的欣赏所凌驾。[3]

当以上这些新学者提出种种不满时，其实也在批评同时代的旧学者，因为后者与清代学者的心态基本上没有太大的不同，依然牢守几种旧观点：第一是经书中心主义；第二是对文字史料的过度迷恋，忽略实物，即使在面对实物时，也贵鼎彝而忽略日常使用的器具，对铭文题记的重视也代替了实物的研究，而且往往注意文字学的研究而非历史学的研究；第三是沉迷于搜求宋版书。

新旧史料眼光之扞格，造成了一些隔膜与冲突。首先我要以和本文没有直接关系的一则事例开始。当顾颉刚于 1927 年抱着十六大类史料的目标出发前往各地购书时，他发现整个图书界基本上仍笼罩在以六经三史为中心的史料观中，全中国的书商与旧藏书楼"正

---

1 顾潮：《顾颉刚年谱》，页 141，包括经史子集及丛书、档案、地方志、家族志、社会事件之记载、个人生活之记载、账簿、中国汉族以外各民族之文籍、基督教会出版之书籍及译本书、宗教及迷信书、民众文学书、旧艺术书、教育书、古存简籍、著述稿本、实物图像。

2 李济：《中国最近发现之新史料》，《国立中山大学语言历史学研究所周刊》，5:57、58（1928），页 3。

3 李济：《中国古器物学的新基础》，《李济考古学论文选集》（北京：文物出版社，1990），页 60—61。

统派的气息"极重。[1] 所以，他想买的与书商们所提供的，形成极讽
刺的对比：

> 就是我志在为图书馆购书，而他们则只懂得正统派的藏书。
> 他们心目中以为可藏的只有这几部，所以送来的书重复太多，
> 一也。我所要的材料，他们以为不应买，所以不肯（实在也不会）
> 替我去搜集，使得我不能完全达到我的计划，二也。[2]

在图书市场上所遇到的新旧眼光之矛盾，同样也出现在档案的买卖
以及考古发掘中。以下我便想以傅斯年创所初期主持的两件最重要、
影响最深远的工作为例，从细微之处勾勒出两代人史料眼光之不同
及更迭的情形。有意思的是，这两件事都发生在 1928、1929 年，
只比顾颉刚为中山大学搜集史料的时间稍晚一点而已。

二、明清档案

史语所初创时，傅斯年搜集史料的方式及眼光便相当引起同时
代人的注意。[3] 傅氏是以集团的力量到处寻找材料，这一点，在此前
当然也有，譬如北大国学门便有这类活动，但大体而言，在当时中
国并不普遍。史语所创所之初便派出三支队伍，进行云南人类学知
识初步调查、泉州调查、川边人类学调查 [4]，但实际成就不大。明清
内阁大库档案及殷墟发掘则是当时较为成功的两件大事。

有关史语所购买明清内阁大库档案的过程，已有许多相关的论
述做过巨细靡遗的考论 [5]，所以此处不拟再花笔墨讲述整个故事。为

1　顾颉刚语，见顾潮《顾颉刚年谱》，页 165。

2　同上，页 143—144。

3　钱穆：《师友杂忆》（台北：东大图书公司，1983），页 146。

4　这三支队伍的相关史料在史语所公文档案中。

5　例如，徐中舒：《内阁档案之由来及其整理》《〈明清史料〉甲编首本序》;《再述内阁
大库档案之由来及其整理》，《中央研究院历史语言研究所集刊》，3、4（1933），页
538—571。刘铮云：《史语所明实录校勘与内阁大库明清档案的整理》（两岸古籍整理
学术研讨会，1996）。

了说明新旧两代史料观的不同，此处只对相关处扼要地加以叙述。

光绪三十四年（1908）冬，德宗及慈禧太后相继崩殂，宣统嗣位，醇亲王监国，令大臣于内阁大库中检取清初摄政典礼之旧档而不得，故上奏说库档无用，请求准予焚毁，并且得到准许。海宁章梫（1860—1949）偶于库书中得到宋人玉牒残页，影照以呈张之洞，张之洞遂持之请教罗振玉。罗振玉表示此即《宋史·艺文志》所提到的文献。罗氏认为内阁大库是明代文渊阁故址，则其中藏书必多，请张之洞询问其阁僚，果然发现有文渊阁所藏残破旧书。"乡人（罗振玉）乃以文渊阁书目进，且告文襄，宜归部保存，备将来贮之图书馆。文襄以为然。乃委员检查，且命乡人时往相助。乡人于庭中见红本高若丘阜，结束整齐。既询知为奏毁物，大骇。亟言于文襄，谓是皆重要史料，不当毁弃。遂与会稽司长任丘宗梓山树楠谋，装为八千麻袋移贮部中，已又移贮南学敬一亭。"[1]此中最可注意者，以张之洞这样的硕学大僚，又是《书目答问》的作者，对此等史料之价值并不能了解，所以并不能察知准备毁弃的高若丘阜的红本是重要史料。这其实相当准确地反映了清代儒者的知识观及价值观。

由于这批档案是比较残破不完整的，所以被移置午门，无人看管。在张之洞建议不要将之毁弃之后，有不少官员或因职务或因私人理由陆续前来察看。官员自然不是学者，所以他们不一定用史料的观念来看待这堆档案，但他们之中不乏有浓厚学术兴趣的学士大夫，即使如此，来来往往的人都只注意夹杂在其中的宋版书或宋版残页[2]，退而求其次，也是明版书。所以一旦发现在这堆档案中找不到上述东西时，便认为它的价值已尽，可以任意处置了。清季最有

1 甘孺：《永丰乡人行年录》（南京：江苏人民出版社，1980），页33—34。
2 宋版书的价值是多方面的。在学术上，清代嘉道年间的版本大家黄丕烈（1763—1825）、顾千里（1766—1835）的话可以作为一代表。黄氏认为书愈旧愈佳，即最先刻者为佳，说明刻不如元刻，元刻不如宋刻。顾千里甚至说宋本书无字处亦好。论其市场价值，则在明末即以页论价，汲古主人毛晋（1598—1659）便曾榜于门曰："有以宋刻本至者，门内主人计页酬钱。每页出二百，有以旧钞本至者，每页出四十。"抗战前浙江图书馆收宋刻《名臣碑传琬琰集》，是建本，乃所谓宋本之最下者，每页价达银元五枚（张舜徽：《中国古书版本研究》，见《中国古籍研究丛刊》[台北：粹文堂，无出版时间]，页36—38）。

名的藏书家之一傅增湘（1872—1949）前来踏勘之后，便因再三搜寻不再发现宋版书之后，认为它已经毫无价值。[1] 总之，他们视书本文献之价值高过一切，所以对于档案，尤其是残破的档案，还不能敏锐地意识到其学术重要性。最后这堆档案被卖到纸厂作还魂纸。

真正能以较具现代史学之眼光审视这一批档案的，仍是在近代史料学中极具关键地位的罗振玉。他从纸行手上抢救了这一批档案，并且从中择取了一些比较重要的，刊成《史料丛刊初编》。[2] 但是，当这批档案辗转卖到另一位当时中国有数的大藏书家李盛铎（1858—1937）之手时，李氏所最留心的，仍是想从中找出宋版书。前有傅增湘，后有李盛铎，可以看出清代学者的注意力被价值昂贵的宋版书所盘踞的情形。

当李盛铎透露要卖出这批档案时，史语所很快地在陈寅恪的主导下进行购买。在洽购的过程中，民族主义的情绪是一个重要的力量。当时满铁及哈佛燕京社皆挟有巨资，而史语所的经费则非常困难，陈寅恪在给傅斯年去信促请中央研究院买下时，便屡屡说出重话。譬如说：

> 观燕京与哈佛之中国学院经费颇充裕，若此项档案归于一外国教会之手，国史之责，托于洋人，以旧式感情言之，国耻也。[3]

---

[1] 李光涛在《明清档案存真选辑》（台北："中央研究院"历史语言研究所，1959）之《序》说："及至傅增湘氏来长教部，他本是富有藏书的名人，所以他很关心这八千麻袋，以为麻袋里定有好的宋版书'海内孤本'。有一天，他就发一个命令，第一次先搬了二十个麻袋到教部西花厅倒在地上试行检查。……前后两次检查的所获，大概是贺表、黄绫封、题本、奏本，题本以小刑名案子居多。至于宋版书，有是有的，或则烂的半本，或是撕破的几张……也有清初的黄榜，也有实录的稿本，还有朝鲜的贺正表，也是其中之一宝。而他们对于这些发现比较最感兴趣的，便是宋版书。于是傅氏更要大举整理了。……那时整理的方法，据原来参加这项工作后来又充当历史语言研究所整理档案工作的工友佟荣说，当初这些东西从麻袋里倒出来的情形大概是整大捆的居多，这样的自然也用不着什么整理，只需将一捆捆的提出来堆在一起便算了事。最奇怪的，就是当时整理的工友也不知道是奉到什么人的命令，大家都一致认真地在尘埃和乱纸中拼命地去找宋版书。当然，工友们也不是版本家，宋版不宋版全无分别，但是只要能够找出书册一本，便会现金交易，立时赏以铜元四十大枚（等于银元二角），其余的乱纸自然也就视同废纸了。"（页1—2）

[2] 按：《史料丛刊初编》的《天聪朝奏疏册》系转录而来，非内阁大库原档，见李光涛《明清档案存真选辑·序》，页6。

[3] 1928年3月2日函，在"史语所公文档案"（以下简称"公文档"）元字第4号卷中。

从史语所与李盛铎往复商洽的过程中，亦可以再度看出不同学术眼光之间的更迭。当交易将定未定之际，李盛铎表现出他所挂念不置的仍然是：将来万一在这八千麻袋中继续发现宋版残页，仍应归他。[1] 在这关键性时刻，陈寅恪在 1929 年 3 月 10 日写信给傅斯年，从其中可以看出新一代史学家所看重的是完全不同的东西。陈寅恪说：

> 此档案中宋版书成册者，大约在历史博物馆时为教育部人所窃，归罗再归李以后，则尚无有意的偷窃。……又我辈重在档案中之史料，与彼辈异趣，我以为宝，彼以为无用之物也。

这封信中"我辈重在档案中之史料，与彼辈异趣，我以为宝，彼以为无用之物"等句，最能点出两代学者眼光之差距。[2]

陈、傅这一辈新学者重视档案有两层原因。第一，与他们在欧洲，尤其是在德国，所受重视历史档案的熏陶有关。兰克便以大量使用教廷的外交档案著称。当他们在德国时，编辑档案史料出版的工作始终大量进行着，尤其是德国中古史的相关档案。[3] 傅斯年本人的藏书中便有这一类的书籍。他们极度强调第一手史料。傅氏在《旨趣》中关于这一方面的话很多。陈寅恪在一封给傅氏的信上也说：

> 盖历史语言之研究，第一步工作在搜求材料，而第一等之原料为最要。[4]

第二是他们幼年时代受晚清革命宣传影响，认为清代官书实录经过历朝改窜，极不可信，所以他们寄极大希望于这一批档案，甚至在心理上假设会有石破天惊的新发现。1928 年 9 月傅斯年致蔡元

---

1 见陈寅恪 1928 年 12 月 27 日致蔡元培、杨铨、傅斯年函中，在同前号卷中。

2 张之洞、傅增湘、李盛铎等人当然不是严格意义的史学家，但在他们的时代，严格意义的史学家并不多。

3 当时德国出版档案情形，见 James Thompson, *A History of Historical Writing* (New York : Macmillan Press, 1942), vol. 2, pp. 166-168。

4 1928 年 12 月 17 日，在"公文档"元字第 4 号卷中。

培院长要求购买档案的信中充分透露这一心情：

> 午间与适之先生及陈寅恪兄餐，谈及七千袋明清档案
> 事。……其中无尽宝藏。盖明清历史，私家记载究竟见闻有限，
> 官书则历朝改换，全靠不住，政治实情，全在此档案中也。且
> 明末清初，言多忌讳，官书不信，私人揣测失实，而神、光诸
> 宗时代御房诸政，《明史》均阙。此后《明史》改修，《清史》
> 编纂，此为第一种有价值之材料。[1]

因为他们一致认为"此后《明史》改修，《清史》编纂，此为第一
种有价值之材料"，所以当后来耗费大量人力整理这批档案而无石
破天惊的新发现时，傅斯年会有所感叹，李济遂询以："难道先生
希望在这批档案内找出满清没有入关的证据吗？"[2]

三、殷墟发掘

囤放在午门的明清旧档，几十年间曾有大大小小的学者官员前
往看过，但都只想在这破纸堆中发现宋版书，而未将眼光放在档案
上面；殷墟也是这样，这一个废墟因为出甲骨而著名，在史语所从
事发掘之前的几十年，也不时有人前往勘查，但是眼光之所注都在
有字的甲骨。想从午门的烂纸堆中发现宋版的人，自然发觉宝库已
空，应该送进纸厂作还魂纸；而想要看到档案的人，则这一堆破纸
正是"宝贝"。想在殷墟这一块遗址中找有字甲骨或青铜器物的人，
在经过几次探勘后亦觉"宝库已空"，但史语所的学者想求的是文
字以外的知识，所以认为它还有无尽宝藏。这两种史学眼光呈现一
种鲜明的对照。此下，我想以不同人不同时期前往殷墟的不同着重
之点，看他们所代表的不同学术眼光。

1　1928 年 9 月 11 日函，在"公文档"元字第 4 号卷中。
2　李济：《傅孟真先生领导的历史语言研究所》，《感旧录》（台北：传记文学出版社，
　　1967），页 82—83。

讲殷墟，罗振玉又是不可不提的人物。他对殷墟的认识其实是一步一步成长的。殷墟卜骨出于光绪己亥年（1899），十年后，也就是宣统元年（1909），罗振玉才从河南古董商人口中知道它的出土地是安阳县西五里之小屯而非汤阴。罗氏又从刻辞中得到殷代十几个帝王的名谥，乃恍然悟出这批卜骨是殷王朝之遗物。[1]隔年，他派遣祝继先、秋良臣两人大索于洹水之阳，一岁之间，得到两万片卜骨，"汰其赝作，得尤异者三千余"。[2]又隔年（1911年），他派弟子赴河南访殷墟遗物。此行除卜骨外，"凡得古兽骨骼齿角及犀象、雕器、石磬雕戈之属各若干事，皆精巧绝伦，几与彝器刻镂同，古良工遗制也"。[3]四年后（1915），罗振玉决定亲赴安阳踏勘。[4]他到了现场一看，感叹"宝藏几空"。[5]

罗振玉几次派人前往殷墟大索的主要目标，仍是甲骨。他还得到了一些零星古器物，"叹得睹三千年前良工手迹"。[6]他很能在有字甲骨之外注意到实物。可是因为他的眼光只到此为止，所以在他亲自踏勘，确定"宝藏几空"后就出版了《殷墟古器物图录》。此书之出版，有告一总结的意思。

十一年后，当傅斯年派董作宾前往安阳时，董先生似乎也仍停留在前一阶段的学术眼光。

董作宾的教育背景中并无现代考古学的训练，所以他对殷墟的预期，与前一代史家罗振玉相近。1928年他到安阳后给傅斯年的报告信说，他在三十六个地方试掘十三天后，只发现一小部分甲骨。董先生认为在史语所财务困难重重之际，可以放弃这个计划了。

他主张放弃，是因为所存甲骨不多，这一想法与罗振玉的"宝藏几空"相近。这些喟叹曲折地反映出他们的史学眼光，以发现带字的甲骨或铜器为主，一旦不再发现这些东西，即认为没有再进一

1　甘孺：《永丰乡人行年录》，页38。
2　同上，页39。
3　同上，页41—42。
4　同上，页55。
5　同上，页62。
6　同上。

步工作的价值。

傅斯年给董作宾的回信相当值得注意，那是一种新史学眼光的展示。董先生悲观地说："观以上情形，弟甚觉现在工作之无谓，不但每日获得之失望，使精神大受打击，且劳民伤财，亦大不值得。……试想发掘已卅六坑，而得甲骨文字者，不过六、七处，且有仅此三数片者，有为发掘数四之残坑者，有把握者不及全工五分之一，岂敢大胆做去？"[1]但傅斯年却乐观地答复："连得两书一电，快愉无极，我们研究所弄到现在，只有我兄此一成绩。……但即如兄弟第二信所言，得一骨骼，得一骨场，此实宝贝，若所得一径尺有字大龟，乃未必是新知识也。此兄已可自解矣。我等此次工作目的，求文字其次，求得地下知识其上也。盖文字固极可贵，然文字未必包新知识。"[2]

对于抱持新史料眼光的学者，这空无所存的遗址其实是"观之令人眼忙"（详后）的宝库。傅斯年坚持有字的甲骨并不重要，重要的是地下整体的情形，他甚至慨叹："不知罗振玉'大获'时，地下情形如何，当时不知注意及此，损失大矣。"[3]

后来傅斯年在回忆董作宾这一段工作时，仍强调以旧眼光——即以中国历来玩古董者之眼光论之——此处宝物已空，但以近代考古学眼光看，则仍是富于知识之地：

> 董君试掘十余日，知其地甲骨文字之储藏大体已为私掘者所尽，所余多属四下冲积之片，然人骨兽骨陶片杂器出土甚多。如以中国历来玩骨董者之眼光论之，已不复可以收拾。然以近代考古学之观点论之，实尚为富于知识之地。[4]

1　此信在"公文档"元字第 23 号卷中。

2　傅斯年：《历史语言研究所报告书第一期》，在"公文档"元字第 198 号卷中。

3　此信在"公文档"元字第 23 号卷中。

4　傅斯年致河南省政府信，引自《史语所发掘殷墟之经过》，《傅斯年全集》，第 4 册，总页 1326。

董作宾寻即以殷墟工作超乎其能力为由谦辞领导人之职[1]，李济被派
去负责殷墟的工作。以李济代董作宾之举其实也反映两种学术眼光
之更迭。李济与董作宾的看法完全不同，他在给傅斯年的信上说：

> 晏堂此次发掘，虽较罗振玉略高一筹，而对于地层一无记
> 载，除甲骨文外，概视为副品，其所谓副品者，有唐磁，有汉简，
> 有商周铜石器，有冲积期之牛角，有三门纪之蚌壳，观之令人
> 眼忙。[2]

李济在给院长蔡元培及总干事杨铨（1893—1933）的信中也说：

> 此次董君挖掘，仍袭古董商陈法，就地掘坑，直贯而下，
> 惟检有字甲骨，其余皆视为副品。虽绘地图，亦太简略，且地
> 层紊乱，一无记载。故就全体论之，虽略得甲骨文（约四百片），
> 并无科学价值。惟晏堂人极细心，且亦虚心，略加训练，可成
> 一能手，并极愿与济合作，斯诚一幸事。[3]

李济于 1929 年在安阳工作了两季之后，在该年 10 月间，突有
河南博物馆馆长何日章派人带领河南省教育厅之告示前来禁止中研
院继续工作，并拟自行发掘。此事的导火线是 1929 年 5 月间，因
为军事突兴，安阳驻军不知去向，县长亦逃，土匪并起，李济乃将
发掘器物之一部分运往北平史语所。河南地方人士认为此举违反当
初将古物留在河南的约定，故一面向研究院交涉，一面设法自行开
掘。何日章（1893—1979），河南商城人，北京高等师范蒙学部毕业，
自云曾问学于罗振玉。

李济于 1929 年 10 月 21 日报告傅斯年云，何日章拟来挖掘，
他与董作宾已商量了应付之法，准备暂时停工回北平。他强调这并

1　傅斯年：《傅斯年全集》，第 4 册，总页 1326。
2　此信在"公文档"元字第 25 号卷中。
3　同上。

不是退，而是"以退为进"。他表示自己之所以这么有信心，是因
为深知以何日章的史学眼光，所想找寻的必是字骨，而如果以字骨
论，当时殷墟已"宝藏几空"了，李济说："盖彼辈注意者只字骨
头而已，若以此为目标，则小屯希望实少，至于瓦片兽骨，则彼等
必无此胆量广为收集。以此计之，则彼等若三日不见字骨，必心忙，
七日不见字骨，必收工。所患者，彼辈挖掘，又多乱几处地层耳。
好在关于此种问题弟等心中已略有把握，多乱几处固自可惜，然实
亦无法挽救。反之，若拒之使其不来，则我辈无此力量，彼却有地
方上之援助。……此次所得甲骨文字甚少，故弟等敢毅然决作此以
退为进之打算也。"[1]

　　李济写信时冲突刚发生，等到何日章真正派人前来时，其工作
实况所展现的学术眼光亦正如李济原先所推测的。可惜，我们没有
何日章这一面的材料可用，未能稽考其史学观点。不过在中央大学
出版的《史学杂志》中有一篇《中央研究院历史语言研究所傅斯年
君来函》，对何日章这边的工作情况略有描述："由彼之妻舅警察学
校毕业轩君率领'发掘'，无方法，无问题，公然声言是来找宝贝
的。""遇一墓葬，见头取头，见脚取脚，积而成之，不知谁为谁之头。
其葬式之记载，更无论矣！……若地墓问题，更不知何解矣。又专
以市场价值为价值。彼等初次到安阳，经介绍到吾等工作地参观三
日，不言何为。见一白瓦片，大喜，谓若置开封，可值九十余元。
近督责工作，亦以谁能找到出宝的地方，则分半价奖之为言。"[2]

　　傅斯年并未故意扭曲何日章这边的工作实况。从 1929 年 10 月
21 日河南教育厅机关报《河南教育日报》上的一条报道，我们可以
看出找字骨确实是他们发掘的主要目标。该报载："河南图书馆馆
长何日章奉令拟定自掘办法十二条。"其中多牵涉到人员组织、待
遇、经费等问题。不过也有几条记载工作重点。如第五条："如有
人报告甲骨所在地，因而掘获时得予二元以上至二十元以下之奖

1　李函在"公文档"元字第 152 号卷中。
2　《中央研究院历史语言研究所傅斯年来函》，《史学杂志》，2:4（1931），页 1—2。

励金。"第十一条："甲骨运至开封后，精装玻璃柜公开陈列。"第
十二条："聘请金石专家罗振玉莅汴考证出版。"而《河南省政府公
函第三二一二号》中引何日章的话也说："安阳地中所存之龟骨等
器物，实为河南地方文明之表率，以中国国粹供中国人之研究则可，
以河南地方文明之表率，尽移置于他方，则不可。如此请准将掘得
器物，仍留在开封保存。"[1]

　　何日章的观点还表现在他所散发的传单及他所主持之河南博物
馆中的陈设。在河南博物馆中，三皇五帝皆有塑像[2]，足见其对古代
史事仍采信古态度。史语所当时并不主张疑古，不过对上古史事基
本上采合理的批判重建态度[3]。傅氏本人与李云林争论《尧典》年代
以至在火车上揎袖欲打的故事，可以印证此一思想趋向。[4]在何氏所
发传单中，除声明他是罗振玉学生外，并对中国文字的历史演变发
表了一段相当陈旧的话：

　　　　夫文字为民族精神之所赖以寄托，历史实国家文化之所由
　　以表现，此义至显，寰宇皆同。而吾国为东方最古之邦，文化
　　策源之地。观其文字制作之始，造端之闳大，包罗之广博，孳
　　乳之繁多，年祀之邈远，绝非世界其他各国所能相提并论。尝
　　溯庖牺画卦，仓颉作书，均在洪荒初辟之时。改易殊体，又更
　　六十七代之赜。至于夏商，始粲然大备，象形指事，精谊发皇。
　　吾人生隶楷迭变之后，读结绳以降之书，自非宿学专门，潜心
　　冥索，无以辨其跟肘，启其锁键。自史籀作大篆而古文杂，李
　　斯作小篆而古文亡。魏晋以还，仅恃许氏一书以略窥文字之径。[5]

1　此件在"公文档"元字第 141 号卷中。
2　傅斯年：《史语所发掘殷墟之经过》，《傅斯年全集》，第 4 册，总页 1332。
3　当时史语所这方面的态度，请参考杜正胜《从疑古到重建——傅斯年的史学革命及其
　　与胡适、顾颉刚的关系》，《当代》，116 期（1995 年 12 月），页 10—29。
4　屈万里：《敬悼傅孟真先生》，《傅故校长哀挽录》（台北：台湾大学出版中心，1951），
　　页 15。
5　何日章：《陈列安阳殷墟甲骨暨器物之感言》，此传单存在"公文档"元字第 142 号卷中。

在谈到甲骨文出土时又说：

> 罗氏与海宁王国维，致力尤勤，纂述綦富，既据《项羽本纪》
> 洹水南殷虚上之文，定其地为殷墟，命之曰殷墟书契，奇文异字，
> 省释盈千，世系名号都邑迁徙之序，足补龙门之遗阙者，不一
> 而足。字体之瑰琦诘屈，变化错综，日月风雷，鱼龙犬豕，以
> 至名物制度，无论巨细繁简，无不神形俱肖，理性兼存，可见
> 六书之始，首在象形，所谓庖牺观象于天，观法于地，视鸟兽
> 之迹，与地之宜，近取诸身，远取诸物，及仓颉见鸟兽递嬗之迹，
> 文理可相别异，始作书契。百工以乂，万品以察诸说，绝非穿
> 凿附会之词，皆信而有征，昭然若揭。若不睹此史籀未作以前
> 之真古文，何由知之。[1]

反观史语所这边，既然不是在寻找字骨，又认为已不太出字骨
的殷墟是"观之令人眼忙"的富藏，那么他们在找什么？他们的新
眼光是什么，吾人可以一语概括之，即他们想摆脱对文字史料的迷
恋，求取一个"整体的观点"。

蔡元培为《安阳发掘报告》所写的序是这样说的："古来研究
文字者，每每注意在一字一字上，而少留意其系统性，考定器物者
尤其是这样。"但中研院这几位新史学者"立足点是整个的"，"他
们现在的古学有其他科学可资凭借"。[2]傅斯年也反复这样说："以殷
墟为一整个问题，并不专注意甲骨等。"[3]李济强调的一样是"对于一
切挖掘，都是求一个全体的知识，不是找零零碎碎的宝贝"。[4]

既然是"整体的观点"，则必涉及材料及工具两方面之扩充。
所以傅斯年、李济当时的文字中，除一再宣示，一片土可以比一篇
文字更有意义外，对于治史工具的扩充也再三致意。工具不只是

1　何日章：《陈列安阳殷墟甲骨暨器物之感言》，见"公文档"元字第 142 号卷。
2　《安阳发掘报告》，第 1 期（北平：中央研究院历史语言研究所，1929），页 1—3。
3　《中央研究院历史语言研究所傅君来函》，页 2。
4　《现代考古学与殷墟发掘》，《安阳发掘报告》，第 2 期（北平：中央研究院历史语言
　　研究所，1930），页 406。

兰克学派所强调的纹章学、印章学、泉币学、古文字学、古文书
学之类，如以《旨趣》中所言，近代史学的工具包括西方近代自
然科学的全部。[1]

　　傅、李二人都批评前人考古的旧方法最根本的问题是过度局限
于文字的材料。傅斯年在《考古学的新方法》中说：

> 　　中国人考古的旧方法，都是用文字做基本，就一物一物的
> 研究。文字以外，所得的非常之少。外国人以世界文化眼光去
> 观察，以人类文化作标准，故能得整个的文化意义。[2]

傅并强调，1918 年他一开始派董作宾前往殷墟调查的目标便与前人
不同：

> 　　盖所欲知者，为其地下情形，所最欲研究者，为其陶片战
> 具工具之类，所最切搜集者，为其人骨兽骨。此皆前人所弃，
> 绝无市场价值。至于所谓字骨，有若干人最置意者，乃反是同
> 人所以为众庶重要问题之一，且挖之犹不如买之之廉也。[3]

他所标举的方法其实已涉及西方在 20 世纪前 20 年才大为流行的严
密的地层学方法：

> 　　吾等每掘一坑，必先看其地层上下之全，并为每一物记其
> 层次，及相互距离，此为考古学之根本工作。不如是，则器物

---

1 《旨趣》中扼要地说是"利用自然科学供给我们的一切工具，整理一切可逢着的史料"。
　（《傅斯年全集》，第 4 册，总页 1301）譬如掘地，"没有科学资助的人一铲子下去，损
　坏了无数古事物，且正不知掘准了没有，如果先有几种必要科学的训练，可以一层一
　层的自然发现，不特得宝，并且得知当年入土的踪迹，这每每比所得物更是重大的智识。
　所以古史学在现在之需用测量本领及地质、气象常识，并不少于航海家"（《傅斯年全
　集》，第 4 册，总页 1307）。
2 傅斯年：《傅斯年全集》，第 4 册，总页 1341。
3 同上，总页 1317。

时代皆已紊乱，殷唐不分，考古何云？[1]

至于殷墟，他指出了从许多没有文字的、前人所绝不感兴趣的材料所能得到的古学知识。譬如人骨与陶，他说：

> 考古学上最难定的是绝对的时期。而殷墟是考古学上最好的标准时期，便于研究的人去比较：因为这个时期，是史前的一个最后时期，以这个时期的人骨作标准，去比较其他地方所发现的人骨，来定他们的时代先后，可以知道人类的演进是怎样；同时以殷墟发掘的陶器作标准，推出其他地方的陶器变更情形，及其时代关系，可以断定其时文化是怎么样。[2]

又如从猪骨及发镇等材料也可以推知历史状况："兽骨的种类，有野马、野鹿、牛、羊等等，猪骨很少，可以证明当年此地尚属游牧民族的地方。""又发现商代的衣冠形式，以及发镇（为压头发用的）等项，可以证明当时'衣裳之治'，当时的民族，决非断发民族。"[3]此外，居室、兽骨皆可以揭示无限知识——"又如商、周生活状态，须先知其居室；商、周民族之人类学的意义，须先量其骨骼。兽骨何种，葬式何类，陶片与其他古代文化区有何关系，此皆前人所忽略，而为近代欧洲治史学古学者之重要问题。"[4]

李济与傅斯年一样，指出当时中国学者对于考古学尚有一种很普遍的误会，以为"考古学不过是金石学的一个别名"。他说这种误会有两个来源：（一）因为缺少自然科学的观念；（二）以为古物本身自有不变的历史价值。"由第一种误会就发生一种人人都可考古的观念，由第二种误会就发生了那'唯有有文字才有历史价值'的那种偏见。"[5]他说"土中情形"比文字的材料更能解答许多问题：

1　傅斯年：《傅斯年全集》，第 4 册，总页 1318—1319。
2　同上，总页 1343。
3　同上，总页 1344。
4　同上，总页 1317。
5　李济：《现代考古学与殷墟发掘》，页 405。

我们并没有期望得许多甲骨文字……就殷商文化全体说，有好些问题都是文字中所不能解决而就土中情形可以察得出的。[1]

在《现代考古学与殷墟发掘》文中，李济反复声明耽溺于文字史料是过时的，并强调要得到"整个的知识"。而想得到整个的知识必须有三个前提：（一）一切自然科学的基本知识；（二）人类史的大节目；（三）一地方或一时期历史的专门研究。而傅斯年在史语所一再提倡的"集众研究"便在此显出其意义来——"这些资格也许不必全具于一人，却在一个团体内，总要全代表出来。"[2] 他说：

我们拟定的工作秩序，有下列的重要题目：（一）殷商以来小屯村附近地形之变迁及其原因；（二）小屯村地面下文化层堆积状况；（三）殷墟范围；（四）殷商遗物。

而在这四项题目中，甲骨文只占第四类中的一小部分而已。[3]

傅斯年、李济所提倡的方法，对于当时中国的古代史学界是一个相当大的突破。当时最为人所重视的是王国维的二重证据法。二重证据法基本上是以地下史料印证文献记载，而史语所考古工作的方法及意趣显然已经超出了这个范围。新史学观念的说服力，可以拿史语所成立之后中国的档案及考古方面风起云涌的工作作为例证。譬如顾颉刚这位以辨古史而享大名的学者，便曾带团亲访殷墟，在 1935 年所写《战国秦汉间的造伪与辨伪》的《附言》中有感而发地说："以前中国的上古史材料只限于书本的记载……当然不知道史料可从地底下挖出来的。"[4] 李、傅等人所提倡的观点对不少治金石文字的旧学者产生相当大的说服力，山东的王献唐便说：

1 傅斯年：《傅斯年全集》，第 4 册，页 407。
2 同上，页 406。
3 同上，页 408。
4 《古史辨》（台北，无出版时间与出版者），第 7 册，页 64。

　　　　从前治金石文字，其材料但能求之地上，不能求之地下，
但能求诸文字经史方面，不能求诸社会学、生物学、地质学。
故其效果，偏于臆度，而缺乏实验，偏于片断，而缺乏系统。
此非古人聪明不及今人，实其凭借不及今人耳。晚近数年以还，
国人治学，渐变前此虚矫之习，趋笃实，其代表此笃实学风，
真正运用科学方法，整理新旧材料，不坠其人窠臼者，实以贵
院为先导，此非献唐一人之私言也。[1]

　　但最有意思的例子还是何日章的考古队在田野上的表现了。

　　学术新典范取代旧典范的明显痕迹是旧典范的守护者也对新典
范有样学样。何日章的考古队了解史语所正在进行的是一种全新的
方法，所以也想模仿，但却知其然而不能知其所以然——"……何
氏中仅有一位号称古学家之关君，从未一履安阳工作之场。率其事
者，乃其警官妻舅。无照相专人，仅雇一照相馆员学我等工作时照相，
而不知其何谓。……陶片则一往弃置，见吾等收之，偶效吾等保留
若干。"[2] 何日章并抄了一些李济、傅斯年的方法论。他在 1930 年元
旦所发的传单《陈列安阳殷墟甲骨暨器物之感言》中这样说：

　　　　而又以当时发现之后，除文字有所发明外，其他贡献颇少。
殊为考古学者之遗憾，爰本其职守，请教专家，作精密之设计，
备详确之说明，分段兴工，重行发掘，匪第取其有记载之骨甲，
且于其他器物之形状种类以及土质颜色、地层纹理、土中位置、
距地深浅，莫不详为记录，设法影照，务期于古文字外能再有
古文化之遗迹，供当代考古家之探讨。[3]

敏感的读者可以马上发现他是袭用 1929 年 11 月 19 日傅氏在河南
演讲《考古学的新方法》的观点。先前在殷墟的田野上，因无文字

---

[1]　引自张书学等《新发现的傅斯年书札辑录》，此信写于 1930 年 9 月 13 日。

[2]　《中央研究院历史语言研究所傅斯年君来函》，页 2。

[3]　此传单收在史语所"公文档"元字第 142 号卷中。

参考，故只能有样学样。但一旦有了现成文字可抄时，便有了此宣言中的几种论点。[1]

在讨论过傅斯年等人所代表的新史料观点与旧观点之间的更迭后，我想以两点作结。

第一，傅斯年等人新史料观点基本上是从西方来的，它们之所以能很快得到知识界的信服，与当时整个中国的思想文化生态有关。新文化运动以后，知识分子对旧的传统失去信心，争趋新潮，新史料观的胜利与这一文化气氛息息相关。

第二，新史学观念之所以能够落实下来并逐渐开展，给史学界带来决定性的变化，与史语所这个新的学术建制，以及与这一派史学关系密切的机构、刊物有关。它们使得新史学观念有制度性的实践基地，对当时知识系统的转换起到了关键性的作用。

在新史学观念的影响下，取得治学材料的方法产生了变化，传统"读书人"那种治学方式不再占支配性地位。傅斯年说"我们不是读书的人"，他们是带着仪器、锄头，"上穷碧落下黄泉，动手动脚找材料"的人。

附录：民初中央、地方与新旧学术观点之纠缠

学术上新、旧观点之争，其实也涉及政治上中央与地方的争端，在安阳，中央代表着新，而地方代表着旧。

中央研究院是南方国民政府所设之国家最高学术机关，所以它的发展与北伐军的推进息息相关。傅斯年在史语所的工作《旨趣》中便有"稍过些时，北伐定功，破虏收京之后"要如何如何的话。[2] 中研院所网罗的一批受过新学术训练的学者以及国民政府的文化人士随着北伐军的力量逐步伸入各地，在学术文

1　傅氏在给《史学杂志》的函中说："然何君传单，直是欺语。彼见吾等工作之术，不得不抄袭若干方法论。然其在安阳在开封所作为者，则与此全不相干。"见《中央研究院历史语言研究所傅斯年君来函》，页2。

2　傅斯年：《傅斯年全集》，第4册，总页1311。

化上也有以新学术眼光和地方保守人士的力量相抗的倾向。在双方的争持中，中研院与地方人士的着眼点不同。以殷墟的争执为例，中研院在各种来往文稿中一再强调的"是为了国家学术光荣"，是为了向国际学术人士宣达学术成果，河南地方人士强调的则是地方文化之荣光。[1]"中央"与"地方"在文化上存在着紧张。

安阳发掘团与何日章等河南人士的争执虽曾有两次相当程度地解决了，但是过了不久，旧问题仍再度爆发。它某种程度地证明了，河南当地的声音相当大（可惜我们看不到何日章及河南当地这一面的材料），同时也证明当时中央的命令只是所谓"中央"而已，在河南当地并无多少力量。

当时中央与地方政治的变幻与学术事业之间密切的关系，可以从史语所公文档案中各种来往文稿的细微之处看出。当河南尚非国民政府所能直接控制之际，河南地方意识相当高，对中央的电令基本上采阳奉阴违的态度，所以蒋介石的两度电令，及傅斯年亲往开封所达成的协议都不算数。地方政府对中央学术机构派来的研究人员也是威风十足。[2]

当中研院与河南省冲突之际，在中央研究院这一边认为北伐已成功，全国已统一在南京的中央政府之下了，在河南当地的看法并不一样。从民国肇建以来，河南始终在北洋军阀手上，从未真正隶属于国民政府，安阳发掘争论发生的那段时间，河南基本上是冯玉祥的势力范围，冯玉祥派下的人物才是河南真正的统治者，中央只是名义上的中央。中央研究院认为本身"为全国最高的学术研究机关"，负"中国学术大任"[3]，但在全国统

---

1 《河南省政府公函第 3212 号》，在"公文档"元字第 141 号卷中。
2 兹引一例。1929 年 10 月 23 日李济致傅斯年函："今日休息，却受了一阵闷气，因为要向地方上的'要人'表示好意，联络感情，所以同此边高级中学校长请了一桌客。请的时候为正午，等到两点半钟才到。这位县长是初次见面，却把我们的事——按，即在安阳发掘纠纷之事，一句也没说，只带了五个马弁，吃了一阵，扬扬而去，'余今日乃知□□之尊也'。"
3 1929 年 10 月 23 日傅致蔡元培、杨铨函。

一尚有名无实之时，河南当地人士并不认为有所谓"全国最高学术机构"。

中央研究院认为依照欧美各先进国之古物法令，古物是属于全国的，但当时中国并无古物保管法令[1]；而河南当地地方意识甚强，认为物出河南，应该留在河南陈列，以彰当地文化之光辉。中央研究院认为发掘的目标是为研究，而不是为了陈列。蔡元培在致河南省政府函中说："本院为全国最高学术研究机关，集著名考古之专家，为三代古都之发掘，同此国土，同属国民，共致力于学术，何畛域之可分？"并表示发掘"系考古学上之要端，不只为地方文明之表率"。[2] 但是对河南当地而言，"同此国土"并无决定性的说服力。

正因为中央与地方认知差异如此之大，而且是学术夹杂着政治，所以1929年10月24日傅斯年致教育部蒋梦麟部长函稿时说："此事关系行政系统、吾国学术至大。"[3] 行政系统与学术在这里已分不开了。李济于1929年11月23日致董作宾函也足以令人感觉学术眼光的新、旧之分与中央、地方之争密不可分："至于彼等挖法，实在可笑可恨之至。传闻彼等已得三墓葬，皆为见头挖头，见脚挖脚，十有八九，均捣碎了，无记载，无照相，无方向，挖完了不知到底是怎么回事。此等方法名之曰研究（张尚德说：双方都是研究），而省政府提倡之，此真中华民族之羞也。""总论此事有须注意者数点：（一）省府何以不遵国府令，国府对此事是否有追究……"[4] 在1929年11月时的河南，中央当然追究不了河南地方政府。

其实何日章在1929年10月前来禁止中研院发掘的时机，可以和蒋介石与冯玉祥关系之急遽恶化相对照。1929年10月

---

1 近代中国第一部古物保管法令颁行于安阳争执之后，于1930年6月7日由国民政府公布，1933年6月15日施行。见卫聚贤《中国考古学史》（上海：商务印书馆，1927），《附录》，页287—289。
2 蔡元培致河南省政府函，稿为史语所代拟，在"公文档"元字第141号卷中。
3 此信在"公文档"元字第141号卷中。
4 同上。

10 日，西北军将领宋哲元（1885—1940）等二十七人通电反蒋，随后兵分三路，直指河南。11 日，蒋介石下令讨伐，蒋、冯战争爆发。[1] 大战一起，鹿死谁手尚难断定，而何日章便选在 10 月中旬前来安阳殷墟阻止中央研究院发掘。当时中央为了发掘事交涉的对象是省主席韩复榘（1890—1938）。韩虽系冯玉祥的爱将，但蒋于 1929 年 3 月召韩至武汉，盛宴款待，赐以重金，使长期处在冯氏家长式权威统制之下的韩萌生异志。5 月，韩在洛阳通电叛冯投蒋，蒋后来委以河南省主席一职。不过蒋调唐生智（1890—1970）到河南与冯玉祥作战后，要唐军留驻郑州，并且电渠要监视韩复榘。唐心惧有朝一日被蒋吞并，遂与韩复榘、石友三（1891—1940）共谋反蒋。所以当中研院与河南地方人士冲突发生之时，韩复榘与中央的关系也在变易不定之时。

来自南京方电令自然不易产生作用。以上诸节当可以说明何以傅斯年在 1929 年年底于河南大学演讲，并与中州政学要员周旋再四，终于在 1930 年年初与河南省政府达成协议，但协议归协议，河南人照样前来发掘的缘故，中研院真正再度工作是 1931 年春天，也就是中原大战结束，冯玉祥的力量退出河南，而国民政府已直接控制河南之时。从公文档案也可以看出在此之后，中央政府、中央研究院与河南政府来往函电之间，地方对中央采全力配合之态势，连原来对中研院语多不逊的教育厅厅长李敬斋（1889—1987）也对史语所考古工作者极力配合。[2] 上面所道中央与河南地方政治之分合，及中央学术机构与地方文化人士之间的争执密切对应的程度，可以从下面这张对照表看出。[3]

1　陈传海、徐有礼：《河南现代史》（开封：河南大学出版社，1992），页114—115。

2　李敬斋 1931 年 9 月 24 日致傅斯年函，在"公文档"元字第 156 号卷中。1929 年 11 月 2 日李敬斋致教育部部长段锡朋的信中说史语所请各方电援，"均嫌幼稚"。此信在"公文档"元字第 141 号卷中。

3　本表关于河南史事系根据沈松侨《中国现代化的区域研究，河南省，一八六〇至一九三七》（"国科会"专题研究成果报告，1988）与陈传海、徐有礼《河南现代史》第三、四章，及张钫《风雨漫漫四十年》（北京：中国文史出版社，1986）编成。

河南省大事	史语所发掘团与当地人士之冲突
一、1920年起，河南便陷入长期动乱。1922年，冯玉祥任河南督军，但一部分地区（豫西、豫北）仍为吴佩孚所控制。 二、1922年10月，吴、冯失和，冯军离豫他往，吴派人主豫。 三、1924年，直奉战争，直系败后，胡景翼、岳维峻相继主政。 四、1926年后，吴再度入主豫省。 五、1927年年初，北伐军入河南，冯军亦入。6月，国民政府任命冯为河南省主席。	
六、1928年，北伐完成，冯名义上服从中央，但河南实际上为冯之地盘。 七、1929年，冯为编遣问题与南京决裂。5月，任护党救国西北军总司令，集兵西北与蒋对抗，战争爆发。	一、1928年9月28日，河南省同意史语所发掘。1928年冬间，董作宾在安阳工作。 二、1929年2月间，李济开始在安阳工作。 三、1929年8月，安阳等地土匪起，史语所将一部分发掘物抢运北平，引起发掘团与当地人士抗议。 四、1929年10月间，何日章云奉河南省政府之命禁止中研院发掘。何日章获河南教育厅厅长李敬斋批准，自行发掘。 五、1929年10月间，傅斯年通过吴稚晖请蒋命令河南当地政府合作，国民政府文官处电令河南省主席韩复榘，未发生作用，何日章仍来发掘。 六、1929年11月2日，李敬斋函中研院，云此次冲突系双方误会。 七、1929年11月，教育部部长段锡朋致傅斯年信，表示事情已解决。 八、1929年11月，傅亲赴河南周旋，达成协议。 九、1929年12月，何日章发表第一份传单。
八、1930年3月，冯、阎、李集合反蒋。5月，中原大战爆发。此年10月间，刘峙为河南省主席。12月中原大战结束，河南正式在南京政府掌握之下。不过因为豫省政局至为混乱，各地民团、土匪、军阀残余势力仍多，刘峙一开始能控制的多是政治交通要冲，安阳也是其一。刘峙主豫前后共五年。	十、1930年2月，傅发表《史语所发掘殷墟之经过》一文。 十一、1930年2月，何日章发表第二份传单。 十二、1930年2月5日，郭宝钧函董作宾，表示河南地方人士仍想自行挖掘。史语所工作仍停顿。 十三、1931年春天，中原大战结束后，史语所才能顺利工作，一直到抗战爆发。

北伐成功后，国民政府要将它的影响力尽其可能地伸到每一个角落，这是近代"国家建构"（state-building）的重要一环。但中国经过晚清以来的督抚分权、军阀割据，地方力量在相当程度上是独立的。现在，代表全国的政府要将统治权扩张到此地，对习于晚清以来政治社会情势的人民而言，是一件不能习惯的事。名义上已经统一全国的国民政府与各个地方仍充满紧张。国民政府派人到各地去，想支配原先带有浓厚地方色彩的事务，自然引起相当大的矛盾，尤其当中央的军事政治力量尚无法完全控制时，中央来的命令或文件表面上或许会得到地方尊崇，但实际上地方另有一套。而安阳的冲突便是众多这类矛盾中的一个。

除安阳的争执外，北伐之后文化领域中还有几件相似的事例：第一，是1929年12月间政府收取《清史稿》之事；第二，是保存唐塑运动之事；第三，是教育部收取国学书局之事。这些争论都发生在北伐以后的几年间，由于材料的限制，此处只能就所知者略加陈述。

国民政府于1929年12月决定检校《清史稿》。此事之提议人是故宫博物院院长，但背后的促动人或可能是着少将军服，于北伐后到清华大学担任校长的罗家伦[1]，而其提议检校《清史稿》，代表"国家建构"过程中中央对历史诠释权的掌握。《清史稿》基本上原是由一群清遗民所修，其中固有不少错误[2]，但是新兴国民政府的中央大员想要加以检校的理由是其中有袒护清朝政府污蔑国民革命的话。故宫博物院检举的十九条中有七条是：一曰反革命也；二曰藐视先烈也；三曰不奉民国正朔也；四曰例书伪谥也；五曰称扬遗老鼓励复辟也；六曰反对汉族也；七曰为满清讳也。[3]以上几点是国民政府所不能忍受的。在军阀

---

1 傅振伦：《清史稿的查禁与清史的重修》，《傅振伦文录类选》（北京：学苑出版社，1994），页88。

2 此可参傅振伦的两篇长文《清史稿之评论（上）（下）》，《傅振伦文录类选》，页93—146。

3 朱师辙：《清史述闻》（香港：太平出版社，1963）中所载《故宫博物院呈请严禁〈清史稿〉发行文》，页419—421。

割据的时代，旧军阀中有不少对清廷尚存怀念之心，所以清史馆在 1927 年北伐军攻占长江各省时便在北京先印。未及发行完毕，北伐告成。当北伐军到达北京时，金梁（1878—1962）早已带着四百部跑到沈阳。整个事件即反映了中央的力量准备大举伸入原先被军阀保护的一些文化思想范围中。

南京国学书局及甪直镇唐塑的保护问题，一个是由清季地方政府遗留下来的摇摇欲坠的文化机构，一个是在地方政府力量下无人理睬的古迹，它们一如殷墟，原本是"河南省内弃置三十年从不过问"[1]者，但当中央的力量介入接管时，则马上发生中央与地方相互争持的情形。

所谓南京政府教育部没收江苏省政府所属国学书局一事，经历了一番争执的过程。南京的国学书局原名江南书局，是曾国藩任两江总督时所创设，专司校刊经史。到了清季，因为新学兴起，该局逐渐没落，先后多次改易名称，而书局营运也始终处于"不绝若线"的状态。不过该局始终隶属于江苏地方政府。

北伐成功后，国民政府定都南京。因为书局难以为继，该局负责人遂于 1928 年上书南京大学院，希望由地方改隶中央。蔡元培批准了此事。由大学院改组的教育部也在 1929 年 9 月 20 日正式行文表示接受。但此事迅即被地方人士解释为是新兴的中央政府介入地方文化事业。江苏人士呈文曰："惟苏省地方人士，均以前清数十年经营之事业，及民国以来省方十余年维持之历史，所系于人心及观瞻者甚巨，断不容自省政府时代任其放弃。……应请仍旧移归省方，俾得发扬而光大之，以为一省文化之基础。"[2]与这个书局有过密切关系的中央大学教授柳诒徵则将此事件解释为"上级机关擅夺下级机关所相沿治理之事"。[3]

至于引起中央的党国大佬与江苏地方古物保存分会争执的杨惠之塑像保护工作，也几乎与安阳纠纷及检校《清史稿》等事

———————————

1　傅斯年：《傅斯年全集》，第 4 册，总页 1317。
2　柳诒徵：《论文化事业之争执》，《史学杂志》，2:1（1930），页 6。
3　同上，页 7。

同时，涉及的是同一批中央党国要员，如张继、蔡元培等；而反对的陈佩忍也曾于1922年在中央大学的前身东南大学教书，他曾经是辛亥革命的参与者，但北伐后并未在国民政府中担任高职。

　　用直镇杨惠之塑像的"再发现"，与史学家顾颉刚有分不开的关系。依顾氏1923年底在《小说月报》上所写的几篇文章看来，早在1918年他在江苏吴县东南用直镇的一次旅游中，便惊诧于保圣寺的唐塑精神弥满，但是1923年重游时，却发现这些塑像因无人理睬，四年之内竟变得"地下满积着瓦砾，大佛座身之后几乎全坍塌了！我最不能忘的题壁罗汉，因为塑在东北角里，也连着倒得全无踪影了"。[1]他照了照片，发起保存运动，向各处接洽。运动了一年，却未能奏效，乃作《记杨惠之塑罗汉像》一文投《努力周报》，引起了高梦旦、任鸿隽（1886—1961）的注意，立刻函请江苏教育厅厅长蒋竹庄派员拆卸保存。但镇上人士知道此事后，由沈伯安等自己集款将杨惠之塑像真迹三尊，及虽经修饰而尚未失神的二尊拆下，安置在陆龟蒙祠中，并想捐钱造一公园安顿之。[2]又过了五年（1928），叶恭绰（1881—1968）游用直，发现该寺已于数月前倾圮，其余存留者亦毁颓，故分函蔡元培、张继、谭延闿、李石曾、易培基、于右任、胡汉民、钮永建、叶楚伧等宣传保护，并得到蔡元培答应协助，由大学院拨款一万元作为保存唐塑之经费。叶恭绰接着组织"唐塑保存会"。此事因为有中央要员介入，很快便形成中央与地方人士之矛盾。1928年10月，古物保存会江苏分会出面议决此事由当地人士沈伯安主办。该会主席陈佩忍则表示，古物之保存，自应归入分会之范围，不需另设机构（"唐塑保存会"）。支持唐塑保存会的陈彬龢则怒骂："杨惠之塑像之弃于用直，为樵夫、牧童所不顾，盖亦久矣！"陈氏又说当唐塑会进行保存之前，江苏分会对唐塑丝毫未有任何具体之计划，一至有人"欲加保存，则十目视之，十手指之"，"矧苏

1　顾颉刚：《杨惠之的塑像》（二），《小说月报》，15:1（1918），页20。
2　同上。

省需保存之古物犹夥，今江苏分会何独不予注意，而惟干涉别人已加进行之事"。[1]

保护唐塑的争执中除涉及中央大员与地方人士之争执外，也涉及两种古物保存观点的不同。沈伯安系该地小学校长，他想将保圣寺的寺址变成小学校园，故反对修庙，但主张拆卸保存五尊罗汉。而新派人物则认为合理的保存方法是原地原式修建，留下整体的遗迹以存历史意味。

在这次争执中，叶恭绰及他所致函的当道，都是北伐成功的国民政府中较为关心文化的中央大员，而出面支持大学院的亦是中央机构，则唐塑保存会虽不似中央研究院之为中央机构，但其性质、意味皆颇相近，后来教育部下令组成的保管委员会，基本上也是以全国性人物为主组成，没有将地方人士纳入。

以上事件，是当时文化、社会、政治转换的集中反映，是晚清以来地方督抚分权，以及社会、政治动荡之总反响，是新兴的中央在"国家建构"过程中接管地方事务而与地方人士较劲的例子。其实，中央及地方的军政领袖根本不会太过在意学术上的事。以殷墟争执为例，当时河南局势混乱，民疲兵困，加上中原大战之前的种种纵横捭阖，军政大员中，大概除了以搜集唐代碑刻拓片闻名的千唐斋主人张钫，不会有人真正关心这种争执。但是中央与地方分裂是一个事实，地方上的文化人士便可以运用这一个事实与中央来的、一样是手无寸铁的学术机构周旋下去。即使"中央"函电交加，但是一旦中央不是真正能够控制时，这种周旋便无已时。[2]

---

1 陈彬龢：《保存唐塑运动之经过——杨惠之算是倒霉》，《国立中山大学语言历史学研究所周刊》，6:70（1929），页16—17。

2 有意思的是投稿者也知道各种主要刊物的态度，如何日章从河南遥寄其传单至柳诒徵主持之《史学杂志》，因知其一向反对新文化与新学术也。而陈彬龢亦知将其抗议江苏地方文化人士有关杨惠之塑像的文章投到《国立中山大学语言历史学研究所周刊》，因为知道它是倡导新学术的刊物也。中央大学中文系教授一向为反对、批评新文化运动之大本营，吴宓之《学衡》固不论矣，柳氏及其学生对傅斯年及史语所一贯采取批评态度。史语所的考古事业受其讽刺（柳诒徵在《论文化事业之争执》中说："正不必炫鬻骨董，求人间未见之书而读之也。"见该文，页7），傅氏本人的《周颂说》及《东北史纲》也受其挞伐。

　　从以上事例不难看出，新旧学术之间的更迭也涉及当时政治、社会的复杂纠葛。而前面所整理出来的这些新与旧、中央与地方，以及北伐与中国近代新学术等方面的问题，似乎同时也反映了近代学术发展与晚清以来社会政治之矛盾的密切关系。

价值与事实的分离？

——民国的新史学及其批评者

在 20 世纪二三十年代，中国史学界产生了一些重大的变化，出现了一些新的解释风格，其主调是：学术研究是一回事，道德是一回事，信仰又是另一回事，简言之，是"价值"与"事实"的分离——尤其是传统的义理价值与历史事实之分离。当然，在实际学术工作上没有人真正做到"价值"与"事实"的分离，但是当时新史学的提倡者是这样宣扬的。这种学术风格与两种研究方式有关：首先是将古往今来的载籍文献"对象化"，都将之视为研究的"材料"，把一切化为研究对象及研究材料后，所追求的是科学知识，而非道德修养，所以不再关心，甚至刻意摆脱道德或伦理意涵；第二，是把一切研究对象"历史化"。"历史的方法"（genetic method）是当时流行的方法论，它要求以历史发展的态度去看待事物，认为所有文学、哲学、人物，都是时代环境的产物。一个时代有一个时代的事物，且随着时间的前进不断地产生变化。所以不能回到一个原点看事物，也不能承认所谓天经地义、亘古不变的道理与价值。同时要把一切历史或人事还原到其历史脉络中，看它的真相是什么，却不管它对现代有没有意义。一切"历史化"的结果，导致在价值方面要明显地区分"历史的价值"与"现世的价值"。以孔子为例，把孔子看成是个历史人物，而且只是一个历史人物时，也就等于只承认孔子在他那个时代是个了不起的圣人，承认他的"历史价值"，但不一定承认他到今天还有"现世的价值"。古代的宗教或是道德规约，也都是历史现象，是历史的产物，不必与今天相关。这一类态度在价值层面带来相当大的冲击。

　　同时，因为研究历史是为了追求知识，不再像传统那样带有价值性的、道德性的、社会性的，甚至政治性的关怀，所以历史知识的社会功能、史家的社会角色，也经历了重大的变化。而上述风格，使得这个时期的新史学与所谓传统派史学，形成分庭抗礼的局面。

　　在文章的一开始必须先做几点声明，以免引起不必要的误会。我绝不是想写民国时期任何一个段落的史学史；关于这一方面，早已有许多成书可读，我的构想是区分出 20 世纪二三十年代史学界中的两种不同史学风格。故此文中并不叙述各种史学史的细节，而是想举出一些实例，凸显出两派学者对史学性质的不同看法，以及研究工作中所展现出来的不同的态度与解释风格。

　　本文选择 20 世纪二三十年代的史学发展进行探讨是有理由的。我个人认为近代史学有三个大阶段。第一阶段是晚清民初，以梁启超所开展的"新史学"革命为主。第二阶段是新文化运动以后，尤其是 20 年代开始，胡适领导的所谓整理国故运动，它的风起云涌的响应者，以及中央研究院历史语言研究所成立之后所开展的工作。第三个重要阶段是社会史论战之后，马克思主义史学的兴起。

　　在 1949 年以前，胡适、傅斯年、顾颉刚等人所领导的研究工作在学院中占据主流地位，虽然它在 20 年代末已开始受到马克思主义史学的挑战，但是它毕竟是二三十年代最有力量的学派。而本文所谓"新派"，便大抵是指胡、傅、顾所领导的学派。新派史学之来源与三种因素是分不开的：第一是新文化运动所提倡的思想解放，第二是胡适所提倡的实用主义的方法论，第三是西方史学的引进，尤其是德国史学。

　　所谓"新派"与"传统派"是一组相对的概念，而且随时代之演进而有不同，譬如清末民初的某些新派人物，到了二三十年代，已被当成旧派人物了。在二三十年代的"新派"史家，有种种不同的称呼，如整理国故派、北派、新考据派、新汉学派，不管名称如何不同，隐约都在指胡、顾、傅所领导的学风。我之所以放弃"北派"或"新汉学派"来称呼新派史家，是因为新派并不一定都是在北方,譬如史语所有一段时间是在南方;它又不全然认同"整理国故"的概念,而且许多新派人物也未必自认为是在从事新考据或新汉学。新派批评者是散在全国各地的,其中南京的中央大学(中央大学的前身是南京高等师范、东南大学,此下不再做仔细区分)最有组织,他们有时候被称为南派或东南学派。本文中以"传统派"来概括新派的批评者,只是为了讨论上的方便,事实上我个人一时也还找不出一个合适的名词来称呼他们。

这里必须指明的是,"新派"或"传统派"的称呼并未预做价值优劣的判断,而且我也不是说新派所提倡的事业,没有别的学者在做,或是做得不出色,即以发掘新史料及整理新史料而言,罗振玉的成绩就非常大。不过,此处所强调的是一种有意识的提倡,并且成立学院建制,发为一种风气。从今天看来,真正的旧派并不那么多,许多一直被认为旧的人,其实具有不少新的观点。新派史学也并不是都展现了完全一样的史学风格,他们在文化态度上也不是完全一样,譬如陈寅恪在文化态度上与胡适、傅斯年显然并不完全相同,但是常常被归纳到新汉学派中,而且新派史学中并不一定存在谁影响谁的问题,许多看法是同时俱起的。此外,这里所举的只是其中几种较为突出之风格,并不是说新派只有这些特色。

一

新文化运动之后,史学中隐隐然分成两种意见,双方的代表性人物都感叹他们的时代是历史不发达的时代,北方的胡适如此说,而南方的缪凤林(1898—1959)也有同样的感喟。他们各持不同的标准在衡量历史研究。胡适感叹的是"古学大师渐渐死完了,新起的学者不曾有什么大成绩表现出来",缪凤林是感叹这么多年来没有一部"完善的史书"。[1]他们的批评与感叹都意有所指,但是心中

---

1 《〈国学季刊〉发刊宣言》,《胡适文存》(台北:远东图书公司,1990),第2集,页1。缪凤林在《中国史之宣传》(《史地学报》,1:2 [1922])页3中说"出版界无一完善史书"。

对一部好的史书的看法是相当不同的。

而且上述两派之间显然也很少交集。在一篇署名叔谅（陈训慈，1901—1991）的《中国之史学运动与地学运动》中，作者便观察到"近来学术界有一不幸之现象，即耆学宿儒往往与新进学者各不相谋"。[1]有的人还以"北方""南方"为分。其实新派大多指北方的整理国故运动，而"南方"大抵指以中央大学为主的传统派学者。关于北学，胡厚宣晚年回忆：

> 当时北京有所谓京派，讲切实，重证据，为新朴学，新考据。京派主要在北大，北大以胡适为翘楚，他常谈少谈政治多读书；拿证据来。表现在史学方面的是整理国故的国故学、疑古学、古史学。[2]

至于南方，则以南京中央大学诸教授办《学衡》《史学杂志》《史学年报》等与之做正面的抗衡。[3]新派与传统派之间除学问观点外，在现实上也壁垒分明，举凡教授职位的取得与学生的遴选都可以看到有意识的划分。如"史语所档案"中有一封徐中舒致傅斯年函："方欣安兄来云，欲向中大找几点钟书教，辽金元或六朝唐断代史均可担任。惟京中旧派颇占势力，不知能容纳若欣安之流否？先生便中能否为询志希先生否？"[4]这里的"中大"便是指中央大学。至于学生的选取，如出身南京中央大学、其姑父是王伯沆的周法高（1915—1994）投考北大文科研究所时，内心中的矛盾与冲突，也

---

1 《史地学报》，2:3（1923），页13。

2 胡文刊于《书品》，1997年1月，转引自胡振宇《胡厚宣先生治学与史语所的传统》，杜正胜、王汎森编《新学术之路》（台北："中央研究院"历史语言研究所，1998），页665。

3 钱穆在《维新与守旧》一文中说："以余一人所交，在北大如孟心史、汤锡予，清华如陈寅恪，燕大如张孟劬，其他南北学者，如马一浮、熊十力、钱子泉、张君劢诸人，余皆尝与之一一上下其议论，固无对适之有反感，而中央大学教授柳翼谋，明白为一文，力斥章太炎、梁任公与胡适三人。"《钱宾四先生全集》（台北：联经出版公司，1998），第23册，页29。

4 "史语所公文档案"（以下简称"公文档"）元字第63—15号，署4月14日。

是一个例子。[1]

　　上述两派也有不同的刊物与不同的读者。两派的学报或杂志呈分庭抗礼之势，但是在新派当令之时，传统派的杂志大多隐而不彰，以致今天不大容易在图书馆中访得。他们所讨论的问题，所使用的语言，也与新派学刊有所不同。大凡谈宋明儒、谈经书、谈现实关怀，喜作通论性文字，或是以旧格式写作，在新学报中几乎不曾出现。

　　不过，这里必须强调三点。第一，新派在当时占主流位置，他们并不以"新"自称，但传统派则常以"新人""新学者"称呼他们。第二，所谓新派、传统派史家只是一个很粗疏的划分，譬如有些被视为新派或被新派所欣赏的史家，在文化理想上其实是以传统派自居的，像陈寅恪、汤用彤（1893—1964）都是。但是无论如何，当时的确是有许许多多人敏锐地意识到学坛中有两个不同阵营。[2]第三，我用来讨论新派学术风格的，并不限于史学论著，有时也旁及广义的文史领域。[3]我基本上不只从各种具有宣言意味的文章中勾勒他们的史学特质，同时也希望从作品本身去探求他们有意无意间流露的风格与态度。我的采样并不限于20世纪二三十年代出版的作品，而是以这个阶段的作品为主，并辅以这个阶段养成的史家后来的作品，或受这个学风影响的新一代学者的著作，所以用来作为例证的作品偶尔可能发表在30年代之后。而且我也并不是说所有新学者的著作都体现了这些风格，只是说这些风格在当时浮现，并得到当时主流派的鼓吹和欣赏。

　　前面已经提到新派学者大多与新文化运动有关，关于新文化运动的讨论已经到了汗牛充栋的地步。可是关于新文化运动对学术、文化、政治、社会领域细致深微的影响，却仍有研究的空间。事实上，

1　参见周世箴《周法高先生的学术与人生》一文。文中引述了许多周氏私人的材料，该文收在杜正胜、王汎森编《新学术之路》，页827—862。

2　杨树达：《积微翁回忆录·积微居诗文钞》（上海：上海古籍出版社，1986）常透露出这层消息，如页90。

3　譬如胡适，他只是说他有历史癖，并不认为自己是一个史学家。与他一度亲近的罗尔纲告诉我们，胡适史学方面的藏书是非常少的。见罗尔纲《师门五年记·胡适琐记》（北京：生活·读书·新知三联书店，1995），页128—129。

这一个巨大的文化运动不可能局限于白话文及民主、科学等几个方面，而是无远弗届、无所不及的。它最重要的影响不是直接表现在这个或那个部分，而是它的整体风格及态度使得许许多多领域都重新反省其工作之性质与方法。以史学来说，新文化运动虽然不大谈史学，但是它的许多主张却对历史研究的性质、历史的解释、历史的眼光产生了微妙的影响。而以上三者当然是史学的重要成分。

　　新文化运动虽是一场以文学革命为主调的文化运动，但同时也是一场学术重建的运动。当时从北大校长蔡元培及不少老师和学生，都提出了一条纲领，即"学问"的提升应该是关系国家盛衰的根本大事，并且认为大学的目标是"研究高深的学问"，而不是应付眼前社会的需要，更不是官僚的养成所。而且他们将中国学问当作世界学术的一部分，并且以世界学术的标准而不是以传统文史旧学的尺度来衡量中国学术的成就，所以他们一再感叹中国学术的落后。《〈新潮〉发刊旨趣书》中就这样说："今日出版界之职务，莫先于唤起国人对于本国学术之自觉心。今试问当代思想之潮流如何？中国在此思想潮流中位置如何？国人正复茫然昧然，未辨天之高地之厚也。其敢于自用者竟谓本国学术可以离世界趋势而独立，夫学术原无所谓国别"，而在与世界学术比较之下马上发现"西土文化之美隆如彼"而"今日中国学术之枯槁如此"。[1]

　　这篇《旨趣书》的作者傅斯年主张"学术"之不发达与"民德"之堕落有密切的关系[2]，他坚持中国"群德堕落，苟且之行遍于国中"，其根本原因是"群众对于学术无爱好心"[3]，故学术之提升与群德之提升不是两件事，所以在他及他的一群同志看来，"为学问而学问"

1　傅斯年：《傅斯年全集》（台北：联经出版公司，1980），第4册，总页1398。

2　傅斯年又说："群众对于学术无爱好心，其结果不特学术销沉而已，堕落民德为尤巨。不曾研诣学问之人恒昧于因果之关系，审理不暸而后有苟且之行。又，学术者深入其中，自能率意而行，不为情辜。对于学术负责任，则外物不足萦惑，以学业所得为辛劳疾苦莫大之酬，则一切牺牲尽可得精神上之酬偿。……又观西洋'Renaissance'与'Reformation'时代，学者奋力与世界魔力战，辛苦而不辞，死之而不悔。若是者岂真好苦恶乐，异夫人之情耶？彼能于真理真知灼见，故不为社会所征服；又以有学业鼓舞其气，故能称心而行，一往不返。"《傅斯年全集》，第4册，总页1399。

3　傅斯年：《傅斯年全集》，第4册，总页1399。

不但可以提升学术，而且可以提升国人的道德水平。

他们认为自己还有一个任务，那便是希望"在中国建设一个学术社会"。当时的知识分子对旧文人的一切感到不满，觉得中国的知识界不济事，无法形成纯学术的传统，傅斯年与顾颉刚这两位五四青年对此感受最深。1929 年 2 月，顾氏为《中山大学语言历史学研究所年报》所拟的序基本上代表了他们共同的想法：

> 我们这班人受了西方传来的科学教育，激起我们对于学问的认识，再耐不住不用了求真知的精神，在中国建设一个学术社会了。[1]

"民主"与"科学"的主张也影响了这个学术运动。以"民主"来说，其主张相当广泛，但其中相当重要的一点即平民地位的提高，并泯除上层士大夫与下层百姓的距离。譬如陈独秀比较《四书》与《圣经》之后，说孔孟所接触的尽是一群诸侯，而《圣经》中所说耶稣来往的却是下层民众，充分显出其不同。[2] 又如在国语运动中，钱玄同坚持不用文言文，甚至废汉字，也是希望泯除阶级差异；他说文言文与汉字是士大夫用来把自己与下层民众区别开来之利器。"民主"思想使得他们对"传统"重新定位，重新认定究竟谁代表"传统"。这些主张都不是为史学而发的，但是都深刻地影响了这一代人选题及对历史材料的眼光。

以"科学"来说，时人受了"赛先生"这个口号的影响，有意识地提倡科学研究以及科学精神，在此之前并不是没有人从事这方面的工作，可是有意识地觉醒并汇为一个有力的运动，却是从这时候开始。研究文史的学者也受到这个科学运动的感召，希望在他们的研究中根绝传统思想中含糊笼统的毛病，以及过度沉溺于玄远、神秘的思维，或是过度偏重内省式哲学的探讨，并希望引进西方精

1 转引自顾潮《顾颉刚年谱》（北京：中国社会科学出版社，1993），页 169。
2 陈独秀：《基督教与中国人》，收在任建忠、张统模、吴忠信编《陈独秀著作选》（上海：上海人民出版社，1993），第 2 卷，页 86。

密严格的科学精神。

其实当时的人文领袖对于所谓科学精神，只有相当粗疏的了解，胡适反复标举的实验主义精神以及傅斯年等人提倡的实证主义是两大支柱。对科学的崇拜，在1923年起展开的科学与人生观论战中，再度得到加强。当时许多人很不满意科学派并未提出具体的科学的人生观应该是什么，不过，科学派在痛斥传统的、内省式的人生观，提倡一种干燥无味的人生观时却发挥了很大的作用。而这种对内省式传统的痛斥，对整体文化气氛有很大的影响，同时也影响到历史研究工作。此后人们总是选择那些不涉及心性、不涉及形上，或是不涉及神秘的、不涉及带有人类学意味的问题，即使在从事解释时，也对于涉及形上、心性、神秘、人类学的地方，或者视而不见，或者以批判的态度加以对待，或者自然而然地朝向理性、科学的、去形上、去神秘的方面解释。同时在论证时，也倾向于只相信有"证据"可证实的部分，而不将"想象"放在很正面的地位；那些从事相反方面研究的人，或是在研究中展现相反风格的人，在当时学界并不能占最主流的位置。

以上这些特质在今天已经广受批评，或被认为是一种过时的态度，但是在那一代知识分子中却被当作一件紧要的任务。他们常用的一些语言很能反映这个趋势。新派学者常说他们想提供国人"可依赖的""靠得住的"的知识，或是客观的、科学的知识，或是想节制国人含糊笼统随意比附的思维习惯[1]，或是想医治国人愚昧的毛病[2]。

---

1 傅斯年在《中国学术思想界之基本谬误》中痛论中国学人的思维习惯。见《傅斯年全集》，第4册，总页1213—1223。
2 譬如李济在1959年9月22日给张光直的信上说："中国学术在世界落后的程度，只有几个从事学术工作的人，方才真正的知道。我们这一民族，现在是既穷且愚。""但是，每一个中国人——我常如此想——对于纠正这一风气，都有一份责任。……据我个人的看法，中国民族以及中国文化的将来，要看我们能否培植一群努力做现代学术工作的人。"张光直：《编者后记》，见张光直与李光谟合编《李济考古学论文选集》（北京：文物出版社，1990），页992。

二

　　20 世纪二三十年代史学界有三件大事：第一是以胡适为主的整理国故运动，第二是继之而起的古史辨运动，第三是中央研究院创立之后，以历史语言研究所及与它相关的一群学者为主的新学术运动。追本溯源，胡适及其"整理国故"的观念是这一场新史学运动最大的动力。他所提倡的"国故"的概念、平民的眼光、清儒的治学方法、历史的方法论，以及存疑的态度这五点有最大的影响。

　　近代的学术观念经过几次的变化，以我们所讨论的文史研究为例，首先是晚清风行的国粹主义。国粹派认为在文化遗产中应该进行选择，属于"粹"的部分应保留，属于"渣"的部分应该去除，所以国粹运动者可以相当保守，也可以相当激进——激进到不以孔子的学说为国粹而加以痛斥的地步[1]；激进到有一个名为"绝学期明会"的组织，其所谓"绝学"，竟然是以老庄为宗，反对孔学。[2]

　　接着是"国学"时代。"国学"基本上也有两面性。首先它是相对于世界各种学术，认为中国的学问为国学，是属于中国独有的。但是国学论者也承认传统学问不是放诸四海而皆准的，而是一种地域性的东西，故一方面肯定自我，一方面局限自我。而在这两点之外，晚清以来国学论者还有一种心态，喜欢拿西方的思想学问来诠释中国的固有之学，其潜在的希望是赋予传统新的面目，但实际上是使得国学最多只能与西方一样，而不能显发出独特优胜之处。

　　新文化运动以后则进入"国故"的时代。在这个阶段，"国学"与"国故"常常互用。即使提倡国故的人有时也使用"国学"一词。不过当时在"国学"一词下似乎分成两派：一派认为传统中仍有值得保存的东西，各种国学馆属之；一派是以国学为国故之同义词，而他们使用"国故"时，用的是章太炎的概念，按照钱穆的说法，

1　王汎森：《从传统到反传统——两个思想脉络的分析》，见周阳山编《从五四到新五四》（台北：时报文化出版公司，1989），页 242—267。收入本书。

2　见中国革命博物馆整理，荣孟源审校《吴虞日记》上册（成都：四川人民出版社，1984），页 37，"1912 年 4 月 13 日"条。

章太炎的"国故"只是指过去的"老东西"[1]，并不带有保存的意味。

最早谈整理国故的一篇文章是毛子水（1893—1988）写的《国故和科学的精神》，傅斯年随即在《毛子水"国故和科学的精神"识语》中有这样的响应："研究国故有两种手段，一、整理国故；二、追摹国故。由前一说，是我所最佩服的：把我中国已往的学术、政治、社会等等做材料，研究出些有系统的事物来，不特有益于中国学问界，或者有补于'世界的'科学。中国是个很长的历史文化的民族，所以中华国故在'世界的'人类学、考古学、社会学、言语学等等的材料上，占个重要的部分。或者因为中华国故的整理的发明，'世界的'学问界上，生一小部分新采色——如梵文的发明，使得欧洲言语学上得个新生命，婆罗门经典入欧洲，便有叔本华派的哲学，澳洲生物界的发明，进化论的原理上得些切实的证据等等——亦未可知。""至于追摹国故，忘了理性，忘了自己，真所谓'其愚不可及'了。"[2]又说"国故是材料不是主义"。[3]"国故"既然只是过去的老东西，那么就只是研究的对象，没有"追摹"的价值了。

胡适接续毛子水与傅斯年的讨论，先后写了《论国故学》《〈国学季刊〉发刊宣言》等文章，宣言整理国故运动。胡适提倡的整理国故运动有两个要点，第一是"历史的眼光"，第二是"学术的态度"。而"历史的眼光"一词有几层含义：第一，它把历史上一切高明伟大的人物、制度放进历史脉络中去考察，譬如孔子，一旦放进历史脉络中，便由天纵的圣人变成一个伟大的"历史人物"；第二，是用一种发展演进的观点来看历史文化，譬如说，不再把中国文化的最高成就放在黄金古代，而是认为中国文化是一步一步发展而成的；第三，是把过去的学问全都看成是历史的材料。所以难怪胡适在解释章学诚的"凡涉著作之林皆是史学"时，会说"其实先生的本意

1　钱穆：《太炎论学述》，《中国学术思想史论丛》（台北：东大图书公司，1980），第8册，页350。

2　傅斯年：《傅斯年全集》，第4册，总页1258—1259。

3　同上，总页1259。

只是说一切著作都是史料"。"史"与"史料"的差别是很大的[1]，胡适的观点是相当激烈的。依此态度，则经、史、子、集都不再是圣道王功或是富含高度哲理的话，而都是些"史料"，都是研究的对象，没有高下之别，没有美丑之分。

当一切传统历史文化都被吸纳在"历史"的概念范畴之下，化为一种被研究的"对象"，用"学术的态度"来加以研究，则一切传统历史文化都是客观研究分析的材料。当时西方的学术态度大致便是如此，但是这与传统学者的关心及态度显然有很大的不同。

晚清以来，学问日渐分科，人们相信分科愈细，愈有独得，分科尤其表现为各种学问脱离经学而独立，但是在分成各个专门学科之后，显然又合到一个新的总概念之下——"学术"。在中国，"学术"一词可能是20世纪初才开始流行的概念，在这个新概念下，对所探讨的一切皆有一个态度上的改变，它是在探讨知识，而所有载籍文献都是研究及认识的对象，所以它有去应用化、去价值化、去道德化、去心性化等特质，而这与传统士大夫的观念并不相合。传统儒者基本上认为自己是生活在文化传统之中，就像鱼游于水中，它的生活与这一泓水是分不开的。即使清儒在从事客观考据之学时，看来似乎有琐碎、干燥的毛病，但在其内心中大多还是相信自己最后是在研索"道"的一部分。但是，一切皆"历史"化、"学术"化之后，那些具有生活意味的、属于价值层次的东西，便不再是主要的关怀，或根本认为不应关怀，最重要的关怀是学术研究的卓越化。因此学问由过去的"为己"之学变为"为人"之学。这里我要引一个处在新学风之下，却感到有点两难的学者的日记来说明这一新变化。夏承焘《天风阁学词日记》1941年有一条记：

　　[陆微昭]谓近日治学风气，偏于为人，啬于为己，考据

1　姚名达（1905—1942）在《民铎》中给何炳松（1890—1946）的一封信上说："即如胡适之先生名满天下，而其作《章实斋先生年谱》，于章先生中心见解，不免误释。章先生谓'凡涉著作之林皆是史学'，其下胡先生释之曰'盈天地间，一切著作皆史也'，又曰'其实先生的本意只是说一切著作都是史料'。"《民铎》，6:5（1925），页1。

家以搜括态度为学，此皆西洋弊习，甚有害于心身。[1]

夏氏是非常同意这段分析的，不过，前一年夏氏又有一段日记：

> 谓有讥近人治学为钻牛角尖者。予谓科学方法分科愈细，愈有独得，以学问言，牛角尖非贬词，治学与应世，应世与谋生，谋生与糊口，皆分两途。[2]

夏氏自己深受新风气之影响，故在课堂上努力实践钻牛角尖的方法[3]，又说"以学问言，牛角尖非贬词"。他也相信"以学问言"，则"治学"与"应世"应该不相干，"应世"与"谋生"也不应相干，甚至"谋生"与"糊口"也不相干。"治学"与"应世"分为两途的想法也就是顾颉刚常对人说的，整理国故是"求知"，不是"应用"。但是夏氏内心中仍有矛盾，他仍不能不同意友人所说的，学问应该是"为己"之学，学问应该是为自己涵泳、像鱼生活于水中的事，而不是为了做给学术社群中的同行看的东西。夏氏的矛盾其实是一个时代"新""旧"两种学问态度的矛盾。

　　新派学者希望学问不受生活中价值领域的干扰，也不应刻意要求它成为生活的指南，当然也不必刻意求学问与现实发生关系，更不必使得一篇论文都是行动的号角或是政治的蓝图。

　　新派学者的这一个基本态度，是民国学术史中非常重要的一页，影响整体学术发展至巨，是"价值"与"事实"分离的始点。所以在这里我要引顾颉刚的几段话进一步加以说明。顾颉刚在《小说月报》中发表《我们对于国故应取的态度》，说：

1　夏承焘：《天风阁学词日记（二）》（杭州：浙江古籍出版社，1992），页323，"1941年8月1日"条。
2　同上，页169，"1940年1月19日"条。
3　故有一段日记说他"讲文学史，论由约求博，劝学生由窄求深"。同上，页229，"1940年9月13日"条。

> 我们对于国故的态度，是研究而不是实行。[1]

1924 年 7 月，他在一个向北大女学生讲话的场合中又说：

> 至于整理国故与保存国粹的大别，乃是一个是求知的态度，一个是实用的态度……整理国故，即是整理本国的文化史，即是做世界史中的一部分的研究。[2]

来年 12 月下旬，顾氏为《国学门周刊》作 1926 年的始刊词："凡是真实的学问，都是不受制于时代的古今，阶级的尊卑，价格的贵贱，应用的好坏的"，"是一律平等的"，"在我们的眼光里，只见到各个的古物、史料、风俗物品和歌谣都是一件东西，这些东西都有它的来源，都有它的经历，都有它的生存的寿命"，"都是我们可以着手研究的"，"固然，在风俗物品和歌谣中有许多是荒谬的、秽亵的、残忍的"，但是"社会上有这些事实乃是我们所不能随心否认的。我们所要的是事实，我们自己愿意做的是研究"，"至于老学究们所说的国学，他们要把过去的文化作为现代人生活的规律，要把古圣贤遗言看作'国粹'而强迫青年们去服从，他们的眼光全注在应用上，他们原是梦想不到什么叫作研究的，当然说不到科学，我们也当然不能把国学一名轻易送给他们"。[3] 在另一篇宣言性文字中，顾颉刚也再度强调我们研究学问的目的不是求美善，乃是求真。[4]

　　顾氏上面几段话把胡适所提倡的整理国故运动发挥得相当清楚了，它只是一种"求知"，不涉及任何"实用"，是求"真"，但不管是否"善"与"美"。

1　顾潮：《顾颉刚年谱》，页 75。
2　同上，页 97。
3　同上，页 119。
4　顾潮：《顾颉刚年谱》，页 131，记 1926 年 10 月 3 日，在厦大庆孔诞会上作《孔子何以成为圣人》之演讲，讲前先对于林文庆校长的《孔子学说是否有用于今日》之讲演表示："林校长所讲注重应用，重应用者必重好坏，其目的在止于至善。吾辈研究历史者注重证据，重证据者必重然否，其目的在止于至真。"

除了几篇纲领性的宣言，胡适的小说史和其他几个方面的考证性文章，为"整理国故运动"奠下了基础。他在材料、问题、方法、解释四个方面都开启了一种新视野。

它们令人联想起近来流行的"文化霸权"与"东方主义"两种理论，前者谴责精英阶层掌握了文化解释，后者批判西方帝国主义者将他们的眼光加诸被殖民地区。然而，我们在胡适等新学者身上看到的，正好是相反的例子。他们虽然是新的知识精英，但却主张"造自己的反"，认为应该以庶民文化作为中国文化传统的主干。他们也不认为用西方人的眼光来看中国的历史文化是错的，相反地，应该学习西方人的方法和眼光来研究和评估中国的历史文化。

胡适提倡一种"平民的眼光"，它对治学的题材及治学的材料，都产生了解放与扩大的作用，以致知识分子在重估传统、重新定义中国的"文化"是什么时，其重点由过去的精英文化变成历代平民百姓日用习闻的东西。

胡适受实验主义影响非常大，他师承实验主义者的一句名言"一个观念（意思）就像一张支票"[1]，端看它能不能产生实际的作用，这使他在对传统的历史文化的态度上与过去的学者截然不同。第一，既然思想、文学都像一张支票，那么应该以它是否能被应用或应用广泛的程度来决定其价值。第二，思想、文学是为了应付时代的需要而生的产物，那么，有每一代不同的环境，便有每一代不同的思想与文学。而每一代的思想与文学的地位相等，都值得研究。第三，因为是以实用来看思想、文学的价值，所以一个时代中对大多数人产生最大影响的文学或思想应该得到史学的重视，而不可以将眼光老盯着一些精英阶层的古典著作。因为眼光扩及广大平民，所以研究的题目与材料也应大幅放宽。

胡适与新派学者们有一个共同的敌人，即旧式文人。在新文化运动的许多文章中可以看到这种憎恶的情绪。胡适虽然没有用恶毒的话来骂旧文人，但是他反对旧文人的态度也非常明显。而他的学

---

1 《五十年来之世界哲学》，《胡适文存》，第 2 集，页 291。

生傅斯年，在《新潮》时期则总是以好淫、好为官来刻画旧文人。他挖苦、调侃、痛骂旧文人的文字令人印象极为深刻，他当时有一句名言——"文人做到手，'人'可就掉了"。[1]傅氏从欧洲回国之后，主持中山大学文科（文学院）时，强调他办中文系的目标是要"放文人"[2]，足见几年留学生涯并没有冲淡他的情绪。他们心中隐隐然将社会分成三群人：一群是旧文人，一群是"他们"——平民，一群是"我们"——受过现代学术洗礼的新知识精英。

在传统中国，"文化"的承担者是"文人"，但是新一代知识精英想"放文人"，想将"文化"的领导权与解释权从旧文人手中拿过来，"文化"的承担者不再是传统文人，而是新的知识精英与平民，原先被压抑的平民文化成为文化的主体。"他们的"应该成为"我们的"。胡适在回顾白话文运动时，便将"他们"与"我们"做了全新的阐述：

> 二十多年以来，有提倡白话报的，有提倡白话书的，有提倡官话字母的，有提倡简字字母的，这些人难道不能称为"有意的主张"吗？这些人可以说是"有意的主张白话"，但不可以说是"有意的主张白话文学"。他们的最大缺点是把社会分作两部分：一边是"他们"，一边是"我们"。一边是该用白话的"他们"，一边是应该做古文古诗的"我们"。[3]

胡适说，1916年以来之文学革命运动，不但"有意的"主张白话，更重要的是"这个运动没有'他们''我们'的区别，白话并不单是'开通民智'的工具，白话乃是创造中国文学的唯一工具"。[4]白话由"他们的"变成"我们"共同拥有的，由此可见，"我们"与"他们"合而为一，是非常关键的一件事。在这里，甩掉了旧文化精英"应该做古文古诗"的"我们"，新的文化精英是新的"我们"，而这个

---

1 如《随感录》，《傅斯年全集》，第4册，总页1191—1193；又如《白话文学与心理的改革》，同前，总页1178。
2 《朱家骅、傅斯年致李石曾、吴稚晖书》，《傅斯年全集》，第7册，总页2445。
3 《五十年来中国之文学》，《胡适文存》，第2集，页246。
4 同上。

"我们"是要与广大的使用白话的百姓——"他们"——合而为一的。而且胡适时常表示"我们"应该紧紧地跟着"他们"。在讨论破体字时，胡适说，在创造破体字这一件事情上，"小百姓总算尽了他们的力了；现在又轮到学者文人来做审查与追认的一步工夫了"。[1] 他说，钱玄同、黎劭西（锦熙）认为这些破体字是进步，不是退化，所以不应该是"小百姓印曲本滩簧的私有品，乃是全国人的公共利器。所以他们现在以言语学家的资格，十分郑重的对全国人民提出他们审查的报告，要求全国人采用这几千个合理又合用的简笔新字来代替那些繁难不适用的旧字"。[2] 在这里，新的文化精英们所做的是把原来由小百姓所创造的文化，作为全国人，包括上、下各阶层的"公共利器"。

"我们"不但要肯定"他们"，还要服从"他们"的教导。在《〈国语月刊〉"汉字改革号"卷头言》中，胡适说：

> 在语言文字的沿革史上，往往小百姓是革新家而学者文人却是顽固党。

在新学术的观点中，小百姓由"雅"文化的偏离、背叛者变成创造者、革新家：

> 促进语言文字的革新，须要学者文人明白他们的职务是观察小百姓语言的趋势……

士大夫阶层领导、支配、诠释的权力，分别何者为正统、何者为异端的地位陡然丧失了：

> 小百姓二千年中，不知不觉的把中国语的文法修改完善

1　《〈国语月刊〉"汉字改革号"卷头言》，《胡适文存》，第2集，页540。
2　《胡适文存》，第2集，页540。

了，然而文人学士总不肯正式承认他；直到最近五年中，才
有一部分的学者文人正式对这二千年无名的文法革新家表示
相当的敬意。[1]

胡适的实验主义态度与他对"他们""我们"的重新厘定互为表里。

　　用胡适的话说，实用主义既然认为"一个观念（意思）就像一
张支票"，端视其能否兑现，那么文学及文化的价值亦无不如此。[2]
他在《五十年来中国之文学》中，先讨论了白话文运动之前的四派
古文，讲它们如何挣扎着要做到能够"应用"，但结果都失败了，
因为这四派人"都不知道古文只配做一种奢侈品，只配做一种装饰
品，却不配做应用的工具"。譬如甲寅派的政论是民初一个重要文派，
但"在实用的方面，仍旧不能不归于失败"，因此，他总结说这是
一段"古文学勉强求应用的历史"。[3]这一段话充分显示出一个实用
主义者，以是否能应用作为判断一种文体价值的最重要标准；而这
一态度与传统文人对文章的态度显然不同。而这种态度无所不在，
使得他看待什么应该成为文化"正统"的眼光有了根本的变化——
他主张那最大多数人日常应用的文化，应该成为"我们"与"他们"
一起分享的正统文化。在胡适各种文字中，到处可以发现他运用这
种眼光重估一切，譬如他提到过去无数参加科考的士人们为了省力
而发展出来的一些参考用书，这类为了射名求利而作的书，在旧文
化精英的眼中，是投机取巧或邪门歪道，但胡适在《国学季刊》的"发
刊宣言"上，却认为那正是当日所应该提倡的"结账式研究"的新
办法：

　　　　我们试看科举时代，投机的书坊肯费整年的工夫来编一部
　　《皇清经解缩本编目》，便可以明白索引式的整理的需要；我们

1　以上见《胡适文存》，第2集，页539。
2　譬如他在《吴虞文录序》中说："我们对于一种学说或一种宗教，应该研究他在实际上
　　发生了什么影响：'他产生了什么样子的礼法制度？他所产生的礼法制度发生了什么效
　　果？'"《胡适文存》，第1集，页796。
3　《胡适文存》，第2集，页181—182。

又看那时代的书坊肯费几年的工夫来编一部《皇清经解分经汇纂》，便又可以明白结账式的整理的需要了。[1]

《〈国学季刊〉发刊宣言》是一篇里程碑式的宣言，其中提出索引整理与结账式整理，而竟然给科举时代"投机书商"及应考士子的参考书以正面的评价。它似乎在告诉人们，"难能"并不一定"可贵"，展现"功力"不一定可贵，能"实用"才是可贵。

又如他反复强调对几部通俗小说的研究，如《三国志演义序》中说的："五百年来，无数的失学国民从这部书里得着了无数的常识与智慧，从这部书里学会了看书写信作文的技能，从这部书里学得了做人与应世的本领。"而相较之下四书五经却不能满足这个需求，《二十四史》《通鉴》《纲鉴》也不能，《古文观止》与《古文辞类纂》也不能，但《三国演义》却可以。[2] 又说，过去这五百年中"流行最广、势力最大、影响最深的书，并不是四书五经，也不是性理的语录，乃是几部'言之无文行之最远'的《水浒》《三国》《西游》《红楼》"。[3]《水浒》《三国》《西游》《红楼》既然用处最大、流行最广，就应该加以特别的注意与研究，而不是像少年胡适及无数青少年一样要偷偷地阅读。同样地，研究文学史也要将眼光放在那最大多数人的文学，放在"他们"，而不是旧文化精英的"我们"。他在为徐嘉瑞（1895—1977）的《中古文学概论》写序时这样称许徐氏，说他"认定中古文学史上最重要的部分在那时间的平民文学，所以他把平民文学的叙述放在主要的地位，而这一千年的贵族文学只占了一个很不冠冕的位子"。[4] 他称许徐氏的书让人知道1500年前也曾有民间文学作正统文学的先驱。[5]

不但看文学的眼光要变，看待其他许多事物的眼光亦然。胡适赞许清儒在文字声韵学中展现的科学精神，但是他也称赞《镜花缘》

1　《胡适文存》，第 2 集，页 12。
2　同上，页 474。
3　《五十年来中国之文学》，《胡适文存》，第 2 集，页 245。
4　《胡适文存》，第 2 集，页 498。
5　同上。

作者李汝珍那不怎么正统的音韵学。胡适反驳《中国人名大辞典》中说李氏不通音韵学,他说所谓不通,是对求古音韵而说的,一旦放在今音、放在实用、放在敢于变古这三点新标准来衡量,评价便完全不同。"考古派尽管研究古音之混合,而实用派自不能不特别作今音的微细分别"[1],所以李氏不但不能算是不通音韵,而且是一个创新者。这种处处要改变旧文化传统的品位的态度,蕴含着很大的动能。

这种眼光、态度上的大解放,使他主张在历史研究的选题与使用的材料上应该有平等的眼光,过去是异端的,现在要放入正统。《国学季刊》的"发刊宣言"中就说:

> 庙堂的文学固可以研究,但草野的文章也应该研究。在历史的眼光里,今日民间小儿女唱的歌谣,和《诗》三百篇有同等的位置;民间流传的小说,和高文典册有同等的位置;吴敬梓、曹霑和关汉卿、马东篱和杜甫、韩愈有同等的位置。[2]

即使是对戏曲小说,也要有一种新态度,即不要拘泥于"骨董家的习气",只看得起年代较早的,而看不起年代晚的,看得起文人作的,而看不起百姓自然的歌谣:

> 近来颇有人注意戏曲和小说了;但他们的注意仍不能脱离骨董家的习气。他们只看得起宋人的小说,而不知道在历史的眼光里,一本石印小字的《平妖传》和一部精刻的残本《五代史平话》有同样的价值。[3]

> 过去种种,上自思想学术之大,下至一个字,一支山歌之细,都是历史,都属于国学研究的范围。[4]

---

1 《镜花缘的引论》,《胡适文存》,第 2 集,页 410。
2 《胡适文存》,第 2 集,页 8。
3 同上,页 9。
4 同上。

　　对于所有这些原先不被看重甚至被视为异端的东西，应该与研究思想学术一样用同等的力量去处理，正如清代经学家研究经书般严格与郑重。胡适自己在主张《水浒传》的中国文学史地位比《左传》《史记》还要重大时，便声言它"当得起阎若璩来替他做一番考证的工夫，很当得起一个王念孙来替他做番训诂的工夫"[1]，而他自己用最严格的方法与材料去考证《水浒传》，便为这种近乎破天荒的新态度提供了一个例证。胡适还告诉人们，清代经学大家用全力治经学，但他们的经学著作反而不能流传于社会，倒是那些用余力做的，当时或许不那么看重的，像《墨子闲诂》《荀子集释》《庄子集释》等"结账式"的书反而流传最广[2]，给他的新眼光提供了一个例证。

　　胡适的作品同时也给人一种启发，新史料是非常重要的。一个问题能否解决，往往就决定于一部书之能否找到，有许许多多问题要靠孤本才能解决。[3]所以胡适仰赖各地的藏书及书商。他看重新材料、讲求好版本的做法，给当时研究学问者莫大的影响。

　　胡适提倡以科学方法整理国故，但他的几篇宣言性的文字及实际研究工作却给人一种印象，以为他是在提倡清儒的学问。在1922年的《〈国学季刊〉发刊宣言》一文后，胡适发表了几篇重要文字，如《清代学者的治学方法》《论国故学》《发起〈读书杂志〉的缘起》《治学的方法与材料》《几个反理学的思想家》等文，都让人觉得在传统学问中，清儒最近于科学。他对先秦诸子的研究、几篇小说史考证，以及《古史讨论读后感》、四篇《井田辨》等，都风行一时，也都使人觉得所谓科学方法几乎等同于清儒的治学方法。

　　胡适尽管对清儒有所批评，如他们不能在书本以外求证据，而且不能脱离于经史之外找问题，不能运用现代方法，以致一个高本汉用了几年的工夫便可以一举超过清儒三百年声韵学的成绩。但整体而言，他对清儒非常推崇，认为清儒擅用归纳法，在归纳之余又

1　《水浒传考证》，《胡适文存》，第1集，页506。

2　《〈国学季刊〉发刊宣言》，《胡适文存》，第2集，页13。

3　如《跋红楼梦考证》，《胡适文存》，第2集，页435。

能求得通则，更相当体现了近代科学的精神。胡适发起《读书杂志》，不但刊名沿用王念孙（1744—1832）的书名，而且还在"缘起"上表示他对王念孙的佩服。[1] 胡适刻意提倡清儒的治学方法，对后来的学风有相当大的影响，以致一般多称其所领导的学派为新汉学或新考据。[2]

近代史学在方法论上有过一次重要变化，而它与胡适等人所提倡"历史的方法"是分不开的。这个方法论的变化使得人们看待历史事物出现一种"from being to becoming"的大革命。[3] 胡适说：

> 怎么叫作"历史的态度"呢？这就是要研究事物如何发生，怎样来的，怎样变到现在的样子。[4]

所谓"历史的方法"很显然是受"实用主义"的影响，威廉·詹姆斯（William James, 1842—1910）在《实用主义》（*Pragmatism*）中论及实验主义的真理观时，反复强调"发生学的方法"[5]，杜威一生更不时强调这个方法。胡适、冯友兰后来在回忆中反复提到他们受到杜威这方面的影响[6]。在具体的研究中，胡适到处使用历史发展的方

---

1 《发起〈读书杂志〉的缘起》，《胡适文存》，第 2 集，页 19。此即一例。

2 此外，胡适还有一些其他的主张，譬如他认为古书未经一番新式整理是没办法读的。而所谓整理，包括：1. 加标点符号；2. 分段；3. 删去繁重的、迂谬的、不必有的旧注；4. 酌量加入必不可少的新注；5. 校勘；6. 考订其真伪；7. 作介绍及批评的序跋。（《再论中学的国文教学》，《胡适文存》，第 2 集，页 492—493）这一个纲领，对后来大量整理古书的工作有决定性的影响，一直到今天仍然在发挥作用。尤其是"考订其真伪"这一点，影响了后来无数文献考订的工作。

3 借用 Franklin Baumer, *Modern European Thought*（New York：Macmillan Publishing Co., 1977）一书中的概念。

4 《实验主义》，《胡适文存》，第 1 集，卷 2，页 296。

5 关于 genetic method, 参见 William James, *Pragmatism*（Cambridge, Mass.：Harvard University Press, 1975），尤其是 p. 37。

6 冯友兰在哥伦比亚大学时，杜威曾向他说："这些派别是否有个发展的问题，例如这一派发展到那一派，而不是一把扇子那样平摆着。"冯氏又说："杜威的实用主义，在研究社会现象的时候，本来是注重用发生的方法。"见《三松堂自序》，《三松堂全集》（郑州：河南人民出版社, 1985），第 1 卷，页 193、201。胡适也提到杜威的这一观点，见胡颂平《胡适之先生年谱长编》（台北：联经出版公司, 1984），第 2 册，页 459，"1921 年 6 月 30 日"条。胡适说杜威"历史的方法─祖孙的方法。他从来不把一个制度或学说看作一个孤立的东西，总把他看作一个中段：一头是他所以发生的原因，一头是他自己发生的效果"。

法论。譬如《水浒传考证》提到历史进化的文学观念，谈到种种不同的时代发生种种不同的见解，也发生种种不同的文学作品等观念都是。在这篇影响颇大的文章中，凡是胡适推论的部分，无不有历史发展的方法论作为基础。[1] 而傅斯年也是这个方法论的信奉者。他的许多著作，像《性命古训辨证》《周东封与殷遗民》，都有意无意地运用这个方法论。通过他们的理论提示及实际作品的影响，历史发展的方法论产生了莫大的影响。

新派学者还有一种"宁可疑而错，不可信而错"的态度。大家都知道这句话出自胡适的《国故研究的方法》，胡氏在许多场合中都一再重复这个意思。如在《评论近人考据老子年代的方法》中说："怀疑的态度是值得提倡的，但在证据不充分时肯展缓判断（suspension of judgment）的气度是更值得提倡的。"[2] 另外在《自述古史观》一文中，他呼吁要先将古史缩短二千年，等将来地下出土物多了，再据以延长。[3] 语意虽然不算轻率，但基本上仍是先疑再说的态度。这种存疑的态度影响是非常广泛的，不只是上古史研究受到它的影响，在当时许许多多的文史研究中，也莫不在有意无意间倾向于"疑"，倾向于不信传统的成说，倾向于要提出与古人不同的新观点。好"疑"、好"新"成为这一时期学术研究的两个重要特色（当然后来也有新派史家转而对过度疑古加以批判纠正的，如傅斯年）。其中又以顾颉刚所领导的古史辨运动影响最为深远，古史辨运动之兴起，与清季今文家之历史观有复杂的渊源关系，不过"宁可疑而错"或是今人比古人聪明的心态，也发挥了很大的效果。

古史辨运动声势浩大，影响深远，以致有人说疑古学派几乎笼罩了全中国的历史界[4]，"存疑主义"是当时新派史家很重要的一种特质，也是传统派非常不满的地方，本应在这里多做叙述，不过古史辨运动是一个异常庞大的问题，已经有不少讨论，包括我自己所写

1　以上见《水浒传考证》，《胡适文存》，第 2 集，卷 3，页 535、539、545。

2　《胡适文存》，第 4 集，页 128。

3　《古史辨》（台北，无出版时间与出版者），第 1 册，页 22。

4　徐炳昶：《中国古史的传说时代》（北京：科学出版社，1960），页 23。

的一本小书在内[1]，故这里不拟重复，只简单举几段话说明顾颉刚在古史论战开始时的"存疑"观点。

顾颉刚于 1923 年 2 月间所写的《与钱玄同先生论古史书》是引发这场论战的关键文字。这篇文章后来刊在《努力》的增刊《读书杂志》中，文中充斥激烈的疑古之言，吾人可以从中看出它远远超过胡适所提倡的"存疑主义"。譬如说：

> 因为古代的文献可征的已很少，我们要否认伪史是可以比较各书而判定的，但要承认信史便没有实际的证明了。[2]

又说：

> 我们要辨明古史，看史迹的整理还轻，而看传说的经历却重。[3]

他提出"层累造成说"，强调"时代愈后，传说的古史期愈长""时代愈后，传说的中心人物愈放愈大""我们在这上，即不能知道某一件事的真确的状况，但可以知道某一件事在传说中的最早的状况"。[4] 他在文章中否定了"禹"的史迹之可信性。

顾氏不断提到"造史"的人或"伪史家"，把层累而成的古史系谱当作他们伪造的成果。像后稷这个人物过去是很不好解释的，现在却很容易地推给"造史的人"：

> 造史的人想着太古的人专事渔猎，必有创始渔网的，故有

1　王汎森：《古史辨运动的兴起》（台北：允晨文化，1987）。请同时参看 Laurence Schneider, *Ku Chieh-kang and China's New History*（Berkeley：University of California Press, 1971）、刘起釪《顾颉刚先生学述》（北京：中华书局，1986）、彭明辉《疑古思想与现代中国史学的发展》（台北：台湾商务印书馆，1991）等书。

2　《古史辨》，第 1 册，页 59。（按：以下有关古史辨之讨论，取材自我的《古史辨运动的兴起》）

3　顾颉刚：《与钱玄同先生论古史书》。

4　同上，页 60。

> 庖牺氏……后稷之名，很可看出是周人耕稼为生，崇德报功，
> 因事立出的，与庖牺、燧人有同等的性质。[1]

总之，上古史事无不造伪，所造的古史也正是春秋战国诸子现实环境的直接反映。

以上所述，不过是《古史辨》最开始那几篇惊天动地文章之一斑。《古史辨》牵涉范围极广，而且它所散布的一种疑伪精神，不只影响上古史，事实上渗透到中国文史研究的每一个领域。

在整理国故的大纛之下，各地纷设国学研究院，所出论文极夥，先后编成的《国学论文索引》就有四编（1929—1936）。整理国故运动所涉及的机构与活动很多，是近代学术史上非常丰富而有趣的一页。当时，北京、上海、西北、东北、闽粤乃至香港等地都有新成立的学术团体，而北京大学、东南大学、清华大学、燕京大学、厦门大学、齐鲁大学，也都先后成立以"国学"为名的研究所或研究院，此外还有一些坚持旧文化的人所举办的国学讲习会和国学专修馆。[2] 尽管如此，人们对"国学""国故"这些名词的定义却始终争论不休，未能有一致的看法，而且，每个人举办这类活动时，所怀的意旨也未尽相同。[3] 在这股风潮中，有两个单位成绩最好，而它们又都与胡适有关，一个是 1922 年成立的北京大学国学门，一个是清华国学研究院。前者与胡适关系相当密切，它的机关刊物《国学季刊》的宣言便由胡适执笔。后者由吴宓担任主任，吴宓是《学衡》的主编，其途辙与胡适相反，尽管如此，在清华国学研究院的组建过程中，胡适仍有相当的影响力。

北大国学门、清华国学研究院、厦大国学研究院至少有三个共同特色，即注重搜集整理新史料，展开民俗调查，强调考古发掘。值得注意的是，这些机构似乎较少被贴上新派的标签并成为攻击的对象，

1　《古史辨》，第 1 册，页 140。

2　桑兵：《晚清民国时期的国学研究与西学》，《历史研究》，6（1996），页 30—45。

3　譬如章太炎与沈崇恩，章太炎与金天翮之间，皆对国学抱不同看法。参考沈延国《记章太炎先生·在苏州》，见陈平原等编《追忆章太炎》（北京：中国广播电视出版社，1997），页 408—416。

而且它们的成员对顾颉刚所领导的古史辨运动多持批评之态度。

北大研究所国学门成立于 1921 年 11 月，马衡（1881—1955）、李大钊、顾孟余（1889—1972）、袁同礼（1895—1965）、李四光（1889—1971）、鲁迅、沈尹默（1883—1971）、沈兼士（1887—1947）、朱希祖（1879—1944）、钱玄同受聘为委员，设五个研究室（文字学、文学、哲学、史学、考古学），并相继创立歌谣研究会、风俗调查会、整理档案会、古迹古物调查会（后改为考古学会），其中"歌谣研究会"搜集了大量歌谣，开近代中国相关工作的先锋。考古研究会也陆续开展若干实地发掘工作。而在档案整理方面亦有沈兼士所领导的明清档案之整理工作。[1] 从上面看来，档案整理、考古发掘、搜集民俗材料这三点是其工作重点。[2]

清华国学研究院于 1925 年创立。当时中国史学界的两件大事：一是古史辨运动进行几年后，于民国十五年（1926）结集第一册问世；二是新史料的发现与研究。古史辨运动表现为激烈破坏上古史，而各种文物的发现与整理，则对建立古史有相当的帮助。一破坏，一建立，两股势力虽不一定在每一个论题上都有针锋相对的情形，但总体而言，是一种竞争或紧张的状态。而当时清华国学研究院的几位导师，在提倡新史料上，是积极的拥护者，但在激烈疑古方面，却是坚决的批评者。

清华国学研究院建立时之导师梁启超、王国维、陈寅恪、赵元任（1892—1982），及讲师李济，大多对新方法或新史料有相当深入的掌握，尤其是陈、赵、李三人，更是新从西洋留学归来，深受西方汉学家治中国学之影响者，借用陈寅恪先生的话，凡于新史料新问题有所通习者，谓之"预流"，否则谓之"不入流"，则当时国学院导师是"预"当日史学界新发展之"流"的。

顾颉刚以层累造成说为骨干，解释上古历史虚构之过程。当时

1　傅振伦：《蒲梢沧桑——九十忆往》（上海：华东师范大学出版社，1997），页 61—64。
2　关于这个学术机构的情形，我建议读者直接参考相关的专书。如陈以爱《中国现代学术研究机构的兴起——以北京大学研究所国学门为中心的探讨（1922—1927）》（台北：政治大学历史所，1999）。

学界虽有刘掞藜、胡堇人、陆懋德、张荫麟（1905—1942）、傅斯
年等人的商榷，在学界仍造成极大波澜，但并未出现有力的反驳。
此情形一如当年《新学伪经考》出现时，学界之震惊与呆滞，当时
虽有章太炎以数条驳之，但并未能成一系统。[1] 当顾颉刚大举抹杀上
古信史时，学界中反对其说者之反应亦如此。不过清华园中的几位
大师对之都有或隐或显的批评，首先，陈寅恪敏锐地指出了经学史
学两种学问之特质与经学研究之内在困境：

> 　　独清代之经学与史学，俱为考据之学，故治其学者，亦并
> 号为朴学之徒。所差异者，史学之材料大都完整而较备具，其
> 解释亦有所限制，非可人执一说，无从判决其当否也。经学则
> 不然，其材料往往残阙而又寡少，其解释尤不确定，以谨愿之人，
> 而治经学，则但能依据文句各别解释，而不能综合贯通，成一
> 有系统之论述。以夸诞之人，而治经学，则不甘以片段之论述
> 为满足。因其材料残阙寡少及解释无定之故，转可利用一二细
> 微疑似之单证，以附会其广泛难征之结论。……往昔经学盛时，
> 为其学者，可不读唐以后书，以求速效。声誉既易致，而利禄
> 亦随之。于是一世才智之士，能为考据之学者，群舍史学而趋
> 于经学之一途。其谨愿者，既止于解释文句，而不能讨论问题。
> 其夸诞者，又流于奇诡悠谬，而不可究诘。虽有研治史学之人，
> 大抵于宦成以后休退之时，始以余力肆及，殆视为文儒老病销
> 愁送日之具。当时史学地位之卑下若此，由今思之，诚可哀矣。[2]

　　经学内部资料的特性，使才智之士可以自由地建立任何他想建
立之体系，得以利用一二极细微的材料附会其广泛难征之结论，而
且其论既出，学界便不易反驳。我觉得陈寅恪先生对这些问题的了

1　后来符定一（1877—1958）亦曾出版《新学伪经考驳谊》，可是一方面出版太晚，另
　　一方面亦未引起学界足够重视。
2　陈寅恪：《陈垣元西域人华化考序》，收入氏著《金明馆丛稿二编》（北京：生活·读书·新
　　知三联书店，2001），页269—270。

解很深，观察很细。但是以上所举只是他的负面批评意见。在正面
建立方面，陈寅恪在《梁译大乘起信论伪智恺序中之真史料》中即
指出伪古书中亦有真材料，不能一概抹杀[1]，显然是针对顾颉刚对上
古史料激烈的观点而下之针砭。

　　谈清华国学研究院便不能略去王国维，但我绝无意将他归入新
派或传统派。王国维这个人在文化上是很传统的，在学术上却很新
颖，很难将他归入新派或传统派；而他自己恐怕也绝不会认为自己
是新派或传统派。不过，既然我们谈到清华国学研究院，便不能不
把他和该院的一批新学者陈寅恪、赵元任等合在一起谈。王国维对
当时激烈疑古的风气曾加以批评。顾颉刚对王氏学问极为钦敬，曾
写信向王表示等将来杂务较少时，希望成为王之弟子。王虽未公开
批评过顾，可是在清华园之讲义《古史新证》便显然是针对顾氏而发。
如第一章《总论》中即针对顾氏观点说：

> 　　研究中国古史为最纠纷之问题，上古之事传说与史实混而
> 不分，史实之中固不免有所缘饰，与传说无异，而传说之中亦
> 往往有史实为之素地，二者不易区别。

又说：

> 　　……而疑古之过，乃并尧、舜、禹之人物而亦疑之。其于
> 怀疑之态度及批评之精神，不无可取，然惜于古史材料未尝为充
> 分之处理也。吾辈生于今日，幸于纸上之材料外更得地下之新材
> 料，由此种材料，我辈固得据以补正纸上之材料，亦得证明古书
> 之某部分全为实录，即百家不雅驯之言，亦不无表示一面之事实，
> 此二重证据法惟在今日始得为之，虽古书之未得证明者，不能加
> 以否定，而其已得证明者，不能不加以肯定，可断言也。[2]

1　收在《金明馆丛稿二编》，页147。
2　王国维：《古史新证》（北京：清华大学出版社，1994），第1章，《总论》，页1—3。

这篇文章的开头第一句话指责人们看"传说"与"史实"不分,即针对顾颉刚在《古史辨》中所强调的"我们看史迹的整理还轻,而看传说的经历却重",但实际上只重传说的态度。[1] 此外,第二章《禹》更明显地是针对顾氏抹杀大禹史实之观点而发:

> 夫自《尧典》《皋陶谟》《禹贡》皆记禹事,下至《周书》《吕刑》亦以禹为三后之一,《诗》言禹者尤不可胜数,固不待藉他证据,然近人乃复疑之,故举此二器知春秋之世,东西二大国无不信禹为古之帝王,且先汤而有天下也。[2]

王国维还说:"又虽谬悠缘饰之书如《山海经》《楚辞·天问》,成于后世之书如《晏子春秋》《墨子》《吕氏春秋》,晚出之书如《竹书纪年》,其所言古事亦有一部分之确实性,然则经典所记上古之事,今日虽有未得二重证明者,固未可以完全抹杀也。"[3]

　　前面提到,当时清华国学研究院也提倡新材料,陈、王、赵、李皆是最能注意新材料或发掘新材料之人。王国维初入清华时之演讲题目即为"中国近二三十年来新发现之学问",他本人亦最能利用新材料。陈寅恪对各国新见中亚史料极为熟悉,对敦煌史料下过莫大的功夫("敦煌学"一词亦由其首创)。此外,他对新材料的兴趣更下及于明清档案,如阅读满文军机处档即一例。当时陈氏所开课程指导学生亦大多注重新材料,或利用新材料与旧文献做比较研究。

　　此外,新思潮及新社会环境也影响了他们的历史解释。

　　民国史学上许多创新性的解释,大多是在过去传统文化笼罩下的人所不能察觉,或甚至是所不敢说的。旧礼教纲常之观念限制了历史解释之可能性。在新思潮冲击之下,历史研究者碰触了许多前人忽略的面相,并揭露了一些先前不敢或不能揭露的部分。

　　以王国维为例,在他死后,殷南(马衡)所写《我所知道的王

1　顾颉刚:《与钱玄同先生论古史书》,《古史辨》,第1册,页59。
2　王国维:《古史新证》,第2章,《禹》,页6。
3　王国维:《古史新证》,页52。

静安先生》强调即使以历史解释来说，王国维的辫子只是形式的，"而精神上却没有辫子"：

> 他能不为纲常名教所囿，集合许多事实，以客观的态度判断之。即如他说："大王之立王季也，文王之舍伯邑考而立武王也，周公之继武王而摄政称王也，自殷制言之皆正也。"这种思想，岂是卫道的遗老们所能有的？即使有这种思想，也是不敢写的。清初多尔衮之娶顺治的母亲，遗老们因为礼教的关系一定替他讳言，其实自满清风俗言之亦正也。我有一次和他谈这件事，他也首肯。所以我说他的辫子是形式的，而精神上却没有辫子。[1]

王国维成长的时代，中国旧文化的地位已开始动摇了。他幼年深不喜《十三经》，早期成学过程中则完全以西方哲学、心理学为主，并曾援引叔本华之学说以非难儒家伦理，则其后来之古史解释亦不能不与晚清新思想有关。

陈寅恪之历史解释亦透露此层消息。第一，他将研究中心放在中国边境上之异族，以外族史作为国史研究之中心，显然打破了过去历史研究中的汉族中心观。此外，他不再只说汉族文化对少数民族之影响，而改注意草原文化对中原文化之影响[2]，譬如在《忏悔灭罪金光明经冥报传跋》中，他便指出中国长篇小说往往合几种冥报而成，而佛经之首冠以感应冥报传说是受"西北昔年一时风尚"的影响[3]，同时他也重视异族人物在中国境内之历史角色。

此外，如陈寅恪后来讨论元稹（779—831）、白居易（772—

---

1 殷南：《我所知道的王静安先生》，《王观堂先生全集》（台北：文华出版社，1968），册16，页7166。顾颉刚在《悼王静安先生》（同前书，页7132）一文中也说："他用的方法便是西洋人研究史学的方法，不过这一点他因为和遗老的牌子有些冲突，所以讳莫如深而已。他对于学术界最大的功绩，便是经书不当作经书（圣道）看而当作史料看，圣贤不当作圣贤（超人）看而当作凡人看。他把龟甲文、钟鼎文、经籍、实物作打通的研究，说明古代的史迹，他已经把古代的神秘拆穿了许多。"
2 中国中古之印度化运动亦同时为陈寅恪及胡适等所注意。
3 《陈寅恪先生论文集》（台北：九思出版社，1977），页1403—1404。

846）时，提出元稹利用新旧两种社会之不同道德标准，游走其间以满足个人的私利，也可能与民主社会中新旧递嬗之间的实况有关。[1] 我们不敢断言如果没有民初那样的社会，陈氏不会有此历史慧见，但无疑的，两者之间必有密切关系。

至于厦大的国学研究院，则比清华国学研究院晚一年创立，主要是以一批北大人为骨干。顾颉刚虽然不是名义上的主持者，但毫无疑问是这个机构的灵魂人物。这个为期甚短的机构展现出与北大国学门相当近似的特色。首先是它们设定的工作范围，仍不外乎考古发掘与民俗调查。而其学问态度则是顾颉刚所常说的几条。第一，求应用与求真应该分开。第二，看古书的态度，只是一个历史研究的态度，要虚心看出它的背景。如《尚书讲义》第一编所说的："希望诸君在这一册讲义里得到一个历史观念，知道一件事实是不会无端而来的。"第三，学问应以实物为对象，正如厦大《国学研究院周刊》的"缘起"上所说的："所以我们要掘地看古人的生活，要旅行看现代一般人的生活，任何肮脏和丑恶的东西，我们都要搜集，因为我们的目的不是求美善，乃是求真。"[2]

以上这些机构皆在中央研究院历史语言研究所之前成立，它们的成员，有不少后来陆续加入史语所，如顾颉刚、陈寅恪、李济、赵元任、徐中舒、董作宾等。而中研院和史语所是新文化运动以后，规模最大，延续最久，成绩也最显著的一个专业史学机构，故此下要用比较长的篇幅来讨论它。

三

在胡适发起整理国故运动时，后来史语所的创办人傅斯年早已出国读书了。胡适旁边有两大圈人，一批是与他密切联系的学者[3]，另

1　《陈寅恪先生论文集》，页768—779。

2　以上引自顾潮《顾颉刚年谱》，页130—136。

3　这一个圈子不容易划出来，他们未必是以老师、学生或工作机构为限，不过从《胡适来往书信选》及《胡适遗稿及秘藏书信》的通信者中，可以大致将这个圈子勾勒出来。

一批则是北大、清华、中央研究院的学者，而一般人认为胡适所领导的整理国故运动是以傅斯年的中央研究院历史语言研究所为基地。[1]

不过，傅斯年虽然在《新潮》时期提出"整理国故"一词，在他创办史语所时，便宣称"国故"这一词"不通"，只有广义的历史学或其他一切学科，并没有中国的历史学或中国的化学。[2]在傅氏留欧七年回到中国之后，整理国故运动声势浩大，但他在许多文章中却刻意重申"绝国故"这一点[3]，即使在史语所筹备阶段所发出的聘书中，他也一再强调这一个研究所并不研究"国学"。在一份"聘书稿"中，他这样写道：

> 现在中央研究院有历史语言研究所之设置，非取抱残守缺、发挥其所谓国学，实欲以手足之力，取得日新月异之材料，供自然科学付与之工具而从事之，以期新知识之获得。材料不限国别，方术不择地域，既以追前贤成学之盛，亦以分异国造诣之隆。[4]

所以他是要将人文学建立得像自然科学一样，在中国建立科学的东方学之正统，而不标榜国故或国学。在这方面，他的观点早就越出胡适的藩篱了。但是，傅斯年本人与胡适密切的关系，胡适与史语所之间的亲和性，不但宣之于口说，而且见之于各式各样的行动。同时傅氏与他领导的史语所的研究风格，与胡适之间又常有吻合之处（尤其是重考证及重视新史料方面），那么，二者被笼统地视为一体，不是一件值得惊讶的事。

本部分旨在讨论被许多人视为整理国故运动大本营的中央研究院历史语言研究所的史学风格。这里必须先声明三点：第一，我并不是说该所所有的著作中都可以找到这些特质；第二，这些特质只

---

1 如徐复观在《三十年来中国的文化思想问题》等文中便坚持这一点。该文收入氏著《学术与政治之间》（台北：南山出版社，1976），页347。

2 傅斯年：《历史语言研究所工作之旨趣》，《傅斯年全集》，第4册，总页1309。

3 如《朱家骅、傅斯年致李石曾、吴稚晖书》，《傅斯年全集》，第7册，总页2445。

4 "公文档"，元字第130号。

是举例性的，事实上我们也很难穷尽所有的特质；第三，这些特质中个别的部分或许也能在当时传统派史学中找到零星的例子，不过它们并未突出成为一种有意识的努力或"约定俗成"的主张。

从胡适的整理国故运动到傅斯年领导的史语所，在强调科学方法上是一致的，但是"科学"的内容却得到大幅的扩充。史语所提倡的科学方法，已不只强调存疑、强调证据、强调归纳法而已，而是要广泛地援引自然科学中许多工具来解决历史的问题。又如在选择历史研究的问题方面，也呈现了许多的变化。传统史学侧重于与国计民生或道德教训有关的题目，此外的题材，或被认为没有研究价值，或视而不见。新史家们有意识地跳出这个范围，所以出现了许多前人所不注意的问题。他们不但不以圣贤看待古人，选题上也有一种从重"人"转到重"事"的变化。

在看待中国历史的眼光方面，他们也有意识地把中国史放在世界历史的脉络中，认为中国历史不是分离的、个别的，而是整体的、世界的，所以研究中国，也要涉及西亚、东亚，乃至全世界，而且需要中西学者共同研究。[1] 同时，也要求学者以比较研究的方法，借助西方历史、印欧语言学的训练，更深入了解中国历史、语言的现象（即以比较语言学的方法来建设中国古代语言学）。[2] 值得注意的是，中西比较或在世界历史中来认识中国历史是不少人共同的自觉，顾颉刚在给丁文江（1887—1936）的一封信中表示希望"在世界的古史中认识中国的古史"[3]，连通常被视为传统派史家的蒙文通也因进行中西历史比较而从中得到重要启发[4]。不过，新派史家更加有意

1　这一类文字甚多，如《历史语言研究所工作之旨趣》。

2　举例来说，何兹全的《东晋南朝的钱币使用和钱币问题》一文补充了全汉昇《中古自然经济》一文，其论点便是受了东、西罗马帝国不同发展之影响。何兹全：《李庄板栗坳·史语所——我终生怀念的地方》，《新学术之路》，页 823。而全氏的《中古自然经济》是读了希尔德布兰德（B. Hildebrand）之书得到的启发。见全汉昇《回首来时路》，《新学术之路》，页 488。

3　在史语所藏"丁文江档案"中。整理中，尚未编号。

4　他后来回忆说："中外进行比较，是研究历史的一个重要方法。写《古史甄微》时，就靠读当时学过些西洋史，知道点罗马、希腊、印度的古代文明，知道他们在地理、民族、文化上都不相同，从这里受到启发，结合我国古史传说，爬梳中国古代民族可以江汉、河洛、海岱分为三系的看法，从而打破了关于传说时代的正统看法。"蒙文通：《治学杂语》，蒙默编《蒙文通学记》（北京：生活·读书·新知三联书店，1993），页 2。

识地提倡这种治学方法。

此外，他们是新知识分子，是自觉的专业史家，不是旧读书人，他们刻意排斥旧文人或读书人的治学及生活方式。他们认为旧文人的生活习惯是静的、书本的，对他们而言，研究学问即读书，但新一代却有人以非常激烈的话来勾勒现代学人治学的特质——"近代的学问是工场"。[1]这一句话的含义是多方面的，其中一点是近代的学问强调"集众式研究"。傅斯年在《历史语言研究所工作之旨趣》中一再强调这一点，他说："历史学和语言学发展到现在，已经不容易由个人作孤立的研究了，他既靠图书馆或学会供给他材料，靠团体为他寻材料，并且须得在一个研究的环境中，才能大家互相补其所不能，互相引会，互相订正，于是乎孤立的制作渐渐的难，渐渐的无意谓，集众的工作渐渐的成一切工作的样式。"[2]在这段话中，他提到：第一，史料要靠学会或图书馆提供，要靠团体为学者寻材料；第二，要靠团体讲论，互相增益，互相激发。靠团体为他寻材料这一点，体现在当时各种学术考察团中，像史语所早期所出动的种种调查团，在当时人心中是一种搜集史料的新做法。即使是传统文献的工作，他们也倾向于以一队人马来搜集整理。[3]而史语所的学术讲论会传统也体现了前面所说的"要靠团体讲论，互相增益，互相激发"。讲论会便是为了脱离"孤立的制作"，使"大家互相补其所不能，互相引合，互相订正"。这是当时欧美司空见惯的办法，但在中国却是相当创新的[4]，譬如董作宾《殷历谱》的"点""线""段"的方法论，即一大群人故意与他论辩逐渐激发出来的。李济对这种工作方式有了这样的反思——"这一情形很具体地证明了一件事，即近代的学

1　傅斯年给胡适的一封信这样写着："这个研究所（史语所）确有一个责任，即'扩充工具、扩充材料'之汉学（最广义的），这样事业零星做也有其他的机会，但近代的学问是工场，越有联络，越有大结果。"耿云志主编：《胡适遗稿及秘藏书信》（合肥：黄山书社，1994），册37，页409—410。

2　傅斯年：《傅斯年全集》，第4册，总页1313。

3　如傅斯年给陈寅恪信中所谈到的："故如吾兄领之而组织一队，有四处寻书者，有埋头看书者，有剪刀口（按：此字无法辨识）者……"傅斯年致陈寅恪信，"史语所公文档案"，元字14—7号，1929年9月9日。

4　但这并不是说历史上不曾出现过这种形式的讲论，如明代的各种讲会，如清初的讲经会都是。

术工作大半都是集体的，每一件有益思想的发展，固然靠天才的领悟和推动，更要紧的是集体合作的实验、找证据，以及复勘。"[1]

对于研究，新派史家看重的是问题的解决，而不是博学或功力的展现，学术刊物中所刊载的也不是纯博学的文章，而是针对一个特定问题，以第一手资料写成的有创见的论文，而且每个结论都必须站立在足够的证据和参考资料上。这种问题取向的、窄而深的研究，与传统学者所一再强调的，中国贵通人不贵专家的观念相当不同。

由于重视"专"而不看重"通"，所以他们在指导人从事研究时，习惯为他画下一个特定的范围。譬如胡适给吴晗的信强调治史不是要他写一部明史，而是要他整理明代史料。[2] 如钱穆说傅斯年似主先修断代史，不主张讲通史，又说史语所的青年学者抱怨傅斯年只许他的属下进行某一个朝代的研究，不许上窥下涉。[3]

传统史家常重书本的研究，譬如以前写先秦史的人很少，但却有许许多多关于《史记》《汉书》的研究。新一代强调问题取向[4]，在实际工作上也有这种自觉的意识，譬如陈述（1911—1992）给傅斯年的信（1938 年 2 月 25 日）中提到他如何由先前在大学时的旧做法（如做《补〈南齐书·艺文志〉》与《〈金史〉氏族表》）逐渐转移到以历史问题为主的探讨：

> 生到所时，曾拟为此题（按：唐宋之际南北和战系年），半年搜集时期，多聆教诲，兼得诸同事讲习，略窥老旧史家与今日史家之异趣，似旧日多以书为本位，现代则多重历史问题……[5]

陈述在信中说到，他在受一群新学者熏习后，发现"老旧史家"与

1　李济：《南阳董作宾先生与近代考古学》，《感旧录》（台北：传记文学出版社，1967），页 111—112。

2　苏双碧编：《吴晗自传书信文集》（北京：中国人事出版社，1993），页 76。

3　钱穆：《师友杂忆》（台北：东大图书公司，1992），页 146—147。

4　杨向奎便回忆说他在北大那次接触到傅斯年所提示的问题式研究时的新鲜感。李尚英：《杨向奎先生学术及著作编年》，《清史论丛》（1994），页 1。

5　"傅斯年档案"（以下简称"傅档"）Ⅲ：230。陈雯怡：《陈述在史语所时期的学术发展》，《新学术之路》，页 508。

"今日史家"之异，是前者以书为本位，后者则重"历史问题"。对碑刻的使用也呈现这种变化，以前也有无数学者研治碑刻，但他们大多写题记跋尾，作人物传记资料，而受新学术熏陶的人便有意识地把它们用作研究制度史问题的史料，扩大碑刻之用途。[1]

新一代希望成为专业史家，不是成为通人。专业学问的建立当然不是从这个时候才开始，从晚清以来，许多知识分子便极力呼吁，如薛福成的《振百工说》《治术学术在专精论》[2] 即一例。不但"百工"要专业化，也有人主张政治要专业化[3]，但是将历史研究专业化则是新的要求[4]。

(一）新史料观

在这方面，他们直接或间接受到德国语言历史考证学派之影响，他们通常对新见材料，或档案及出土材料有极高度的热情，而且信新材料过于旧材料，以上古史来说，有人甚至宣称非出土材料不可信。这种史料至上主义，广泛地影响到一般的学者，一时之间，崇重史料的风气弥漫。[5]

因为他们认为，学问不是为了实际应用或培养人格，学问是为了增进知识，在这个由求做人到求知识的转变中，看待史料、搜集史料的眼光与角度也跟着改变。同时，他们放弃了做研究等于读书

1　如严耕望，后来在《石刻史料丛书》（台北：艺文印书馆，1966）《序》中便说："盖两宋以来，石刻史料之应用，多偏重人物之行历，取碑文校史传，最为能事。今人治史重事不重人，又无作题跋之风习，故宋清以来石学之盛况遂不复见于今日。"（页1）

2　以上二文见郑振铎编《晚清文选》（上海：上海书店，1987），页226—228。

3　譬如民国黄濬《花随人圣庵摭忆》中说的："近人论政，渐主专家各治其事之议，此实砭时要义。盖乱甚则皂隶化为侯王。……抑岂知吾国之病，病在人民什九失学。夫不学何以临民？无专家治事，何以绥民之生？"黄濬：《花随人圣庵摭忆》（上海：上海古籍出版社，1983），页11。

4　值得注意的是，过去有许许多多从事研究的学者，写出一流的严谨之作，但是他们不一定认为自己是一个专业的史家，而是以通儒自期。像王国维，其研究风格实近于新派学者，但并不自认为是专业史家。而新学者大多有意识地以专业史家自期。

5　其影响所及，譬如郑振铎（1898—1958）在1937年以后于沦陷区搜集图书文献，在数百通书信中，他对"史料书"之重视可谓连篇累牍，譬如1940年2月23日的一封信中说"史料书不可与寻常集部相提并论"，同年4月29日信中说"此类书，关于文献最巨，似万不宜放手"。见钱文忠《郑振铎与战乱中的文献》，《学术集林》，卷6（1995），页330。

的旧观念，不是印成的书才能作为历史证据，知识的世界比书本更大、更复杂，内容更丰富，而书本不过是它在某一个方面的一个记录而已，而且还不一定是忠实的记录，所以应该把求书本以外的实物视为优先，或至少与求书本不相上下，这是一个很重要的改变。

在史语所成立前不久，傅斯年与顾颉刚在广东中山大学办"语言历史研究所"。这个所的宗旨及工作方式与史语所是相贯通的，1927 年 4 月，顾颉刚为中山大学作《购求中国图书计划书》，其中有一段文字反映了第一种观念。他说："以前人看图书是载圣人之道的，读书是要学做圣人，至下也是文人，所以藏书的目的是要劝人取它作道德和文章的。现在我们的目的是在增进知识了，我们要把记载自然界和社会的材料一齐收来……使得普通人可以得到常识，专家们也可以致力研究。"[1] 此外，顾颉刚在 1927 年 9 月所作的一份文件上说：他自己与当时的书商存在着一种隔膜，"就是我志在为图书馆购书，而他们则只懂得正统派的藏书。他们心目中以为可藏的只有这几部……我所要的材料，他们以为不应买，所以不肯（实在也不会）替我去搜集……"[2] 而这种隔膜正显示了两种不同史料观点之间的矛盾。

傅斯年的口号是"我们不是读书的人"[3]，意味着想摆脱对书本的崇拜。他强调让没有语言或是不会言语的东西告诉我们历史。而他所欣赏的古代学者，也多是能从实物或实际观察中得到知识的人，譬如强调说顾炎武用自己的肉眼观察地形地势以察古地名。[4]

在这里，我不想复述一些宣言性文字中对史料的看法，而想以几个实例来说明史料观之变化，同时也想由史家们获得史料时的实作方式去看这种变化。这种实作方式一旦建立，并逐渐约定俗成，便很快地成为近代史学的一部分。这里要谈新一代学者获得史料，包括以团体的力量长期出外寻找史料，以及收集记录的方式。这种

---

1 顾潮：《顾颉刚年谱》，页 140—141。
2 《本馆旧书整理部年报专号》卷头语，见引《顾颉刚年谱》，页 143。
3 傅斯年：《历史语言研究所工作之旨趣》，《傅斯年全集》，第 4 册，总页 1312。
4 同上，总页 1309。

以集众的力量，有计划、有步骤、长时期到各地搜集史料的方式，给时人留下了深刻的印象。在此之前，当然也有人写文章提倡这种工作方式，但是将它大规模地加以落实，却很罕见。今天回顾起来，或许不觉得这种工作方式有什么特别之处，可是在当时如此这般获得史料、扩充史料，的确是前所罕闻的。

这当然不是出自他们自己的创造，当时西方已经将这种办法运用得非常纯熟了，也有一些西方学者在中国进行这一类的工作。[1]

而当时西方学者也认为中国的读书人永远不可能出现这种拿着铲子锄头下田野工作的方式，他们说旧文人的衣衫很长，指甲留得很长，他们是不可能下田野的。而旧式读书人心中所谓研究学问也是不必下田野的。研究学问通常是一个人坐在书斋中以笔砚批读古往今来的书籍，所以不会认为挖掘或采集来的资料有太多学术价值。从 20 世纪 20 年代开始，有人决定要靠手脚找资料。中央研究院历史语言研究所成立之前，清华的李济已在西阴村发掘历史的遗存。李济后来加入史语所。史语所在进行筹备之时，派出过几支队伍，四处寻找学问的材料。因为人事或其他复杂因素，这几支队伍中，除了殷墟发掘团，多半未得到令人满意的成果。不过它们的组成及工作方式却是值得注意的，因为它们标志着一种有意识地以团体的力量求取资料的方式，像"云南人类学知识初步调查""泉州调查""川边人类学调查""安阳调查"都是。他们也要求摆脱旧的工作方式，去调查记录实物材料：譬如史语所当时曾派黎光明前往川西做川边人类学调查，而黎氏似乎尚未完全脱离《小方壶斋舆地丛钞》中的记游式工作方式。在一封傅斯年写给黎光明的信中，傅便提醒他旧方式是不对的，要"多照相"，"不乱走，所得知识是系统的"。[2]在安阳试掘时，傅斯年给董作宾的一封信也提醒说，应该多注意地层等问题，"求文字其次，求得地下知识其上也"。[3]

1　张光直：《考古学和中国历史学》，《中国考古学论文集》（台北：联经出版公司，1995），页 17—18。

2　1929 年 2 月 16 日傅斯年致黎光明函，在"公文档"中。

3　此信在"公文档"，元字 23 号卷中。

当时有许多工作是开创性的，譬如史语所人类学组的凌纯声（1902—1981）的名著《松花江下游的赫哲族》一书，长期成为中国民族学田野研究的范本，便是因为它是中国第一次正式的科学民族田野调查，它开启了中国人从事民族学、文化人类学实地田野资料采集调查研究的传统。[1] 而在语言学方面，赵元任等语言学家在全国各地采集语料、录成音档，或是以语音实验设置来测定音值等都是一种全新的工作方式。而这种新工作方式往往带来重要的学术成果。[2]

重视实物的治史态度在上古史研究上影响最大。1929 年，李济在《小屯地下情形分析初步》中将这种重视地下情况的态度说得相当清楚——"我们可以明了要是我们挖掘的时候观察疏忽一点，那掘出的实物的意义就完全失了。"[3] 以甲骨来说，新史家认为甲骨如果不配合地下知识，则其价值顿减，而这是前代人所没有或很不自觉的观念。傅斯年在 1928 年给中央研究院的一份报告书中，便讲到他们使用甲骨与罗振玉、王国维等的不同，罗、王基本上从捡拾或商贩处购得甲骨，但新一代人希望研究科学的考古发掘所得的甲骨：

> ［甲文］至海宁王国维先生手中，成就极重大之发明，但古学知识不仅在于文字，无文字之器物，固是学者研究之要件，而地下情形之知识，尤为近代考古学所最要求者。其但凭取得文字所作发握【掘】者，所得者一，所损者千矣。[4]

---

1 李亦园：《凌纯声先生的民族学》，在《新学术之路》，页 739。

2 马学良在最近一篇文章中谈到他发现彝语中元音松紧的特性过程，而这个重要的发现是与一种新的工作方式分不开的。他回忆从李方桂处学得严谨的记音方式："一个月的工作，不仅学得了技术，更重要的是学得了一种科学态度和方法。李先生在听音审音上是毫厘必究的，比如撒尼彝语的 a，圆唇和展唇分为两个音位，这是到了工作结束临行之前才发现的，为此重新审听了全部有关卡片……后来我在李先生指导下进一步调查记录彝语时，发现了元音松紧的特性，这是彝语乃至彝缅语支语言的一个重要语言特征。"后来马氏在 1986 年指导学生记录锡伯语时发现擦音［xh］送气的问题，这个在阿尔泰语系满-通古斯语族中的一个重要普遍现象之所以长期未被发现，"除了受到文字的影响，主要还是记音的基本功问题"。参见马学良《历史的足音》，收在《新学术之路》，页 870—871。

3 《安阳发掘报告》，第 1 期（北平：中央研究院历史语言研究所，1929），页 47。

4 原件藏"公文档"，元字第 198—1 号。

为取得"地下情形之知识"，有非常繁复的工作要做——长期
参与殷墟发掘的一位学者说殷墟一至九次的发掘所用探坑法是："工
作人员把土色、遗物、遗迹等不同的情形，随着不同的深度，画在
规定比例的米厘纸上。如有特别情形另开支坑，如墓葬、穴窖等，
要把它们的全形找出、画出；同时都记录在每坑的记载本上。"[1] 遗物
的堆积情况、坑层位置的记录与史实的重建有关，以致最细微的扰
动，都被认为影响到科学性。譬如安阳 H127 坑甲骨整块装箱运到
南京史语所时，等拆开木箱，才发现甲骨底朝天。工作人员虽然将
朝天的甲骨从上而下按层揭取，并且编号、绘图，想恢复原来的堆
积状况，等清理完毕，根据绘图、编号，结合甲骨文字判断，认为
甲骨是一次抛弃，没有什么层位关系。但是张政烺却认为："用最
严格的田野考古要求来衡量，这一坑甲骨的发掘科学性受到影响是
不言而喻的。"[2] 这一段话颇能反映两件事：第一是他们把重建地下的
情形看得何等重要；第二是即使按层揭取、编号、绘图，但在一个
严谨的学者看来，一旦受过扰动，即使努力重建，其科学性仍然受
到影响。这种态度，显然与罗振玉、王国维的时代有很大的不同。

　　实物常常胜过书本，而有记录的实物又常常胜过没有记录的实
物，在实物中，也不因其器物之精美与否而影响其史料价值的高低。
一件制作精美的器物，如果没有出土记录，不明它的出土背景，它
的史料价值还不如那些残破石器陶片贝壳。而一些有重大意义的发
现，又常常是对实物做细微的观察与记录而得到的。譬如对安特生
的错误之改正，先是由梁思永（1904—1954）《小屯、龙山与仰韶》
一文而开其端，而此文的重要证据是后岗三叠层的发现。这个发现
的重要根据便是土色与地层的叠压，判断后岗上，在白陶文化的人
居住之前，黑陶文化的人曾在那里住过，在黑陶文化的人以前，又
有彩陶文化的人在那住过。在此之前，人们只知道中国东部在石器
时代曾有一种黑陶文化，但是它与其他文化的关系都一无所知，有

1　石璋如：《我在史语所》，《新学术之路》，页 640。
2　张政烺：《我在史语所的十年》，《新学术之路》，页 537—538。

这一个发现，才知道它的时代与地位，及它与白陶文化和彩陶文化之关系。[1] 传统学者不会用土色来作历史证据，从土色及地层的叠压来求得历史知识也不是传统学者所能想见。

即以甲骨来说，有文字的固然重要，但即使是无文字碎片也有用处，譬如拼兑甲骨，有时候得借助于无字碎片作为桥梁，才能使两版连接起来。又如在武丁时期甲骨上发现纺织碎片，如果能得到科学鉴定，便可能对商代物质生活有新的了解。[2] 以铜器研究为例，传统史家多将注意力放在铭文上，新一代则每注意于文字之外的形制纹样。如徐中舒《爰氏编钟图释》中强调"中国学者对于铜器，向来惟重视其文字，至于器物之形制与纹样则殊漠然"，而他便以"文字"之外的"形制纹样"来为青铜器断代。[3] 他的《古代狩猎图像考》也是系统研究花纹的前驱著作。该文中强调铜器断代乃研究铜器之先决问题，他抱怨"向来学者对此问题，惟据文字以为推断"，而狩猎图像之铜器，因为文字少，故传统著录年代混乱，徐氏在这篇名文中便以铜器的图像考论其年代，并讨论中国铜器自身之演化与所受外来文化之影响。[4]

新一代不但直接观察实物，还要借助现代的实验得出一种清楚的了解和认识。考古学家吴金鼎（1901—1948）最重要的文章之一是《高井台子三种陶业概论》。他在英国读书期间曾去伦敦中央高等工业学校学习原始制作陶器的方法，他将工业学校中所学运用于对中国古代陶器制作的分析。在这篇文章中，作者没有征引任何古书，而是从物质的层次，分析几种陶片的出土情形、颜色装饰与表皮、泥质与肉壁，及制作法，而得知高井台子红、黑、灰三种不同的陶

1　梁思永的文章《后岗发掘小记》发表在《安阳发掘报告》第2期（1933），页609—625。《小屯、龙山与仰韶》发表在《历史语言研究所集刊》外编《庆祝蔡元培先生六十五岁论文集》（1935），页555—568。以上是用石璋如《考古方法改革者梁思永先生》的叙述，该文收在《新学术之路》，页352—366。

2　以上皆见张秉权《学习甲骨文的日子》中自述其研究之经历，《新学术之路》，页923—932。

3　《爰氏编钟图释》（北平：中央研究院历史语言研究所，1932），页5。

4　该文载《庆祝蔡元培先生六十五岁论文集》（北平：中央研究院历史语言研究所，1935），页569—618，引文见页569。

业制作风格，从而推论"红陶之时代，约与后岗之红陶期相同。而其黑陶却早于后岗之黑陶。二者显然之别，即后岗黑陶乃系轮制而此址黑陶仍系在转盘上模制"。"此址之灰陶……其技术与殷墟同"，而印证了梁思永的"三叠层"的发现，认为这种现象至少在豫北一带是通常情形。[1] 又如李济对安阳发掘所得陶铜之处理，也进行大量实验室的工作，自己能做的自己做，自己不能做的，则请专家代劳，质量的分析由化学家负责，石质的鉴定则请岩石学专家，动物骨骸则请古生物学家。[2]

而实作的过程中也确实能够产生过去局限在文献上难以解决的问题。譬如董作宾以龟甲实际烧灼，发现裂开的那一刹那所发出的声音是"卜"，因而知道"卜辞"的"卜"字之起因。[3] 又如在董氏的《甲骨文断代研究例》这篇名文中，据以判断分期的标准之一是笔画，董氏用放大镜看每一刻辞笔画的先后次序，发现笔顺随着时代而有不同。有先刻直划，再刻横划；也有的先刻横划，再刻直划。这些习惯的转变，大可以帮助后人订定刻辞的时代。[4] 像用放大镜来观察每个时代甲骨刻辞的笔顺与风格，以定卜辞之时代，就是没有文字、不会言说的资料，却提供后人历史知识的一个实例。

又如他们处置出土器物时，也常摆脱奉过去那几种古书不刊之典则的成见，王国维已经是非常新颖、非常深刻的现代学者了，然而以古器物的分类为例，新一辈人便认为他的观念仍显保守。在清华国学研究院时期，当李济将西阴村史前遗存送回清华大学展示时，他与王国维有一个短暂的讨论，王氏对于它们深感兴趣，但对于古器物的处理，"他以为这一类的著录仍应该奉《博古图》及《考古图》为准则"，这一点接触，使得李济"深深地感觉到，一个在纯中国

1　吴金鼎：《高井台子三种陶业概论》，《田野考古报告》（上海：商务印书馆，1936），第1册，页201—211。

2　石璋如：《李济先生与中国考古学》，此文原刊《中华文化复兴月刊》，8：5（1975），现收入《新学术之路》，页151。

3　李济：《南阳董作宾先生与近代考古学》，《感旧录》，页99。

4　同上，页100。董作宾：《甲骨文断代研究例》（台北："中央研究院"历史语言研究所，1965），页101。

传统中，产生出来的头等学人，与近代科学研究的思想并没有精神
上的隔离。不过观堂先生的内心里，似乎总感觉得碰到了一个不解
的结；他虽能了解近代科学的意思，但似乎认为有一点不可越的距
离"。[1] 而李济这一辈则不奉经书或《宣和博古图》《考古图》为准则，
他的《殷墟器物甲编》上辑走出自宋以来金石学的范畴，把一向称
为礼器的"称为'容器'，把一向称为'利器'或'武器'的，称
为'锋刃器'，他觉得这样的分类'至少可以澄清形态与功能混搅
的局面'"。[2] 而一般认为夏鼐（1910—1985）的贡献之一，也是在
玉器研究上走出了经学家的束缚。[3]

（二）对正统史料态度改变

　　在《史地学报》二卷二期中有一篇《梁任公"中国历史研究
法"之回声》，其中引了一向以旧派学者自居，并时时挞伐新派的
张尔田的一封信。张氏在信中说："今人不宜动以稗说野纪以非正史，
不可据孤证轻易旧文。"[4] 这一段话点出当时学界的一种现象，即新派
好疑正统史书，有时也好以非正统的、边缘性的"稗说野纪"来非
难正史；自古以来享受极高地位的正统史书地位开始动摇了，人们
不但时常把过去认为正统的与非正统的史料的价值等量齐观，而且
在某些特定时候，看重非正统史料过于正统史料，使得原先是中心
的滑落到边陲，而原先是边缘的则成为中心。

　　新学者们不迷信官书，甚至刻意反对官书的态度，相当清楚地
表现在他们的研究中。以陈寅恪为例，在他与傅斯年主张购买明清
内阁大库档案时所列举的理由中，有一条为清代官书全不可信，而
历史的真相每需向档案中去求。[5] 清代是异族统治的时代，官书所记
常遭扭曲或有意的窜改，陈氏的态度犹可了解，但在处理其他时代

1　《南阳董作宾先生与近代考古学》，《感旧录》，页95。

2　石璋如：《李济先生与中国考古学》，《新学术之路》，页151。

3　石兴邦：《夏鼐先生传稿》，《新学术之路》，页728。

4　《史地学报》，2:2（1923），页114。

5　王汎森：《什么可以成为历史证据——近代中国新旧史料观点的冲突》，《新史学》，8:2
　　（1997），页106。收入本书。

的历史问题时，他也常表现出类似的意态。譬如他的《顺宗实录与续玄怪录》一文中说，考证史事须"将官书及私著等量齐观，详辨而慎取之"，又说"私家纂述易流于诬妄，而官修之书，其病又在多所讳饰"。[1] 在这篇论文中，他便展现了如何以《续玄怪录》这样一本"不经之书"钩稽出唐顺宗被宦官所弑的真相，并指出官修史书对这一件事讳莫如深。

对史料的不同态度至少引发过两场相当激烈的论战：明成祖生母问题的论战，及李唐氏族起源的论战。在明成祖生母问题的论战中，有一派信从官书的记载，认为明成祖为明太祖妃所生，但是反对派却相信笔记稗史，主张明成祖是元天顺帝之遗腹子。官书派是朱希祖，反对派是李晋华、傅斯年，以及提供帮助的陈寅恪、吴晗等。姑不论双方实际的胜负以及后代史家对这个问题的看法如何[2]，这个争论本身便凸显当时两派史家对于史料截然相异的看法。

在有关李唐氏族起源的论战中，朱希祖笃信官书中对李唐先世之记载，并批评陈寅恪因不信官书，故有"李唐先世疑出边荒杂类，必非华夏世家"及"李唐先世似本非汉人"这样不寻常的看法。其实陈氏的中古史研究仍然以正史为主，不过他并不盲从，时时持批判的角度。朱氏则一再说"官书"之可信，并反对李唐氏族有任何出于胡人的可能。[3] 朱希祖对陈寅恪的批评有些意气与误解，陈寅恪并未明说李先世为胡人，但是朱希祖认为陈氏的观点开启了李唐先世为胡人之说，所以他的学生刘盼遂（1896—1966）会写《李唐为蕃姓考》，而日本人金井之忠会写《李唐源流出于夷狄考》。关于这个问题，陈寅恪曾改变其见解，但其不信官书之态度则前后一致。这场论争同样也见证了当时的两种史料观点对立的情形。

菲薄官书的态度也可能造成重大的错误，而由这类错误中，正可以看出他们从事历史研究时不曾明白说出的一些意态是如何左右

1　《陈寅恪先生论文集》，页 525。

2　关于近人对此问题之讨论，见陈学霖《"真武神·永乐像"传说溯源》，《明代人物与传说》（香港：香港中文大学出版社，1997），页 114—115。

3　朱希祖：《驳李唐为胡姓说》，《朱希祖先生文集》（台北：九思出版社，1979），第 3 册，页 1833。

着他们的历史思维。譬如陈寅恪晚年《柳如是别传》一书中讨论黄毓祺时，便不信清代官书的记载，陈寅恪依旧和几十年前一样，认为"清代官书未必尽可信赖"，"实录之编纂，累经改易，编者综合资料，排比先后，表面观之，虽如天衣之无缝，然未必实与当时事件发生之次序一一吻合"。[1]但在钱谦益与黄毓祺一案上，不信官书却造成一连串的失误。依照近人的研究，《柳如是别传》中关于这一节出现许多问题，"所涉及的内容，达百余页篇幅之多"。[2]

对《山海经》一书的使用，充分显示人们对"异端史料"的重视。过去读书人谈到《山海经》，大多认为谬悠难信，但是在王国维、蒙文通、傅斯年看来，这部不经之书中却有许多宝贵的材料。早先，王国维以《山海经》及《楚辞》来证殷王世系，傅斯年则更为有意识地提出古代非正统史料的价值，并强调经过儒家"伦理化"的史料不能全信。譬如以殷代历史而言，《史记·殷本纪》的记载有不少错误，而《左传》《国语》的记载又过度伦理化，它们的史料价值都低于几种带有神秘不经色彩的古籍，像《山海经》和《楚辞·天问》。[3]他甚至告诉北大学生说，上古史料中，离开儒家愈远的愈可相信。[4]

因为当时学风有认为非正统史料高于正统史料的趋势，不少学者受此感染，对小说、戏曲、俗文学等任何"俗"的东西都感兴趣，有时还透露出一种超乎高文典册的惊奇感。譬如郑振铎1925年10月底访得一本绣像小说时的振奋心情，胡适特地记载这件事——"振铎天天逛旧书摊，寻得了旧版的小说。有一天他跑回旅馆，高兴得很，说：'我找到一部宝贝了！'我们看时，原来他买得了一部海上奇书。这部海上奇书是一种有定期的'绣像小说'！"[5]而胡适自己在重新出版清光绪壬辰年（1892）间问世的《海上花列传》时，也觉得"甚

1　《柳如是别传》（台北：里仁书局，1985），下册，页882、891。

2　何龄修：《〈柳如是别传〉读后》，《纪念陈寅恪教授国际学术讨论文集》（广州：中山大学出版社，1989），页634—635。

3　傅斯年遗稿，《中国上古史与考古学》，在"傅档"Ⅰ：807。

4　傅斯年遗稿，《中西史学观点的变迁》，在"傅档"Ⅱ：945。

5　《海上花列传序》，《胡适文存》，第3集，卷6，页483。

为宝贵"。[1]

他们看待"俗"史料的价值高过正统史料。胡适说："中国文学史上何尝没有代表时代的文学？但我们不该向那'古文传统史'里去寻，应该向那旁行斜出的'不肖'文学里去寻。因为不肖古人，所以能代表当世。"[2] 郑振铎在《中国俗文学史》中呼应了这一段话，并进一步发挥说：

> 有三五篇作品，往往是比之千百部的诗集、文集更足以看出时代的精神和社会的生活来的，它们是比之无量数的诗集、文集，更有生命的。我们读了一部不相干的诗集或文集，往往一无印象，一无所得，在那里是什么也没有，只是白纸印着黑字而已。但许多俗文学的作品，却总可以给我们些东西。他们产生于大众之中，为大众而写作，表现着中国过去最大多数的人民的痛苦和呼吁，欢愉和烦闷，恋爱的享受和别离的愁叹，生活压迫的反响，以及对于政治黑暗的抗争；他们表现着另一个社会，另一种人生，另一方面的中国，和正统文学、贵族文学、为帝王所养活着的许多文人学士们所写作的东西里所表现的不同。只有在这里，才能看出真正的中国人民的发展、生活和情绪。[3]

俗文学中"可以给我们些东西"，而诗集文集"只是白纸印着黑字而已"的论断，处处左右着这位了不起的文献搜集者看待"正统"及"异端"史料的态度。[4]

此外，这一种新眼光也使得"俗"的意义转变了。"俗"原本意味着难登大雅之堂，应该用"雅"来加以纠正的东西，如今却被看成是俗民的创造。如陈寅恪《敦煌本十诵比丘尼波罗提木叉跋尾》

1　《海上花列传序》,《胡适文存》, 第 3 集, 卷 6, 页 484。
2　胡适：《白话文学史》(台北：信江出版社, 1974),《引子》, 页 4。
3　《中国俗文学史》(上海：上海书店, 1984), 页 20—21。
4　这种新态度在郑氏访书买书的过程中不时反映出来。参见郑振铎《西谛书话》(北京：生活·读书·新知三联书店, 1998)。

中呼吁："若能搜敦煌写本中六朝唐代之异文俗字，编为一书，于吾国古籍之校订，必有裨益"，并认为这是考古学文字学之重要事业。[1] 如刘半农在巴黎抄写敦煌卷子时，刻意将别字、俗字原样抄录，而蔡元培在为他的《敦煌掇琐》作序时也特别指出这一点。[2]

（三）背离传统的历史解释

历史解释常常深受时代思潮的影响。前面已经提到过，晚清以来思想上的逐步解放，尤其是新文化运动的反传统思潮，都可以在史家的作品中看到它的烙印。如果不是从传统思想的束缚中解放出来，许多历史解释都不可能出现，或不可能公开发表，而且思想既解放，历史解释亦更进一层。此处先以多元古史观的形成为例。

我们知道，王国维的名作《殷周制度论》无意间为后来多元古史观点开道[3]，虽然许多话未经王国维的口直接说出，但是王氏将古代帝王宅京分出东西方两个系统，将殷周制度分成两个系统。在另外一篇文章中，他将古代文字也分出东西两个系统。这些作品给人一种暗示，好像自来一元相传的架构，以及寄托于一元相传的架构上的圣道王功似乎有点问题，这当然不是受旧式价值观所束缚的人所能想象的，即使想象得到也不敢大胆发表。[4]

但是，王国维虽然在历史中看到那么多"异常现象"，他仍然极力发挥他的道德主张，认为周人是一个道德团体，而且这个道德团体支配了中国两千年的历史。所以王国维只是不为纲常名教所抑，归根结底，他不但不反传统，而且还通过自己的历史研究处处宣扬传统道德在现实上的重要性。他虽然分出古代帝王宅京有东西两个系统，但是他仍然紧守传统，认为它们出于一系，都是帝喾之后。但是比他晚一辈，受新文化运动的反传统思想洗礼的新一代史家，看法就不大一样了，傅斯年在寻得出土材料的佐证，并对文献史料

1　《陈寅恪先生论文集》，页140。
2　见《敦煌掇琐》（北平：中央研究院历史语言研究所，1931），蔡元培《序》，页3。
3　详见王汎森《王国维与傅斯年》，《学术思想评论》第三辑（沈阳：辽宁大学出版社，1998），页473—492。
4　即以西亳一点，清代也有几位学者提出，但是他们都不曾想到那么远。

加以严密的爬梳后，就认为王国维所展示的现象不应该用同出帝喾一系的解释，乃大胆将东西两个系统拆散了，形成古代历史有东西两大集团的论断。从王国维的《殷周制度论》到傅斯年的《夷夏东西说》，从仍以帝喾为殷、周共同祖先到以殷、周分属东、西两个系统，在这一脉发展过程中，受传统束缚程度的多寡，乃至于反传统思想的影响，是一个相当重要的因素。

顾颉刚是另一个例子。晚清今文家为尊孔卫道所发展出来的一些经学解释，在这个五四青年的手中，便登时粉碎了古代信史，并开启了无数反传统的历史解释。以上这些例子都显示了新文化运动后思想界的空气，使得许多原本已经不太稳定的历史图像登时崩解了。

在历史解释方面，一方面受到新文化运动的科学观的影响，另一方面是受到西方实证主义的浸染，他们对于带有主观价值色彩、道德教训意味，甚至太过通论式的历史写作都相当不以为然。这种态度自觉或不自觉地表现在这一代学者的历史解释中。

首先是不要著史、不要史观、不要史论。傅斯年在《历史语言研究所工作之旨趣》中已经用很严重的口气表示不要"著史"，不要"历史哲学"。[1] 在当时史学气氛下，陈述就非常留心自己的文字是否涉及"史观"，他在私下通信中流露出这种紧张。在 1935 年 12 月 22 日他给陈垣的一封信中，他说自己的《曳落河考释及其相关诸问题》一稿"屡曾删改，仍恨涉史论之嫌"，所以迟疑再三，便是一例。[2]

第二是不要涉及价值。胡适把整理国故与捉妖打鬼视为一事，把研究传统文化当作捉妖打鬼的工作，他声明要化神奇为腐朽，化玄妙为平常。胡适稍早写的《中国哲学史大纲》，即经常以批判或化玄妙为平常的方式落笔。

新史家在处理涉及心性方面的问题时，也自觉或不自觉地要把

1　傅斯年：《傅斯年全集》，第 4 册，总页 1301—1310。
2　见陈智超编注《陈垣来往书信集》（上海：上海古籍出版社，1990），页 621。按：此文后来以《曳落河考释及其相关问题》于 1938 年刊于《中央研究院历史语言研究所集刊》7:4。

玄妙的讲成平常，譬如傅斯年在撰写《性命古训辨证》时，张政烺
为他处理一批金文材料，张政烺写信告诉他金文中的"生"及"令"
二字没有玄妙的心性含义[1]，而要贬低古代儒家思想心性一脉的地位
也是贯串《性命古训辨证》一书的思想主轴。

（四）发展变动的观念

　　新史家历史解释的另一个特色是发展变动的观念。中国历史文
化中常常出现两种倾向：首先是一种寻求最高、不动的原点的倾向，
或可称之为"原型"的崇拜，虽然每家的"原型"不一定相同。同
时还有一种"统之有宗，会之有元"的倾向，把多元分散的现象收
摄到一起。哲学如此[2]，考证学亦如此。在考证方面，清儒的考古之
学非常精到，但是他们每每缺乏发展的观念，其研究中每每希望求
得一个最纯粹、最合于古代的真相或圣人的正解。

　　使得发展式的观点得以成立的最重要起源，当然是进化论。进
化论使得 20 世纪初叶几乎所有的学问都必须按照"历史发展"的
脉络加以安排。从晚清到民国，它始终都是一个占支配地位的方法
论。它跨越各种领域，对史学、文学等都产生绝大的影响，以史学
来说，使中国史学开始脱离经学霸权的是梁启超，进化论是他的重
要武器。[3]夏曾佑也是以人群进化来讨论中国史迹，夏氏是尊奉今文
经学的，今文经学的三世进化本身即带有某种程度发展变化的观点，
但与进化论仍有分别，故夏氏在《中国古代史》中说：

　　　　本编亦尊今文学者，惟其命意与清朝诸经师稍异，凡经义
　　之变迁，皆以历史因果之理解之，不专在讲经也。[4]

1　"傅档" IV：291，IV：295。
2　以哲学来说，蒙文通便认为，所谓人性，究竟是要经过逐步发展才可以完善，还是一
　生下来便纯然全善。前者属于发展论，后者属于先天论，他认为传统思想家大多主张
　后者。不过，蒙文通认为也有一些例外。譬如孔子的性近习远、明末清初的陈确，都
　有一种发展论的倾向。陈确认为人性像种子，要"经霜性始全"，非教善成则其性不全，
　即是脱离了先天论而走向发展论。见其《治学杂语》，蒙默编《蒙文通学记》，页 25。
3　朱维铮编：《周予同经学史论著选集》（上海：上海人民出版社，1996），页 537—539。
4　夏曾佑：《中国古代史》（上海：商务印书馆，1935），页 340。

夏氏说"凡经义之变迁，皆以历史因果之理解之"一语充分显示了他与清代经师的不同。经今文学仍然认定一个孔子的理想作为终极追求的目标，故虽然有三世进化的眼光，最终仍然想找到"升平世"的理想。[1]

进化论当然使得回到最古最高的原点不再具有吸引力。回到最古最高原点的希求与"黄金古代"的思想有关。"黄金古代"事实上也不是一个封闭不变的原点，事实上，因为每一个时代都以当时的水平去投射出一个比其时更高、更理想的黄金古代，所以黄金古代的样子也是不断地改变，不断地被丰富化。但是进化论使得最高的原点不在古代，"郅治之世"不在"古昔"，而是在未来，以至于有人要将"生我不于千载上"这一句诗改成"生我不于千载下"[2]；恨不能生于千载上是向往着能回到原点，而恨不生于千载下则是认为最美善的境界在未来，越晚出世则越能领略到未来最美善的境界。而清季以来中国社会文化急遽变化所产生的转折感及历史断裂感，也为上述思想提供了社会条件。[3]

前面已经说过了，新文化运动的几位领袖对历史演进法的推广有很大影响。胡适将"历史演进法"的观点带入中国古籍、古史，尤其是小说研究中。

发展变化的观点使得人们以一种新眼光评估过去的学术研究。以清儒最有成绩的音韵学为例，新一代的学者钱玄同就这样评论说："就是因为他们没有历史观念，古今中外的音韵，只能有异同，不

1　不过，清末今古文两派的领导人物康有为、章太炎都在某种程度上接受了进化论，"也就是关于一切事物都有发生、发展及彼此间存在着互相联系的过程的科学理论"。夏曾佑：《中国古代史》，页954。

2　夏承焘：《天风阁学词日记（二）》，页609，"1945年7月22日"条。

3　值得注意的是，在史学方面，叙事结构的不同也使得人们对史事的处理方式产生变化。章节体的引入是一个关键性的变化，它使得事件不是孤立的，而是以一个发展的过程出现。以早期出现的一批历史教科书为例，梁启超的《中国史叙论》完全采用欧美的章节方式来叙述。《中国史讲义》也是用章节体。刘师培《中国历史教科书》的《凡例》则特别提到这一种写法的创新性。桑原骘藏以篇章体方式编写的《东洋史要》（1899）、那珂通世之《支那通史》（1899）、市村瓒次郎之《支那史要》（1902）对中国影响甚大，如普通学堂之《普通新历史》即以日本的一本《东洋历史》为蓝本，柳诒徵、夏曾佑等都是以章节体撰史的。以上关于这种叙事方式带来的发展变化观念，参见胡昌智《历史知识与社会变迁》（台北：联经出版公司，1988），第3章。

能说有好坏。至章太炎、黄季刚两先生确［却］认为元、明以前的
都好，唯有到了元、明就糟了。所以自清代以来，上而至于顾炎武、
戴东原，以迄段玉裁、孔广森，下面至于王念孙、章太炎，以迄黄
季刚，都是专讲元以前的音韵，至于元、明则绝口不道。[1] 譬如清儒
对周德清（1277—1365）《中原音韵》的排斥，"不提则已，一提就
大骂一顿"[2]，对于《洪武正韵》也是一样——"清代学者因为好古
的原因，所以总是排斥《洪武正韵》的，而其实清人所以排斥《洪
武正韵》的地方，正是我们所以称赞《洪武正韵》的地方。"[3] "清儒"
与"我们"正好标志两个时代两种观点。清儒排斥《洪武正韵》是
因为它只是一个时代的音韵，不能符合原型，而钱玄同能欣赏《洪
武正韵》即反映一种以发展的观念看历史事物的意态。

在这里，我想举傅斯年的几种研究来看发展变化的观点如何贯
穿于他的历史解释。傅斯年深受发生学方法之影响，并把它运用到
史学研究中，他在竞选中央研究院院士时，自己作简介，即强调自
己是用"地理及进化的观点"。[4] 这个方法论在他的诸多作品中表现
得相当清楚。譬如《大东小东说》，讲周东封是由武装集团，一步
一步地往东推进的过程，所以即使是同一个国名，实际地理位置却
有变化。这一个发展的观点，帮助后来人解决了一些问题，譬如王
毓铨在研究古代钱币时，便运用这一观念解决了他的难题。[5]

不过，由《性命古训辨证》一书，似更能看出发展变化思维的
实践。

《性命古训辨证》一书，在今日受到各方的批评，但在当时，
因为它以统计学方法、语言学观点治思想史，所以是一部开创新局
面的著作。[6] 清代经师阮元有《性命古训》一书，傅斯年则对它进

---

1 任访秋：《钱玄同论》，沈永宝编《钱玄同印象》（上海：学林出版社，1997），页 147。
2 同上。
3 同上，页 148。
4 傅乐成：《傅孟真先生年谱》，《傅斯年全集》，第 7 册，总页 2644。
5 傅斯年：《大东小东说》，《傅斯年全集》，第 4 册，总页 745—756。关于王毓铨，见
   Wang Yu-ch'uan, *Early Coinage* (New York, 1951), pp. 150-153。
6 陈垣读了，深觉自己落伍。1940 年 8 月 16 日，陈垣致陈乐素函，见《陈垣来往书信集》，
   页 662。

行"辨证"，比较两者的方法与态度，便可发现新一代史学家的方法论与前人有何不同。阮元的《性命古训》是沿承戴震之学而起的，他基本上和戴震及许许多多清代学者一样，都想寻得先儒之"古义"。傅斯年承认，阮元有一个了不起之处，即他能以语言学观点解决思想史中的问题[1]，不过他对阮书也有不满。傅氏对阮元最不满意的，就是阮元及他的前辈戴震都没有的"发展""变动"的观点。他说：

> 语学的观点之外，又有历史的观点，两者同其重要。用语学的观点所以识性命诸字之原，用历史的观点所以疏性论历来之变。思想非静止之物，静止则无思想已耳。……前如程、朱，后如戴、阮，皆以古儒家义为一固定不移之物，不知分解其变动，乃昌言"求其是"，庸讵知所谓是者，相对之词非绝对之词，一时之准非永久之准乎？[2]

傅斯年指出程、朱、戴、阮皆以为古儒家义是一个固定不动之物，所以不知分解其变动。他又说：

> 在此事上，朱子犹胜于戴、阮。朱子论性颇能寻其演变，戴氏则但有一是非矣。……故戴氏所标榜者孟子字义也，而不知彼之陈义绝与孟子远也。所尊者许、郑也，而不察许、郑之性论，上与孔、孟无涉，下反与宋儒有缘也。戴氏、阮氏不能就历史的观点疏说《论语》《孟子》，斯不辨二子性说之绝异，不能为程、朱二层性说推其渊源，斯不知程、朱在儒家思想史上之地位。阮氏以威仪为明德之正，戴氏以训诂为义理之全，何其陋也？今以演化论之观点疏理自《论语》至于荀子古儒家

1　"即以语言学的观点解决思想史中之问题，是也"，《性命古训辨证·引语》，《傅斯年全集》，第2册，总页498。

2　傅斯年：《傅斯年全集》，第2册，总页501。

之性说，则儒、墨之争，孟、荀之差，见其所以然矣。[1]

他说戴、阮的局限正是不能以历史的观点去分解"性""命"二义在历史上之变动，而一味要求古义，因而不能了解其发展之过程，而他的书正是以"演化论的观点"去梳理发展历程，遂能看出许多原来看不到的东西。

（五）多元的观念

新史家的历史解释的另一个重要特色是多元的观念。

前面已经说过，前儒好以"统之有宗，会之有元"的思维方式，将各种实际上多元歧出的东西收摄到一个宗旨下面，而不愿将纷繁变化、多元歧出当作实态。即使到了近代，我们仍可以在像廖平这样的经学家身上看到这种思维方式。

廖平一生的学术思想有所谓"六变"，他最后几变愈变愈玄，要进入所谓"天人之境"了。廖氏早期显然已经受到现代学问观念的影响，但是传统的思维习惯仍旧非常浓厚。在《今古学考》中，廖氏其实已经看出先秦儒家中有多元而相冲突的质素，同时也看到三代礼制之间的歧异，但他仍把这些可以分解成多元的东西，说成是孔子早、中、晚年授徒时所发表的不同言论，有的弟子得其早年的思想，有的得其中、晚年思想[2]，而不径直承认它们其实是多元发展的现象。

以多元的观点看，则对许许多多问题的解释会有重大的不同。这里我想再回到王国维与傅斯年的例子。前面已经说过，王国维已经受了很多新学术的影响，所得常超出乾嘉诸儒的范围。他以地理的殊异来解释历史，从而得出一些多元的观点，譬如古文与籀文，过去视为一线相承的文字，王国维则以地理的观点把它排成一西一东，古文是东边六国使用的文字，籀文是西边秦系的文字。在王氏

1　傅斯年：《傅斯年全集》，第 2 册，总页 502。

2　《今古学考》（台北：长安出版社，1974），卷下，页 7—8。

论著中，以地理多元的观点巧妙地解释历史上争论不休的问题的例子还所在多有。譬如他在《殷周制度论》这一篇幅绝大的文字中，详论殷、周制度之差异，可是他还是摆脱不了过去那种三代一系相承的一元式观点，故在《殷周制度论》中强调殷、周皆出自帝喾。我们从相关论点后来的发展可以看出多元观点如何一步一步取得优势，王国维的学生徐中舒《从古书推测之殷周氏族》则将同出帝喾这一层丢掉了，主张殷、周是两个不同的民族，周可能出自戎狄。到了傅斯年则完全采用多元的解释。他使用各种细微的文献证据以及考古发掘的新材料，主张夷夏在古代是东、西两个集团，并说后来儒家为了将古史伦理化，才将东、西两个集团相争相灭的残酷史迹泯除了。儒家更造出一个"全神堂"，把东西两集团的祖先拉到一个"全神堂"来作一系相承的祖先。傅氏在其他地方也不断地强调"古代非统一，而文化发源地不一处"的观点。[1]

值得注意的是，这种多元观念不是新派史家的专利，而是这个时代一些敏锐的古史家由不同途径推得的共同结论，如蒙文通的《古史甄微》，完全依仗传统文献，由古代史事在各地文献中记载的不同而归纳出古代有三大集团。而较后的徐炳昶，则在《中国古史的传说时代》中，通过对神话的分析，得出上古三集团的观点。这三位史家不约而同地将古代一元相承的观点打破，提出多元的观点，很可以代表当时史学的特色。

多元观点成为一把锋利的刀，切割开许多过去困扰难解的现象。譬如语言学家王静如（1903—1990）将上古方言分为东土方言与西土方言[2]，又如治文字学的容庚（1894—1983），认为治殷、周古文字之学，要先分别殷、周文化之异同，殷商固已融合入华夏族文化中，而殷商实出自东夷[3]。徐中舒的《耒耜考》也以东、西来区分耒与耜之使用，说："耒为殷人习用的农具，殷亡以后，即为东方诸国所承用，

1　以上见王汎森《王国维与傅斯年》，《学术思想评论》，第 3 辑，页 473—492。

2　王静如：《跋高本汉的"上古中国音当中的几个问题"》，《中央研究院历史语言研究所集刊》，1:3（1930），页 403—416。

3　李瑾：《记容庚师治学及待人之道》，《新学术之路》，页 341。

耕为西土习用的农具，东迁以后，仍行于汧渭之间。"[1] 李济后来在分
析殷代铜器时也强调殷商文化是一种多元复合文化，不是单纯的古
代的中国文化，而是本土、西亚、南亚文化的复合体，其中尤其是
认为殷商文化中有南亚文化一点，是前所未有之见解。[2]

此处必须强调的是，以上这些多元观点并不一定是不刊之论，事
实上，殷、周是不是分属不同的集团，仍有人质疑，我在这里只是以
它们作为例子来说明当时占有很大势力的一种史学解释风格而已。

（六）西方的眼光

除上述种种之外，如果我们观察新学术领袖们的言论，便会发
现他们相当努力地希望用西洋的眼光来看待自己的历史文化，至少
在不满新派学者的人眼中，这是一个很重要的特点，这样的观察与
控诉不一定公平，但也不是完全没有根据。我们今天看待这个问题
可以有更为精细的分析。

新一代学者受当时西方各种理论的影响很浓厚，关于这方面，
讨论的文字比较多，此处想谈的是他们与当时欧洲东方学的关系。

新史家们对当时欧洲的东方学研究者有一种"羡妒交加"的情
绪。他们非常不满意当时中国学术的落后，连研究东方的学问也瞠
乎洋人或日本人之后。在一些私人文件中，这种羡妒交加的情绪是
很常见的。陈寅恪民国十八年（1929）送北京大学史学系毕业生的
诗说：

> 群趋东邻受国史，神州士夫羞欲死。
> 田巴鲁仲两无成，要待诸君洗斯耻。[3]

同年，傅斯年在写给陈垣的一封信中也说：

1　《中央研究院历史语言研究所集刊》，2：1（1930），页 42。
2　周予同：《五十年来中国之新史学》，朱维铮编《周予同经学史论著选集》，页 552。
3　陈美延、陈流求编：《陈寅恪诗集》（北京：清华大学出版社，1993），页 18。

斯年留旅欧洲之时，睹异国之典型，惭中土之摇落，并汉地之历史言词材料亦为西方旅行者窃之夺之，而汉学正统有在巴黎之势，是若可忍，孰不可忍。[1]

同年，李济在写给傅斯年的一封信上也道出心中的一种不满的情绪：

他们［外国人］面子上虽说是很客气，心里总以老前辈自居，对于我们这种穷小子只是提携奖励而已，而自己以为是站在无所不容的地位。这也未尝不是实在情形，不过我们实在觉得难堪。自然，能摆脱他们势力几分就摆脱几分，实在没法子，也只得像那"猿人"似的弯着脖子走走再说，耐性等着那"天演的"力量领着我们上那真真的人的路上去。也许我们的儿子（应该说我的）可以替我们出这口气，希望总要有的。[2]

李济以"猿人"之不能直立形容中国人治汉学之不能"直立"，要等到将来进步了才可能一步一步站立起来，成为一个真正的人，甚至寄望下一代"替我们出这口气"。前引这些文件是私人间的通信或赠诗，充分表达了那一代新学术领袖心中的不满，而傅斯年在《历史语言研究所工作之旨趣》中则公开宣言说："中国境内语言学和历史学的材料是最多的，欧洲人求之尚难得，我们却坐看它毁坏亡失。我们着实不满这个状态，着实不服气就是物质原料以外，即便学问的原料，也被欧洲人搬了去乃至偷了去。"他大声疾呼"我们要科学的东方学之正统在中国"。[3]

这些充满着自伤而又不服、不满、"是可忍孰不可忍"、想"出这口气"的情绪，基本上是针对欧洲的东方学研究者而发的。这种既羡又恨，要与巴黎、柏林争正统的态度，正是推动他们学术工作的重要动因。

1　"公文档"，元字第 109 号。
2　同上，元字第 25 号。
3　《历史语言研究所工作之旨趣》，《傅斯年全集》，第 4 册，总页 1308、1314。

　　前面提到他们的口气中除了"妒"之外还有"羡"——承认西方人在他们所能做、所专长的部分，确实领先中国学者，所以李济会说"这也未尝不是实在的情形"，傅斯年也说"虏学"是中国所不擅而西方学者所独长的。[1] 所以在不服、不满、"出这口气"、"是可忍孰不可忍"之外，是一种承认，是一种羡慕。他们要与西方学者争，而且要在他们的路数上来争，以中国学者的努力来"分异国造诣之隆"[2]，"欲步法国汉学之后尘，且与之角胜"[3]。除要"发达我国所能，欧洲人所不能者"外，"同时亦须竭力设法将欧洲人所能、我国人尚未能者亦能之"[4]，要"以欧洲人的心术为心术"，是要"螟蛉有子，蜾蠃负之"[5]。这些话都是在先承认欧洲人的研究范围及路数的前提下说的。观诸史语所所聘的外籍通信研究员名单，则对这种复杂的情绪也可以思过半矣。史语所所聘的米勒、伯希和、高本汉、安特生等人，都有傅斯年等人认为彼有所能，而我同仁尚未能的本事，是所"羡"者，但同时也是所"妒"者，是要学习并加以超越的对象。

　　傅斯年决定聘李济，是因为见到李济写文章反驳史禄国[6]，李方桂有关古韵之文引起与高本汉之讨论时，傅斯年骄傲地向蔡元培报告，说"高君在中国语学之地位，不久将转到方桂身上矣"，并强调当时史语所之工作"此时对外国已颇可自豪焉"[7]。安特生主张仰韶文化晚于齐家文化，并推论中国文化西来的研究，被史语所的梁思永、刘耀（尹达，1906—1983）等所批驳时[8]，他们心中洋溢着骄傲感。在这里，反驳、争胜，都是看得起对方的表示。

1　《历史语言研究所工作之旨趣》，总页1305—1306。
2　《1928年傅斯年手拟史语所研究员聘书草稿》，见王汎森、杜正胜主编《傅斯年文物资料选辑》（台北：傅斯年先生百龄纪念筹备会，1995），页62。
3　顾颉刚1973年7月补记日记语，见顾潮《顾颉刚年谱》，页152。
4　王懋勤：《史语所所史资料稿》（一），未刊，页18。
5　"傅档"Ⅰ：433。
6　见《罗家伦先生文存》（台北："国史馆"，1976），《附编》，页524。转引自杜正胜《无中生有的志业——傅斯年与史语所的创立》，《新学术之路》，页30。
7　王汎森、杜正胜主编：《傅斯年文物资料选辑》，页79。
8　尹达的《新石器时代》（北京：生活·读书·新知三联书店，1979）一书曾多次提到1937年这次讨论，如页115。

　　这也可以解释傅斯年给陈寅恪的一封信，宣称今日修国史，"非留学生不能为役"；所谓"非留学生不能为役"，便是因只有留学生能懂得西洋的方法、工具，它道尽了非以西洋的"心术"整理国史不可的态度。在同一封信中，傅斯年力劝陈寅恪领导编撰宋史的长编，主要是因为隋唐史方面，与外族的牵缠太多，而"虏学"是西洋学者擅长之地，所以"非与外国人拖泥带水不可"；而宋代历史中较少牵涉异族史，可较少与西方学者"拖泥带水"，故可以远远迈越西人，这也就是前引中所说的"发达我国所能，欧洲人所不能者"。[1]

　　但是，既然要以西方人的"心术"为心术，浸假便成了他们的批评者所形容的以西洋人的眼光看自己的历史文化。缪凤林《中国史之宣传》痛斥当时的留学生平素以沟通中、西文化自任，但既不能介绍中国正确之历史给西人，又不能匡正西人对中国历史的了解，"顾乃窃其谬论，奉为圭臬"。[2]唐君毅（1909—1978）则这样说：

> 　　学术界人心所趋，则不只以西方之学术思想为标准，以评判中国之学术与文化，乃进而以中国学术文化本身之研究与理解，亦应以西方之汉学家之言为标准。[3]

　　当时史学界确有许多人不以读外国的中国文史研究为然，韩儒林（1903—1983）在《回顾与展望》中便观察道："有些学者不愿正视外国东方学的巨大成就，甚至讥责中国学者读外国人研究中国文史著作为可耻。"[4]但是要与欧洲学者争高下，也就是陈寅恪所谓的"预流"，其代价便是进入欧洲东方学研究者的"论述"（discourse）中，所注意的范围、问题、材料，便不能不受其影响，以致脱出传统史学关注的范围。这里牵涉到一个问题：究竟中国史是为中国人而作，

1　傅斯年致陈寅恪函，"公文档"，元字第14—7号。
2　《中国史之宣传》，《史地学报》，1:2（1922），页3。
3　唐君毅：《说中华民族之花果飘零》（台北：三民书局，1978），页36。
4　《韩儒林文集》（南京：江苏古籍出版社，1988），页800。

还是为世界学术社群而作？章太炎《救学弊论》所观察到的："盖
中国之史自为中国作，非泛为大地作"，"域外诸国与吾有和战之事，
则详记之，偶通朝贡，则略记之，其他固不记也。今言汉史者喜说
条支、安息，言元史者喜详颚罗斯、印度……此外国之人之读中国史，
非中国人之自读其史也"。[1]究竟步趋西洋学术后尘，是"失其故步"，
还是一种提升，也是史学中新派与传统派的争执点。

四

　　以上是新史家们的一些特色。从今天回顾过去七八十年史学的
发展，必须承认新派史家们无与伦比的贡献。他们的工作带来了空
前的改变。不过，无可讳言的，他们的学术特质也很快地使他们面
临了一些内在的困境。他们所遭遇的困境有两个方面：第一是它与
民族主义之间的紧张，这种紧张随着外敌的入侵而一天天增加；第
二是意义感之失落。

（一）新学术与民族主义之间的紧张

　　从事客观研究之学者，基本服膺兰克在《拉丁和条顿民族
史》中所提倡的"描述事情当时的真实情况"（wie es eigentlich
gewesen），所以他们不愿在史学研究中寄寓任何道德教训，也不希
望史学研究成为民族主义的传声筒。他们可以是极热烈的民族主义
者，但是并不认为民族自信应该建立在扭曲或吹嘘古代的历史的光
荣上。也因此，他们的史学研究所得到的结论有时不但不能为国家
民族的光荣服务，尚且与民族主义的立场相忤。陈寅恪有一段话充
分显示他敏感地察觉到这一个紧张，但他仍旧坚守客观之学的立场：

　　　　又唐代武功可称为吾民族空前盛业，然详究其所以与某甲
　　　外族竞争，卒致胜利之原因，实不仅由于吾民族自具之精神及

1　《太炎文录续编》（苏州：章氏国学讲习会，无出版年），卷 1，页 100。

物力，亦某甲外族本身之腐朽衰弱有以招致中国武力攻取之道，
而为之先导者也。国人治史者于发扬赞美先民之功业时，往往
忽略此点，是既有违学术探求真实之旨，且非史家陈述覆辙，
以供鉴诫之意。[1]

陈寅恪认为，在研究唐代与外族关系的历史时，如果刻意吹嘘盛唐
武功之伟大而忽略了客观的事实，也就是有时候不是因为唐本身的
武功，而是"外族本身之腐朽衰弱有以招致"，则是有违学术探求
真实之旨。而陈氏恪遵"学术探求真实之旨"所得出的一系列有关
中古历史的新见解，却伤了许多人的民族主义感情。这里还是再以
有关李唐氏族起源之争论为例，陈寅恪的《李唐氏族之推测》一文，
断定李唐为后魏拓跋氏弘农太守李初古拔之后裔，而李唐自称西凉
王李暠孙李重耳之后裔乃系伪托。[2]他后来又写《李唐氏族之推测后
记》，对于前说有所修正[3]，他说李唐先世本系汉族，始为赵郡李氏，
而后冒为陇西李氏，然后自谓出于李初古拔之后裔，后来，陈氏又
撰《三论李唐氏族问题》，仍持李唐出于赵郡李氏之说[4]。陈寅恪的
《三论李唐氏族问题》一文是为了反驳日本人金井氏的《李唐源流
出于夷狄考》，但是，金井氏之说也正是受陈寅恪《李唐氏族之推测》
一文之影响而写成的。朱希祖乃撰文反驳，他对于陈寅恪原先考证
李唐先祖出于胡人，深为不满，认为陈氏将中国历史最足以自豪的
李唐归于胡种是自损民族自信的，1936 年 11 月便拟撰《北魏武川
人物考》，主张周、隋、唐三代祖先，皆发祥于武川，秉受塞外豪
强之气，开创周、隋、唐伟大之事业，但不是胡人。[5]这篇文章撰成
之后题为《驳李唐为胡姓说》及《再驳李唐氏族出于李初古拔及赵
郡说》。[6]

———————————

1　《唐代政治史述论稿》，《陈寅恪先生论文集》，页 275。
2　《中央研究院历史语言研究所集刊》，3:1（1931），页 39—48。
3　《中央研究院历史语言研究所集刊》，3:4（1933），页 511—516。
4　《中央研究院历史语言研究所集刊》，5:2（1935），页 175—178。
5　《朱逷先先生年谱》，《朱希祖先生文集》，册 6，总页 4298。
6　《朱希祖先生文集》，册 3，总页 1831—1915。

前文提到过的另一场有关明成祖生母问题的争论，也牵涉到几乎同一批学者，同时也夹杂深刻的民族主义情绪。朱希祖认为明成祖这样横戈北征、驰骋大漠的雄主，傅斯年、李晋华竟费尽力气证明说他是元顺帝的遗腹子，而不是汉人所生，等于是证明外族的活力以及中国人民血液之衰老。[1]朱希祖概括李唐氏族及明成祖生母问题说："详言之，则李唐祖先，实为东胡鲜卑种耳。此与指明成祖为元顺帝子同其谬误。若依此等说，则自李唐以来，惟最弱之宋，尚未有疑为外族者，其余若唐若明，皆与元、清同为外族入居中夏，中夏之人，久已无建国能力，何堪承袭疆土，循其结果，暗示国人量力退婴，明招强敌。"[2]从这一段话可以看出客观征实之学与民族光荣之间的紧张性。[3]并不是说客观征实之学必然与民族主义有所扞格，但一味求真，而不能随时注意到它与民族情感的关系，是可能造成困扰的。徐中舒在1947年至1948年间写了一篇《北狄在前殷文化上之贡献——论殷墟青铜器与两轮大车之由来》，这篇长稿因为不明理由始终未发表。它的主要论旨之一，是证明北狄在先殷文化上之关键性作用，以至于像两轮大车及铜器等，皆是由他们作为中介由西方或北方传来。从今天看来，这些观点当然不是定论。我之所以谈这篇文字，是想说明当作者花了极大力气论证之后的一段告白，这段告白可以看出一个史家写作过程中夹在"史实"与"民族尊严"之间的紧张。徐中舒说：

> 至于铜器与两轮大车非我国所固有，在笃爱我国文化之人士言之，宁非憾事。但吾人尚论古史，当以史实为依归，吾人由此知中国文化在远古并非孤立，此亦非无益之事。吾人观殷

---

1 同样的现象，也出现在陈寅恪的许多研究上。这些论文都精彩地考证了包括民间故事、医疗绝技……都可能是出自印度或中亚草原文化的影响。而不满的史学家便要问，为什么它们非出自外来的影响不可？为什么传统记载不可信？

2 《朱希祖先生文集》，册3，总页1832。

3 孙世扬《海宁朱先生哀辞》中也指出朱希祖这方面之特色（《朱希祖先生文集》，册6，总页4376），他说："夫新学之徒，有取于日本澜辞则不信尚书，有取于西洋考古派则不信正史，其为学也，始于怀疑，中于发冢，终于考证，历代名人皆为他族，二十年间，风靡一国，惟先生毅然守正，确然不移。"

墟文物之盛，即在能撷取他人之长而迅即融会为己有，且发扬
而光大之。吾人今日之耻辱，不在仿效他人，而在他人发明与
日俱增，而我即追慕仿效，犹不能仿佛其什一也。[1]

他以非常曲折的方式，把他所探索而得的"史实"，与"民族主义"
巧妙地结合起来。他表示如果能因此而明白中国古代文化之深受北
狄影响，并能善于学习创发，从而得出一种灿烂之文明，则今日之
中国当更朝这个方面努力。而今日中国之可耻者厥为不能如先人般
模仿创造。此外，以疑古史学为例，许多人指责疑古史家所建构的
史实造成民族自信心丧失。1929 年，顾颉刚在为商务印书馆所编辑
的《现代初中本国史教科书》中不承认三皇五帝为事实，该书旋遭
国民政府查禁，戴季陶便认为它"动摇了民族的自信力，必于国家
不利"。[2] 足见新派史家与民族主义之间的紧张。

（二）新学术与意义感之失落

史学专业化是新学者们努力追求的目标，而且专业化的诉求，
也逐渐说服许多旧学者，形成了一股潮流。但从史学与社会之关系
着眼，却有几种困境随之而来。

首先，因为专业化，所以重视的是"窄而深"的研究，重视的
是学术成就，而不是现实功能。对于史家的报偿不再是他们的知识
具备治国平天下或改善社会、鉴往知来等实际功能，而是学术成就
及学者们在其专业社群中的名声与地位，学者们对其专业社群的效
忠与兴趣，常常超过如何促使历史发挥社会作用的兴趣。这一类的
话在当时很少被直接说出来，但胡厚宣在 20 世纪 50 年代自我批判
时却常有吐露。它们虽然是政治运动中的产物，但是并非全不可信。
胡氏一再说当时自己是"幼年穷苦，受刺激，发愤求名利，入北大
而巩固，中研院而发展。因在学术上求名利，所以脱离政治，不认

1 徐中舒：《北狄在前殷文化上之贡献——论殷墟青铜器与两轮大车之由来》，《古今论
衡》，3（1999），页 173—174。
2 顾潮：《顾颉刚年谱》，页 172。

真教学，受胡适、傅斯年影响，劝同学读学报，死读书，不谈政治"。[1]

在一个承平时代，脱离政治、社会，尽忠于学术研究工作并没有什么罪过，但是在纷乱频仍的中国，每当出现亡国的威胁，社会各界及学术社群就不免要对"为学问而学问"感到不满，无以释怀，尤其到了"九一八"之后，不满于为学术而学术以及新考据之学不注意心性问题之批评日盛，譬如余嘉锡（1884—1955）根本认为国难是因为新汉学而起。[2]邓之诚于1933年完成《中华二千年史》时说，他希望通过读史，介绍救国之道——"二千年来，外患未尝一日或息，轩黄胄裔，危而复安，弱而能存，灭而再兴者，何莫非由群力群策得来，其艰难经历，非史事何由征之？"[3]新学术的领导人李济也说"九一八"之后，"我们常常自问：我们这种工作，在我们现在所处的环境中，是否一种浪费？"[4]到了抗战，风气更变，原先反对读书不忘救国，主张为学问而学问，不要急于求用的萧公权（1897—1981），后来回忆说："我在这样的局势中讲学术独立，谈学术研究，当时虽然觉得理直气壮，振振有词，事后看来真有痴人说梦之感。"[5]当时刘耀（尹达）在未出版的日照两城镇的考古报告稿（现藏史语所）上面也有这样一段话：

> 别了，这相伴七年的考古事业！
>
> 在参加考古工作的第一年，就是敌人铁蹄踏过东北的时候，内在的矛盾燃烧着愤怒的火焰，使我安心不下去作这样的纯粹学术事业！但是，事实的诉语影响了个人的生活，在极度理智的分析之后，才压抑了这样的矛盾，暂时苟安于"考古生活"之内。
>
> 现在敌人的狂暴更加厉害了，国亡家破的悲剧眼看就要在

1　葛剑雄编：《谭其骧日记》（上海：文汇出版社，1998），页377。
2　牟润孙：《海遗杂著》（香港：香港中文大学出版社，1990），页133。
3　《中华二千年史》（香港：太平出版社，1964），《叙录》，页2。
4　李济：《安阳最近发掘报告及六次工作之总估计》，《李济考古学论文集》（台北：联经出版公司，1977），页139。
5　《问学谏往录》（台北：传记文学出版社，1972），页179、182。

我们的面前排演，同时我们正是一幕悲剧的演员！我们不忍心
就这样的让国家亡掉，让故乡的父老化作亡国的奴隶；内在的
矛盾一天天的加重，真不能够再埋头写下去了！我爱好考古，
醉心考古，如果有半点可能，也不愿意舍弃这相伴七年的老友！
但是我更爱国家，更爱世世代代所居住的故乡，我不能够坐视
不救！我明知道自己的力量有限，明知道这是一件冒险历危的
工作，但是却不能使我有丝毫的恐怖和畏缩！[1]

李济在当时也对自己不能扛起枪来上前线，每天寻些破烂，觉得良
心有愧。吴金鼎在 1943 年离开史语所，也暂时离开考古，他觉得
战时抗日的工作比考古更重要。

这种变化不只发生在新派人物身上。

比较亲近传统派的夏承焘（1900—1986）原先被新学风所说服
而走向专业考证，后来却又因为国难的刺激，对这一路数感到迟疑、
感到不满，甚至感到愤怒。1934 年 10 月间，他在日记上写道："觉
二十年来所学皆非，拟弃去一切，为其高者大者，近作词人谱，尤
虚费光阴于无用。"[2] 11 月，素以旧派自居，著有《新学商兑》（此
书尚未见）的张尔田给夏氏的信上也抱怨："今考据破碎之弊，甚
于空疏，且使人之精神，日益逐外，无保聚收敛以为之基，循此以
往，将有天才绝孕之患，斯又亭林之所不及料矣。"又说："今人治
学如市然……一时有一时之花样，试问此是何种动机，吾最恨之！"[3]
1935 年 7 月，夏氏记下这样的感愤："国难如此，而犹沉湎于此不
急急务（按：原文如此），良心过不去。拟舍词学而为振耻觉民文
字。"[4]"阅报，内忧外患如此，而予犹坐读无益于世之词书，问心甚
疚。颇欲一切弃去……而结习已深，又不忍决然舍去。日来为此踌

---

1 张光直：《二十世纪后半的中国考古学》，《古今论衡》，创刊号（1998 年 10 月），页
  39。
2 夏承焘：《天风阁学词日记（一）》，页 324，"1934 年 10 月 5 日"条。
3 同上，页 334—335，"1934 年 11 月 12 日"条。此信 1933 年 11 月 8 日发。
4 同上，页 393，"1935 年 7 月 8 日"条。

蹉甚苦"[1]，充分反映了他内心的挣扎。

现实政治也使得"窄而深"式的、问题取向式的专题研究失去吸引力。缺乏大理论、缺乏整体全面的历史、缺乏对现实的指导、太过重视古代而忽略现代史，使得新史学遭到挑战，使得左派史学渐渐成为主流，同时也使得传统派史家得到不少人的注意。这也是钱穆等人的历史著作，尤其是《国史大纲》，能吸引大量关怀现实的人的一个主要原因。

梁漱溟与胡适在 1930 年的一次讨论，充分显示出新汉学的局限。梁漱溟在向胡适请教的长信中说人们等不及了，当大家都在争论中国社会性质之时，如果像胡适那样喜做历史考证的人都不能给一个答案，是难以压服人们内心的渴望与疑惑的。[2]

原先偏于考据的治学风格也纷纷转变，转向大格局或与现实较为相关的问题。陈垣于 1943 年给方豪（1910—1980）的一封信中说："至于史学，此间风气亦变。从前专重考证，服膺嘉定钱氏；事变后颇趋重实用，推尊昆山顾氏；近又进一步，颇提倡有意义之学。"[3]抗战期间留在北京的陈垣刻意在自己的著作中注重中国文化和民族气节，转徙西南的陈寅恪则注重政治制度和社会变迁，不专主考据。陈氏于《唐代政治史述论稿》中讲内政与外患之关系，都与时代有关。顾颉刚于 1934 年发起禹贡学会，《发刊词》说，如果不能弄清地理沿革，开口便错，日本造了"本部"一词，暗示边陲原不是中国的，而地理教科书竟也照着说，是可忍，孰不可忍？[4]抗战时期，顾颉刚到重庆，创通俗教育馆，办《文史杂志》，以浅近通俗语言宣传历史，唤起民众抗日情绪，也是一种饶有意味的发展。

时代也使历史与民族之义之间出现了另一重紧张。姚从吾（1894—1970）在 1935 年有一篇耶律楚材研究，写得相当得意，但是不敢发表。他在一封信上说他想写一篇文章，叙述耶律楚材在

1　夏承焘：《天风阁学词日记（一）》，页 394，"1935 年 7 月 16 日"条。
2　梁漱溟：《敬以请教胡适之先生》，《胡适论学近著》（上海：商务印书馆，1935），附录一，页 56。
3　《陈垣来往书信选》，页 302。
4　顾潮：《顾颉刚年谱》，页 217。

蒙古侵入内地时，对汉文化的种种匡救事业，虽然草稿已成十之八九，"可是后来想一想，现在哪里是表彰耶律楚材的时候，这一类的文章，似乎不应在现代发表！因此决定停止，另想他种题目"。[1]

时代的危机也使人们在涉及历史评价时，心中时刻警觉，譬如对秦桧（1090—1155）的评价便是一个例子。姚从吾向傅斯年推荐作《秦桧传考评》之某丁君，便得再三为之解释："据弟所知，他是反对秦桧的。彼意秦桧误国之罪有三：一、言行前后不一致，其主和不是为国为公，而是揣摩投机；二、和成以后粉饰太平，不思积极恢复；三、诛谬［戮］不必要的异己！"[2]

最能显示在时代压力之下，客观征实、为学问而学问的治学风格之自我调整的，是发生在傅斯年身上的一个例子。当时大量撤退到西南的人文学者发现西南是民族史与人类学的一片崭新天地，所以组织了"西南民族学会"，兴高采烈地研究这方面的学问。他们研究西南民族史时，对西南地区民族历史的独立性大加讨论，傅斯年见了这些论文后勃然大怒，他痛责说，当此之时，日本军国主义正在提倡大泰主义，煽动云南脱离中国与泰国联合之际，而竟考订他们种族上不同于中国，当龙云等人以中国人自居而正共同为抗战而努力之时，竟考查出他们原本是罗㑩，是民家，而且"更有高调，为学问做学问，不管政治"。他说这些研究成果如果只是在"专门刊物"上发表，关系还小，而竟腾诸报章，他忍不住痛斥"西南民族学会"所治的是"无聊之学问"。[3] 从这个小插曲，可以看出时代困局对一向不遗余力提倡客观之学的人的挑战与他们内心之两难。

以上讨论的这些人都是当时第一流的新学术工作者，他们或者痛觉意义感的失落，或者调整其治学风格，可见新学术当时困境之一斑。

1　"傅档" Ⅱ：345，姚从吾致傅斯年函，本函系年为 1935 年 5 月 3 日。

2　"傅档" Ⅱ：337，姚从吾致傅斯年函，时傅斯年拟从西南联大选取史学系卒业高才生，月给三十元，以学习名义留史语所研究读书。

3　《傅斯年全集》，第 7 册，总页 2449—2452。

五

　　新派学者面临了来自两边的批评：传统派史家以及左派史家。在这里我只想讨论传统派史家的批评。传统派史家认为新学者是乾嘉汉学的翻版，他们大多不满意乾嘉以来唯考据是尚而不能兼顾义理的治学风气，认为这种学术风气使得学问严重脱离社会。

　　然而，他们并非全然菲薄考证，而且也不全然否定新史料的重要性，但在实作层面上仍以旧史或官书为主。他们认为"整体"应该先于具体问题，尤其不应为了追逐新材料而迷失整体的历史或重要问题，"昔人治史，寻其根株，今人治史，摭其枝叶"[1]，在他们的批评中，"枝叶"与"根株"的对比反复出现。不过，他们最为不满的地方还是在"事实"与"价值"的分离这一点上。他们认为历史不能与道德、伦理分开[2]，历史研究不仅要丰富人们的知识，还要教人如何做人，要能引导社会，而且要与国家民族的发展相关，而不只是讲授中性的"学术"。他们认为史学研究仍有荣耀祖国的任务，所以有时并不同意为了客观之学而暴露历史的丑恶面。他们认为，历史研究如果既无现实用处，又不能给人以道德教训，则所从事的学问是既不能自救，也不能救人。

　　他们不屑与现代专家为伍，也不认为学问的提升是治史的唯一目的，他们基本上认为学问是"为己"之学，治史者应该涵泳生活于历史之间，所以治国史时不应取不动感情的旁观者的态度，也不应将国史看作一堆史料加以分析研究。

　　这里以哲学家熊十力（1885—1968），以及史学家中的钱穆、中央大学历史系的柳诒徵、缪凤林等人为例来看传统学者对新派的批评。中央大学以柳诒徵为领袖的一批文史学者，对于新史家持一贯批判的立场。值得注意的是，中央大学同时也是对五四新文化运

1　章太炎：《救学弊论》，《太炎文录续编》，卷1，页101。

2　譬如王国维说："学术固为人类最高事业之一，然非与道德法律互为维持则万无独存之理。"袁英光、刘寅生：《王国维年谱长编（1877—1927）》（天津：天津人民出版社，1996），页433。

动做系统批判的《学衡》杂志的所在地，《学衡》所代表的文化传统主义与柳诒徵等学者所代表的史学主张亦常相呼应，它们的作者，有时也互相重叠，足见两者是分不开的。他们对新文化运动与新史学之批判早在 20 世纪 20 年代便开始了，而且这个知识社群的形成与南京的特殊传统有关，所以尽管《学衡》在 1924 年即已随吴宓北迁，但是这一文化态度却并未消失，甚至于新派的罗家伦到中央大学担任校长，对这一与北京新文化圈持敌对态度的知识社群造成不小的冲击，却也未能彻底改变它。

首先，他们批评现代学术建制所设定的目标。从蔡元培以下，新派的理想是将大学变成研究高深学问的地方，大学与研究机构成为一个自主的社群，独立于社会之外，有自己的经费来源，尽可能不受外在环境的干扰。同时，他们也相信"应用"是由研究自然而然带来的结果，不必刻意在研究的过程中去求应用，大学或研究机构中的学者，并不以著作之畅销与否或立即应用的程度为首要考虑。他们的首要目标应该是提升学术水平，贡献于本国及全世界的学术界，而新派文史学者相信，学术的提升最后必能在最深远的层次上有益于自己的社会与国家。大学、研究所、学报是三位一体，在此学术建制之下，学者们应该将其研究成果发表于学报，而不是报纸或是一般文化读物上，更遑论通俗刊物了。而学报的标准及方向基本上是面向学术社群，为了符合学报而撰写的论文，也自然而然地不再注意一般读者，不考虑对广大群众的影响，也不考虑它对社会的立即用途。但这种学术态度，并不妨碍他们始终对社会抱持的关怀。

新学术建制标举的这种专精的学术风格，招致不少传统学者的批评。譬如熊十力，他参加过辛亥革命，自己也在大学教书，却仍然与当时许许多多人一样批评大学文科的学术风格。熊十力虽然写过《中国历史讲义》，但绝不可称为史学家，但作为现代"新儒家"的开山人物，他对所谓"新派"的文史学者的批评却相当具有代表性。在他之后，"新儒家"对"新派"的持续批评，形成了一个传统。《十力语要·初续》中说：

今日各大学文科，皆习为杂碎考据，哲学与文学方面，既
不足言思想。历史为民族精神所系。前代大政治家，其涵养身
心之道，与经纶世务之业，多由精研历史……吾在清末，见革
命党志士，实未有以反己之意，去研经史者。盖清代汉学家，
纯是考据风气，治学与其作人无关，其治史，不过以考定故事，
自务博雅而已。[1]

由这段话看来，他不满清儒研究历史的态度，并认为当日之大学文
科，实承袭清儒，他并非不满"大学"这个建制，但是对当时"大学"
中人所从事的文史之学有极大的不满，而这种不满在当时相当普遍。
熊十力认为当时大学文科为新考据学所盘踞，在文、哲方面所研究
的问题，既琐碎又无思想。在历史方面，这门学问本是"民族精神
所系"，也被这种杂碎的考据之风搅得面目全失。他尤其责备中央
研究院等几个专门研究机构：

又今各大学研究所，及中央研究院，皆尚考据之风。向者
［林］宰平云，今之业考据者，比乾嘉诸老尤狭隘。如江慎修先
生虽精考据，而必以义理为宗，今则无此风。[2]

这里的"中央研究院"主要当然是指历史语言研究所。他引林
志钧的话，说新考据的学风比清儒更窄，清儒如江永还以考据求义
理，今则有考据无义理。他引张东荪的话说"西方人把学问当作知
识，而东方人把学问当作修养"[3]，言下之意当然是责备在西学影响下
的新学风，把学问当知识而不把学问当修养。熊十力还提到形形色
色的新学问根本与现实毫无关系：

盖清代汉学家，纯是考据风气，治学与其作人无关，其治史，

---

1 《十力语要·初续》（台北：洪氏出版社，1977），页149。
2 《十力语要》（台北：洪氏出版社，1975），页399。
3 同上，页101。

> 不过以考定故事，自务博雅而已，于世务素漠不关心，虽熟读
> 百代之中，终不能开启其德慧……此等学风，深入社会，使人
> 失其为学之本，而一般人终不悟也。今之学风士习，比清儒尤
> 变本加厉，治历史者，形形色色，吾不欲言，即欲言之，亦无
> 从说起。[1]

把史学与现实、人生切离开来，在新派是理想，在传统派看来是流弊，此所以熊十力形容当时治历史者之弊病，用了"吾不欲言，即欲言之，亦无从说起"那样沉痛的话。这里就令人回想起顾颉刚所说的，我们今天做研究是为了求知识，而不是求应用；也令人想起傅斯年在《历史语言研究所工作之旨趣》所悬的意趣。[2] 在熊十力看来，他们对"学问"的认识完全背离东方的传统，是一种根本的错误。

对于把价值与心性从史学研究中去除，熊十力批评说："清世考据家将反己一路，堵塞尽矣。今犹不反诸。汉学之焰，至今盛张（托于科学方法及考古学）。毒亦弥甚。全国各大学文科学子，大抵趋重此途，高深理解，断绝其路。"[3] 他说清儒考据已将传统思想中"反己一路"堵塞住了，新学者们更不愿涉及心性价值，比清儒走得更极端，其毒更甚，使得"高深理解"变得不可能。在他看来，这样的学问于己无益，于人有害，与社会国家也扯不上关系。熊十力认为大学及中央研究院这些新学术建制应该是"高深思想之发生地"，但是因为他们竞为考据，又堵塞灵明，所以完全不能克尽厥责[4]，他说新学者只是以科学方法作为幌子来文饰其旧考据学，其实所谓以

---

1 《十力语要·初续》，页149。

2 傅斯年说："历史学和语言学之发达，自然于教育上也有相当的关系，但这都不见得即是什么经国之大业、不朽之盛事，只要有十几个书院的学究肯把他们的一生消耗到这些不生利的事物上，也就足以点缀国家之崇尚学术了——这一行的学术。这个反正没有一般的用处，自然用不着去引诱别人也好这个。"《傅斯年全集》，第4册，总页1311。

3 《读经示要》（台北：广文书局，1960），卷2，页142。

4 "国内各大学文学院，及文科研究所，本当为高深思想之发生地，而今则大都以无聊之考据为事。"《读经示要》，卷2，页118—119。

科学整理国故运动的底子还是清儒的考据[1]，他认为新学者其实并不
真懂西方科学，所谓"科学方法"也只是皮面。他指责新派学者致
力于破坏，致力于宣传，是"浮气乘之，浮名中之"。[2] 这样悲愤痛
切的控诉，在当时旧派学者文人的笔札著述中真是俯拾皆是。那么，
两种学术观点的对立，就不只是史学内部的事了。

在史学的功用方面，民国十五年（1926）所创《史学与地学》
第一期《弁言》中这样说："故欲明宇宙之真相，舍治史地，其道
无由。……故欲知国家之真谛，舍治史地，其道无由……故欲识人
生之真义，舍治史地，其道无由。"[3] 认为史学完全是为了求现实的应
用而生。缪凤林在《中央大学历史系课程规例说明草案要删》中也
宣言"史为经世之学，故以实用为归"，又说"较之时人之以考据
空想为史学，或称为史而学史者，颇有不同"。[4] 同时，缪氏在另一
篇文章中也表示史学是为了求"真"，但"真"要能解决现实之疑难，
故吾人今日研究历史，应"求所以应付现今问题之法"。譬如有人
提倡公妻公产，"此其行之果有利耶？果有害耶？史家应知解答之"。
少数学者盛倡破坏国家，究竟是否可行，"史家应知解答之"。其他
像民德之堕落，生计之艰难，军人之跋扈，盗贼之充斥，"按之历史，
果有何术以拯之哉？史家应知解决之"。[5] 他们评价历史学著作时要
看它的用处为何。譬如 1922 年，吴宓读到张其昀（1901—1985）《论
刘知几与章实斋之史学》时，便感叹道："宓始嫌其为考古述学之
专著，无关国事及时局（后来此类之稿多矣）。"[6] 由此可见其对无关
国事及时局的"考古述学之专著"之排斥矣。

1　"今日只有中、西之争，旧有汉、宋之争虽未已，但汉学则托于科学方法及外人考古学等，
　　而借西学以自文。"《读经示要》，卷 2，页 104。
2　"新人皆年少，于外学又不必深研，而勇于破坏，轻于宣唱，浮气乘之，浮名中之。"《读
　　经示要》，卷 1，页 8。"昔托郑、许，今更托西洋，而汉学之帜，则且托科学方法以益
　　固。"《读经示要》，卷 1，页 10。
3　《史学与地学》，1（1926），柳诒徵《弁言》，页 1。
4　《史学杂志》，1:1（1926），页 1—2。缪氏在《历史之意义与研究》（《史地学报》，2:
　　7[1923]，页 23—27）中还阐发了史学的八种用处。
5　缪凤林：《历史与哲学》，《史地学报》，1:1（1921），页 50。
6　吴宓著，吴学昭整理：《吴宓自编年谱》（北京：生活·读书·新知三联书店，1995），
　　页 234。

他们认为以应用而言，则必须掌握国史之"全部"[1]，那么几部旧史书尽足够了，所以柳诒徵说："我们研究历史，最好还是看《纪事本末》《通鉴》《易知录》等，较为有用。"[2] 由以上这些文字可以看出，既然认为"应用"是史学的首要关怀，那么新学者大张旗鼓地寻求新史料，鼓吹窄而深的研究，是没什么意义的。他们希望开发历史中的道德教训，这当然与新史学要求不要以传统道德仁义来干扰史学研究的态度迥不相侔。柳诒徵《国史要义》中讨论到王国维的《殷周制度论》中说周人合天下以成一"道德之团体"，虽周亡而其精神依然为后世所因，千古引之为鹄的。他引申说："历代之史，匪帐簿也，胪陈此团体之合此原则与否也。地方志乘、家族谱牒，一人传记，亦匪帐簿也，胪陈此团体中之一部分合此原则与否也。"[3] 从这一段话可以看出，他认为史学家不能把历史当作"帐簿"那样的材料来看，史学家的一件重要工作是要看每一时代之是否符合道德原则。所以历史研究不应该脱离道德仁义。

在当时的中国，谈历史与应用，有一个根本的难题，即在衰败的历史中如何开启新局的问题。这个问题对所有坚持历史应照顾到现实应用的人都是一个挑战。新派人物显然认为过去两千年的政治都是黑暗的，那么，除了避免重蹈覆辙，或是为了捉妖打鬼之外，它对于现代人是不能有什么积极教导的，又有什么研究的用处？[4] 而柳氏对这个问题的响应甚有意思，他说历史发展不一定是因果相续，譬如孔子诞生之前，并无何因果条件可寻。他说："这可以说是无因果的……我们处世，应当在无因果处用力，来适应环境，适应历史。故历史的最后，还是无因果的。须凭个人自己去造因果，此不特个人为然，国家亦然。我们居这种伟大的国家里，有这种伟大的历史，

---

1 柳诒徵说："考据的方法，是一种极好的治学方法，不过学者所应留心的，就是须慎防畸形的发达，不要专在一方面或一局部用功，而忽略了全部。"《历史之知识》，《史地学报》，3:7（1925），页21。

2 同上。

3 《国史要义》（台北：台湾中华书局，1984），页218。

4 钱穆谈到当时他想开中国政治制度史一课，系主任陈受颐不允，认为："中国秦以下政治，只是君主专制，今改民国，以前政治制度可勿再究。"见钱穆《师友杂忆》，页147。

须能不辜负此国家，不辜负此伟大的历史。"[1] 钱穆也有一套论证，使得当前衰败的中国能与未来复兴的机缘相凑合。他说一民族一国家有其"生力"亦有其"病态"，两者起起伏伏。[2] 他又尽力强调由过去历史可以得知中国之文化"生力"之悠久渊深，远在四五千年以上，"生机之轧塞郁勃，终必有其发皇畅遂之一日"。[3] 他又将一个民族的历史质素分成"生原"与"病原"两种，"生原者，见于全部潜在之本力；而病原则发于一时外感之事变"，"究生力必穷之最先，诊病况必详之最后"。[4] 总之，民族的复兴是内蕴的，与过去的历史文化有内在的逻辑关联，而病原只是一时的，如果能掌握历史，便能深入了解"生原"之博厚阔深——"我民族国家之前途，仍将于我先民文化所贻自身内部获得其生机。我所谓必于我先民国史略有知者，即谓此。"[5]

这自然不是胡适等人所能同意的。胡适强调"五鬼闹中华"，强调不要将近代挫折归诸帝国主义之入侵，而要承认自己凡百不如人。他提醒人们要时时分别，究竟几十年来，是梁任公和他的"自责主义"的路子还是高谈国粹的路子对国家民族的进步起了作用。[6] 持此态度的人当然不会相信，"仍将于我先民文化所贻自身内部获得其生机"。

在求"用"的前提下，自然反对"为学问而学问"的治学态度。传统派史家批判"为学问而学问"的治学态度的言论非常之多，这里仅引钱穆《国史大纲·引论》中的一段话。他说近代史学有传统派、革新派、科学派之分，而其中的科学派"乃承以科学方法整理国故之潮流而起。此派与传统派，同偏于历史材料方面，路径较近，博洽有所不逮，而精密时或过之。二派（传统派与科学派）之治史，同于缺乏系统、无意义，乃纯为一种书本文字之学，与当身现实无

---

1 柳诒徵：《历史之知识》，《史地学报》，3:7，页21。
2 钱穆：《国史大纲》（台北：台湾商务印书馆，1982），《引论》，页24。
3 同上，页29。
4 同上，页25。
5 同上，页28。
6 《胡适的日记（手稿本）》（台北：远流出版公司，1989），"1935年6月12日"条，无页码。

预。无宁以记诵一派，犹因熟谙典章制度，多识前言往行，博洽史实，稍近人事，纵若无补于世，亦将有益于己。至考订派则震于科学方法之美名，往往割裂史实，为局部窄狭之追究。以活的人事，换为死的材料……既无以见前人整段之活动，亦于先民文化精神，漠然无所用其情。彼惟尚实证，夸创获，号客观，既无意于成体之全史，亦不论自己民族国家之文化成绩也"。[1] 钱穆所责备的"以活的人事换为死的材料，既无以见前人整段之活动，亦于先民文化精神，漠然无所用其情""缺乏系统、无意义""纯为一种书本文字之学，与当身现实无预"，换一个角度说，正是新派学者"为学问而学问"的治学态度下的产物。

钱氏痛责"窄而深"的研究使得史学与时代脱节。他在所写的一篇短文《学术与心术》中最系统地表达了这些不满。钱氏写这篇文字已是到台湾之后，年代甚晚，但与他早年的看法是一致的，姑引于此，作为参证：

> 然学术与时代脱节，事终不美。此数十年来，国内思想潮流乃及一切实务推进，其事乃操纵于报章与杂志期刊少数编者之手，大学讲堂以及研究院，作高深学术探讨者，皆不能有领导思想之力量，并亦无此抱负。[2]

他说因为学问与时代脱节，所以大学与研究院不能领导时代思潮，反将指导时代的责任让给了报刊，而且新学者们因为对学问的宗旨别有看法，所以也没有指导时代的抱负。他又说：

> 所谓窄而深之研究，既乏一种高瞻远瞩总揽并包之识度与气魄，为之发踪指示；其窄深所得，往往与世事渺不相关。即

---

[1] 钱穆：《国史大纲》，《引论》，页 3—4。钱穆私下亦不断提出类似的批评，如民国三十年（1941）给李埏的信上说："近人治史，群趋杂碎，以考核相尚，而忽其大节，否则空言史观，游谈无根。"《素书楼余渖》，收入《钱宾四先生全集》，第 53 册，页 378。

[2] 钱穆：《学籥》，《钱宾四先生全集》，第 24 册，页 160。

在承平之世，已难免玩物丧志之讥。何论时局艰危，思想彷徨
无主，群言庞杂，不见有所折衷，而学术界曾不能有所贡献。
所谓为学术而学术，以专家绝业自负，以窄而深之研究自期，
以考据明确自诩，壁垒清严，门墙峻峭，自成风气，若不食人
间烟火。纵谓其心可安，而对世情之期望与责难，要亦无以自解。[1]

他认为新学者们"为学问而学问"、"以专家绝业自负"、"以窄而深
之研究自期"、不食烟火式的超乎时代、超乎现实式的研究，在道
德上是站不住的，故说"纵谓其心可安"，但面对"世情之期望与
责难，要亦无以自解"。[2]

　　针对新派的史料至上主义——或以为"史学即史料学"，或以
为古今著述之林皆是史料，传统派提出要分别"历史材料"与"历
史智识"的主张。钱穆《国史大纲》说当代中国"乃为其国民最缺
乏国史智识之国家"。[3] 他在《国史大纲·引论》中说："我民族国家
已往全部之活动，是为历史。其经记载流传以迄于今者，只可谓是
历史的材料，而非吾侪今日所需历史的智识。……历史智识，随时
变迁，应与当身现代种种问题，有亲切之联络。历史智识，贵能鉴
古而知今。至于历史材料，则为前人所记录，前人不知后事，故其
所记，未必一一有当于后人之所欲知。然后人欲求历史智识，必从
前人所传史料中觅取。"[4] 在钱穆看来，把历史当材料，与获得"历史
智识"是两件事，也就是因为传统派史家认为求得"历史智识"才
是历史研究的目标，所以他们会无视新史家们的努力成果而一再慨
叹近代中国是史学最不发达，没有一本历史著作可读的时代，也是
最没有"历史智识"的时代。

　　传统派学者认为新史料的出现可遇而不可求，即使刻意去搜求，

1　钱穆：《学籥》，页161。
2　按：钱穆在《学籥》中还有广泛的批评，如"其考据所得，纵谓尽科学方法之能事，
　纵谓达客观精神之极诣，然无奈其内无邃深之旨义，外乏旁通之途辙；则为考据而考据，
　其貌则是，其情已非"。页162。
3　钱穆：《国史大纲》，《引论》，页1。
4　同上，页1—2。

也不一定总能得到具有重大意义的材料，所以充满偶然性。被偶然性的史料牵着鼻子走，而不能立定一个宗旨去讲史事，使得在看重新史料的风气下写成的论文，通常不具连贯意义。另一方面便是枝节性，大部分新出史料只能补充或校正一枝一节之历史，而不能掌握历史之整体，所以在唯新史料是尚的风气下，予人"逐叶"而略"根株"之感。章太炎在1924年所写的《救学弊论》中便这样批评。当时也有一些传统派史家刻意不用或少用新史料，而且有意表示不用新史料也可以写史。邓之诚《中华二千年史》就是一个例子，他在该书《叙录》上不时说道："求证于金石甲骨，所得既渺，毋宁付之阙如"，"谓金石以外无史，窃以为稍过矣"。对于新派史家之看重实物材料，邓氏也批评说："又今人喜胪前人实物，宝为重要史料……凡此种种，不过证史而已。史若可废，考证奚施，且实物发现，较之史书所记，固已多少不侔矣。"他又批评矜尚新出文籍的风气："复矜尚孤本秘籍，采山之铜，岂不可贵，若之诚不敏，妄欲寝馈取求于《二十四史》之中。"[1]

钱穆对追逐新史料之风也有严重的不满。他早年在北大讲中国上古史时，谓"龟甲文外尚有上古史可讲"，而且吸引许许多多学生。[2]几十年后，在《学籥》中，他无忌讳地批评崇拜新材料的流弊：

> 遂一意于材料中找罅缝，寻破绽，觅间隙，一若凡书尽不足信，苟遇可信处，即是不值学问处，即是无可再下工夫处。……否则觅人间未见书，此所谓未发现之新材料。因谓必有新材料，始有新学问。……遂若一堆材料，一项方法，拈得一题目，证成一破绽，即是大发现、大学问。[3]

钱穆认为崇拜新材料其实是一种特殊心态的产物，也就是蔑视传统，

1　以上见《中华二千年史》，页7。话中有自谦，但在自谦之外，还有一种对抗的意味。

2　钱穆：《师友杂忆》，页142。

3　钱穆：《学籥》，页165—166。他又说道："故学问必先通晓前人之大体，必当知前人所已知，必先对此门类之知识有宽博成系统之认识，然后可以进而为窄而深之研讨，可以继续发现前人所未知，乃始有事于考据。"见页166。

不把"传统"当作一个仍有活力的有机体,而只把"传统"当作"一堆材料"之下的结果。[1]

　　前面已经说过,新派学者喜求新,同时也处处抱着"存疑主义"。这种风格,用柳诒徵的话说,就是"好翻案"。[2]

　　对于疑古,新史家中也有不同的态度。史语所的工作便已不满于疑古,而希望重建上古历史了,尤其在殷墟发掘之后,傅斯年愈来愈相信上古有一丰美的物质文明传统,甚至相信夏代应该是存在着的,影响所及,胡适也渐渐脱离极端的疑古,转向重建。由与顾颉刚相亲近,逐渐转而与傅斯年同气相求。[3]但是我们不能忽略的是,以顾颉刚为代表的疑古学派是始终有其影响力的,而且"疑"的情绪不只限于上古史,乃遍及对各个时代历史的研究。所以整体而言,新派留给当时人最深刻的印象是善疑,而且多疑。

　　章太炎对这股疑古风气早已有许多批判[4],他曾说:"今以一端小过,悉疑其伪,然则耳目所不接者,孰有可信者乎?"[5]章太炎很早就对新的学术风气不满,而且认为这种风气的产生与他所深恶痛绝的晚清今文学分不开。他的一系列批判文字,如1924年的《救学弊论》,即针对此风而发。而太炎晚年在苏州办国学讲习会,其宗旨之一便是批判新学风。1935年9月16日《制言半月刊》第一期发行,太炎于《发刊宣言》中说:"今国学所以不振者三:一曰毗陵之学,反对古文传记也;二曰南海康氏之徒,以史书为帐簿也;三曰新学之徒,以一切旧籍为不足观也。有是三者,祸几于秦皇焚书矣。"又说:"其间颇有说老、庄,理墨辨者,大抵口耳剽窃,不得其本。盖昔人之治诸子,皆先明群经史传,而后为之,今则异是,皮之不存,毛将焉附耶?其次或以笔记小说为功,此非遍治群书,

1　故他说:"盛言考据者,其实则蔑视本国传统,仅谓是一堆材料,仅谓堪寻隙蹈瑕,作为其所谓科学方法者之一种试验与练习耳。"《学篇》,页169。
2　柳曾符、柳定生编:《柳诒徵劬堂题跋》(台北:华正出版社,1996),页282。
3　王汎森:《傅斯年对胡适文史观点的影响》,《汉学研究》,14:1(1996),页181—184。收入本书。
4　王汎森:《章太炎的思想》(台北:时报文化出版公司,1985),页51—52。
5　章太炎:《救学弊论》,《太炎文录续篇》,卷1,页100。

及明于近代掌故者，固弗能为。"[1] 而当日接闻章氏绪论之孙思昉、姜亮夫（1902—1995），对于上述宗旨的种种记述，值得参看。从他们的阐述中，可以知道，太炎晚年的许许多多言论都是针对新学者而发的。[2] 在古史辨运动初期，刘掞黎起而反驳的文章即刊在《史地学报》中。柳诒徵在演讲《正史之史料》中，也相当系统地批判疑古运动，他说"古人以信为鹄，初未尝造作语言以欺后世"，又说"徒就一二遗编，毛举细故，斥史公之不经，或他人之作伪，岂不冤哉？""史书无一事无来历，其小有出入，乃一时之疏，非故意以误后人，不得执一以疑其百也"[3]。较有意思的是，他提出史家之为务，应考史书的来源，而不是取史书对勘，这是一个相当有意思的观点。史书对勘，则容易以一字一句之不同怀疑其中必有隐情，但是如果从来源下手，会发现像起居注这一类史官据以修史之书是不致作伪的。[4]

除上述种种之外，传统派史家对新派学者还有一种根本的不满，他们批评新派史家未能认识中国古代史学的光荣，更不愿宣传中国古代历史的光荣。他们认为治史者的责任应该尽量讲述过去历史之光荣及为西人所不及之处[5]，应该从历史求民族复兴之路[6]。同时，他们深不满意新派学者不但不能认识中国古代史学优胜之处，而且还处处加以贬抑[7]，认为史家应该抉发旧史学的长处以显扬于世界，并阐述中国文化政教源流及其特点以增强民族自尊心。他们反对新派对历史处处采取批判的态度，未能"附随一种对其本国已往历史之

1　章太炎：《制言半月刊》，第 1 期（1935），《发刊宣言》，页 1。

2　一士：《章太炎弟子论述师说》，在陈平原等编《追忆章太炎》（北京：中国广播电视出版社，1997），页 417—438。

3　以上皆见柳诒徵《正史之史料》，《史地学报》，2:3（1923），页 39—40。

4　同上，页 44—47。

5　缪凤林：《中国史之宣传》，《史地学报》，1:2（1922），页 213—214。

6　柳诒徵 1934 年在《国风》五卷一期上作有《从历史上求民族复兴之路》。

7　其实傅斯年等人也同意中国古代史学曾有一段荣景，不过旧学者对此显然更强调，他们通常要从黄帝时代溯起。民国十八年《史学年报》发刊词——"而我国自夏而后，已有正式年代之记载，东周而后，三千年来，人类社会进化之迹，粲然在目，他国之必待考古物，访奇俗，以间接推求之者，吾国早有明确之记载。"（页 2）又如叔谅在《中国之史学运动与地学运动》中说："但就历史地理言之，则吾国古昔之造就，实高出于他族，而欧美之克臻今日之盛者，大部分由于近数十年之努力。"（《史地学报》，2：3，页 2）

温情与敬意"。[1]

最后必须强调，在 20 世纪 20 年代，完全不理会西洋学问的传统派已经日渐减少了。他们与新文化运动时期的林纾（1852—1924）相较，除在反对白话文这一点上还依稀旧派面目外，所持的主张已经相当不同了。《学衡》的许多主将都是英美留学生，所以他们绝不是新式的传统主义者。他们了解西方，也主张吸收西方，但是他们不满意西方的功利主义与实证主义，对古希腊罗马的传统及其他几个古老文明怀抱深刻的敬意，并认为那才是人类文化精髓之所在。所以他们标举了另一种"西方"，并主张要吸收那真正的"西方"文化的精髓来丰富中国的文化传统，从而在亚洲建立一个"新希腊"，所以如果称他们是"新传统主义者"当不为过。

同样的，20 世纪 20 年代以后的传统史家也不都是对西方史学发展充耳不闻的人，他们甚至认为新学者们不但不了解中国史学的精髓，同时也未必真正懂得当时西方史学的精髓。他们的目标，不仅要与西方并驾齐驱，而且还想在吸收"真正的"西方史学之后，把它们置放在中国的史学传统及价值脉络中，并充分发挥中国史学独有之长处，从而凌驾于西方史学之上。

以柳诒徵来说，他虽然不大提西方史学，但柳氏本来就对日本的东洋史有所了解，至于他的学生一辈像缪凤林等人，更刻意表现自己对西方史学如兰克、鲁滨逊等人作品的熟悉[2]，他们的史学作品其实并不一定是那样传统，而且时常提倡与新派相当近似的东西[3]。

以考古的重要性为例，在陈训慈的《中国之史学运动与地学运动》一文中便提到："西洋古史之再造，以及古文明之发见，多赖掘地事业之发达，吾国一二出土之物（如殷墟龟甲、敦煌石室、流沙坠简等），已大有助于历史。果能从事开掘，必能多所发见。"[4] 可见作者对于考古发掘并不排斥。又如新派极力提倡的"集众式研究"

1　钱穆：《国史大纲》，"凡读本书请先具下列诸信念·二"，页 1。
2　如缪凤林在《研究历史之方法》（《史地学报》，1:2 [1922]）中也谈兰克史学。
3　中间当然还有一个重大差别，即他们并未以实际行动付诸实践。也许他们只了解到其必要性，但是并未能确知如何操作。
4　叔谅：《中国之史学运动与地学运动》，《史地学报》，2:3（1922），页 11。

及以大规模的队伍投入各种史料搜集或考古发掘的方式，也受到热烈呼应——"但就本国而言，则国史之整理，与本国地理之裁订，无在不赖大规模之工作"，在强调"大规模之工作"的必要后，又说："如（1）古史之较证与开拓，必需掘地发藏，非合群力不能进行。（2）地舆之实测，人文地理之调查，皆为全部之事业，非统筹不能集事。（3）探险事业必有团体而后可以从事。（4）旧史之整理，必须分工而后可以完成。（5）历史教学与地理教学之改造，尤非枝节更变所能济事。"[1]

即使对非文字性史料，也有人在一阵迟疑之后，转向肯定。缪凤林在《研究历史的方法》中也说："国人研究历史，自来皆依据文字，此其弊不仅未有文字以前之历史，无从考证，即有史以后之事，亦不能知其全。"[2] 他并痛斥墨守千百卷官书而以为史学全在于是的人说："学术之无标准，果一至于是哉？"[3] 不过，他们在前述那些根本的问题上与新派史学的意见仍是截然对立的。

结 论

总括而言，新派学者在身份上大多与新文化运动有关，在职业上，大多是专业史家。他们在研究历史时，重视从原始材料出发，重视版本，重视新史科——尤其是档案及新出土材料。同时他们也主张对传统文献施以严格的批判及校订的工作。因为他们的态度、观点及问题的变化，使得史料的范围大幅扩大。他们当然不是最早使用新材料的人，不过却是有意识地提倡使用新材料，而且是大量并熟练地使用这些新材料的学者。

新学者主张尽可能将个人的色彩减到最少，进行最为客观的研究，不但把研究与情感分开，而且要把"事实"与"价值"分开。他们进行研究时，在伦理方面尽可能中立——即使在他们内心深处，

1　叔谅：《中国之史学运动与地学运动》，《史地学报》，2:3（1922），页10。
2　《史地学报》，1:2（1921），页238—239。
3　同上，页241。同文也大谈人类学的方法。

伦理观念可能仍然牢不可拔，但至少在有意识的层面上是力求严守价值中立的。他们提倡为学问而学问，有些人后来可能因为国家变局而对此有所改变，但大体上仍以"为学问而学问"为号召。他们提倡研究与应用分开，认为应用是因研究而自然带来的结果，故反对为了现实应用先认定一个立场或选定一个观点，然后将之安放在研究上。

在他们的研究过程中，历史的"真"与"善"并不被当作一个不可分割的整体，而是应该加以分别对待的。他们也不再像传统史家是生活在其所研究的东西中，而是以一个冷静观察者的角色在分析一个对象。

新学者认为史学研究应该与自然科学一样，牢守自然科学的一些原则。科学是没有国界的，所以他们或多或少认为自己所从事的学问最后是要与"世界的"学问相汇通。而且他们认为学问的提升便是国家民族程度的提升。

他们提倡具问题取向的、"窄而深"的专题研究，所以在入手处较少将过去的历史视为一个必须加以全体把握的整体。此外，由于他们的历史思考受到脱离道德、脱离伦理领域的观念的影响，他们在考虑历史问题时尽量脱离传统的思维方式，譬如考虑历史上的盛衰荣枯时，不再纯以国君是否实行仁政作为判准，而是广泛地从各个相关联的方面去衡量。

此外，由于他们的目标在重建历史，而未必顾及"现在"或"未来"的用处，所以在其研究工作中并不刻意将"过去""现在""未来"结合在一起，这使得他们遭受到各方的攻击，觉得他们只是一群"饱学的奴才"，一群在象牙塔中的学者。

上述种种态度，引来传统派史家严重的不满与批评。从社会史问题论战以后，另一种新派史学逐渐占领上风，即马克思主义史学。他们也对胡适、傅斯年、顾颉刚等人所领导的学派进行猛烈的批评。他们提供另一种号称"客观"的历史解释，并刻意把历史与现实紧紧相扣。后来，至少在现实政治发展上，它们压倒了原来的新旧两派，成为中国学界的主流。

"主义崇拜"与近代中国学术社会的命运

—— 以陈寅恪为中心的考察

建立一个"学问之独立王国"

陈寅恪有两句口头禅："独立之精神，自由之思想"。自从他在1929 年为王国维撰写纪念碑铭时使用了这两句话以后，在他一生的各种文字中，它们便反复出现。我必须承认，过去只是把它们当作老生常谈，不曾加以留意。但是近来我却深觉这是贯穿一代学术精神的重要线索，值得讨论。而且这个讨论必须放在近代中国的两种脉络下来进行，首先是近代中国思想中建立一个纯净的学术社会的理想，第二是对近代中国精神世界危机的忧虑。然而，近代中国的发展有一个特色，即政治吞没了学术文化，大我吞没小我，主义笼罩学术，使得上述两条思路与近代中国的发展显得格格不入。这两条思路无法简单加以描述，但至少可归纳出几个特点：

第一，认识到中国衰弱的根本问题是学术不如人，而这里所强调的"学术"偏重在纯学术，尤其是不刻意涉及世用的基础学术。人们也认识到在发展学术时，必须把学问从刻意求实用的心态下解放出来，同时也要把学问从现实权力的干预与政治教条的桎梏中解放出来，保障其独立发展的空间。第二，体认到中国除政治社会经济危机之外，还有一个最根本的问题，即精神世界的危机。不管求学问或精神文明的发达，都要能脱离政治之束缚，必须建立一种独立自主的精神。陈寅恪认为，王国维的一生充分体证了这一精髓。

本文则是以陈寅恪为例，针对"主义"与"学术"这一点所做的探讨。

陈寅恪本人自然也是终生服膺此训的。他终生坚持"士之治学读书，盖将以脱心志于俗谛之桎梏"，他七十五岁时在《赠蒋秉南序》中综括自己一生时也说"默念平生，固未尝侮食自矜，曲学阿世，似可告慰友朋"，都是指这个意思。不过王、陈两人并不是孤例。近代中国是有一批学人主张以学问为目的，不为手段，认为学问旨在"求真"，应有其自足的领域，"应用"是学问自然的结果，不应在研究学问的过程中刻意求用，也不应受到现实利害或政治主义之干预，更不应该"曲学"以服务现实政治。而且，既然是求"真"，则唯有运自由之意志、独立之精神于其间，学问才可能真正进步。如果用张君劢的话来说，就是要避开救国的热情及政治意识形态的无穷干扰，而建立一个"学问之独立王国"。[1]

此下我要钩稽这一个建立"学问之独立王国"的思路。

严复是最早清楚表示学问与治事应该分开的思想家，他写有《论治学治事宜分二途》[2]，在《论世变之亟》中则强调"学术则黜伪而崇真"[3]，这几个字的意思大可玩味。他认为中国真正的落后是学问上的落后，而学问上的增进是靠求"真"，求真的过程不容任何现实功利与道德教条之支配。在《救亡决论》中，他对讲求抽象的学理如此强调着："且西士有言：凡学之事，不仅求知未知，求能不能已也。学测算者，不终身以窥天行也；学化学者，不随在而验物质也；讲植物者，不必耕桑；讲动物者，不必牧畜。其绝大妙用，在于有以练智虑而操心思，使习于沉者不至为浮，习于诚者不能为妄。是故一理来前，当机立剖。……西学格致，非迂途也，一言救亡，则将舍是而不可……且客谓西学为迂途，则所谓速化之术者，又安在耶？"[4]用这类标准来看中国传统学问的特色，他发现中国的学问都不能称作"学术"，因为它们不是纯粹的学理，只是阅历知识的累积。

1　张君劢：《文化核心问题——学问之独立王国论》，《中西印哲学文集》（台北：台湾学生书局，1981），页167—190。
2　收在王栻编《严复集》（北京：中华书局，1985），第1册，页88—90。
3　同上，页2。
4　以上均出《救亡决论》，收入王栻编《严复集》，第1册，页45—46。

　　对此，晚清今文经学的领导人表现出截然不同的态度。康有为一派主张应该通经致用，以今文经学来指导变法改制。章太炎却坚决反对自古以来"通经致用"的传统。章氏这方面的演讲，曾经给当时还在北大读书的顾颉刚很大的影响。顾氏后来在《古史辨》的长序上曾特别强调章氏的观点，并认为他开启了一个纯粹治学的风气。[1]

　　王国维的一些言论也必须摆在这个脉络下来看。他与严复一样主张学问与治事应该分开。1911 年 2 月，他在为罗振玉所创《国学丛刊》撰写的发刊词中说：

> 学之义不明于天下久矣！今之言学者，有新旧之争，有中西之争，有有用之学与无用之学之争。余正告天下曰：学无新旧也，无中西也，无有用无用也。……凡事物必尽其真，而道理必求其是，此科学之所有事也。[2]

他又说：

> 自科学上观之，则事物必尽其真，而道理必求其是。凡吾智之不能通，而吾心之所不能安者，虽圣贤言之，有所不信焉，虽圣贤行之，有所不慊焉。……中国今日实无学之患，而非中学西学偏重之患……余谓凡学皆无用也，皆有用也……事物无大小，无远近，苟思之得其真，纪之得其实，极其会归，皆有裨于人类之生存福祉。己不竟其绪,他人当能竟之,今不获其用,后世当能用之……世之君子，可谓知有用之用，而不知无用之用者矣。[3]

这段文字一再强调"无用之用是为大用"，强调基础学理的重要，驳斥当时人在学问上斤斤于求实用的功利态度。他在《论近年之学

1　顾颉刚：《古史辨》（台北，翻印本，无出版时间），第 1 册，《自序》，页 26。

2　王国维：《王静庵文集》（台北：傊勉出版社，1978），页 219。

3　同上，页 220。

术界》中，更再三强调要视学术、文学为"目的"，不能视之为政治教育之"手段"：

> 又观近数年之文学，亦不重文学自己之价值，而唯视为政治教育之手段，与哲学无异，如此者其亵渎哲学与文学之神圣之罪，固不可逭，欲求其学说之有价值，安可得也？故欲学术之发达，必视学术为目的，而不视为手段而后可……未有不视学术为一目的而发达者，学术之发达，存于其独立而已。然则吾国今日之学术界，一面当破中外之见，而一面毋以为政论之手段，则庶可有发达之日欤！[1]

严复、王国维等人在言论上鼓吹，蔡元培则在教育界实践这一理想。他在就任北大校长时，说了"大学者，研究高深学问者"这句看来非常平浅的话，却是当时中国文化界的一颗炸弹。因为在当时研究高深学问并不被认为是一件了不得的大事。我觉得史家吕思勉的《蔡孑民论》最能道出当时的实况。这一篇短文并不易找，我尽可能抄在这里："学术为国家社会兴盛的根源，此亦众所共知，无待更行申说，然要研究学术，却宜置致用于度外，而专一求其精深。此非谓学术可以无用；学术之终极目的，总不外乎有用，这是无可否认的。""中国人对于学术，非不重视，然于此，颇嫌其未达一间。所以以学术事功，相提并论，总不免有轻学术而重事功之见。而且谈起学术来，还要揭举着'有用之学'四字。其实学问只分真伪，真正的学术，哪有无用的呢？"他说蔡元培一生最重要的贡献是提倡高深的研究："在他主持北京大学以前，全国的出版界，几乎没有什么说得上研究两个字的。不是肤浅的政论，就是学校教本，或者很浅近的参考用书。当这时代，稍谈高深学术，或提倡专门研究，就会被笑为不合时宜。……还记得在民国八、九年之间，北京大学的几种杂志一出，若干种的书籍，一经印行，而全国的风气，为之

1　王国维：《王静庵文集》，页 173—176。

幡然一变。从此以后，研究学术的人，才渐有开口的余地。专门的、高深的研究，才不为众所讥评，而反为其所称道。后生小子，也知道专讲肤浅的记诵，混饭吃的技术，不足以语于学术，而慨然有志于上进了。这真是子民先生不朽的功绩。"[1]

在蔡元培领导下的北大学生中，以"国民社"为代表的一支，偏向以政治行动救国，而"新潮社"的社友则偏向建立学术社会为救国之根本方策。傅斯年在《新潮》发刊词上一再强调西人学术之"美隆如彼"，而中国学术之"枯槁如此"。[2] 他的老师胡适于1920年在《提高和普及》这篇讲演中强调"我们若想替中国造新文化，非从求高等学问入手不可"，并表示"不希望北大来做那浅薄的'普及'运动，我希望北大同人一齐用全力向'提高'这方面做工夫"。[3] 傅斯年的同学顾颉刚则在1929年明白提出"要在中国建一个学术社会"。[4] 他不断用相当浅白的文字表达这一个理想：

> 为学问而学问的积极态度，正值得大提倡而特提倡。[5]
>
> 学问固然可以应用，但应用只是学问的自然的结果，而不是着手做学问时的目的。[6]

他还一再将"求善"与"求真"分开来看，认为"求真"不应与"求善"混为一谈，学问与应用不应混为一事。[7]

接着谈陈寅恪。陈寅恪与王国维相遇于北京的清华园，已是1926年的事了。王、陈两人能在短时间里形成亲密关系，至有陈寅恪所说的"许我（陈寅恪）忘年为气类"，至少有几个原因：第一

1　收于俞振基编《蒿庐问学记》（北京：生活·读书·新知三联书店，1996），页440—443。

2　傅斯年：《傅斯年全集》（台北：联经出版公司，1980），第4册，总页1398。

3　胡适：《胡适讲演集》（台北：胡适纪念馆，1978），中册，页489—490。

4　顾潮：《顾颉刚年谱》（北京：中国社会科学出版社，1993），页169。

5　同上，页92。

6　顾颉刚：《〈古史辨〉第一册自序》，收入顾颉刚编著《古史辨》（上海：上海古籍出版社，1982），第1册，页25。

7　顾潮：《顾颉刚年谱》，页135。

是对传统文化所抱持的敬意；第二是他们对中国学问世界及精神世界危机的共同体认。他们两人一再以工作及言论示人，学问应是不计有用无用，一时看起来无用的，其实是有大用，所以治学不应一味地现实功利。王国维这方面的言论已如前述，陈寅恪则一再表示学术的发展关系到"吾民族精神上生死一大事者"[1]，认为自昔大师巨子，"其关系于民族盛衰学术兴废者……而尤在能开拓学术之区宇"[2]。

至于传统文化以及近代维新自强之士太重实用而轻抽象形上，造成中国精神世界的空乏的问题，1919 年 12 月 14 日吴宓日记中记有陈寅恪一段非常重要的谈话："中国之哲学美术，远不如希腊。不特科学为逊泰西也。但中国古人，素擅长政治及实践伦理学，与罗马人最相似。其言道德，惟重实用，不究虚理，其长处短处均在此。……今则凡留学生，皆学工程实业，其希慕富贵，不肯用力学问之意则一。而不知实业以科学为根本，不揣其本，而治其末、充其极，只成下等之工匠。境遇学理，略有变迁，则其技不复能用。所谓最实用者，乃适成为最不实用。至若天理人事之学，精深博奥者，亘万古、横九垓，而不变。凡时凡地，均可用之。而救国经世，尤必以精神之学问（谓形而上之学）为根基。""今人误谓中国过重虚理，专谋以功利机械之事输入，而不图精神之救药……"陈寅恪表示中国人可为世界之富商，"然若冀中国人以学问美术等之造诣胜人，则决难必也"。[3]

尽管陈寅恪对新文化运动并不满意，不过，在某种程度上，他仍被归为新文化运动之后、居学术主流的所谓考据学派。这一学派基本上以胡适的"整理国故"运动为口号，以胡适、傅斯年及和他们声气相求的一大批学者为代表。批评他们的人称他们为"新汉学"或是"乾嘉余孽"。如果按照当时及后来人的说法，他们的治学有

1 陈寅恪：《吾国学术之现状及清华之职责》，《陈寅恪先生论文集补编》（台北：九思出版社，1977），页 46。
2 陈寅恪：《王静庵先生遗书序》，《陈寅恪先生论文集》（台北：九思出版社，1977），页 1435。
3 吴学昭：《吴宓与陈寅恪》（北京：清华大学出版社，1992），页 9—10。

几点特色：一个是"为学问而学问"；一个是重视史料；其三是对马列史观的拒斥。

但是他们至少面临两种挑战。第一，政治危机动摇了许多知识分子原先对学术独立自主的信念（请参见本书《价值与事实的分离？》一文）。譬如史家陈垣在20世纪40年代给友人的一封信中说，在国家危亡的关头，学风应该改变，由考据转为重视实用。许多人后来回顾这一时期的学术发展时也说世乱不应讲考据，连萧公权这位纯净的读书人也反映了这一个转变。

萧公权在《问学谏往录》中回忆说，他原先认为"粗浅的实用主义"是中国教育停滞的主因。他反对"读书不忘救国"，认为应该为工作而工作，"我们不应当把工作当作本身并无价值，而只是达到工作以外某项目标（无论这目标是如何重大）的手段"[1]，主张"为学问而学问"，"认定学术本身即是目标，而不是达成另外任何目标的工具"[2]，"学术与政治的界限必须划清"[3]。他在对日抗战将胜利之前所写的一篇《学术独立的真谛》中有这样几段话："我们必须把学术自身看成一个目的，而不把它看成一个工具。国家社会应当有此认识，治学求学者的本人应当有此认识。所谓学术独立，其基本意义不过就是：尊重学术，认学术具有本身的价值，不准滥用它以为达到其他目的之工具罢了。""学校必须先与社会'脱节'，然后才能进步。"[4]但在面对战后满目疮痍之局，他却对自己过去的论点兴起一种"痴人说梦"的感慨，说："我在这样的局势之中讲学术独立，谈学术研究，当时虽然觉得理直气壮，振振有词，事后看来真有痴人说梦之感。"[5]

第二，近代中国思想界有一个极为重要的现象，我名之为"主义崇拜"，许多思想家称颂"主义"的神妙作用，傅斯年甚至说有

1　萧公权：《问学谏往录》（台北：传记文学出版社，1972），页175。
2　同上，页179—180。
3　同上，页180。
4　萧公权：《学术独立之真谛》，《迹园文录》（台北：联经出版公司，1983），页248—249。
5　萧公权：《问学谏往录》，页182。

主义总比没有主义好。所以新文化运动以后的发展，一方面是追求新学术，另一方面是要找"主义"，两条矛盾的路数平行前进。而国民党和共产党，都想用一套"主义"来指导思想学术的发展。不同的是国民党心有余而力不足，虽想以"主义"干预思想文化领域，但实际收效极微，反而招致大量知识分子的不满，而共产党在这方面便做得游刃有余了。

从1928年起，历史唯物主义的史学观点已渐在中国历史研究的舞台上占据显著地位。以社会史论战为例，发展到后来，似乎使人感觉到如果不用马列史观，便难以研究历史。与左派史家缠战的陶希圣的作品尤其表现出这一特点。从1928年到1949年，大约二十年间，这一股历史思潮的力量愈来愈大，说服了无数青年学者转向其学术阵地。

左派史学对胡适、傅斯年所领导的以考据为主的"为学问而学问"的风气非常不满，攻击、批判的文字非常之多。翦伯赞（1898—1968）便坚持史家要与现实的政治斗争密切结合，史学著作应该成为"战斗的指南"，批判胡适、傅斯年集团是一群"饱学的奴才"，并呼吁要将历史解释的阵地从他们手中夺过来。[1]抢夺历史解释的阵地，随着国民党的溃败成为事实。过去是靠理论著作来说服人，现在又辅之以雷霆万钧的政治力量。而政治压力与理论上的心悦诚服又常如车之两轮，扶摇而进。

"弥天之网"下的新标准

早在1948年11月，毛泽东在给吴晗的信中就说他"尚未完全接受历史唯物主义作为观察历史的方法论"。[2]如果毛泽东先前还带有建议性质，那么1949年春天，中共军队进入北京开始，京华学人便开始一步一步罩入历史唯物主义这个"弥天之网"了。这一张

1　许冠三：《新史学九十年》（香港：香港中文大学出版社，1988），下册，页120。
2　吴晗：《吴晗自传》，苏双碧主编《吴晗自传书信文集》（北京：中国人事出版社，1993），页18。

网的范围非常之广，此处只能就当时学人所留下的印象最深刻的几个重点做一叙述：第一是必须服膺阶级理论，文章中不应该有超阶级的观点；第二，必须放弃“为学问而学问”的原则，学问要为政治服务。在“弥天之网”笼罩下来之际，史家们或出于主动，或出于被动，竭力想使自己的著作与新主义的尺寸相合。史学如此，其他许许多多学问亦如此。我个人认为将来这方面的材料会越出越多，而形成对研究一代知识分子心态史的最重要材料。在这里我想以几位杰出史家的转变为例，利用书信、日记来钩稽出他们心态的变化。

首先我要举与陈寅恪并称“二陈”的陈垣为例。陈垣的转向相当具有代表性。他在 1949 年 4 月给胡适的一封信，曾引起许许多多的讨论。胡适怀疑这封信出自伪造，因为它的思想与文笔都不像出自陈垣之手。不过，如果配以陈氏先前给自己儿子的一封私函，便可以发现他是真正起了变化。1949 年 3 月 14 日，他在给三子陈约（1909—1999）的信上说：

> 余近日思想剧变，颇觉从前枉用心力。从前囿于环境，所有环境以外之书不观，所得消息，都是耳食，而非目击。直至新局面来临，得阅各种书报，始恍然觉悟前者之被蒙蔽。世界已前进，我犹故步自封……[1]

这里的“新局面”是指共产党军队于 1949 年 1 月底进入北平。各种“新书报”使他觉得过去是“枉用心力”。突然之间，学术典范变了，自己觉得过去几十种著作完全无用。将近一个半月后他给胡适的信，其实相当忠实地反映了一种心态，觉得过去被胡适这些人所提倡的治学方法与态度“蒙蔽”了，现在突然发现新世界，对历史有了全新的看法。这封信是这样写的：

> 我活了七十岁的年纪，现在才看到了真正人民的社会，在

1　陈智超编注：《陈垣来往书信集》（上海：上海古籍出版社，1990），页 709—710。

历史上，从不曾有过的新的社会。经过了现实的教育，让我也接受了新的思想，我以前一直不曾知道过。[1]

在这样的新社会里生活，怎么能不读新书，不研究新的思想方法。我最近就看了很多很多新书，这些书都是我从前一直没法看到的。[2]

说到治学方法，我们的治学方法，本来很相近……如今我不能再让这样一个违反时代的思想所限制。这些旧的"科学的"治学的方法，在立场上是有着他基本错误的，所以我们的方法，只是"实证主义的"。研究历史和其他一切社会科学相同，应该有"认识社会，改造社会"两重任务。我们的研究，只是完成了任务的一部分，既有觉悟后，应即扭转方向，努力为人民大众服务，不为反人民的统治阶级帮闲。[3]

……我只是以为学术与政治是可以分开来看的，这种错误的看法，直到最近才被清除。我才知道了"一切文化服从于政治，而又指导了政治"。[4]

就在写这封信的八九年前，陈垣也一度觉得自己落伍了。1940年8月14日陈垣在给他的长子陈乐素（1902—1990）的信上说，他读到傅斯年的《性命古训辨证》，发现"内多新材料、新解释"。[5] 8月16日，又在一信中说："余阅《性命古训辨证》，深知余已落伍，未知在他人觉得如何耳。"[6] 短短八九年之间，陈垣再度有了巨大的转变，而且我颇相信，这种转变是相当真诚的。它不是孤立发生的，政权的改变是一个重要的触媒。不过，陈垣并未运用"新理论"来将自己的旧作通体改正一遍，或是在后来的著作中充分体现这些理论特质。陈氏1949年后著作数目锐减，或许与他在理论世界的"新

1　陈智超编注：《陈垣来往书信集》，页192。
2　同上。
3　同上，页193。
4　同上，页194。
5　同上，页661。
6　同上，页662。

发现"不无关系。

当时的一些史家在向新主义转变时的语气都先带着悔恨，然后是一片光明。1950 年，原本与胡适、傅斯年关系密切的吴晗写了《我克服了超阶级观点》，口气中也是先充满悔恨，觉得过去被误导，思想不通，所以没有好成绩：

> 这二十年写了四、五十篇专门论文，但由于思想没有搞通，不会运用辩证法，更由于受了胡适之极深的影响，治学钻到考据的牛角尖里去，也就自然不会有什么好的成绩了。[1]

他又痛悔自己过去"超阶级"的观点：

> 于此，我应该说明，不是毛主席教育了我，一直到今天，我还会是糊涂的，不清楚的，自以为是"超阶级"的。[2]

吴晗《朱元璋传》的几种改本，充分反映了这种改变。其改写进程是在马克思主义经典作家的理论指导下进行的。譬如 1965 年版《朱元璋传》的第四章，不再以朱元璋个人的好恶喜怒来谈明初政局与治术，而改以阶级分析来安排。第六章题为《社会生产力的发展》，第七章为《统治阶级的内部矛盾》，这都是 1949 年及之前别版所无的。[3]

"超阶级"的观点是一种错误，"为学术而学术"亦然，而且成为可以控诉人的罪名。此处仅举谢国桢（1901—1982）为例，一篇怀念他的文章中说"甚至有人曾批评谢老是'为学术而学术'，这是很不公平的"。[4] 纪念谢国桢的人觉得谢氏不纯然是"为学术而学术"，而我们所特别感兴趣的倒不是这一点，而是当时人的普遍心

1　此文收在苏双碧编《吴晗自传书信文集》，页 26。
2　同上，页 27。
3　潘光哲：《学习成为马克思主义史学家——吴晗的个案研究》，《新史学》，8:2（1997 年 6 月），页 133—185。
4　刘重日：《文章、风范、长者——怀念谢国桢先生》，《明史研究》，第 2 辑，页 37。

态中认为这是有罪的。

新的改变使得旧学者顿失信心。这一个心态上的变化很值得大家注意。他们突然惶惶不知所措，拿着过去的成稿请比较有"理论素养"的学生或青年朋友修改，以便符合新的主义。经学史大家周予同（1898—1981）的经验是很好的例子。周氏请人以马列观点将他的不少经学史著作改一遍，"以期符合'用马克思主义观点写经学史'的要求"。[1] 这一类的故事到处都有，见诸文字记载者与未见者很多。许多文稿在一改再改，来去数次之后，弄得面目全非。

在这里，我要引几段日记中的材料，作为这一节的结束。史家金毓黻（1887—1962）的《静晤室日记》是很珍贵的材料，刻画出一位出色史家诚惶诚恐地接受"新思想"指导的细节。在 1949 年共产党军队进入北平以后，金毓黻的日记中突然出现一批新理论、新史家、新著作，这些都是他过去日记中极少或几乎不曾出现的。日记中到处用一种初入门学徒赞叹的口气讲新理论，而且还连篇累牍地往日记上抄，以便掌握那些本来完全不熟悉的东西。

一些原来在史学舞台上居于边陲地位的史家，开始频繁地出现在他的日记中，并且寄以高度的瞩目。甚至连华岗（1903—1972）在某处养病，荣孟源在何处工作都记下来。然后是一批以唯物史观为指导原则写成的书，这些书成了新榜样，有些其实只是政治宣传的册子。此外，斯诺的《西行漫记》，还有《联共党史》，是他最常提到的。对于后者，金毓黻日记中不时谈到要以该书为模范进行历史写作。

一批新的历史词汇也涌进日记中。最常出现的是"历史的发展规律"一词，不但要以此来解释历史，而且要用来解释包括生命观在内的各式各样的问题。但是，最值得注意的是，旧的与新的几乎没有延续性，旧的完全没有价值，新的却还没有学到手，所以日记中称自己现在是"两手空空"。旧时自负而孤芳自赏，现在突然变

1　朱维铮：《〈周予同经学史论著选集〉增订版前言》，《学术集林》，卷 8（上海：远东出版社，1996），页 88。

得自卑起来。过去所有的成就一下子打得粉碎，觉得现在的自己比一个青年学生还不如，因为学生可能比自己还懂得新主义。像金毓黻这样早有所成的史家，突然之间发现自己不会研究历史了，碰到一些原本可以得心应手的研究工作，因为自觉理论素养不够而变得"几至不敢下笔"。[1] 他甚至一度写信渴望原先可能完全不放在心上的荣孟源来指导自己，而且语气之谦卑，一如对待一位大师。一直到1956 年 5 月 19 日，他还觉得自己理论水平太低——"写作历史研究文字，应具有三条件，一为理论，二为资料，三为技术。吾所谓理论，即为马克思列宁主义辩证唯物论，写作无此基础，则为无源之水，必不足观。……吾自解放以来，历时七稔，苦于理论水平太低，几至不敢下笔。"[2] 怎么办呢？六天后的日记上写："近日我极留意于写作的理论与技术两个问题，我把学习的重点放在哲学讲座上……此是对于加强理论的简单办法。关于技术，我系从细读重要经典著作及刘少奇、周恩来等重要领导人讲话稿以及《人民日报》社论随时加以体会和揣摩做起。"[3]

尤其值得注意的是，在新理论的冲击下，陈寅恪、岑仲勉这些他过去认为不得了的大家所写的中古史论述，转不如杨志玖以"新理论"所写的《隋唐五代史》：

> 陈、岑两氏研究唐史之作，得到若干问题的深度，而彼此之间的联系，特别是内在联系，常常感到不够。[4]
>
> 杨著能以新观点新方法以及站在立场治史。[5]
>
> 如陈、岑二氏于新理论尚未能全部接受，即为其美中不足之一，杨著虽晚出，但于理论一端则差胜。[6]

---

1 金毓黻著，《金毓黻文集》整理组点校：《静晤室日记》（沈阳：辽沈书社，1993），页 7129。前述诸点散见于该日记册 9、10，卷 157 至 158 中。

2 《静晤室日记》，册 9，页 7129，"1956 年 5 月 19 日"条。

3 同上，页 7140，"1956 年 5 月 25 日"条。

4 同上，页 7165，"1956 年 6 月 15 日"条。

5 同上，页 7168，"1956 年 6 月 17 日"条。

6 同上，页 7175，"1956 年 6 月 22 日"条，《复卞孝萱函》。

尚钺（1902—1982）的《中国历史纲要》也高于陈寅恪及岑仲勉，因为：

> 陈、岑二氏书中皆于生产经济尚未触及，尚著则并此二者（博、通）而贯通之，即为后来居上之显征。[1]

他细读过陈寅恪的经典著作《隋唐制度渊源略论稿》后，深不以为然，认为该书特详礼制，好像以为只要在礼仪之学上能穷源竟委，则其他制度思过半矣。而事实上"［礼仪］影响所届止限于少数特殊阶级。津津乐道何为者，此诚结习使然，吾未敢以为然也"。[2]金毓黻的态度代表当时无数人的态度，觉得如果把陈寅恪这些旧时代的史学大师放在新时代的理论天平上称，其价值顿然改观。

"改男造女态全新"

而陈寅恪就在上面这种新气氛下度过了他的最后二十年。他所熟悉的京华学人，或出于自愿，或出于"弥天之网"的压力而纷纷转向，这使得陈寅恪不禁发出对"尊朱颂圣有成规""改男造女态全新"的无限喟叹。因为，以政治主义干涉史学研究，与求"真"的学问风格相悖逆，尤其是与他和王国维共同信守的"独立之精神，自由之思想"相冲突。我个人认为，陈寅恪最后二十年生命中的种种起伏与跌宕，都与"真谛"与"俗谛"的这个根本冲突分不开。

陈寅恪的性格是自主而不受人左右的。关于这一点，我个人在整理他给傅斯年的几十封信（连载于 1995 年 12 月台北《联合报》副刊）中可以非常清楚看出。生活上如此，思想学术上亦复如此。他真心坚持"自由的意志"和"独立的精神"是发展学术及一个国家精神文明不可或缺的质素。在 1949 年以前和 1949 年以后的许多

1　《静晤室日记》，册 9，页 7174—7175，《复卞孝萱函》。
2　同上，页 7191，"1956 年 7 月 2 日"条。

文章中，都反复强调这一点。

但是陈寅恪的一生，却恰好处在一个"主义"压倒一切的时代，左与右的政党都希望以"主义"来指导一切，而且许许多多人都认为"主义"是一件好东西[1]，不但要在政治领域中发挥效力，并且要在学术文化领域中作为指导。

陈寅恪原先遇到的是国民党北伐之后进行的党化教育，陈氏的反对与抗拒是一贯而且强烈的。他在 1927 年告诉吴宓，极为不满国民党的力量进入校园。吴宓的日记"1927 年 6 月 29 日"条记：

> 夕，陈寅恪来。谈大局改变后一身之计划。寅恪赞成宓之前议，力劝宓勿任学校教员，隐居读书，以作文售稿自活，肆力于学，谢绝人事……又与寅恪相约不入［国民］党。他日党化教育弥漫全国，为保全个人思想精神之自由，只有舍弃学校，另谋生活，艰难固穷，安之而已。[2]

为了"保全个人思想"以对抗国民党的党化教育，陈寅恪甚至想"舍弃学校，另谋生活"，足见其态度坚决。《陈寅恪先生编年事辑》的增订本中有一段，是 1936 年，他对国民政府教育部下令"中学历史教科书不得有挑拨国内民族感情之处，于民族战争不得言，要证明民族同源"，表示"予以为这是不必的"。[3]

"自由之思想""独立之精神"，还表现在他对胡适的几次态度上。陈寅恪与汤用彤等人，常被视为考据学派的大家，与胡适同路，但是在文化观点上，他们其实不尽相同，对激烈反传统主义尤其不能同意。陈寅恪与吴宓日常的谈话中不时透露出他们对传统文化、道德、礼法的温情与敬意。新文化运动时期，与他们接近的张鑫海（1918—2010）甚至说，今日羽翼未丰，所以无可奈何，等到将来学成，

---

1 连后来极为反对"主义"的傅斯年，在新文化运动时期也一度主张有"主义"比没有"主义"好。
2 吴学昭：《吴宓与陈寅恪》，页 48—49。
3 蒋天枢：《陈寅恪先生编年事辑（增订本）》（上海：上海古籍出版社，1997），页 99。

必与胡适等人痛战一番。陈寅恪到岭南大学后，一度还对情谊深厚的陈序经（1903—1967）说"你的全盘西化怕也要倒倒车了"[1]，也是这个意思。

可是，陈寅恪在 1940 年的中央研究院院长选举时，却坚持要出席投胡适一票，不愿意支持蒋介石提名的顾孟余。据当时人回忆，顾孟余名声不算太差，但陈寅恪决不愿选蒋介石的私人秘书做院长，并将之诠释为是捍卫学术独立与自由意志之举。而 1949 年，国民政府派赴北京抢救学人的飞机，陈寅恪不愿与有官方色彩的人同行，却愿意与胡适同机[2]，也代表学问脱离政治之干预的态度。

他在 1953 年给科学院的答复中再度提到三十几年前的一段往事：

> 我认为研究学术，最主要的是要具有自由的意志和独立的精神。所以我说"士之读书治学，盖将以脱心志于俗谛之桎梏"，"俗谛"在当时即指三民主义而言，必须脱掉"俗谛之桎梏"，真理才能发挥，受"俗谛之桎梏"，没有自由思想，没有独立精神，即不能发扬真理，即不能研究学术。[3]

"俗谛"在过去是指三民主义，在 20 世纪 50 年代便是指马列主义。他认为要研究学问，要求"真谛"，便不可以学三民主义也不可以学马列。所以在 1953 年这一封给科学院的答复中，他坚决表示，要他主持中古史研究所的先决条件是，"不能先存马列主义的见解，再研究学术。我要请的人，要带的徒弟都要有自由思想、独立精神"。[4]

陈寅恪未必认为马列主义全是糟粕，不过他对马列主义的教条作用的不满是非常清楚的。他 1957 年给刘铭恕（1911—2000）的

1　张鑫海语见吴学昭《吴宓与陈寅恪》，页 19。陈寅恪语见陆键东《陈寅恪的最后 20 年》（北京：生活·读书·新知三联书店，1995；此书繁体字版由联经出版公司于 1997 年出版），页 31。
2　陆键东：《陈寅恪的最后 20 年》，页 5。
3　同上，页 111。
4　同上，页 112。

信中表示决不以"太史公、冲虚真人"之学说来研究历史。[1] 余英时先生已经指出所谓"太史公"与"冲虚真人"即"马列",这个推论坚确不移。[2] 我在《陈寅恪先生编年事辑》的增订本中读到蒋天枢学生的一篇"后记",作者提到蒋天枢生前编陈寅恪诗集时曾删去一首《读史记与列子》,诗中对《史记》《列子》做了非常严厉的批判。他当时问蒋,何以不收此诗,蒋告诉他一个非常能令人信服的理由,但是作者表示他已经完全不记得了。[3] 看来陈寅恪不但在给刘铭恕的信中表示不为马列之学,他还曾形诸吟咏,借着对《史记》与《列子》之批判抵制马列。这层理由蒋天枢自然懂得,但怕被人觑破,所以不敢将诗收入。而马列到今天约束力还在,所以"后记"的作者巧妙地为我们留下了这一段材料,却以不记得为由未将之说破。

不可化解的矛盾

1949 年以后,"真谛"与"俗谛"两股力量的紧张与冲突规范了许多人的生命形态,也是陈寅恪最后二十年生命中最具张力之处。

1949 年以后,陈寅恪的主体性依然很强。因为强,所以不常接触的人觉得他"有点怪",或直接说他"脾气很强"。他始终拒绝用"主义"来指导学术研究,这使他的处境变得非常诡异。

1949 年以后,陈寅恪这个举世知名的大学者引来不少新朝大官的好奇,他们大多具有一些知识分子背景。由大官与他接触的故事,可以看出一个现象,凡是想以新上级身份压他的,他都会以各种方式顶回去,即使是"关照"得不得法也一样。因为"关照"不得法则仍有以上对下的意思。这也是他往日的学生汪篯(1916—1966)几乎被他逐出家门的原因。陆键东在《陈寅恪的最后 20 年》上是

---

1 陆键东:《陈寅恪的最后 20 年》,页 213。
2 见《后世相知或有缘:从〈陈寅恪的最后二十年〉谈起》一文,《陈寅恪晚年诗文释证》(增订新版,台北:东大图书公司,1998),页 289—290。
3 蒋天枢:《陈寅恪先生编年事辑(增订本)》,页 260。

这样写的："汪篯显然用了'党员的口吻'、'教育开导的口吻'与陈寅恪谈话"[1]，在汪篯这位激进的共产党员心中，当时的气氛会让他觉得以党员对非党员，至少在政治问题上，当然是可以用开导者的口气讲话的。虽然他这时仍不改对其师的尊敬，但是在陈寅恪看来，汪仍然是学生，学生突然因为"政治正确"便以这种态度凌驾老师，他是吃不消的，所以马上顶回去。相反，当主管广东文教的杜国庠（1889—1961）与陈寅恪见面时，"甚少以关怀的口吻说话"[2]，便引来相当的好感。

周扬（1907—1989）上门时，也是犯了陈的忌讳，从联络到见面的过程，让陈氏觉得周扬以大官自居，所以当二人一见面时，陈寅恪便突然"袭击"，问他是否管新华社，"新华社何以先是宣扬学生可以教老师，不久又改口"，等等。[3] 郭沫若写给陈寅恪的信中错了一个字，当时中山大学的人相传陈氏为此作诗讽刺郭氏。[4] 这也是一种心理反应，写错一个字而未察觉，似即表示对收信人不尊敬。此外，康生（1898—1975）等人的到访，陈寅恪的种种表现，其实都是一种"语言"，用来表现他的主体性。

在生活态度上如此，在学术工作上也是如此。

陈寅恪对"弥天之网"般的"俗谛"罩向学术文化领域，似乎有些措手不及。1949年以后，北京学界的旧友、学生，一个一个自愿或被迫倒向"太史公"与"冲虚真人"之学说，使得他对自20世纪20年代起便游息其间的北京学术文化圈的逝去感到惋惜与悲愤。这种情绪表现在与汪篯的一席对谈。汪篯当日必定告诉他某也今如何、某也今又如何，使得陈寅恪破口痛骂之为"可耻"。[5] 所以《元白诗笺证稿》出版后，北京友人中只有邓之诚收到一部，并附了一封信，表示京华学者皆趋"新学"，只有邓氏可能读他的书了。[6]

1　陆键东：《陈寅恪的最后20年》，页103。
2　同上，页264。
3　同上，页280。
4　同上，页119。
5　同上，页106。
6　同上，页138。

对于思想改造，他讽以“改男造女态全新”[1]，对一些符合政治教条所编的中国历史书在文化界大行其道，他“忽展图看长叹息”[2]，在1953年，他除对随时势而变的学人表示深恶之外[3]，还写下“尊朱颂圣有成规”的诗句[4]。在谈话中，他对冼玉清（1894—1965）说：“我要为学术争自由。我自从作王国维纪念碑文时，即持学术自由之宗旨，历二十余年而不变。”[5] 其夫人唐篔也对人说：“陈寅恪最不愿意看到别人写文章时，时时提到马列主义，一看到头就痛。”[6]

前面提到的1953年《对科学院的答复》一文也是针对“弥天之网”下“改男造女”的情态而发的。陈寅恪坚信以政治主义指导学术，则学术不可能进步，所以这篇答复的第一句话便是“我的思想，我的主张完全见于我所写的王国维纪念碑中”，也就是：“我认为研究学术，最主要的是要有自由的意志和独立的精神。所以我说‘士之读书治学，盖将以脱心志于俗谛之桎梏’……必须脱掉‘俗谛之桎梏’，真理才能发挥，受‘俗谛之桎梏’，没有自由思想，没有独立精神，即不能发扬真理，即不能研究学术。”这一段话与严复“学术则黜伪而崇真”的精神是一致的。为了“崇真”，必须摆脱政治教条，也就是他所说的俗谛。他只点出在他写王国维纪念碑时，这个“俗谛”是三民主义，但不好意思说现在这个“俗谛”是马列主义。

他自己表示“绝不反对现在政权”，这句话可能不是门面话。但这并不表示他对中共有多少了解，而是他对蒋介石政权不满。他早年诗中“看花愁近最高楼”等，都是对蒋氏表示不满之意。他在给科学院的答复中还表示早在宣统三年留学瑞士时便已读过《资本论》。所以对这一套理论是有所了解的，显然也不全然排斥。问题是，学问应该是一个自主独立的领域，要运用什么理论，应该由研究者就当时之需要去撷取，如果研究者觉得有必要时，当然可以引用《资

1　陆键东：《陈寅恪的最后20年》，页49。
2　同上，页50。
3　同上，页76。
4　同上，页107。
5　同上，页102。
6　同上，页109。

本论》，《资本论》是治学的参考而不是教条。如果把政治教条摆在研究学问之前，无独立之精神与自由之意志，则学问不可能进步。故他说"没有自由思想，没有独立精神，即不能发扬真理，即不能研究学术……一切都是小事，唯此是大事"。[1] 他又说：

> 因此，我提出第一条：允许中古史研究所不宗奉马列主义，并不学习政治。其意就在不要有桎梏，不要先有马列主义的见解，再研究学术，也不要学政治。不止我一人要如此，我要全部的人都如此。[2]

他并且要求"请毛公或刘公给一允许证明书，以作挡箭牌"。[3] 陈寅恪大概没料到后来"弥天之网"会以如此严酷的方式罩下，所以还敢请毛公、刘公给一证明，而且说毛、刘二人是国家最高领导人，应和他有同样的看法，"否则，就谈不到学术研究"。[4]

《红楼梦》批判，尤其是胡适批判，代表"弥天之网"的进一步收紧。许多胡适的故旧门生都起而批判胡适资产阶级史学的方法，陈寅恪痛骂北国学人为"一犬吠影，十犬吠声"。[5] 但最为传神的是他在1954年年底所写的"无题"诗："世人欲杀一轩渠，弄墨燃脂作计疏。猧子吠声情可悯，狙公赋芋意何居。"他特地为这一首诗写了一条长注，说《太真外传》中有康国"猧子"之记载，并大加发挥说"猧子""即今外人所谓'北京狗'，吾国人则呼之为'哈吧狗'"。[6] 这与周作人与其兄鲁迅决裂之后所写《破脚骨》一文，借考证"流氓"一词以痛骂其兄的语气很像："破脚骨官话曰无赖曰光棍，古语曰泼皮曰破落户，上海曰流氓，南京曰流尸曰青皮，日本

1　陆键东：《陈寅恪的最后20年》，页111—112。

2　同上，页112。

3　同上，页112。

4　同上，页112。

5　同上，页134。

6　陈美延、陈流求编：《陈寅恪诗集》（北京：清华大学出版社，1993），页88。

曰歌罗支其，英国曰罗格……"[1] 陈寅恪当然不会是受到周作人的影响，不过他的"无题"诗显然在讽刺参与批俞平伯（1900—1990）、批胡适的学人是"哈吧狗"。他未必欣赏胡适，但却不能同意以政治力量动员批判学术。

1949 年以后，陈寅恪始终以老病为由不参加政治学习。担任护士的容宛梅是这样回忆的。她说她到中山大学两年，"第一次听到了当时觉得有趣的陈寅恪的'三不'条件：一不学马列主义，二不参与行政事务，三不参加政治学习"。[2] 他也坚持不刻意在教学研究中套用马列新理论。这使得他在"改男造女态全新"的新世界中，显得非常奇怪。在当时的中山大学，他也有一些想法比较接近的朋友，如数学家姜立夫（1890—1978），说他始终服膺"超政治、纯技术"[3]，如经济史家梁方仲（1908—1970）坚持"学术人生"，认为"学术价值永恒，政治只能解决一时的问题"[4]。如他的忠实门生刘节（1901—1977）所说的"求真"与马列主义相矛盾。[5] 但是他们毕竟是异类，得要挨斗。新时代的风气反对"只问学术，不问政治"，反对"为学问而学问"，反对考据，反对专门问题的深入考证，主张要通，要能联系全面及历史发展的规则，但最重要的是要能使历史为现实所指导，或最好是历史为现实所用。毛泽东说"政治和业务是对立统一的"[6]，陈伯达（1904—1989）说"积累资料如果接受马克思主义、无产阶级领导，那么他们的材料是有用的，否则有什么用呢"[7]，周扬也说"学术不配合政治要犯错误"[8]。从 1958 年"厚今薄古"运动起，陈寅恪不再能自外于"弥天之网"了，他被痛批为"伪科学、假权威"。最值得注意的还是来自学生的批评。由这群年轻孩子批评陈寅恪时所用的词汇，可以看出当时人认为什么是错的，

1　钱理群：《凡人的悲哀——周作人传》（台北：业强书局，1991），页 49—50。
2　陆键东：《陈寅恪的最后 20 年》，页 387。
3　同上，页 30。
4　同上，页 231。
5　同上，页 226。
6　同上，页 220。
7　同上，页 235。
8　同上，页 370。

什么是天经地义的。中山大学历史系三年级学生攻击陈寅恪迷惑学生，贩卖为学术而学术的狗皮膏药[1]，又骂他企图玩弄把政治和学术分割开来的思想把戏[2]。也有学生写大字报奉劝陈寅恪上课时多运用马克思主义观点，批判他代表资产阶级的烦琐考证。[3]也有的大字报说他"为史料而史料，为考据而考据，根本不指导学生对历史作阶级斗争的分析"，"是用考据代替马克思主义的辩证法，宣扬史料的广博和考证的精深是历史科学的最高境界"。[4]此外，北京大学历史系三年级所写的一份批判陈寅恪的文章，据说是当时批判陈氏文字中水准较高的一篇，也是反复责备他未用马列史观来治史。[5]

我觉得看清陈寅恪与整个"弥天之网"之间不可化解的矛盾之后，才能了解陈寅恪最后二十年的两件事：第一，是似受优待又受迫害的现象；第二，是他不肯离开中国大陆，而后来诗中又有无数怨苦的控诉。

在陈氏最后二十年生涯中，一次又一次与知识分子有关的政治运动，无不是以改造资产阶级知识分子为主要目标，希望他们彻底改头换面，运用马列思想来看世界、想问题、做研究、写文章。这个方向基本不曾变，也不曾松懈。此中自然也有几个特别关照知识分子的人物，像陶铸（1908—1969）、周恩来，给知识分子脱帽，照顾知识分子生活。但是在优礼士人的同时，他们的基本政策还是希望读书人成为"社会主义的知识分子"，并不是要他们独立自主。而且这些优礼士人的大官通常是对知识的实用价值看得比较清楚，比较长远的一些人。

优待是可以的，某种程度的放松是可以的，但是在碰到最根本的意识形态问题时，便要站稳立场了。陈寅恪想重印《元白诗笺证

1　陆键东：《陈寅恪的最后 20 年》，页 271。

2　同上，页 272。

3　同上，页 268。

4　同上，页 246。

5　北京大学历史系三年级三班研究小组：《关于隋唐史研究的一个理论问题——评陈寅恪先生的"种族—文化"观点》，《历史研究》，12（1958），页 37—52。

稿》，被批为"与时代不合"[1]，想印《唐代政治史述论稿》，当局还把它送去审批，引起陈氏的震怒[2]，他想印《论再生缘》，也被康生否决[3]，这些使他在与胡乔木（1912—1992）谈话时，对作品审查表示深恶痛绝[4]。

个别的优待是可以的，但是不能改变其基本命运。优待是出自新朝大官们私人对一位不世出学者的尊礼，但是客观的大潮流是与此相反的。

最不懂得陈寅恪的当然是一些受"主义"影响很深，或根本不懂陈寅恪学术价值的人。在他们看来，陈氏价值的高低应该用新标准来重新估量，符合这一标准才有价值，不符合的，哪怕有通天本领，最多也只有边缘价值。政治觉悟高的党干部，最容易表现出这一倾向。龙潜（1910—1979）这个多少带点趣味的人物便可以做一个例子。他应该是一个"以党为纲"的干部，在其心中，不能服从马列的历史研究基本上没有多大价值，所以他对陈寅恪的态度那样大剌剌，甚至说读他的书不如去看小说，直到发现自己的上司们关心陈寅恪时，才又勉强改变态度。至于陈寅恪的门生金应熙（1919—1991），则有两种分裂的身份：作为学者的金应熙，他敬佩陈寅恪；作为党员的金应熙，他痛批陈寅恪。[5]

陆键东《陈寅恪的最后20年》中搜集的一些材料，尤其是那些不在史学这一行的人（党工、学生、干部），他们在大字报中对陈寅恪的攻击，不因其"胡言乱语"而完全无价值，这些"胡言乱语"反映当时的一种集体心态——符合主义才有价值，否则最多只是下降为"材料"而已。我直觉地以为，一再有人提到要在多少年内在占有史料的材料上超过陈寅恪，甚至发起一人读一本书运动，希望最后集合起来便可以胜过旧史学权威陈寅恪[6]，或是像周扬向他的秘

1　陆键东：《陈寅恪的最后20年》，页82。

2　同上，页155。

3　同上，页369。

4　同上，页363。

5　同上，页253。

6　同上，页274。

书说看陈寅恪主要是想看他的藏书等，似乎认为陈寅恪不过是读书多、材料广，至于谈到"解释"，也就是一篇文章真正灵魂的理论部分，陈寅恪是不值得多谈的。

综观陈寅恪的最后二十年，尽管他曾向远道来访的吴宓表示中共的"优待是虚有其名"，但虽"虚有其名"，仍表示存在着。对照当时的情形，特级稿费，使用小汽车，铺白色水泥道路[1]，三个半护士，每天三瓶牛奶，陶铸特别关照购买落地式收音机，一篮空运而来的鲜荔枝，每天七人份的肉食等，甚至连看不上戏也可以震惊广东省副省长，都算特别的待遇。但是在大潮流大环境下，仍不能改变他始终被划为"中右"，及愈来愈挡不住被批判的命运。

不参加任何政治运动的陈寅恪慢慢地挡不住"弥天之网"了，在他的著作中，我们始终看不出他刻意用"太史公"与"冲虚真人"的理论来写文章。然而在研究中可消极抵抗，在生活中，他却抵挡不住批判。1958 年 6 月，他被贴大字报，冠以"伪科学、假权威"，学生指斥他误人子弟，陈寅恪震怒，从此不再开课。1959 年，他的得意门生金应熙起而批判他。1966 年"文化大革命"开始，中山大学后勤部门首先发动对陈寅恪的批判，后来大字报贴满了陈寅恪住宅的外表，最后并贴到了他的床头。陈寅恪被迫提出书面检讨，1969 年，他被迫搬离东南区一号。不久，一代史学大师陈寅恪逝世。

1969 年中山大学的一份"形势报告"中有一段叙述，为我们猜测陈寅恪最后三年的精神状态留下极重要之原始材料——"陈寅恪对于蒋家王朝的覆灭，对于亡国、共产党是不甘心的。他声称'不吃中国面粉'，'不为五斗米折腰'。他狂叫'兴亡遗恨尚如新'。他还说：'虽然年纪老到皮包骨了，但还不愿死，要看共产党怎样灭亡'，'死了以后，骨灰也要抛在大海里，不留在大陆'。简直反动透顶，恶毒至极。在无产阶级文化大革命中，革命群众对他也确实愤恨至极……他要至死不变，就让他带着花岗岩脑袋见上帝去吧。"[2] 陆键东

1　陆键东：《陈寅恪的最后 20 年》，页 169。
2　同上，页 477—478。

表示，在中山大学当年的“总结”或“形势报告”中，用了这样的评语，陈寅恪是唯一一人。如果这份“形势报告”多少可信，那么陈寅恪则是到死都不愿调和“真谛”与“俗谛”之间的对立与紧张。

附 录

思想史与生活史有交集吗？

——读"傅斯年档案"

　　本文是根据阅读"傅斯年档案"的一些札记所写成的，主要探讨四个方面的问题：第一，傅氏留学时期的几次转变；第二，傅氏的几件著述计划；第三，以傅氏为例讨论新旧时代之转换；第四，傅氏的民族主义情绪。

　　"傅斯年档案"一共有五个皮箱，内容从日常生活中所用的物什到医院诊断书、催稿信、账单、给学生的试题等，品类相当繁多。

　　我个人对傅斯年做过一些研究，凡涉及比较大的问题者，大致见诸我的英文书。[1] 但我总觉得有些材料，虽然不易组进一个较大的论旨中，却多少可以反映傅先生这个人和他的时代，而从中却可以思考"思想史"与"生活史"是否有交集这个问题。

留学时期的几次转变

　　重构傅斯年的生命史时，最为困难的是他的少年时代及在英、德读书的七年。本来，对任何历史人物来说，少年时代的材料一向最少，不足为怪。不过近代中国新知识分子多有一段留学异国的经验，这一段经验在他们一生思想及事业发展中常居关键位置，所以

1　Wang Fan-sen, *Fu Ssu-nien：A Life in Chinese History and Politics*（Cambridge：Cambridge University Press，2000）.

也特别值得注意。

　　傅氏自欧洲回来时，可能只留下几本笔记，其余一概丢弃，以致我们很难掌握他在那七年间学思历程的变化。幸而傅氏的大量藏书几乎都保留下来，有不少书都有阅读眉批的痕迹或简单的购买记录，这寥寥几个字通常能给我们一些线索去探测傅氏在特定时期的学思状态。购买的书不一定读，但购买代表一种兴趣和倾向。

　　五四青年对心理学有很大的兴趣，汪敬熙（1893—1968）、吴康（1897—1976）都是例子。傅氏到英国念心理学是受了章士钊演讲詹姆斯心理学之影响。他到伦敦大学，师从心理学家斯皮尔曼（C. Spearman，1863—1945）读书，并研究弗洛伊德学说。傅氏有关心理学及弗洛伊德的藏书多购于1921—1923年，同时几乎不买其他书籍，足见刚到英国的两年，他的整个精神多放在心理学上。这是傅氏出国最初立定专攻的学科，但是最后未能继续。他受柏林大学量子力学及比较语言学两门学问的吸引，于1923年转到该校。

　　1923年到柏林后，傅氏的整个注意力似乎都被马赫（E. Mach，1838—1916）所吸引；马赫的《感觉的分析》（*Die Analyse der Empfindungen*）德文本购于此时，应该也是读于此时，书中还夹了一张该书重要词汇的英德文对照表，书中偶有零星眉识也多用英文，可能还在适应的阶段。此后心理学的书买得少了，转而买物理学、数学方面的书。在傅氏留学的最后阶段，又有一个转变，即他转向比较语言学研究，开始大量购买有关梵文、藏文、缅甸文等方面的书，甚至西洋研究中国语言音韵方面的书，尤其是大量搜集了高本汉的著作。这些书多是在1925年到1926年间买的，代表此时傅氏学问兴趣已转变到历史语言学方面。从历史语言学转向史学则是傅斯年最后一阶段的转变；其实这并不令人感到诧异，以傅氏自幼以来中国文史根底之深厚，回到历史研究本是驾轻就熟的事，何况当时欧洲的历史学风本就有此一路。如兰克（Leopold von Ranke）本人就是由历史语言学转向史学，而与傅氏同时在德国读书的陈寅恪亦是由历史语言学转向史学。傅氏一直到1931年左右，仍对历史语言学兴趣浓厚，从他藏书中的一些眉批中可以看出。

　　在整个留欧期间，傅斯年对统计学、或然率兴趣特别高，尤其希望将之运用到有关人类事务的研究上。他留欧期间所感兴趣的几位大家都与统计学有或多或少的关系，如皮尔逊（Karl Pearson，1857—1936），他对近代统计学理论奠基的工作贡献很大，傅斯年很喜欢他的作品，在1925—1926年的笔记本中列有一些他的作品。他想译巴克的史书，也是看重其中历史统计的方法。斯皮尔曼是吸引傅氏到英国读实验心理学的人，他是在20世纪前期建立心理统计学的一位重要学者。凡此种种，皆因他认为统计可以改变中国传统人文学的含糊笼统的习惯。傅斯年回到中国后，先在中山大学任教，所授科目除"中国古代文学史"等外，还有心理学方面的课程，我们现在可以确定的是他教过"统计学导论"，在史语所公文档案（编号元字第477号）中尚存有一份授课讲义及考试试题，从一些零星钢笔笔迹可以看出这是属于傅斯年的。整体而言，傅氏这几年中博洽宏观的学术历练，开阔了他后来领导学术机构的眼光。

未完成的几件著译计划

　　傅斯年治学的兴趣与范围比他已发表的著作要宽得多。一般人以为傅斯年只讲断代史，或只讲上古史，但事实上傅氏对历朝各代都曾有论述的计划。傅氏想写一部《民族与古代中国史》而终未能成，这是胡适、劳榦等先生一再提到而深感遗憾的。在"傅档"中，我们可以看到他对这个问题另有一些遗稿，不过因为他太忙，所以不曾进一步清理。大约1933年，傅氏曾在三张八行纸上自拟一张著述的计划表。我谨抄录如次：

　　• 待写成之稿
　　（一）古逸丛书本姓解跋
　　　　小文已写成待抄
　　（二）辽帝后哀册汇跋
　　　　去年四月在京写好待抄

（三）答朱希祖先生论明成祖生母文

（四）答缪凤林等评《东北史纲》

（五）清太祖建号时八旗制之性质

此据旧文证明彼时八旗制乃如唐府兵明卫所非以原有部落为单位

（六）中国诗体之四段演讲论

（七）汲冢文籍考

• 专书

民族与古代中国史

已成三之二全书约十五万至二十万字 [1]

其中像辽代帝后的问题，傅先生着手搜集材料甚久，遗档中存有一些哀册的拓片，傅先生还编成宋辽外交关系文书目录，此外，并未见到任何成稿。傅先生经常留意明代历史，并计划有所撰述。这可能与他和朱希祖争论硕妃是否为明成祖生母及史语所的明清档案、校刊《明实录》两种计划有关。这两种计划有不少由傅氏亲自擘画。在傅氏 1939 年的一个笔记本中 [2]，有几页题为《明书三十志》的目录，兹抄录如次：

> 历法志、皇统志、祖训志、地理志、京邑志、土司边塞志、氏族志、礼乐民风志、学校选举志、职官志、刑法志、兵卫志、财赋志、河渠志、商工志、儒学志、文苑志、典籍志、书画志、器用志、宦官志、党社志、释道志、朝鲜安南志（琉球附）、鞑靼西域志、乌斯藏志（喇嘛教附）、倭寇志、南洋志、西洋志、远西志、建州志。

乍看之下会以为这一份目录是读明代史书的笔记。不过如果把它和

郑天挺（1899—1981）《自传》中所存的一份目录相比勘，则知二者完全相同。[1] 依郑天挺追记，这是傅斯年约郑氏合作的计划，原拟五年完成，傅氏认为如果此书能够完成，则明史可以不必重修了。他们当时想约汤用彤及陈受颐合作，不过这个计划后因战乱及傅氏事忙而胎死腹中。如果仔细比勘，可以发现郑天挺在一字不漏地抄录傅氏当年所提议的著作计划时，有所省略，譬如在"建州志"条下略过几字，即"直叙其大事至台湾之亡"。

当时傅氏亦以明史素养为外人所知，"傅档"Ⅱ：88 是负责一套丛书编辑工作的黎东方（1907—1998）来信，邀请傅氏写明史，并表示如果傅氏不允，再请吴晗。[2] 傅氏曾在私函中向胡适表示他想以明太祖为题写一部传。这个构想与后来吴晗的《朱元璋传》是否有关，不得而知。不过"傅档"中倒是有一封信，是吴晗写《朱元璋传》时，将他预定的大纲寄请傅斯年指正的。

傅氏对民国历史亦曾欲有所撰述，"傅档"Ⅴ：14 是一册空白日记本，其中有拟目如次：

> 《民国北府记》
> 前篇
> 袁氏当国篇
> 附传　徐世昌　冯国璋　倪嗣冲　张　勋　梁士诒
> 　　　　钱能训　张镇芳　李经羲
> 段氏秉政篇
> 附传　徐树铮
> 吴氏用兵篇
> 北方大乱篇
> 附传　曹　锟　张作霖　张宗昌

1　见郑天挺《自传》，吴廷璆等编《郑天挺纪念论文集》（北京：中华书局，1990），页700—701。
2　"傅档"Ⅲ：213 是王云五的来信，也是请傅氏写明代史的。

四纪

日本侵略纪

思想运动纪

国际大势纪

地方民物纪

独传

民国翊辅传　黄　兴（？）黎元洪

民国死事传　吴禄贞

循良传　王永江　王　瑚　朱启钤

清正传　严　修　傅增湘

逸民传

怀旧传　王世珍　康有为

名士传　张　謇　梁启超　熊希龄

儒艺传　王树枏　柯劭忞

文士传　王闿运　樊增祥

凶□传　郑孝胥　罗振玉　杨　度

叛贼传[1]

　　傅斯年另有一本通论性的文化史的写作计划《赤符论》（按:《赤符论》收藏于傅斯年图书馆保险箱，未入"傅档"），可惜只有一个目次，未见任何进度。不过，由此目录也可以看出他的一些构想。这份目次上所标的小题号码相当乱，显然是仓促写成的：

　　《赤符论》一个启开中国历史之正形之尝试

　　• 前书

　　论先于秦始皇帝之历史及艺文之直接的材料今泰多不可见而一切间接材料大体上在我们将汉朝四百年历史未弄清楚之先我们没有去用之正谊

1　"傅档" V：14。傅先生在黄兴名下打一问号。

（一）太史公书之缺陷

（二）天禄石渠定本流传不是晚周艺文之真面目

（三）汉志之存汉面目

• 本书

（一）论历史各时代之价值不相等

（二）论历史由种族、物质建制的遗传合起成一甚复杂之函数

（三）论历史为有机体或可喻为人

• 以上泛论

（四）论封建之中国在民族和文化上不是一元

（五）论春秋战国之交在文化史上之势

（六）论秦并六国而未尝变法

（七）汉只承秦未尝更易

• 以上胎论

（八）论汉朝形势之政治不能转移

• 论秦汉大一统之义

（九）叙汉武帝

（十）世家制之废

（十一）明表本书之中央论旨

（十三）论今文之流纬书及古文之反动［按：此处原稿即缺（十二）］

（十四）论东汉之凝结的儒家并论汉后儒家无新题目

（十五）论汉朝的九流及方士墨家之流为黄巾

（十六）论佛教之历史上的价值在其信仰不在其学

（十七）论汉之盐铁论

（十八）论汉法

（十九）论阶级的民俗

（二十）人口问题与中国 沙漠与中国

（二一）黄巾与清谈

（二二）两汉之庞大系统状态到东汉之凝结并到魏晋之超越直到梁陈之为历史的线形 Natural Death

（二三）王莽和王安石

• 以上为旨论

（二三）表面的例外一 文学

（二四）表面的例外二 文艺

（二五）表面的例外三 汉学

（二六）表面的例外（然亦是有限的例外）四 艺术

• 以上枝论

（二七）论五胡

（二八）论北朝隋唐之佛教

（二八）论唐之"一统天下"

（二七）论宋理学

（二八）论蒙古之征服中国

（二九）东来航路之开通及耶稣会士

（三十）论满洲咸丰同治朝人对欧洲文化观念之谬

• 以上辅论

• 余记 [1]

我们不易断定《赤符论》是何时的写作计划，不过在《胡适遗稿及秘藏书信》中，可以见到他大约于 1930 年 8 月 30 日给胡适的一封信上曾如此自道：

> 这次回来大用功，完全不出门，下午睡觉，彻夜用功（读书收材料），这样下去，文学史明年有了，《赤符论》后年也有了。[2]

写这封信时，傅先生正在北京，除任中央研究院历史语言研究所所长外，也在北京大学授课。此处所谓"文学史有了"的"文学史"，可能是将《中国古代文学史讲义》（现已编在《傅斯年全集》中）改写成定本，但《赤符论》则始终未见成稿。

---

1 《赤符论》，无档号。

2 耿云志主编：《胡适遗稿及秘藏书信》（合肥：黄山书社，1994），册37，页400。

关于这一份大纲有两点值得讨论：第一，傅氏对哲学及中国哲学之观点；第二，傅氏对九流是否出于王官的看法，及他对胡适学术之评价。

首先，何以这部预定写成的大书叫《赤符论》？我推测因为傅斯年从不认为中国古代有所谓哲学，而只有所谓的"方术"，而"赤符"正是汉代符谶之名。譬如刘希夷《谒汉世祖庙》诗："运开朱旗后，道合赤符先。"

所谓中国古代只有方术而无哲学，以及傅氏对于哲学之观点，颇值得注意。按：傅斯年在北大做学生时，因为一篇读者投书而得到蔡元培校长之赏识，即《论哲学门隶属文科之流弊》。此文原刊《北大日刊》，未收入《傅斯年全集》，但却收入高平叔所编《蔡元培全集》。这篇文章大意是说："凡自然科学作一大进步时，即哲学发一异彩之日。以历史为哲学之根据，其用甚局；以自然科学为哲学之根据，其用至溥。""以为哲学、文学联络最为密切，哲学、科学若少关系者，中国人之谬见然也。""在于西洋，凡欲研治哲学者，其算学知识，必须甚高，其自然科学知识，必具大概。今吾校之哲学门，乃轻其所重，绝不与理科诸门谋教授上之联络，窃所未喻也。"[1] 这是 1918 年 10 月间之事，其时离五四运动还有一段时间，距傅斯年赴英留学前亦有一年以上，当时对哲学的见解已与他在留英之后所持意见相一致了。这是因为他在北大读书时，已深受实证主义之影响。傅氏接触英文哲学方面书籍甚早，而这些书之内容属于实证主义一路的居多。

傅氏留学英、德回来之后，对"哲学"的态度更为负面而激烈。

1　高平叔编：《蔡元培全集》（北京：中华书局，1984），第 3 卷，页 195—196。蔡元培对此文之按语亦可于《蔡元培全集》第 3 卷中见之。《对傅斯年来函的案语》（1918 年 10 月 8 日）说："案：傅君以哲学门隶属文科为不当，诚然。然组入理科，则所谓文科者，不益将使人视为空虚之府乎？治哲学者，不能不根据科学，即文学、史学，亦莫不然。不特文学、史学近皆用科学的研究方法也。文学必根据于心理学及美学等，今之实验心理学及实验美学，皆可属于理科者也。史学必根据于地质学、地文学、人类学等，是数者，皆属于理科者也。如哲学可并入理科，则文、史亦然。如以理科之名，仅足为自然科学之代表，不足以包文学，则哲学之玄学，亦决非理科所能包也。至于分设文、哲、理三科，则彼此错综之处更多。以上两法，似皆不如破除文、理两科之界限，而合组为大学本科之为适当也。"

他在1926年给胡适的一封信中便大贬哲学，说中国之所以没有哲学，
"多谢上帝，使得我们天汉的民族走这么健康的一路。中国只有'方
术'——用这个名词，因为这个名词是当时有的，不是洋货。中国
的方术论者大多数是些世间物事的议论者"。[1]这封信其实等于是在
说胡适《中国哲学史》的题目是错的。在这封信中，傅氏表示他对
胡适在小说史考证方面的贡献看得非常重——"至于先生之评《水
浒》等，实一洗前此'谈资派'的小说评。如俞曲园评小说，也偶
然有好话，但决不是把他当做一问题科学的处置之。有之，自先生始，
其中若干结论和论议，我尚不能与先生同意……但先生究竟开辟了
一条新世界，引人入此最妙的胜境也。"[2]不过，对于《中国哲学史》，
傅氏之看法便不大一样：

> 觉得先生这一部书，在一时刺动的效力上论，自是大不能
> 比的，而在这书本身的长久价值论，反而要让你先生的小说评
> 居先。何以呢？在中国古代哲学上，已经有不少汉学家的工作
> 者在先，不为空前，先生所用的方法，不少可以损益之处，难
> 得绝后。[3]

而傅氏最不能同意的一点，也就是胡适最自负的一个论点：诸
子不出王官论。[4]他并未在这封信中直接谈这一点，不过在此后不
久所写《战国子家叙论》中却曲折地说明胡适驳《汉志》诸子出王
官论"甚公直"，不过也"不尽揣得其情"。傅氏认为诸子之出并非
全无背景，而是"有一个物质的凭借"——"百家之说皆由于才智
之士在一个特殊的地域当一个特殊的时代，凭借一种特殊的职业而
生。"他是以"职业"说取代《汉志》的"王官"说，但是，比起

1　耿云志主编：《胡适遗稿及秘藏书信》，册37，页357。

2　同上，页356。

3　同上，页357。

4　胡文影响极大。顾潮《顾颉刚年谱》1917年（二十五岁条）："冬，在《太平洋杂志》
　　上读胡适《诸子不出于王官论》，极受启发，'从此我不信有九流，更不信九流之出于
　　王官，而承认诸子的兴起各有其背景，其立说在各求其所需要'。"页44。

胡适的诸子无背景之论，他与《汉志》仍较接近，故他又说诸子出王官说"其辞虽非，其意则似无谓而有谓"。[1]

在给胡适的这封信中，傅斯年也有一段谈《汉志》的话。这一段话与《赤符论》中的条目有一贯性。傅氏在信上说：

> 又如《汉书·艺文志》上的话语，先生以为完全不通，自然对的，但我偶然想起他们何以不通到这步田地（如论墨子）。细把经部一看，恍然大悟，他是把当时的状况和汉朝的状况混了□□，墨籍上有尚贤、兼爱，而汉朝自号为墨家者，特选士、大射、三老、五更之说。那么，一部不通之议论，反成一部绝好之史料了……有如此一切情形，故论古代方术家，当先清理汉朝这一笔账。[2]

在《赤符论》这部笔记本的一则札记中，傅斯年正好有一小段话论"九流出于王官"。他这样写着："九流出于王官，皆古文家之ideals，虽非信论，然正betray西汉末儒家思想之趋势。"按：此处betray一词是不经心地显露之意；也就是说九流出于王官之说正好无心地流露了汉代古文家的理想。傅氏又说："盖九流至向、固时皆已儒化，墨已衰息，至不能自立，遂一切著（？）之于儒，而本书作者又是儒家，固其儒色特别浓厚，此亦不能尽代表矣，然当时八家之儒化则一不可掩之事实。"在《赤符论》这份纲目中，他以"正形"为副标题，即想清理汉朝对先秦思想之混乱后，恢复周秦思想学术之"正形"。

大抵清末民初学者都发现后人对先秦学术的理解被一个凹凸镜所扭曲，必须将它移走，才可能得到先秦文化之"正形"。但是凹凸镜之所以形成的看法则并不一致，康有为以为是莽、歆之伪造，而顾颉刚也一再说：

---

1 《战国子家叙论》，《傅斯年全集》（台北：联经出版公司，1980），第2册，总页422、431。
2 耿云志主编：《胡适遗稿及秘藏书信》，册37，页359。

古学与古书均至汉时始从流质变为固体，在它凝结的时候，加入汉人的分子不少。[1]

从《赤符论》的条目看来，傅斯年同意有这一凹凸镜的存在，不过他强调这一凹凸镜是自然形成的，而不是刻意造作。

前面提到傅斯年在他预定的写作计划中，有回答批评《东北史纲》者的文字。这篇文章未曾作成，在遗档中也未见到任何残稿。

《东北史纲》是傅斯年在"九一八"事变之后心焦如焚下赶出来的作品，主要是为了说服国联李顿调查团东北自古以来是中国领土，故出版不久随即由李济节译成英文小册子送交调查团，而由该团后来提交国联的报告可以看出在叙述满洲历史的部分并不太离谱，其中或有一部分与此有关。不过，傅氏此书一出，引起大量的批评，其中缪凤林与郑鹤声的文章非常严厉。缪、郑二人皆属中央大学，亦即南高系统，他们对北大及五四新文化运动抱持敌意，对傅氏所标举之治史方法亦极反感，而刊载缪凤林对《东北史纲》书评的《大公报·文学副刊》的主编吴宓正是反新文化运动的要将。这一切都不是偶然的，涉及当时思想界两个阵营的竞争。缪凤林用语尤其刻毒，说："傅君所著，虽仅寥寥数十页，其缺漏纰缪，殆突破任何出版史籍之纪录也。"[2]

《东北史纲》主要是反驳日本的"满蒙非中国领土论"。20世纪30年代，当中国学者反驳满蒙非中国领土论时，似乎不太深究此说在日本之来源。当时《东方杂志》有包瀚生两篇反驳文章。包瀚生只说："日人矢野博士称'历史上的满蒙不是属中国'，日本帝国大学把这种言论向各国宣传。日人田中义一且说，'支那人对于矢野

---

1 顾颉刚：《我的研究古史的计划》，1924年。钱穆评说："无论政治和学说，在我看来，从汉武到王莽，从董仲舒到刘歆，也只是一线的演进和生长，而今文学家的见解，则认为其间定有一番强大的伪造和突异的改换。""顾先生和今文家同样主张歆、莽一切的作伪。"以上见顾潮《顾颉刚年谱》，页184。

2 《评傅斯年君〈东北史纲〉卷首》，《大公报》（天津），《文学副刊》，第284期，1933年6月12日，第11版。

立说，亦无有反对者'。"[1] 傅斯年先生《东北史纲》中并未提及矢野之名，只在"引语"上说："日本人近以'满蒙在历史上非支那领土'一种妄说鼓吹当世，此等'指鹿为马'之言，本不值一辩，然日人竟以此为其向东北侵略之一理由，则亦不得不辨［辩］。"[2]

矢野仁一是京都帝国大学中国近代史教授，著作二十余册，尤其专精中国近代外交史。他曾于明治三十八年（1905）应清廷招聘任进士馆教习，在中国住了七年多，曾参与戊戌变法后清朝末期的教育改革。当辛亥革命之后，袁世凯包藏祸心而大局混沌时，矢野曾联合当时在中国的日本人发起复清运动。

矢野后来参与伪满洲国，实肇因于此。矢野认为东北出身的满洲皇帝应有权利回其故地建立一个独立国家，故提倡"我不认为满洲向来是中国的领土，也不认为满洲是日本的领土"，并于 1932 年发表《满蒙藏は支那の领土に非ず》于日本《外交时报》。"九一八"事变后，李顿调查团前来调查时，他们心中不可能不受"满蒙非中国领土论"的影响。田中义一说："支那人对于矢野立说，亦无有反对者。"傅氏决定出面反对，遂赶写此书，以各种证据证明东北自古为中国所有。后来，当李顿调查团的报告中表示"满洲始终是中国领土"时，矢野还出版《满洲国历史》一书逐条反驳之。战争期间，矢野应日本松井石根大将之邀担任"大亚细亚协会"的副会长，直到二次大战后被解除教职。

有意思的是，经过六十多年，大陆史学界已经忘了《东北史纲》一书的作者了。1989 年 4 月，中州古籍出版社出版唐嘉弘主编的《先秦史论集：徐中舒教授九十诞辰纪念论文集》中有吴天墀所作《徐中舒先生对学术、教育的贡献》，说"先生怀着义愤从事（《东北史纲》）第一册的编纂，列举确凿史实，加以驳斥"。[3] 来年吴天墀又修订前文另成一篇文章，收于川大历史系编《徐中舒先生九十寿辰纪

1 包瀚生：《历史证明东三省是中国的领土》，《东方杂志》，30：19（1933），页 78。

2 《东北史纲》（北平：中央研究院历史语言研究所，1932），页 1。

3 《先秦史论集：徐中舒教授九十诞辰纪念论文集》（郑州：中州古籍出版社，1989），页 18。

念文集》，仍说"先生怀着义愤所写《东北史纲》（第一册），用无可辩驳的史实，向当时国际联盟派出的李顿调查团提供"，终给日本侵略者有力的回击。[1] 而在《史学史研究》1990 年第四期上黎原先所作《记徐中舒先生》一文中也有类似之说。在书目文献出版社所编《当代中国社会科学家》中《方壮猷》及《余逊》两篇中则将作者误为方、余二氏。[2]

　　产生上述错误的原因很多，最重要的是傅斯年在过去几十年中始终是忌讳的人物。毛泽东的《丢掉幻想，准备斗争》中特别提出胡适、傅斯年、钱穆为三个仍然跟着国民政府的"反动"学者。20世纪 50 年代批判胡适思想的运动中，傅斯年又总是与胡适并提，作为帝国主义的反动学术权威来批判。所以他的名字几乎从各种与他有关的工作中消失。譬如夏鼐在《五四运动和中国近代考古学的兴起》中谈安阳发掘时，竟然不提傅斯年、李济或董作宾一字，仿佛这一发掘是无人领导的。[3] 以夏鼐与傅斯年关系之密切（"傅斯年档案"中存有不少夏鼐写给傅斯年报告公私事务的信）[4]，在提这样一件与傅斯年密切相关的工作时竟只字不提。可见在当时的政治气候下，对傅斯年的忌讳是很深的。

　　问题是，仅仅一代人的忌讳，便彻底抹除了历史记忆，到了第二代学者，对一本书的作者竟出现了好几种说法，则自我压抑形成历史记忆中断的情形是非常值得注意的。"傅档"中有几件材料可以说明《东北史纲》不会不是傅斯年作的。在傅氏所撰写的文稿中，

1　《徐中舒先生九十寿辰纪念文集》（成都：巴蜀书社，1990），页 339。

2　见《方壮猷传略》，《晋阳学刊》编辑部编《中国现代社会科学家传略》（太原：山西人民出版社，1982），册 7，页 50。"日本侵略中国的'九一八'事变发生后，方壮猷曾和余逊、徐中舒等合著《东北史纲》一书，用三千年无可辩驳的历史事实证明：'渤海三面皆是中土文化发祥地；辽东一带，永为中国之郡县，白山黑水久为中国之藩封……'有力地驳斥了日本军国主义者所谓'满蒙在历史上非支那领土'的谬论。此书第一卷由余逊执笔，具名傅斯年，1932 年 10 月由中央研究院历史语言研究所出版，方壮猷执笔写的第二卷（隋至元末之东北）和以后各卷，均因抗战事起而未正式出版。"按：胡厚宣已撰一短文对上文所述加以反驳。见他的《〈东北史纲〉第一卷作者是傅斯年》，《史学史研究》，1991：3，页 48—49。

3　夏鼐：《五四运动和中国近代考古学的兴起》，《考古》，1979：3，页 193—196。

4　如"傅档"Ⅲ：623、624、890 等。

第四项计划便是"答缪凤林等评《东北史纲》"。[1]如果他不是该书作者，又何必回答？如果《东北史纲》的作者不是博斯年，则福开森（John C. Ferguson，1866—1945）写信给袁同礼，表示这本书政治性多于历史性时，这封信便不会转到傅斯年手上，并存在"傅档"中。[2]而后来，当西北大学陆懋德想征引《东北史纲》中有关妣乙的文字时，写信向傅征求同意，傅氏答以该论点他已经放弃，请陆氏不必引用。如果傅斯年不是作者，这一问一答之间便没有着落了。

傅氏还曾有过一些翻译的计划。大概1920年初到英国伦敦大学研究实验心理学时，他曾动手翻译一部有关集团心理学的书，而且已有相当不少的成稿。这一宗译稿写在《新潮丛书》的稿纸上，可能是预定为北大《新潮丛书》中的一部而终未完成（该稿目前在史语所的公文档案中）。傅氏对心理学所下的功夫甚深，章士钊曾宣称他是当时全中国最懂得弗洛伊德学说的人。他回到中国后，还担任过中央研究院心理研究所的筹备委员，足见当时人知道他在心理学方面的素养。傅氏后来在心理学方面的工作基本上中断了，私下仍持续关心。[3]他与中央研究院心理所所长汪敬熙之间的私函常讨论心理学的新发展。如"傅档"Ⅲ：1048是1942年7月24日，汪氏写信告诉傅，他如何用最简单的方法"将后脑在行为发展中之功用找出。可用之工具只解剖显微镜一架，跑马表一支，人发一根，一些碟子而已"。此外，当汪精卫从重庆出走时，傅斯年发表一篇汪氏心理之分析，这是傅氏用心理分析的方法分析当代人物的一个尝试[4]，当时颇受欢迎，"傅档"Ⅲ：1129中杨振声（1890—1956）的来函说明了这一点。杨氏是傅斯年五四时期《新潮》的同志，曾一起列名历史语言研究所筹备委员，后任山东大学校长。杨氏在信中说拟请傅氏在"国民精神总动员"月会上演讲，对学生斥责汪精卫，并云"前得读兄分析汪及小鬼心理一文，大家万分钦佩，比之吴老

1　"傅档"Ⅰ：779。

2　"傅档"Ⅱ：890。

3　如"傅档"Ⅰ：1114及Ⅰ：1115两件是有关心理学的英文文献。

4　傅斯年：《汪贼与倭寇——一个心理的分析》，《傅斯年全集》，第5册，总页1779—1786。

头子（吴稚晖）之谩骂，此自是学人文章也"。傅氏晚年前往美国治病时，对心理学的新书仍感兴趣，曾有信与赵元任谈心理语言学之最新发展。而且，在所藏威廉·詹姆斯（William James，1842—1910）的 *Collected Essays and Reviews* 上还写了一段话，表示大战以前詹姆斯所有的书他都读过，此次来美，还特地登报访求，虽然价钱昂贵，仍然感到值得。他并表示詹姆斯的理论正确与否先可不论，但詹姆斯持论之方法非常值得注意。

前面提到，1931 年左右，傅斯年曾想翻译英国史家巴克的《英国文明史》，"傅档"中给丁文江的一封信中谈到了这个计划，并希望以稿费来偿还债务。由该信内容判断，傅氏译完这五章，并附上自己的《地理史观》（"Geographic Interpretation of History"）一文。可惜，这一份译稿已经无法找到。傅斯年在欧洲时深受实证主义的影响，而巴克正是英国最重要的实证主义史家，他主张历史的发展是地理环境、气候、食物、土壤与人事的总和，甚至认为自杀率可以通过统计来预测。

巴克《英国文明史》的前五章主要是方法论的介绍，所以傅氏特别译出。巴克非常重视地理，不过在这五章中并未特别提到地理史观，所以傅氏加上一篇自己写的。

从《英国文明史》前五章中的一些子标题可以看出，傅氏欣赏此书主要是因它援引近代科学来治史的精神。如第一章"没有不需要自然科学的历史（研究）""统计证明了人类行为在谋杀或其他犯罪行为方面的规律性""同样的道理也适用在自杀率""也适用在每年的结婚率""人类被四种物质因素所影响：气候、食物、土壤及对自然的一般看法"。不过傅斯年从未如此僵硬地套用这些方法论。傅氏史学思想的来源是多元的，他在《夷夏东西说》等文字中特别强调地理与历史的密切关系，或与巴克有些关系。[1] 至于他强调种族在历史变化中的地位，则应与德国史学有关。[2]

---

1 傅斯年：《傅斯年全集》，第 3 册，总页 887、891。
2 此外，傅斯年对地质学也下过功夫，见罗家伦《逝者如斯集》（台北：传记文学出版社，1967），页 175。

民族主义的情绪

傅斯年的民族主义情绪非常强烈，这是他所处的时代造成的，也是研究他的外国学者所捕捉到的特色。第一部有关傅氏的英文博士论文：Alan G. Moller 的 *Bellicose Nationalist of Republican China: An Intellectual Biography of Fu Ssu-nien* 即以"好战的民族主义者"为题。傅氏一生的思想行为，如果舍弃民族主义这一骨架便很难以掌握了，而这种情绪表现在他思想与生活的每一个方面。在档案中，我们看到他无意间留存的东西常与这个主题有关。譬如他特意搜集一小袋有关郑成功坟墓、祠庙的照片，傅斯年在其中一张照片背面题道："民族主义者郑成功起义的地点是南安县东文庙"。又如他在抗战胜利后马上写信到北平询问文天祥祠是否无恙。后来当他为开除日据时代北大"伪教员"之事与北平教育界闹得不可开交时，蒋介石曾与他共同游文天祥祠，并合照于"万古纲常"的匾额下。这些生活中的琐事都反映其内心思想之关注。

在"傅档"中有一大卷《张自忠年谱》草稿，是张自忠殉国之后，其弟张自明所辑资料，傅氏承应代为编辑的。傅氏在上面题有"生前拾零"四字。这件工作与傅氏所学毫不相干，他之所以自告奋勇，应与强烈的民族思想有关。"傅档"中有一封张自明的来信，信上说："寄上家兄年谱资料，原不过提供史实而已，关于体例文字之事，全仗先生椽笔精制""关于年谱撰述者，虽云例不取未谋面之人，但以景仰先生之故，甚愿破例一假鸿名，且实际上亦请由先生为之，弟附名校订即可"。这一件事始终未完成。由Ⅳ：216 邓广铭（1907—1998）的来信看来，傅斯年后来曾欲以张自忠年谱的工作委托邓氏。而且当 1947 年傅夫人俞大綵携子离北平时，信中仍提到随身携带张自忠年谱稿之事（Ⅱ：552 俞大綵致傅）。

民族主义的情绪还表现在其他一些细微之处。譬如他在记笔记时，将有关中亚历史的部分列为"虏史"；又如他读凌廷堪《校礼堂文集》中主张以历史上几个胡人政权为正统的文章时，便写了不少眉批痛斥凌氏；此外，他还将民族主义情绪发展为对教会学校的排斥与竞争。将民族主义情绪发挥为对教会学校的敌意不是一个人的想法，而是许多知识分子共同潜在的情绪，在几封私人信函中都可以看到。譬如陈寅恪有一封信说，他的薪水由燕京大学所给付，是"全由美国人豢养"，有碍"国家体面"。[1]明式家具专家王世襄（1914—2009）的回忆也证实，当他拿着介绍信去见傅氏，希望能进史语所时，傅氏直截了当地告诉他："燕京大学的毕业生不配进我史语所。"[2]

在用人荐人的事情上，傅氏对民族情操的考虑也占很高的比重。譬如金毓黻，1936年蔡元培给傅氏的信上说："金毓黻自东北沦陷后，不愿在彼中讨生活，挟稿南下，欲在相当之机关，专意著述。"[3]金氏后来虽未入史语所，却与傅氏能保持良好关系，当与其"不愿在彼中讨生活"有关。相反的，像孙海波，唐兰（1901—1979）的来信说他："闻将应东北书院之聘，辽东曾为贤者避世之区，今作汉奸逋逃之薮矣。"[4]傅斯年便对孙氏保持着距离。

民族主义也表现在对历史材料的态度上。中研院耗巨资购买明清内阁大库档案，当时的一个担心是怕这批史料被卖到日本去。[5]不愿珍贵书籍、文物、史料进入异国，尤其是日本人之手，也是当时许多知识分子共同的心态。如张元济便曾一再慨叹皕宋楼藏书为日人所得。[6]"傅档"Ⅲ：738是蔡元培给傅氏的信，提到扬州吴氏的藏书售与日人，甚为叹恨，"然皆《书目答问》中所举之善本，并无骨董家所争之宋元版也"。有人提议在上海将这批书扣下，但蔡元培说："［陈］乃乾是一能欺人之书贾也。上海扣书，恐不易。"信中并提到杨杏佛说："不如由弟直接致函乃乾责备之，劝其贡献于北平各学术机关，不售诸日人……"

1　"傅档"Ⅲ：8。

2　吴欢：《中国第一玩家王世襄》，《中国时报周刊》，第5、6期（1992），页95。又如"傅档"Ⅲ：171中赵元任给李方桂信亦对教会大学有忌讳。"傅档"Ⅲ：142，赵元任致傅函说他试着说服哈佛燕京社社长叶理绥，中国学问不在教会学校。

3　"傅档"Ⅲ：107。

4　"傅档"Ⅲ：250。

5　"史语所公文档"，元字第4号陈寅恪给傅斯年信。

6　吴方：《仁智的山水——张元济传》（台北：业强书局，1995），页186。

　　做研究时,傅氏也常夹杂着民族情绪。他曾说过,宁愿中国赤化,也不愿作日本的殖民。政治态度如此,学问态度亦相近。在史语所大举校勘《明实录》时,历史学者吴丰培(1909—1996)来函建议参校日本的藏本,傅氏回答说,即使日本有善本也不用。

　　傅斯年之所以极力要提高汉学研究的水平,并在史语所集刊的《旨趣》中说,要将东方学研究的重心从巴黎、柏林移回北京,也是一种学术民族主义的情绪。1932年,傅斯年在给蔡元培的一封信中便说:"[史语所]此时对外国已颇可自豪焉。"[1]这种强烈的要与西人争一长短的情绪,也使傅氏与同时代许多学者对文史研究应以"普及"为重,还是以"提高"为重,有了基本的差异。顾颉刚偏重"普及",而傅斯年主张"提高",他们两人在中山大学的争执都是为此差异而起。顾氏1973年7月在他1928年4月23日的日记上补记了一段他与傅氏争执之故,说:

　　　　傅在欧久,甚欲步法国汉学之后尘,且与之角胜,故其旨在提高。我意不同,以为欲与人争胜,非一二人独特之钻研所可成功,必先培育一批班子。……普及者,非将学术浅化也,乃以作提高者之基础也。……而孟真乃以家长作风凌我……于是遂与彼破口,十五年之交谊臻于破灭。[2]

大抵他们在当时都认为中国必须提倡"为学问而学问",才可能赶上西人[3],才能与西人争胜。但是在先普及或先提高这个问题上路线不同。而傅斯年之所以急于求"提高",与学术民族主义的急迫感其实有着密切的关系。[4]

1　"傅档"Ⅲ:181。

2　转引自顾潮《顾颉刚年谱》,页152。

3　同前书,页92。顾氏又说:"为学问而学问的积极态度,正值得大提倡而特提倡",页169。

4　史语所创立后几年,西洋汉学界对这个机构的成绩已有了解,"傅档"Ⅲ:105,蔡元培致傅斯年函,便提到荷兰决定退还庚子赔款,以其中35%为文化之用,愿以其利息中53%交给中央研究院。蔡氏说:"荷兰人所以注意本院,由于其卢顿(今译莱顿)之汉学研究院知有史语所成绩之故。"

公、私与新、旧

从私人档案也可以看出一个人公私领域的分别与转换。私函中的观点值得与公开所表示的观点相比勘。顾廷龙曾要人们读盛宣怀（1844—1916）的来往手札时，能与《汪康年师友书札》中同一人所写的信相对照。因为盛是大官，友人给他的信中谈的多是公家的观点，可是汪康年是报人，友人给他的信函中常表达私人的观点。两者常有出入。[1] 又加林纾这位公开反对新文化运动的人，在家信中却告诉他的小孩应该"德文、算学，以全力赴之，国文浏览而已"[2]，这也是公开与私下有所分别的例子。"傅档"中也有同样的情形，譬如陈布雷（1890—1948），在公开场合或许不致对孔宋财团表示明显的不满，可是在私函中，则对傅氏攻孔祥熙（1880—1967）事表示欣赏。

新旧转换的时候[3]，"新"与"旧"的微妙分别也渗透到每一个领域中。当时许多文字中都透露一种"新人"和"旧人"的分别。自许为"旧人"者对此特别敏感。而且在分别"新""旧"之时，对自己常带几分自伤与自豪。杨树达（1885—1956）《积微翁回忆录》中一再提到"新""旧"的分别[4]，不过，他并未曾提及这两者在价值观、人生观、学问的品位及态度、行事风格等许许多多方面的不同。在当日，"新人""旧人"可以从职业、日常生活的习性、嗜好、语言、衣着，甚至饮食之微细处看出分别来，值得极细致地研究。

在"新""旧"转换之际，当"新"逐渐获得优势时，能否"新"，便涉及现实利益。出版业的情形尤其是如此。以商务印书馆为例，

1　王尔敏等编：《近代名人手札真迹：盛宣怀珍藏书牍初编》（香港：香港中文大学出版社，1987），顾廷龙《序》。

2　周策纵编：《民初书法》（台北：何创时书法艺术基金会，1995），页40。

3　在私函中尤其可以从隐微之处看出新旧转换，或毫无变化的痕迹。譬如在"傅档"中，绝大部分公私函牍都用毛笔书写，用钢笔者极少，用原子笔则绝无仅有。当时钢笔固不便宜，但是连留洋学生也用毛笔，实值得注意。在此档案中，李方桂、赵元任等则从未有用毛笔的书信。

4　杨树达：《积微翁回忆录　积微居诗文钞》（上海：上海古籍出版社，1986），页90、129、152。

商务原是掌握清季学制变更的契机，编订了大批教科书而兴旺的。可是，当民国成立，讲革命、讲共和成为舆论风气后，这批教科书更显得不合时宜，反倒是另一位能够趋"新"的陆费逵（1886—1941）看准了时势而一举成功。这是因为张元济（1867—1959）"以为革命必不能成功，教科书不必改，而［参与革命组织的］伯鸿（按：指陆费逵）则暗中预备全套适用之教科书，秘密组织书局。于民国元年，中华书局突然宣告成立，中华民国之各种教科书，同时出版。商务措手不及，其教科书仅适用于帝制时代者，遂被一律打倒"。[1]

偏好"新人"或"旧人"，也引起种种斗争。如商务印书馆内部。张元济自谓"与总经理高君翰卿宗旨不合，弟意在于进步，而高君则注重保守；即如用人，弟主张求新，而高君则偏于求旧"。[2]《张元济年谱》中说：1916年9月"先生（张元济）以为本馆营业非用新人、知识较优者，断难与学界、政界接洽"，高凤池却主张"宜用旧人，少更动"。

1917年2月，张元济致高凤池："公主张用老人，弟主张用少年人；公主张用平素相识之人，弟以为范围太狭，宜不论识与不识，但取其已有之经验而试之。"[3] 1919年10月8日，张元济致高凤池信说："五年前之人才未必宜于今日，则十年前之人才更不宜于今日，即今日最适用之人，五年十年之后，亦必不能适用也。事实如此，无可抗违，此人物之所以有生死，而时代之所以有新旧也。"张元济甚至特别标榜自己是"喜新厌旧"之人，并认为公司之成果"其一部分未始非鄙人喜新厌旧主义之所致"[4]，并力主"多招有新学问之人"[5]。

茅盾（沈雁冰，1896—1981）回忆录《我走过的道路》一再表示商务中有不少"勇于趋时"的人。[6] 但是到了"五四"，"趋时"的

1　蒋维乔：《创办初期之商务印书馆与中华书局》，《中国现代出版史料》丁编，页398。
　　以上转引自吴方《仁智的山水——张元济传》，页106—107。
2　转引自吴方《仁智的山水——张元济传》，页129—130。
3　同上，页133。
4　转引自吴方《仁智的山水——张元济传》，页135。
5　同上，页137。
6　茅盾：《我走过的道路》（香港：三联书店，1981），页109。

商务已成了更为趋时的人物所攻击的对象了。商务编译所理化部负责人杜亚泉（1873—1933）所编《东方杂志》便为陈独秀（1918）、罗家伦（1919）所攻击。"五四"后不久，张元济北上，与北大诸君积极接触，并且应北大之邀座谈，在座者有陈独秀、胡适、钱玄同等。[1] 五四运动后，商务内部即大幅改变各种杂志的负责人，《东方杂志》《教育杂志》《学生杂志》《妇女杂志》等都换了主编。1920 年,《小说月报》也由沈雁冰接手，即"趋新"之例。[2] 但是"趋新"也有一定的限度，商务在 1920 年不敢出《孙文学说》,而《独秀文存》亦由一家后起的小出版社亚东图书馆印行[3]，即一显例。

新旧人物最现实的差别便是工作机会的有无。"新人"有自己的人事网络，他们可以迅速编入新的学术建制中；而旧人则顿失所依，只能靠着与新人有关系的一些政客或军人出面作介。他们的学问风格也与新人大不相同。以史学而言，旧人多从事掌故式学问，而新人则以窄而深的专题研究为主，所以一大批旧读书人在这个时候突然"不灵"了。其中也有例外的。譬如有些人虽自居为旧人，却因整理国故成绩获得新人的欣赏，引为同调。一般而言，新旧两个圆圈交集不大，互相猜忌，互相冷漠或排斥。[4]

"新""旧"两个范畴当然不足以包括所有知识分子。此时至少还有一批主张维持中国之礼教，对旧文化抱有相当敬意，并悲悯传统文化被"五四"人物铲弃殆尽的留学生。他们也形成一个圈子。中央大学是一个根据地，而清华的吴宓也是一位灵魂人物。当罗家伦出任清华大学校长时，吴宓日记上说"寅恪述罗家伦告赵元任言，谓对宓可容留，不以文言、白话意见之相反而迫宓离去清华云云"[5]，足见文化上的异见直接影响到人事上的关系。他们对新派人物的敌

1　以上转引自吴方《仁智的山水——张元济传》,页 153。

2　同上，页 156—157。

3　同上，页 158。

4　当新人与旧人之间以此互称时,常带有些许不满,甚至嘲笑轻蔑之意。当旧人以"新人"称某人时,常暗指其学问及为人风格躁进轻飘,甚至暗示对方有不合道德礼法标准的意思。在治学风格方面，"新人"通常是指专家之学，重新材料而忽整体通识。

5　吴学昭：《吴宓与陈寅恪》（北京：清华大学出版社，1992），页 73。

意非常强烈，如吴宓 1926 年 11 月 16 日日记上记："校中（清华）必欲聘傅斯年等以授中国文史，而必不肯聘柳公（柳诒徵），不得不为本校惜，且为世局哭也。"[1] 而前面所述，缪凤林痛批傅斯年《东北史纲》的文章刊在《大公报·文学副刊》，即因该副刊为吴宓所主持，而缪、吴同样不满于"二十余年来学术思想界所谓领袖所造之罪孽"[2]，所以借着《东北史纲》向傅斯年进行毫不留情的攻击。

傅斯年来往的是当时的一群新知识分子。他们共同认为当时中国首要的任务是"建立一个学术社会"。[3] 蔡元培接掌北大时说，大学是求高深学问的场所，其实即将传统的学与仕分开，把北大由一个官僚养成所改变成从事研究的场所。这句看似平淡的话对当时中国有着重大意义。蔡元培、吴稚晖等人希望在中国有几十个人专心致志从事窄而深的学问，等到一二十年，他们逐渐形成社会的重心，足以转移社会，则中国便可以在知识上与西方相角逐。[4] 胡适也有类似的想法。1920 年，胡适在北京大学的开学典礼特别以《提高和普及》为题发表演讲，认为当时的北大应该致力的是"提高"——提高学问的水平，而不是谈"普及"，因为当时北大的学术水平还没有资格谈普及。[5] 胡适认为北大的学术水平根本没有资格做文化运动的中心，他甚至认为五四运动是代表政治运动对文化运动的干扰。而傅斯年可以说是文史领域中"建立学术社会"的大工程师。但在现实混乱的中国，这是一个奢侈的想法。正如一度具体负责中央研究院日常事务的总干事杨杏佛（1893—1933）在一封给傅氏的私信上所说，当此之时而侈谈学问，是一件不识时务的事。[6]

高深专门的学问通常很难对现实的发展有立即的帮助，所以不

1　吴学昭：《吴宓与陈寅恪》，页 39。

2　同上，页 92。

3　顾颉刚在《中山大学语言历史学研究所年报》的序中也如此说，见顾潮《顾颉刚年谱》，"1929 年 2 月 6 至 7 日"条，页 169。

4　如"傅档" III：735，蔡元培致傅斯年信："然弟始终在学术方面研究之提倡，于其他对外发展诸端，纯然由若干教员与若干学生随其个性所趋而自由申张，弟不过不加以阻力。"

5　《胡适讲演集》（台北：胡适纪念馆，1978），中册，页 486—490。

6　"傅档" I：278。

能引起一般人的兴趣，也不能引起政府的注意。当时中国社会也没什么私人基金可以挹注纯学术研究。以历史著作而言，因为是高度专业化的作品，读者群通常局限在同一个学术社群中的学者，不可能有广大的发行量，故无法靠稿费或版税维生，而政府也因其无立即用处，不肯大力支持，形成一个尴尬的局面。"傅档"中杨杏佛给傅斯年的信中透露不少当时中央研究院窘迫之状。1930 年，当蔡元培与蒋介石关系不谐之时，南京政府要员如桂崇基（1901—1990）等就屡思如何压制中研院，在情况紧急时，傅斯年便乘火车赶到吴稚晖处请他出面向蒋缓颊。蒋想任命杨杏佛为江西剿匪秘书长，杨氏在给傅的信上便表示为了中央研究院，不能不随蒋介石前往江西，杨氏对傅斯年说"赴赣则要钱较有力，此亦冒暑随征之一原因也"[1]，但是在另一封信中却又说"虽尽力帮闲，而要钱终不如有实力者"[2]。

　　在那样的一个时代，成为"学霸"或"学阀"必须有学术以外的网络、绵密的政府关系，同时与仅有的一些基金会如中基会及中英庚款委员会，保持密切的关系。而傅斯年正好具备这样的条件。在政府关系方面，傅与国民党的组织部部长、国民政府教育部部长朱家骅（1893—1963）形同莫逆，而且共同具有在中国建立一个学术社会的理想。他与国民党内自由派官员关系密切，最终并得到蒋介石的尊重。在基金会方面，朱家骅是中英庚款的负责人，而与傅氏谊兼师友的胡适，则是中基会的负责人。不仅史语所的诸多经费——尤其是安阳发掘的庞大费用，能得到中基会的挹注，傅斯年实际上也常成为广大学者与政府及基金会间的桥梁。在民间资源绝少的年代里，这是极为关键的一种关系。而在其来往书信中，与此性质有关者乃极多，尤其抗战期间，大量知识分子贫病交迫[3]，为知

1　"傅档" I：278，杨杏佛 1931 年 6 月 16 日致傅函。

2　"傅档" I：278，杨杏佛 1931 年 7 月 21 日致傅函。

3　李家瑞甚至从云南来信请求准假在家经商，以免饿死。"傅档" V：452，李信云："职因生活迫人，为儿女太多所累，无法维持生计，不得已请假一年，暂营商业。"

识分子请求各种补助成为他的要务[1]，傅氏成为照顾知识分子的知识分子。

这样的角色也使得他在政治态度上不可能与国民政府决裂。他对政府的不满与批评，驱使他连续轰走两位行政院长，但他只是"御史"，而不是革命者。

生活史与思想史可能交汇吗？

最后，我想初步讨论一个问题作为本文的结束：思想史与生活史有交汇点吗？如果有，如何描绘出来？这是吾人阅读私人档案时心中常存的问题。以"傅档"为例，究竟可以在多大的程度上重新建构傅氏的生活史，并作为我们了解其思想及转变的凭借？

通过傅氏的来往书信，其实已大致可以将当时中国活跃的知识分子的各种网络勾勒出一个大概。不同网络之间有的重叠交叉，但有许多完全没有任何"重叠共识"。在没有重叠共识的知识圈之间，互相的仇恨与猜忌相当严重。

左右两派的知识分子的网络间就越来越少重叠。以傅斯年为例，傅氏以反共知名，而他遗下的这一批信函，除以参政会代表身份到延安考察时期收到的请帖、官式信件及毛泽东的信和题字外，几乎就没有任何左派学者的来信。唯一的例外是尹达（刘耀）。那是因为尹达原是史语所同事，后来西走延安。思想与政治的歧异造成这两个圈子互不相通。此外，傅氏当时在学界居于中心位置，而左派的史家大多在二三流的学校任教，中心与边陲的分野也使他们不可能与傅氏有任何的联系。

另外一个生活圈与思想圈重叠的例子是钱穆。傅、钱二人在史学及思想观点上差异极大，依据钱氏的回忆，两人只有在批评康有为今文家疑古之说这一点上是同志，过此以往，则泾渭分明。在傅

1　譬如为梁思成夫妇特别请求中央补助即一例。梁思成夫人林徽音在一封给傅斯年的信中表示他们感谢得不知说什么才好。见"傅档"Ⅲ：1236。

斯年全部函档中，钱穆只有两封短信，而且所讨论的都是公事[1]，足见其交集之少。其他标榜心性论或执守旧史学的学者，与傅氏都极少或没有信函往来。与傅氏有函札来往的大多是新知识分子，或与"五四"有关，或在英美受过教育，大抵是当时中国各门学问的领导人物，其身份与和胡适通信者有极大的重叠关系。

我们当然可以计算出傅氏个人生活网络的边缘所在及它的消长与变化，并将此变化与傅氏思想或政治观的变化互相比勘。我们也可以观察傅氏的政治关系网络如何逐步扩大，也可以看出傅氏的政治交往圈大致局限在倾向自由主义的国民政府技术官僚。人既是悬挂在意义之网上的动物，同时也是悬挂在生活网络上的动物。从以上种种网络看来，傅斯年虽然始终站在自由主义知识分子的立场批评蒋介石，但终其一生却都与蒋氏政权保持一定的关系，就不是一件奇怪的事了。

1　其中一封信是为学生争取奖学金而与姚从吾联名写信给傅斯年。

傅斯年与陈寅恪

——介绍史语所收藏的一批书信

按：历史语言研究所的"傅斯年档案"，藏有傅斯年与民国学人大量的信件。在 1995 年"傅斯年百龄纪念会"时，我曾特别选出他与陈寅恪的信件，整理编年在《联合报》副刊连载。以下这篇文字是我当初为该批书信所写的介绍。因为它与本书有一定关联，故收在这里，以供参考。

人类学家克罗伯（Alfred L. Kroeber）曾问过这样一个问题：为什么天才成群地来（come in a cluster）？ 19 世纪 90 年代的中国，似乎就印证了"天才成群地来"这句话。在这成群而来的学术人物中，有些是单打独斗，靠着本身的研究对学术界产生了广大的影响，也有的除个人学术外，还留下制度性的遗业（institutional legacy），而至今仍在学术界维持其影响力的，前者可以陈寅恪为代表，而后者可以拿傅斯年为例。我个人觉得，在近代史家中，傅斯年更像法国年鉴学派的创始者费弗尔。首先，他们都是集学术、组织、鉴赏力及霸气于一身的人，他们都有长远的学术眼光，对史学发展有一个整体的观点，而且他们都主张跨学科的合作，也都在一个动荡、资源并不丰厚的时代环境中，成功地聚合各种资源，并尽可能地将一流人才聚集在一起开创了一个学派。而陈寅恪便是傅氏刻意罗致到史语所的一位大史家。傅斯年不止一次对人说陈寅恪是三百年来第一人，能为历史语言研究所的历史组找到他来领导，是傅氏相当得意的事。

　　陈寅恪与傅斯年缔交始于他们留学柏林的时期，陈氏之弟、青年党创始人之一陈登恪应该是介绍人。登恪是傅氏在北大的同学。傅、陈二人于1923年在柏林大学见面，当时傅氏甫从伦敦大学转学该校，此后同学近两三年之久。可惜，这时期他们两位留下的材料非常稀少，为他们作年谱的人在记述这几年的生活时几乎都只能一笔带过。

　　1924年曾往德国访问的赵元任夫人杨步伟（1889—1981）留下这样一段记载："那时在德国的学生们大多数玩得乱得不得了，他们说只有孟真和寅恪两个人，是'宁国府大门前的一对石狮子'。他们常常午饭见面，并且大家说好了各吃各的，因为大家都是苦学生。"当时同在德国留学的毛子水也形容："在柏林有两位中国留学生是我国最有希望的读书种子：一是陈寅恪，一是俞大维。"但他说俞大维（1897—1993）对傅氏更佩服，私下对人说："搞文史的当中出了个傅胖子，我们便永远没有出头之日了。"

　　陈寅恪与傅斯年的相处，似乎对傅氏的治学方向造成某种改变。傅氏到英国时的兴趣是实验心理学及弗洛伊德的学说，到柏林时主要兴趣是物理学，尤其是相对论及量子力学。不过，在柏林的最后一两年，我们发现他的注意力逐渐转向比较语言学方面。从傅、陈二人留下的笔记本及修课记录可以看到一些相仿之处。在傅斯年先生的遗物中有一藏文笔记本，这一笔记本与大陆现存的陈寅恪藏文笔记本，授课教授相同，足见他们可能上过同一教师的课程。陈寅恪最崇拜梵文大师吕德斯（Heinrich Lüders），而在傅斯年离开柏林大学的证明书中也记载着上课但未正式获得学分的课程有吕德斯的梵文。此外，傅斯年笔记中有两件记当时西方学者有关东方学的目录，而陈寅恪初到清华所授的课便是"西人之东方学之目录学"。当时同在柏林的毛子水便自承他受陈寅恪影响而注意比较语言学，我遂有点怀疑陈寅恪似曾在傅斯年留学生涯的最后阶段对他有过影响，使他转而重视比较语言学。从傅斯年藏书扉页所记的购书年代可以判断，他当时开始大量购买这一方面的书籍。

　　当时两人的相得之情，或许可以在1927年陈氏的一首赠傅斯年的诗中看出：

> 不伤春去不论文，北海南溟对夕曛。
> 正始遗音真绝响，元和新脚未成军。
> 今生事业余田舍，天下英雄独使君。
> 解识玉珰缄札意，梅花亭畔吊朝云。

从这一首诗中可以看出陈氏对傅斯年想将"东方学的传统"从柏林、巴黎等地移回北京，并在中国建立新学术的悲愿是相当欣赏、支持的。在陈寅恪的诗中并不轻易用"天下英雄独使君"这么高级的形容词，它显示了陈氏对傅斯年一番事业的期待。

陈寅恪从1929年起便应傅斯年之邀出任史语所历史组主任，一直到陈氏滞留大陆，在台北继任该组主任的陈槃先生仍不敢真除，自称代主任，直到1969年陈氏凶耗传来，才将"代"字去掉。不过陈寅恪真正待在史语所的时间并不长，傅斯年特许他在大学以专任研究员暂支兼任薪水名誉上课，而历史组的实际组务则由傅氏代办。在傅氏档案中尚有数张盖有陈寅恪私章的公文纸，是陈寅恪预留作为推荐升等之用的。不过，在一些重要的会议及决定上，陈寅恪仍尽可能参加。

抗战时期，史语所南迁昆明，傅斯年、陈寅恪同住在昆明靛花巷的一幢楼房，陈居三楼，傅居一楼，当时同仁便注意到每当空袭警报大作时，大家皆往楼下奔，而肥胖的傅斯年却往三楼冲，以护持视力模糊、行动不便的陈寅恪下楼。而陈寅恪给傅斯年的四五十封私信也大多集中于抗战期间转徙西南之时。

在陈寅恪所有的来往函札中，给傅斯年的信当属大宗，陈寅恪一生只写过几封短信给胡适，即使连相契至深的陈垣，陈寅恪写给他的信也远少于傅氏，相较之下可以看出他与傅斯年交往的比重。这一批书信所谈的都是日常琐事及身世之慨，几乎没有论学作品，其中以抱怨生活病苦占最大比例。它们对了解从抗战到胜利之后将近十年间陈寅恪的生活状况，大有裨益。而这些在蒋天枢的《陈寅恪先生编年事辑》中都未能得见。

这批信首先是谈病与穷。当时的中国知识分子没有不穷的，吴晗曾在一封给傅斯年的信中说他写《朱元璋传》纯粹就是为了生活，并在信上为如何买几斤米写上一大段。不过陈寅恪敏感的心灵对穷困更难忍受。他所需要的，其实只是几百英镑而已。但是为了几百镑，也花费这位史学大师无数笔墨，来来去去地谈兑换及偿还的细节。在这批信中，可以看出陈寅恪已失去战前在北京那种优游著述的心情，一场战争下来，使得他处处感到生活与身体都陷入绝境，所以到处可以见到如下字眼：

> 弟素忧国亡，今则知国命必较身命为长。
>
> 宜其不久将淘汰也。
>
> 弟所患为穷病，须服补品，非有钱不能愈［瘉］也。
>
> 薪金不足以敷日用，又无积蓄及其他收入可以补助，且身病家口多，过俭则死亡也。
>
> 家人大半以御寒之具不足生病。所谓"饥寒"之"寒"，其滋味今领略到矣。

第二是有关陈寅恪受聘到牛津大学任教之事。陈氏于1939年年初决定受牛津之聘，同时为英国皇家学会研究员。当时牛津除想借陈氏之力成一汉学重镇外，从各种私札中还可以看出他们想让他监督英译《唐书》的工作。最初剑桥方面考虑聘陈氏，可能是托驻英大使馆代为推荐人选，故杭立武在1938年9月17日致傅信说：

> 关于介绍寅恪先生赴剑桥任教事，近接剑桥来函询问下列各点（一）年龄（二）体格如何（三）如聘请任教，能否在英连续五年以上（四）英文程度如何（讲演须用英文）……

后来剑桥事未成，牛津方面却成功了，所以此后陈氏一家便一直待在香港准备前往牛津。他们借钱买了船票，但后来欧战爆发，牛津大学疏散至韦尔斯一带，而且赴欧道阻，未能成行。大战结束后，寅恪赴英治眼疾，负责诊治的是英皇乔治的医生，但因为先前在成都存仁医院的手术失败而未再开刀。

我个人始终认为陈寅恪牛津之聘对他个人而言并不是一件了不得的事。他的成就，根本不需要这个头衔来肯定。20世纪30年代，英国的东方学传统比不上法国或德国，巴瑞特（T. H. Barrett）在讲英国汉学的小书 *Singular Listlessness: A History of Chinese Books and British Scholars* 中已将这个实情和盘托出。牛津、剑桥的图书设备不好，学生不多，对陈寅恪而言，赴英只是为了全家人能平静地住在一起，他自己能专注研究而已。

牛津给陈寅恪的薪水是由中英庚款在文化教育项下支付的，所以寅恪向该会借了三百英镑作为川资，在无法偿还这一笔"巨款"之前，不去英国便得还债，而他当时已一贫如洗，故他在一封给傅氏的信中说"欠人款自应践约，故去牛津不成问题"，但又说"惟此时则去英途中乘船既危险，到彼无学生，又战时所得税极重"，"我知剑桥尚有学中文学生，牛津似乎学中文者空无一人，如彼不欢迎，或无人理会，则不必去"。在百无聊赖之际，陈氏也曾想放弃赴英而将全家搬入四川，可是搬家需要另一笔川资约国币五千元，在进退不得之际，陈寅恪决定"只有冒险赴英一途"（给邓广铭信）。

陈氏在香港等待赴牛津的这一段时间极为穷苦，虽然中英庚款按月给予补助，但他仍抱怨"无肉食""一屋三床"，自己与妻子都病了，却只能"轮班诊治，否则破产"。

第三，从这一批书信中也可以看出傅斯年对陈氏的始终支持。陈氏在遇到任何现实生活上的困境时，第一个想到的就是写信找傅氏商量，再由傅氏找朱家骅及杭立武等政府官员想办法。

当香港被日军攻陷时，陈寅恪一家消息全无，傅斯年忙着到处打电报请人营救。当时国民政府曾派机前往接人，但从来往的书信看出，除非是政府要人，否则无法列入接运名单。

陈寅恪之不能及时撤出香港，也与当时政府的错误判断有关。1941年12月，香港尚未陷落时，傅斯年请人帮助陈寅恪离港，但在港的杭立武 12 月 12 日回信说："似香港尚可守，至航空运输仅限通货，等通货运完才照登记次序及缓急办理。至于当时中央在港人员则不撤。等到真撤时，需开名单交最高当局批准。"寅恪似未成功列入撤运名单中，后来派去的飞机又只运走孔祥熙家的机师、箱笼及宠物，所以当时在港"要人"皆未接出，消息透露后，引起重庆五千学生游行抗议。这件事可能加深了傅斯年后来在 1945 年倒孔祥熙的决心，也更加深了陈寅恪对国民政府之不满，他的诗"九儒列等真邻丐"，想必是有所为而发。

后来陈氏不断托人向国内要求援助，最后得以脱险由广州湾赴桂林。这批书信中对整个脱险获救的历程有所反映。陈氏一生受困于财，连不能离港避难也是因为没钱。他信中说自己窘迫到"得一鸭蛋，五人分食，视为奇珍"，"以衣鞋抵债，然后上船"。他曾在给傅斯年一封信中说："弟不好名而好利，兄所素知"，其实是对自己经济困窘悲愤之余的一种自我调侃。

第四，这一批信可以对寅恪先生在香港陷日后之苦况及面临日本人威逼下之凛然大节有进一步了解。在这批书信中夹有一不知名者所写之报告："闻伪组织曾四次逼其赴广州教书，均被拒绝，日人馈米亦未收，但近日病甚。寅恪兄素来食面，现在面极难得。前传其已赴广州，不确。"蒋天枢的《陈寅恪先生编年事辑》引陈流求笔记："这年春节后，有位父亲旧时学生来访，说是奉命请父亲到当时沦陷区的上海或广州任教。父亲岂肯为侵略我国的敌人服务。只有仓促设法逃出。"此事可从当时的几封通信中获得更详细的内情。如 1942 年 6 月 19 日陈寅恪给傅斯年等人的信中说：

　　　　即有二个月之久未脱鞋睡觉，因日兵叩门索"花姑娘"之故，又被兵迫迁四次；至于数月食不饱，已不肉食者，历数月之久。得一鸭蛋，五人分食，视为奇珍。此犹物质上之痛苦也。至精神上之苦，则有汪伪之诱迫，陈璧君之凶恶，北平"北京大学"之以伪币千元月薪来饵。倭督及汉奸以二十万军票（港币四十万），托办东亚文化会及审查教科书等，虽均已拒绝，而无旅费可以离港，甚为可忧。

当然，从这批信中也可以看出傅斯年对某些原则坚持不让以致和陈寅恪不快的情形。傅氏一生对陈寅恪呵护照顾，无微不至。可是，当陈寅恪脱险从香港赴桂林，任教于广西大学时，中央研究院的总干事叶企孙未经傅氏许可即发给专任研究员聘书及薪水，容许陈氏在广西教书。傅氏闻讯勃然震怒，一方面痛责总干事叶企孙，一方面写信给陈寅恪。傅氏说他在史语所多年来为了维持制度，不准研究人员拿所里的薪水却在外面教书，不可因陈氏而破坏。他在信中说"老兄是明理之人"，一定可以体谅。

傅氏对陈寅恪于脱险之后未直接到李庄史语所感到不快，去函责备。信中对陈氏先前滞留港大教书不满，对他留广西大学教书也不满，说"弟等及一组同人渴愿兄之来此"。傅氏说过去他对陈寅恪在外教书虽不同意，但"朋友不便多作主张，故虽于事前偶言其不便，亦每事于兄既定办法之后，有所见命，当效力耳。犹忆去年春，弟入中央医院之前一日，曾为兄言，暑假后不可再往香港，公私无益，且彼时多方面凑钱，未尝不可入内地也。但兄既决定仍留港后，弟养病歌乐山，每遇骝先、立武见面皆托之设法也"。他反对寅恪留在广西而不入四川，说："至少此（四川）为吾辈爱国者之地也。兄昔之住港，及今之停桂，皆是一拖字，然而一误不容再误也。"（1942年8月14日函）陈寅恪的复信也相当不客气，坦言自己就是想拖延："弟当时之意，虽欲暂留桂，而不愿在桂遥领专任之职。院章有专任驻所之规定，弟所夙知，岂有故违之理？今日我辈尚不守法，何人更肯守法耶？此点正与兄同意者也。但有一端不得不声明者，内人前在港，极愿内渡；现在桂林，极欲入川。而弟欲与之相反，取拖延主义，时时因此争辩。其理由甚简单，弟之生性非得安眠饱食（弟患不消化病，能饱而消化亦是难事），不能作文，非是既富且乐，不能作诗。平生偶有安眠饱食之时，故偶可为文，而一生从无既富且乐之日，故总做不好诗。古人云诗穷而后工，此精神胜过物质之说，弟有志而未逮者也。现弟在桂林西大，月薪不过八、九百元之间，而弟月费仍在两千以上，并躬任薪水之劳，亲屑琐之务，扫地焚〔蚊〕香，尤工作之至轻者，诚不可奢泰。若复到物价更高之地，则生活标准必愈降低，卧床不起乃意中之事，故得过且过，在生活能勉强维持不至极苦之时，乃利用之，以为构思写稿之机会。前之愿留香港，今之且住桂林，即是此意。若天意不许毕吾工作，则亦只有任其自然。"（1942 年 8 月 30 日致傅函）从这些信看起来，傅、陈二人在抗战中后期关系一度相当紧张。

1943 年冬，陈寅恪突然失明，此后书信几乎全由夫人唐筼代笔。所讨论的，也是由穷与病衍生出来的一些生活问题。如果这一批信札基本上是完整的，则傅、陈二人的通信在 1946 年春已经停顿了。

1948 年 12 月，当北平危急时，傅斯年发起抢救北平学人到南京的计划，陈寅恪一家也在里面。可是陈家在飞到上海停留不久之后便决定前往广州，而且是由陈寅恪主动写信给岭南大学校长陈序经要求前往。从 1949 年元月傅斯年发表为台大校长起，一直到该年 10 月，傅氏极力电催陈氏来台，从催促的电文内容看来，陈氏先前对傅斯年似乎有某种承诺，但最终还是未成行。从这批信函中，并不能对此中隐曲得到直接了解。我们只知道，1950 年 12 月，当傅斯年以台大校长身份在省参议会接受质询而猝逝时，陈寅恪很快便知道了。《陈寅恪诗集》中有《〈霜红龛集〉望海诗云"一灯续日月不寐照烦恼不生不死间如何为怀抱"感题其后》一首，这首诗已经被傅氏昔日门生指出是为悼念傅斯年而作。该诗自题 1950 年 12 月，也就是傅斯年猝逝于台北之时，而《霜红龛集》的作者是傅青主，正好影射傅斯年，"望海诗"更显然是对隔海的傅氏而发。诗中表达了他对傅氏的怀念：

> 不生不死最堪伤，犹说扶余海外王，
> 同入兴亡烦恼梦，霜红一枕已沧桑。

这一首意味深长、余蕴无穷的诗，结束了两位一代大才二十几年的因缘。

如果把概念想象成一个结构

——晚清以来的"复合性思维"

最近，因为一个特殊的学术机缘[1]，我开始比较认真地思考王国维的一个论点。王国维认为，在近代以前，中国是"道出于一"，而在西方文化进来之后，是"道出于二"。王国维是这样说的："自三代至于近世，道出于一而已，泰西通商以后，西学西政之书输入中国，于是修身齐家治国平天下之道乃出于二。"[2]在王国维之后，对于"道出于一"或"道出于二"，乃至"道出于多"，陆续有所讨论。[3]基于对这个问题的探讨，我也将一个思索多年的议题写了出来，在"道出于一"或"道出于二"，甚至是"道出于多"的框架下，我们是不是应该比较深入地考虑，在近代中国这个思想与社会剧烈动荡的时代，思维／概念的本身或其构成方式是否发生了变化？是不是出现了一种激化了的"复合性思维"或"复合性概念"。如果把思维或概念想象成一个结构，那么从晚清以来，一种概念或是一个人的思维的构成方式、层次、配置、部位，到底呈现什么样的状态？这些思维／概念的样态与"道出于一"或"道出于多"的格局，有什么样的关系？

1　2014 年参加北京师范大学"思想与方法：近代中国的文化政治与知识建构"国际高端对话暨学术论坛，本文是对罗志田兄《天变：近代中国"道"的转化》一文的回应。

2　王国维：《论政学疏稿》(1924)，《王国维全集》(杭州：浙江教育出版社，广州：广东教育出版社，2009)，第十四卷，页 21—22。

3　参见罗志田《天变：近代中国"道"的转化》(以《近代中国"道"的转化》为题刊于《近代史研究》，6[2014])。

　　我在这里所讲的"复合性"，是指把显然有出入或矛盾的思想叠合、镶嵌、焊接，甚至并置在一个结构中，但从思想家本人的角度来看却是一个逻辑一贯的有机体。它有时是一个多面体，有些面比较与时代相关联，比较易感，容易受"风寒"。而易感的面便会不断地尝试调整，甚至吸收异质的东西，与自己的本体嵌合起来，形成一个斯宾格勒（Oswald Spengler, 1880—1936）在《西方的没落》中所说的"伪形"。

　　受风面与背风面长期暴露于大自然之下产生了改变，被引来嵌合的异质性东西，可以是古、今、中、西的任何资源，但它们基本上有两个特色。其一，在思想稳定的时代，复合性的思维基本上并不受欢迎，可是在思想激烈变动的时代，它不但变得容易接受，而且还可能被视为了不得的创新。其二，镶嵌的诸面基本上常常轶出此前的传统脉络。这些被镶嵌在一起的思维可能看来是矛盾的，相差十万八千里的，甚至是相反对的。

　　当然，某种"复合性思维"是人生而具有的能力，而且每一个概念也都像喜马拉雅山的积雪，有亘古以来的长期积累，也有近时的层层叠压。观念史家科泽勒克就提醒我们，每一个概念中都有若干时间层次的叠合（layers of concept），他用了"iterative structure"一词来形容任何概念中，有些层是"反覆的""承自过去"的，有些层是后来叠压上去的。[1] 每一个概念不但有不同时间层次的叠合，也有空间性的"复合"。

　　不过，在"道一风同"而且传统社会风俗礼教以及儒家思想较具支配力的时代，即使是"复合性思维"，相对而言仍是在一个比较稳定的状态中。此处要讨论的是晚清以来，"复合性思维"以愈来愈突出、集中、激烈的样态出现的现象。

　　晚清以来"复合性思维"的特色虽然在倾向保守的思想家身上表现得较为显著，但是新派人物亦往往有之。在受到时代的震荡、

1　Javier Fernández Sebastián, *Political Concepts and Time: New Approaches to Conceptual History*（Santander: Universidad de Cantabria Press, 2011）, p.423.

西方势力的覆压而不能自持之时，人们往往不停地重整、重塑、吸纳或排除各种力量，将中西、多样，甚至是互相矛盾的思想结合成一个"复合体"。

这种脱离传统的架构或脉络，形成复合性概念的情形，有着时代先后、光谱浓淡之别。在最浓的这一边，是把天差地别、互相矛盾的成分绾合成一个在行动者自身看来自成逻辑的框架之中；在光谱最淡的一边，则是将传统思想资源以原先意想不到的方式重组成一个有机体，以回应时代急遽的挑战。这方面例子很多，此处仅举清末易佩绅（1826—1906）的《仁书》为例。《仁书》的论证是相当繁复的，但是从它的字里行间可以感受到作者对于整个社会的涣散与危机四起，人与人之间的矛盾与仇恨、动乱感到不安，所以想发明一套新理论，在新的基础上塑造新的"共同体"。《仁书》中说："人，天地合者也""溯父母以上至开辟""人与父母无间，即与天地无间""其一念一息皆与天地无间者""人与天地无间，人与人自无间矣"。[1] 通过君王祭拜从中国文明开辟以来所有的祖先，即等于从时间的纵深上来建立并巩固一个广大共同体的意识。《仁书》成于 1885 年，时代尚早。他在当时的世局及社会之下改造旧思想体系形成一种"祭→仁→政体系"，他所改造的部分，虽然"怪怪奇奇"，但是并未勉强将原先相互矛盾的东西镶嵌在一起。

晚清国粹学派、国学派或国故派，还包括一些带有"国"字的概念，每每带有复合或叠压的思想特色，而其程度便过于易佩绅的《仁书》了。他们往往改变了许多实际成分，但仍然维持其为"国"或国之"粹"的身份[2]，甚至于把近代的思想内容和传统的躯壳做一个奇怪的套接，形成一个他们所宣扬的"国"的东西。在此，我想以志田兄文中提到的夏震武（1854—1930）与裘可桴（1857—1943）两人为例。这两人的思维模式可归纳为广义的"国粹派"。

夏震武在《人道大义录》（1900）中，对黄宗羲的《明夷待访录》

1　易佩绅：《仁书》上篇（光绪十年 [1884] 刻本），页 1b—2a。

2　参见拙作《传统的非传统性——章太炎思想中的几个面相》，收于《执拗的低音：一些历史思考方式的反思》（台北：允晨文化实业公司，2014）。

里提到的以天下为天下人之公产，而非帝王之私产的观念，做了进一步发挥。他主张"尧舜以天下为公，立万世父道之极""世袭专制乱世之制""一姓的忠臣义士，万姓之乱臣贼子"，痛斥天子以嫡庶为尊卑是大乱之道。他斥责"公仆"观念，坚持君权，认为人君如果自认为是人民之父母，则愈能教养人民。同时痛斥女权、痛斥英国女王，认为"男任政治，女任生育，此平等之道"[1]，并以此来维持儒家至高的思想系统的主体地位。

从裴可桴的文稿中，可以看到他在自己的写作中一波又一波地嵌进新名词，却又反对新名词。这里面的主旋律与许多国粹思想家一样，认为最能得儒家真意的是汉朝以前三千年的古代以及现代的西方。他坚持认为：白话文、现代西方的科学器械，及重钢铁、重物质的精神都与先秦真正的儒家相合，认为"夫格致之学，吾古时之国学也"。[2]他既骂胡适，又到处用胡适的想法，这两者看起来矛盾，却是二而一的。

当然在带有启蒙倾向的人中，我们也经常见到这种例子。如晚清的郑观应、王韬、汤寿潜（1856—1917）、陈炽，他们一方面提倡民权，一方面反对民主。[3]又如胡汉民的思想就结合了民族主义与世界主义（nationalism-internationalism，这是 Anna Beloguroava 的论点）；又如中共领袖毛泽东，他的思想中共产世界主义与强烈的民族主义每每合而为一。[4]我们还常常可以见到用阶段论或其他巧妙手法，把几种实际上矛盾的思想绾合在一起，形成一个至少在思想家本人看来并不矛盾的有机体，如宋恕、康有为与严复。

此外，晚清以来流行一系列以"公"为始的概念："公理""公法""公例"等，是一种纤维丛式的复合形态。譬如宋育仁（1857—1931）的《经术公理学》（1904），该书内容非常浩博，他把东西方

1　夏震武：《人道大义录》（民国二年 [1913] 排印本），页 10a、13b、19a、8a、23a、6b。
2　裴可桴：《与从侄孙维裕书》，《可桴文存》（无锡裴氏翼经堂藏版），页 29。
3　详细讨论可参见熊月之《中国近代民主思想史》（上海：上海社会科学院出版社，2002）。
4　譬如毛泽东在《中国共产党在民族战争中的地位》（一九三八年十月）一文中说："中国共产党人必须将爱国主义和国际主义结合起来"，收于中共中央毛泽东选集出版委员会编《毛泽东选集》（北京：人民出版社，1991），第 2 卷，页 520。

有价值的思想／概念在"公理"这一条主线下交织成一束纤维丛。许多被交织进来的东西，都是传统儒家所深恶痛绝的，但在最关键处，他仍宣称这一切皆合于"公理"，仍然妥妥贴贴地统辖于儒家的经术之下。[1]我们好像看到一个三面体，从外表看是三面，但对思想家本人而言，它则是一个有机的整体。

上述现象在日本近代的启蒙思想家身上也常常见到，譬如福泽谕吉（1835—1901）、德富苏峰、内村鉴三（1861—1930）等。他们原来都宣扬西方自由民主、宗教自由、思想自由，可是当另一个狂风吹起，另一个纲领性的追求压倒性地出现时，激进的国家主义与自由民权方面的追求似乎可以复合在一起，既是激进国家主义的，又是自由、民主的，而且看来好像理事无碍。

通常，我们并不容易从日记之类的私密性资料对"复合性思维"的现象做一个比较贴近的了解。然而《钱玄同日记》的出版，提供了一个观察他从晚清到1917年前后的思想变化，对他的思维构造中一种层层堆叠的积木般的特性，能有比较细致的理解。在钱玄同这一时期的日记中可以看到不同的思想线索，像一块块积木堆叠在一起，并各自向前发展延伸，而当事人并未意会到各积木之间的发展可能是矛盾的。

仔细分析钱氏从1905—1916年、1917年的日记，可以看出最严肃的国粹思想与最坚决的今文信仰在他的思想世界里同时发展，前者使他无比坚持许多传统的价值与事物，而后者认为古代史事出于伪造，这一条思路后来造成动摇儒家根本的疑古运动。这两个层面像两块积木水平延伸，我们从结果回看过去，认为它们完全矛盾，但当事人却完全没有一点警觉。

在1907年，钱玄同以国粹派自居，对于蔑弃传统、过度吸引西方思想或渲染西方的行为方式皆痛斥之，甚至主张学校应该祭孔，故孔教会一度邀他入会，钱氏亦曾郑重考虑。这个时期的钱氏虽然崇敬颜李之说，但对宋儒甚为欣赏，尤其推重宋儒讲夷夏大防、礼法、

1　宋育仁：《经术公理学》（上海：同文社，光绪三十年［1904］）。

修身济世方面的工作（但是不满其言心言性，尤其不同意陆王之学）。

　　也就在同一时期，他的另一个兴趣是区分今古文学派。这个时期除文字声韵方面的学问仍遵太炎之外，对今古文问题则恪遵今文家崔适（1852—1924）之说，且非常崇拜康有为与廖平，认为古文经全不可信，今文经为孔子所造，态度愈来愈激烈。如他在日记中说："六经皆孔子所作，其中制度皆孔子所定，故《尧典》制度全同《王制》。"钱玄同欲推尊孔子，故他说："虽然，廖氏谓孔子以前洪荒野蛮，全无礼教，其说亦有大过。盖经中所言尧、舜、禹、汤、文、武之圣德，诚多孔子所托，非必皆为实事，然必有其人，必为古之贤君，殆无疑义。特文化大备，损益三代，制作垂教，庄子所谓'配神明……无乎不在者'，实为孔子。"[1]钱氏同意其师崔适认为《左传》不只书法不可信，全部事实都不可信，但春秋以前之《诗》《礼》《易》等仍为大书，孔子只是整之编之。

　　钱氏反对"六经皆史"之说，对经史子体例宜分的说法不以为然，相信诸子出于孔子之说，此说似亦为崔适所倡导。"案廖氏最精者为诸子皆出孔经，儒亦不能代表孔子，其说最精，与《庄子·天下》相合，余所谓洞见道本者此也。"[2]

　　1916年6月前后，是钱氏的重大转变时期，这个转变主要是受到袁世凯称帝的刺激（袁氏1916年1月称帝，3月撤销帝制）。自此他弃国粹，倾向欧化[3]和无政府主义，搜读以前看不起的《旅欧杂志》《新世纪》，且以胡适、陈独秀为"当代哲人"，尤其倾心于胡适，并责备青年诸公"亦以保存国粹者自标"。[4]

　　由前面的讨论可以看出，假若我们以"后见之明"来看，钱氏同一时期的尊国粹与尊今文，两者的思想影响是完全相反的，但当时的钱玄同却认为两者并行不悖，甚至不曾警觉到顺着今文走下去会动摇

1　杨天石主编：《钱玄同日记》（北京：北京大学出版社，2014），页284。
2　马幼渔受其影响，改从今文家言："幼渔近来于经史异途及尧、舜、禹、汤、文、武之事，尚书所载不必是实录，实是孔子所托之说，颇信之矣。"见杨天石主编《钱玄同日记》，页284—285。
3　杨天石主编：《钱玄同日记》，页300。
4　同上，页303。

国故。这个案例提醒我们，有许多"复合性思维"的案例是从"后见之明"看去才是"复合性的"，在当事人看来则完全是"一"不是"二"。

因此，思想的复合性或叠压性的机转为何？它发挥的现实功能为何？它是不是有分进合击、互相支援的作用？或是存在着各种成分相互竞争、相互抵消的情况？或者复合性状态只是一种顺利过渡到新状态的"方便善巧"的策略？受众们是否也理解这些概念的复合性及其运作状况？

我的观察是这样的，在一个伸手不见五指的仓库中，注意力、宗旨、意向性、目的性等，像一道强光照亮黑暗。它照射所及之处，纤毫毕现，可是一旦光炬离开，又进入黑暗。上述那些有强烈意向性、目的性的力量，常常会成为一个纲领，将各式各样的资源整合在这个纲领之下，从当事人的角度看可能是一个合理而没有矛盾的构造。有时候当事人可能也自觉矛盾，像傅斯年称呼自己的思想是"一团矛盾"。无论如何，这个构造中的成分可能互相出入、互相矛盾，甚至互相反对，也可能随时调整改变，或抛或取，或转化，或变形，却在最高的目标、宗旨、纲领之下绾合在一起，随着所遇挑战之不同，其中的成分迭为宾主，轮番出面应付时代不同的挑战。

最后，我要引用柏格森（Henri Bergson, 1859—1941）的一个论点来思考所谓"道出于一"或"道出于二"的问题。柏格森说复合体的存在是有原因的，这个原因究竟是什么？他说："混合状态不仅汇集性质不同的成分，而是在一定条件下汇集这些成分。在这种条件之下，人们无法理解这种成分的'性质'差异。"[1] 柏格森似乎是在批评人们误将"性质"不同的东西，当成是"程度"不同而汇集在一起。也就是说，在有"性质"差异的地方，人们却只愿看到"程度"上的差异。

从柏格森的论点推展到本文所关心的问题："复合性思维"中虽然可能包括南辕北辙的成分，但是人们仍然认为它道出于"一"，其中有一个重要的原因，即人们主观认为或是刻意将这些"性质"

1　吉尔·德勒兹著，张宇凌、关群德译：《康德与柏格森解读》（北京：社会科学文献出版社，2002），页 121。

不同的东西当作"程度"不同的东西而汇合在一起。我们应当追问的是，何以人们会把"性质"不同视作"程度"不同，或刻意把"性质"不同视作"程度"不同？宣称道出于"一"或道出于"二"，显然是因为在他们的思想体系中，对"性质"与"程度"有一些更深层的理解。当"性质"截然不同时，便不在同一个"道"之下，所以这个深层的理解决定了在什么情况下道出于"一"，在什么情况下道出于"二"或道出于"多"。

索 引